船舶工程技术专业"3+3"中高职衔接系列教材

船舶建造工艺

主编　魏莉洁　杨海燕
主审　张雨华

HEUP 哈尔滨工程大学出版社

内 容 简 介

　　本书是按照船舶工程技术专业中、高职分段培养的要求,依据船舶工程技术专业课程标准的要求编写的一门专业教材。全书分中职和高职两部分,共十三个项目,书中系统地介绍了船舶建造工艺流程和现代造船技术、船体放样与号料、船体钢料加工、船体预装焊工艺装备、船体部件装焊、船体分(总段装焊)段装焊、船舶总装、船舶舾装和涂装、船舶下水、船舶试验与交船、船舶修理工艺等内容。内容的选取和工艺方法的引用以先进性、通用性和实用性为主,大、中、小型船舶兼顾。论述清楚,内容全面,系统性强,重点突出,便于理解和自学。

　　本书除了供船舶工程技术专业作教材之用以外,还可供造船相关专业人员学习参考之用。

图书在版编目(CIP)数据

船舶建造工艺/魏莉洁,杨海燕主编. —哈尔滨:
哈尔滨工程大学出版社,2017.1(2024.1 重印)
　ISBN 978 – 7 – 5661 – 1435 – 8

　Ⅰ.①船… Ⅱ.①魏… ②杨… Ⅲ.①造船法 Ⅳ.
①U671

中国版本图书馆 CIP 数据核字(2016)第 319892 号

选题策划　史大伟
责任编辑　薛　力
封面设计　恒润设计

出版发行　哈尔滨工程大学出版社
社　　址　哈尔滨市南岗区南通大街 145 号
邮政编码　150001
发行电话　0451 – 82519328
传　　真　0451 – 82519699
经　　销　新华书店
印　　刷　哈尔滨午阳印刷有限公司
开　　本　787 mm×1 092 mm　1/16
印　　张　30.5
插　　页　4
字　　数　806 千字
版　　次　2017 年 1 月第 1 版
印　　次　2024 年 1 月第 4 次印刷
定　　价　65.00 元
http://www.hrbeupress.com
E-mail:heupress@ hrbeu.edu.cn

前　言

　　船舶建造是复杂的系统工程,船舶的建造工艺过程涉及很多专业技术知识,要求造船工程技术人员不仅在专业水平上不断提高,并且要不断拓宽相邻专业知识,以便成为具有综合能力的造船人才。

　　为了适应现代职业教育体系的发展,深化职业教育教学改革,推进中高职人才培养衔接,满足中、高职分段培养的需要,根据船舶高等职业教育教学特点和培养目标,以及船舶企业贯彻现代造船模式、缩短造船周期的需要,考虑到近年来船舶企业对人才知识结构的要求而编写此教材。

　　"船舶建造工艺"是一门综合性极强的交叉学科,它的内涵十分丰富,包括船体结构、船体制图、船舶原理、工程数学,造船材料和加工以及相关设备与设施;需要了解或掌握船体建造技术、船舶舾装技术、船舶涂装技术、船舶焊接技术、控制变形和精度控制技术、CAD/CAM、船舶修理、安全生产等诸多应用技术。

　　为了进一步加强学生对工艺内容的掌握,《船舶建造工艺》教材紧紧围绕船舶建造工艺流程中必要的知识和典型生产任务工作过程进行编写。本教材采用项目化形式,每个项目中有若干个学习任务。通过任务的实施可提高学生实践能力。此外,为了进一步巩固知识和加强技能训练,每个项目后还设置相应自测习题。

　　本书由南通航运职业技术学院魏莉洁、杨海燕担任主编,全书由魏莉洁统稿。南通航运职业技术学院吴晶编写了中职部分的项目二及高职部分的项目二,李金编写了中职部分的项目三和高职部分的项目三,杨海燕编写了中职部分的项目四及高职部分的项目四、项目五和项目六,魏莉洁编写了高职部分的项目一、项目七和项目九,江苏省启东中等专业学校梁金滔编写中职部分的项目一,招商局重工(江苏)有限公司孙翔编写了高职部分的项目八及高职项目四、项目五、项目六中的相关训练部分内容。本书由中船澄西船舶修造有限公司研究员级高工张雨华担任主审。

　　由于中高职分段培养衔接教材处于探索阶段,加上编者水平有限,教材中难免有疏漏和错误之处,望同行专家和读者给予批评指证,在此表示谢意,以望再版时改正。

编　者
2017 年 1 月

目　　录

概　述

一、船舶建造与修理工艺内容

船舶建造是研究钢质船舶焊接船体的制造方法与工艺过程的一门应用学科,它是在综合采用各种先进技术和现代科学管理的前提下指导的施工过程,即如何把设计阶段经过试验和计算并按照规范而设计绘制的船舶图样转变成实船,同时要满足船舶在正常技术指标的控制下确保其使用性能。

随着海洋开发的深入,船舶建造已不局限于一般船舶,而是扩展到海洋工程各部分,如各种工程船舶、海洋石油平台、浮式生产储油船等。海上石油钻井平台是海上钢质建筑物,尤其是移动式钻井平台,无论从设计原理、建造工艺、技术特点,以及在建造中所使用的标准、规范、生产设备、地理位置条件、生产场地,甚至在组织生产、工艺流程诸方面均与船舶建造有极大的相似之处。

船舶修理则是怎样保持和恢复船舶的正常技术状况和使用性能。船舶修理也是船舶工程的一部分,许多船舶企业是修造船兼有的,造船工程技术人员也应熟悉并掌握船舶修理工艺相关知识。

要想将一个出色的船舶设计变为一个实实在在的产品,除了要吃透设计者的设计思想外,工艺设计就显得尤为重要,因此要充分了解和掌握现有的生产能力及手段,充分发挥其潜能并加以认真执行,才会得到应有的效果。如今,在吸取了国际上先进生产技术"成组技术"的情况下,提出了"转换建造模式,缩短船舶的建造周期"的中国造船策略指导实践,并在生产实践中已取得了很大的成功,从而带动了我国造船业的腾飞。

新的造船形势下船舶建造工艺的主要任务是:一方面应根据现有技术条件,为造船生产制订优良的工艺方案和工艺方法,以缩短周期、降低生产成本、提高质量和改善生产条件;另一方面应大力研究开发新工艺、新技术,不断提高造船工艺水平,以适应社会经济不断发展的需要。

现代船舶建造工艺分为船体建造工艺、船舶舾装工艺和船舶涂装工艺三部分。

船体建造就是将材料加工制作成船体构件,再将它们组装焊接成中间产品(部件、分段、总段),然后吊运至船台上(或船坞内)总装成船体的工艺过程。船体用材料多为钢材,其作业内容一般包括船体号料、船体构件加工、中间产品制造和船台总装等。

船舶舾装作业是将主船体和上层建筑以外的机电装置、营运设备、生活设施、各种属具和舱室装饰等安装到船上的工艺过程。它不仅使用钢材,还使用铝、铜等有色金属及其合金,使用木材、工程塑料、水泥、陶瓷、橡胶和玻璃等多种非金属材料。舾装作业涉及装配工、焊工、木工、铜工、钳工、电工等多达十多个工种。船舶舾装按专业内容可分为机械舾装、电气舾装、管系舾装、船体铁舾装、木舾装等;按舾装作业阶段可分为舾装件制作(采买)、舾装托盘、分段舾装、总段舾装、船内舾装等;若按区域舾装法可分为机舱舾装、甲板舾装、住舱舾装和电气舾装等。

船舶涂装作业是在船体内外表面和舾装件上，按照技术要求进行除锈和涂敷各种涂料的工艺过程。涂装可使金属表面与腐蚀介质隔开，达到防腐蚀处理的目的。按作业顺序一般包括钢材预处理、分段涂装、总段涂装、船台涂装和码头涂装等几个阶段。

"转换建造模式，缩短造船周期"是推进我国造船事业发展的必经之路，以区域造船法为基础的现代化造船模式，就是将船体建造、舾装和涂装三种不同的类型的作业系统相互协调和有机结合，形成壳、舾、涂一体化，按区域/类型/阶段一体化组织生产，以此建立的造船生产工艺流程。

二、船舶工业发展概况

直到17世纪，1662年郑成功率350余艘战舰横渡台湾海峡，击败荷兰侵略者收复台湾，中国造船业一直领先于世界水平。然而明代中叶以后，中国社会日趋衰落，经济与科学技术停滞不前，中国造船与航海也渐渐失去了原有的光彩。自洋务运动起到旧中国政府统治的80多年中，我国虽然也建造了一批钢质的轮船，但处在半殖民地半封建社会，在外国帝国主义和本国官僚买办势力的双重压迫下，造船业的发展极为缓慢，造船科学技术也由于缺乏工业基础而无法达到先进水平。

新中国成立之初，恢复和建设了一大批修造船厂和专业配套设备厂，在全国逐渐形成比较完整的配套协作网。

近30年来，中国船舶工业成功地实现了由军转民的战略大调整，造船生产获得较大发展。1982年中国船舶工业总公司刚成立时造船产量为42万吨，到2006年，造船产量提高到1 400多万总吨，占世界造船产量的份额由1982年的0.8%，世界第17位，提高到2006年的20%以上，连续12年成为仅次于日本、韩国之后的世界第3造船大国，目前造船产量已位居世界第一。建造船舶的品种，从一般散货船、油船、干货船发展到具有国际先进水平的成品油船、化学品船、滚装船、大型冷风集装箱船、液化石油气船和高速水翼客船等；船舶吨位从万吨级提高到30万吨级的船舶造修能力。中国已经成为造船大国。

新中国民用造船的发展大致可以分为三个时期。

1. 艰苦创业时期（1949—1966）

建国初期，百废待兴，工业基础薄弱，造船工业从修旧利废、改建旧船开始。例如，在20世纪50年代初，将20世纪初建造的"江新""江华"号等长江下游客货船加以改建后作为营运的交通工具直至70年代。当时我国水运以发展内河航运为主，建造了一大批内河拖船、驳船和机帆船。为配合航道疏浚和水利建设，各地也建造一些挖泥、抛石等工程船舶。20世纪50年代，京沪铁路运输繁忙，江南造船厂设计和建造了火车渡船"上海""江苏""金陵"号等。这些船长约110 m，可装运20余节车厢。1954年设计建成了以柴油机为动力的客货船"民众"号，载客936人。该船首次采用我国自行设计制造的电动液压舵机；1957—1958年间又批量建造了"江蓉""江津""江陵"号等5艘客货船，首次采用了极U形艏部横剖线并配以弧形折角线，其造型美观，航速也大有提高。1955年，建成航行于渤海区域的"民主"10号、"民主"11号两艘客货船，动力装置是附有空气预热器的水管锅炉和四缸三胀式蒸汽机，航速11.5 kn（节），载客500人，载货700 t。这是建国后设计建造的第一艘沿海客货船，标志着我国造船工业的新发展。1960年建成"民主"18号柴油机沿海客货船，该船可载客800余人，航速约16 kn（节），舱室设备和布置装潢方面达到了一个新水平。

在沿海货船的设计建造方面，1958年大连造船厂、江南造船厂分别在很短的周期内完成了载货 5 000 t 的"和平"25 号和"和平"28 号。主机采用当时较为先进的单流式蒸汽机，除雷达、测向仪购自国外，舾装、电气设备均是自行研制的，该型货船共建成 8 艘。在 20 世纪 50 年代末，我国组织各方面专家进行万吨级远洋货船"东风"号的研究、设计和试制工作，该船载货 10 000 t（吨），航速达 17.3 kn。采用我国自行研制的直流扫气低速重型船用柴油机，国产低合金钢为船体材料。除柴油发电机组为进口，所有机电设备和各种配套机件都是我国自行研制的。该船在快速性、装载量、钢材消耗量等方面均达到了当时较先进的水平，体现了我国造船工程技术人员的艰苦创业精神。"东风"号的建造成功，表明在技术和配套设备的生产方面有重大进步，为以后建造大型船舶打下了基础。

2. 曲折前进时期（1966—1978 年）

这个时间段为满足国内航运和对外贸易的需要，建造了主要以柴油机为动力的第二代运输船型。

1971 年，青山船厂建成中型客货船"东方红"38 号，载客 970 人。该船的适用性和经济性较好，作为定型船舶批量建造了多艘。1974 年，由上海船舶修造厂设计建成大型客货船"东方红"11 号，这是当时我国长江上尺度最大、载客最多的大型客货船、首次开辟了甲板中线内走廊，提高了客船的适用性与舒适性，航速也有显著提高。定型后先后建造了 20 艘，曾一度成为长江中下游客运的主力。这一时期海洋船舶建造也得到快速发展，1967 年，江南造船厂建成"朝阳"号，并批量生产多艘。后由上海船厂、江南造船厂将其中部机舱型改为近艉部机舱型，载重量增加到 14 800 t，定名为"风"字型。1973 年，沪东造船厂设计建造了当时尺度最大的散货船"郑州"号，载重量 25 000 t，采用球鼻艏。1974 年，由上海船舶设计院、江南造船厂共同设计的载重量 16 000 t 的矿煤船，首制船"长春"号，超载时可载货 19 000 t，该型船舶定型后建造 20 多艘。

1971 年，沪东造船厂设计建成我国最大的沿海客货船"长征"号，船长 138 m，载客 960 人，载货 2 000 t，航速 18 kn。1969 年大连造船厂完成 15 000 吨级油船"大庆"27 号，航速 15.5 kn。1973 年经改型设计，将载重量提高到 24 000 t，航速 15.77 kn，1978 年先后建成 16 艘，这批油船在沿海油运方面发挥了很大的作用。大连造船厂于 1976 年还建成载油量 50 000 t 的油船"西湖"号。

3. 改革开放时期（1978 年以后）

1978 年我国开始实行改革开放政策，国内、国际市场的开拓促进了我国第三代内河及海洋运输船舶以及海洋建筑物的创新与开发。新船型的技术性能、经济指标、生产工艺、建造质量已达到同期的国际水平；能按国际上任何一种建造规范，设计建造满足用户入级保险要求的、符合国际公约和标准的各种类型现代化船舶。采用船机集控、遥控，或实现无人机舱，自动化程度有显著提高。

1986 年，江南造船厂为香港建造的两艘 64 000 t 级巴拿马型散货船受到了航运界的称赞。由于该船质量上乘，江南造船厂相继签订了 6 艘的合同，其中美国订购的 1 艘命名为"中国光荣"号在 1988 年 8 月 20 日下水。1987 年，大连造船厂建成 69 000 t 成品/化学品油船，以装载成品油为主，还可装化学产品，航行于无限航区的国际航线。该船有球鼻艏，艉柱带有艉球体。货油舱区域从甲板舷侧至底部均为双层焊接结构。设无人机舱，14 个油舱及 2 个污油舱均采用特种涂装工艺处理，具有惰性气体保护设施。迄今为止，世界上只有少数造船大国能够设计制造这样的船舶。

1988 年，大连造船厂建成 7 000 t 滚装船，实测航速为 16 kn，采用双机双桨，通过减速器用可变螺距螺旋桨推进。在正常航行情况下,可在驾驶室进行遥控操纵。该船的底部货舱可装 65 辆小轿车;主甲板可装最大质量为 45 t 的北欧标准型拖车 123 辆,或装 6.1 m 标准集装箱 514 个(其中包括 24 个冷藏集装箱)。同年,江南造船厂承造的 24 000 t 汽车滚装船"沃尔夫斯堡"号,载车 4 000 辆,其性能达到世界上同类型汽车滚装船的先进技术水平,堪称为"世界未来型"船舶。

1988 年 3 月,沪东造船厂为联邦德国劳埃德轮船公司开工建造的 4 万吨级全格栅大型冷风集装箱船"柏林快航"号,采用不对称艉型,其综合导航系统可实行从启运港到目的港全程自动导航,全船只需 16 名船员,可载 2 700 个标准集装箱,其中 544 个冷藏箱可自动调温,被国际航运界誉为"未来型"的大型集装箱船。

经过多年不懈的努力,我国研究开发了系列散货船、多用途散货船、自卸船、化学品、成品油船等 700 种船型,进入国际市场的船型达 70%以上;还进行了液化气船(LPG)、化学品船、集装箱船、大型油船(VLCC)、液化天然气船(LNG)、海上浮式生产储油船(FPSO)等一批高技术、高附加值船型的技术开发,并成功进入国际船舶市场。

进入 21 世纪,世界造船业逐渐向亚洲转移,我国造船业抓住了机遇,船舶行业得到迅猛发展。

2006 年,全球造船市场空前火暴,上海、辽宁、江苏、山东、浙江、福建、湖北等沿海、沿江省市纷纷提出将船舶工业列入本地区优先发展行列,积极制订措施,把船舶工业培育成重要的经济增长点或区域性支柱产业,带动地区经济的发展。2006 年,我国新承接船舶订单达 4 251 万载重吨,手持船舶订单 6 872 万载重吨,全年出口船舶 1 171 万载重吨,船舶工业全年完成工业总产值 1 722 亿元人民币,利润总额创历史最高水平,综合竞争力有很大提高,中国船舶工业整体发展形势正由"快"转变为"又好又快",增长方式则由"做大"转变为"大强并举"。上海江南长兴造船基地、广州龙穴造船基地、青岛海西湾造修船基地等大型造船基地已陆续接单,推动中国造船产量产生了巨大飞跃。在此期间,中国船舶工业产品结构还得到进一步优化,不仅主流船型大型化、批量化、系列化特点更加突出,而且船舶技术含量和附加值大幅提高;承接油船比例大幅上升;集装箱船已形成系列化建造;高新技术船舶比重明显增加,首次承接万箱级集装箱船和 30 万吨级矿砂船;成功进入海洋工程国际高端市场,美国康菲石油公司 30 万吨超大型海上浮式生产储油船项目已顺利交船;首次承接了第六代深水半潜式钻井平台改装工程。

2008 年由于金融危机、美国次贷危机、欧债危机,造船业受到较大的冲击和影响。但我国船舶企业积极调整产业结构,转变增长方式,及时转向海洋工程装备制造,创新融资模式,抓住市场回暖的契机,积极承接新船订单。从 2009 年开始我国占世界造船的份额逐步超过日本和韩国,居世界首位。

2010 年以后,由于全球金融危机引发的海运衰退影响,造船业受到很大冲击,国内造船产能过剩凸显,这使得中国船舶行业进入了一个重大的调整时期,船舶企业在专业技术上需做进一步提升。

2013 年,中国造船三大指标市场份额继续保持世界领先,造船完工量、新船接单量、手持订单量三大指标均排名第一。全年新推出 100 多型绿色环保船型,优化和研发了大型液化天然气(LNG)船、大型液化气船(VLGC)、超大型系列集装箱船、汽车滚装船、双相不锈钢化学品船、海洋执法船、公务船、远洋渔船等高技术船舶和特种船舶,大多数船型获得批量订单。

当前我国造船业虽然在造船总量上已经成为世界第一,是造船大国,但还不是造船强国。在科技水平和综合实力等方面与日、韩等先进造船国家相比仍有不小的差距,我国造船业的自主创新能力、产品结构、生产效率和船舶建造工艺技术方面仍然有较大的发展空间。

三、船舶建造的发展趋势

目前,船舶建造工艺技术的发展趋势主要有:低碳高效的船舶生产技术、绿色造船技术、数字化造船技术和智能化造船技术。

1. 造船的高效化

高生产效率造船:巨型总段、大型单元、舾装单元流水线、激光或电感应加热外板成形、曲面分段流水线、船体结构机器人焊接和高效焊接技术等。

低资源消耗造船:不设置中间堆场的船厂生产流程、造船活动前移与并行、先焊法兰后弯管理加工的工艺等。

2. 造船的绿色化

绿色造船是对生产资源利用率最高和对环境影响最小的船舶制造技术。造船时船厂负有环境保护的责任;船舶营运中须减少对海洋的污染;船舶报废后,绝大部分材料能再利用。绿色造船包含"绿色船厂"和"绿色船舶"两个方面。

"绿色船厂"特征:对材料和能源的使用效率很高,充分利用钢材;气态、液态和固态的污染物排放很少;改善壳舾涂作业环境,达到流程顺畅。

"绿色船舶"特征:造船和用船中采用环保的设计、无害的材料、高效的工艺和防污染设备等,"减少"物资和能源的消耗以及对陆海环境污染;在维修船舶时,零部件能方便地分类回收,并"再循环"使用;当船舶退役时,使绝大部分材料能被"重新利用"。

如:全面实现船体加工和装焊的自动化,提高钢材利用率;以单道焊替代多道焊,减少焊接烟弧地环境的污染;无排放的钢材预处理和涂装技术;密闭的造船场所,对密闭空间进行空气的滤清等。

3. 造船的数字化

数字化造船的目标:由计算机系统精确定义造船的全过程,以电子工艺图表的形式规定所有的壳舾涂作业和系统试验任务以及执行该任务的生产资源与操作方法。然后,将一体化的工艺图表发布到含分包商的所有施工部门。为此,数字化造船中制造部分的数据库必须存储,解决方法的历史数据、相互关系的逻辑数据、所有各方的能力数据等要实时更新。

数字化造船要进行"船舶"和"船厂"的三维建模,以便在设计时使用船厂的3D环境制成工艺过程、作业计划、机器人操作、NC(数控切割)模拟和物流仿真。生产前,在计算机中模拟船舶每条切割缝、装配缝和焊接缝作业,获取相关技术数据和管理数据。

4. 造船的智能化

随着造船技术的发展,必将出现与之相适应的大量智能化软件和智能化硬件。

我国正在开发船舶数字化智能设计系统,该系统以我国造船界使用的国产和进口的主流软件系统为基础,内容包括数字化样船库、实海域性能预报系统、结构分析系统、资源消耗控制系统、建造精度控制系统、智能化系统和可视化演示验证系统。它将融合各学科、各专业的最新成果,对船舶的设计和建造做优化处理。

我国自主开发的管子加工软件能将国产和进口的多型软件系统,转换为统一的管加车间数字化制造和管理格式。管子定长切割生产线能自动识别管件,并将它们分别输送至不同的后续工位。管法兰焊接装备能适应椭圆度较大的管子与法兰的焊接。肋骨冷弯机和弯板机能根据被弯型材和钢板的实际特性和成形目标,设定数控程序和参数。

5. 造船的全球化

全球经济一体化是指产业结构在世界范围调整,生产要素在全球东边流动,因超越国界配置生产资源,而形成统一的发展态势、发展进程和发展结果。其主要特征是"异地并行、无缝整合"。"异地并行"旨在获取总装效率最大化(采用巨型总段、巨型舾装单元)和造船成本最小化(船舶组件的加工园区、跨国生产船舶分段)。依靠全面模块化和制造数字化实现船舶建造全过程在技术上和时间上的"无缝整合"。

上篇　中职部分

项目一　船舶建造基础知识认知

【项目描述】

　　各类钢质船舶生产企业应设有与生产船舶相适应的生产场所,包括生产场地、材料堆放处、仓库、生产车间、办公场所,生产场所布局要合理,主要设施齐全,要有良好的交通环境和供电供水能力,满足生产管理需要。钢质船舶建造企业建造船舶前要做好船舶建造的准备工作,并按一定的流程进行建造生产。

　　本项目是船舶建造工艺学习前必须要学习的基本内容。主要是对船舶建造基础知识进行认知,包括造船基础条件认知和船舶建造过程认知两个学习任务。

知识要求

1. 了解船舶建造的必备条件、船厂厂区布置及造船主要设施等;
2. 了解船舶建造的准备工作,熟悉船舶建造工艺流程。

能力要求

1. 具备船厂厂区布置形式的区分能力,能够认识船舶建造的主要设施;
2. 能够了解船舶建造准备工作,画出船舶建造常规工艺流程框图。

工作任务

1. 任务一　造船基础条件认知;
2. 任务二　船舶建造过程认知。

任务一　造船基础条件认知

【学习目标】

1. 了解船舶制造必备条件;
2. 熟悉船厂厂区布置及主要设施;
3. 了解船舶建造的机械化和自动化情况。

【任务解析】

　　船厂用于船体建造的设施和装备主要有船台、造船坞、钢料加工车间、船体装配车间,车间内和露天装配场地的平台和胎架,各种吊重设备,各类焊机和动力能源设施。由于船舶的日趋大型化及现代造船模式的采用,对船体建造的设施和装备也提出了更高的要求。加工、装配和焊接采用了机械化装备,替代了繁重的体力劳动。

　　本任务主要是认知船舶制造必备的条件,船厂厂区布置形式及主要设施,船舶建造的机械化和自动化发展情况。通过该任务学习能够绘制合理的现代化中型船厂厂区布置草图,配置现代化船厂主要的机械化和自动化造船设施。

【任务实施】

一、背景理论与知识学习

（一）船舶制造必备条件

船体建造一般是在陆上船台或船坞中进行,制造完整以后移至水中。所以船体建造应在河边、江边或海边,该处水域要求流速低、风速小,以便船舶下水。船体建造室外作业较多,受天气影响较大,对夏热冬冷、降雨天数多且雨量大的地区,要采取降温防寒措施和遮蔽措施,保证工作正常进行。

船体建造工艺流程是从钢材堆场到构件加工、船体零部件装配焊接、分段和总段装配焊接、船坞（船台）装配焊接、下水、码头舾装等。新的造船方式为了减少船舶下水后的舾装工作量、缩短造船周期,机械设备和舾装件大都提前到分段装配或总段装配阶段安装。因此,各道工序应以船坞（船台）为中心进行布置。从材料消耗和运输情况来看,钢材加工和船体装配的比重较大,所以应优先保证从钢材堆场、构件加工、装焊场地到船坞（船台）的距离尽可能缩短。工序间减少迂回过程,使船体从加工、零部件装配、分段（总段）、舾装件、机械设备等运至船坞（船台）的距离最短,这是船体建造物流的设置基础。船坞（船台）是船体建造成整体的场所,完工的船体从陆上移至水中的过程也是通过船坞或船台下水装置完成的。因此,船坞（船台）是造船企业重要设施中不可缺少的组成部分。

船台根据工作表面可分成水平船台（船坞也可看作水平船台）和倾斜船台。倾斜船台表面呈倾斜状,与水平面成一定的夹角。船体建造完成后沿纵向滑道滑行下水。倾斜船台滑道的形式一般有油脂滑板和钢珠滑板两种。滑板铺设在船底与滑道之间,下水时依靠滑板和滑道间的相对位移,将船送下水。目前我国常用的倾斜船台的坡度在 $1/25 \sim 1/18$ 之间。通常采用的坡度为 $1/20$,这样计算比较方便。

在船台上的两侧应配置多台高吊,供分段或总段上船台安装时使用。分段或总段的质量应控制在两台高吊起重负荷量约90%的范围内,以确保安全。

船坞是现代化总装厂的重要设施,船舶在船坞中呈水平状态总装。以某造船基地为例,其某船坞尺寸达 $510\ m \times 105\ m$,船坞一般配备龙门吊车,起重量为 $600 \sim 900\ t$。坞内可建造大型船舶 $2 \sim 4$ 艘,而船舶建造坞期（船坞闸门开闭一次）则为 60 天左右。

装配场地是进行零部件、分段和总段制造的区域,装配场地配置起重设备,内场设置桥式行车,外场设置门式行车,这两种起重设备工作灵活、效率高,且较安全。

现代化船厂一般以平面制造中心、曲面制造中心承担了分段制造的全部工作量,且这一部分的作业都已移至室内,作业条件得到极大的改善。总装平台布置在船坞侧面及端部,大型龙门吊车的吊运范围可将其覆盖。

装配平台面积与船坞面积应有适当的比例,如果比例恰当,分段的制造数量与船坞搭载进度可以很好地衔接起来;如果比例太大,将会出现分段积压,船坞吊装紧张;如果比例太小,将会发生分段不能满足船坞安装的需要,增加船坞周期。

整个船体建造区域除了应具备以上所述的条件外,还应配备风、水、电、气等动力能源设施。

• 风:主要指压缩空气。船体建造中使用的一些工具,如风动砂轮、手枪钻、批锗枪、铆接枪等都以压缩空气为动力源。

- 水：主要指自来水。供火工矫正和密性试验等作业使用。
- 电，即工业用电。船体焊接使用的电焊机需大量的电力；另外在工作中的照明，一些工具设备和仪器也需要电，如通风机、行灯照明、半自动切割机等。
- 气：主要指氧气、乙炔气、丙酮、天然气和二氧化碳，用于钢板切割和焊接。

船舶下水后系于码头，并在码头进行余下的部分舾装工作和系泊试验工作。因此，船体建造完工下水后还必须有足够的泊位供船舶停靠。码头上也应配置高吊和风、水、电、气的动力能源设施，这是码头进行各项工作的基本条件。

（二）船厂厂区布置

在现代化的造船厂中，由于生产性质趋向于以船体制造、舾装和涂装工程为主，船体建造系统在船厂生产中的地位就更为突出。在总布置设计时，首先要保证系统有足够的使用面积，此外，船厂的生产作业线应保证工艺流程顺畅，避免交叉、迂回以及协作距离过远而造成运输不便等缺点。实际上船体建造系统的布置特征，基本上体现了船厂总布置的特征。

1. 船厂厂区布置形式

船厂总布置类型大致可分为 I 形、L 形、T 形、U 形等四种。

（1）I 形布置

I 形布置的船体建造工艺流程如图 1－1－1（a）所示。采用这种布置，船体建造工艺路线最简单，完全呈直线方式，其运输途径最短，而且便于各种运输工具的衔接。但是，这种布置只能在有较大的纵深或濒临水域有狭长的岸线时才能实现。

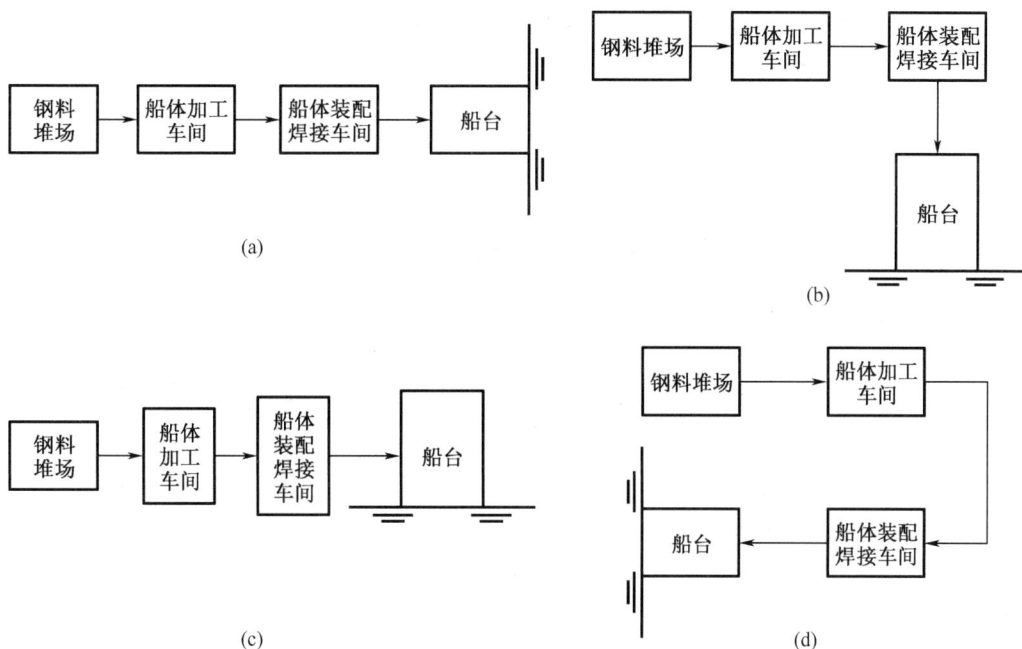

图 1－1－1　各种布置形式的船体建造工艺流程示意图

（a）I 形布置；（b）L 形布置；（c）T 形布置；（d）U 形布置

（2）L 形布置

当厂区受地形条件限制，面对岸线的纵深较小时，则可将船体建造的车间与船台（或船坞）布置成直角或一定角度的 L 形。其船体建造工艺流程如图 1-1-1（b）所示。

采用这种布置时，船体建造工艺流程在分段装配焊接结束后转一个方向。只要布置好各车间和仓库设施的相对位置，配置好运输工具之间的衔接，此方法仍然保持着工艺流程的合理性。

（3）T 形布置

当面对岸线纵深较小时，也可将船体建造的有关车间布置成与船台（或船坞）的中央垂直的 T 形。其船体建造工艺流程如图 1-1-1（c）所示。

这种布置的特点是向船台（或船坞）中央提供分段，可以使船台（或船坞）起重机吊运分段的距离最短。但是，必须解决好分段的运输方法，使它能与船台起重机衔接。

（4）U 形布置

有的厂区不仅纵深较小，而且沿岸线的长度在布置了船台后，已不能按上述三种方式布置船体建造工艺流程，有的厂区地形甚至利用岸线的全长，也无法按 L 形方式布置船体建造工艺流程。此时可采用如图 1-1-1（d）所示的 U 形布置方式。

2. 国内船厂总布置实例

图 1-1-2 为 I 形船厂总布置实例图，从钢材料堆场到船台、船坞成一条直线布置；图 1-1-3 为 L 形船厂总布置实例图，其钢料堆场、船体车间与船台（或造船坞）布置成直角。为兼顾造船和修船，舾装车间布置在造船坞和修船坞一侧。图 1-4 是另一种 L 形船厂总布置实例图，是将装配焊接完工后的分段或总段侧向运上船台进行合拢，这样可以减少起重吊运的行程，直接将各分段（或总段）送至合拢的部位。图 1-1-5 是按 T 形方式布置的一个船厂总布置实例图。为了缩短采用预舾装工艺的运输距离，管子铜工车间 5 与舾装件仓库 6 均布置在靠近船体分段和总段装配焊接区域附近。图 1-1-6 所示为 U 形船厂总布置实例图，它由放样间 2、号料区 3、船体加工车间 4、船体装配焊接车间 6 和造船舶台 9 等组成 U 形船体建造工艺流成。

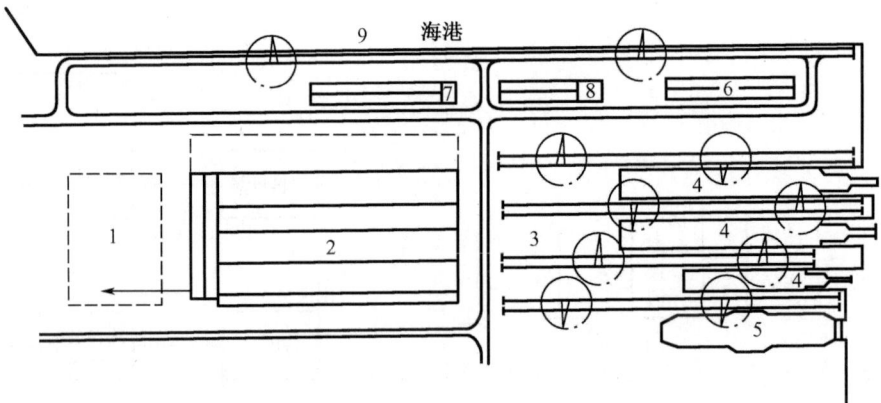

图 1-1-2 I 形船厂总布置实例图
1—钢料堆场；2—船体车间；3—电焊平台；4—船台；5—船坞；
6—船台安装车间；7—舾装车间；8—油漆车间；9—码头

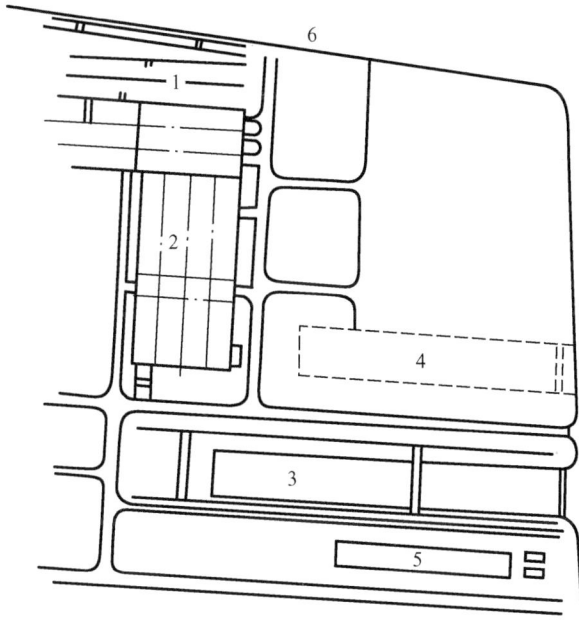

图 1-1-3　L 形船厂总布置实例图（一）

1—钢料堆场；2—船体车间；3—造船坞；4—修船坞；5—舾装车间；6—码头

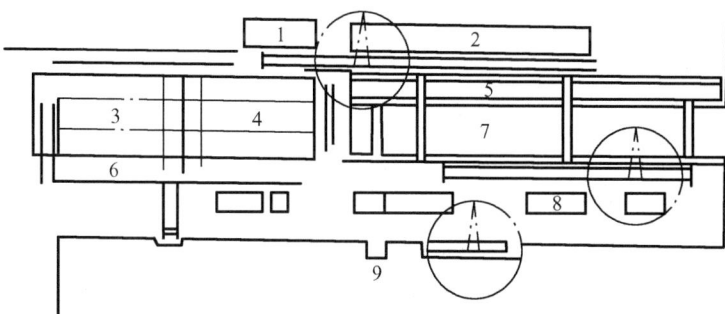

图 1-1-4　L 形船厂总布置实例图（二）

1—装配场；2—堆场；3—加工车间；4—装配车间；5—总段装配平台；
6—钢料堆场；7—造船坞；8—舾装车间；9—舾装码头

(三)船厂主要设施

船体的装配作业是在船体装配车间、露天分段建造场地和船台上或船坞中进行的。由于船舶的日趋大型化，对船体建造的设施和装备也提出了更高的要求，如目前建造的 30 万吨超大型油船，总长达 333 m，型宽 58 m，型深 31 m。在船台上吊装的分段，质量很多也都超过 500 t。

船厂用于船体建造的设施和装备主要有船台、造船坞、钢料加工车间，船体装配车间，车间内和露天装配场地的平台和胎架，各种吊重设备，各类焊机和动力能源设施。

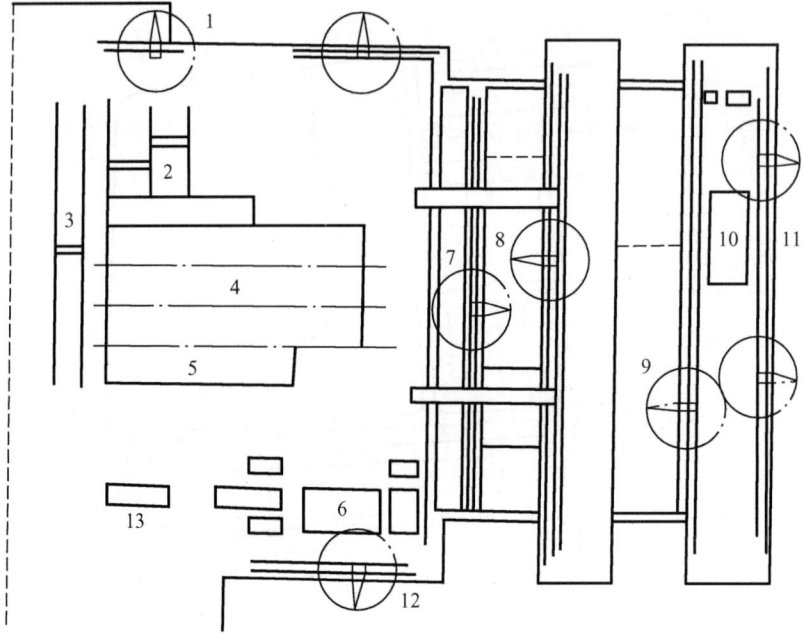

图 1-1-5 T形船厂总布置实例图

1—钢材卸货码头;2—钢板堆场;3—型钢堆场;4—船体车间;5—管子铜工车间;
6—舾装件仓库;7—总段装配场地;8—造船坞;9—修船坞;10—修船车间;
11—修船码头;12—舾装码头;13—办公楼

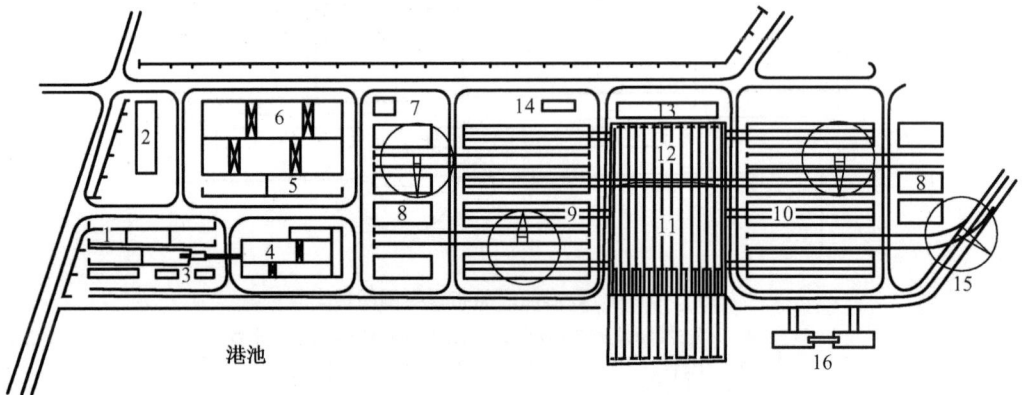

图 1-1-6 U形船厂总布置实例图

1—钢料堆场;2—放样间;3—号料区;4—船体加工车间;5—船体零件库;6—船体装配焊接车间;
7—船体分段除锈间;8—电焊平台;9—造船船台;10—修船船台;11—横移区及下水滑道;
12—横移架;13—绞车室;14—配电变电所、空压站;15—舾装码头(固);16—舾装码头(浮)

1. 船台和造船坞

建造好的船体分段或总段,最后在船台上(或船坞中)合拢成完整的船体,它是船舶的总装场地。在船台上或船坞中还要同时完成大量的舾装工作。船台或船坞都布置在船体装配车间附近而又靠近水域的地方。这样既可缩短部件、分段、总段的运送路线,又方便于船舶下水。

（1）纵向倾斜船台

图 1 - 1 - 7 为某厂的船台全景。图 1 - 1 - 8 为纵向倾斜船台上的滑道、起重机和配套场地的布置情况。纵向倾斜船台是目前广泛采用的船台形式。船台的表面与水平成一倾角，称为船台坡度，这个坡度常用倾角的正切值即 $\tan\alpha$ 表示，一般在 $1/25 \sim 1/18$ 之间，船厂最多采用的坡度是 1/20，这个坡度方便于在船台定位中的测量和计算。船舶建成后，在滑道上依靠自身的重力即可滑行下水。适合于重力下水是纵向倾斜船台的最大优点。滑道的形式有油脂滑板和钢珠滑板两种，滑板铺设在船底和滑道之间，下水时，制动装置打开后，在重力作用下通过滑板和滑道的相对运动将船舶缓缓送入水中。

图 1 - 1 - 7　船台全景

纵向无倾斜角度的船台称为水平船台，这种船台一般布置在下水横移区的单侧或两侧，多个船台共用一套下水装置。船舶的下水要依靠下水滑车、卷扬机、钢轨和移船小车等一系列装置来完成。一般多用于中、小型船舶的建造。

（2）造船坞

造船坞是目前被大型船厂广泛采用的造船基础设施。图 1 - 1 - 9 为某船厂的 50 万吨级造船坞，图中为两艘 18 万吨散货船在坞内建成。该船坞长 530 m，宽 125 m。在造船坞中进行船体的大合拢和设备的吊装有很多优点：它降低了建造中船舶的高度，由于船舶是在水平状态下建造，装配中的定位、画线、测量的操作都比较方便。此外，船舶的漂浮出坞也比重力式下水简便和安全。

（3）船台和船坞中的工艺设施

为支撑分段、移动和固定分段、登高作业，以及在装配过程中进行定位、测量和画线作业，船台和船坞中设有：

①中心线槽钢　沿船台与船坞地面中央通常埋设的槽钢，其上标注船体中心线和所建造船舶的肋位检验线，作为分段宽度方向和长度方向，也即分段左右、前后位置的定位基准。

②基线标杆　设于船台或船坞中心的两侧，一般都成铅直状态，其上标有基线高度，作

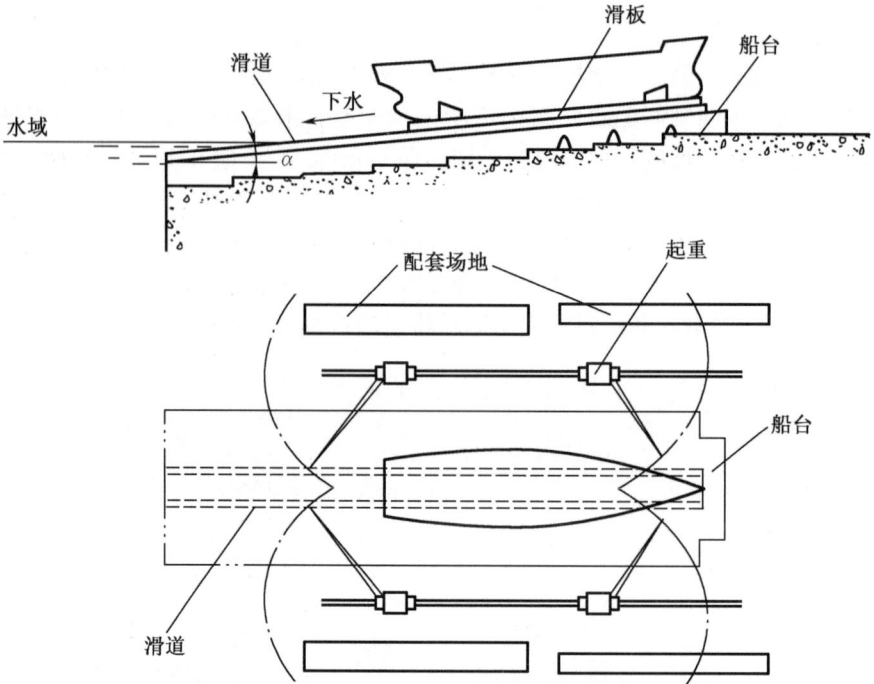

图 1-1-8　纵向倾斜船台的布置

图 1-1-9　造船坞

为分段合拢时基线定位的基准。有时,基线也被直线标画在船底墩木上。

③高度标杆　一般成铅直状态设置于船台两侧,其上标注水线,甲板边线及其他检验线,作为分段合拢时高度方向也即上下位置定位的依据。有时也可将这些检验线直接标画在固定的扶梯或脚手架上。

④地面拉桩 埋设在船台或船坞中心线两侧,作为合拢过程中拉拽分段、调整分段位置的地面刚性固定点。

⑤脚手架 设置在需登高作业的部位,供高空作业和往来使用。脚手架分木质和金属两种。金属脚手架又有固定式,悬挂式和液压升降式等多种。无论何种形式的脚手架都必须保证作业和通行时的方便、安全。

⑥船墩 船墩在船台上的布置和船体的平面投影形状相对应。船墩按材质分木墩、水泥墩和金属墩三种。在船台上用船墩支撑分段和整个船体的质量。

2. 平台和胎架

船体的部件和分段都是在平台或胎架上装配的。平台和胎架是船体装配的主要工艺装备。平台和胎架设置在装配车间内、船台或船坞附近的分段装配场地上。

由于结构预装配比重的不断扩大,用于分段建造的平台、胎架区的总面积应和船台面积保持一个合适的比例,这样才能使分段装配与船台合拢的进度相适应。避免出现分段积压或分段满足不了船台吊装需要的现象。

3. 吊重设备

船舶建造场地都配备有相应的吊重设备,以满足船体零部件和分段的吊运、翻身,并担负各种机电设备的吊装作业。

船体装配车间内主要使用桥式吊车,俗称行车。船台和船坞上则设置高架吊车和门式吊车。吊车的能力主要指最大吊重、吊高和跨距。图1-1-10所示为船厂几种主要的吊重设备。

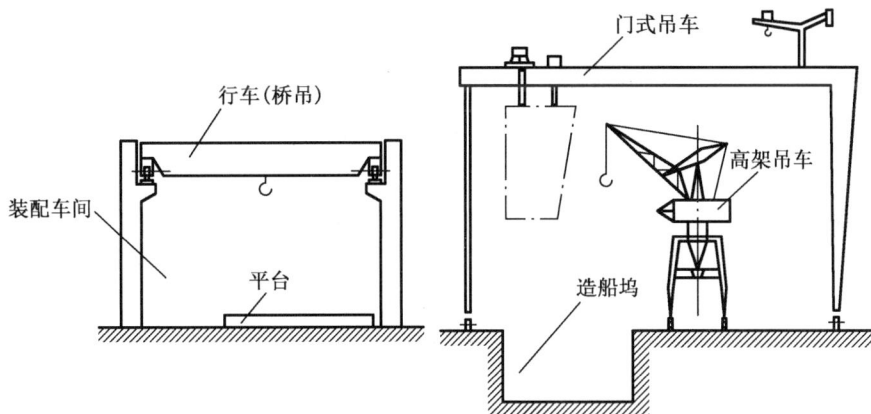

图1-1-10 船厂起重设备

4. 焊接设备

现代钢质船体均为焊接结构,船体结构焊接使用的设备有:交流焊机、直流焊机、埋弧自动半自动焊机、CO_2气体保护焊装置,以及重力焊和单面焊双面成型等多种焊接设备。高效焊接在船体结构焊接中应用较多。

5. 动力能源设施

(1)压缩空气

是风砂轮、风刷、风钻等风动工具及碳弧气刨的动力源。

(2)自来水

供火工矫正和密性试验等作业使用。

（3）工业用电

供焊接、照明、通风及各种电动工具、仪器使用。

（4）氧气、乙炔气

供气割和火工矫正操作使用。

各种气体和水通过专用管路输送到车间、船台和船坞，便于现场使用。

（四）船舶建造的机械化与自动化

要想实现造船机械化（或自动化），首先必须要研究了解造船的特点和规模，同时还要不断将世界上先进的新技术、新工艺、新材料、新设备，甚至是新理念、新的管理方法经过消化吸收，为造船所用，并加以创新和发展，以实现造船机械化（或自动化）。

模块式设计是造船机械化（或自动化）一种很好的思路。在造船工程中，研究标准化、系列化、规范化，进行模块式组装，可以以最大的可能降低劳动成本（包括人工成本、材料成本、一般管理费用）。在造船中引进可靠性设计和可维修性设计，能够减少中间性环节，减少失误，以提高综合效率。

1. 造船装备机械化自动化现状

（1）钢材预处理流水线

钢材预处理工艺是在材料表面处理上实现机械化与自动化，提高生产效率和改善工作环境。它把钢材的矫平、清洗、预检、抛丸除锈、喷漆和烘干等预处理工序的机械设备，用传送滚道连接起来，组建成控制流水生产、检验等预处理生产流水线。实现了生产全过程自动化。

（2）新的切割技术及弯板技术

钢材的切割、成型都已采用了专用设备。近年来研究的切割技术，主要有以下几点：

①等离子技术的迅速发展，提高了应用在造船中切割生产率和切割质量，因此出现了以数控等离子切割机代替数控火焰切割机的趋势。

②对大量型钢构件的切割和自动化号料的开发，研究了具有自动号料功能的数控装置，组建了直接与 CAD/CAM 系统连接的，包括上料、切割、号料、零件分类、运出等工位的型钢切割与号料自动流水线。在流水线中又采用了专门工业机器人和数控等离子切割技术。

③激光切割技术已在一些骨干船厂开始运用，尝试用数控激光切割机来切割船用钢板。

数控水火弯板技术的基础研究也在不断完善之中。

（3）舾装自制件的加工自动化

舾装自制件的加工自动化，主要体现在开发研究管子的加工自动化上。目前一些骨干船厂应用成组技术原理，相继组建管子成组加工成型自动半自动流水线。它是根据管子的材料、管径、管件形状与结构、加工工艺、特别是管子的连接方式等要素，应用相似性原理对管子进行分类成组，再根据材料和管径等特征进行归类成若干管件族，然后根据先焊后弯工艺，按管件族设计和组建管件族成组加工自动流水线。

（4）焊接工艺的机械化、自动化和高效化

在中间产品组装和船舶总装工作中，焊接是一项举足轻重的关键性作业手段，焊接总工时占船体建造的总工时的1/3左右，因此国内外造船业都极为重视焊接作业的机械化、自动化、智能化、高效化，并在造船中广泛采用各种气体保护焊。例如，使用便宜且简易的 CO_2 气体保护自动焊，极大地提高了焊接生产效率，确保了焊接质量，降低了焊工的劳动强度，缩短了造船周期,从而提高了造船效率。骨干船厂应用此焊接技术占到了焊接设备总量的60%。此外,在国外对高速旋转电弧焊接和焊接机器人等新技术的开发与应用也是卓有成效的。具有高效率、高质量等优点的高速旋转电弧焊接方法,已广泛应用于窄间隙焊、多丝自动焊接装置和多关节焊接机器人等。焊接机器人也已逐步用于部件装焊的水平角焊,平面分段框架组装法中的各种角焊缝焊接,船台上(船坞内)船体外板对焊缝的焊接,管子加工自动流水线中的焊接作业等。

(5)中间产品制造中的装配作业机械化与自动化

由于采用了以中间产品为导向的壳、舾、涂一体化区域造船法以来,已应用成组技术原理,按分道建造原则组建了各类中间产品成组制造生产线,使中间产品稳定在相应的成组生产线上制造,这就给今后研究开发中间产品制造生产过程机械化和自动化创造了极有利的先决条件。

(6)船舶建造的辅助作业机械化

船舶建造的辅助作业(包括各工艺阶段的起重、运输;零件加工的供料、保管、运输与分类;中间产品制造中所使用的胎架、脚手架等一类)在整个船舶建造的过程中占有相当大的比重。如何提高它的机械化程度,对确保造船质量、缩短建造周期、降低生产成本和改进施工环境以及确保安全作业是至关重要的。

在材料保管和各构件加工时,使用起重、吊运、转向、传递滚动等机械化运输线,解决了绝大部分的搬运作业。使用小型电磁起重机、传动滚道、限位器、转盘、翻落架、供料装置等组成联动线,使零件加工的供料、进给、定位和出料等辅助作业实现了机械化。

中间产品制造的各条作业线上,设置有各种起重机、传送滚道、转盘和搬运平车等,可组成合理的机械化运输线,担任零部件、单元、分段的运送、翻身和吊装等任务,与装焊机械装置连接起来,可组成中间产品机械化生产线。

(7)船台辅助作业机械化

从中间产品制造工场到船台(船坞)的运输和船舶总装的辅助作业,使用分段载运车和船台起重机械来实现运输作业机械化;使用具有自动调整船体纵横倾功能的液压式船台小车、机械式墩木、船底千斤顶、各种自行式(或固定式)可升降脚手架装置或作业台等来实现船台辅助作业机械化。

国外在船舶制造中都先后不同程度地采用了自动化装备和机器人。应用最多的是机器人切割、装配、焊接和涂装,形成钢材预处理流水线、钢板切割生产线、型材加工流水线、T型材加工流水线、小构件加工流水线、平面分段流水线、曲面分段流水线、管子加工生产线等各种主要装备生产线。

2.造船装备的发展趋势

造船装备的发展趋势是自动化。综合起来分为三个阶段。

(1)单机自动化

造船技术先进国家基本上都已实现了单机自动化,如型钢切割自动化、肋骨自动弯曲机,以及数按弯管机等。这些单机主要是充分采用数控技术、计算机技术和机器人技术,其目的是使造船过程中某一工位实现自动化加工,以此减轻人工劳动强度,提高生产效率和加工质量。

(2)柔性自动化生产线

柔性自动化生产线的基础是单机自动化。它在国外的先进船厂也较普遍,如平面分段流水线、预处理流水线、型钢加工流水线、管子柔性生产线等。它是采用自动化单机,充分运用传感和检测技术、监控自诊断和自维修技术、自动物流技术及机器人等高新技术,使造船生产过程某一流程和某一制造阶段实现自动化。对于船舶及其设备,由于有多品种、小批量的特点,有的自动化生产线建成柔性生产线或柔性制造系统(FMS),以适应产品多样的需求。

（3）智能化造船

该阶段是造船生产最高阶段。它是以企业为对象,在系统学的指导下将企业的全部生产经营过程(包括市场研究、经营决策、产品设计、加工制造、生产管理、销售及服务等)采用软硬件综合集成为一个集成系统。它是由智能计算机、自动化装备和智能机器人组成。

二、工作任务训练

训练名称:现代化大型船厂布置框图及主要造船设施配备

1.训练内容及要求

训练内容:图1-1-11和图1-1-12所示为某两个大型船厂布置图。据此分析布置形式,分别画出船厂厂区布置框图,并列出各主要区域的主要造船设施。

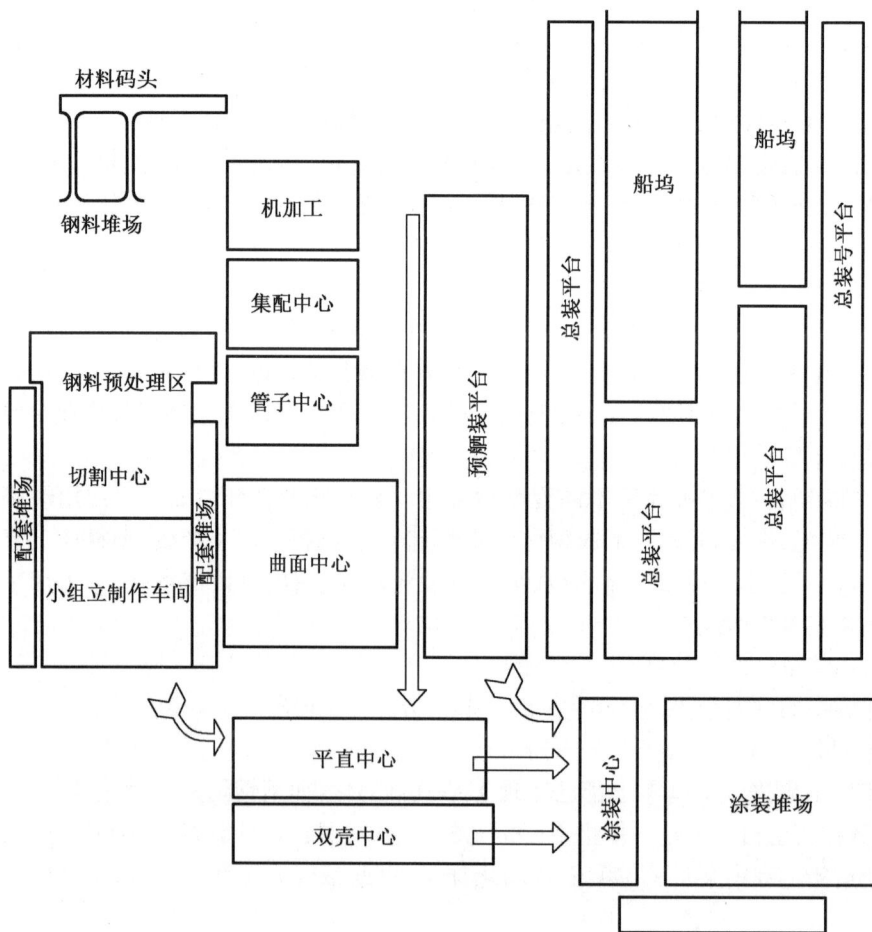

图1-1-11　国内某大型船厂布置图(一)

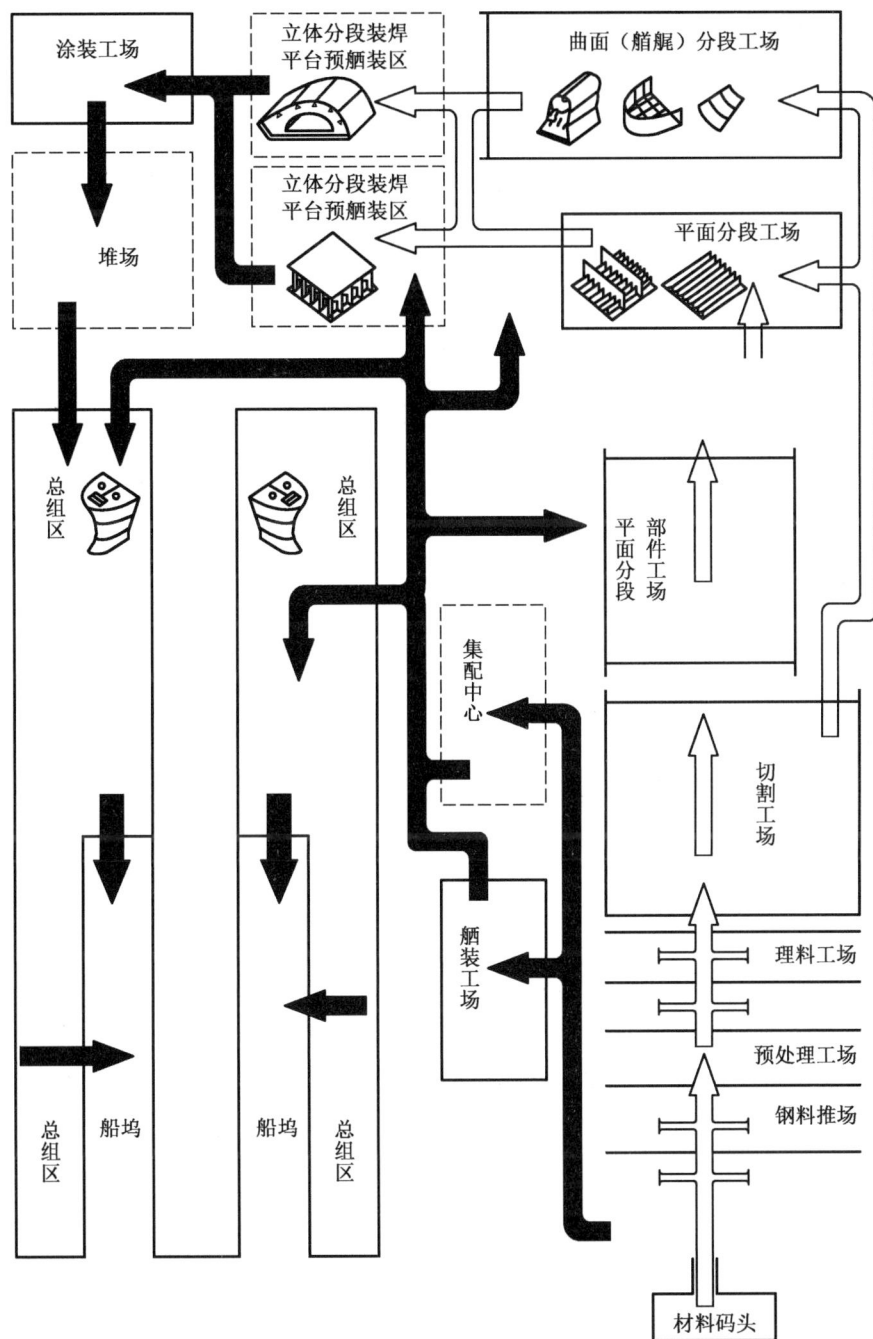

图 1 - 1 - 12　国内某大型船厂布置图(二)

训练要求：

(1)应分析厂区沿岸水域条件,在框图中要画出水域位置。

(2)厂区布置框图要与给出的船厂布置图形式一致。要充分考虑建造流程路线,布置合理,减少运输工作量。

(3)根据船厂的造船能力要求配备主要造船设施,可采用先进的机械化和自动化设备。

2.训练资料、设备和工具

(1)训练资料:教材上的布置图例图、厂区布置模型等。

(2)设备和工具:绘图用具或绘图软件及电脑。

3.训练过程

下达工作任务→制订工作计划(任务分工→确定训练步骤)→实施工作计划→完成训练记录。

4.训练步骤

(1)结合教材内容并查取资料,进一步了解船厂厂区布置形式和船厂主要设施。

(2)根据图1-1-12、图1-1-13,分析给定的船厂布置图,分析两个厂区布局,制订合理的厂区主要区域布置方案,绘制船厂厂区布置框图。

(3)按照大型船厂的造船能力合理配置主要造船设施,列出各种造船设施的名称及数量。

任务二　船舶建造过程认知

【学习目标】

1.了解船舶建造前的准备工作;

2.熟悉船舶建造常规工艺流程。

【任务解析】

现代船舶是一种集高新技术为一身的水上建筑物。在海上要进行生活、工作、休息、娱乐、科学实验、海上作业等,又要满足人们的生理和心理的综合要求。船舶要具有安全性、稳定性、快速性、操纵性和适航性。为了达到上述要求,船舶必须非常复杂、综合。因此,在船舶建造前,要做好建造的准备工作,并按现代船舶建造流程进行建造。

本任务主要是认知船舶制造前需要做哪些准备工作,船舶建造采用的常规工艺流程。通过该任务学习能够制定常规钢质散货船船舶建造工艺流程。

【任务实施】

一、背景理论与知识学习

(一)船舶建造的准备工作

在船舶建造前,必须做好充分的准备工作。准备工作的主要内容包括技术准备、生产准备、材料与设备准备、工厂场地与设备准备、人员与管理准备等。

1.技术准备

船舶建造的技术准备应该包括船舶建造技术、船舶舾装技术、船舶涂装技术、船舶焊接技术、船舶建造精度控制技术、船舶建造编码技术、船舶建造计算机应用技术,各技术彼此互相支承、互相协调、互相补充,有机结合为一体供船舶建造之用。

在船舶建造技术当中,目前应用比较广泛的是船体分道建造技术,它是现代造船模式的重要组成部分,是现代造船模式的基础技术;与船体分道建造技术相关的是区域舾装技术、区域涂装技术、高效焊接技术、信息控制技术及精度控制技术。分道建造技术在很大程度上决定了舾装、涂装及高效焊场的场所、时间、范围、内容和效果。按照分道的原则,各项施工作业有机结合,有利于实施空间分道、时间有序,壳舾涂一体化的现代化造船。

分道建造技术是以成组技术为理论基础,根据相似性原理,以中间产品为导向,按系统部件、多系统模块、分段和总段的建造过程,合理配置场地、设施、人员,组成几个相对独立,最大限度平行推进作业的生产单元,形成逐级制造的设计、作业和管理一体化的船舶建造新的工艺流程。可以这样说,船舶建造技术的分道建造技术是其他技术的龙头,它同时也包容了其他技术的存在。因此我们在进行技术准备当中,一定要综合考虑。

2.生产准备

造船生产准备是指产品开工前的准备工作。它的任务就是通过生产要素进行充分的准备,以保证产品按时开工和开工后能连续有效地进行造船生产。

(1)设计准备

船舶设计包括初步设计、详细设计、生产设计三个阶段。生产设计中的纲领性工艺文件,诸如建造方案的决定,建造方针的编制和施工要领的编制等,是与初步设计和详细设计平行进行的;而各工艺阶段、区域和单元的工作管理图表,则是在详细设计的基础上进行的。

生产设计是解决"怎样造船"的工程技术问题,也是对承建船舶的建造工艺及其流程的设计。因此,纲领性工艺文件的编制是根据承建船舶特点和船厂生产条件,以综合效益最优为目标,决定承建船舶的建造策略、建造原则和程序、生产资源利用、决定施工的作业顺序、作业方法和质量要求等。工作管理图表的编绘,则是根据产品作业任务分解结果和组合要求,详细表达中间产品或船舶总装的详细结构、施工信息、工艺技术要领和生产管理数据等。此外,生产设计还应完成船舶总装以后的各工艺阶段的技术文件和图表的编绘工作。

初步设计、详细设计和生产设计是相互关联的。初步设计是详细设计和生产设计的依据;详细设计又是生产设计的依据,而生产设计的意图和要求又反映在前两个设计阶段的工作中。

(2)工艺和计划准备

现代造船模式中的工艺准备工作是通过造船生产设计来体现的。而现代造船模式的组织生产方式是与造船工艺流程中的工艺阶段密切相关的。工艺阶段是在船舶建造周期中,按生产性质或生产区域划分的一部分船舶建造工程,也就是把造船工艺流程划分为若干个具有相对独立性的工艺阶段,以便于组织生产和编制计划。工艺准备的主要工作是制定原则工艺、划分工艺项目和编制工艺进度表等。

计划准备就是编制生产管理中的各种生产计划。工程计划是现代造船厂对生产实行进度控制的依据,它是造船生产管理的重要组成部分。

建造日程计划是生产计划通过日程管理来实施的一种计划方式。它和造船生产设计、生产负荷分析是相互关联的。所以计划工作与生产设计平行协调地进行。主要的日程计划与生产设计的相互关系如表1-1-1所示。

表 1-1-1　日程式计划与生产设计的相互关系

内容	四型计划			
	订货计划	大日程计划	中日程计划	小日程计划
生产设计	建造方案	建造方针	施工要领	工作管理图表
日程计划	建造计画线表	综合日程表	主日程表	月度计划表

工程计划按其计划的性质、范围和深度被分为订货计划、日程计划。它们的内容是从整体到局部、从总计划到细化的月度作业计划。

3. 材料与设备准备

船舶建造需要的材料种类十分复杂，而且数量庞大。供应部门应根据原材料和主要机电设备供应交货期表，大型铸锻供应交货期表，按计划向有关厂商进行订货。对到厂的材料和设备按照技术要求和造船用材规范进行验收和入库保管。

4. 工厂场地和设施准备

根据承建船舶的需要，对专用工装和工夹模具提前进行设计、制造和订货。对船厂原有的场地设施，如平台、船台、滑道、船坞、码头、起吊设施和各种设备和动力供应等，应根据新造船的要求特点进行必要的扩建或改造。

5. 人员与管理准备

对全厂人员要首先做好安全教育，爱厂如家教育、敬业和团队精神教育。根据需要，对劳动组织和人员进行合理的调整和补充；对在建造中应用新技术、新工艺和特殊工艺的有关人员，以及计划补充人员分别进行组织和技术培训。

(二)船舶建造工艺流程

最初的钢质船舶是通过铆钉将各构件铆接成船体的，随着焊接技术的发展和应用，焊接工艺逐渐取代了铆接工艺。目前在船体建造中不但采用了电子计算机和数控技术，而且还应用了精度控制和成组技术原理，使船舶生产进一步向机械化、自动化和高效优质的方向发展。

船舶是作为水上交通、运输或作业等用途的工具。它是一个漂浮的建筑物，欲使船舶完成预定的使命，除了必须精心设计之外，还应该精心建造。

1. 船舶建造的三种类型作业

船舶的建造过程比较复杂。按照现代造船工艺学的观点，船舶建造可分为三种类型的生产作业，即船体建造(壳)、船舶舾装(舾)和船舶涂装(涂)。

船体建造是用钢材制成船舶壳体的生产过程。从生产的顺序来划分，船体建造包括如下三个步骤：

● 将原材料制成船体零件；
● 将零件组装成部件或进而再组装成分段和总段；
● 将零部件或分段、总段总装成船体。

船舶舾装是将各种船用设备、仪器、装置和设施等安装到船上的生产过程。按作用区域和专业来分，船舶舾装包括甲板舾装、住舱舾装和电气舾装等工作内容。按工作地点和阶段来分，有内场预制舾装、外场分段舾装、船坞(船台)舾装和码头舾装。

船舶涂装是对全船进行除锈、涂漆的生产过程。按作业阶段来分，船舶涂装可分为钢材表面预处理、分段涂装、下水前船体外表面油漆涂装等几个阶段。目前较先进的方式是：船体分段在船坞（船台）总装作业完成后，即时对接缝部位或其他油漆损坏部位进行油漆跟踪，船体总装完成涂装作业也已完成，下水后不再进船坞做涂装工作。

造船界正在推行船体、舾装、涂装"一体化"的造船模式，即将上述三种类型的生产作业按模块划分成区域，在每一个区域内都要完成船体、舾装、涂装的任务。

2. 钢质船舶焊接船体常规建造的主要工艺流程

目前，钢质船舶焊接船体常规建造的主要工艺流程如图1-1-13所示。

（1）船体放样

船体放样是把设计型线按1:1的比例绘在放样间的地板上，或运用数学方法编成程序输入电子计算机进行数学放样。不论采用上述何种方法，均需光顺理论型线和修正理论型值，再绘出肋骨型线图并进行结构线放样，接着展开船体结构件及其舾装件中的各个零件，据此提供各种放样资料为后续工序使用，如样板、样箱、草图或软盘等。

（2）船体钢材预处理和号料

对船体钢材进行矫正和表面锈斑的清理、防护等预处理工作后，再应用样板、样箱、草图或软盘等放样资料，把放样展开后的各零件图的图形及其加工、装配符号、工艺信息画到平直的钢板或型钢上去，这个过程称为号料。有时号料还与切割工作结合进行，如数字程序控制切割机，就是在号料的同时将零件外形切割完毕，实际上取消了号料工序。

（3）船体构件加工

号料后的钢材上有各种船体零件，需要进行切割分离，称为船体构件的边缘加工。它是通过机械剪切（如刨、铣等）或火焰切割等工艺方法来完成的。边缘的形状分为直线边缘和曲线边缘（均含焊接坡口）。经过边缘加工后的船体各个零件的表面都是平直的，其中有一部分需要弯曲呈它在船体空间位置上应具有的曲面或曲线形状，其弯制过程称为船体构件的成形加工。它是通过各种机械设备（如辊弯机、压力机、折边机、撑床、肋骨冷弯机等）在常温下进行冷弯成形加工，对少数曲形复杂的构件则在高温下进行热弯成形加工，或采用水火弯制工艺来实现。经过加工后的船体零件就是船体结构构件。

（4）船体装配

船体装配是把船体构件组合成整个船体的过程，因为船体建造方案不同，所以船体装配的工艺流程也不同。例如，分段建造法的船体装配分为三个阶段进行：一是由船体零件组合成船体部件的部件装配（又称小合拢、小组立、中组立），如T型梁、板列、肋骨框架、主辅机基座、艏艉柱舵、烟囱等部件的装配。二是由船体零件和部件组合成船体分段的分段装配（又称中合拢、中组立、大组立），如底部分段、舷侧分段、甲板分段、舱壁分段、上层建筑分段、艏艉立体分段等的装配。以上两个阶段多半是在船体装配车间内进行的。三是由船体分段和分段、零部件组合成总段装配（又称总组立），该阶段一般在船坞边的总装平台上完成，完成后的总段能直接调运至船坞。四是由船体总段（分段）和零部件组合成整个船体的搭载阶段（又称大合拢、搭载），该阶段是在船台或船坞内完成的。又如总段建造法（也称总组阶段）的船体装配与分段建造法相比，增加了一个工序，即将已装配好的各个分段和零部件组合成总段以后，再送交船台（船坞）进行大合拢。这种方法极大地缩短船台（船坞）周期，但需要有重型起重设备相配合，目前我国几个大型造船厂都已采用此方法来造船。

（5）船舶焊接

船舶焊接时运用焊接技术并采用合理的焊接流程，将已装配妥的船体部件、分段（总

钢材切割、加工
（板材边缘加工、
成型加工、板材坡口切割）

部件或零件配套
（分道按日程、区域要求配套）

跟踪油漆

船坞搭载

上层建筑整吊

二次理料
（以切割分线理料）

曲面部件装焊
（小件加工、平面上组
立、预舾装、跟踪油漆）

曲面部件装焊
（曲面分段中组立、预
舾装、密性、跟踪油漆）

总段预舾装
（单元模块吊装）

船坞舾装
（单元模块吊装）

上层建筑
（预舾装、总组、舾装、
居装、涂装、通电）

钢材预处理

平面分段流水线
（分段中组立、预舾装）

平面分段流水线
（分段中组立、预舾装、
密性、跟踪油漆）

小件加工、曲面板材成型加工

总段密性
（跟踪油漆）

坞内涂装完工

一次理料
（按区域或需求配料）

平面分段大组立
（300 t龙门吊装焊翻身区）

总段组装
（单元模块、设备封舱）

出坞

试航

钢材堆场

分段密性
（焊缝预密性、油漆跟踪）

分段预舾装
（以机舱分段为主）

二次除锈与涂装

完工交船

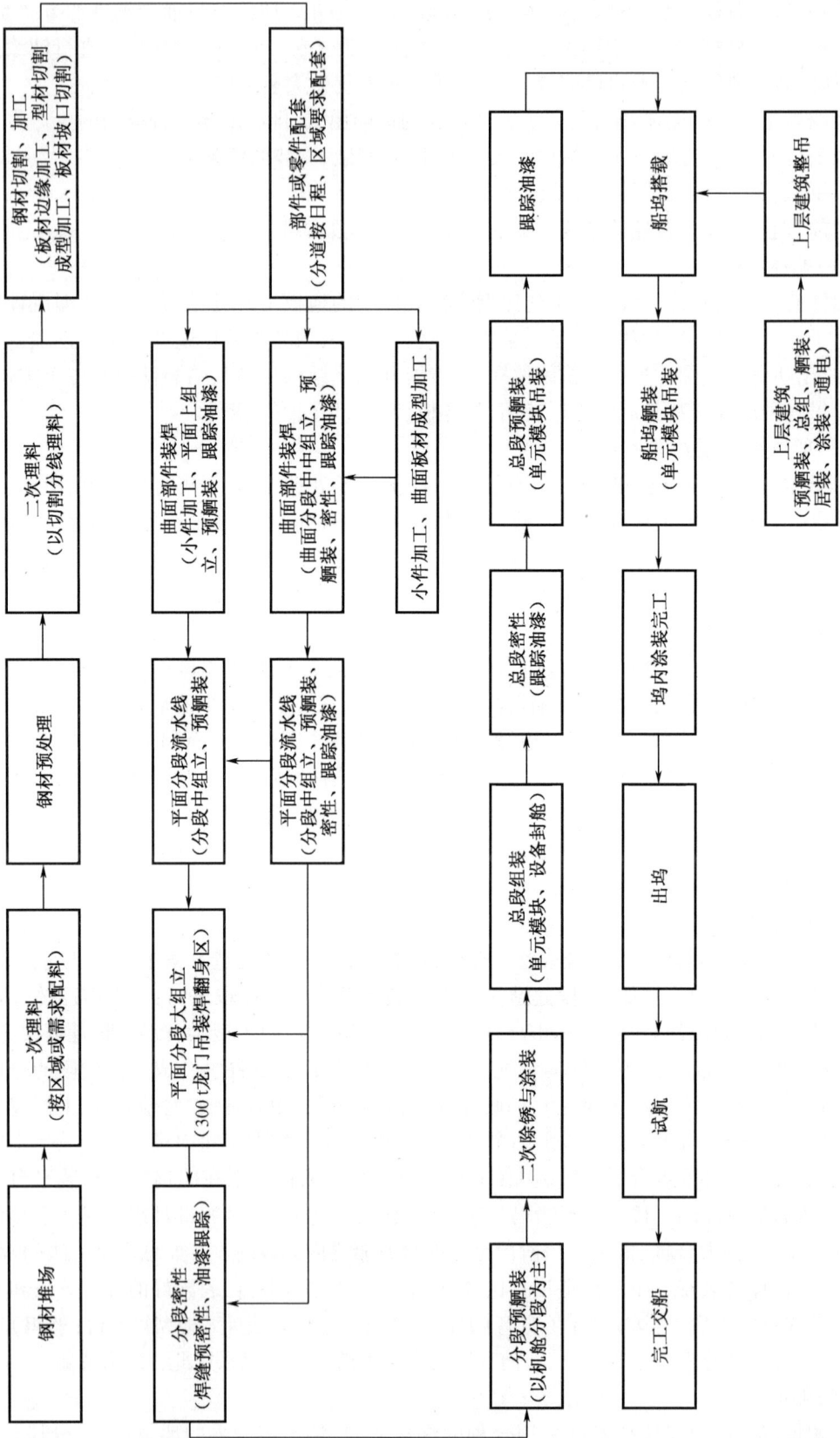

图1-1-13　钢质船船焊接船体常规建造的主要工艺流程

段)、整个船体的各种接缝,按照设计要求连接起来,从而使各种船体构件结合成为一个整体。实际上船舶焊接是渗透在船体装配的整个过程中的,如船体部件焊接完后才能进行分段(总段)的装配,分段(总段)焊接完后才能进行船台装配等。

(6)火工矫形

船体焊接都会产生局部和整体变形。船体部件焊接变形既可采用机械矫正,也可采用火工矫正。但是在分段、总段及整个船体体积大、质量也大,其焊接变形无法用机械矫正,主要靠火工矫正。火工矫正是利用焊炬局部加热变形部位,使之热胀受周围较冷区域的阻碍而产生压缩性变形,冷却收缩,引起钢材新的变形。船体部件如 T 型材、肋骨框架等在部件装焊后应予以矫正。船体分段也必须在分段装焊后、船坞(船台)总装前进行矫正。船台装配完工后还应进行一次全面彻底的火工矫正。

(7)密性试验

船体上的许多连续焊缝,特别是水下部分的外板、舱壁(主隔舱)、舵等的焊缝必须保证水密,船上的各类舱室按设计要求进行密性试验。因此,这些部位的焊缝需要进行密性试验(灌水、冲水、气压、充气、煤油、冲油等试验方法)来检验其质量,以防航行中漏水、漏油,确保航行安全。有些重要船舶或重要部位的焊缝质量还需要运用科学仪器检查,如超声波探伤、X 光探伤等。

(8)船舶舾装

船舶舾装的主要内容有各种设备和管系的安装、电气安装、木工作业、绝缘作业、舱室设备安装、房间修饰等。船舶舾装是一项相当复杂的工作,不仅需要各个专业工种的相互配合,而且需要生产上的组织与安排,以便最大限度地缩短造船的总周期。过去除少数舾装工作在船台上进行外,大多都在船舶下水后移泊于舾装码头进行的,所以称为码头舾装。现代造船采用区域舾装法,即尽量把舾装工作提前完成,如把码头舾装工作提前到船台装配时进行,把船台上的舾装工作提前到分段或总段装配时进行(管系安装等),使船舶舾装工作与船体建造工程以平行作业的方式来进行,称为预舾装。也有的是将舾装件先组装成完整的舾装单元,例如,在机舱分段中,根据设计要求,把机舱中各附件先放在分段内进行安装,这样就使船舶在下水前完成了大量的机舱舾装工作,下水后移泊于码头时,只花费较少的时间即可完成全部舾装工作和一些收尾工程,并做好船舶试验的准备工作。

(9)船舶涂装

为了防止钢材腐蚀,延长船舶的使用寿命,必须对钢材和船体进行除锈、涂漆处理,这项工程作业称为船舶涂装。船舶涂装除了船体防腐外,还有外表装饰和防污等作业。

(10)船舶下水

船舶虽然是一种水上工程建筑物,但却是在陆地上建造的。当船舶建造完工后,必须把它从建造区(船台或船坞)移至水上,这个过程称为船舶下水。船舶下水的方式一般分为三种:重力式下水、漂浮式下水和机械化下水。

(11)船舶试验

船舶试验包括系泊试验、倾斜试验和航行试验,分为两个阶段进行。系泊试验是当系于码头的船舶船体工程和动力装置安装基本完工,船厂在取得用船单位和验船部门的同意后,根据设计图纸和试验规程的要求,对该船的主机、辅机以及各种设备和系统进行的试验,其目的是检查船舶的完整性和可靠性。系泊试验是航行试验前的准备阶段。倾斜试验是对完工船舶重心位置的测定,要求在静水区域进行。以上是第一阶段的试验。

航行试验通常称为"试航",它是对所建造的船舶做一次综合性的全面考核,是第二阶段的试验。按照船舶的类型,试航规定在海上或江河中进行。出航前,必须带足燃料、滑油、水、生活给养、救生器具以及各种试验仪器、仪表和专业测试工具。航行试验分为空载试航和满载试航两种,由船厂会同用船单位和验船部门一起进行,就像正常航行时那样,对主机、辅机、各种设备系统、通信导航仪器以及各种航行性能等做极限状况的试验,以测定其是否满足设计要求。

（12）交船与验收

当船舶试验结束后,船厂应立即进行消除各种缺陷的返修和拆验工作,并对船舶本体和船上的仪器装备按照图纸、说明书和技术文件上的项目,一一向用船单位交验,例如,逐个舱室的移交,备品的清点移交,主、辅机及各种设备系统和通信导航仪器的动车移交等。当上述工作结束后,即可签署交船验收文件,并由验船部门发给合格证书,用船单位即可安排该船参加运营。

二、工作任务训练

训练名称:散货船船舶建造工艺流程制定

1.训练内容及要求

（1）训练内容

①研究船舶建造常规工艺流程;

②编制散货船建造工艺流程。

（2）训练要求

①绘制散货船工艺流程框图;

②列出各阶段的工作内容。

2.训练资料、设备和工具

（1）训练资料:某散货船的概况及船厂设施概况。

（2）设备和工具:绘图工具及电脑。

3.训练过程

下达工作任务→制订工作计划(任务分工→确定训练步骤)→实施工作计划→完成训练记录。

4.训练步骤

（1）根据教材内容及查找资料进一步了解和研究船舶建造常规工艺流程;

（2）分析钢质散货船船型及结构特点,制订钢质散货船船舶建造常规工艺流程,绘制散货船建造工艺流程框图;

（3）并用文字列出各阶段的主要工作内容。

【课后自测】

一、填空

1.船舶建造工艺是研究（   ）和（   ）的制造方法与工艺过程的一门应用学科。

2.现代造船工艺分为船体建造、（   ）和（   ）三种不同类型又相互关联,相互影响的制造技术。

3. 船舶建造分为（　　　　）、（　　　　）和船舶涂装三种类型生产作业。

4. 船舶舾装是将各种船用（　　　　）、（　　　　）、装置和设施等安装到船上的工艺过程。

5. 船体建造工艺流程是从钢材堆场到构件加工、（　　　　）、（　　　　）、船坞（船台）装配焊接、（　　　　）、码头舾装等。

6. 舾装工艺阶段分舾装件采办、（　　　　）、（　　　　）和船上舾装。

7. 船台根据工作表面可分成（　　　　）和（　　　　）。

8. 码头上应配置（　　　　）和风、水、电、气的动力能源设施,这是码头进行各项工作的基本条件。

9. 船舶建造可分为三种类型的生产作业,即（　　　　）、（　　　　）和（　　　　）。

10. 号料后的钢材上有各种船体零件,需要进行切割分离,称为船体构件的（　　　　）。

11. 船舶涂装包括（　　　　）、（　　　　）和（　　　　）等作业。

12. 船舶下水的方式一般分为三种:（　　　　）、（　　　　）和（　　　　）。

13. 船台和船坞中的工艺设施有（　　　　）、（　　　　）、（　　　　）、（　　　　）、（　　　　）。

14. 现代钢质船体均为焊接结构,船体结构焊接使用的设备有:（　　　　）、直流焊机、（　　　　）、（　　　　）、（　　　　）以及单面焊双面成型等多种焊接设备。

15. 金属脚手架有（　　　　）、（　　　　）和（　　　　）等多种。

16. 船舶设计应包括初步设计、（　　　　）设计和（　　　　）设计三部分。

17. 产品设计解决（　　　　）的问题,生产设计解决（　　　　）的问题。

18. 船舶建造准备工作包括技术准备、（　　　　）、（　　　　）工厂场地准备和人员设施准备。

19. 船舶产品区域划分为机舱区、（　　　　）、（　　　　）等三大区域。

20. 船体建造分为零件加工、（　　　　）、（　　　　）、分段组合、船台合拢等五个作业阶段。

21. 第四阶段的造船模式是按（　　　　）/（　　　　）类型一体化组织生产的造船模式。

二、判断（对的打"√",错的打"×"）

1. 船坞（船台）是船体建造成整体的场所。　　　　　　　　　　　　　　（　　　）

2. 装配场地配置起重设备,外场设置桥式行车,内场设置门式行车。　　　（　　　）

3. 船体钢材号料是把设计型线按1:1的比例绘在放样间的地板上,或运用数学方法编成程序输入电子计算机进行数学放样。　　　　　　　　　　　　　　　　（　　　）

4. 船体部件焊接变形只能采用机械矫正,不可采用火工矫正。　　　　　（　　　）

5. 系泊试验是对完工船舶重心位置的测定,要求在静水区域进行。　　　（　　　）

6. 船厂总布置类型大致可分为L形、T形、U形等三种。　　　　　　　　（　　　）

7. 高度标杆设于船台或船坞中心的两侧,一般都成铅直状态,其上标有基线高度,作为分段合拢时基线定位的基准。　　　　　　　　　　　　　　　　　　　　（　　　）

8. 平台和胎架是船体装配的主要工艺装备。　　　　　　　　　　　　　（　　　）

9. 船体装配车间内主要使用高架吊车和门式吊车,船台和船坞上则设置桥式吊车。
　　　　　　　　　　　　　　　　　　　　　　　　　　　　　　　　（　　　）

10. 船体的部件和分段都是在船台上装配的。　　　　　　　　　　　　　（　　　）

11. 将原材料制成船体零件的过程是船体装配。　　　　　　　　　　　　（　　　）

12. 对钢材和船体进行除锈、涂漆处理的工程作业称为船舶涂装。　　　　（　　　）

13. 现代造船模式中的工艺准备工作是通过造船生产设计来体现的。　　　（　　　）

14. 倾斜试验是对完工船舶重心位置的测定,要求在波浪区域进行。 （　　）

三、名词解释

1. 分道建造技术
2. 船体放样
3. 船体构件加工
4. 船体装配
5. 船舶下水

四、简答

1. 造船工艺包括哪三个内容?
2. 按照现代造船工艺学的特点,船舶建造分为哪几种类型作业,包含哪些内容?
3. 什么是船舶舾装,如何分类?
4. 简述船厂总布置类型。
5. 船厂主要设施有哪几类?
6. 船舶建造的机械化和自动化体现在哪几个方面?
7. 试说明钢材切割采用哪些先进技术及设备?
8. 简述钢质船舶焊接船体常规建造的工艺流程。
9. 造船生产准备主要包括哪些内容? 设计准备有哪几项,分别解决什么问题?
10. 船体装配的主要过程有哪些?
11. 船体钢材预处理包括哪些内容?

项目二　船体放样基础

【项目描述】

　　船舶是一种复杂的水上建筑物,其外形通常为形状复杂的流线形体,船体建造过程比较复杂,需要经过放样、号料、加工、部件装配、分段装配、总段装配及船台装配和下水等到工序。船体放样是船体建造的第一道工序,放样提供的型值、数据、草图、样板、样箱等是作为其后续工序的依据,船体建造的质量与放样的精度有着密切的关系,因此船体放样在船体建造过程中占有重要的地位。

　　此项目主要包括船体放样的认知及放样工具的使用、船体放样的基础(几何体放样)。通过这些任务的训练,了解船体放样的内容,掌握几何体放样的基本方法。

知识要求

1. 理解船体放样的概念;
2. 了解船体放样的内容;
3. 掌握船体放样工具的使用;
4. 掌握基本几何作图方法;
5. 掌握基本几何体展开的方法。

能力要求

1. 能够绘制简单几何形状;
2. 学会使用船体放样工具;
3. 能够识读简单的投影图;
4. 能够展开基本的几何体;
5. 熟练使用作图工具。

工作任务

任务一　船体放样认知及放样工具的使用;

任务二　几何体放样。

任务一　船体放样认知及放样工具的使用

【学习目标】

　　1. 了解船体放样的内容、目的以及过程;
　　2. 掌握手工放样工具的使用。

【任务解析】

　　船体手工放样是在专用的放样间进行图线的绘制,其绘图方法与图纸上制图有很大差别,特别是手工放样的图线一般比较长,一般的绘图工具不能满足要求,需要用到一些放样专用的特殊工具。本任务学习放样的内容及方法、放样工具,并进行放样工具的使用训练,为后续船体放样任务打下基础。

【任务实施】

一、背景理论与知识学习

(一)船体放样内容及方法

船体放样是将原设计绘制的设计图(型线图、结构图),按一定比例进行型线三向光顺,并将其构件进行展开,以求得符合设计要求的船体结构真实形状和尺寸,作为船体构件下料、加工和装配的依据。

由于船体表面是光顺的曲面,这就要求放样后的船体线型也一定是光顺的。因此,船体放样的目的不仅仅是将设计图放大(手工放样时为 1:1,1:5,1:10 等),更重要的是将设计图上因比例限制(一般为 1:100,1:50)而隐匿的型值误差和曲线(面)不光顺因素予以消除,对型线进行光顺;此外,由于设计图中除了主要尺寸外,其他尺寸和数据是不太完善的初始数据,结构图样中也不可能一一将船体构件准确位置标明出来,因此,在船体放样时还要补充进设计图中尚未完全表示出的内容;并依据放大光顺的图样求取船体构件的真实形状和几何尺寸,为后续工序提供施工资料(样杆、样板和草图等)。由此可知,放样既是设计意图的体现与完善的过程,又是产生后续施工依据的重要环节。

无论是造船或其他工业生产中,都少不了用金属板制作各种几何形体的制品,如柱体、锥体、球体、箱体等各类工件。它们都可以通过准确的作图步骤和选取不同的展开方法来求取。在造船工业生产中,尤其是船体的舾装件,往往类似有上述不同的几何形体件,如带缆桩、桅杆、通风管、排气管和各种箱柜等。它们必须在几何作图的基础上,采用几何体展开和各种方法,才能准确、简捷地进行展开。因此,全面掌握几何体放样的技能,是为船体放样打下良好的基础。

船体放样常用的方法有手工放样和数学放样。手工放样包括按 1:1 比例绘图的实尺放样和按 1:10 或 1:5 比例绘图的比例放样,比例放样的优点在于能减少放样台面积,降低放样工作劳动强度,其放样方法与实尺放样一样,只是所用的绘图比例、放样工具和技术要求有所不同。数学放样则是用数学方程定义船体型线或船体型表面,建立数学模型,借助于电子计算机完成船体放样。

1. 船体放样的主要内容

(1)船体型线放样

①理论型线放样根据设计部门提供的理论型线图和型值表,进行型线放样,以获得船体的准确、光顺的三向型线图(纵剖线图、半宽水线图和横剖线图),作为船体肋骨型线放样的依据。

②肋骨型线放样为了表达船体每档肋位肋骨横剖线的形状和船体内部结构状况,在理论型线放样的基础上,按实际肋骨间距在纵剖线图和半宽水线图上插入肋骨线,根据三面投影关系,在横剖线图上得到每档肋骨型线,即为肋骨型线图,作为船体构件线放样及船体建造的依据。

(2)船体结构线放样

在肋骨型线图上,按基本结构图、中横剖面图、外板展开图等有关图纸绘出甲板、平台、内底板、纵舱壁、肋板、纵桁材、外板接缝线等结构的理论投影线,作为构件、外板展开和加工制造的依据。

（3）船体构件和外板的展开

根据肋骨型线图所确定的构件线和外板的接缝线,按分段结构图和外板展开图等,进行船体构件和外板的展开,求得构件和外板的准确形状和尺寸,据此绘制草图及制作样板。

（4）提供后续工序

用各类数据、资料,绘制各类草图和钉制各种样板、样箱。作为号料、加工制造的依据。

（5）修正和整理

修正和整理放样过程中的一些有关技术资料。

2. 船体放样的准备工作

（1）图纸的准备

由设计部门提供船体型线图及其型值表,还必须具备基本结构图、中横剖面图、肋骨型线图、外板展开图、艏艉柱结构图、船体结构理论线图、轴系布置图等。

（2）场地准备

手工放样时必须熟悉船体主尺度考虑造船生产进度与周期,合理安排几艘船的放样场地。

（3）工具准备

船体手工放样工具较多,主要有 30～50 m 长的钢卷尺（用前由计量部门检验）、木质、塑料或有机玻璃样条、质量与大小不同的压铁、曲线板、粉线等。

（4）材料及人员准备

钉制样板、样箱和绘制草图所需用的材料,如木板、铁钉、纸、笔等。此外还需做好人员准备,合理调配人力。

采用计算机进行数学放样则需要配备相应的计算机硬件及船舶 CAD/CAM 系统软件等。

随着电子计算机技术的飞跃发展,各个领域都大量应用了电子计算机。船体建造过程是一个复杂的生产过程,而且其中包含了大量的手工作业,若能利用电子计算机来完成船体建造过程中的一些工作,对降低成本,提高产品质量及船体建造技术水平都有非常重要的作用。

由于船体放样工作在船体建造中所处的重要地位,国内外对放样工艺的革新非常重视,近三十年来,放样工艺得到迅速发展,从过去的1:1实尺放样到后来的1:10,1:5的比例放样,以及现在采用的数学放样。数学放样就是以计算机为工具,运用各种数学处理方法来实现船体型线放样、结构线放样、外板与结构展开等各项工作,为后续工序绘图、号料、切割、加工的数字化与数控化提供了数学依据,并为造船数控流水线打下基础。

计算机应用于船舶建造初期,是针对一些计算工作和某个工艺过程编制成一个个独立的程序。而目前则发展成为对船舶设计、建造、管理等进行综合处理的信息系统。其中的船体数学放样子系统已发展为具有型线放样、结构线放样、构件展开、构件样板、胎架等的生成与输出等功能丰富的数学放样子系统。

数学放样是造船自动化中的一个重要的环节,促进了计算机辅助设计与制造的发展,由于现代船舶的制造对效率与质量的要求不断提高,计算机辅助设计和制造（CAD/CAM）在船舶制造业中得到了广泛应用。

由于数学放样是模拟人工放样的过程和方法,人工放样是基础,它与数学放样有着密切的内在联系。因此,掌握了人工放样的原理和方法,是学习和掌握数学放样的基础。

此外,目前还有许多放样相关工作,如一些结构的展开、样板、样箱的制作等,这些都要有船体放样基础。

(二)船体放样工具的使用

船体放样所使用的工具设备种类很多,按其用途可分为量具、工具、木作工具以及木工机械设备四大类。下面将详细介绍这些工具、量具和设备的名称、规格和用途。

1. 量具类

(1)激光经纬仪

它是一种较精密的检验仪器,在放样过程中主要用来测画格子线,这种仪器精确度高,价格昂贵,必须由专人使用、保管和定期检修保养。

(2)钢盘尺

钢盘尺的外形结构如图 1 - 2 - 1 所示,常用的有 20 m,30 m,50 m 几种规格,主要用于画分尺距、检验长距离线段、检查对角线等。为了保持尺上刻度示值清晰,用后要揩洗擦油,以防生锈。

(3)钢卷尺

常用的钢卷尺有 1 m,2 m,3.5 m 等规格,是放样人员人手一把的必备量具,主要用于量取短距离尺寸。

(4)量角器

量角器通常有铜质和铝质两种,其直径为 800 ~ 1 000 mm,上面刻有精确度数,用于测量角度,如图 1 - 2 - 2 所示。

图 1 - 2 - 1　钢盘尺

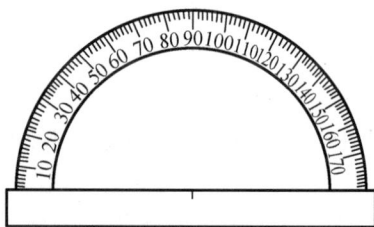

图 1 - 2 - 2　量角器

2. 工具类

(1)地规

地规是一种比较大的画圆弧规,如图 1 - 2 - 3 所示,按木杆长度分为 1 000 mm,2 000 mm,3 000 mm 三种规格,主要用于作垂线、分等距和画大圆弧线等。

(2)铁圆规

如图 1 - 2 - 4 所示,常用的铁圆规有 6 寸、8 寸等规格,在放样号料时主要用于作较短的垂线或画圆弧。

(3)压铁

压铁由铸铁制成,如图 1 - 2 - 5 所示,按质量压铁可分为 1 kg,4 kg,6 kg,10 kg 四种,用于压顺、调整样条。

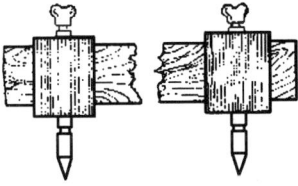

图 1 - 2 - 3　地规

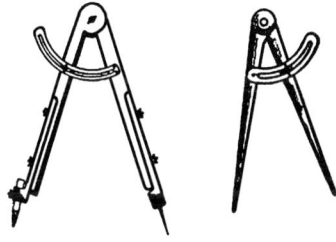

图 1 - 2 - 4　铁圆规

(4)月牙尺

其形状如月牙,一般用铝合金制成,如图 1 - 2 - 6 所示,用于作曲线段或圆弧线段的法线。

(5)钢直尺

长 1 ~ 2 m,用于画直线。

图 1 - 2 - 5　压铁

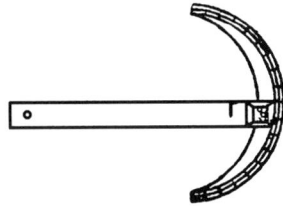

图 1 - 2 - 6　月牙尺

(6)铁角尺

用于作短距离垂线。

(7)粉线袋

用白粉涂抹线绳后弹拉直线。

(8)线锤

外形如图 1 - 2 - 7 所示,用于找垂线、上下引垂点等。

(9)钢画针

外形如图 1 - 2 - 8 所示,用于分较精确的尺距。

(10)鸭嘴笔(或其他画线工具)

如图 1 - 2 - 9 所示,用于描画各种放样型线。

图 1 - 2 - 7　线锤

图 1 - 2 - 8　钢画针

图 1 - 2 - 9　鸭嘴笔

（11）笔

包括软硬铅笔、红蓝铅笔、毛笔、油画笔（在钢板上涂标记）、石笔等。

（12）广告色或油漆

用于描画型线。

（13）样棒

在放样时用以驳录型值的木质样棒，也称"型值棒"，其规格一般是截面为 20 mm × 20 mm～30 mm×30 mm 的方形木材，其长度按实际需要而定。

（14）样条

样条分为木质和有机玻璃两种，木质样条由放样木工自行加工刨制，其材质选择不带节疤的红松木为最佳，也可以用柚木，有机玻璃样条应向有关生产单位定制。样条的常用规格与使用范围如下：

① 木质样条

4 mm×10 mm×（4 000～5 000）mm，用于攀顺大曲率曲线。

4 mm×20 mm×5 000 mm，用于攀顺一般曲率的曲线。

10 mm×25 mm×（5 000～8 000）mm，用于攀顺缓弯曲率的曲线。

② 有机玻璃样条

2 mm×8 mm×1 000 mm，用于攀顺曲率很大的曲线。

3 mm×8 mm×1 000 mm，用于攀顺曲率很大的曲线。

4 mm×10 mm×（1 000～1 5000）mm，用于攀顺曲率较大的曲线。

5 mm×10 mm×（1 000～1 500）mm，用于攀顺一般曲率的曲线。

3. 木作工具类

（1）榔头

有平头、羊角式两种，用于钉制样板、样箱或拔钉子用。

（2）锯子

有板锯（图 1－2－10（a））、刀锯、拉锯（图 1－2－10（b））、钢锯和钢丝锯等多种形式，均用于截裁木板，在使用时按不同要求选用。

(a)　　　　　　　　(b)

图 1－2－10　锯子

（a）板锯；（b）拉锯

（3）斧头

如图 1－2－11 所示，用于劈削木板。

（4）木铲

有阔、狭、扁、圆多种形式，用于铲削木板，图 1－2－12 所示木铲为平铲。

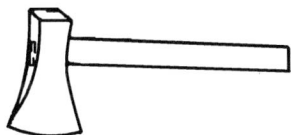

图1-2-11　斧头

图1-2-12　平铲

（5）木折尺

是木工人员必备工具之一，用来量取短尺度或在钉制曲线样板时，用于盘沿画线。

（6）木刨

有平刨（图1-2-13（a））、凸圆刨（图1-2-13（b））、球刨、槽刨等多种形式，均用于刨削木板，在使用时应按不同加工要求选择使用。

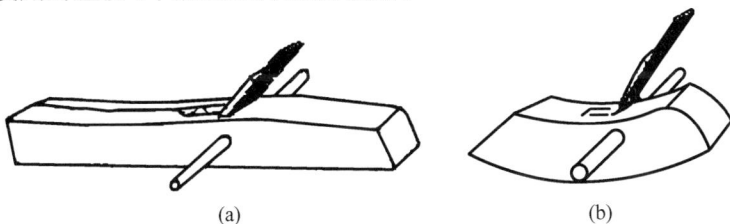

（a）

（b）

图1-2-13　刨子

（a）平刨；（b）凸圆刨

（7）木锉

有圆锉、三角锉和板锉三种形式，主要用于在木作时修顺木板边缘。

4. 木工机械设备类

（1）台钳

如图1-2-14所示，用来卡紧工件。

（2）带锯

如图1-2-15所示，环形钢皮锯带经机械传动循环运转来截裁一些微弯曲的样板件。

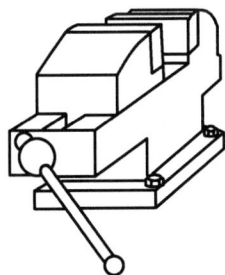

图1-2-14　台钳

图1-2-15　带锯机

（3）圆盘锯

如图1-2-16和图1-2-17所示，由电机传动运转来截裁一些较大样板，或者开裁一定尺寸的木板条。

图1-2-16 圆盘锯

图1-2-17 纵向圆盘锯

（4）平刨机

是由机械传动，专门用于刨削木材表面平光的一种机床，主要用于刨直线样棒以及使样板表面平整光洁。

（5）压刨机

用于毛坯板条的表面层刨削，使其厚度相等。

（三）常用放样工具基本操作方法

1. 用样棒驳录型值

用样棒驳录型值一般需两人配合进行。一人在样棒一端将样棒上的基准线对准地板上所对应的位置线，另一人则将样棒上所画出的型值点刺录于地板线上，或将地板线上的型值点驳画到样棒上。应当注意的是，两人在操作的过程中应配合默契，步调一致。

2. 压样条

"压样条"是指用样条攀顺曲线。操作时应先将样条沿曲线大概形位放置，然后将样条轻提舒展平放，使其处于自然状态，随后用手轻移样条将其对准型值点，将压铁轻轻压置于样条厚度中间，应注意将样条与地板面保持近似垂直状态，依次将所有型值点攀压成一条光顺曲线。

3. 作垂线

（1）铁角尺法

作任意直线，将角尺的一直角边沿直线放置，沿另一侧直角边缘画出直线即为所作之垂线。

（2）地规法

由两人配合操作，与用圆规作垂线的方法相同。

（3）月牙尺法

月牙尺可用于作曲线或圆弧线的垂线。作垂线时，将两端月牙边的顶端对准曲线，中间的直线边对准垂足点，沿直线边缘画出直线即为所作之垂线，如图1-2-18所示。

4. 弹线

（1）弹粉线

由二人配合操作，其中一人手握粉线袋，中指压粉线，另一人则缓缓拉出线头，拉到一定距离时，两人同时下蹲，使粉线尽量处于平直不下垂状态，两人用手指适当拉紧并放准两端点，由其中一人用手指将粉线往上垂直提拉弹出即可。手指缠绕压粉线的姿势如图1-2-19所示。

（2）弹墨线

操作方法与弹粉线相似。

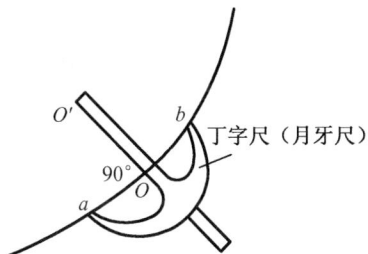

图 1 – 2 – 18　用月牙尺作垂线

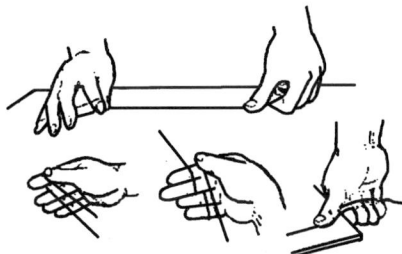

图 1 – 2 – 19　手指缠绕压粉线的姿势

5. 画线

鸭嘴笔画线:用鸭嘴笔画线时,应尽量使笔嘴与图面呈近似 90°,其笔杆则按画线的顺向倾斜,使其与图面呈 60° ～ 85°夹角,如图 1 – 2 – 20 所示。

6. 量值传递

(1)钢盘尺

用钢盘尺检测数值时,也需两人或两人以上配合操作,其中一人将刻度上零值对准基准线或基准点,另一人记录或标出所需示值读数,在测量时,应使钢尺平直拉紧,不能松弛歪斜,以保证所测数据的精确性。

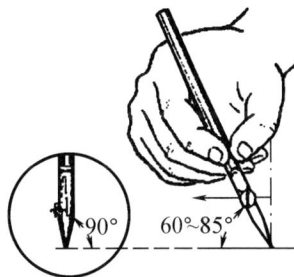

图 1 – 2 – 20　用鸭嘴笔画线

(2)量角器

使用方法与在图纸上使用量角器的方法相同。

7. 手工刨削

在使用木刨手工刨削木板时,双手应分别抓住木刨两边的木柄,人的站立位置应与刨子处于同一直线上,且刨削时用力适度,推刨均匀。要注意在刨削前应对木板仔细检查,清除钉子之类的嵌埋硬物,否则会严重损坏刨子的刀刃。

8. 手工截锯

手工使用的锯子很多,通常有条锯、板锯和钢丝锯等几种类型。在截锯木板时,人的站向位置应与木板的锯截面成近似 90°;一手紧按木板,另一手握锯子做上下往返垂直提拉,幅度随势,用力适当,反之容易使锯条断裂。

9. 机械刨削

放样台上所使用的木工刨削机床,通常有平刨和压刨两种。操作这两种机床时,首先要使齿轮箱空转 30 s,以检查其运转是否正常。在操作过程中,人与机器要保持适当距离,双手推移木板时,用力随势,严禁双手靠近高速运转的刀口。工作完毕后,要随手关闭电源,同时要对机器进行保养,以延长机器的使用寿命。

10. 机械截锯

放样台上使用的木工截锯机床,通常有带锯和圆盘锯两种。操作这两种机床时要注意,在开机前要先在齿条上擦一些机油,使之润滑正常后方可开机工作。在截锯木板时,板材要与锯条垂直,人与机床保持一定距离。在做木板推移的动作过程中,用力要随势,严禁双手靠近锯条,以防意外事故发生。此外,还需要经常对转盘和锯条进行认真检查,看是否有裂痕或变形,如果有要及时校正或调换。不要使机器做超负荷运转,否则会影响机床的使用期限。

11. 熟悉和使用激光经纬仪

要熟悉激光经纬仪的构造及各操作旋钮的功能。经纬仪由望远镜、度盘、测微器(水平度盘、垂直度盘)、自动归零补偿器、读数显微镜、水准器(长水准器、圆水准器)光学对点器等组成,如图 1-2-21 所示。

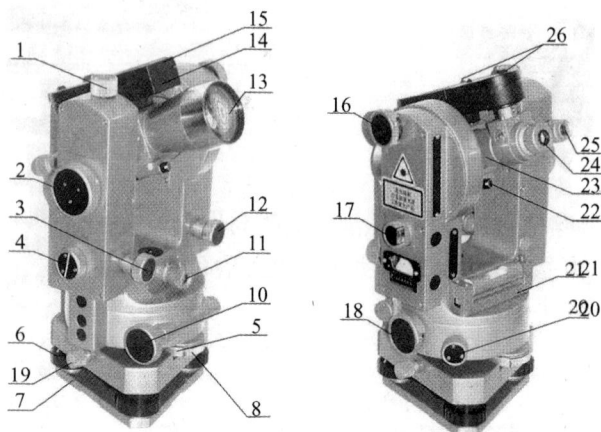

图 1-2-21 激光经纬仪

1—垂直制动手轮;2—测微手轮;3—垂直微动手轮;4—换向手轮;5—换盘手轮护盖;
6—脚螺旋;7—三角基座底板;8—换盘手轮;9—圆水准器;10—水平微动手轮;
11—光学对点器;12—竖盘指标水准器微动手轮;13—望远镜物镜;14—电池盒;
15—盒盖;16—竖盘照明反光镜;17—竖盘指标水准器观察棱镜;18—光盘照明反光镜;
19—基座锁紧手轮;20—水平制动手轮;21—长水准器;22—光学粗瞄器;
23—望远镜调焦手轮;24—望远镜目镜;25—读数显微镜目镜;26—粗瞄器

初步掌握激光经纬仪的使用方法,需进行如下的基本训练。

(1)置中

光学对点器瞄准目标点。

(2)整平

初步整平,调整三脚架高度,观察圆水准泡是否居中;精确整平,调整三只脚螺旋,观察长水准泡是否居中。

注意:置中与整平是一个交替进行的过程。

(3)瞄准目标

用光学瞄准器初步瞄准目标。

(4)焦距的调节

转动目镜,将分画板十字线调清楚,转动望远镜调焦手轮,使目标影像清晰,再用十字线精确瞄准目标。

(5)水平定位

将照准部自动手轮旋紧,使照准部不能在水平方向上转动。

(6)瞄点、做标记

改变望远镜的俯仰位置,以竖向十字线的单线或双线为基准,瞄一系列的点,点与点之间距离的选取以方便弹线为原则。

使用激光经纬仪时必须注意,操作光学仪器各旋钮特别是锁紧旋钮时动作要轻;仪器精确整平后,在操作过程中不能再碰动仪器,否则必须全部重来。

二、工作任务训练

训练名称:利用放样工具绘制烟囱曲线(如图1-2-22所示)。

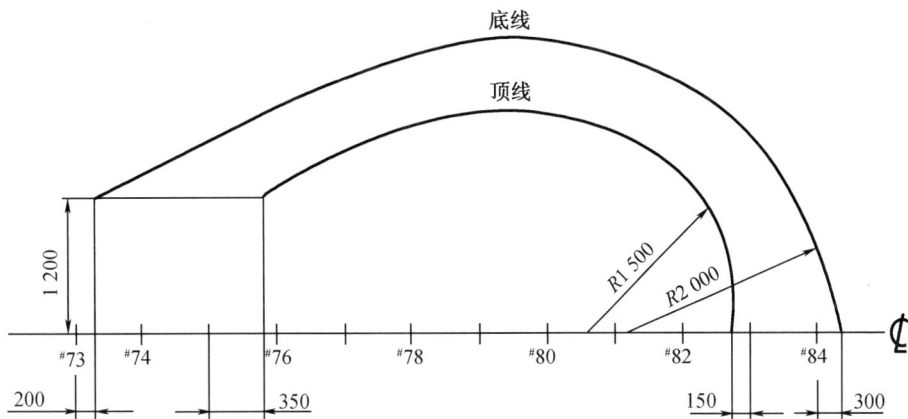

图 1-2-22 烟囱曲线

1. 训练内容及要求

根据烟囱型值表以及型线图,按照1:1的比例绘制烟囱曲线。

2. 训练资料、设备和工具

样条、粉笔、圆规、卷尺、压铁、粉线、激光经纬仪等。

3. 训练过程

下达工作任务→制订工作计划(任务分工→确定训练步骤)→实施工作计划→完成训练记录。

4. 训练步骤

(1)根据图1-2-22计算出烟囱曲线的长度和宽度。

(2)选择合适的位置绘制中纵剖线,可以利用激光经纬仪或者用拿粉线的方法绘制。并在上面量取出各个肋位并标注。

(3)根据型值表中的半宽值,量取出顶线和底线中的各点。

(4)用样条将各点连接起来(圆弧那段除外),初步绘制出底线和顶线的曲线。

(5)用圆规绘制出顶线和底线对应的圆弧。

(6)将顶线和底线对应的圆弧及曲线光顺的连接起来即为烟囱曲线,见习表1-2-1。

习表 1-2-1 烟囱型值表

烟囱型值(半宽)										
肋位名称	74	75	76	77	78	79	80	81	82	83	84
顶线	—	—	1 310	1 475	1 610	1 685	1 587	1 515	1 072	—	—
底线	1 332	1 530	1 722	1 890	2 045	2 170	2 235	2 200	2 032	1 710	1 040

任务二 几何体放样

【学习目标】

1. 掌握简单几何图形绘制方法；
2. 灵活应用尺规作图；
3. 掌握简单几何体展开方法。

【任务解析】

在学习复杂的船体型线之前需要学习简单几何图形的绘制以及几何体放样，具有一定的作图和识图能力。特别是看三视图，建立空间思维对于学好船体放样非常重要。

本任务主要学习简单的几何作图方法和几何体展开的方法，并能进行几何图形绘制和几何体展开。

【任务实施】

一、背景理论与知识学习

（一）几何作图

为满足放样工作的需要，必须掌握足够的几何作图方法。由于篇幅有限，这里只介绍一些典型实用的几何作图方法。

1. 过线段的端点作垂线

（1）三规法（图1-2-23）

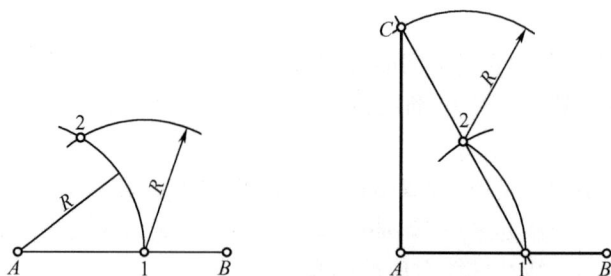

图1-2-23　三规法过线段的端点作垂线

①以 A 点为圆心，适宜长 R 为半径画弧，交 AB 于1点；
②以1点为圆心，R 为半径画弧交前弧于2点；
③连接1-2并延长；
④以2点为圆心，R 为半径画弧交1-2延长线于 C 点；
⑤连接 C，A，则 CA 垂直于 AB。

（2）半圆法（图1-2-24）

①以适当长直线段1-2为直径画半圆，即3为圆心。

②在半圆弧上任取一点4，连接直线1-4和2-4，则直线1-4垂直于直线2-4。

2.线段等分

（1）二等分线段（图1-2-25）

线段的二等分可用平面几何中作垂直平分线的方法来画，其作图方法和步骤如图1-2-25所示。

①已知线段 AB。

②分别以 A,B 为圆心，大于 $AB/2$ 的长度 R 为半径作弧，两弧交于 C,D。

③连接 C,D 交 AB 于 M,M 即为 AB 的中点。

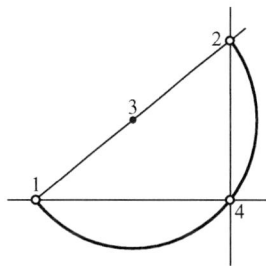

图1-2-24　半圆法过线段的端点作垂线

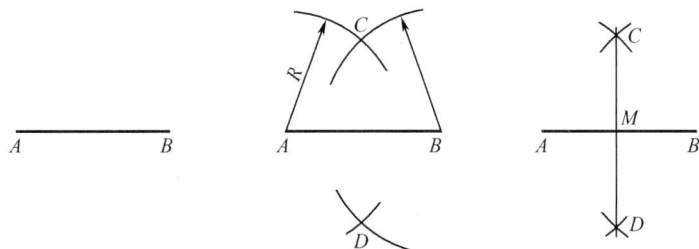

图1-2-25　二等分线段

（2）任意线段 N 等分（图1-2-26）

等分线段就是将一已知线段分成需要的份数。

例：把已知线段 AB 五等分，用作平行线法求得各等分点，如图1-2-26所示。

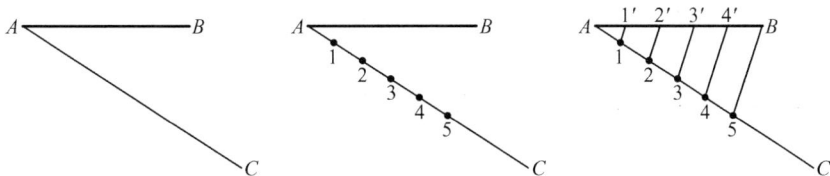

图1-2-26　任意线段 N 等分

①自 A 点任意引一直线 AC。

②用圆规在 AC 上截取任意等分长度的五个等分点。

③连接 $5B$，分别过1,2,3,4各点作 $5B$ 的平行线，即得各等分点 $1',2',3',4'$。

3.角的等分

（1）任意角二等分（图1-2-27）

①已知角 $\angle BAC$，以角顶点 A 为圆心，适当长为半径画弧，分别交 AB,AC 于 D,E 两点，如图1-2-27（a）所示。

②分别以 D,E 两点各为圆心，以相同半径画弧，两弧交于 K 点，连接 AK，则将角 $\angle BAC$ 二等分，如图1-2-27（b）所示。

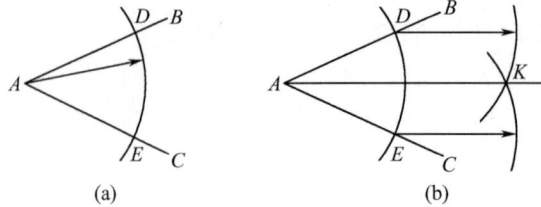

图 1 - 2 - 27　任意角二等分

（2）直角三等分（图 1 - 2 - 28）

①已知直角 $\angle BAC$，如图 1 - 2 - 28（a）所示。

②以 A 点为圆心，适当长 R 为半径画弧，分别交两直角边 AB 和 AC 于 E，F 两点，如图 1 - 2 - 28（b）所示。

③再分别以 E，F 为圆心，以画 EF 弧的相同半径画弧，分别交 EF 弧于 N，M 点。连接 AM，AN 即将该直角三等分，如图 1 - 2 - 28（c）所示。

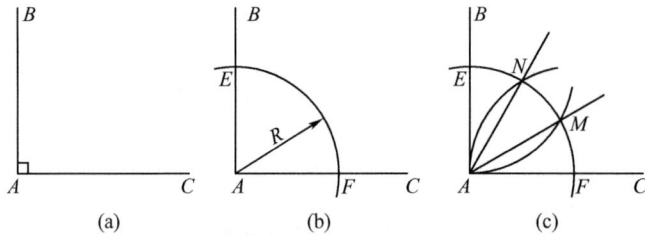

图 1 - 2 - 28　直角三等分

（3）任意锐角三等分（图 1 - 2 - 29）

①已知任意锐角 $\angle AOB$，以角顶 O 为圆心，适当长 R 为半径画弧，交 OA，OB 于 C，D，连直线 CD，并以其为直径画圆，如图 1 - 2 - 29（a）所示。

②作角 $\angle A$ 的分角线，交圆周于 E，直径 CD 的右半圆三等分，得 G，H，如图 1 - 2 - 29（b）所示。

③连直线 EG，EH，交 CD 于 M，N，连直线 OM，ON，即将该锐角近似三等分，如图 1 - 2 - 29（c）所示。

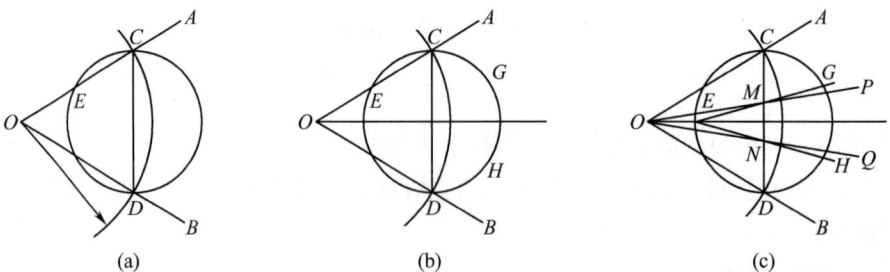

图 1 - 2 - 29　任意锐角三等分

（4）任意钝角三等分（图 1 - 2 - 30）

①延长任意已知钝角 $\angle AOB$ 的夹角边 BO 至 C，以 O 为圆心，适当长 R 为半径画半圆分

别交 BC 于 D,F 并交 OA 于 E,如图 $1-2-30(a)$ 所示。

②再分别以 D,F 点为圆心,DF 长为半径画弧,两弧相交于 M。连直线 ME 交 OF 于 G,将 DG 线段三等分,得等分点 H,K,如图 $1-2-30(b)$ 所示。

③连直线 MH,MK 并延长与半圆相交于 P,Q,连直线 OP,OQ,则将该钝角近似三等分,如图 $1-2-30(c)$ 所示。

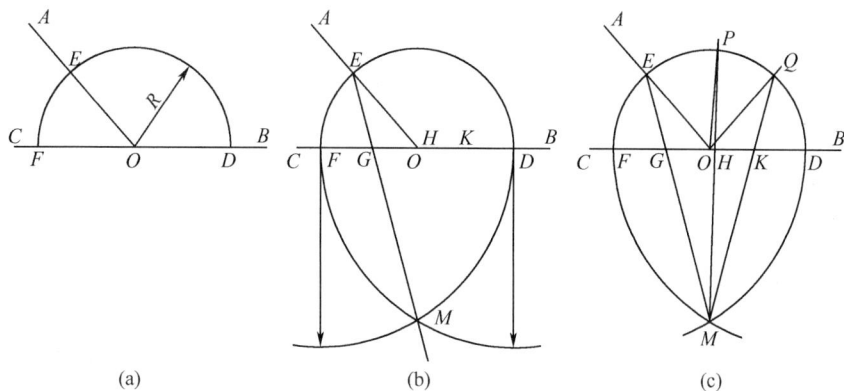

图 $1-2-30$ 任意钝角三等分

4. 圆的等分

(1)三等分圆周并作圆内接正三角形(图 $1-2-31$)

①已知半径为 R 的圆及圆上两点 A,D,如图 $1-2-31(a)$ 所示。

②以 D 点为圆心,以 R 半径画圆弧交圆周于 B,C 两点,如图 $1-2-31(b)$ 所示。

③连接 AB,AC,BC,即得圆内接正三角形,如图 $1-2-31(c)$ 所示。

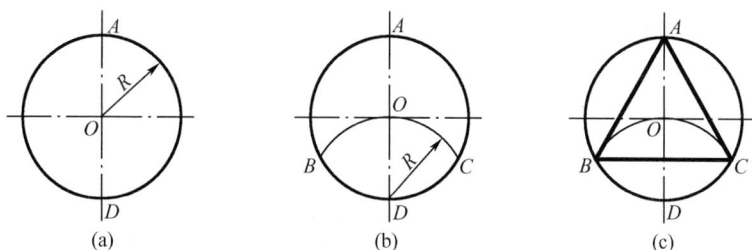

图 $1-2-31$ 圆的三等分

(2)六等分圆周并作圆内接正六边形(图 $1-2-32$)

①已知半径为 R 的圆及直径上两点 A,D,如图 $1-2-32(a)$ 所示。

②分别以 A,D 点为圆心,以 R 半径画圆弧交圆周于 B,C,E,F 各点,如图 $1-2-32(b)$ 所示。

③依次连接各点,即得圆内接正六边形 $ABCDEF$,如图 $1-2-32(c)$ 所示。

(3)五等分圆周并作圆内接正五边形(图 $1-2-33$)

①已知半径为 R 的圆及直径上两点 P,N,作 ON 的中点 M。如图 $1-2-33(a)$ 所示。

②以 M 点为圆心,以 MA 为半径画圆弧交 OP 于 K,AK 即为圆内接正五边形的边长,如图 $1-2-33(b)$ 所示。

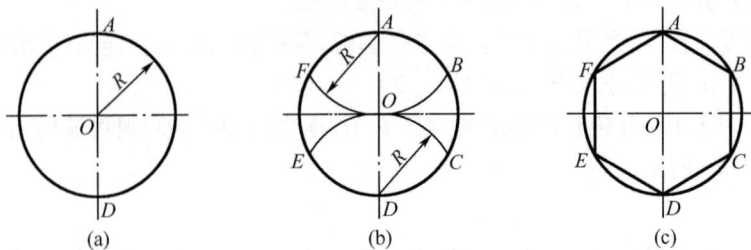

图 1 - 2 - 32　圆的六等分

③以 AK 为边长,自 A 点起,五等分圆周得 B,C,D,E 点,依次连接各点,即得圆内接正五边形 $ABCDE$,如图 1 - 2 - 33(c)所示。

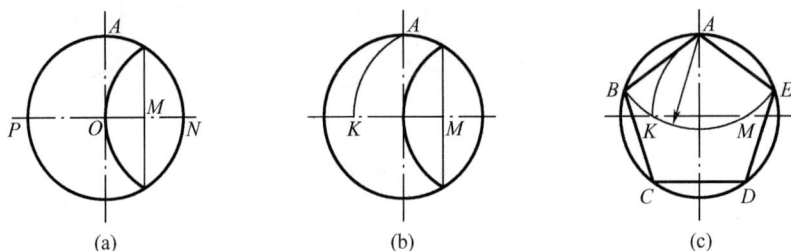

图 1 - 2 - 33　圆的五等分

5. 椭圆的画法

(1)同心圆法(图 1 - 2 - 34)

①已知椭圆的长轴 AB 及短轴 CD。如图 1 - 2 - 34(a)所示。

②以 O 点为圆心,分别以 OA,OC 为半径画圆。并将圆十二等分,如图 1 - 2 - 34(b)所示。

③分别过小圆上的等分点作水平线,大圆上的等分点作竖直线,其对应点的交点,即为椭圆上的点,依次连接即可,如图 1 - 2 - 34(c)所示。

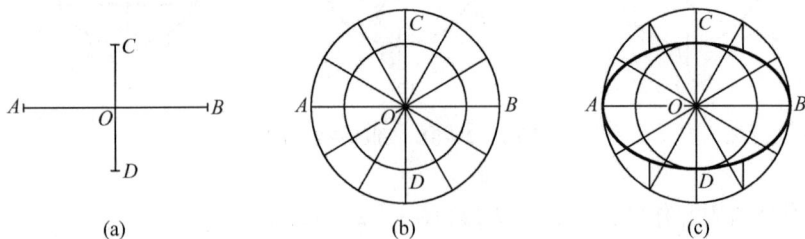

图 1 - 2 - 34　椭圆的同心圆画法

(2)四心法(图 1 - 2 - 35)

①已知椭圆的长轴 AB 及短轴 CD。连接 AC,以 O 为圆心,OA 为半径作弧交 OC 的延长线与点 E,以 C 为圆心,CE 为半径作弧交 AC 于 F,作 AF 的垂直平分线,交长轴与 O_1,短轴与 O_2,作 $OO_3 = OO_1$,$OO_4 = OO_2$,如图 1 - 2 - 35(a)所示。

②连接 $O_1O_2,O_1O_4,O_2O_3,O_3O_4$ 并延长,分别以 O_1,O_2,O_3,O_4 点为圆心,O_1A,O_3B,O_2C,

O_4D 为半径作弧,使各弧相接于 G,H,I,J 点,即为所求,如图 $1-2-35$(b)所示。

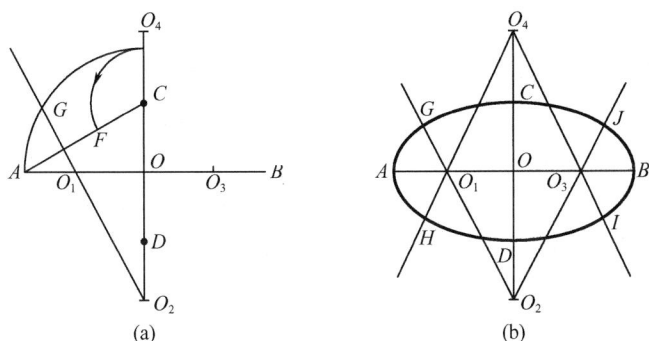

图 $1-2-35$ 椭圆的四心画法

6. 圆弧连接

（1）两直线间的圆弧连接（图 $1-2-36$）

①已知直线 AB,CD,连接弧半径 R,如图 $1-2-36$(a)所示。

②以连接弧半径 R 为间距分别作两已知直线的平行线交于 O 点,如图 $1-2-36$(b)所示。

③过 O 点作已知直线的垂线,垂足 E,F 点即为切点,以 O 为圆心,R 为半径,过 E,F 作弧,即为所求,如图 $1-2-36$(c)所示。

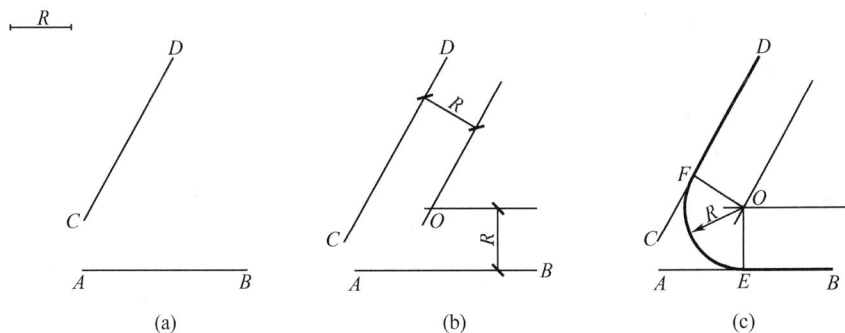

图 $1-2-36$ 两直线间的圆弧连接

当用圆弧连接钝角的两边或用圆弧连接直角的两边时,其作图方法如图 $1-2-37$ 所示。

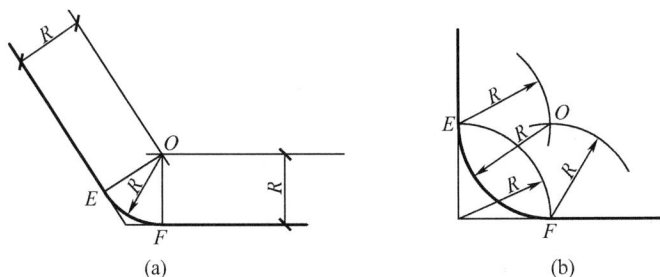

图 $1-2-37$ 钝角边和直角边的圆弧连接

（a）圆弧连接钝角边;（b）圆弧连接直角边

（2）直线和圆弧的连接

直线和圆弧的连接又分为以下两种情况：

①连接弧与圆外切（图 1 - 2 - 38）

a. 已知直线 AB，半径为 R_1 的圆 O_1，连接弧半径 R，如图 1 - 2 - 38（a）所示。

b. 以 R 为间距，作 AB 的平行线与以 O_1 为圆心，$R + R_1$ 为半径所作的弧交于 O，O 即为所求连接弧圆心，如图 1 - 2 - 38（b）所示。

c. 连接 OO_1 点交圆于 E 点，过 O 点作 OF 垂直直线 AB，F 为垂足，以 O 为圆心，R 为半径，过 E，F 作弧，即为所求，如图 1 - 2 - 38（c）所示。

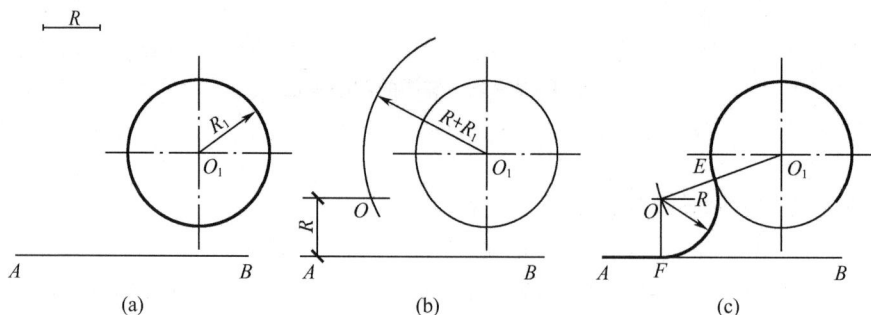

图 1 - 2 - 38　圆弧连接直线和圆弧（连接弧与圆外切）

②连接弧与圆内切（图 1 - 2 - 39）

a. 已知直线 AB，半径为 R_1 的圆 O_1，连接弧半径 R，如图 1 - 2 - 39（a）所示。

b. 以 R 为间距，作 AB 的平行线与以 O_1 为圆心，$R - R_1$ 为半径所作的弧交于 O，O 即为所求连接弧圆心，如图 1 - 2 - 39（b）所示。

c. 连接 OO_1 点交圆于 E 点，过 O 点作 OF 垂直直线 AB，F 为垂足，以 O 为圆心，R 为半径，过 E，F 作弧，即为所求，如图 1 - 2 - 39（c）所示。

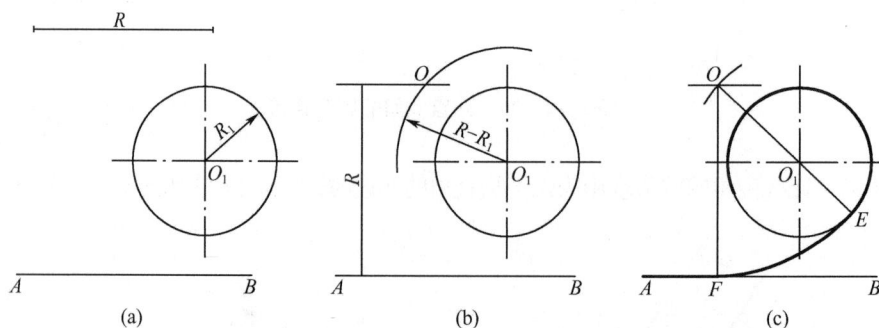

图 1 - 2 - 39　圆弧连接直线和圆弧（连接弧与圆内切）

（3）两圆弧间的圆弧连接

两圆弧间的圆弧连接分为以下三种情况：

①圆弧与圆弧外切连接（图 1 - 2 - 40）

a. 已知圆 O_1，O_2，半径分别为 R_1，R_2，连接弧半径 R，如图 1 - 2 - 40（a）所示。

b. 分别以 O_1，O_2 为圆心，$R+R_1$，$R+R_2$ 为半径所作的弧，交于点 O，O 即为所求连接弧圆心，如图 $1-2-40$(b)所示。

c. 连接 OO_1，OO_2 于两圆交于 E，F 点，E，F 点即为切点，如图 $1-2-40$(c)所示。

d. 以 O 为圆心，R 为半径，自切点 E，F 作弧，即为所求，如图 $1-2-40$(d)所示。

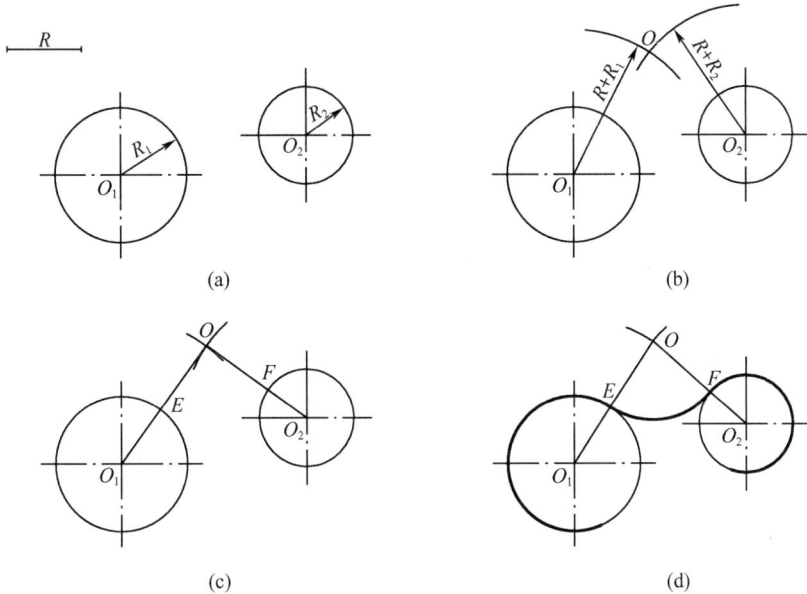

图 $1-2-40$　圆弧与圆弧外切连接

②圆弧与圆弧内切连接(图 $1-2-41$)

a. 已知圆 O_1，O_2，半径分别为 R_1，R_2，连接弧半径 R，如图 $1-2-41$(a)所示。

b. 分别以 O_1，O_2 为圆心，$R-R_1$，$R-R_2$ 为半径所作的弧，交于点 O，O 即为所求连接弧圆

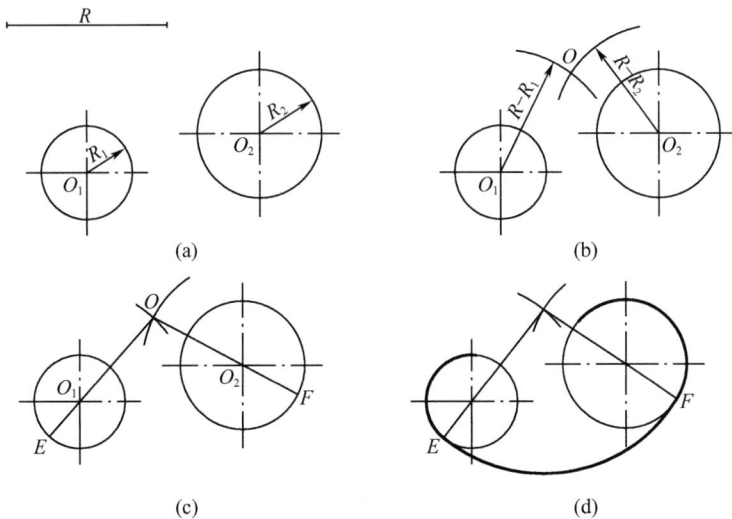

图 $1-2-41$　圆弧与圆弧内切连接

心,如图 1-2-41(b)所示。

c.连接 OO_1,OO_2 并延长于两圆分别交于 E,F 点,E,F 点即为切点,如图 1-2-41(c)所示。

d.以 O 为圆心,R 为半径,自切点 E,F 作弧,即为所求,如图 1-2-41(d)所示。

③圆弧与圆弧内、外切连接(图 1-2-42)

a.已知圆 O_1,O_2,半径分别为 R_1,R_2,连接弧半径 R,如图 1-2-42(a)所示。

b.分别以 O_1,O_2 为圆心,$R-R_1$,$R+R_2$ 为半径所作的弧,交于点 O,O 即为所求连接弧圆心,如图 1-2-42(b)所示。

c.连接 OO_1,OO_2 于两圆分别交于 E,F 点,E,F 点即为切点,如图 1-2-42(c)所示。

d.以 O 为圆心,R 为半径,自切点 E,F 作弧,即为所求,如图 1-2-42(d)所示。

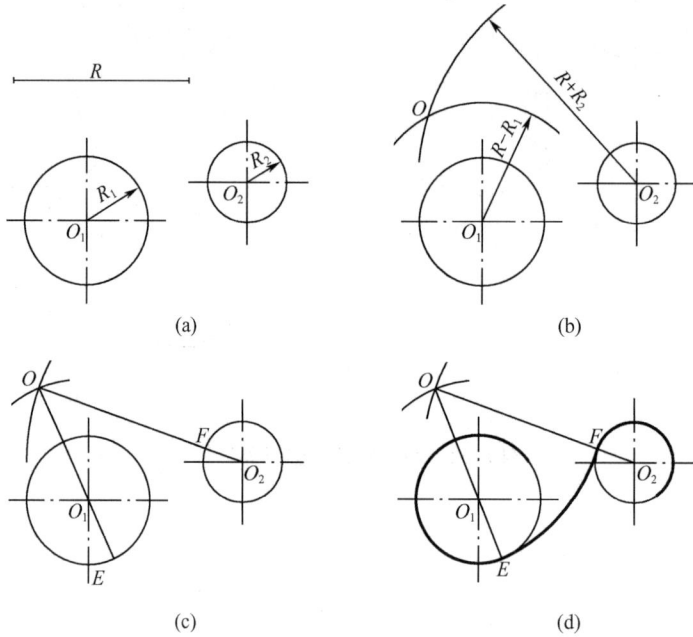

图 1-2-42　圆弧与圆弧内切连接

(二)线段实长的求法

放样图不同于一般图样,它是构件表面的展开图。在展开图上,所有图线(轮廓线、棱线及辅助线等)都是构件表面上对应部分的实长线。但是,这些线在一些构件的视图中,往往并不反映实长,必须先求出其实长,才能进行展开。因此,求线段实长是展开放样中的重要一环,必须熟练掌握。

1.线段实长的鉴别

如何在视图中鉴别哪些线段反映实长,哪些线段不反映实长,这是在求线段实长前,应该首先解决的问题。视图中的线段(轮廓线、棱线、辅助线等)是否反映实长,可依据线段的投影特性来鉴别。为了说明问题,我们把空间各种位置线段的投影特性,简述如下。

(1)垂直线

在三视图中,当直线垂直于某一投影面时,则它必然平行于另两个投影面。因此,该线在另两个投影面上的投影反映实长。如图 1-2-43 所示为垂直线的三视图。在图 1-2-43(a)中,水平投影积聚成点,正面投影和侧面投影都平行 Oz 轴,反映实长;在图 1-2-43(b)中,正面投影积聚成点,水平投影和侧面投影都平行于 Oy 轴,反映实长;在图 1-2-43(c)中,侧面投影积聚成点,正面投影和水平投影都平行于 Ox 轴,反映实长。

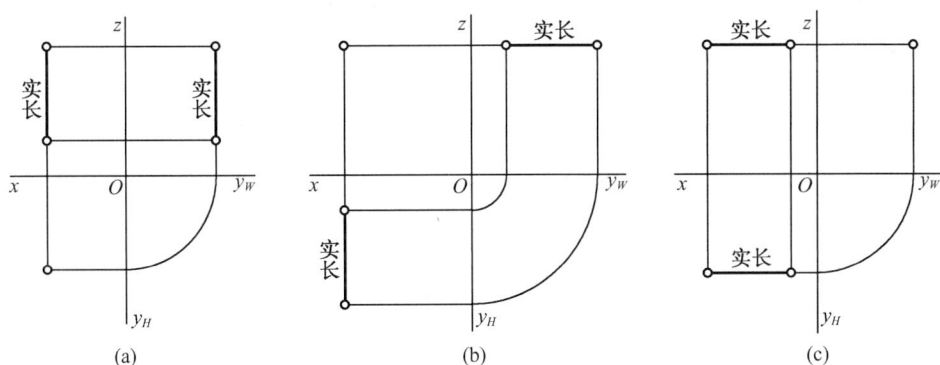

图 1－2－43　垂直线投影
(a)铅垂线;(b)正垂线;(c)侧垂线

(2)平行线

当直线平行于某一投影面而倾斜于另两个投影面时,则该线在所平行的投影面上的投影反映实长,在另两面上的投影较实长为短,如图 1－2－44 所示。在图 1－2－44(a)中,水平投影 ab 反映实长,正面投影 $a'b' /\!/ Ox$ 轴,侧面投影 $a''b'' /\!/ Oy$ 轴;在图 1－2－44(b)中,正面投影 $a'b'$ 反映实长,水平投影 $ab /\!/ Ox$ 轴,侧面投影 $a''b'' /\!/ Oz$ 轴;在图 1－2－44(c)中,侧面投影 $a''b''$ 反映实长,正面投影 $a'b' /\!/ Oz$ 轴,水平投影 $ab /\!/ Oy$ 轴。

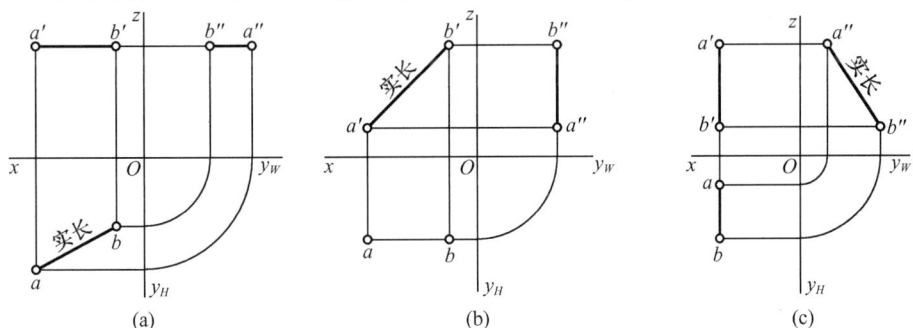

图 1－2－44　平行线投影
(a)水平线;(b)正平线;(c)侧平线

(3)一般位置线段

一般位置直线倾斜于各投影面,因此,它在各投影面上投影均不反映实长,且较实长为短,如图 1－2－45 所示。

(4)曲线

曲线分平面曲线和空间曲线两种。

①平面曲线

平面曲线在视图中是否反映实长,由该曲线所在平面的位置决定。位于平行面上的曲线与它平行的投影面上投影反映实长,而另外两面投影则为平行于轴线的直线(图

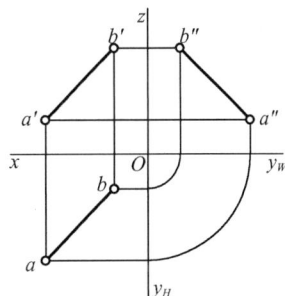

图 1－2－45　一般位置
线段投影

1-2-46(a));若位于垂直面上的曲线在其所垂直的投影面上投影积聚成直线,而在另外两投影面上投影仍为曲线,均不反映实长(图1-2-46(b))。

②空间曲线

空间曲线不在同一个平面之上,它的各个视图均不反映实长。图1-2-46(c)为空间曲线的两面视图。

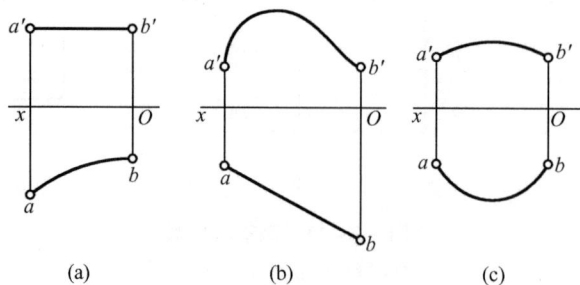

图1-2-46 曲线投影

(a)平面曲线;(b)平面曲线;(c)空间曲线

2.求直线段实长

(1)旋转法

旋转法求实长,就是把空间一般位置的直线段,绕一固定轴转成平行线,则该线在与之平行的投影面上的投影反映实长。

如图1-2-47(a)是以 AO 为轴将 AB 旋转至与正投影面平行的 AB_1 位置。此时 AB 便变成一条正平线 AB,其正投影 $a'b''$ 即为 AB 实长。

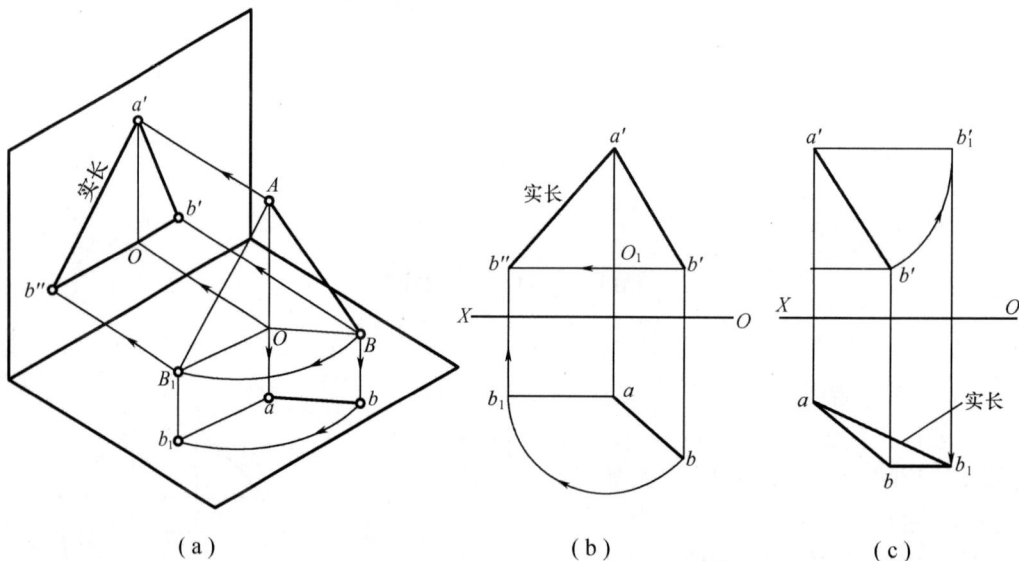

图1-2-47 旋转法求实长

(a)直观图;(b)旋转成正平线;(c)旋转成水平线

图1-2-47(b)表示将 AB 旋转成正平线的位置求实长。图1-2-47(c)表示将 AB 旋转成水平线的位置求实长。

（2）直角三角形法

为了说明用直角三角形法求直线实长的原理，再将图1-2-47(b)对照转化成图1-2-48(a)形式。从图中可以看出 AB 线经过旋转求出的实长线 $a'b''$，是以 AB 的正投影 $a'b'$ 的垂直高作对边，以该线段的水平投影 $ab(ab = ob'')$ 作底边的直角三角形的斜边。因此，对一般位置的直线段，不必用旋转法求实长，可直接用直角三角形法求。

用直角三角形法求直线实长，既可作在主视图中，也可作在俯视图中。在俯视图中是以 ab 的直高为对边，以直线的正投影 $a'b'$ 为底边的直角三角形的斜边 ab_1，即为实长（图1-2-48(b)）。用直角三角形法求线段实长，在实际工作中应用很广，必须加深理解，熟练掌握。

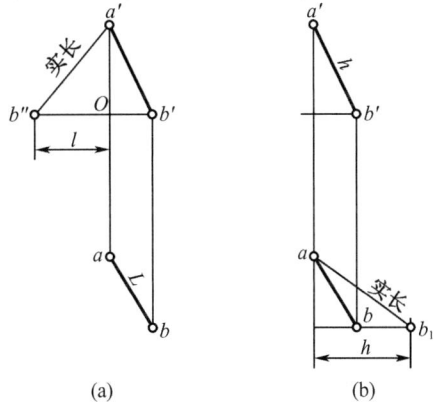

图1-2-48　用直角三角形法求直线实长

（3）换面法

当直线平行于投影面时才能在该投影面上反映实长。换面法就是根据直线投影的这一规律，设法用一新的投影面替换原来的某一投影面，使新设的投影面与空间直线相平行。这样，原来处于一般位置的直线也就成了这个新设投影面的平行线，它在该面上的投影也就反映了线段的实长。这个新投影面称为辅助投影面，在辅助投影面上投影，称为辅助投影。

辅助投影面的选择，必须是直角坐标系。最普遍的方法，一是垂直于水平投影面，倾斜于正投影面，称为正立辅助投影面；二是垂直于正投影面而倾斜于水平面，称为水平辅助投影面。如图1-2-49(a)所示，是一与直线 AB 平行，且垂直于水平投影面的正立辅助投影面，则 AB 在该面上的投影 $a_1'b_1'$ 反映实长。

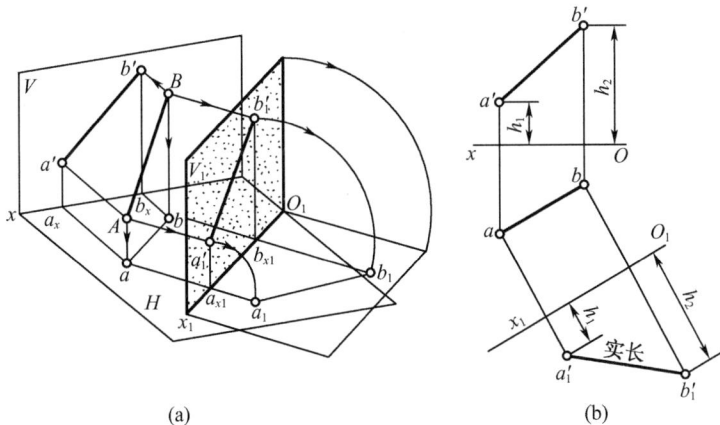

图1-2-49　用换面法求一般位置线段的实长（1）

(a)直观图；(b)换面法求直线的实长图

投影面的旋转情况是，实际作投影图时投影面都要旋转到同一平面上。在图1-2-49中，是将辅助投影面以 O_1x_1 为轴按箭头方向，向外旋转90°，使之与原水平投影面重合，然后再一起向下旋转90°,所求实长反映在俯视图中,这样就得到了图1-2-49(b)。

从图中得出:

①直线的两端点,投影到正投影面和正立辅助投影面的对应高度相等($a'a_x = a'_1a_{x1}$、$b'b_x = b'_1b_{x1}$);

②辅助投影面与直线AB距离无关,但其轴线必须平行于该线的原水平投影($O_1x_1 /\!/ ab$);

③a'_1与a,b'_1与b位于投影轴O_1x_1的同一垂线上。

图1-2-50(a)表明,也可直接过空间直线AB作正立辅助投影面,此时辅助投影轴O_1x_1必然与AB原水平投影ab相重合(图1-2-50(b));图1-2-50(c)则为过AB作水平辅助投影面投影的结果,实长线$a''b''$反映在主视图中。

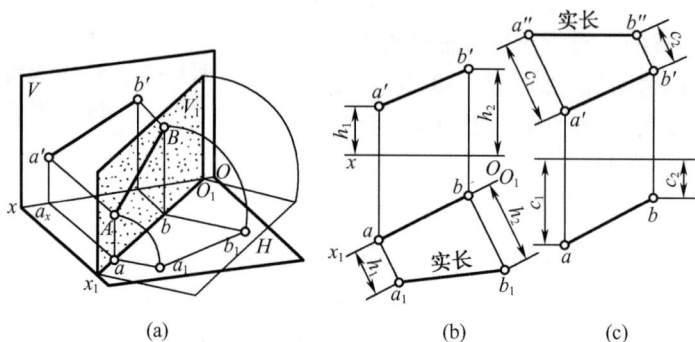

图1-2-50 用换面法求一般位置线段的实长(2)
(a)直观图;(b),(c)换面法求直线的实长图

(4)支线法

支线法是换面法求直线段实长的一个特殊情况,当直线的端点A落在水平投影面时(图1-2-51(a)),A点的高度为零。因此,A点的水平投影a必然重合于辅助投影轴O_1x_1上,正投影a'则在Ox轴上。同样B点的水平投影b也重合于O_1x_1轴线上,B点的正投影高度与辅助面投影高度相等。这样便可以看出AB在辅助投影面上的投影实长ab_1,与该线原两视图间有勾、股、弦关系。即ab_1是以AB的水平投影ab为底边,以该线的正投影高度h为对边的直角三角形的斜边。图1-2-51(b),(c)表示旋转的视图,称此方法为支线法。

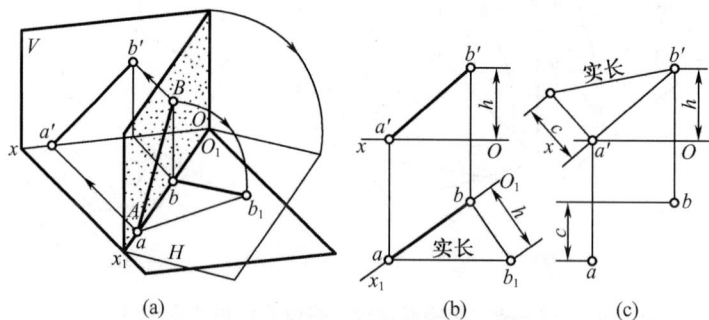

图1-2-51 支线法求一般位置线段的实长
(a)直观图;(b),(c)支线法求直线的实长图

用支线法求实长,可在直线的任一视图中任意端点引出支线,不必分析引支线是否符

合该线空间的实际位置。一般位置直线的实长,是以该线的某一投影长度作底边,而以另一视图中的直高作对边的直角三角形的斜边。

根据上述三种求线段实长的方法,可参照表 1-2-1 的要求来选用。

表 1-2-1　求实长线方法一览表

要求	方法
不改变投影面以及空间图形的位置	用直角三角形法
改变空间图形的位置,不改变投影面的位置	用旋转法
不改变空间图形的位置而改变投影面的位置	用变换投影面法

3. 求曲线实长

求曲线实长的方法有两种,一是换面法,即另设一新的投影面与曲线平行,则曲线在该投影面上的投影反映实长(图 1-2-52),这种方法只适应于平面曲线。二是展开法,展开法就是将曲线视图中的一个投影长度伸直,而保持另一视图中的高度不变所作出的展开线即为所求实长(图 1-2-53)。

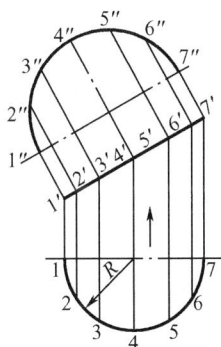

图 1-2-52　用换面法求平面曲线实长　　　　图 1-2-53　用展开法求平面曲线实长

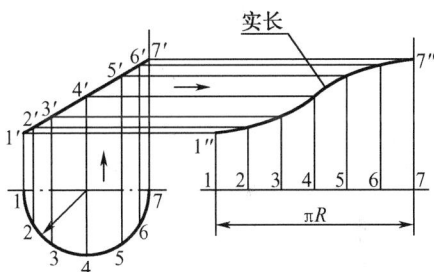

(三)几何体展开

凡是金属板制作成各种几何形体件,首先要根据其视向图,画成展开图,再按展开图号料、加工、装焊而成。展开图就是将形体表面展成平面实形图。图 1-2-54(a)为圆筒的视图。图 1-2-54(b)为圆筒的展开图,图 1-2-54(c)为圆筒成形过程的立体图。所以一块长方形的钢板可以卷成圈筒。反过来也可将圆筒摊开成长方形钢板。这种将形体件的表面摊开在一个平面上的过程就叫展开。

根据几何体表面的展开性质。分可展表面和不可展表面两种。如果形体表面能全部平整地摊平在一个平面上,而不产生撕裂、皱折、重叠、遗漏现象,这种表面称可展平面,除平面外有柱面、锥面等。如形形体表面不能自然平整地摊平在一个平面上,这就称为不可展平面,如球体、圆环和螺旋面等。但是我们把不可展开面(如球面)进行表面分割成若干小块,把每一小块近似地看成单向曲面。这样便能作每一小块曲面的展开图。这是解决不可展曲面作近似开的基本原理。

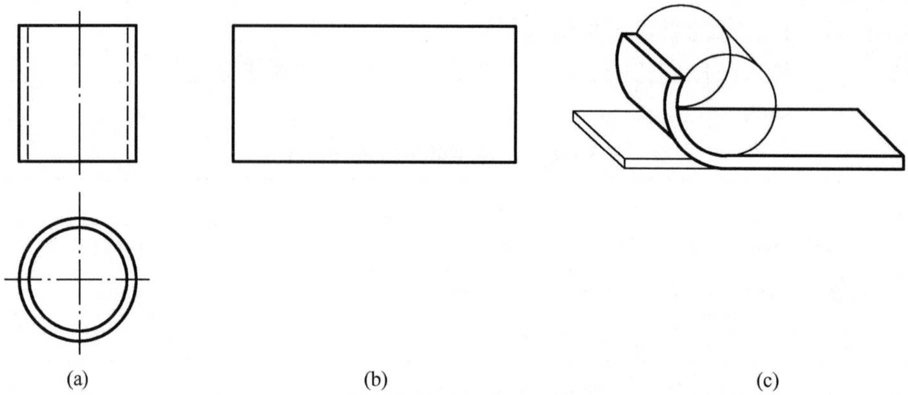

(a)   (b)   (c)

图 1 - 2 - 54　展开图的概念

几何体构件展开在造船、锅炉、化工、冶金及机械制造等行业的日常生产中,常有用钢板制成的各种大小不等形状各异的几何体产品,这些形体件在制造过程中,首先要掌握的是几何体的展开方法。不同几何形状的形体件,应选择既方便省时,又保证精度的不同展开方法,目前常用的作图展开方法有:平行线法、放射线法和三角形法。这三种基本展开方法,对形状较简单的构件可单独应用其中的一种方法,较复杂的形体件,尤其是相贯形体件可用几种方法结合使用。此外有部分几何体可用计算法来展开。下面将各种展开方法分别介绍一下。

1. 平行线法

平行线法适用于圆柱、棱柱等金属管件的展开。如带缆桩、部分通风管和部分弯头等。其展开原理是将圆柱体平面平均等分,过等分点在圆柱面上作出相应的素线,把圆柱面划分成若干四边形,以近似地代替圆柱表面。然后依次将这些四边形展平画在平面上即为所求的展开图,按这一原理绘制展开图的方法称为平形线法,现举例如下:

(1)斜口圆柱展开步骤(图 1 - 2 - 55)

①将水平图上的圆周作 12 等分。过各等分点向正面图作平行投影素线与圆管斜口相交。

②适当延长正面图的底线,将圆周展开在延长底线上,依次得 1,2,3,…,7 各点,过各点作垂线。在垂线上对应量取平面图上各素线的长度,然后用光顺曲线连接即为展开图。

(2)求圆柱斜口圆实形步骤(图 1 - 2 - 56)

①将平面图圆周 12 等分得等分点 1,2,3,…,7(半圆 6 等分)。

②过各等分点向上引素线与正面图斜口线相交得交点 1′,2′,…,7′。

③由 1′,2′,3′,…,各点作 1 - 7′的垂线;又作 1″ - 7″直线平行等于 1 - 7′直线。由各交点左右对称截取水平面图各对应等分点至中心线的半宽(a,b,d)。得出交点 2″,3″,4″,5″,6″,将各点连顺椭圆曲线即得所求斜口面实形。

(3)三节等径弯管 90°弯头的展开

图 1 - 2 - 57(a)为圆管三节等径直角弯头的立体图,其弯头半径 R 和圆管直径 d。具体展开方法如下:

①中节分节角 $\beta = \dfrac{90°}{2} = 45°$,端节分节角 $\dfrac{\beta}{2} = 22.5°$。如用作图求角,不必另算,即以 R

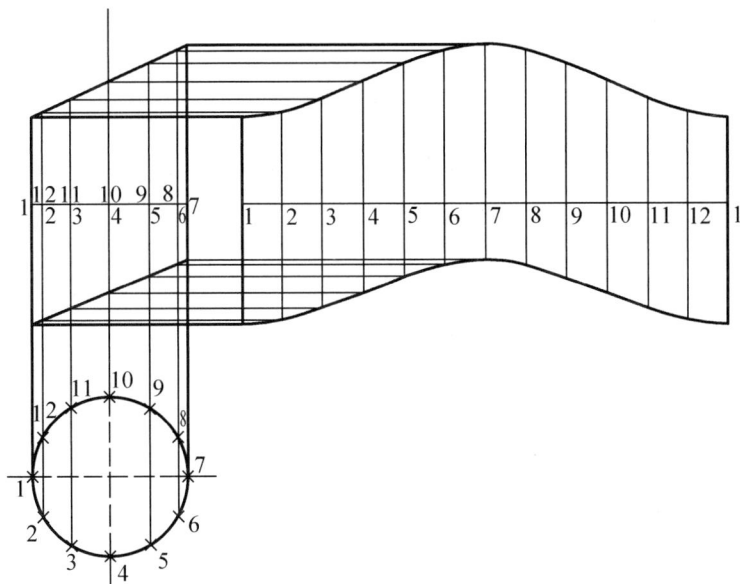

图 1－2－55　斜口圆柱的展开

为半径画 1/4 圆周,并作 4 等分,过等分点向中心
O 连线(端点各占一等分,中节占两等分),为各节
分节线,则各节分节角自然得出。

②画各节轴线,再以直径 d 画各节轮廓线,完
成主视图如图 1－2－57(b)。

③展开下端节 I。将平面圆周 12 等分,半圆
6 等分得各等分点 1,2,3,…,7,过各等分点向上
作素线与角的分角线相交,然后用平行线法展开
得展开图,如图 1－2－57(c)所示。

④上端节展开的方法与下端节相同。

⑤再用平行线法展开中间节 II。由于端节为
中间节的一半,所以展开图的大小也为中间节的
一半。如果把端节的展开形状做出样板,则中间
一节的展开图就可根据样板反中画出。如果将各
节的接缝错开布置,则各节的展开图拼起来后为
一长方形,如图 1－2－57(c)所示。

为使弯头的过渡更趋圆滑以减少管内流体阻
力,通常采用更多的分节。例如圆管五节直角弯
头,如图 1－2－58(a),共有两个半节三个整节,
每一个整节相当于两个半节,所以共有 8 个半节。
设端节的中心角为 α,则 $\alpha = 90°/8 = 11.25°$,中
间节的中心角为 22.5°,如图 1－2－58(b)所示。

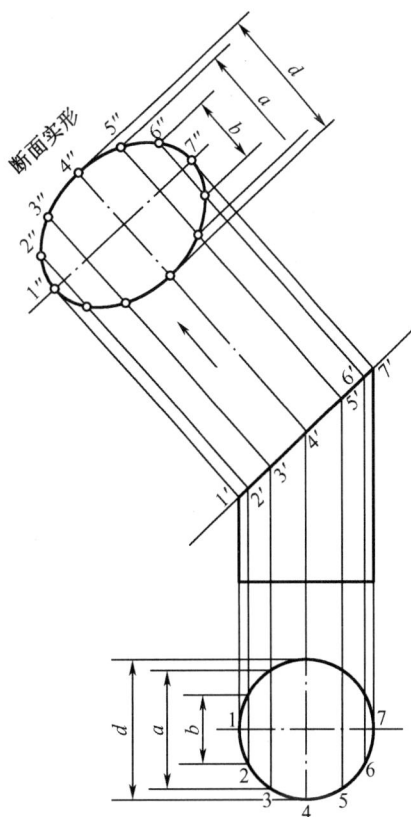

图 1－2－56　斜口圆实形的求法

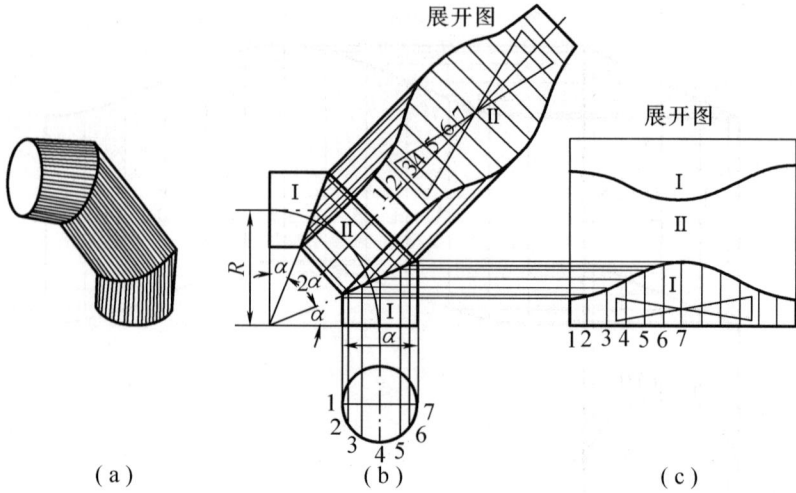

（a）　　　　　　　（b）　　　　　　　（c）

图1－2－57　圆管三节等径直角弯头的展开

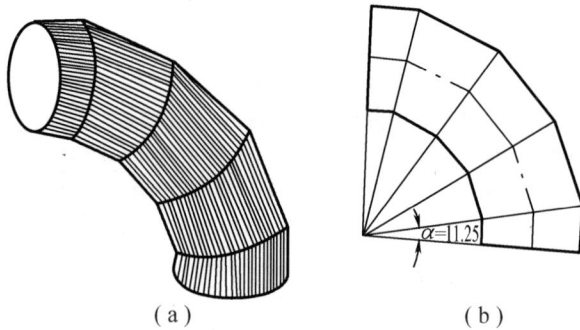

（a）　　　　　　　　　（b）

图1－2－58　圆管五节等径直角弯头

圆管五节等径直角弯头的展开方法与圆管三节等径直角弯头类同。

2. 放射线法

放射线法适用几何体表面具有素线相交于一个共同点的形体。如圆锥体、棱锥体等的表面的展开（图1－2－59）。其展开原理是在锥体表面作出一系列三角形，然后求出倾斜线段的实长。再将各个三角形依次展平画在一起，即为所求的展开图。由于在展开图上各素线（棱线）汇交于一点，所以这种方法称为放射线法。

（1）正四棱锥台的展开

图1－2－60（a）为四棱锥台的立体图。图1－2－60（b）中的展开步骤如下：

①延长正面图。平而图的棱线相交于 S'，S 点（即锥顶）。用前述旋转法求出被线实长。

②作展开图：以 S' 为圆心，棱边实长 $S'-I'$，$S'-A'$ 为平径画同心圆弧。

③由 $S'-I'$ 为起始线，分别以 A，I 点为圆心，平面图（c）中的 $2-2$，$2-3$ 和 $a-b$，$b-c$ 为半径，依次画弧与前面两圆弧分别相交得 I，II，III，…，I 和 A，B，C，…，A 各点。用直线连接相邻两点，即为四棱锥台的表面展开（图1－2－60（b））。

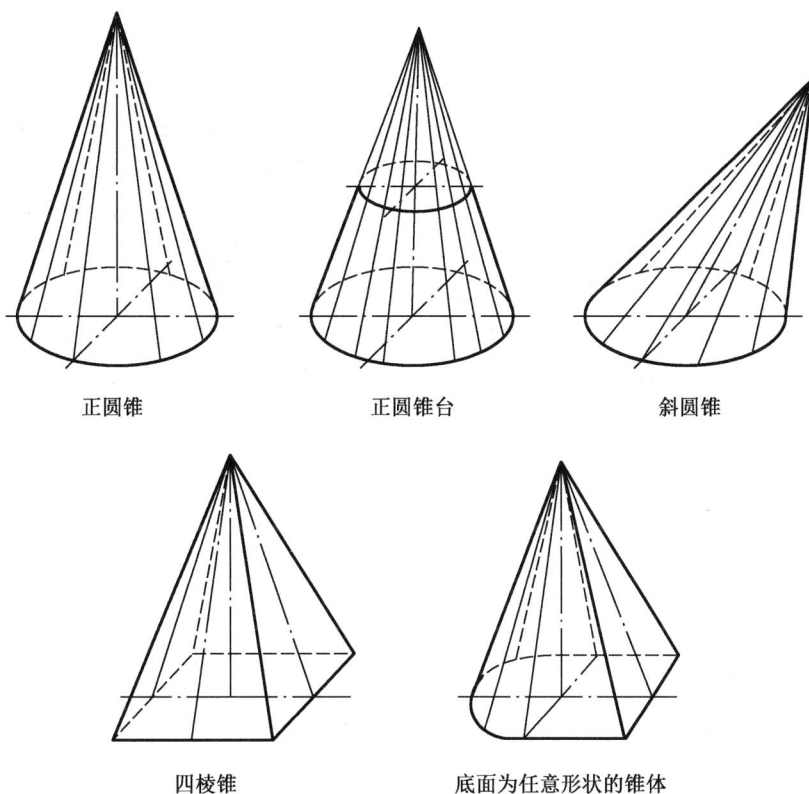

图 1 - 2 - 59　放射线法

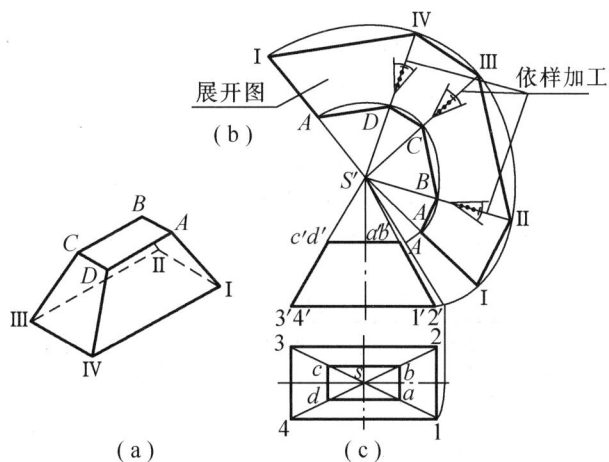

图 1 - 2 - 60　正四棱锥台的展开

（2）正圆锥斜截圆锥台展开

图 1 - 2 - 61，展开步骤如下：

①图 1 - 2 - 61（a）为圆锥台立体图。将图 1 - 2 - 61（b）平面图半圈周六等分。得等分点 1,2,3,…,7,过各点向正面图底线引各垂直线,并延长与斜截线相交于 a',b',c',d',

$\cdots,g'$。

②用旋转法求空间线段 $S'-b',S'-c',\cdots,S'-f'$ 的实长,即过 $b',c',\cdots,f'$ 引水平线与 $S'-7$(实长线)相交于 $b,c,\cdots,f$ 各点。则 $S'-b,S'-c,\cdots,S'-f$ 即为各投影素线实长。

③作展开图。由锥顶 S' 为圆心。起始直线 $S'-1'$ 为半径画圆弧($S'-1'=S'-1$),在弧上截取平面图上各等分点间的圆弧长度,得 $1',2',\cdots,7'$ 各点。直线连接 $S'-1',S'-2',S'-3',\cdots,S'-7'$。又以 S' 为圆心,分别以 $S'-a,S'-b,S'-c,\cdots,S'-g$ 为半径作弧。分别与各对应的线段相交于 $a'',b'',c'',\cdots,g''$ 各点。连成光顺曲线。即为1/2 圆锥台的表面展开(如图 1-2-61(c))所示。另1/2 展开面与此相同方法作出。

④求斜截面。作直线 $A'-G'$ 平行等于正面图斜截线 $a'-g'$ 的长。过 $b',c',d',\cdots,f'$ 作 $A'-G'$ 的垂线。且于其上面两两对称地截取平面图中 $B,C,D,\cdots,F$ 各点至中心线的宽度。得 $B',C',D',\cdots,F'$ 等点。过各点连接成椭圆,即为斜截面的实形(图 1-2-61(d)所示)。

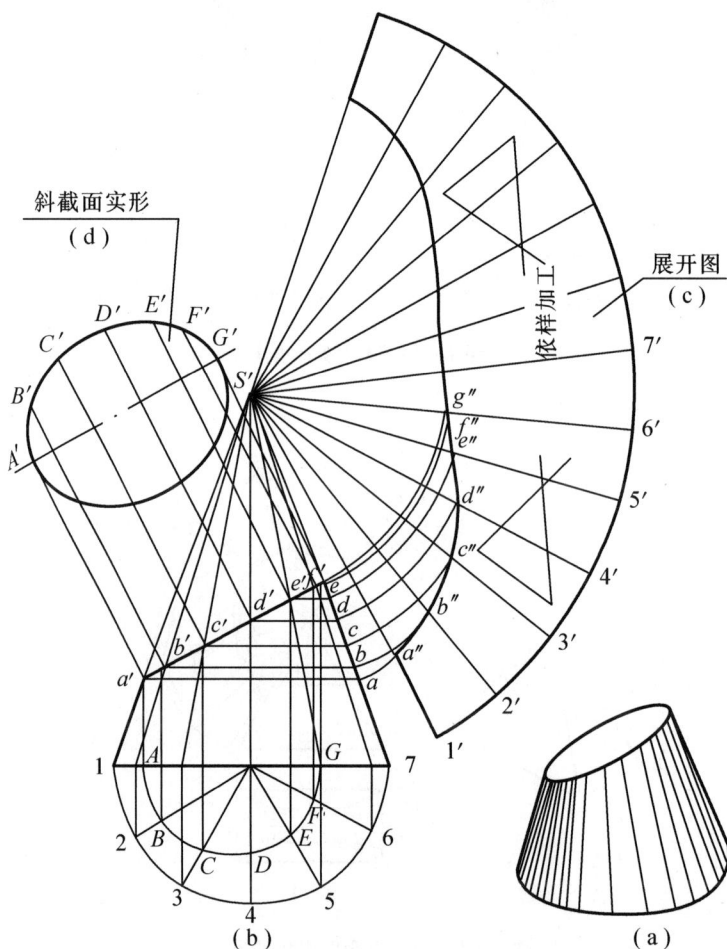

图 1-2-61 正圆锥斜截圆锥台展开

3. 三角形法

当几何体形状比较复杂,既不是柱体,又不是锥体的几何形体件,可用三角形法展开。其展开原理是将物体表面的复杂形状分割成一组或多组三角形,并分别求出各个三角形的实形,再依次把这些三角形展平画在一起。近似地代替物体表面,即为其展开图。

三角形展开法大致可分以下三个步:第一,正确地在视图中将形体表面分割成若干小三角形使所有三角形的顶点都必须位于形体的上下口边缘上;所有小三角形的边线不得穿越形体内部空间,而只能附有在形体表面上;所有相邻的两个小三角形都有而且只能有一条公共边。第二,根据求实长的方法求出所有小三角形各边的长。第三,作展开图时,各小三角形的相邻位置为依据,由中间内两端展开(用交规法),最后把所有交点视物件的具体形状,用曲线或折线连接而得展开图。

(1)上下大小方口呈45°的形体展开实例

如图1-2-62(a)所示,该形体表面由8个等腰三角形组成,无须再分割。由于这8个等腰三角形的顶底边是实长(即上下方口a,b的边长),且其腰长均相等,所以只需求出一条腰边的实长即可,其展开步骤如下:

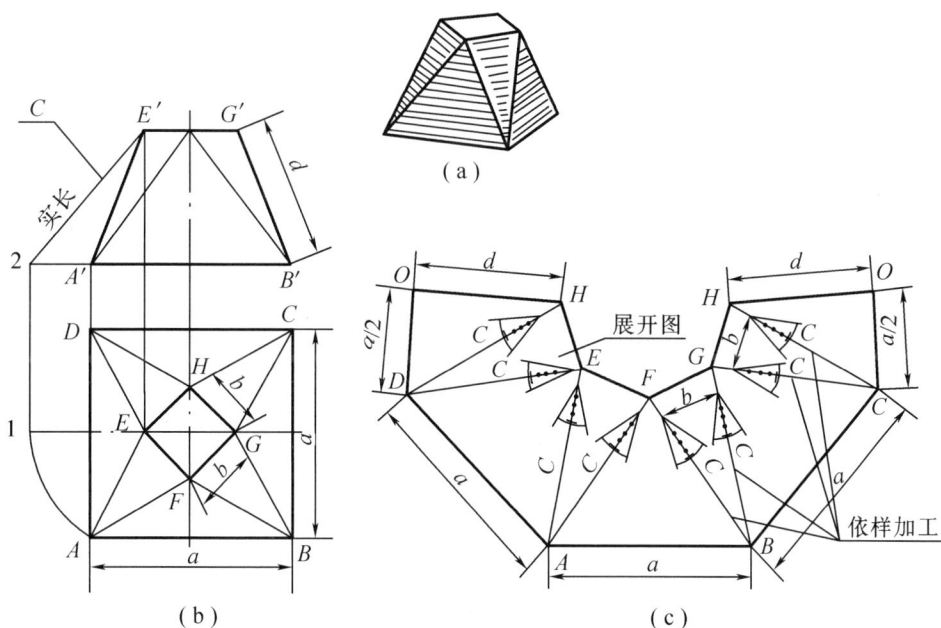

图1-2-62 上下方口转45°四棱台的展开

①用旋转法求出等腰三角形腰边实长,如图1-2-62(b)。

②作展开图,如图1-2-62(c)。作一线段AB等于俯视图中的a长,分别以A,B点为圆心,实长C为半径画弧相交于F点;以F点为圆心,俯视图中的b为半径画弧与以B为圆心C为半径画弧相交于G点;以G为圆心C为半径画弧与以B为圆心a为半径画弧相交于C点;以C为圆心C为半径画弧与以G为圆心b为半径画弧相交于H点;以H为圆心、主视图中d为半径画弧与以C为圆心$a/2$为半径画弧相交于O点。用同样的方法求出左侧的E,D,H,O点;用折线连接各点即得所求之展开图。

(2)上圆下方台展开实例

如图1-2-63所示,上圆下方台的展开步骤如下。

①在图1-2-63(b)俯视图中,将圆周3等分,得等分点1,2,3,4,将各点与B点连成直线,将形体表面分割成若干小三角形。

②求各三角形三边实长。其中俯视图中 $B1 = B4$，$B2 = B3$，所以只要用三角形法求出 $B1$，$B2$ 的实长即可。如图 $1 - 2 - 63$(b)主视图的右侧，以直角三角形的一直角边为 h，在另一直角边上截取俯视图上 $B1$，$B2$ 的投影长，则其斜边即为各边的实长。

③作展开图，如图 $1 - 2 - 63$(c)。作一直线段 AB 等于俯视图中底边长 a，分别以 A，B 点为圆心，b' 实长线为半径画弧相交于 1 点；以 B 为圆心，c' 实长为半径画弧与以点 1 为圆心，俯视图中 12 圆弧长为半径画弧相交于 2 点；同理可求出 3，4，C，J 各点，将上口各点连成光顺曲线、下口各点连成折线，即得上圆下方台表面的展开图。

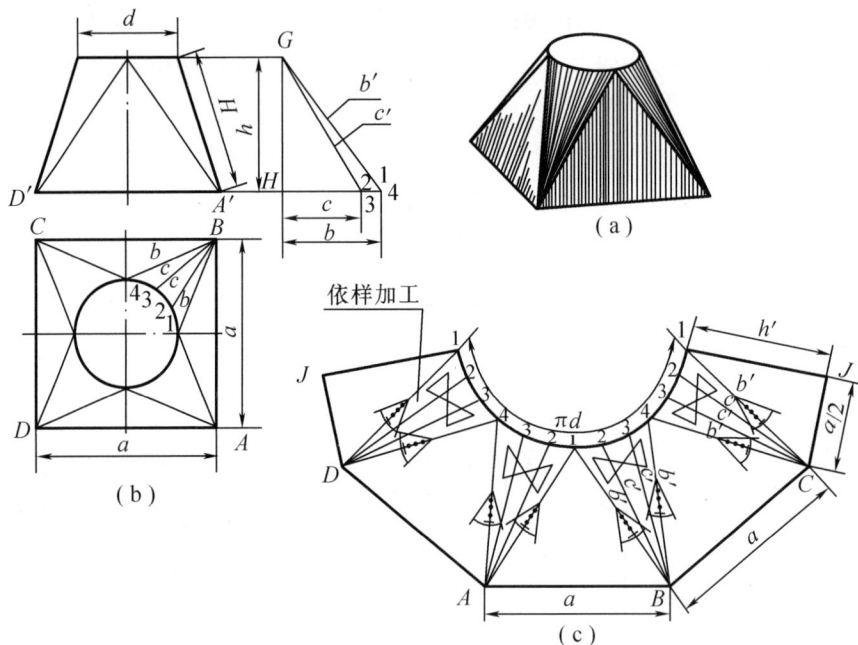

图 $1 - 2 - 63$　上方下圆台展开

二、工作任务训练

训练名称：上圆下方台展开及模型制作。

1. 训练内容及要求

训练内容：

(1)根据图 $1 - 2 - 63$ 在纸板（或图纸）上进行上圆下方台的展开，其中上圆直径 $a = 40$ mm，下方边长 $b = 60$ mm，台高 $h = 40$ mm。

(2)用薄纸板做出上圆下方台的结构模型。

训练要求：

(1)展开过程应按实例步骤进行，要求用绘图工具完成；

(2)按 1:1 比例进行展开和模型制作。

2. 训练资料、设备和工具

(1)训练资料：教材实例图。

(2)设备和工具：薄纸板（或图纸）、圆规、三角板、直尺、铅笔等。

3. 训练过程

下达工作任务→制订工作计划(任务分工→确定训练步骤)→实施工作计划→完成训练记录。

4. 训练步骤

(1)先按图1-2-63,画出上圆下方台的主视图和俯视图,将1/4圆周3等分,将形体表面分割成若干小三角形;

(2)求各三角形三边实长;

(3)上方下圆台作展开图。

【课后自测】

一、填空

1. 船体放样常用的方法有(　　　)和数学放样。

2. 目前常用的作图展开方法有:(　　　)、(　　　)和三角形法。

3. (　　　)适用于圆柱、棱柱等金属管件的展开。

4. 改变空间图形的位置,不改变投影面的位置求实长的方法是(　　　)。

5. 求曲线实长的方法有两种,一是换面法,另一种是(　　　)。

6. (　　　)求实长时,把空间一般位置的直线段,绕一固定轴转成平行线,则该线在与之平行的投影面上的投影反映实长。

7. 各种棱柱体、圆柱体等都可用(　　　)法展开。

8. (　　　)法适用于立体表面的素线相交于一点的锥体。

9. 换面法另设一新的投影面与曲线平行,则曲线在该投影面上的投影反映实长,这种方法适应于(　　　)曲线。

10. 用(　　　)法求实长,可在直线的任一视图中任意端点引出支线,不必分析引支线是否符合该线空间的实际位置。

11. 求曲线实长的展开法就是将曲线视图中的一个(　　　)长度伸直,而保持另一视图中的长度不变所作出的(　　　)线。

三、判断(对的打"√",错的打"×")

1. 激光经纬仪只能用来测量长度。　　　　　　　　　　　　　　　(　　　)

2. 数学放样更方便也更准确,所以能够取代手工放样。　　　　　　　(　　　)

3. 肋骨型线能够表达船体每档肋位肋骨横剖线的形状和船体内部结构状况。(　　　)

4. 理论型线放样只需将设计的图纸放大即可。　　　　　　　　　　　(　　　)

5. 肋骨型线是结构线放样以及外板展开的基础。　　　　　　　　　　(　　　)

6. 当直线垂直于某一投影面时,则它必然平行于另两个投影面。　　　(　　　)

7. 曲线在任何投影面上都不反应实长。　　　　　　　　　　　　　　(　　　)

8. 样条是用于攀顺曲线的,主要有木质和有机玻璃两种。　　　　　　(　　　)

9. 当一直线平行于某一投影面而倾斜于另两个投影面时,则该线在所平行的投影面上的投影较实长为长。　　　　　　　　　　　　　　　　　　　(　　　)

10. 可展曲面,可以通过几何作图法求出其展开的近似形状。　　　　(　　　)

四、名词解释

1. 船体放样
2. 样棒
3. 近似展开
4. 垂直线
5. 平行线
6. 空间曲线

五、简答题

1. 船体放样包括哪些内容?
2. 船体放样的准备工作有哪些?
3. 船体放样的工具有哪些?
4. 几何体展开常用哪些方法?
5. 展开的基本方法有哪些,这些展开方法的共同特点是什么?
6. 平行线法的展开原理?

四、作图题

1. 用四心法绘制 400×600 的椭圆。
2. 用几何作图法将习图 1－2－1 线段 AB 五等分。
3. 将习图 1－2－2 中的角二等分。

$A \underline{\hspace{4cm}} B$

习图 1－2－1

习图 1－2－2

4. 使用圆弧连接习图 1－2－3 的线段。
5. 用外切圆弧连接习图 1－2－4 中的两个圆。

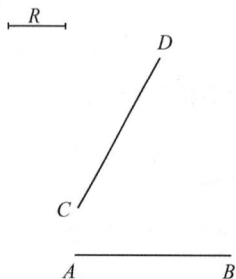

习图 1－2－3

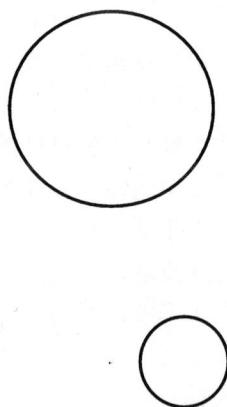

习图 1－2－4

6. 将习图 1 – 2 – 5 的斜口圆柱展开。

7. 将习图 1 – 2 – 6 的斜口圆锥展开。

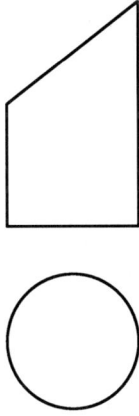

习图 1 – 2 – 5

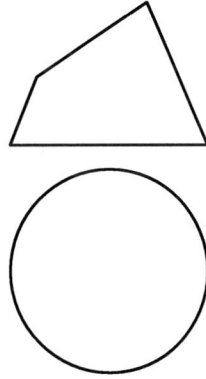

习图 1 – 2 – 6

项目三　船体钢料加工

【项目描述】

　　船舶建造过程中需要成千上万根构件,而构件的形状千差万别,使钢板和型材成为船体构件的工艺过程称为船体钢料加工。从钢材仓库里领取出来的钢板和型材,需要经过矫正和表面清理与防护后,才能进行船体零件的号料工作,然后根据号料时画的有关线条,依次进行切割和弯制,才能成为船体所需要的构件。

　　本项目主要对于钢料加工的基础知识进行认知,包括钢材预处理、构件边缘加工和构件成形加工三个任务。

知识要求

1.能熟知钢材矫正的原理;

2.能熟知钢板矫正的方法;

3.能熟练型材矫正的原理;

4.能熟知型材矫正的方法;

5.能熟练掌握船体构件边缘机械切割方法;

6.能熟练掌握船体构件边缘化学切割方法;

7.能熟练掌握船体构件边缘物理切割方法;

8.能熟练掌握船体构件边缘机械切割方法;

9.能熟练掌握船体构件边缘焊接坡口方法。

能力要求

1.具有薄板手工矫正能力;

2.能初步掌握型材简单矫正的能力;

3.能熟练操作火焰切割坡口的能力;

4.具有氧乙炔切割钢板的能力;

5.具有熟练使用三辊弯板机的能力。

工作任务

1.任务一　钢材预处理;

2.任务二　构件边缘加工;

3.任务三　构件成形加工。

任务一　钢材预处理

【学习目标】

1. 熟悉钢材矫正的原理与方法；
2. 熟悉常见钢材表面处理的方法；
3. 掌握钢材表面预处理流水线工艺。

【任务解析】

供船厂使用的钢材和型材，由于钢厂轧制冷却后收缩不均匀和运输堆放中的各种影响，会产生变形和锈蚀，为了保证后道工序号料和加工质量，船厂在号料之前对钢板进行矫正、矫平和清除锈蚀，并涂覆车间底漆，这个工艺过程称之为钢材预处理。

本任务主要介绍钢板和型材的矫正原理和方法，钢板表面处理的方法以及钢板的表面防护方法的相关知识，通过该任务的学习能够掌握薄板手工矫正的基本方法。

【任务实施】

一、背景理论与知识学习

（一）钢材的矫正

钢材的矫正包括钢板的矫平和型材的矫直。

钢板的矫正方法按外力的来源分为：手工矫正、机械矫正与火焰矫正；按矫正时钢材的温度分为冷矫正和热矫正。冷矫正是在常温下的矫正，它适用于塑性较好的钢板。对于变形严重、脆性大、锈蚀严重的钢板不宜使用。热矫正是将钢板加热到 700～1 000 ℃的高温后进行的矫正，它适用于变形大、塑性差的钢板矫正。

1. 钢材变形的原因

（1）钢板轧制引起的变形

在轧制钢板时，当轧辊沿其长度方向受热不均匀，或者由于轧滚弯曲，轧辊调整设备失常等各种原因，都将造成轧辊之间的间隙不一致，从而导致钢材在宽度方向的压缩不均匀，于是钢材的每根纤维沿着长度方向的延伸就不相同。

（2）运输、存放引起的变形

钢材在运输、存放过程中的不当也会产生局部皱曲。

2. 钢材矫正的原理

钢材的任何一种变形都是由于其中一部分纤维比另一部分纤维缩得短些或是伸得长些所致。

因此，矫正就得将较短的纤维拉长和将较长的纤维缩短而使之一样长，但实际上一般都采取拉长纤维的方法，因为压缩纤维难以实现。

3.钢板的矫正方法

(1)手工矫正

采用锤、板头或自制简单工具等,利用人力进行的矫正称手工矫正。主要的工具是手锤、型锤,主要设备是平台。手工矫正具有灵活简便、成本低的特点,一般在缺乏或不便使用矫正设备,矫正件变形不大或刚性较小,不便采用其他矫正方法等情况下使用。

钢板手工矫正的基本方法是用锤击钢板纤维较短的部位使其伸长,逐渐与其他部位纤维长度趋于相同,达到矫正目的。矫正钢板时,较难找准"紧""松"的部位,一般规律是"松"的部位凸起,用锤敲击紧贴平台"紧"的部位。薄板的矫平是难度较大的矫正工作,如只用手工矫正较难时,可与火焰矫正相结合进行矫正。

①薄板的手工矫平

a.薄板中间凸起的矫平

薄板中间凸起的原因一般是四周紧中间松,即四周钢材纤维较短,中间纤维较长。薄板中间凸起矫平如图1-3-1(a)所示。

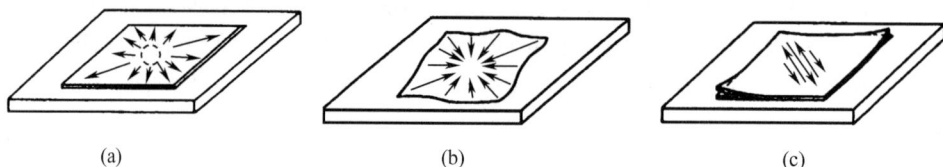

(a)   (b)   (c)

图1-3-1 薄板手工矫正

(a)薄板中间凸起矫平图;(b)薄板四周波浪形矫平;(c)薄板扭曲矫平

矫平时把薄板凸处向上放在平台上,用锤由凸起周围逐渐向边缘进行锤击。图1-3-1(a)中箭头表示锤击位置和方向,锤击时应越往边锤击力越强,并增加锤击密度,促使四周纤维逐渐伸长而使薄板逐渐趋于平整。若薄板中间有几处凸起,应先锤击凸起交界处,使多处凸起并成一处后再用上述方法矫平。

b.薄板四周呈波浪形的矫平

薄板四周呈波浪形的原因是四周松而中间紧,即中间钢材纤维比周围纤维短。薄板四周波浪形矫平如图1-3-1(b)所示。

矫平时把薄板放在平台上,用锤由四周向中间按图1-3-1(b)箭头方向进行锤击。越往中间锤击力与密度越大,使中间纤维伸长而矫平。若薄板波浪形严重,可在手工矫正前进行火焰矫正,然后再用手工矫平。

c.薄板扭曲矫平

薄板扭曲表现为对角翘起,原因是两对角松紧不一,如图1-3-1(c)所示。

矫平的方法,可沿没有翘起的对角线进行捶击,使纤维短处伸长。矫平扭曲需经多次翻转薄板锤击。

d.薄板是否矫平,可用下列方法之一进行检查。

· 用直尺在薄板平面上找平,如直尺与薄板接触处缝隙小,说明薄板已平整,否则还需要继续矫平。

· 用手按薄板各处,如无弹动,说明薄板各处已与平台表面贴紧,薄板已矫平。

· 先目测薄板四边,看四边是否有弯曲,如无弯曲,再以一边为基准目测对边。根据两条平行直线可作一个平面的原则,如两边在同一平面内,表明薄板已平整。

②中厚板手工矫平

手工矫平中厚板可直接用大锤锤击凸处,迫使钢板纤维受力而缩短。锤击中板要避免在中厚板表面留下明显锤痕。

(2)机械矫正

机械矫正就是通过一定的矫正机械设备对钢板进行矫正。机械矫正生产率高、质量好,适用于批量较大、形状比较一致、有一定规格的钢材。机械矫正一般在专用机械上进行,但由于各企业规模、设备和产品品种等因素不同,机械矫正也有在通用机械设备或自制矫正设备上矫正的。

矫正机械种类很多,一般用于原材料或切割后钢材的矫正。

①钢板矫平机矫正

用钢板矫平机矫平钢板是使钢板在轴辊中反复弯曲,从而使钢板内的短纤维拉长,使钢板的应力超过弹性极限时发生永久变形,由此实现钢板平整的一种矫正方法。矫平小件板材时,可把同一厚度的小件板材放在厚一些的整张大钢板上,用轴辊对小件板材反复辊轧,使小件板材短纤维伸展而被矫平。

矫正钢板成平直状态的机床,称为多轴辊式矫平机。船厂常用的矫平机是由5~11个工作辊组成的。图1-3-2是七辊矫平机的外形图。

图1-3-2　七辊矫平机

机床的工作部分是上下两列轴辊,下列为三辊,是由电动机通过减速器带动着旋转的主动轴辊,这列轴辊的轴承固定在机体上,因此它们不能做任何调节;上列为四辊,是从动轴辊,可以作上下垂向调节,以调整矫平机上下辊列之间的间隙,来适应矫平各种不同厚度的钢板。

钢板越厚,矫正越容易;薄板容易变形,矫正也比较困难。厚度在3 mm以上的钢板通常在五辊或七辊矫平机上矫正。钢板在矫平机上往往不是一次就能矫平的,而需要反复进行多次,直至矫平为止。

②辊弯机矫正

辊弯机的主要作用是将板材卷曲成圆弧形,也可以用于矫平中厚度钢板和在辊弯机负荷能力范围内的厚板。矫正时可先将矫正件滚出适当的大圆弧,再翻身用略加大上下距离的轴辊辊轧。如此反复辊轧使矫正件原有的弯曲反弯,从而逐渐趋于平直。对于同一厚度的薄板或小件板材,可利用厚钢板(30～40 mm)做衬垫,在辊弯机内反复辊轧从而达到矫平目的。三辊弯板机矫正小件钢板如图1-3-3所示。

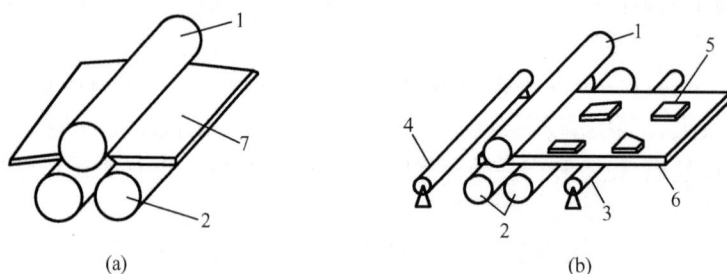

图1-3-3 三辊弯板机矫正钢板
(a)在辊弯机上矫正钢板;(b)三辊卷板机矫正小件钢板
1—上轴辊;2—下轴辊;3—前托辊;4—后托辊;5—小件薄板(4件);6—衬垫钢板;7—矫正钢板

对于已经矫正好的钢板应进行检验,视其是否符合规定的技术标准,方法是用长度为一米的直尺检查,钢板表面波形高低翘曲度应不超过表1-3-1中的规定。

表1-3-1 钢板的平整要求

钢板厚度/mm	3～5	6～8	9～11	>12
允许翘曲度/(mm/m)	3.0	2.5	2.0	1.5

4. 型材的矫正方法

在常温下型材矫正的方法有两种:一是手工矫正;二是机械矫正。一般采用机械矫正较多,但对一些机械矫正不到的部位,还得用手工矫正。

对于平直的型材构件,应先在型材矫直机上矫直,再进行号料和切割;对于弯曲的型材构件,因为加工时要留有余量,所以不必经过矫直,可直接进行号料、切割和弯曲加工。

(1)型材的手工矫正

在没有专门的型材矫正设备的情况下,小尺寸的型材可以放在圆墩(如图1-3-4)或者平台(如图1-3-5)上用手工敲击的方法来矫正,大尺寸的型材可用水火弯板矫正,也可以在液压机上进行矫正。

图1-3-4 扁钢在圆筒形铁墩上矫正图

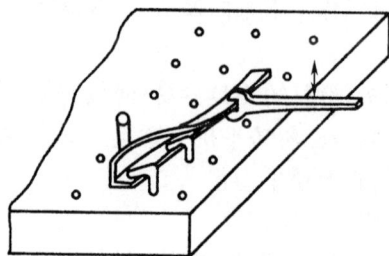

图1-3-5 扭曲角钢的矫正

（2）型材的机械矫正

型材的矫直主要在型材矫直机（如图1-3-6）上进行。由于型材的形状较多，型材矫直机的种类也较多。常用型材矫直机的工作原理如图1-3-7所示。机床的工作部分有两个支撑和一个推撑组成，支撑没有动力传动，但两个支撑之间的间距可以根据需要进行调节，推撑安装在一个能做水平往复运动的滑块上，由电动机通过减速器带动其做水平往复运动。

图1-3-6 型材矫直机

（二）钢材的表面处理

钢材曝露空气中极易腐蚀，腐蚀不仅显著降低钢板的疲劳强度，还会使钢材减薄，缩短使用寿命。因此，在使用前要进行表面处理，去掉锈蚀。目前钢材预处理的过程中除锈方法有抛丸除锈法和化学除锈法。

1.抛丸除锈法

抛丸除锈法一般用于原材料除锈。它是利用专门的抛丸机将铁丸或其他耐磨材料喷射到钢材表面，以去除钢材表明的氧化皮，铁锈。抛丸除锈的优点有：自动进料（自带上下料辊道），自动清理，自带除尘装置，钢丸自动回收投入利用，集环保、节约于一体。

抛丸除锈法适合于组建钢材预处理的流水生产线。一般用于原材料的除锈。抛丸机分为立式和卧式两种形式，如图1-3-8所示。钢材预处理流水线一般用卧式抛丸机，如图1-3-9所示。

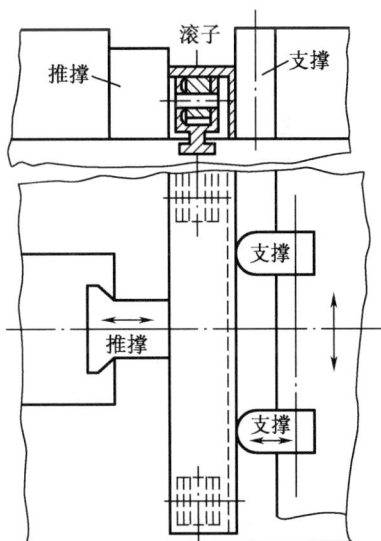

图1-3-7 型材矫直机的
工作原理图

卧式抛丸机占地面积较大，但不需要翻板装置，表面除锈质量较均匀，可用传送滚道直接进料，便于组织钢板输送、矫正、抛丸除锈、喷涂防护底漆等工序的自动生产流水线，生产效率高，从而获得广泛应用。采用卧式除锈时，铁丸容易铺积在钢板的上表面，阻碍丸粒的抛射,降低抛丸除锈的效果,因此需要设置高压鼓风机或机械刮板来随时清扫铺积在钢板上的铁丸,保证除锈工作的顺利进行。

抛丸除锈设备一般均设置丸粒回收系统,以便丸粒的反复使用;并装有通风除尘装置,以降低对环境的污染。

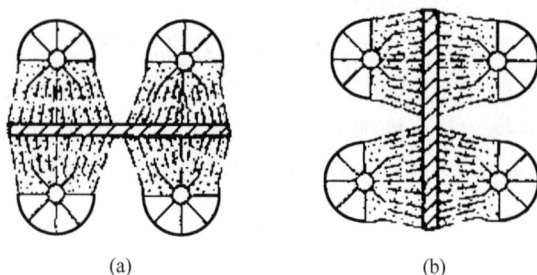

图 1 - 3 - 8 抛丸机形式
(a)卧式抛丸机;(b)立式抛丸机

2. 化学除锈法

化学除锈法通常是指多工序的酸洗法,一般结构钢材的酸洗除锈鳞化防护的工艺流程如下:脱脂→酸洗除锈→冷水冲洗→中和处理→冷水冲洗→磷化处理→热水冲洗→自然干燥→补充处理→自然干燥。

图 1 - 3 - 9 卧式抛丸机

经过酸洗后的钢材,必须有一定的防护处理,才能在以后的加工和储存过程中减少或免于锈蚀。最常用的方法是放入磷化槽中进行磷化处理。将经磷化处理后的钢板吊入热水槽内进行清洗,彻底除去表面游离磷酸,吊出钢板,利用余热进行自然干燥,然后进行补充处理(浸渍、刷涂或喷涂),在室温下干燥4~6 h。

对于钢材原材料预处理来说,酸洗处理常为没有抛丸预处理流水线的中小船厂应用,由于薄板采用抛丸除锈,容易使钢板产生变形,因此5 mm以下的钢板可用化学除锈法。除用于薄板外,酸洗除锈法主要用于处理管子、舾装件和形状复杂的零部件,可作为抛丸除锈法的补充手段。

(三)钢材的表面防护

发生在我们周围的腐蚀现象是指各类材料在环境作用下(有化学、电化学和若干物理因素的综合作用)发生损坏,性能下降或状态的劣化。而在金属表面喷漆涂装则是一种很重要的金属防腐蚀保持手段。良好的喷漆涂装保护层保持连续完整无损,结合良好,能够成为抑制腐蚀介质侵入的屏障。

　　钢材进行表面处理后喷涂车间底漆是目前常见的一种表面防护方式。目前我国国内的常用型号有:702 环氧富锌底漆(二罐装)、702 - 2 环氧低锌车间底漆、703 环氧铁红车间底漆和 704 无机硅酸锌底漆。

　　车间底漆,又称为保养底漆或预处理底漆,是钢板或型钢经抛丸预处理除锈后在流水线上采取的一种底漆。车间底漆的作用是对经过抛丸处理的钢材表面进行保护,防止钢材在加工、组装到分段形成甚至到船台合拢期间产生锈蚀,从而大大减轻分段或船台涂装时的除锈工作量。

　　与通常的涂层不同,车间底漆有以下几个特点:

　　(1)车间底漆是一种临时保养性的底漆,具有一定的防止钢板锈蚀的性能,保养期限视选用品种与所处环境而定,一般为 3 ~ 9 个月。长期接触海水部位的车间底漆要适应阴极保护不皂化的性能。

　　(2)为适应自动化流水线作业的需要,要求漆膜在 3 ~ 5 min 内达到表干。一般在加温条件下,钢板表面温度为 40 ℃,车间底漆要在 3 min 内干燥,以便在滚道上移动并在起吊时不损坏漆膜。

　　(3)车间底漆的膜厚较薄,能采用高压无气喷涂并得到均匀的涂膜。应严格控制车间底漆的膜厚,含锌或不含锌车间底漆的厚度应分别为 15 ~ 20 μm 和 15 ~ 25 μm;车间底漆的膜厚将不计入船体的涂层的总膜厚内。

　　(4)车间底漆在分段正式涂装时,可以除去也可以保留,主要取决于正式涂装时车间底漆层本身的完好性和第一层涂装涂料对表面处理的具体要求,并能与将涂装的涂料配套应用。

　　(5)车间底漆不能对钢板的焊接性能产生影响,不能影响焊接强度。

　　(6)在切割或焊接时,漆膜产生的烟雾及粉尘等对人体无害,释放的有毒有害物质浓度在国家卫生指标所允许的范围之内。因此,车间底漆不宜含有砷、锑、铅、铬、镉的颜料。

　　(7)漆膜机械性能良好,能耐搬运时的摩擦碰撞,包括加工时的弯曲,与将涂装的各种涂料应有良好的层间附着力。

　　(四)钢材预处理流水线

　　钢板预处理的效率很高,可在密闭的条件下进行,配以粉尘吸收装置则不会污染环境,另一种预处理流水线则是型钢预处理流水线。两者的工作原理是一致的,只是由于型钢表面比较复杂,抛丸机的抛头位置安放应有一个特定的角度,而型钢的宽度则大大小于钢板的宽度,故型钢流水线的抛头数量较钢板流水线为少,辊道的宽度亦小于钢板流水线的辊道宽度。

　　1. 板材预处理流水线配备

　　图 1 - 3 - 10 为典型板材预处理流水线各工位装备情况。

　　(1)钢板矫平

　　钢板矫平,通常采用七星辊和九星辊矫平机,矫平机一般设置在钢板预处理工位之前,但有的钢板预处理流水线,将矫平机放在抛丸机后面,这是为了保护矫平的轧辊不受钢板上脱落的氧化皮损伤。

　　钢板矫平机的能力各有不同,造船钢板的矫平机以能矫平 4 ~ 30 mm 厚的钢板为宜。

　　(2)钢板输送

　　钢板上料后,各工序的传送由辊道完成。

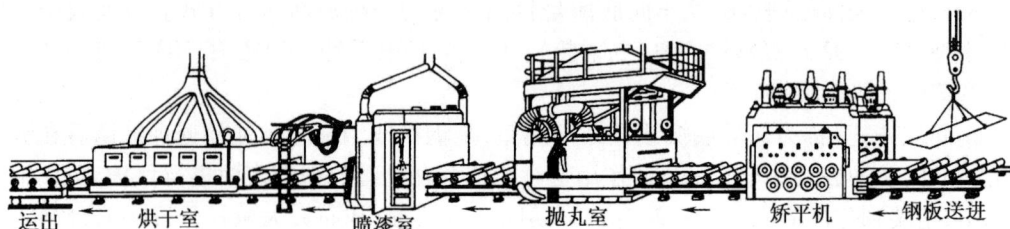

图1-3-10 板材预处理流水线

辊道通常为圆柱形,两端有轴承座,辊道间距为500~750 mm,在喷漆工序完成之后,为了防止与辊道接触一面的车间底漆受到破坏,对辊道的结构形式有特殊的要求,有采用链式点接触型的结构,这是将一块带有数个突出点的钢板,托住经过预处理和涂有车间底漆的钢板,而该承托钢板则由链轮推送前进,这种结构形式,只使突出点与钢板接触部位的车间底漆受到影响,不会产生大面积的车间底漆损伤。另一种辊道结构形式是采取"八"字形的辊道,只使钢板的两边与辊道接触,则完全不存在车间底漆在干燥前受到破坏的问题。

为了保证钢板在抛丸处理时不至于变形,在抛丸机内的辊道距离应小于其他工位中的辊道距离,通常抛丸机内的辊道距离不应大于500 mm。

另外,为了保证工序与工序之间必要的处理时间,预处理流水线辊道必须具备足够的数量。通常,抛头能力大、钢板输送的速度快。辊道的数量应多一些,特别是喷漆工序以后,这是为了让车间底漆有足够的干燥时间。

(3)预热

预热是为了在抛丸前将钢板升温,除去表面水分、部分油污,使钢板升温至一定的温度以利于喷漆后的干燥。目前国内外在钢材预处理流水线上采用的预热设备有:中频感应加热、液化石油气加热和热水喷淋加热等。不论采用何种方式预热,均应使钢板升温至40 ℃左右,升温太低,不利于除去水分、油污,不利于而后喷涂的车间底漆的干燥,而升温太高,则多耗能量,又易使车间底漆在干燥过程中产生起泡的弊病。

(4)抛丸

抛丸在抛丸室内完成。抛丸室安装有抛丸器(俗称抛头)、磨料循环装置,磨料清扫装置、通风除尘装置等。

①抛丸器

抛丸器由叶轮、护罩、定向套、分丸轮、轴承座及电动机等组成。

叶轮由电动机带动做高速旋转(2 200~2 600 r/min),产生强大的离心力,当磨料经进丸管吸入分丸轮中,在离心力的作用下,沿叶片长度方向加速运动直至以60~80 m/s的速度抛出,抛出的磨料成扇形流束,打击在钢板表面以除去氧化皮锈蚀。

抛丸器根据叶轮结构不同有双叶盘形和单叶盘形两种。单叶盘的优点是可以倒顺旋转,叶片拆装较容易,但叶片由于单边受力,有异物进入叶轮或叶片磨薄后容易叶片碎裂。双叶盘的优点是安装位置适应性好,主副叶盘上开有联结螺孔,可配合不同位置的旋转方向来装配叶盘。目前国内标准产品多数是双叶盘型。

②磨料循环系统有机械输送及气动输送两种形式

国内船厂早期设计均采用气动输送与通风除尘合用系统。随着磨料输送量的不断提高,气动输送的能耗太大,故近期设计均采用机械输送形式,即螺旋输送机加斗式提升机,采用横向螺旋输送机还可以抛头直接供料,既能解决底抛头进料的困难,又可大大降低设备的安装高度。

③磨料清扫装置

钢板抛丸处理后表面上积聚大量磨料需要清除,清除磨料的清扫装置一般由两部分组成。其整机吸尘部分有吸尘管系直接接入除尘器。

通风除尘装置的通风量与抛丸室容积及抛头的磨料抛射量有关,现有的抛丸室通风量折合与容积有关的换气次数为 300~350 次/h。

④磨料

用于清除钢材表面氧化皮与锈蚀的磨料有很多种,但用于抛丸处理的磨料既要处理效果好又要便于回收,则大体上有铁丸、钢丸、钢丝段和棱角钢砂四种。理想的抛丸处理磨料是钢丸和钢丝段或钢丸加钢砂,前后两者的比例为 1∶1 到 2∶1 范围之内。为要达到处理后钢材表面粗糙度在 40~70 μm,磨料的直径以 0.8~1.2 mm 为宜。

(5)喷漆

抛丸处理后的钢材表面须立即涂覆车间底漆。涂漆以自动化方式进行。整个涂漆装置由高压无气喷漆机、自动喷枪、通风去雾装置等组成。

自动喷枪的移动用链条传动或气缸传动。以行程开关来控制喷枪的启动和停止。喷枪在钢板的上下两边各置一把,两者运行的方向相反。喷枪与钢板之间的距离通常为300 mm 左右,下喷枪的距离应略小于上喷枪的距离。

为防止污染环境,喷漆室应安装吸风管道、漆雾过滤器、风机及排气管道。排风量大小取决于车间底漆的溶剂挥发量和允许排放的溶剂气体浓度。

(6)烘干

钢板喷漆后应进入烘干炉,促使快速干燥以利迅速搬运。烘干炉可以远红外辐射或蒸汽为热源,不能采用明火直接加热。烘干炉应设排风装置,防止炉内溶剂气体积聚而引起燃爆事故。对使用于性良好的车间底漆(如无机硅酸锌车间底漆)一般可免除烘干工作。

2. 钢板预处理流水线的特点

(1)生产效率高。大型流水线每小时处理钢板面积达 800 m²;

(2)劳动条件好。除锈过程密闭,全自动控制;

(3)除锈质量理想,表面粗糙度均匀;

(4)底漆附着牢固。

3. 板材预处理流水线工艺流程

(1)用电磁吊或自动装卸运输车将钢材吊放到输送辊道上。

(2)辊道以 3~4 m/min 的速度将钢材送入多辊矫平机,对钢板进行矫平处理。

(3)矫平后的钢板由输送辊送入加热炉,使钢材温度达到 40~60 ℃,目的是去除钢板表面的水分,并使氧化皮、锈斑疏松,便于除去,同时可增加漆膜的附着性,且快干。

(4)钢板进入抛丸除锈机,抛丸装置自动地向钢板两面抛射丸粒(丸粒可回收再使用),并用热风除去钢板表面的灰尘。

(5)钢材除锈并清洁后,进入半封闭式喷涂室喷涂保养底漆。喷涂是通过装置在滚道上、下两面的自动高压无气喷涂机,由电子自动控制装置操纵喷嘴向钢板表面喷涂底漆。喷嘴沿导轨迅速作横向往复运动,其速度可在 0~80 m/min 范围内作无级调速。

(6)钢板离开喷涂室后,进入干燥室进行烘干。漆膜烘干方法有红外线、远红外线和电

加热等。为利于喷漆溶液的挥发,加快干燥过程,应有通风装置;

(7)钢板烘干后从干燥室出来,进入高速辊道,以 20～30 m/min 的速度送出预处理流水线。经质量检验合格后送入加工车间进行号料、加工。

钢材预处理过程中,除锈室及喷涂室中充满了铁质粉尘和喷雾,应对集尘、换气、防爆等方面予以特别注意,必须采取相应的环境保护措施和防火、防爆措施。

二、工作任务训练

训练名称:

(1)批量(或单件)原材料钢板(板厚 10 mm)的预处理方案制订;

(2)手工矫正中间凸起的薄板。

1. 训练内容与要求

训练内容:

(1)假定船厂有一批量(或单件)原材料钢板(板厚 10 mm),这批钢板需要进行预处理,根据船厂预处理工艺流程,选择合适的设备以及工艺流程顺序制订合理的方案;

(2)提供板厚为 4 mm 厚的钢板,由于长时间堆积,钢板变形,中间部位凸起,用手工矫正的方法轿平钢板。

训练要求:

(1)制订钢板预处理方案,提出两种以上方案,进行分析比较,选择最佳预处理方案;

(2)能够动手操作矫正薄钢板,掌握正确的矫正薄板的工艺顺序;

(3)钢板矫正结束后检验钢板符合钢板平整的要求,翘曲在允许范围内。

2. 训练资料、设备和工具

(1)训练资料:船厂设备参考资料及教材上的实例讲解。

(2)设备和工具:平台、铁锤及电脑。

3. 训练过程

下达工作任务→制订工作计划(任务分工→确定训练步骤)→实施工作计划→完成训练记录。

4. 训练步骤

(1)查阅资料了解原材料钢板预处理工艺;

(2)根据要求制订合理的预处理方案,写出方案内容;

(3)做好手工矫正的准备工作,将薄板放置在圆墩上;

(4)用铁锤锤击薄板,从外向里逐步由重到轻,锤击点由密到稀,如果薄板表面由相邻处凸起时,锤击时,应先在凸起的交界处轻轻锤击,使各处凸起合并成一处凸起,然后再用上述方法锤击四周使薄板矫平;

(5)矫正时,锤击板料的边缘,边缘材料变薄,与凸起部位厚度越接近则板越平整;

(6)检验轿平后的钢板是否符合要求。

任务二 构件边缘加工

【学习目标】

1. 熟悉构件边缘加工的定义；
2. 熟悉构件边缘加工的方法；
3. 掌握气割法加工焊接坡口的方法。

【任务解析】

船舶构件中有大型板材也有小型的肘板,通过放样信息将板材和型材切割成所需的空间形状,是钢料加工中的一项工作,且由于焊接和装焊技术的要求,也需要将构件的边缘切割成所需的焊接坡口。

本任务主要介绍边缘加工中切割的方法和目前船厂常用的切割设备,焊接坡口的加工方法和常用的加工设备,通过该任务的学习能够利用氧－乙炔切割钢板和开 V 形坡口。

【任务实施】

一、背景理论与知识学习

边缘加工主要指经过号料(或套料)的船体钢材的切割分离以及焊接坡口的加工。边缘加工的方法有机械切割法(剪切、冲孔、刨边和铣边)、化学切割法(气割)和物理切割法(等离子切割和激光切割等)。冷加工主要采用机械切割法,热加工主要是化学切割法和物理切割法。

(一)构件边缘机械切割方法

机械切割是指被切割的金属受到剪刀给予的超过材料极限强度的机械力挤压而发生剪切变形并断裂分离的工艺过程。机械剪切可分为直线边缘剪切和曲线边缘的剪切。

机械剪切在船厂中使用较普遍,特点是适应性强可剪切低碳钢,也能剪切铝、铜、不锈钢等材料。另外,加工经济,损耗低微,剪切加工速度快,加工设备简单,成本低。但机械剪切加工中,加工件会产生扭曲和弯曲变形,需要矫正,加工区域有加工硬化现象,影响材料的性能。剪切非直线边缘效率低。

随着数控切割工艺的不断发展,在船厂中以割代切是发展趋势。但目前一些中小型船厂中,应用还较普遍。

1. 直线边缘加工

(1)斜刃龙门剪床剪切

斜刃龙门剪床是用来剪切长直边构件的专用设备,其最大优点是精度高、速度快,其工作部分如图 1 － 3 － 11 所示。剪床图中刀刃倾角一般取 1.5°~5°;后角主要是减少材料与剪刀的摩擦,通常取 2°~3°;斜口刀刃的剪角 α 大小应以保证刀刃强度为准,视被剪材料的硬度而定:当剪硬或中硬质材料时,α 取 75°~85°;当剪软质材料时,α 取 65°~70°,减小 α 能使力臂降低,但并不显著,所以有时取 α 为 90°,这样便于刀片四面调用。上下剪刀间隙 S 值根据所剪板材的材料和厚度来决定,最大不超过板材厚度的 7%,最佳间隙可查工艺手册,或由调整曲线中查出。龙门剪床的剪板刀片比较长,一般为 1.5~5.2 m,最大达 8.3 m,剪切厚度最大可达 20~50 mm,每分钟行程次数为 5~45 次。

剪床的下剪刀固定,上剪刀由离合器与机床运动部分相连。在离合器脱开时,即使机床飞轮转动,上剪刀也不做上下往返运动。在剪切时需启动剪切机构,使上剪刀的离合器合上,上剪刀才做一次下剪动作。完成一次剪切动作后,上剪刀回到原来平衡位置时,离合器即脱开,工作部分停止运动,这样有充分时

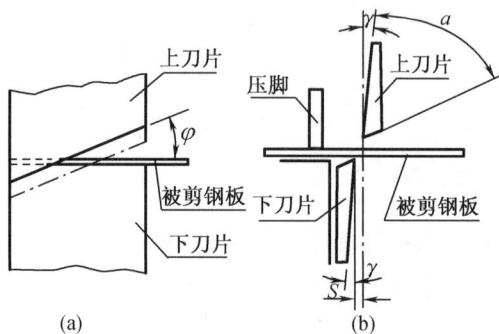

图 1-3-11 斜刃龙门剪床工作部分示意图

间进行剪切钢板的各项准备工作。同时,在上剪刀下剪以前,剪床的压紧装置将板料自动压紧,以免剪切钢板产生移动或翻转。所以,用龙门剪床剪切长直线时,可以获得相当高的精度。

龙门剪床的传动方式有机械传动和液压传动两种,液压传动的龙门剪床具有作用力恒定,可以防止超载、振动小、结构简单、体积小、质量轻等特点。

有的龙门剪床其工作台可以回转,以便将构件的边缘直接剪切出焊接坡口。

(2)压力剪切机剪切

压力剪切机主要用来剪切短直线,有时也用来剪切较长的直线或缓曲线,但其速度慢、操作复杂而且质量较差。

船厂中常见的压力剪切机一般是剪切与冲孔两用的联合机床,它既可以剪切板材和型材,又可以进行冲孔。它的剪切刀片较短,一般在 300~600 mm 范围内。剪切时上刀片做垂直的往返运动,刀片的有效工作长度一般是 250~300 mm。压力剪切机上剪刀刃口倾角 φ 一般取 9°~12°,上下剪刀间隙为被剪金属板厚的 2%~7%(约 0.5~3 mm)。

根据剪刀装置的方向,压力剪分纵向和横向两种。横向式压力剪如图 1-3-12(a)所示,其喉深为 600~1 000 mm,因此,板材剪切的宽度受到喉深的限制。

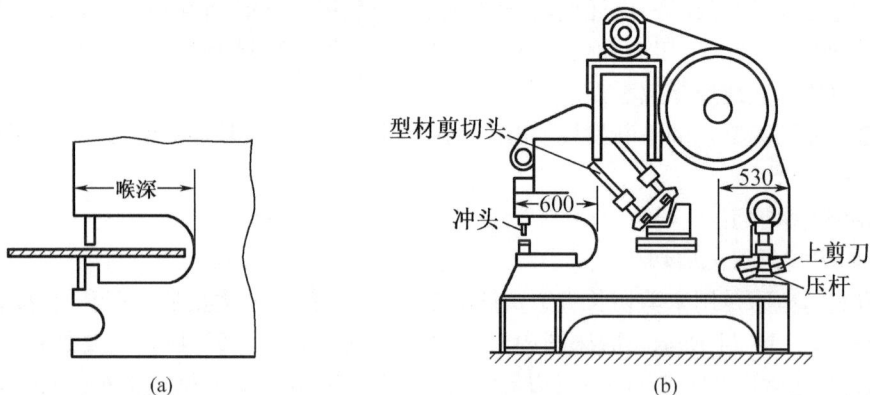

图 1-3-12 压力剪切机
(a)横向式压力剪切机;(b)纵向式压力剪切机

纵向式压力剪无喉深的限制,如图1-3-12(b)所示,它可冲剪金属板材和剪切角钢等型材。图中右端为纵向式剪切板材区,中部为剪切型材区,左端为冲孔区。

2.曲线边缘加工

对于厚度较小,具有任意曲线边缘的船体构件,可用圆盘剪切机进行剪切,圆盘剪切机的工作部分如图1-3-13所示。剪刀由两个轴线平行或倾斜安装的锥形圆盘组成,剪切时,上刀盘为主动盘,下刀盘为从动盘,上下剪刀的重叠值 h 为(1/5~1/3)板厚。由于两个剪刃重叠的弧线很短,所以可以用转动材料的方法剪切曲线边缘。这种加工设备适用于不宜气割的薄板和有色金属板材的曲线边缘加工。

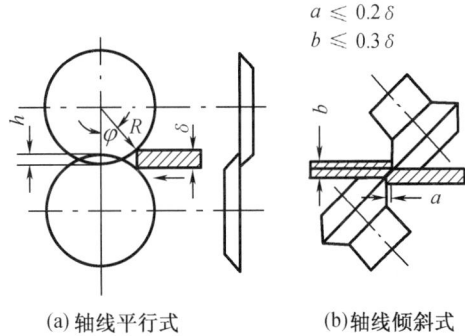

$a \leqslant 0.2\delta$
$b \leqslant 0.3\delta$

(a)轴线平行式　　　　(b)轴线倾斜式

图1-3-13　圆盘剪切机工作部分示意图
(a)轴线平行式;(b)轴线倾斜式

(二)构件边缘化学切割方法

化学切割法现在主要是气割,也称火焰切割。采用的是乙炔等燃气,它的实质是金属在氧气中的燃烧。乙炔-氧气切割(图1-3-14)、炳烷-氧气切割、各种金属切割气-氧气切割及汽油-氧气切割的切割原理与切割方式没有什么不同,都是氧气切割,唯一不同是燃料。燃料是产生火焰的必需品,它可以决定火焰的最高温度,同时也决定了氧气的消耗量。所以,氧气切割简称气割,也称氧-火焰切割。

1.气割原理

钢材的氧气切割是利用气体火焰(称预热火焰)将钢材表层加热到燃点,并形成活化状态,然后送进高纯度、高流速的切割氧,使钢中的铁在氧氛围中燃烧生成氧化铁熔渣同时放出大量的热,借助这些燃烧热和熔渣不断加热钢材的下层和切口前缘使之也达到燃点,直至工件的底部。与此同时,切割氧流的动量把熔渣吹除,从而形成切口将钢材割开。因此,从宏观上来说,氧气切割是钢中的铁(广议上来说是金属)在高纯度氧中燃烧的化学过程和借切割氧流动量排除熔渣的物理过程相结合的一种加工方法。

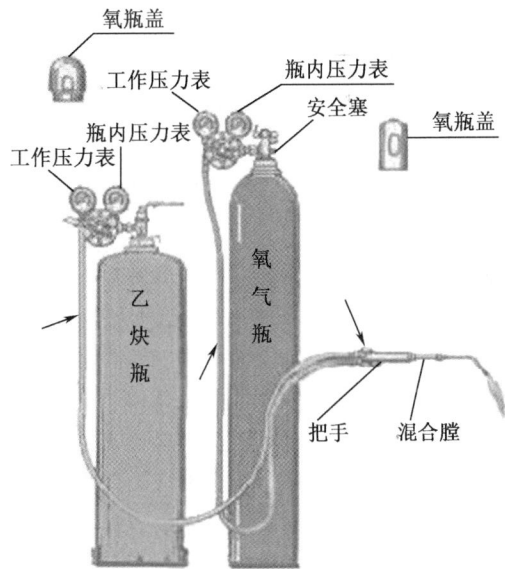

图1-3-14　氧-乙炔设备示意图

2.气割过程中互有关联的4个阶段

- 起割点处的金属表面用预热火焰加热到其燃点,随之在切割氧中开始燃烧反应。
- 燃烧反应向金属下层传播。
- 排除燃烧反应生成的熔渣,沿厚度方向割开金属。
- 利用熔渣和预热火焰的热量将切口前缘的金属上层加热到燃点,使之继续与氧产生燃烧反应。

上述过程不断重复,金属切割就连续地进行。

3.气割工艺过程

(1)气割前的准备工作要求

①认真检查工作场地的安全生产条件。

②清除工件切割表面的油污、铁锈等脏物。

③将氧气调节至所需的压力。

④根据工件厚度选择合适的割嘴。

⑤点火调整预热火焰(要求为中性焰),然后打开切割氧气阀,检查切割氧气流(俗称"风线")的形状和长度是否符合要求(要求呈细而直的射流喷出)。

(2)气割操作的要求

①气割时应对准零件的号料线,割后应留出半个凿印(对不需再加工的边缘)或整个凿印(对需要再经刨边修整的边缘)。

②割炬的移动必须保持匀速。

③割嘴与工件的距离,要求在整个操作过程中保持一致。

④在气割过程中,根据实际情况随时调整有关参数。

⑤为减小零件在气割时的变形,操作中应遵循下列程序:

a.大型零件的切割,应先从短边开始;

b.在钢板上切割不同尺寸的零件时,应先割除小件,后割大件;

c.在钢板上切割不同形状的零件时,应先割较复杂的零件,后割较简单的零件。

⑥对薄板气割的特殊要求。选用小号割嘴;割嘴后倾 30°~40°;尽量加快切割速度;减小预热火焰功率;尽量避免中断切割过程。

⑦对大厚度板气割的特殊要求。加大预热火焰功率,对工件进行充分预热;割嘴前倾 10°~20°;割炬在切割过程中稍做前后均匀摆动;尽量避免中断切割过程。

4.气割主要设备

(1)手工气割炬

手工气割时割嘴的运动轨迹由操作者手工控制,操作者控制割嘴沿号料画出的切割线运动,切割精度主要取决于操作者的技术。

手工气割炬如图 1-3-15 所示。气割炬在工作时,慢风氧气由氧气通道进入喷射管,由径孔细小的射吸孔射出,使射孔周围的空间造成一个负压区,将聚集于该区的低压乙炔气吸出,然后氧气与乙炔气以一定的比例在混合室进行混合,并且以一定的流速从割嘴喷出。这种混合气体是供预热火焰用的,快风氧气则是供燃烧金属用的。

(2)半自动气割机

半自动气割时气割机由电动机驱动,沿着直线轨道做匀速直线运动而实现对构件直线边缘的切割。割炬可处于垂直位置,也可以倾斜一定的角度以便切割出 V

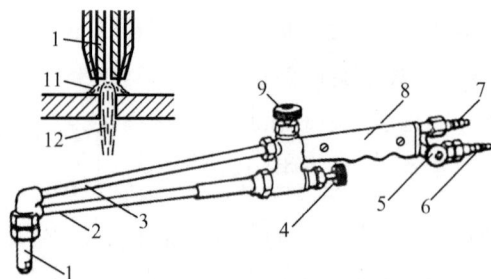

图 1-3-15　手工气割炬

1—割嘴;2—混合气管;3—切割气管;4—燃烧氧气手轮;
5—乙炔手轮;6—乙炔接头;7—氧气接头;8—手柄;
9—切割氧气手轮;10—预热火焰;11—切割氧气流

形或 X 形坡口。

半自动气割机由切割部分(包括割嘴、气体管路及其调节装置等)、动力部分(电动机、减速器等)和辅助设备(直线轨道、割圆圆规等)三部分组成,如图 1 - 3 - 16 所示。

(3)门式自动气割机

在两根固定导轨上设置一座坚固的"门"形支架,在支架上设置一套或数套切割装置。切割时,由电动机驱动门式支架以一定的速度沿导轨做直线运动,切割装置随门式支架的运动而切出一条或数条精度很高的直线割缝,如图 1 - 3 - 17 所示。

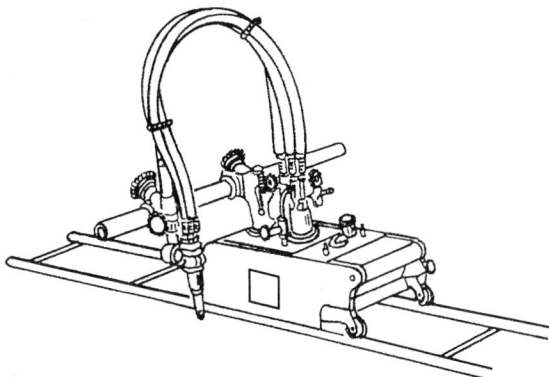

图 1 - 3 - 16　半自动气割机

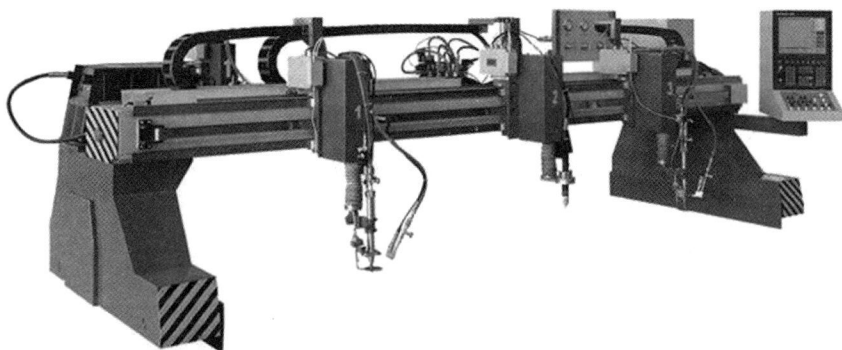

图 1 - 3 - 17　门式自动气割机

一般,每套切割装置上都装有三个割嘴,除切割平直边缘外,还可一次割出 V 形、X 形、K 形、Y 形焊接坡口。因此,应用高精度门式自动切割机切割直边构件,不仅加工精度高、切割速度快,而且还能将边缘切割和开坡口一次完成,以代替原来刨边机的全部工作内容,省去原来剪切半自动气割中拼板构件的二次加工,缩短船体构件的加工周期,节省大量的劳动工时。

由于高精度门式切割机结构简单,使用方便,价格便宜,而且切割速度快、精度高,又便于同前后工序组成流水生产线,因此,它是船体加工车间切割中、厚直边构件比较理想的设备。

(4)仿形气割机

仿形气割机(图 1 - 3 - 18)能利用钢质样板进行切割,其切割精度高,生产效率也高,特别是在批量生产时具有很大的优越性,属于半自动气割机。

气割时钢质样板安装在样板架上,由电动机带动磁铁滚轮,使其旋转。由于永久磁铁所产生的磁力作用,使磁铁滚轮吸在钢质样板边缘上,磁铁滚轮就这样沿着样板的边缘匀速转动,并且带动割炬进行同步移动。因为磁铁滚轮的中心与割炬上切割氧喷孔的中心在一根垂线上,便能形成仿形气割的作用。

（5）光电跟踪自动气割机

光电跟踪自动气割机由光电跟踪机构与气割执行机构两部分组成。它是根据设计底图（或仿形图）利用光电跟踪系统工作的，能够按一定比例切割出仿形图上所绘制的船体构件。

光电跟踪自动气割机可根据仿形图切割不同厚度、任意形状的船体构件，切割质量较好，不用号料即可割出构件形状，用多割嘴割炬组可以同时切割出多个同样构件，还可同时开出焊接坡口，并且仿形图可以复制。但图形绘制技术要求较高，图纸的变形、老化和损坏都会影响构件的切割精度。此外因其不能画出

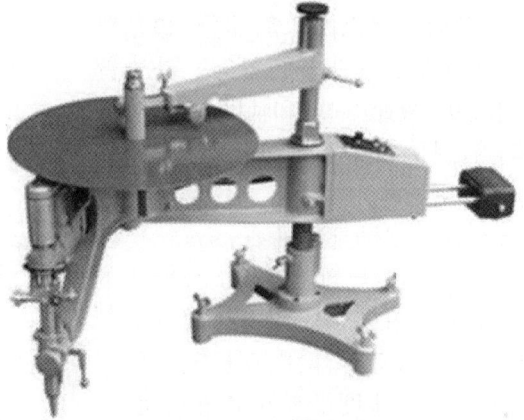

图1-3-18　仿形气割机

船体构件上的各种安装线、检验线和有关符号，还需进行二次号料等工作。这种光电切割机主要用于切割肘板等小型构件，作为数控切割机的补充。

（6）数控自动气割机

数控自动气割机由控制部分和执行部分所组成，如图1-3-19所示。它是把被切割构件的图形经过通用电子计算机运算和编码，得到数控切割机的切割程序，然后拷入软盘，作为控制信息输入到控制装置中，以控制切割装置进行切割。

图1-3-19　数控切割机

数控切割机执行部分的机架上安装有一套或数套切割装置。其机架多为悬臂式结构、门式结构或桥式结构。数控气割机的割炬在控制装置的控制下，除了能做平面移动外，还有自动升降和旋转等功能，因而能切割不同厚度和任意形状的构件。若切割装置为多割嘴割炬组，则可切割焊接坡口。若配置有画线装置，则还能在钢板上画安装线、加工线和各种符号。

数控气割机与其他自动气割机相比有以下优点：根据船体计算机辅助制造系统（CAM）提供的资料直接进行切割，可实现放样、切割过程自动化；切割精度高，其误差可控制在

±0.5 mm 以下,使用磁盘可长期保存准确数据;切割效率较光电跟踪气割机高 15% 以上;可省去号料工序,不需要绘制仿形图,若采用带有自动号料切割装置的数控切割机,还可以取消手工二次号料,并可消除各工序间的积累误差。

(三)构件边缘物理切割方法

1. 等离子切割

等离子切割是利用高温等离子电弧的热量使工件切口处的金属部分或局部熔化(和蒸发),并借高速等离子的动量排除熔融金属以形成切口的一种加工方法。

目前船厂应用较多的是数控等离子切割机(如图 1-3-20),数控等离子弧切割机有热变形较小、切割速度快、切割质量好、切割材料种类多、切割成本低等优点。但如果直接在空气中进行,对操作人员的安全和环境十分有害,现在发展为水下等离子切割。

图 1-3-20　数控等离子切割机

等离子弧是一种比较理想的切割热源,它能够切割氧-乙炔焰和普通电弧所不能切割,或难以切割的铝、铜、镍、钛、铸铁、不锈钢和高合金钢等,并能切割难熔金属钨、铝和非金属陶瓷、耐火材料,不仅切割速度快、切缝狭窄、切口平整、热影响区小,工件变形度低、操作简单,而且具有显著的节能效果。该设备适用于各种机械、金属结构的制造、安装和维修,做中、薄板材的切断、开孔、挖补、开坡口等切割加工。

2. 激光切割机

如图 1-3-21 所示,由激光器发出水平激光束经过 45° 全反射镜,变为垂直向下的激光束,再经过透镜聚焦,在焦点处聚成一极小的光斑,光斑照射在被切割构件表面,产生局部高温(高达 10 000 ℃以上),使材料瞬时熔化或汽化,随着割嘴的移动,在材料上形成割缝,同时用一定压力的辅助气体将割缝处的熔渣吹除,从而使材料被切开。

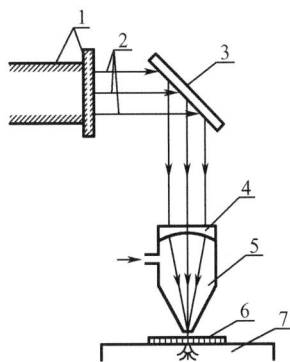

图 1-3-21　激光切割示意图

1—激光器;2—激光束;3—45° 全反射镜;

4—透镜;5—喷嘴;6—构件;7—工作台

激光切割加工是用不可见的光束代替了传统的机械刀,具有精度高,切割快速,不局限于切割图案限制,自动排版节省材料,切口平滑,加工成本低等特点,将逐渐改进或取代于传统的金属切割工艺设备。激光刀头的机械部分与工件无接触,在工作中不会对工件表面造成划伤;激光切割速度快,切口光滑平整,一般无需后续加工;切割热影响区小,板材变形小,切缝窄(0.1~0.3 mm);切口没有机械应力,无剪切毛刺;加工精度高,重复性好,不损伤材料表面;数控编程,可加工任意的平面图,可以对幅面很大的整板切割,无需开模具,经济省时。

数控激光切割机如图1-3-22所示,具有效率高、质量高、精度高等优点,但投资比较大。

图1-3-22　激光切割机

(四)构件边缘焊接坡口加工

根据设计或工艺需要,将焊件的待焊部位加工成一定几何形状的沟槽称为坡口。开坡口的目的是为了得到在焊件厚度上全部焊透的焊缝。

坡口的形式由GB 985—88《气焊、手工电弧焊及气体保护焊焊缝坡口的基本形式与尺寸》、GB 986—88《埋弧焊焊缝坡口的基本形式及尺寸》标准制定的。常用的坡口形式有Y形坡口、带钝边U形坡口、双Y形坡口、带钝边单边V形坡口等。

坡口加工方法可分为两大类:气割、等离子切割、碳弧气刨等热切割加工方法;切削、剪切、磨削等机械加工方法。常用材料最佳坡口加工方法的选择见表1-3-2。

表1-3-2　常用材料最佳坡口加工方法

材料	厚度/mm	氧气切割	等离子切割	碳弧气刨	冲剪	切削	磨削
碳钢	3~20	○	□	□	☆	☆	○
	20~50	☆	□	○	□	○	□
	>50	○	—	□	□	□	□
不锈钢	<3	—	—	—	☆	☆	○
	3~20	—	□	□	□	○	○
	20~50	—	□	□	□	□	□

表1-3-2(续)

材料	厚度/mm	氧气切割	等离子切割	碳弧气刨	冲剪	切削	磨削
复合板	3~20	—	—	—	☆	☆	○
	20~50	□	—	—	□	○	□
	>50	○	—	—	□	○	□
钛及钛合金	<3	—	—	—	☆	□	☆
	3~20	—	—	—	○	○	□
	>20	—	—	—	□	○	□
铜及铜合金	3~20	—	—	□	☆	☆	□
	20~50	—	□	□	□	○	□
	>50	—	—	—	□	—	□

注:表中☆—最佳;○—良好;□—可能。

1. 焊接坡口热切割

(1)气割

在热切割坡口中,最常采用的是气割方法。气割与机械加工切割相比,具有设备简单投资费用少、操作方便且灵活性好等一系列特点,尤其是能够切割各种含曲线形状的零件和大厚工件,切割质量良好。因此,一直是工业生产中切割碳钢和低合金钢的基本方法而被普遍使用。氧气切割时在正确掌握切割参数和操作技术的条件下,气割坡口的质量良好,可直接用于装配和焊接。

火焰切割法一般都是在进行构件边缘切割时,同时切割出焊接坡口。采用气割,将两个或三个割炬组合成一个割炬组,利用割炬组来加工所要求的坡口形状。图1-3-23所示为利用气割法加工各种焊接坡口的情况。

采用割炬组进行切割加工,可使船体构件的边缘加工(切割和开坡口)工作一次完成,既简化了船体构件的加工过程,又提高了工效。这种割炬组可直接安装在半自动气割机、高精度门式切割机、光电跟踪气割机和数控气割机等自动、半行动气割设备上。

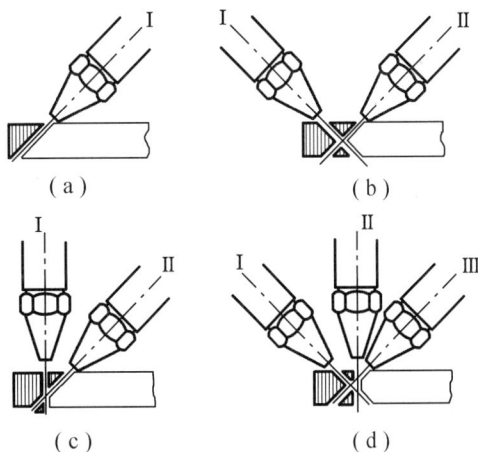

图1-3-23 气割法加工各种焊接坡口

(2)等离子切割

不锈钢、有色金属多采用等离子切割。是利用物理过程的熔割法。由于等离子切割速度快,所以在碳钢也有所采用,但是其切割面的表面粗糙度不如气割。而且在切割厚板时,得不到直角切割面。另外,碳素钢空气等离子切割时,切割面上形成白色氮化层,这种切割面直接用于焊接,往往会产生气孔。因此,用于焊接的空气等离子切割面在焊前须进行打磨或再加工。

（3）碳弧气刨

采用碳弧气刨可加工坡口，但是刨削面精度不高，而且噪声大，污染严重。碳弧气刨的另一个主要用途是去除有缺陷的焊缝，用于焊缝返修。

2. 焊接坡口机械加工

（1）切削

用切削加工坡口，尺寸精度和坡口面的表面粗糙度都很高，没有热影响区。加工坡口的方法有刨、铣两种。用切削加工坡口的缺点是：不论是刨还是铣，加工面与刃口的冷却及润滑都必须用润滑油，坡口面的润滑油如果清除不干净，焊接时往往造成气孔、裂纹、氢脆等缺陷。

刨边机和铣边机是构件边缘焊接坡口的机械加工主要设备。经过加工的平直船体板材构件，都可以在刨边机上刨出坡口，如 I 形、V 形、U 形、X 形等，只要更换不同的刨刀，旋转刀架至不同的角度，便可开出不同的坡口。也可以在铣边机上铣出 I 形坡口，供要求板材边缘平直而整洁的自动焊使用。

无论刨边机还是铣边机，整个机床大致分为底座、弓形梁和传动机构三部分。底座牢固地安装在地基上，它的上部是一个很长的工作台，为了便于放置被加工板材，在工作台的一边每隔 3~4 m 设托架一个。在整个弓形梁长度内装有许多向下压的千斤顶，工作时将被加工板材压紧。传动部分则由电动机及其传动机构推动刀架完成切削运动、走刀运动、吃刀动作等。因为刨边机与铣边机的切削方式不同，所以它们的刀架及传动机构也不同。

① 刨边机坡口加工

一般情况下，工件固定不动，由刨刀运动完成坡口加工，如图 1-3-24（a）所示，刨刀的主切削运动形成刀具的直线运动轨迹，而其走刀运动将上述直线轨迹加以移动，即形成加工平面。

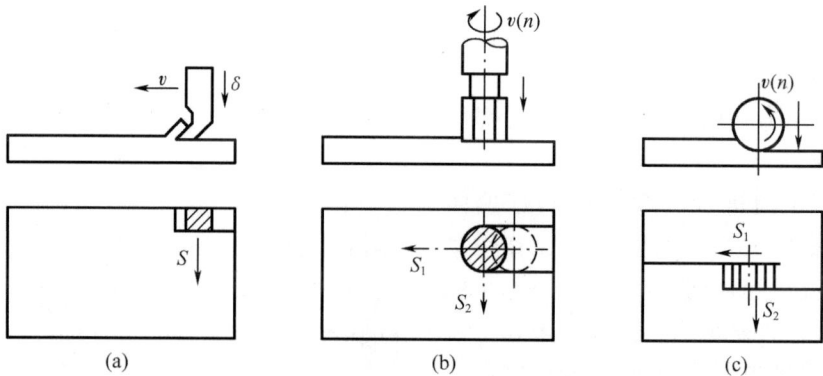

图 1-3-24　刀削平面形成原理

② 铣边机坡口加工

铣削方式主要有立铣和卧铣两种，如图 1-3-24（b），（c）所示。立铣是用端铣刀完成的；卧铣是用圆盘铣刀完成的。这两种铣削方式的主切削运动都是铣刀的回转运动，再加上沿轴线移动的走刀运动，即形成加工平面。由于端铣生产效率较高，所以铣边机多采用端铣刀加工。

（2）剪切

采用剪切加工的坡口面由于有喇叭口和飞边部分，所以坡口面、钝边都不易整齐，一般经剪切后需进行切削加工。

（3）磨削

磨削加工坡口，几乎都是用手提砂轮机加工。现在的磨削工具小型轻便，使用起来比较方便，但是工作效率低，不够安全，且卫生条件差。因为这种加工方法基本是凭操作者的经验和直觉，所以要保证坡口精度是困难的。但是，风动砂轮、电动砂轮总成本低，而且用途广，对于厚度小于 8 mm 的部件，多采用磨削方法加工坡口，这种方法更适用于现场修磨坡口。

二、工作任务训练

训练名称：氧－乙炔割炬手工切割板材（割缝长 200 mm）及开 V 形坡口。

1. 训练内容及要求

训练内容：采用氧－乙炔割炬手工将一块板厚为 6 mm，宽度为 2 m 的正方形钢板沿钢板中间线切割成两块一样的钢板，并将其中一块开 V 形坡口。

训练要求：

（1）熟练操作氧－乙炔割炬；

（2）能够切割平直整齐的断面；

（3）能够使用氧－乙炔割炬切割坡口。

2. 训练资料、设备和工具

（1）训练资料：《气焊、手工电弧焊及气体保护焊焊缝坡口的基本形式与尺寸》标准以及教材上的氧－乙炔设备操作说明。

（2）设备和工具：氧－乙炔割炬，平台、夹具、卷尺、画线工具等。

3. 训练过程

下达工作任务→制订工作计划（任务分工→确定训练步骤）→实施工作计划→完成训练记录。

4. 训练步骤

（1）检查工作场地是否符合安全要求，割炬、氧气瓶、乙炔瓶（或乙炔发生器及回火防止器）橡胶管、压力表等是否正常，将气割设备按操作规程连接好。

（2）切割前，首先将工件垫平，工件下面留出一定的间隙，以利于氧化铁渣的吹除。切割时，为了防止操作者被飞溅的氧化铁渣烧伤，必要时可加挡板遮挡。

（3）查询《气焊、手工电弧焊及气体保护焊焊缝坡口的基本形式与尺寸》标准了解 V 形坡口尺寸，钢板按照图纸画出气割线。

（4）将氧气调节到所需的压力，检查风线，方法是点燃火焰并将预热火焰调整适当。

（5）切割结束后，先关闭设备，检查切割质量是否符合要求。

任务三　构件成形加工

【学习目标】

1. 熟悉构件成形加工的定义。
2. 熟悉板材辊弯加工的方法。
3. 掌握板材辊弯方法。

【任务解析】

在船体构件中,船体非平直构件较多,所有这些构件需要弯曲加工。船体构件的成形加工主要是对船体的弯曲构件在边缘加工后进行弯曲成形加工,可分为板材成形加工和型材成形加工。板材成形的主要方法有机械冷弯法和水火弯板法。一般单向曲度板都采用机械冷弯,复杂曲度板线加工一个方向的曲度,然后再用水火弯板法加工其他方向的曲度。型材成形加工的有也有机械冷弯和热弯的方法。

本任务主要介绍钢材弯曲变形的过程与特点,板材成形的加工方法和型材成形的加工方法,以及在成形加工过程中常用的设备,通过本任务的学习能够绘制钢板辊圆加工线以及肋骨加工检验的逆直线。

【任务实施】

一、背景理论与知识学习

（一）板材成形加工

将材料弯成所需形状的加工方法称为弯曲成形。弯曲成形可以在常温下进行,也可以在材料加热后进行,但大多数的弯曲成形加工是在常温下进行的。

弯曲加工所需材料通常为钢材等塑性材料。这些材料弯曲时的变形过程有初始阶段、塑性变形阶段和断裂阶段三个阶段（钢材弯曲变形的过程及特点具体参见高职部分项目三任务一相关内容）。弯曲成形加工是使被弯曲材料按指定的加工要求发生塑性变形。

1. 板材构件的冷弯加工

板材的成形方法主要有:辊弯、压弯、拉弯、压延以及一些其他成型方法。在现代造船中,简单曲度板通常采用辊弯和压弯等冷弯方法,复杂的双曲外板通常是对大曲率方向(一般为横向)进行冷弯,然后用火工弯出另一曲率方向(一般为纵向)。

（1）板材辊弯加工

辊弯是一种冷加工方法,主要设备有三辊弯板机、四辊弯板机,其中三辊弯板机应用最为广泛,如图 1 – 3 – 25 所示。

三辊弯板机下轴辊是主动辊,由电动机通过减速器带动其旋转,上轴辊是从动辊,可上下调节。当板材的一端送入上辊与下辊之间后,降下上辊,使上、下辊之间的间距略小于板材的厚度,当轴辊转动时,板材在这三个旋转的轴辊之间进行弯曲,如图 1 – 3 – 26 所示。三辊弯板机分开式和闭式两类。开式三辊弯板机上轴辊的一端机架可以拆卸,以便能够取出弯制好的封闭式板;闭式三辊弯板机上轴辊的机架则不能拆卸,故不能弯制封闭式板。

图 1 - 3 - 25　三辊弯板机

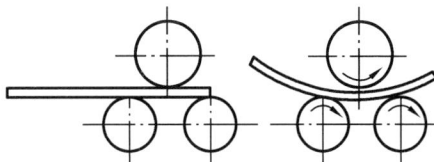

图 1 - 3 - 26　三辊弯板机工作示意图

普通三辊弯板机除上轴辊可做上下调节外,再不能做其他调节,这使其弯板功能受到很大的限制。例如,在弯制圆柱形或圆锥形板件时,板的边缘就有一段无法进行辊压,只好采用既浪费工时又浪费材料的工艺措施(如加垫块先辊弯好板边部分或先用液压机压好板边部分等)来补救。为了解决上述缺陷,可采用新型的辊式弯板机。

(2)板材压弯加工

压弯主要是在液压机上进行的。它是利用液体压力对板材压弯成形的冷弯设备。根据使用的液体介质不同,分为油压机和水压机两类,其中油压机使用比较广泛。

液压机的结构形式有悬臂式和柱式两种,如图 1 - 3 - 27 所示。船体加工中通常采用的是悬臂式,该机型工作台三面敞开,操作方便。柱式液压机压头与工作台可做横移、回转动作。

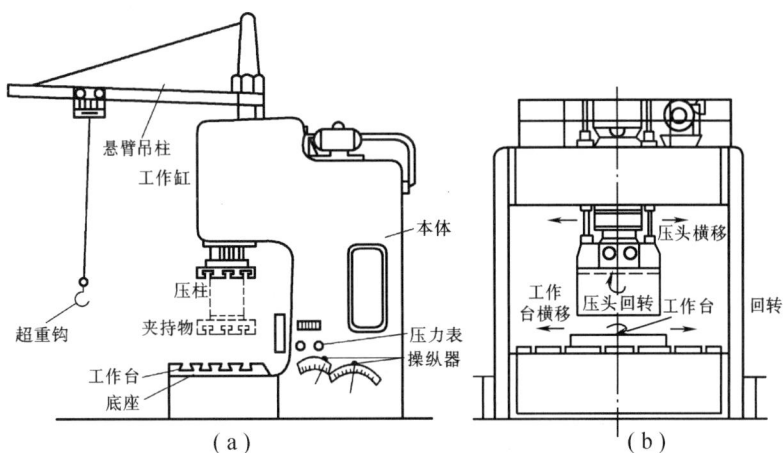

图 1 - 3 - 27　液压机简图

(a)悬臂式液压机;(b)柱式液压机

液压机进行压弯加工时,必须在压头上装设压模,由压模保证板材的形状。整个压模由上下两部分组成,上面部分称为上模(阳模)。压模按其适用范围分通用压模和专用压模,如图 1-3-28 所示。通用压模能够弯制不同曲型的构件,长度为 800～1 500 mm;如果同形构件的批量较大,应设计制作专用压模。

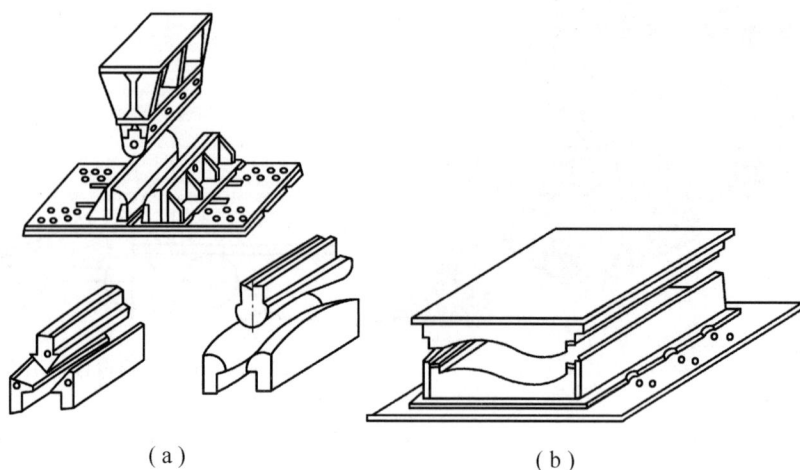

图 1-3-28 压模的形式
(a)通用压模;(b)专用压模

(3)数控弯板机

自 20 世纪 70 年代初期,一些造船业发达的国家,已经着手研究有关船用钢板弯曲加工自动化问题。并已先后研制出几种数控弯板机,其中最典型的一种是多压头式(或称多柱塞式)数控弯板机,其工作原理如图 1-3-29 所示。弯板时,运用数控程序将其下模(或上模)的各压头逐个自动加以调节,使它改变高度,形成与所要求的钢板形状相同的曲面,并考虑回弹量。当被弯钢板定好位后,上模(或下模)的各压头下降(或上升),将钢板弯成所需的形状。

将数控技术应用到钢材成形加工中,会大大提高弯板质量,减少装配和矫正工作量。

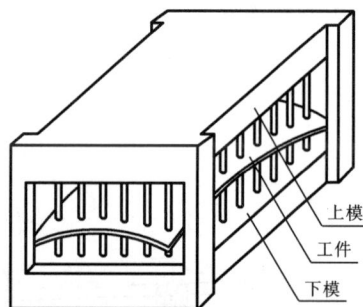

图 1-3-29 多压头式数控弯板机工作原理

2. 水火弯板

各种船舶的外表面大都是复杂的、不可展开的空间曲面构成。水火弯板工艺是目前大多数船舶制造、钢结构等重工企业弯制复杂曲度板和船体内部大型构件的主要工艺方法。船舶的 90% 以上复杂曲度壳板都可以用该方法进行弯曲加工。

(1)水火弯板工艺的基本原理

水火弯板是一种热弯的加工工艺,它是指沿预定的加热线用氧-乙炔烘炬对板材进行局部线状加热,并用水进行跟踪冷却,使板产生局部塑性变形,从而达到所要求的形状,又称线状加热法。

水火弯板的成形原理是,由于热场的局部性与沿板厚方向的温度梯度,使受热金属的膨胀受到周围冷金属的限制,而产生压缩塑性变形,在冷却时形成了横向变形和角变形,从而达到弯曲成形的目的,如图1-3-30所示。水火弯板具有生产效率高、成形质量好、设备简单等优点。

(2)影响水火弯板成形效果的各种因素

影响水火弯板成形效果的因素主要是加热线、冷却方式和各种加热参数。

①加热线对成形效果的影响

加热线的位置、疏密和长短对板材成形效果影响极大。如图1-3-31所示,弯板时,加热线的位置主要取决于所求的构件形状,确定加热线的位置是水火弯板的关键。加热线的疏密和长短主要影响构件的成形效果,但应注意,加热线不可跨越构件横剖面的中和轴。

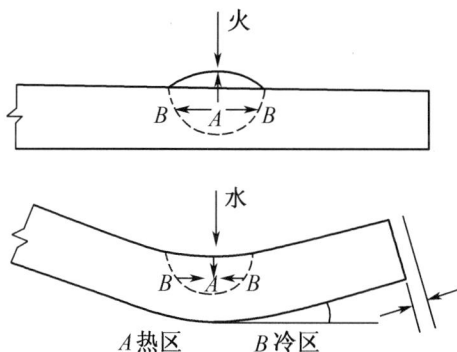

图1-3-30 水火弯板原理

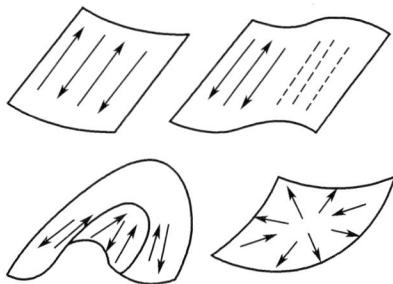

图1-3-31 水火弯板的加热位置和方向
(a)柱形板;(b)正反弯板;(c)轴壳板;(d)球形板

②冷却方式对成形效果的影响

水火弯板的冷却方式有自然冷却、正面跟踪水冷却和背面跟踪水冷却(见高职部分图2-3-27)。

a.自然冷却 构件加热后在空气中自然冷却的一种工艺方法。优点是操作简单,缺点是成形速度慢,而且在产生角变形的同时会产生不必要的纵向挠度。

b.正面跟踪水冷却 是冷水喷射在正在冷却的金属上的一种工艺方法。角变形效果一般不如空冷好。但其横向收缩变形却比空冷法大,成形加工所不需要的加热线纵向收缩变形也远比空冷法小。

c.背面跟踪水冷却 构件正面用烘炬加热,而在背面用冷水跟踪热源进行强制冷却的一种工艺方法。由于是背面强制冷却,因此,增大了板材反面的温差,角变形比前两种大,成形效率高。

三种冷却方式中,背面跟踪水冷却的成形效果最好,但操作比较麻烦。目前,造船生产中常用的是正面跟踪水冷却,它的成形效果比自然冷却好,并且还具有操作方便的优点。

③各种加热参数对成形效果的影响

加热参数主要指加热速度、烘嘴口径、加热温度、加热深度和水火炬(即浇水点至火焰点的距离)(参见高职部分表2-3-1)。其中加热速度是一个主要参数,对成形效果影响较大,尽量选用与板厚对应的最佳加热速度,以提高成形效果。同时又要注意不要使一次成形的角度过大(以不大于3°为宜),以免使板面出现折角而影响板面的光顺美观。钢材最高温度不应超过 1 100 ℃,以免对材质产生不良影响。

目前我国造船行业对水火弯板技术的应用仍有很大一部分还停留在人工操作阶段。通常要由熟练工人凭经验来布置加热线,然后进行"火烧水淋"。沿着加热线加工以后,把钢板四周的约束放松,让钢板完全自由回弹,与样板进行对样。如果误差在 2 - 3mm 之内,则认为满足加工要求。否则,就需要重新布置加热线,重新进行水火加工。对于有经验的老工人来说,确定一块曲板的水火弯板的加工方案,并加工成形,大都需要两三次甚至更多次的火焰加工才能完成。而对于缺少经验的新工人,要加工出一块符合设计要求的曲板难度就更大了。因此现在已经开始研究数控水火弯板工艺,并逐渐应用到实际生产中。

4. 板材辊弯工艺

圆柱形或圆锥形的单向曲度板(如平行中体部分的舭列板等)的弯曲成形,通常用三辊弯板机。当双向曲度板的曲度不大时,也可用三辊弯板机冷弯成形。这里仅介绍圆柱形钢板和半圆柱形钢板的辊弯。全圆柱体壳板可在开式三辊弯板机上加工,而闭式三辊弯板机只可以加工半圆圆柱体壳板。

圆柱体壳板加工前,首行要在钢板的两边和中间画出圆柱面素线。在辊弯前要检查辊弯机轴辊是否平行,若不平行则要进行调整。

钢板辊弯由预弯、对中、辊制三个步骤组成。弯制过程如下:

(1)预弯

辊弯时只有钢板与上轴辊接触部分才能得到弯曲,所以钢板的两端各有一段长度不能发生弯曲,这段长度称为剩余直边。由于剩余直边在辊弯时得不到弯曲,所以要进行预弯。常用的预弯方法见高职部分图 2 - 3 - 6。

(2)对中

对中的目的是使工件的素线与轴辊轴线平行,防止产生扭斜,保证辊弯后工件几何形状准确。常用对中方法见高职部分图 2 - 3 - 7。

(3)辊制

壳板的加工位置对中后,一般采用多次进给法辊弯。

①圆柱形钢板的辊弯加工

首先调节辊弯机的上辊的上下位置,使壳板发生初步弯曲,然后来回滚动使壳板在全宽范围产生均匀弯曲。

弯制时应使钢板上所画的直素线平行地对准下轴辊上的纵向槽子(见高职部分图 2 - 3 - 8)。按此逐步压下上辊轴,每次压下量为 5 ~ 10 mm,但主要根据壳板厚度选择,一般根据板厚而定,厚度越厚,压下量越要小,相反压下量要大些,使壳板的曲率半径逐渐减小。在弯制厚度较大的(板厚约在 15 mm 以上的)、直径又比较大的圆柱体时,辊弯时须将两边缘轧成 20 ~ 30 mm 的重叠,然后辊弯机上辊松一点,全圆板材的一端靠另一端的连接处焊好两个靠山,利用行车将另一板边稍上提一些,两端对齐后定位焊。如对接缝存在错边(如图 1 - 3 - 32 所示),可焊上花兰螺丝拉一下,码平后定位。

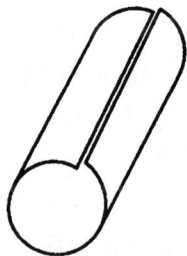

图 1 - 3 - 32　圆柱体的错边

在辊弯全圆直径在 1 m 之内,板厚在 12 mm 以上的钢板,滚制时就不需要重叠,只要多滚几次,把两个端面对齐定位就可以了。在滚制过程中要不断用样板检验壳板的曲度。对全圆柱壳板的弯制,为了保证辊弯后能脱出辊轴,必须使用敞开式辊弯机。

②半圆柱形钢板的辊弯加工

如半圆钢板无余量时,可先将两边在液压机上各闷约350 mm的头,然后上辊弯机弯制,根据样板每次少量压下压头。来回滚5~6次,再把半圆样板放上去,检查是否到样。

由于钢板的回弹,半圆壳板离板边约300 mm左右一段距离,还要压下来2~3 mm,压下来后,两边缘300 mm左右部位还要多滚几下,即两边缘的圆弧曲率要比样板的小一些。上辊轴提升起来,由于两边缘的回弹作用,半圆就到样了。

如半圆钢板有余量(如图1-3-33),操作者就要注意在弯制时,一定要滚到余量边线为止,不能滚过头。来回滚3~4次后,两边线内一段距离可能已经到样了。注意到样与不到样的分界线上要用石笔作好记号,再滚过来时就不能滚过记号那根线,如此来回辊弯,就可将有余量的半圆钢板加工到样了。

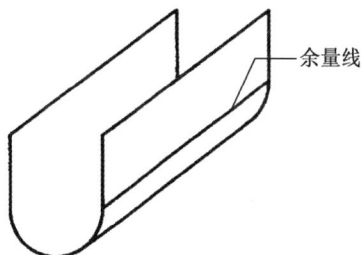

图1-3-33 有余量的半圆件的弯制

(二)型材成形加工

船体结构中常用的型材有角钢和球扁钢,型材构件主要有肋骨、横梁、纵骨等。型材成形加工的方法很多,有冷弯成形和热弯成形。

1.型材的冷弯成形

目前大多数船厂都采用冷弯法来加工肋骨等型钢构件。肋骨冷弯成形的方法有三支点肋骨冷弯机冷弯、纯弯曲原理肋骨冷弯机冷弯、型材矫直机冷弯、三轮滚弯机滚弯、多模头一次成形数控肋骨拉弯机冷弯。使用最广泛的冷弯成形设备是逐段进给式肋骨冷弯机,且目前数控式肋骨冷弯机已应用到生产中。

(1)三支点逐段进给式肋骨冷弯机

图1-3-34所示是这种机床的工作部分示意图。在冷弯某一段时,安装在固定夹头两侧的可动夹头连同所夹持的型材一起做如图所示的进退和旋转,对型材施加外力,将型材弯曲成所需要的形状。

两可动夹头之间的距离A主要取决于型材高度H,一般情况下$\frac{H}{A}=\frac{1}{4}\sim\frac{1}{3}$。型材弯曲时分内弯和外弯两种,由于所受弯矩方向的不同,内弯弯曲后出现下挠现象,外弯弯曲后出现上拱现象。产生的拱挠曲度则由中间固定夹头的垂向液压装置加垫片予以矫正,或预先给予反变形来防止。

一段弯好后,再进给一段,这样逐段冷弯出整根肋骨。弯曲时,夹头上的夹紧装置将型材腹板夹紧,防止型材在弯曲过程中产生翘曲和皱折。这种肋骨冷弯机优点较多,使用较普遍,但也存在压痕大、加工效率不高的缺点,现在有很多船厂已实现数字程序控制,能自动地弯制出各种形状不同的肋骨。

(2)纯弯曲原理肋骨冷弯机

图1-3-35所示为我国研制的50 t纯弯曲原理肋骨冷弯机的主要工作部分。该机采用四支点弯曲方法,其机械部分主要由水平弯曲机构、垂向反变形机构、进料机构、正位机

构、仿形机构或数控机构等组成。适用于弯制中小型船舶的肋骨和横梁等型材。

水平弯曲机构采用液压传动装置。弯曲肋骨时，首先使三个垂直安装的夹紧油缸驱动三个夹头夹紧型材的腹板，然后由两个水平安装的大小相同的弯曲油缸分别驱动两个侧夹头体做水平方向的前后移动。由于中夹头体上设置两个顶弯柱，两个侧夹头体上各设置一个顶弯柱，这样在型材上就形成四个支点，顶弯柱对型材施加弯曲力，在型材腹板所在的平面(即机床的水平平面)内按纯弯曲原理进行弯曲。逐段进给逐段弯曲，直到整根肋骨成形。

另外在弯曲过程中产生中拱或下挠的旁弯现象，所以在机床上还安装了垂向反变形机构。在弯曲前，调整垂向

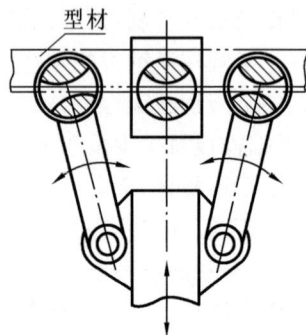

图 1 - 3 - 34　三支点式肋骨
冷弯机工作部分示意图

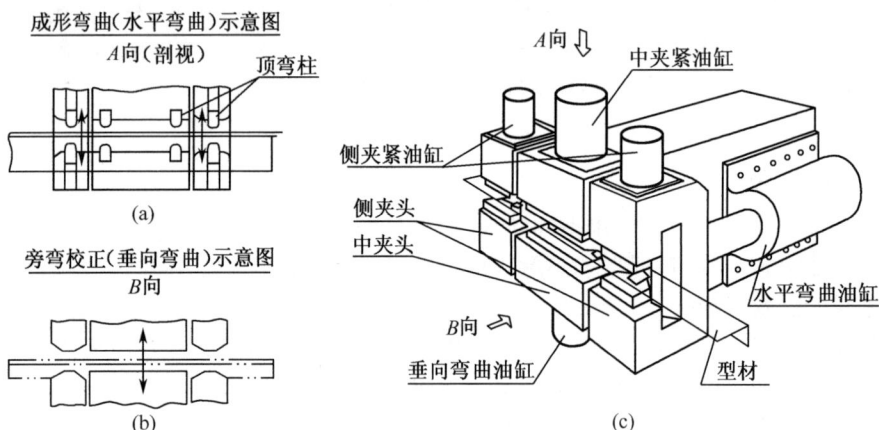

图 1 - 3 - 35　50 t 纯弯曲原理肋骨冷弯机示意图

弯曲油缸，升高或降低中间夹头，使中间夹头与两侧夹头高度形成一个差值，数值与该段型材在弯曲过程中产生的旁弯曲度数值大致相等，方向与旁弯方向相反，这样在三个夹头夹住肋骨后，就会产生反弯曲变形，以抵消弯曲过程中产生的旁弯变形。

与三支点逐段进给式肋骨冷弯机相比，纯弯曲原理肋骨冷弯机优点是加工质量好、效率高、机床性能比较完善，可作为型材矫直机使用。

(3)多模头数控肋骨拉弯机

为了扩大型钢冷弯加工的工作范围，提高生产效率，改善劳动强度，近几年来出现了数控肋骨冷弯机。这是一种先进的加工设备，根据程序它能自动地弯制出各种不同形状的肋骨。图 1 - 3 - 36 为多模头数控肋骨拉弯机示意图，它能够一次成形。

(4)数控肋骨冷弯机

如图 1 - 3 - 37 所示为某 WLW 系列数控肋骨冷弯机。该设备主要特点：能够实现进退料、弯曲、回弹和伸长的补偿，标记起点、终点和水线等肋骨

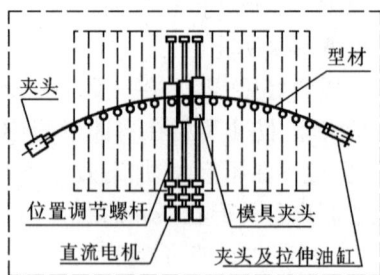

图 1 - 3 - 36　多模头数控肋骨拉弯机

加工全过程的自动控制,也能进行手动操作弯制肋骨。经过特殊设计的弯模和夹紧机构能满足正弯肋骨和反弯肋骨和S形肋骨多种弯制要求,并较好地解决了肋骨成型中的扭曲、皱折和旁弯现象的发生。由油缸和液压马达驱动的送料机构,可实现肋骨的分段和全长进退料,专门设计的计算机控制的避让机构使肋骨进退料机构快捷、顺畅,避免了受阻和卡死现象发生。能对肋骨弯曲过程中的回弹和伸长量进行自动预测,并自动检测和自动补偿,肋骨成形精度高、线型好。能动态显示和跟踪肋骨加工的全过程,操作方便直观。

图 1 - 3 - 37　WLW 系列肋骨冷弯机

2. 型材的热弯成形

(1)大火热弯法

大火热弯法是过去船体肋骨弯曲的常用方法,因耗费燃料多、工艺落后,现只在一些小船厂中使用。

型钢热弯时,先将按肋骨线预先准备好的铁样(或靠模)固定在铸铁平台上,从加热炉中取出已加热好的型钢(900～1 000 ℃),将其一端固定在铁样的相应位置上,然后用羊角式风动锤(或大锤)弯曲型钢,逐段使它与铁样相吻合,如图 1 - 3 - 38(a)所示。热弯及成形后冷确过程中会产生变形,应矫正和检验。

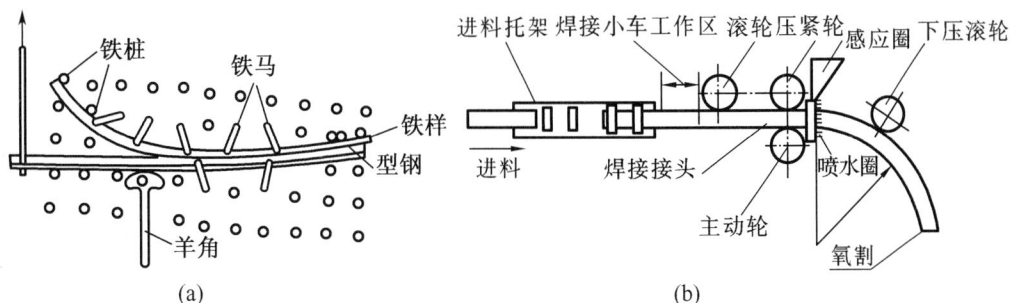

图 1 - 3 - 38　型材构件的热弯成形

(a)大火热弯法;(b)中频感应加热弯曲肋骨工艺

（2）中频感应加热弯曲肋骨工艺

中频弯曲淬火工艺对弯曲某些低合金钢环形肋骨效果很好。其原理是，利用频率为2 500 Hz的电流通过感受应器产生一个交变磁场，当肋骨以2~3 mm/s的速度从感应器中穿过时，钢在交变磁场下产生大量的热，把肋骨局部加热到淬火温度，即在10 s内达到900~950 ℃。在高温下，钢的塑性增大，由于弯曲机床的下轮作用，在这个被加热区的狭窄带上发生弯曲，随后进行喷水淬火。肋骨经弯曲淬火后，放进大型回火炉进行回火，最后在液压机上矫正，见图1-3-38(b)。

3. 型材的冷弯成形工艺

型钢的弯曲成形多采用冷弯。型钢的冷弯曲是在常温下直接通过施加外力使其产生塑性变形，从而达到所要求的曲线形状。其加上工艺基本上与型钢的矫正工艺相同，可在同一型钢加工机床上进行弯曲，区别仅仅是弯曲量的大小不同。

目前各船厂对型钢的冷弯曲主要采用型钢矫正机、肋骨冷弯机、三辊辊轧机及液压机等加工设备冷弯方法一般都采用逐渐进给，即型钢在机床上从一端开始，逐段进给加以弯曲，使每一段弯曲部分都能达到所要求的形状。

（1）型钢弯曲成形形式

型钢弯曲分为单向弯曲、双向弯曲和角钢开拢尺加工三种。

①单向弯曲。型钢只有一个方向的弯曲，也称平面弯曲，如肋骨的弯曲。

②双向弯曲。型钢有两个或两个以上方向的弯曲。型钢弯曲后是一个空间曲面，如舷墙面板球扁钢的弯曲。

③角钢开拢尺加工。角钢两边90°夹角经加工后成为大于90°（俗称开尺）或小于90°。

这里只绍型钢单向弯曲成形，双向弯曲和角钢开拢尺加工在高职部分项目三任务三中介绍。

（2）型钢的单向弯曲成形

①圆钢的弯制

由于圆钢的剖面相同，故可直接在一般三辊辊轧机上进行加工。例如，在船体尾封板与壳板连接处的圆钢，这种圆钢直径较大，约80 mm，以前都采用热加工弯曲，目前很多船厂改为冷弯。对同曲度的圆钢，在加工时可先把5~6根圆钢，用间断焊形式相互连接在一起，连接时必须确保所有的圆钢在同一平面，如图1-3-39所示，然后置于三辊辊轧机上进行加工，待全部与样板线型符合后，再将间断焊拆除。这种方法能提高加工效率，减轻劳动强度。

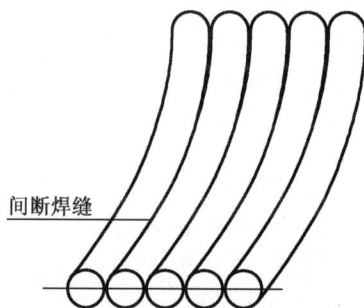

图1-3-39 圆钢的辊轧

对一些弯曲半径小而短的圆钢可用压弯方法，如图1-3-40所示。

②角钢的弯制

角钢在船体结构上用得较多，例如中小型船舶的横梁、肋骨等。由于横梁都具有梁拱，其弯曲度一般为全船宽度的1/50，所以可在撑车上进行加工。但是，由于撑车的两支撑间有一定的距离，使型钢端头不能支撑而无法弯曲，为此一般可在两支撑上临时加放一块厚垫板，随同角钢一起弯曲，如图1-3-41所示。

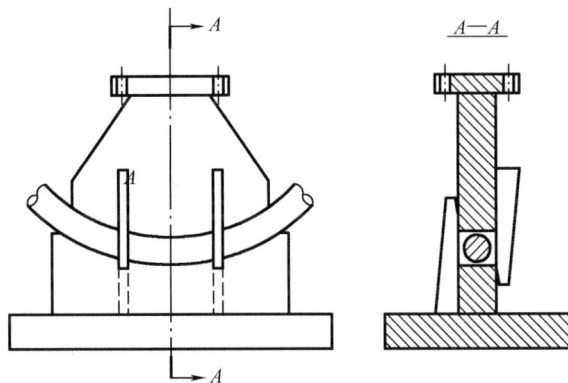

图 1 – 3 – 40　圆钢的压弯

对于弯制一些曲度大的角钢,如肋骨,可在肋骨冷弯机上进行,如图 1 – 3 – 42 所示。

该机主要由直立的二辊轴组成,主动轴由电动机带动。辊轴 1 与 2 的距离可根据角钢的加工曲度进行调节。由于角钢的两边在弯曲中始终被辊轴卡住,所以可防止角钢边的皱折辊轴形状可根据被轧型钢的断面形状而调换。

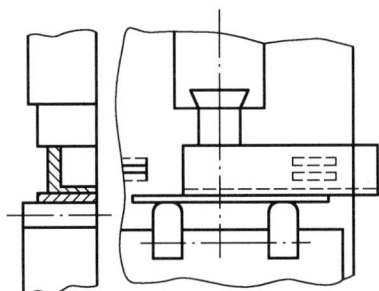

图 1 – 3 – 41　角钢弯头的撑弯

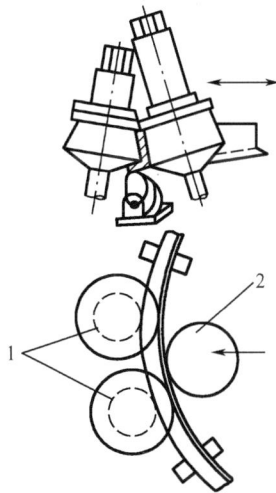

图 1 – 3 – 42　弯制角钢
1—主动轴;2—从动轴

③槽钢的弯制

一些尺寸较小、弯曲度不大的槽钢,可在型钢矫直机上进行弯曲。尺寸大、弯曲度也大的槽钢,可在三辊辊轧机上进行辊弯,如图 1 – 3 – 43 所示。

该机的两个下辊轴上套上相同的辅助套筒,在套筒上开有一定形状的槽,这样使弯曲的槽钢边嵌在槽内,可防止弯曲时产生皱褶。

4.肋骨冷弯成形中检测和控制成形的方法

肋骨冷弯机要将型材弯曲到使其腹板边缘与要求的肋骨曲线一致,在加工过程中需反复进行检查和测量。检测和控制成形的方法有以下几种:

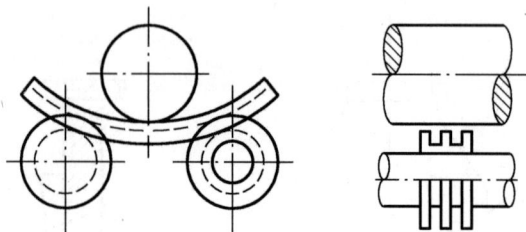

图 1 – 3 – 43　槽钢在三辊辊轧机上弯制

（1）用铁样（或样板）人工对样

事先按放样台上的肋骨型线制作好样板,在肋骨加工过程中用它反复地检查所弯曲肋骨的腹板边缘,看是否与样板一致,如图 1 – 3 – 44 所示。

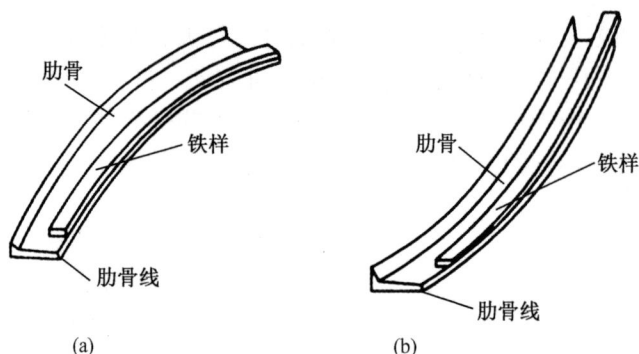

图 1 – 3 – 44　用铁样人工对样检验肋骨型线
（a）内弯肋骨;（b）外弯肋骨

（2）逆直线法

型材弯曲加工时的逆直线是指在弯曲前的平直型材上是一根曲线,当型材弯曲到其腹板边缘与肋骨型线吻合后,该曲线正好变为一根直线。弯曲前平直型材上的这根曲线可采用手工作图法或采用计算机计算求得。这种方法适用于腹板高、曲度小的肋骨。其最大的优点是可以省去制作样板的工时和钢材。具体方法见高职部分项目二任务五相关内容及图 2 – 2 – 34。

（3）仿形控制法

在肋骨冷弯机上安装一套仿形装置,它是用曲线平移后形状不变的原理制成的结构简单的仿形机构。对于尚未实现数控肋骨冷弯机,采用此法操作简单可靠。

二、工作任务训练

训练名称:（1）绘制圆柱形钢板辊弯线; *（2）绘制 D 列板#56 肋位肋骨型材逆直线。
1. 训练内容及要求
训练内容:
（1）利用绘图工具和绘图设备在纸板上绘制出直径为 1 m 的圆柱辊弯线。
（2）在纸板上绘制肋骨的逆直线。

训练要求：

（1）按圆柱形钢板滚弯要求正确绘制钢板辊弯线；

（2）能够看懂肋骨型线图，能够手工作图法求取逆直线，正确绘制型材逆直线。

2．训练资料、设备和工具

（1）训练资料：W11型辊弯机的技术参数及教材上的肋骨型线图以及教材上实例。

（2）设备和工具：曲线板、样条、压铁、卷尺、纸板等。

3．训练过程

下达工作任务→制订工作计划（任务分工→确定训练步骤）→实施工作计划→完成训练记录。

4．训练步骤

（1）根据已知辊弯机的技术参数，计算辊弯机轴辊位置；

（2）在纸板上绘制圆形（圆锥形）钢板辊弯线；

（3）识读肋骨型线图（参考图2－2－9）；

（4）手工作图法求取型材逆直线；

（5）在纸板上绘制出型材逆直线。

【课后自测】

一、填空

1．船体钢料加工分为钢材预处理、（　　）和（　　）三大类。

2．钢材预处理是对钢材进行（　　），并涂上（　　）的过程。

3．轧钢厂在轧制板材时，因（　　），轧制后（　　）会使钢材变形。

4．钢材矫正一般是在（　　）上进行，厚度在3 mm以上的钢板用（　　）辊矫平机进行矫平。

5．化学切割法现在主要采用的是氧乙炔气割，它的实质是金属在氧气中（　　）。

6．直线边缘的机械切割主要加工机床有（　　）和（　　）两种。

7．焊接坡口加工可采用（　　）法和（　　）法。

8．肋骨冷弯成形中检测和控制成形的方法有（　　）、仿形控制法和（　　）法。

9．压弯主要是在液压机上进行的。它是利用液体压力对板材压弯成形的冷弯设备。根据使用的液体介质不同，分为（　　）和（　　）两类。

10．水火弯板是指沿预定的加热线用氧－乙炔烘炬对板材进行（　　）加热，并用水跟踪冷却，使板产生局部（　　），从而将板材弯成所要求的曲面形状的一种弯板方法。

11．钢板辊弯对中的方法有侧辊对中、专用挡板对中、（　　）、（　　）等。

12．型钢弯曲分为单向弯曲、（　　）和（　　）三种。

13．钢板手工矫正的基本方法是用锤击钢板纤维（　　）的部位使其伸长，逐渐与其他部位纤维长度趋于（　　），达到矫正目的。

14．钢板的机械矫正一般是在（　　）上进行的。

15．矫正就是将（　　）或将（　　），使它们和周围的纤维有同样的长度。

16．钢材预处理是对钢材进行（　　），并涂上（　　）的过程。

17．钢材预处理的方式有酸洗处理、（　　）和（　　）等方式。

18. 边缘加工的方法有机械切割法(剪切、冲孔、刨边和铣边)、(　　　)和(　　　)。

19. 剪切前,应根据工件的(　　　)和(　　　)选择合适的剪切机床,并核验机床的工作能力是否满足所剪材料的需要。

20. 一些尺寸较小、弯曲度不大的槽钢,可在(　　　)上进行弯曲。尺寸大、弯曲度也大的槽钢,可在(　　　)上进行辊弯。

二、判断(对的打"√",错的打"×")

1. 钢板越厚,矫正越容易。薄板容易变形,矫正比较困难。　　　　　　　　　(　　　)

2. 厚度在 3 mm 以下的钢板通常在九辊、十一辊或更多辊的矫平机上进行矫正,若仍不满足要求,可辅以手工矫正。　　　　　　　　　　　　　　　　　(　　　)

3. 对厚度超过矫平机加工范围的,可使用液压机或三辊弯板机进行矫正。　(　　　)

4. 根据设计或工艺需要,将焊件的待焊部位加工成一定几何形状的沟槽称为坡口。

(　　　)

5. 激光切割加工是具有精度高,切割快速,不局限于切割图案限制,自动排版节省材料,切口平滑,加工成本低等特点。　　　　　　　　　　　　　　　(　　　)

6. 等离子切割是利用高温等离子电弧的热量使工件切口处的金属部分或局部熔化,并借高速等离子的动量排除熔融金属以形成切口的一种加工方法。　　　　(　　　)

7. 钢板喷漆后应进入烘干炉,促使快速干燥以利迅速搬运。　　　　　　　(　　　)

8. 钢板预处理流水线的特点是生产效率高,劳动条件好。　　　　　　　　(　　　)

9. 肋骨冷弯机要将型材弯曲到使其腹板边缘与要求的肋骨曲线一致,在加工过程中需反复进行检查和测量。　　　　　　　　　　　　　　　　　　　(　　　)

10. 钢板辊弯时对中是使素线与轴辊轴线平行。　　　　　　　　　　　　(　　　)

11. 除用于薄板外,酸洗除锈法主要用于处理管子、舾装件和形状复杂的零部件,可作为抛丸除锈法的补充手段。　　　　　　　　　　　　　　　　　(　　　)

12. 角钢开尺角度不大时,可在液压机上用压模进行冷加工。　　　　　　(　　　)

13. 钢板辊弯对中的目的是使工件的素线与轴辊轴线平行,防止产生扭斜,保证辊弯后工件几何形状准确。　　　　　　　　　　　　　　　　　　　(　　　)

14. 板材的成形方法主要有:辊弯、压弯、拉弯、压延以及一些其他成形方法。(　　　)

15. 在热切割坡口中,最常采用的是氧气切割方法。　　　　　　　　　　(　　　)

三、名词解释

1. 船体钢料加工

2. 钢材预处理

3. 钢材边缘加工

4. 钢材成形加工

5. 逆直线法

6. 机械切割

7. 水火弯板

四、简答

1. 板材如何辊弯成形?
2. 钢材弯曲有哪几个过程?
3. 画线有哪些基本规则?
4. 剪切有哪些工艺要求?
5. 气割前有哪些准备工作?
6. 焊接坡口的切割有何要求?
7. 角钢拢尺的如何进行加工?
8. 钢料矫正的原理是什么?
9. 简述化学除锈法的工艺流程?
10. 简述钢板如何辊制圆柱面的流程?

项目四　船体装配

【项目描述】

船体装配就是将加工合格的船体零件组合成部件、分段、总段,直至整个船体的工艺过程。船体装配分为船体结构预装焊和船台装焊两大部分,其中船体结构预装焊又可以分为部件装焊、分段装焊和总段装焊三道大工序。

此项目主要有船体装配基础知识认知(包括船体装配工艺设施与装备、船体装配工夹具、船体装配测量方法及船体建造工艺符号)和几种典型船体部件装配(平直板的拼焊、T型梁的装焊、肋骨框架的装焊、焊接带缆桩的装配、主机基座的装配、旁底桁和肋板的小组立及部件装焊变形的控制)两个任务。

知识要求

1. 掌握平台和胎架的种类和用途;
2. 掌握船体装配工夹具的使用方法;
3. 掌握船体装配测量方法;
4. 了解船体建造工艺符号;
5. 掌握船体部件的结构形式;
6. 掌握拼板和 T 型梁的装焊过程;
7. 了解肋骨框架、主机基座等部件的装焊步骤。

能力要求

1. 具有装配工种安全意识;
2. 能熟练操作船体装配工具;
3. 具有熟练使用测量工具的能力;
4. 具有熟练装焊 T 型梁的能力。

工作任务

任务一　船体装配基础知识认知;
任务二　船体部件装配。

任务一　船体装配基础知识认知

【学习目标】

1. 掌握平台和胎架的种类和用途;
2. 掌握船体装配工夹具的使用方法;
3. 掌握船体装配测量方法;

4.熟悉船体建造工艺符号。

【任务解析】

在船体建造过程中,除了装配操作时需使用的工具与设备外,还必须配置便于进行确定基准画线、装配定位、焊接和检验的专用工艺装备,才能顺利地进行装配工作并确保装配质量。本任务主要认知船体装配工艺设施、船体装配工夹具、船体装配测量方法及船体建造工艺符号,并能用线锤及激光经纬仪等进行结构测量。

【任务实施】

一、背景理论与知识学习

(一)船体装配工艺设施与装备

船体结构预装焊所使用的主要设备包括有起重、电焊、气割和压缩空气设备,以及管道、平台和胎架等。其中,平台和胎架是船体构件装焊作业所特有的主要两大类工艺装备。

1.平台的种类和用途

平台一般是由水泥基础和型钢、钢板等组成的具有一定水平度的工作台,分为固定式和传送带式两大类。固定式平台主要用于装焊船体部件、组件、平面分段和带有平面的立体分段,也可以作为设置胎架的基础。为保证部件、组件和分段制造的质量要求,它应具有牢固的基础、足够的结构刚性和表面平整度。其四角水平的偏差 $\leq \pm 5$ mm,表面平面度 $\leq \pm 3$ mm/m。传送带式平台设有相应的传送装置,既可用于部件、组件和平面分段的装焊,又可用来运送工件,是组织生产流水线的重要工艺设备。

(1)固定式平台

①钢板平台又称实心平台,如图 1-4-1(a)所示。主要用于绘制船体全宽肋骨型线图,供装焊肋骨框架等部件用。其表面由钢板铺设而成,便于画线,装焊操作条件也较好。用于制作钢板平台的钢板厚度应大于 10 mm,钢板下面设置的槽钢工字钢宜选用 22~24 号,平台高度约 300 mm。对于用来建造小型船舶的钢板平台,其结构允许质量适当减轻一些。

②型钢平台又称空心平台,如图 1-4-1(b)所示,它与钢板平台的区别仅在于其表面不设钢板。型钢平台既可以用于拼板和装焊平面分段,也可作为胎架的基础。其高度一般与钢板平台相同。但在平面分段流水线的某些部位和艏、艉立体分段倒装时,需在平台下面作业,则平台高度应大于 800 mm。

③水泥平台如图 1-4-1(c)所示,它是用钢筋混凝土浇成的,并在其表面埋入许多按 500~1 000 mm 间距平行的扁钢和 T 型钢,使型钢面板表面与水泥台面平齐,而构成整个平台表面的型钢是作为电焊通路和安装拉桩、固定胎架之用的。水泥平台的最大优点是基础牢固不易变形,所以一般用作胎架的基础。其缺点是水泥台面受高温后容易爆裂,预埋的型钢容易锈蚀等。

④钢板蜂窝平台如图 1-4-1(d)所示,这是一种表面有许多蜂窝状圆孔的平台,主要用于热弯肋骨和外板。过去多用铸铁制作,近年来出现了一种钢板蜂窝平台,就是在钢板上开有蜂窝状圆孔,并在圆孔处加焊开有同样大小圆孔的复板。它具有便于固定船体构件的优点,主要用来装配焊接部件和组合件,并可用于矫正变形。

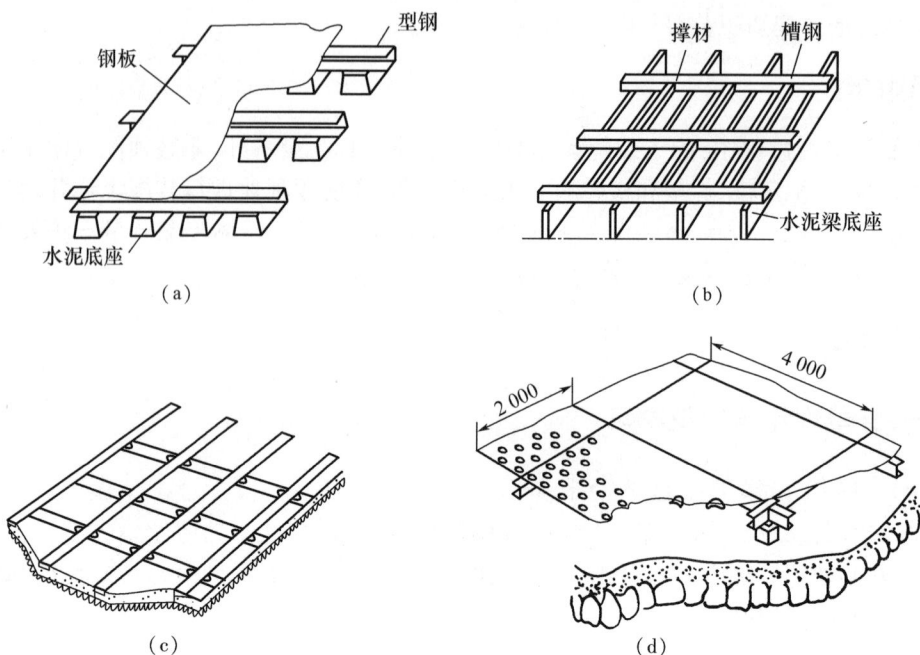

图1-4-1 固定式平台

(a)钢板平台;(b)型钢平台;(c)水泥平台;(d)钢板蜂窝平台

(2)传送带式平台

①链式传送带平台如图1-4-2(a)所示,在槽形钢筋混凝土基础上,按1 500~2 000 mm的间距敷设角钢或槽钢构件,并在其上安装链条导向轨道,再在轨道上配置链条,即构成链式传送带平台。它主要用作流水线上改变运送方向的横向传送带。

②辊柱式传送带平台如图1-4-2(b)所示,用直径为100~150 mm的钢管制作成辊筒,并将其按1 000~1 500 mm的间距平行地组装在开有缺口的钢板平台中构成。有的平台在辊筒支承梁下面设置升降用油缸,使辊筒能上下调节。它主要用于平面分段机械化生产线的拼板工位。

③台车式平台如图1-4-2(c)所示,在分段支承台之间敷设两条轨道,并在其上配置有油缸升降机构的台车所构成,主要用于分段的运输。

④圆盘式传送带平台如图1-4-2(d)所示,将直径为250~200 mm的圆盘按间距2 000~1 500 mm纵横交错地配置在钢板平台或水泥平台上构成。主要用于平面分段机械化生产线中分段的传送。

2.胎架的种类和用途

见图1-4-3,胎架是制造船体构件,特别是制造船体曲面分段和曲面立体分段的形状胎模和工作台。其作用是支承分段、保证分段曲面形状和控制其装焊变形,因此它应具有足够的结构刚性和强度。

胎架的受力情况很复杂,它既要承受船体分段或总段的质量,而且在施工中还受到各种变动因素(如压载重物和分段焊接变形而产生的力等)的影响,所以目前大都采用经验方法进行设计。

为确保船体分段或总段建造中的质量,胎架必须保证足够的结构刚性和强度,这就导

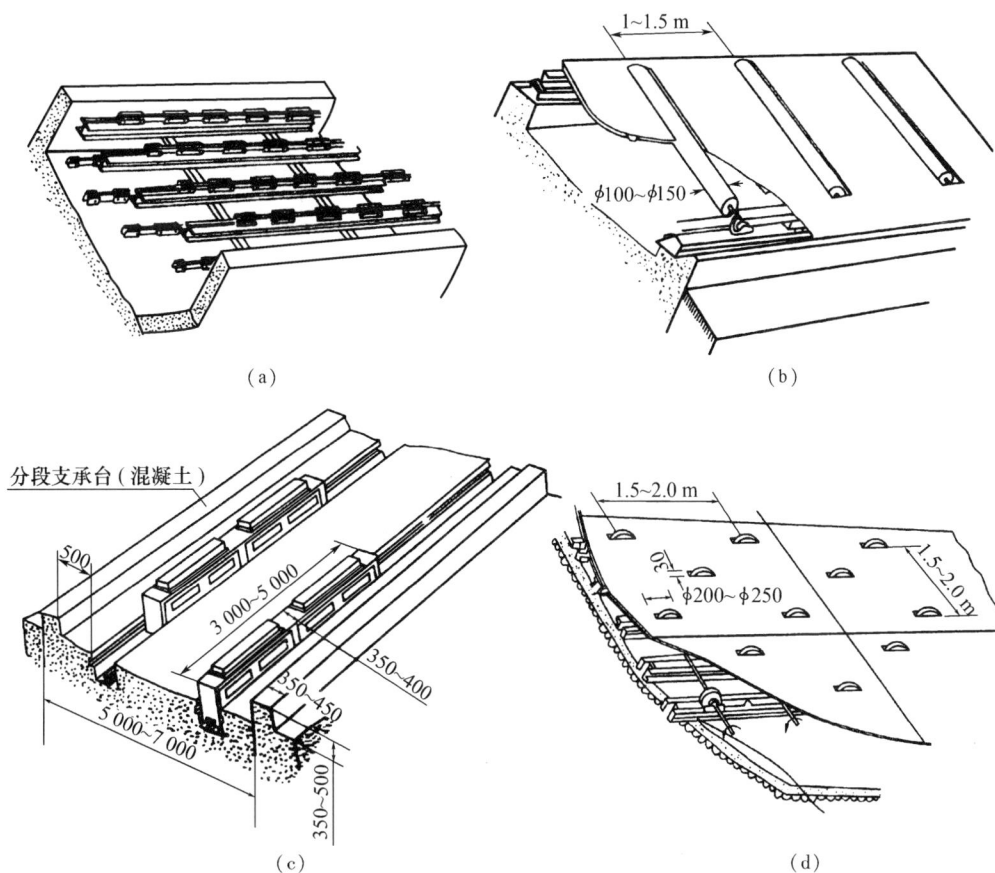

图 1-4-2　传送带式平台

(a)链式传送带平台;(b)辊柱式传送平台;(c)台车式平台;(d)圆盘式输送平台

致了在胎架制造中必然要花费大量的材料和工时,同时船舶建造基本是单船建造和小批量生产,这又无形中提高了造船的生产成本和延长了造船周期。因此扩大胎架的通用性仍然是我国目前在船舶建造中的重要技术研究课题。

(1)胎架的种类和用途

①按结构形式分类

a.固定胎架　指的是固定在平台上的胎架,如图1-4-3所示。

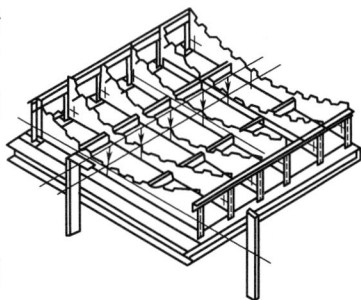

图 1-4-3　胎架

b.活动胎架　可以按照需要改变胎架工作面的空间位置,使分段的焊缝处于平焊位置,如摇摆胎架可使分段做180°以内的转动;又如回转胎架可使分段作360°的回转。当然,在这里设置相应的转动机构,以确保胎架的作用和人身安全。

②按使用范围分类

a.专用胎架　专供某船舶的某一分段使用。值得注意的是,为了降低成本、缩短造船周期,应该考虑专用胎架采用组合式的设计,或者采用胎架的模块式新设计,以提高专用胎架的通用率。专用胎架的形式按胎板形式分有单板式胎架、桁架式胎架、框架式胎架和支点角钢式胎架,如图1-4-4所示。

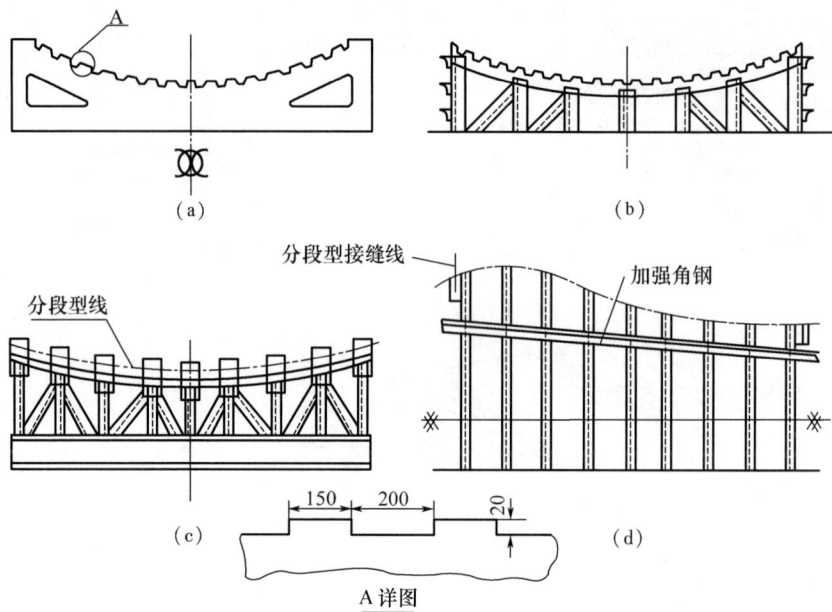

图1-4-4 专用胎架的形式
(a)单板式;(b)桁架式;(c)框架式;(d)支点角钢式

b.通用胎架 可供各种船舶的不同分段使用,有以下两种形式。

框架式活络胎板胎架:如图1-4-5所示,由角度框架和活络小胎板组成。一般有30°,40°,50°,60°等四种不同的固定角度框架,框架的斜向角钢上开有螺孔,用于固定小活络胎板。通过调节小胎板高度位置,可获得不同的工作曲面。

套管支柱式胎架:如图1-4-6所示,这种胎架的支柱是由内外两根不同直径的钢管套接而成,在内外钢管上各按不同间距钻有数排销孔,使用时按胎架

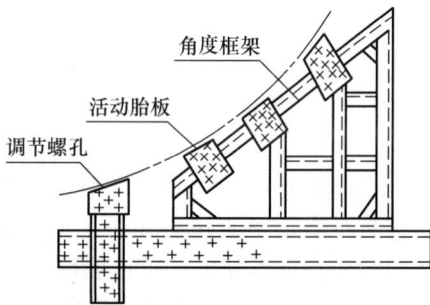

图1-4-5 框架式活络胎板胎架

型值调节支柱高度,并用销轴插入销孔加以固定。由于支柱的调节范围有限,故适于建造各类平直和小曲形分段。随着电子技术在造船工业上的广泛应用,可通过数控液压装置,根据型值表来自动调节胎架高度,这样的升降型胎架使用起来方便,具有较高的经济效益。

③按胎架工作面分类

内胎架:工作表面为船体外板的内表面,如立体分段或总段倒装时的纵、横隔舱壁、肋骨框架等以及制造导流管的内圈胎架。

外胎架:工作表面为船体分段或总段外板的外表面,绝大多数胎架属于外胎架。

④按用途分类

有底部胎架、舷侧胎架、甲板胎架、艏艉柱胎架、舵胎架、导流管胎架等。

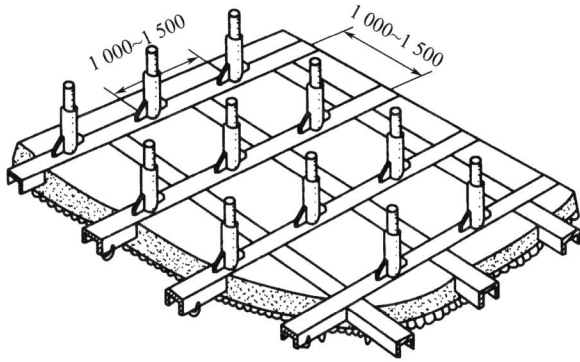

图 1-4-6　套管支柱式胎架

⑤按胎架选择的基准面分类

有正切胎架、正斜切胎架、斜切胎架和斜斜切胎架(图 2-5-16)。

(2)胎架结构

胎架结构通常由坚固的基础、胎架模板(简称模板)、拉马角钢、纵向牵条组成。为便于进行分段装配,还设有胎架中心线画线架。

①胎架基础　在分段的装配过程中,胎架一方面承受分段的质量,另一方面要保证分段的线型和控制分段的焊接变形,所以模板必须坐落在有足够承载能力而不下沉变形的基础上。基础上表面力求保持在一个水平面上。胎架基础通常有混凝土墩基础、混凝土条基础、混凝土平台和型钢平台。

②模板　模板经常采用的形式有单板式、桁架式、框架式、支柱式。

③拉马角　钢拉马角钢设置在模板上部,与模板上表面基本平行。拉马角钢除增加模板的刚性外,还可借助于弓形马、螺丝马使分段外板贴紧胎架模板。

④纵向牵条　纵向牵条通常采用角钢制成,在模板之间纵向连接。纵向牵条除了固定模板纵向间距、加强胎架刚度、做拉马装置外,也是胎架纵向线型的模板,因此牵条上缘应与分段纵向线型吻合。纵向牵条的位置常设在分段纵向的相应构架处。为保证边接缝处的线型,在离边接缝 150 mm 左右处可增设纵向牵条。如果分段纵向强度很大,或对纵向线型要求不高,在胎架上也可以不设纵向牵条,此时在模板的一面加设斜支撑,以增加模板的强度。纵向牵条间距一般为 1.5 m 左右。

(二)船体装配工具

船体装配所使用的工具很多,随着造船工业的技术进步,装配工具也不断的改进和创新。现将常用的装配工具作一简单介绍。

1.度量、画线工具

(1)度量工具

量具是测量物体大小和形状的工具,用于测量工件加工后的几何尺寸和形状是否符合精度标准。有平尺、木折尺、钢皮卷尺、角尺(分活络和固定两种),如图 1-4-7 所示。此外还有卡钳,分内卡钳、外卡钳、八字形卡钳三种。卡钳的大小视工作物需要而定。外卡钳是用来测量钢板的厚度,使用时调整二钳的距离,使它正好等于被测物的厚度。然后放置尺上,读出量值。为测量炉中高温状态下的钢板厚度常采用 8 字形卡钳。

图 1 - 4 - 7 卷尺与角尺

(2)画线工具

画线工具是用来在钢材、样板等处画线及做出标记的工具。有圆规、粉线、各种画笔（石笔、画针、鸭嘴笔）及洋冲(铳)、锘子等。

①圆规 如图 1 - 4 - 8 所示,由两根钢针铆合而成。在钢针的中部较靠近铆合的地方,装有滑槽和元宝螺丝,借以调节两根钢针距离。使用时,先从尺上量出需要尺寸,将元宝螺丝旋紧即可。

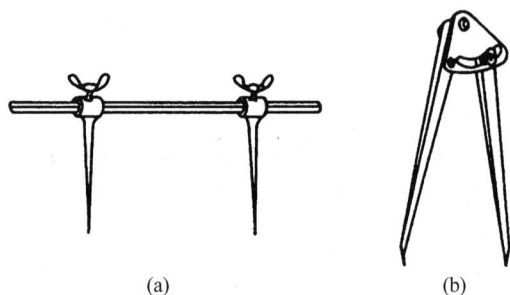

(a)   (b)

图 1 - 4 - 8 圆规

②粉线 如图 1 - 4 - 9(a)所示一般都有有用 0.5 mm直径的腊线,将其绕于圆盘内,用于测量较长距离的工作物的不平度和扭曲度,也可以弹直线用。

各种画笔(石笔、画针、鸭嘴笔)用于直线或曲线画线。

③洋冲(铳)、锘子如图 1 - 4 - 9(b)所示洋冲与锘子都由高碳钢制成。洋冲的工作尖端和锘子的刀刃经过淬火处理,它们都是用来在钢材上作记号之用的。

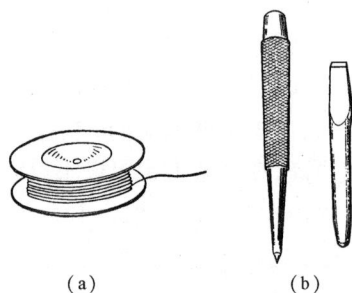

(a)   (b)

图 1 - 4 - 9 粉线、洋铳与锘子

(a)粉线;(b)洋铳与锘子

2.测量工具

(1)线锤

如图 1 - 4 - 10(a)所示,用来检查零件的垂直度。测量距离大时采用重线锤,距离不大时采用较小线锤。

(2)水平尺

如图 1 - 4 - 10(b)所示,用于测量物件水平度和垂直。

（3）水平软管

如图 1-4-10（c）所示，用于测量较大构件的水平度。由一根较长橡皮管和两根短玻璃管组成，从一端向管内注入液体，冬天注酒精或乙醚等不冻液体，如图 1-4-11 所示。

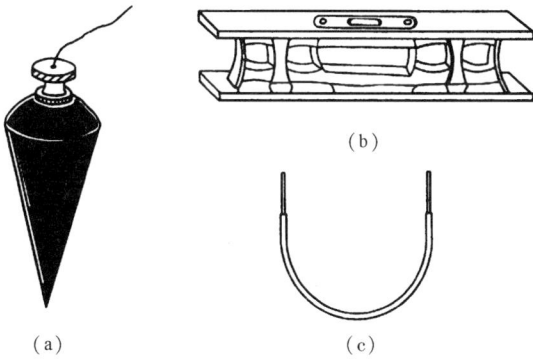

图 1-4-10　线锤、水平仪和水平软管
（a）线锤；（b）水平仪；（c）水平软管

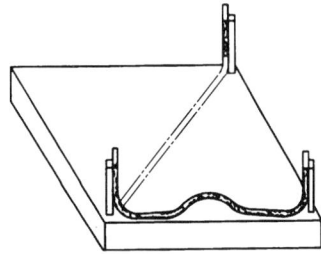

图 1-4-11　水平软管的应用

（4）水准仪

如图 1-4-12 所示，主要用来测量构件的水平线和高度，它由望远镜、水准器和基座等组成，它的主要功能是给予水平视线与测定各点间的高度差，见图 1-4-13。

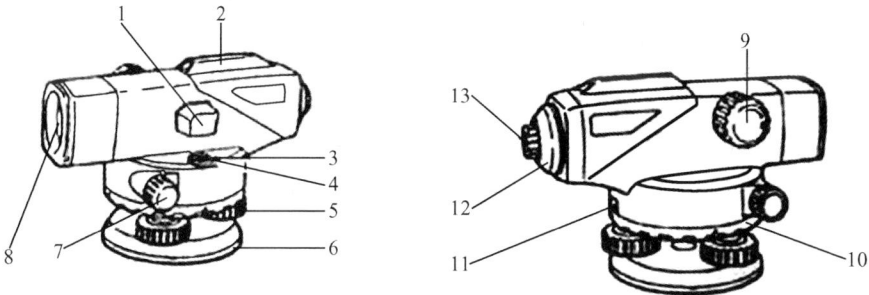

图 1-4-12　水准仪

1—反射镜；2—瞄准器；3—圆水准校正螺丝；4—圆水准器；5—脚螺旋；6—底板；7—水平微动螺旋；8—物镜；9—物镜调教螺旋；10—水平度盘位置改变环；11—水平度盘观察窗；12—十字丝校正螺丝护罩；13—目镜

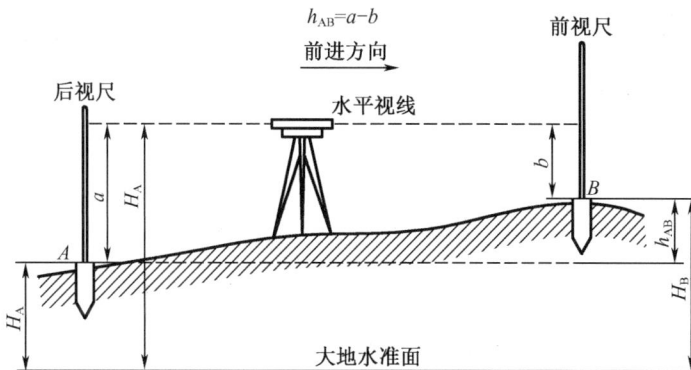

图 1-4-13　水准仪及其应用

（5）激光经纬仪

激光经纬仪如图1-4-14所示，经纬仪主要由望远镜、竖直度盘、水平度盘和基座等部分组成。它可测角、测距、测高与测定直线等。激光经纬仪是在经纬仪上加设一个激光管构成的，一般用氦氖激光管。由激光电源通过激光管发出射的激光束，在望远镜所观察到的目标处形成肉眼可见的清晰的红色光斑，提高了观察目标的直观感和测量的精度。

3.装配工夹具

（1）榔头

用于钢结构定位、矫平、敲字码符号。

（2）撬棒、铁楔

如图1-4-15所示，撬棒的工作端做成铲形，用来撬动工作物。铁楔与各种"马"配合使用，利用锤击或其他机械方法获得外力，利用铁楔的斜面将外力转变为夹紧力，从而对工件夹紧。

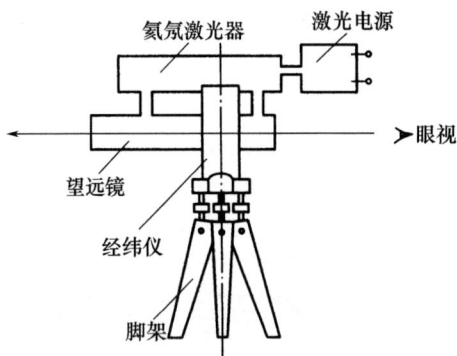

图1-4-14　激光经纬仪示意图

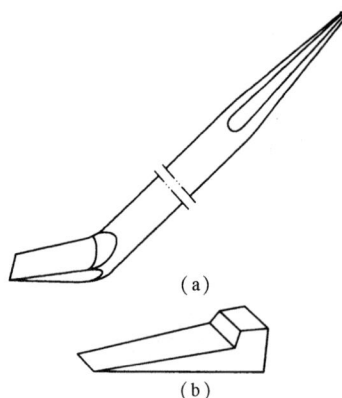

图1-4-15　撬棒与铁楔图

（a）撬棒；（b）铁楔

（3）杠杆夹具

如图1-4-16所示，是利用杠杆原理将工件夹紧的。

（4）螺旋式夹具

如图1-4-17所示，具有夹、压、拉、顶与撑等多种功能。弓形螺旋夹是利用丝杆起夹紧作用。固定用螺旋压紧器借助L形铁、门形铁，达到调整钢板的高低及压紧的目的。

（5）拉撑螺丝和花兰螺丝

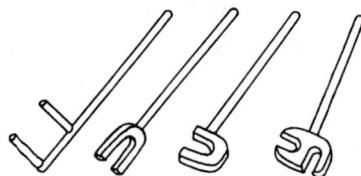

图1-4-16　常用的几种简易杠杆夹具

如图1-4-18所示，拉撑螺丝起拉紧或撑开作用，不仅用于装配也可用于矫正，花兰螺丝用于构件拉紧与固定。

（6）千斤顶

如图1-4-19所示，是一种支承重物、顶举或提升重物的起重工具。起升高度不大，但质量可以很大，广泛用于冷作件装配中作为顶、压工具。

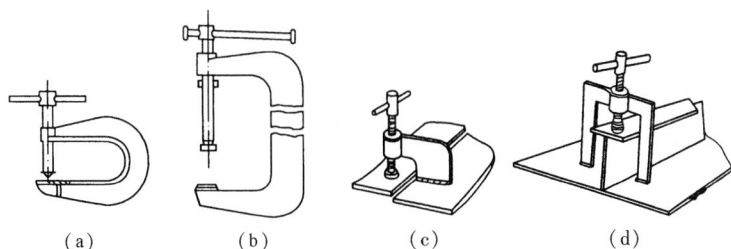

图 1 - 4 - 17　常用的螺旋夹具

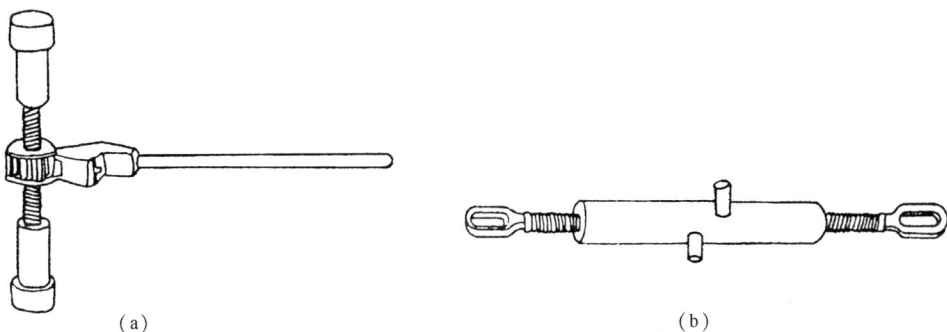

图 1 - 4 - 18　拉撑螺丝和花兰螺丝

(a)拉撑螺丝;(b)花兰螺丝

(7)风动角向砂轮

如图 1 - 4 - 20 所示,角型风动砂轮是以压缩空气为动力的新型机械化工具,用于清理钢板边缘的毛刺、铁锈,修磨焊缝及钢板表面氧化皮等工作。

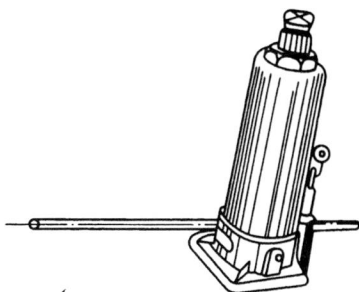

图 1 - 4 - 19　液压式千斤顶

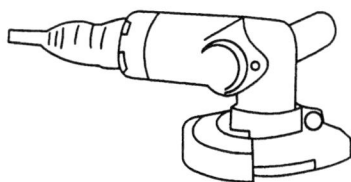

图 1 - 4 - 20　风动角向砂轮

(8)"马"

如图 1 - 4 - 21 所示,有 L 形、V 形、门形、弓形、梳状等多种形式,除弓形马和梳状马外,一般都与铁楔配合使用,其作用是使工件连接部位贴紧及固定,便于装配,并可防止焊接变形。

(三)船体装配测量方法

船体结构装配过程中的定位、画线以及结构装焊结束后的完工检查,都伴随着相应的测量作业。装配测量技术包括:合理选择或设置测量基准;正确使用测量工具和仪器;进行相关的计算,准确而迅速地完成规定项目的测量。结构装配中的测量项目主要有:线性尺度测量、平直度测量、水平度测量、垂直度测量以及角度测量。

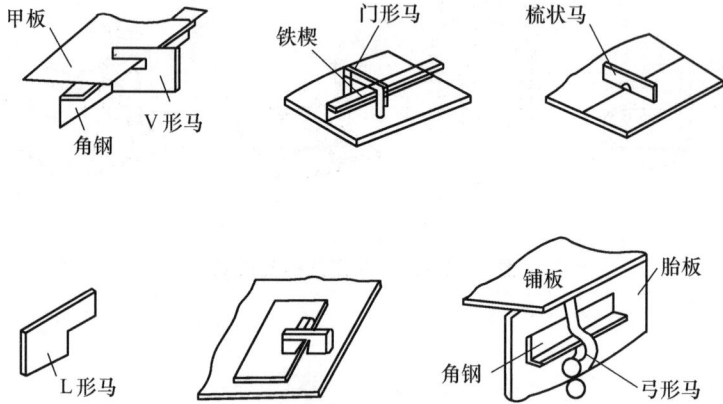

图 1 - 4 - 21　各种"马"

1. 测量基准

技术测量中被选作测量依据的点、线或面称为测量基准。一般情况下，多以构件定位基准作为测量基准。测量基准可以选在工件上，也可以选在工件外，如选在平台、胎架或船台上。

图 1 - 4 - 22(a)所示的圆锥台漏斗，其上小法兰装配时，要测量其定位尺寸 b 时，即以漏斗上的直径较大的 M 面作为测量基准。

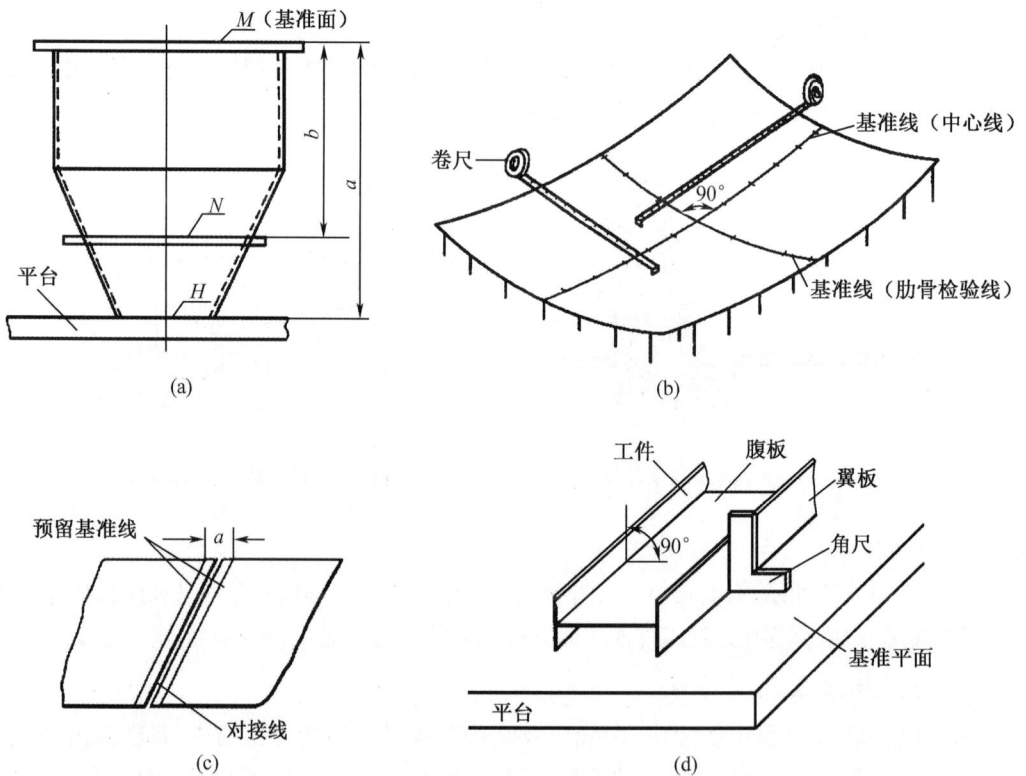

图 1 - 4 - 22　测量基准

(a)圆锥台的定位基准；(b)分段板上的基准线(十字线)；(c)工件上预留的基准线；(d)平台作测量基准

在分段装配过程中,常在板件上预先作出两条相互垂直的线,俗称十字线,以此作为构件定位的基准,同时也作为测量的基准,如图1－4－22(b)所示。图1－4－22(c)所示为预留在工件上的测量基准线。在工件边缘切割后进行对接时,测定其间的预留距离 a,以保证其正确的对接尺寸。上述基准都是选择或预留在工件上的基准。

当结构在精度较高的平台上装配时,常以装配平台作为测量基准,既容易测量,也能保证测量结果的准确。如图1－4－22(d)所示,在平台上装配工字梁时,测量腹板和翼板的垂直度,就可以用角尺测量翼板与平台的垂直度来代替。

当在胎架上装配分段时,常在胎架上用水准仪或水平软管预先设置一个水平面,作为确定胎架支撑面(胎板型线)的测量基准,也作为在分段建造过程中检查胎架有无变形的基准。设置在胎架上的中心线则作为分段宽度方向的定位、测量基准。

2.测量方法

(1)平直度测量

构件平直度指构件边缘的直线度和结构平面的平整度,构件边缘的直线度可直接用钢尺或拉粉线检查。精度较高的装配平台本身也可作为检查构件边缘直线度的依据。长度较大时则拉钢丝或用激光经纬仪检查其直线度。图1－4－23所示为用激光经纬仪检查完工船体的船底纵向直线度的方法。以激光线为基准直线,测量船底外板各处的挠度,即可测定其直线度。

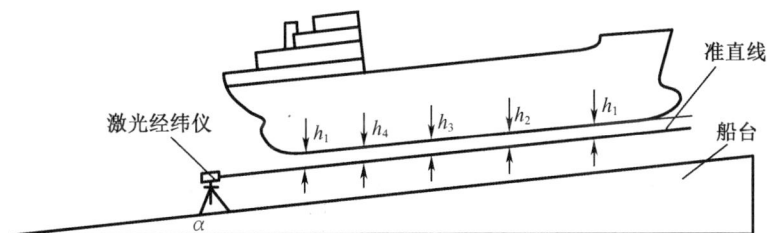

图1－4－23 检查船底纵向直线度

结构的平面度可以交叉拉粉线检查。如检查分段骨架上缘是否在同一平面,可在分段四角的上缘选取 A,B,C,D 四点,各向上 15 mm,用粉线对角相连,见图1－4－24。若两条粉线恰好相交,则两条相交直线形成了一个基准平面。以此平面为准,从一点(图中的 B 点)向不同方向拉粉线,当骨架上缘各点距粉线均为 15 mm 时,说明骨架上缘平面度良好。若有高度误差,需要修整该处构件的边缘。平面度也可用激光经纬仪检查,如图所示,当仪器整平后,将望远镜的仰角定为零度,当望远镜绕竖轴旋转时,激光束扫过一个水平面,以此为准即可检查构件上缘的平面度。

(2)线性尺寸的测量

线性尺寸是指被测的点、线、面与测量基准间的距离。它包括结构的绝对尺寸(形状尺寸)和构件间的相对尺寸(位置尺寸)。线性尺寸测量是装配中最频繁的测量项目。在进行其他项目的测量时,往往也要辅以线性尺寸的测量。

进行线性测量,主要使用钢尺、卷尺和木折尺,在船体装配中,有时也使用画有标志的样棒。例如,在槽钢上装配立板时,为确定立板与槽钢结合线的位置,需要测量其中一块立板距槽钢端面的尺寸 a,及两立板间的距离 b,见图1－4－25(a)所示。

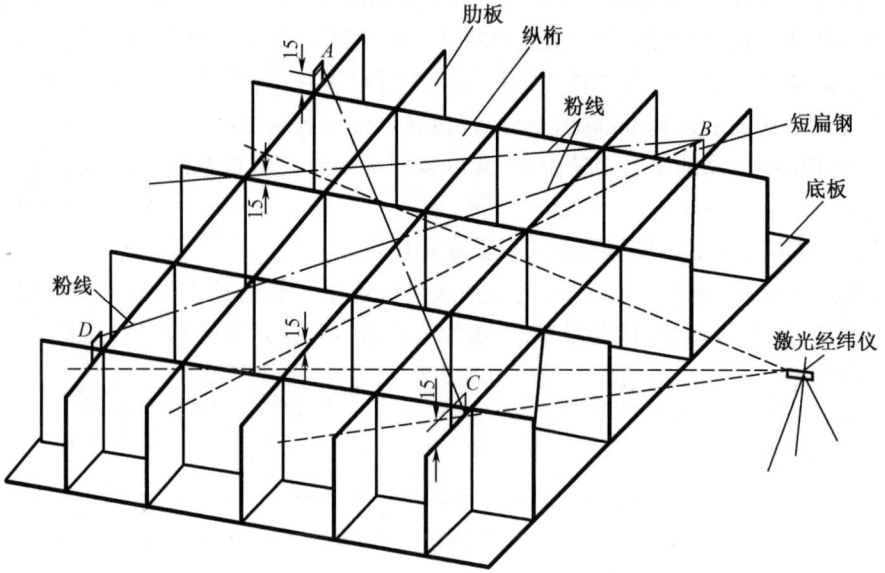

图 1 - 4 - 24　平面度测量

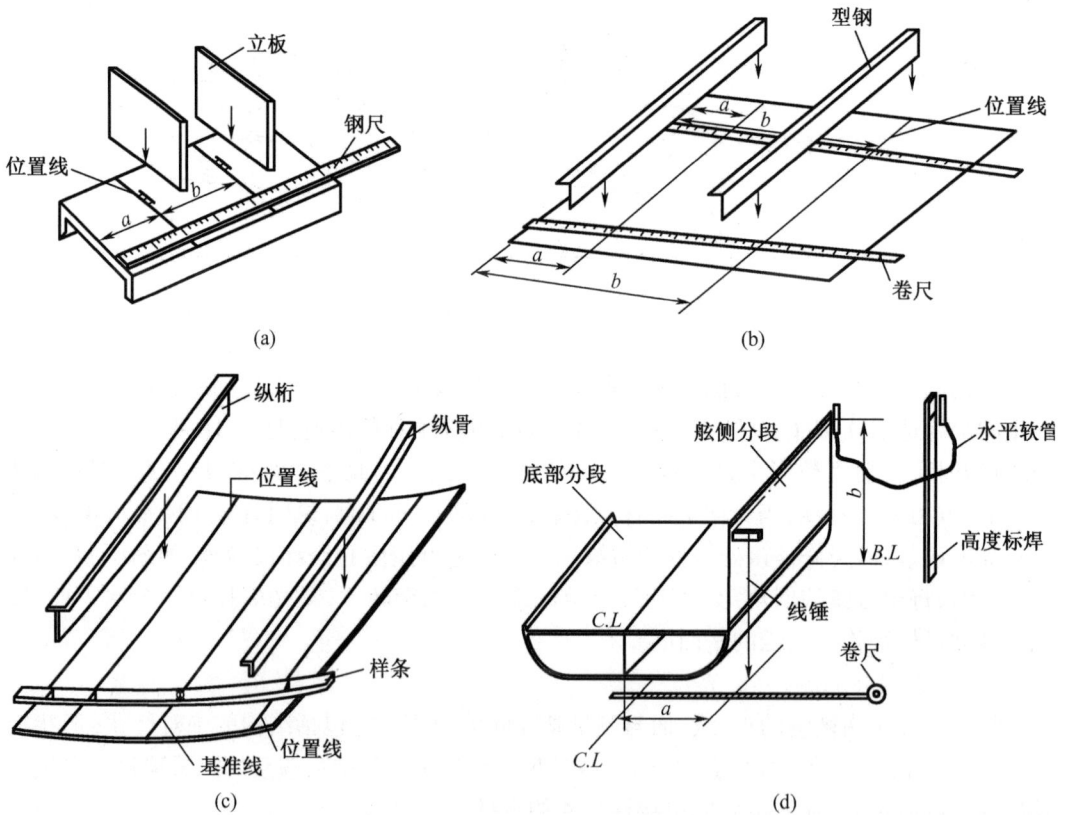

(a)

(b)

(c)

(d)

图 1 - 4 - 25　线性尺寸的测量
(a)用钢尺量取线性尺寸;(b)用卷尺量取线性尺寸;
(c)用样条量取线性尺寸;(d)用水平软管进行分段位置的线性测量

在分段上划骨架位置线时,经常根据画线草图上的数据,用卷尺直接量取尺寸,如图1-4-25(b)所示。有时,某些线性尺寸是根据所给数值,或根据肋骨型线驳取在样条上,再用样条在分段的板上进行画线测量。在图1-4-25(c)中,外板的纵桁和纵骨的位置,就是用样条画出的。在图1-4-25(d)中,舷侧分段在水平船台上定位时,宽度方向的位置是在悬挂线锤后,再用卷尺进行半宽值的线性测量。高度方向,则用水平软管以高度标杆为依据进行测量。这些都属于线性测量的范围。

构件上的某些线性尺寸,有时因受形状等因素的影响,不能用刻度尺直接测量,需要借助其他工具达到测量的目的。如图1-4-26中,是以平台为基准,由轻型工字钢和卷尺相配合测量工件的整体高度。

（3）平行度、水平度的测量

①相对平行度的测量

相对平行度是指工件上被测的线或面,相对于测量基准线或面的平行度。通常是在两条线（或面）上选定若干对应点,进行线性测量。若测得的尺寸都相等,说明两条线（或面）互相平行。因为平行线（或面）之间的垂直距离是处处相等的。

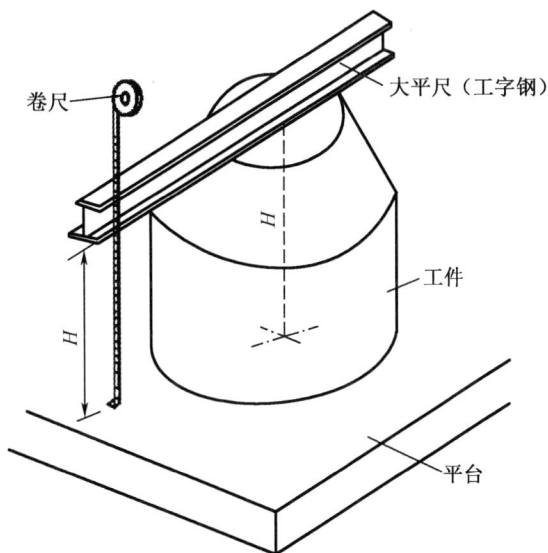

图1-4-26　线性尺寸的间接测量

②水平度的测量

装配中常用水平尺、水平软管、水准仪或激光经纬仪进行构件水平度的测量。

a. 用水平尺测量　水平尺是测量水平度最常用的工具。当管中气泡处于正中位置时,说明构件被测面水平。为避免因构件表面的局部凹凸不平影响测量结构,有时需在水平尺下面垫一平直的厚木板或钢尺,以使测量结果反映的是整个平面的水平度。图1-4-27(a)所示为在水平船台上用水平尺测量机座水平度的方法。在倾斜船台上测量机座水平度时,需在水平尺下垫斜度样块,样块的斜度就是船台的坡度,如图1-4-27(b)所示。

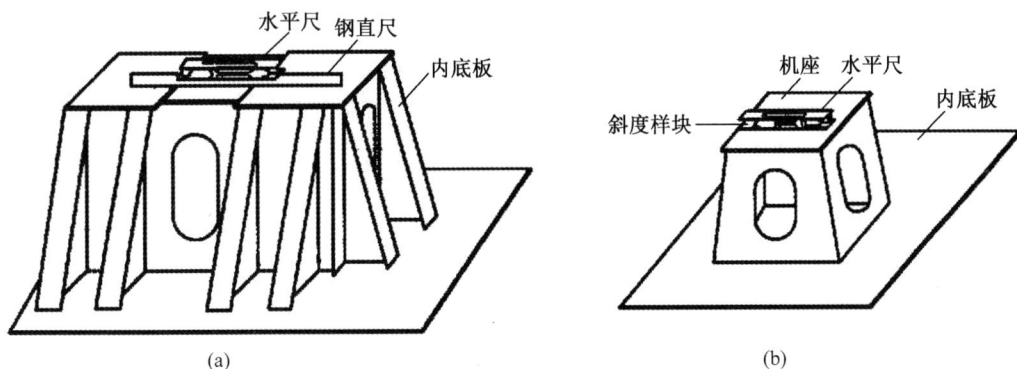

(a)　　　　　　　　　　　　　　　　　　(b)

图1-4-27　船台上机座水平度测量

(a)水平船台上机座水平度测量;(b)斜船台上机座水平度测量

b. 用水平软管测量 图1-4-28(a)所示为在内底板上测量底部分段水平度的方法。取两根画有相同刻度的标杆,把玻璃管分别贴靠在标杆上。其中的一根标杆立于被测平面的一角,另一根标杆连同玻璃管先后置于其余三个角点上。若观察到玻璃管内水面的高度值都相同时,即管内水平面与两标杆上的标志线都重合时,说明分段成水平状态。图1-4-28(b)为用水平软管测量横舱壁的左右水平度。这时是以画在横舱壁上的一条水线作依据。

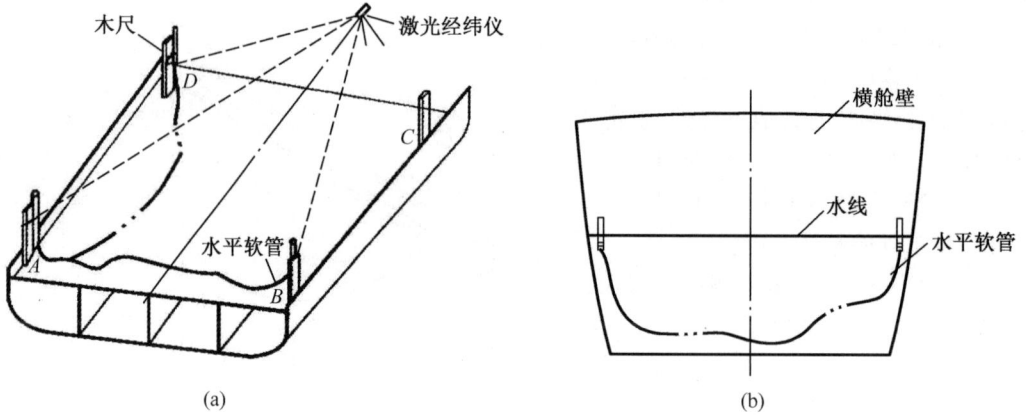

图1-4-28 水平软管测量水平

(a)分段水平度测量;(b)横舱壁水平度测量

(4)垂直度、铅垂度的测量

①垂直度的测量

相对垂直度是装配中经常进行的测量项目。相对垂直度通常都用直角尺直接测量,见图1-4-29。当两测量面分别与直角尺的两个工作尺面贴合时,说明两平面垂直。使用直角尺测量垂直度,角尺规格应和被测平面的尺寸相适应。当构件的被测面长度远远大于直角尺的长度时,测量结果就不够准确。垂直度也可以通过间接的方法测量。在图1-4-30中,(a)为测量对角线 ab、cd 是否相等,检查型钢框架的四角是否垂直;(b)则为利用勾股定理测量两平面或两直线的垂直度。

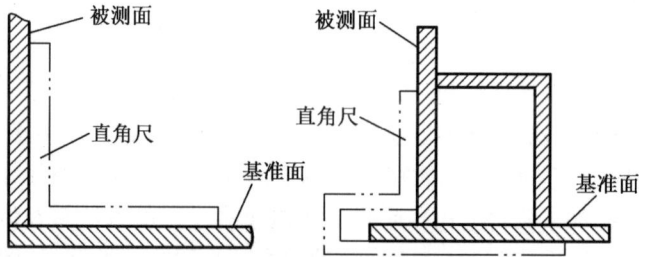

图1-4-29 用直角尺测量垂直度

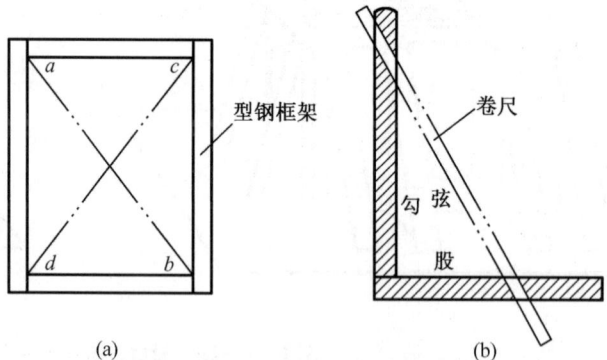

图1-4-30 垂直度的间接测量

②铅垂度的测量

a. 用水平尺测量铅垂度　水平尺既可用于测量小构件的水平度,也可用于测量小构件的铅垂度。图1-4-31(a)为在平船台上同水平尺测量舷墙肘板铅垂度的方法。先如图(a)中1将水平尺置于肘板的直边上,如气泡居中,表示肘板直边(即在横剖面方向)成垂直状态。再如图(a)中2,将水平尺置于肘板的侧面,测量肘板纵向是否垂直。在倾斜船台上测量舷墙肘板的纵向铅垂度时,由于船台坡度的影响,需在水平尺下垫放斜度样块,如图1-4-31(b)所示。在分段上安装肋板、纵骨和纵桁时,也都用水平尺测量其铅垂度。

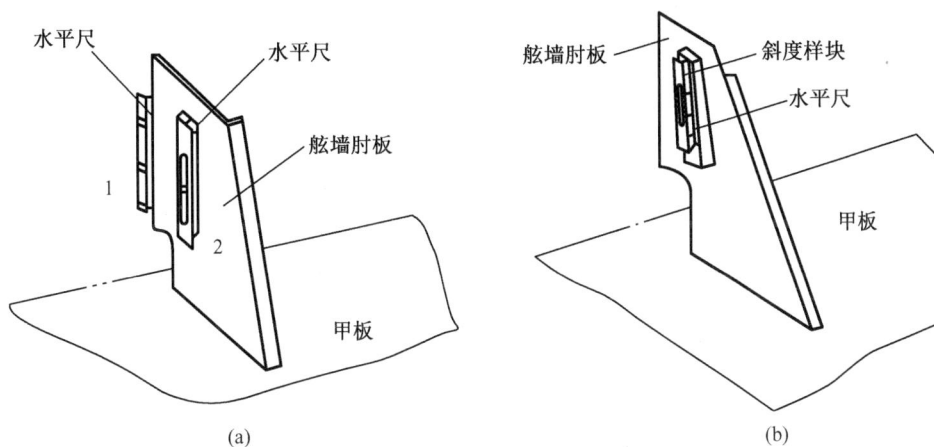

图1-4-31　船台上铅锤度测量
(a)水平船台上铅锤度测量;(b)斜船台上铅锤度测量

b. 用线锤测量铅垂度　在船体装配过程中,比较大的构件都悬挂线锤测量其铅垂度,如图1-4-32(a)所示,在舱壁左右两边扶强材位置的上端,各焊一扁铁,距舱壁板 S 荡下线锤,在舱壁下端用木尺测量线锤至舱壁的距离。若 $S_1 = S$ 舱壁为铅垂。若 $S_1 > S$,舱壁为向船首方向倾斜。若 $S_1 < S$,舱壁为向船尾方向倾斜。有艏、艉倾斜时;调整舱壁位置,直至 $S_1 = S$ 时为止。

在倾斜船台上,由于船台表面与水平面成一倾角 α。当舱壁和船台(即船体基线)垂直时,若从舱壁上端荡线锤,则线锤和舱壁之间也有一夹角 α,见图1-4-32(b)。

$$\frac{S}{L} = \tan\alpha, \quad S = L\tan\alpha$$

式中　α——船台倾斜角度;

L——锤线长度,可同时荡下卷尺量得。

如果船台倾斜度(坡度)为1/20,则 $\tan\alpha = 1/20 = 0.05$

当 $S = 0.05L$ 时,舱壁垂直于基线;

$S > 0.05L$ 时,舱壁向船尾倾斜;

$S < 0.05L$ 时,舱壁向船首倾斜。

由于船台坡度 α 角很小,在测量中可认为 $a = \sin\alpha$,以便于计算。一般情况下,船体基线都平行于船台表面,基线的坡度也就是船台的坡度。

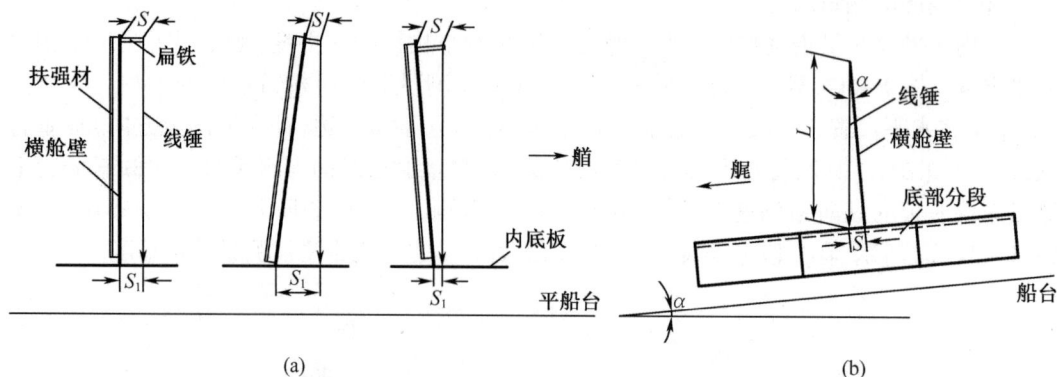

图 1 – 4 – 32　船台上测量舱壁铅锤度

(a)在平船台上测量舱壁铅锤度;(b)在斜船台上测量舱壁铅锤度

（5）角度的测量

在船体结构中,某些相邻构件之间都有一夹角,而这些夹角并不是一个定值,在各个肋位上,不同的剖面位置是变化的。这类结构装配时,需要有一个定位的角度样板,测量两构件间的夹角是否正确,如图 1 – 4 – 33 所示,(a)为舷侧纵桁和舭龙骨的夹角样板,(b)为散装时的艉部斜肋骨夹角样板,(c)为舷墙板的定位样板,(d)为艉柱板的定位样板。

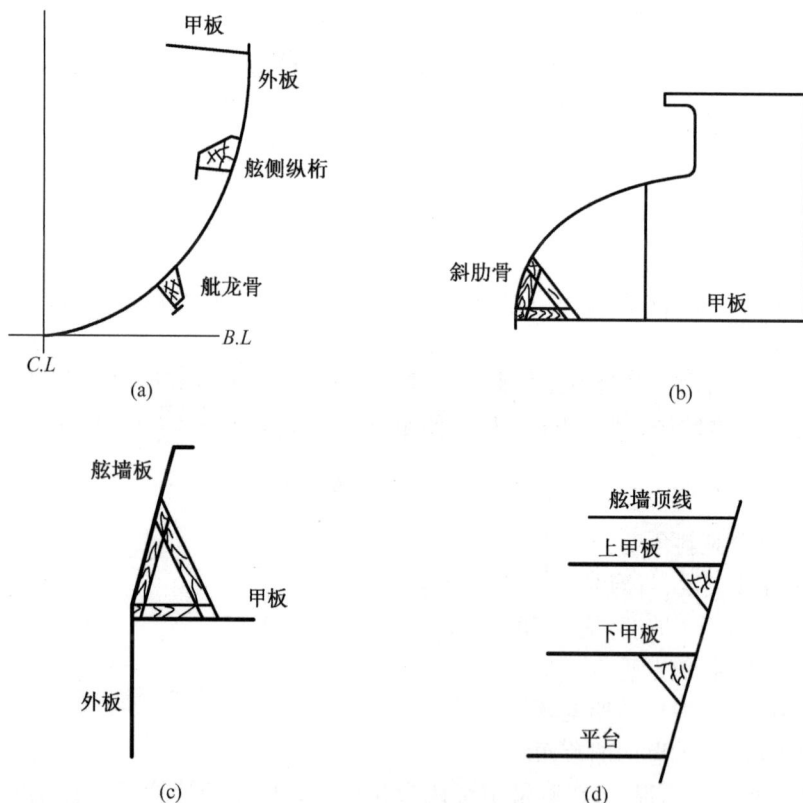

图 1 – 4 – 33　用样板测量夹角

(a)舷侧纵桁、舭龙骨夹角样板;(b)艉斜肋骨夹角样板;(c)舷墙板定位样板;(d)艉柱板定位样板此外,在斜切胎架上装配分段时,还要使用横向和纵向构件的角度样板进行定位测量。相邻构件间的夹角一般都反映在肋骨型线图中,有时需做相关剖切后求取。

(四)船体建造工艺符号

船体建造工艺图形符号是船体建造过程中的施工语言和文字代号。它简明地表达了工件在各道工序流程中的施工工艺信息,有利于施工方便,促进工作效率提高,可见其作用是相当重要的。

工艺图形符号的种类繁多,它们的含义、作用和标注方式也有所不同。在未做统一规定之前,大部分船厂都沿用一套传统的工艺图形符号。表1-4-1是按国家有关部门制定的《船体建造工艺图形符号》内容来描述。

表1-4-1　船体建造工艺图形符号

序号	名称	符号	标记方法	说明
1	分中	 ⦰⦰ ₵	在中线上打上一组三点洋冲,并用白漆画上分中符号	表示船体长度分中,表示船体宽度分中
2	正确线	 ⠿ ⠿ ⠿	在正确线两端或间隔一定距离打上一组三点洋冲,并用白漆加描正确线符号	表示肋骨等构架理论线或带有余量的正确线
3	对合线、检验线	 ※——※	在对合线和检验线两端或间隔一定距离打上一组三点洋冲,并用白漆加描对合线符号	构件、分段的对合线或检验线
4	余量线	 ◁	在余量线上用白漆标上余量线符号,并注明余量值C	构件边缘需加放余量
5	单边断线	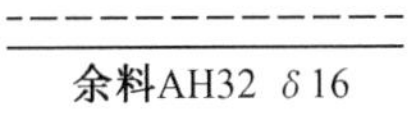 -------- 余料AH32 δ16	在切割线上打上间断凿子印或洋冲,在余料一侧用白漆标上余料字样并注明材料牌号及厚度	工件切割后,一边要用,另一边为余料
6	双边断线	 ∞	在切割线上打上间断凿子印或洋冲,并用白漆标上双边断线符号	切割工件的两边都有用
7	角尺线	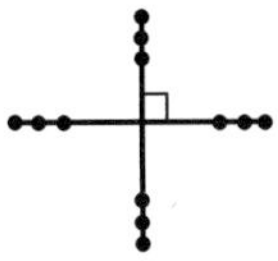 ╋	在两根互相垂直的线上打上洋冲,并用白漆加描角尺符号	两线互成90°
8	折角线	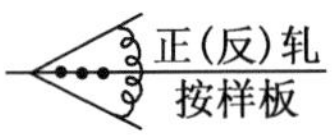 正(反)轧 按样板	在折边线两端打上一组三点洋冲,并用白漆画上折角符号,写明正(反)轧及其度数(按样板)	工件折边

表 1-4-1(续)

序号	名称	符号	标记方法	说明
9	轧搭边	按样板	在搭边线内用白漆标出搭边符号	工件边缘轧搭边
10	槽型压筋		在压筋线内用白漆标出压筋符号	钢板压成槽型挺筋
11	半圆形压筋		在压筋线内用白漆标出压筋符号	钢板压成半圆形挺筋
12	板材轧圆	正(反)轧 φ1 000(R500)	用白漆标出轧圆符号,并注明正(反)轧,直径或半径	将工件轧成整圆、1/2圆或1/4圆
13	板材轧曲	正轧(按样板) 反轧(按样板)	用白漆标出轧曲符号,并注明正(反)轧(按样板)	工件按样板正(反)轧曲
14	轧钝角(轧开尺)	按样板	在折角线处用白漆标出折钝角符号,并在基准面上注明按样板	按样板折成钝角(开尺)
15	轧锐角(轧拢尺)	按样板	在折角线处用白漆标出折锐角符号,并在基准面上注明按样板	按样板折成锐角(拢尺)
16	型钢内弯(内法边)	按样板	在型钢面板处用白漆标出弯曲符号(按样板)	型钢按样板内弯
17	型钢外弯(外法边)	按样板	在型钢面板上用白漆标出弯曲符号(按样板)	型钢按样板外弯
18	边缘刨直		紧靠刨边处白漆标出边缘刨直符号	板材端面刨成与表面相垂直
19	单面刨斜	正刨 反刨	紧靠刨边处用白漆标出单面刨斜符号	板材边缘单面刨成斜度,角度、留根值按加工草图
20	双面刨斜		紧靠刨边处用白漆标出双面刨斜符号	板材边缘双面刨成斜度,角度、留根值按加工草图

表 1 - 4 - 1(续)

序号	名称	符号	标记方法	说明
21	过渡刨斜		紧靠刨边处用白漆标出过渡刨斜符号	板材边缘刨成单面坡口和过渡削斜,角度、留根和削斜值按加工草图
22	厚度线		用白漆标出厚度线符号	构件厚度的位置
23	直角 T 型材		在腹板装配边上用白漆标出直角 T 型材符号	T 型材装配成直角
24	钝角 T 型材		在腹板装配边上用白漆标出钝角 T 型材(开尺)符号,并注明按样板	T 型材装配成钝角(开尺)
25	锐角 T 型材	按样板	在腹板装配边上用白漆标出锐角 T 型材(拢尺)符号,并注明按样板	T 型材装配成锐角(拢尺)
26	矫平		在构件需要矫平处用白漆标出矫平符号	构件需矫平
27	换新		在需换新的构件上用白漆标出换新符号	构件拆除换新
28	拆装		在需拆装的构件上用白漆标出拆装符号	该构件拆下并整修后仍装回原处
29	拆铍		在需拆除的构件上用白漆标出拆除符号	该构件拆除不用
30	补焊	W	在缺陷处用白漆圈出,并标出焊补符号	构件或焊缝表面缺陷处需予补焊或重焊
31	铍平	P	在缺陷处用白漆圈出,并标出铍平符号	焊缝或构件表面缺陷处需予铍平
32	磨光	$O(M)$	在缺陷处用白漆圈出,并标出磨光符号	焊缝或构件表面缺陷处需予磨光

二、工作任务训练

训练名称:(1)用线锤测量某钢结构铅垂度;(2)用激光经纬仪测量平面度。

1. 训练内容及要求:

训练内容:根据现有实训条件,用线锤及激光经纬仪测量某钢结构的铅垂度和平面度,记录测量步骤和测量数据。

训练要求:

(1)线锤工具使用时要注意防止摔坏;

(2)激光经纬仪按说明书进行操作,注意用后按要求收好,注意保养和维修。

2. 训练资料、设备和工具

(1)训练资料:教材及资料。

(2)设备和工具:线锤、木尺、激光经纬仪等。

3. 训练过程

下达工作任务→制订工作计划(任务分工→确定训练步骤)→实施工作计划→完成训练记录。

4. 训练步骤

(1)根据教材内容及查找资料进一步熟悉测量方法;

(2)根据指定测量结构,用线锤正确进行铅垂度测量;

(3)根据指定测量结构,用激光经纬仪正确进行平面度测量;

(4)并用文字列出测量步骤。

任务二　船体部件装配

【学习目标】

1. 熟悉船体部件的结构形式;

2. 掌握船体部件的装焊过程;

3. 了解肋骨框架、主机基座等部件的装焊步骤。

【任务解析】

船体结构预装焊分为部件装焊、分段装焊和总段装焊三道大工序。船体构件是指船体零件经号料、加工后可以进行装焊的,如肋骨、横梁、肋板、外板等。船体部件是指两个或两个以上的船体零件装焊成的船体结构组合件,如各种焊接T型梁、肋骨框架、艏艉柱、舵、带缆桩等。目前,船体部件装焊及组合件装焊也称为小组立,属于船体预装焊范围,预装焊不仅能使大部分的船体装配焊接工作移至室内进行,改善了劳动条件的同时,又提高了装焊质量,而且为建立预装焊生产流水线,实现装焊过程机械化提供了先决条件。

本任务主要介绍典型部件类型,平直板的拼焊、T型梁的装焊、肋骨框架的装焊、焊接带缆桩的装配、主机基座的装配、旁底桁和肋板的小组立装焊工艺及部件装焊变形的控制,并能编制简单部件装焊工艺,进行装焊操作。

【任务实施】

一、背景理论与知识学习

（一）部件装配概述

分段装配之前的船体结构预装配称为部件装配，是结构装配的第一个阶段，俗称小合拢。它实际上包括零件经过一次装配形成的部件，和经过两次或两次以上装配形成的组合件和已成板架结构形式的子分段。

1.典型船体部件

船体部件按其结构形式有以下几种类型。

（1）焊接 T 型梁

船体结构中的焊接 T 型梁数量很大，其中 T 型直梁有中内龙骨、旁内龙骨、直舷侧纵桁、舱壁水平和垂直桁材、平直的宽板肋骨、机座纵桁和 T 型肘板等，如图 4 - 50 所示。T 型弯梁有宽板肋骨、宽板横梁、舷侧纵桁、甲板纵桁、肋板等，其特点是 T 型梁的面板呈弯曲状态，如图 1 - 4 - 34 所示。

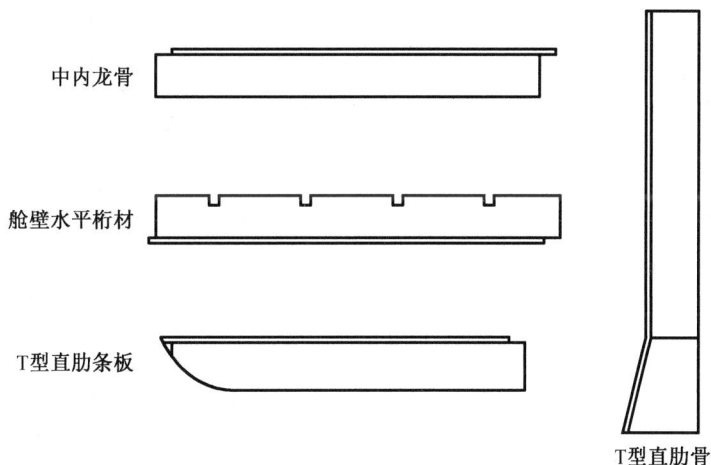

图 1 - 4 - 34　T 型直梁

（2）框架

框架分为平面框架和立体框架两类。平面框架如图 1 - 4 - 35 所示，有肋骨框架、半肋骨框架、斜肋骨框架和边舱框架等。由底纵桁、肋板、底纵骨和内底纵骨组成的双层底框架，由边舱横向构件和纵骨组成的边舱框架则为立体框架。

（3）板列

船体的各个部分均为板架结构，都由板和纵横交错的骨架组成。通常，平直的板列，如平直的外板、内底板、平台和纵横舱壁，都预先在专用平台上采用自动焊拼装成板列部件。

（4）艏、艉柱

艏、艉柱通常都是由钢板、铸件或锻件装焊成大型部件，如图 1 - 4 - 37 所示。

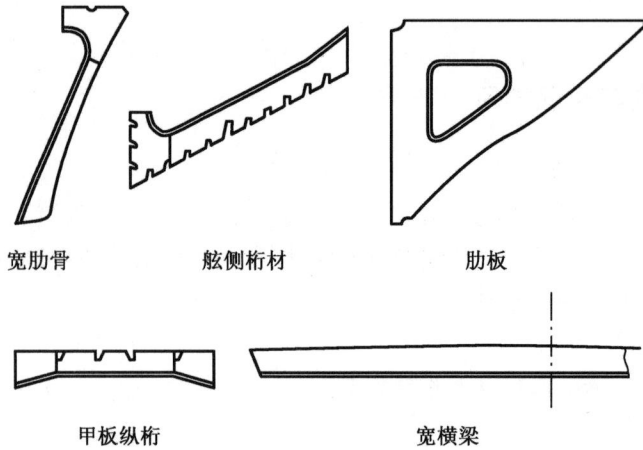

宽肋骨　　　　　　舷侧桁材　　　　　　肋板

甲板纵桁　　　　　　　　宽横梁

图 1 – 4 – 35　T 型弯梁

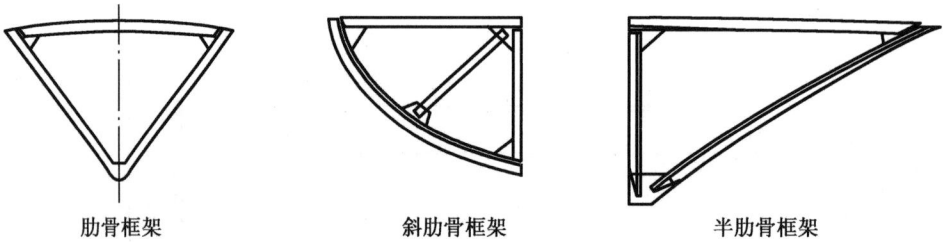

肋骨框架　　　　　　斜肋骨框架　　　　　　半肋骨框架

图 1 – 4 – 36　肋骨框架

（5）钢质舾装件

通常将机座、流线型舵、烟囱、桅、通风筒、带缆桩和舱口盖等钢质焊装件都归入部件中。它们大部分都是相对独立而完整的钢结构件。

（6）子分段

组成立体分段、半立体分段中的局部外板、甲板或舱壁，本身就是由板和骨架组成的片状结构，我们将其称为子分段或小分段，也属于部件装配范畴。

2. 零件物流和部装区域

部件装配作为船体装配的第一个阶段，为使其与零件加工工序紧密衔接，缩短零件运输路线，减少搬运次数，并尽量实现单向流动，连续作业，通常，部件装配区域都布置在船体加工车间内，工序之间都采用传送辊道、电磁吊、真空吊和运输车等现代化吊运设备，其布置如图 1 – 4 – 38 所示。平台是部件装配区域的主要工艺装备。

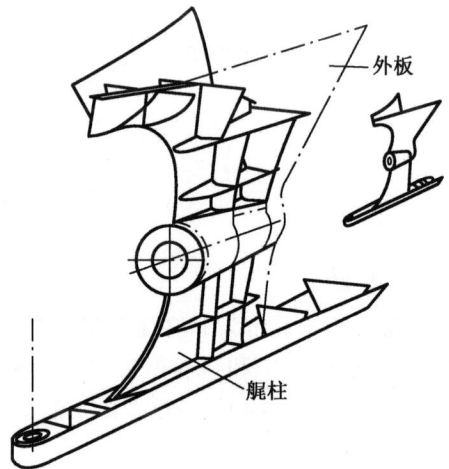

外板

艉柱

图 1 – 4 – 37　钢板焊接艉柱

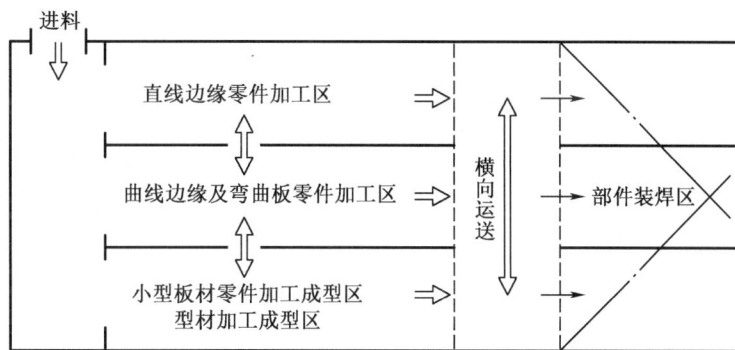

图 1-4-38 零件加工及部件装配区域布置

(二)部件装焊

1.平直板的拼焊

拼板是结构装配的第一道工序。分段或大型部件上平直的板列都先经过拼装、焊接,然后送往部件或分段装配区。在船体的外板、甲板、平台、纵横舱壁、上层建筑等部位,都存在大量平直的板列。这些平直的钢板以分段为单位,在专用平台上进行高效率拼装和自动焊接能显著提高装焊效率。平直板列又可分为两类:边缘全部为直线的零件,其纵向边缘都经刨边机刨削或经高精度龙门气割机切割出坡口。具有部分曲线边缘的零件,如肋板、横舱壁和甲板的边缘板,舷尾部分的骨架零件,则采用数控切割机或半自动切割机切割成形。

(1)拼板的工艺装备

车间拼板区的主要工艺装备是装配平台和焊接设备。

①装配平台

按工件传动方式的不同,拼板平台有以下三种:

a.钢板平台(见图 1-4-1(a)) 这是船体车间广泛采用的工作平台,由厚钢板铺设而成,表面平直度和水平度较高。板在拼接后要进行双面焊接,板列用车间内的行车翻身。完工后也由行车吊运、输送效率较低。

b.滚轮平台(见图 1-4-2(d)) 平台上设置无动力的滚轮,拼装焊接工作完成后,板列由其他机械装置拖拉、运送到装配工位。

c.滚柱平台(见图 1-4-2(b)) 平台上装有由动力驱动的滚柱,板列拼装后,由滚柱驱动将其送入焊接工位,效率较高。

(2)焊接设备

除设置单丝或双丝焊机进行双面自动焊外,为提高焊接效率,避免板列翻身,目前船厂对于大型拼板对接焊已广泛采用单面焊双面成型自动焊接工艺。这种工艺的焊缝反面成型有两种方法,一种是使用随焊机移动的滑块使反面成型,称为滑块焊接(采用电磁平台将焊件紧紧吸在平台上);另一种是使用固定的衬垫使反面成型,称为压力架焊接(采用龙门压力架将焊件压紧在平台上)。图 1-4-39 所示为单面焊衬垫的两种形式。

2.平板拼装焊接工艺

平直板列的装焊步骤是:拼装→焊接→矫正→画线→翻身吊运或滚道输送。

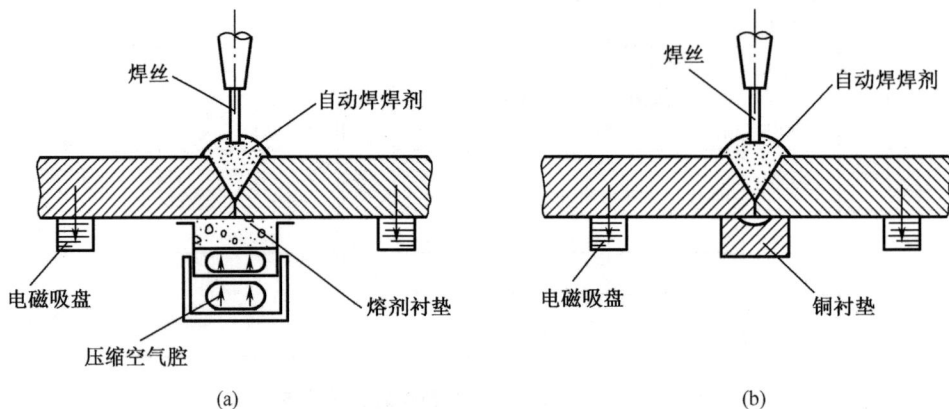

图 1 - 4 - 39　单面焊衬垫

(a)气压式衬垫;(b)铜衬垫

(1)板列拼装

①按施工图样或拼板草图将钢板铺放在平台上,注意钢板上所标注的零件号,艏艉方向、肋位号、钢板的正反面及焊缝坡口。通常零件上号料写字的一面就是构架安装面。所写字符的上下方就是零件的上下方。铺放时尽量将板排列到位,以减少定位时的撬拉调整。

②清除接缝边缘的铁锈和油污。手工焊接的板缝用钢丝刷除锈。采用单面焊双面成型时,由于焊接电流较大,清锈要求较低,只需用风刷除净黄锈。若为普通自动、半自动焊,则必须用砂轮打磨,使焊缝处钢板露出金属光泽。

③将各张钢板正确定位。一般是将拼板图上注明的零件长度方向无余量的一端对齐,见图 1 - 4 - 40。若板的两端都有余量,则按板上预设的基准线定位。在宽度方向是使纵缝的间隙符合各种焊接方法的相应要求。自动焊和单面焊的间隙为 0 ~ 1 mm。手工焊的间隙为 0 ~ 2 mm。CO_2 半自动单面焊的间隙为 4 mm。采用滑块衬垫时,起弧端的间隙为 4 ~ 5 mm,熄弧端要比起弧端小 1 mm,这是由于在焊接过程中间隙有逐渐增大的趋势。

④正确定位后,先在接缝的两端和中间定位焊,然后再将定位焊按要求加密。两板不平处用马板铁楔压平,使其误差不超过 1 mm。定位焊后在板缝两端装好厚度和母材相同的 100 mm × 100 mm 的引(熄)弧板。

(2)板列焊接

若进行自动焊,应将焊机对准焊件接缝预先行走一次,确保接缝中心和焊机行走轨迹准确吻合。封底焊前将板列翻身,板缝碳刨扣槽。

采用单面焊时,拼接的板列由滚道送进单面焊机工位。将焊缝对准下面的焊剂衬垫并校正对合精度。用专用压架将板列压紧或用电磁吸盘将钢板吸住。打开阀门,压缩空气使焊缝下的弹性软管膨胀,将熔剂衬垫贴紧钢板后进行焊接,如图 1 - 4 - 39(a)所示。

采用滑块焊时,不能用定位焊而用马板固定对接钢板,以使焊机小车能在板缝中通过。马板的布置如图 1 - 4 - 41 所示。马板的单面焊接尽量靠两端,以免妨碍焊机工作,当焊机行进接近马板时,及时将马板敲掉。

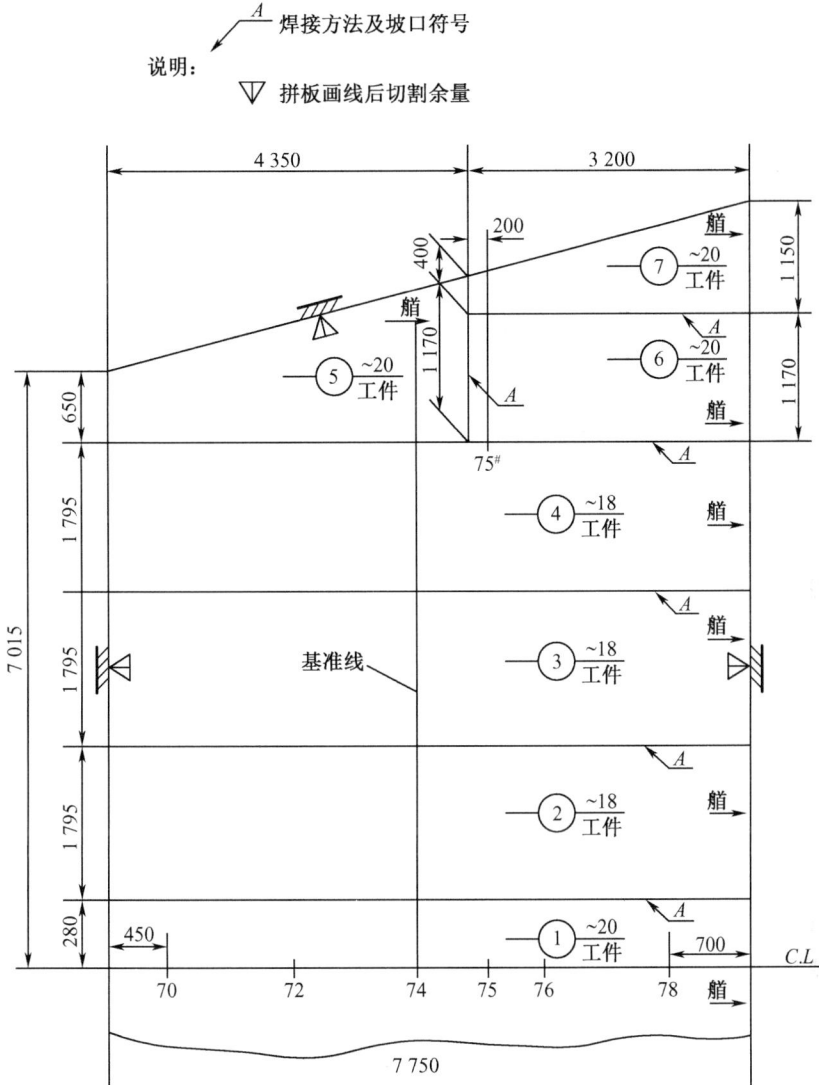

图 1 - 4 - 40 拼板图

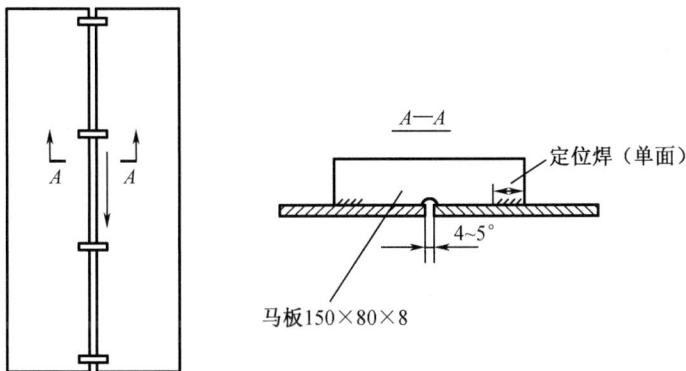

图 1 - 4 - 41 滑块焊马板的布置

（3）板列画线

板列拼装焊接后，在进入部件或分段装配工位前，要进行画线和标注各种施工符号，作为安装构架和边缘切割的依据。图1-4-42为一拼板画线草图。线型平直的分段，拼板完工后一般只留焊接补偿而不留余量，以减少分段和船台装配时的切割作业。

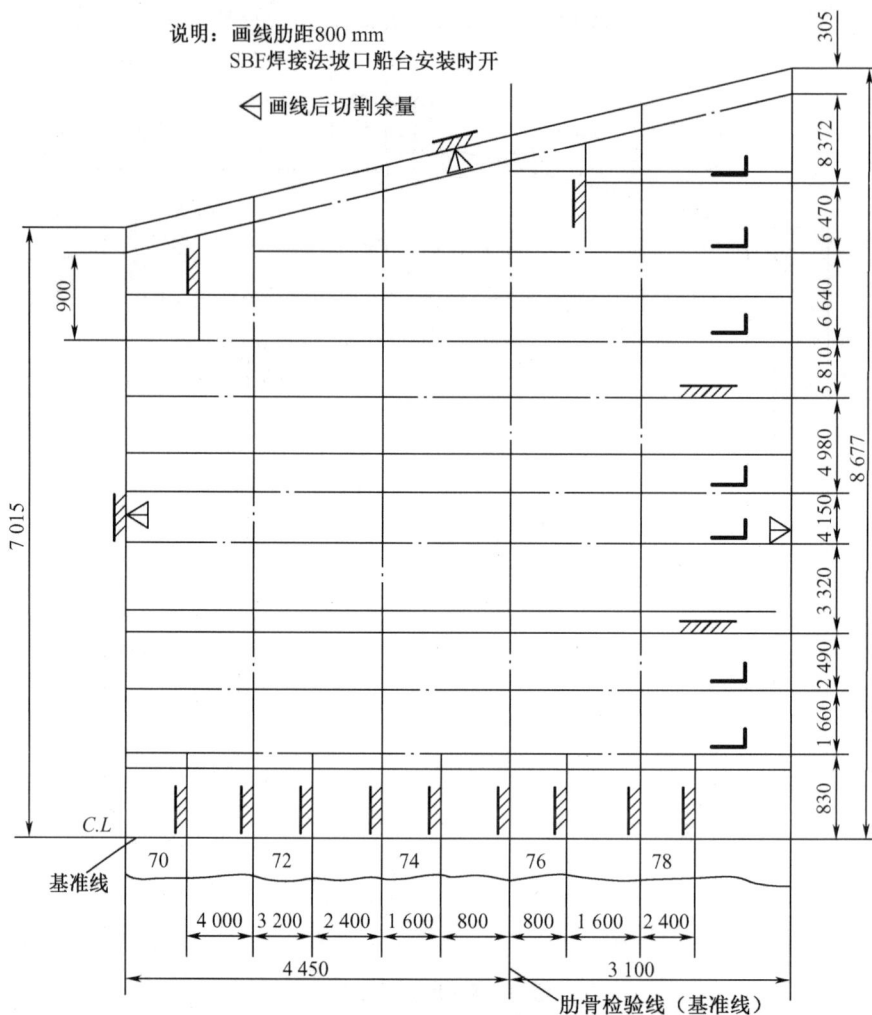

图1-4-42　拼板画线草图

画线作业的过程如下：

在板上画出十字线作为基准。构成十字线的一般是肋骨线和中线，或肋骨线和水线或纵剖线。以十字线为基准，在板上画出全部纵横骨架位置线，如肋板、肋骨、横梁、纵桁、纵骨，画出与其角接的板材的位置线，画出板上的开孔。同时画出板列四周的切割线及其内侧100 mm的检验线。画线后用对角线检查其误差，一般应控制在±2 mm以内。标注板列所属的分段号，板材构件和型材构件的厚度位置。有倾斜角度的构件，在位置线上注明安装角度，以减少查阅图纸的时间。

属于精度管理的大板列，画线后即可将两端的余量和引弧板割除，并用割缝内侧100 mm检验线检查边缘切割的精度。同时将构架和板缝交叉处约30 mm的焊缝铲刨平整，以保证构架装配时与板的装配间隙不会大于 2 mm。

(4)拼板中常见缺陷及预防方法

①长宽比值较大的单件板材拼接。进行端缝拼接后,其长边的直线度难以保证。对于精度要求较高的拼板件,如图 1-4-43 所示,焊接前将板的边缘在平台上用马板固定。横缝采用逐步退焊法。翻身封底时,施焊方向和主焊缝方向相反,可较好地控制其变形。

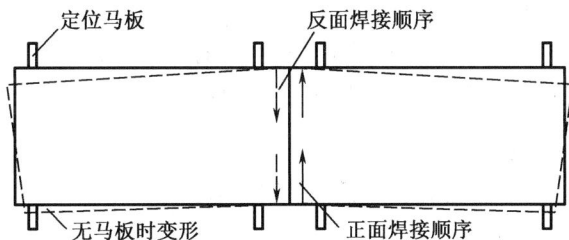

图 1-4-43 长板对接时变形的控制

②板列中既有纵缝又有横缝时拼接。一般应先拼接纵缝。以免因横缝先拼接影响纵缝的直线度,造成过大的装配间隙。但板列焊接时则应先焊横缝后焊纵缝以减少焊接应力,如图 1-4-44 所示。

③大面积板列拼接。可先分块拼接,再进行块与块之间的横向拼接,如图 1-4-45 所示。拼接前应检查钢板边缘的直线度和板面的平直度。过大的偏差应预先矫正,以保证对接各处板面高度差不超过 1 mm。

板列焊接后产生的变形,用火焰进行矫正。3 mm 以下的薄板焊后往往产生严重挠曲变形,难以矫平。可以在板定位焊后,先安装构架再进行板列的焊接。利用板架较好的刚性控制薄板焊接时的变形。

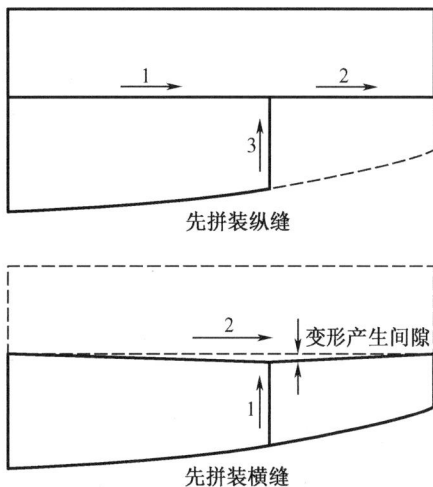

图 1-4-44 板的拼接顺序

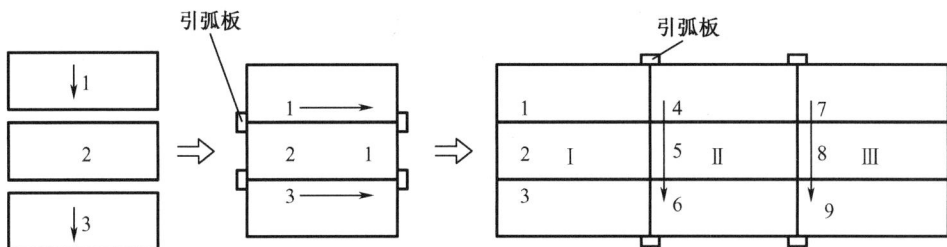

图 1-4-45 大面积板列的分块拼接

(三)T型梁的装焊(小组立)

1.T型直梁的装配

T型直梁多在平台上倒装。面板或腹板若需拼接,应在装配前预先拼接好。板厚在 6 mm 以上的腹板和面板的对接缝要开坡口,焊后变形应予矫正。

T型直梁的装焊步骤是:铺放面板→面板画线→竖立腹板→定位焊→焊接。

(1)铺放面板及面板画线

倒装时,按图纸查对零件规格和尺寸后,将面板铺放在平台上,清锈。在面板上划出腹板位置线,标明厚度。若为间断焊,标出焊段符号,如图 1 - 4 - 46(a)所示。

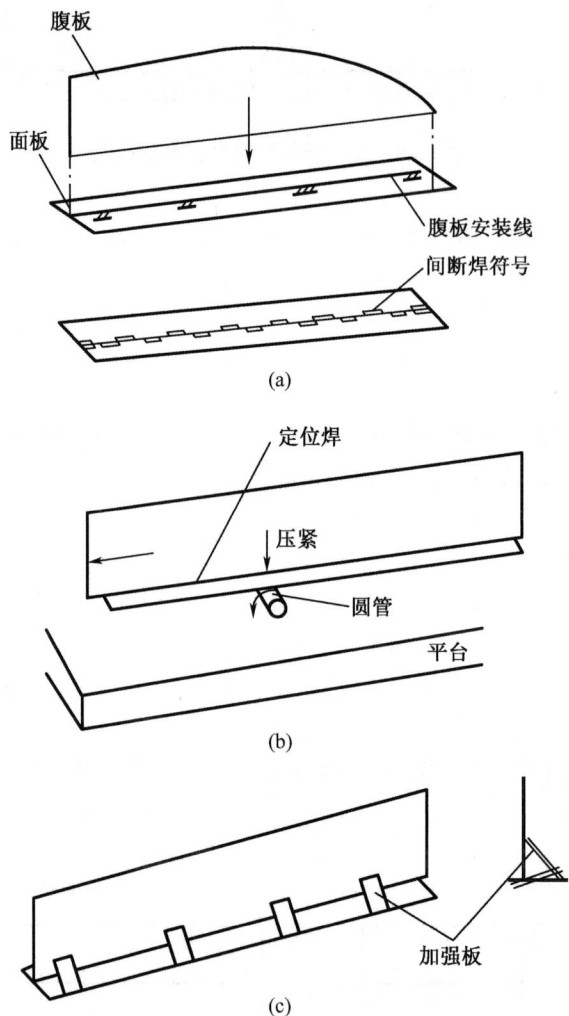

(a)

(b)

(c)

图 1 - 4 - 46 T型直梁装配

(a)标画安装线及焊接符号;(b)面板和腹板的压紧;(c)临时加强

(2)竖立腹板及定位

将腹板竖立在面板上,宽度方向对准腹板位置线。在长度方向腹板和面板的相对位置有多种形式,应符合图纸要求。检查腹板和面板的垂直度。

（3）定位焊

在倒装过程中,可在腹板与面板一侧定位焊,预先加放一定的反变形,使夹角成"开尺"（大于90°）,以抵消定位焊引起的角变形,还可将面板预先扎出反变形角度,以消除焊接角变形,这些反变形数值一般凭经验确定。

定位焊时应在高度方向将腹板和面板压紧。当存在空隙时,定位焊接时可在面板下垫一钢管,边移动边焊接,利用焊件自身质量将其压紧,如图1-4-46(b)所示。

尺寸较大的T型梁,填角焊缝收缩变形较大,在定位焊后应设支撑板临时加强,如图1-4-46(c)所示。

（4）焊接腹板与面板的角焊缝

如果宽腹板上有扶强材,则须将腹板与面板装焊完后,再按位置线来安装扶强材,并焊接扶强材与腹板的连接焊缝。

当有短管平台时,大型T型平直部件也可在平台上侧装。此时腹板支承在平台短管上并呈水平状态,如图1-4-47所示。

2.T型弯梁的装配

弯曲的宽板肋骨、宽板横梁、舷侧纵桁等T型梁,通常在平台上侧装。首先在平台上画出T型部件的轮廓形状。在两端及中间适当位置设置胎板。胎板的尺寸由腹板和面板的尺寸确定,如图1-4-48所示,图中尺寸A比腹板宽度小5~6 mm,B等于面板安装成的宽度,C面板厚度大10~15 mm,胎板的厚度应使其具有足够的刚性。

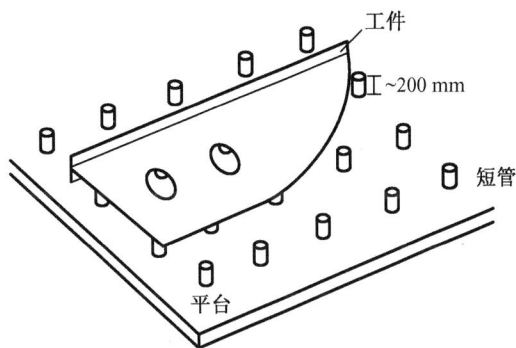

图1-4-47　T型部件装配平台

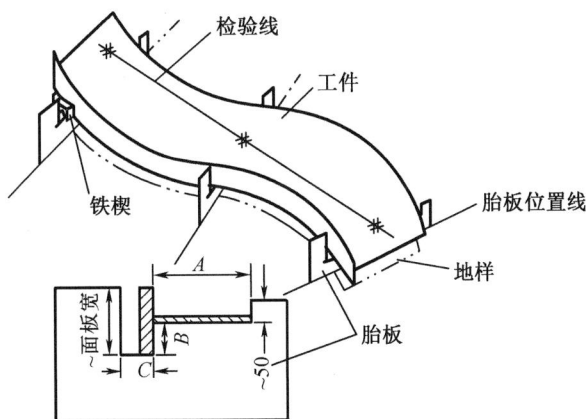

图1-4-48　T型弯梁的装配

T型弯梁装配时,先将腹板放在胎板上,将一端按地样定位,再将面板插入,用楔铁将其与腹板压紧。同时检查垂直度,进行定位焊。面板与腹板焊接的角焊缝形式与T型直梁相同,焊脚高度视板厚而定。

曲率较大的 T 型部件,如首尾部的宽板肋骨,为保证部件的正确型线,并便于矫正焊接变形,装配时在腹板上预先画出一条辅助检查线。若有变形,矫正到腹板上的检验线恢复成直线为止,如图 1 - 4 - 48 所示。

T 型梁的各种变形,一般都用火工进行矫正。

3. T 型梁自动装焊机

T 型梁自动装焊机由装配、焊接和翻落三部分机构组成。机构能自动完成零件上料、定位、夹紧、焊接和工件下架等一系列操作,大大提高了 T 型梁装焊效率,现在在船厂中广为应用,其主要部分如图 1 - 4 - 49 所示。

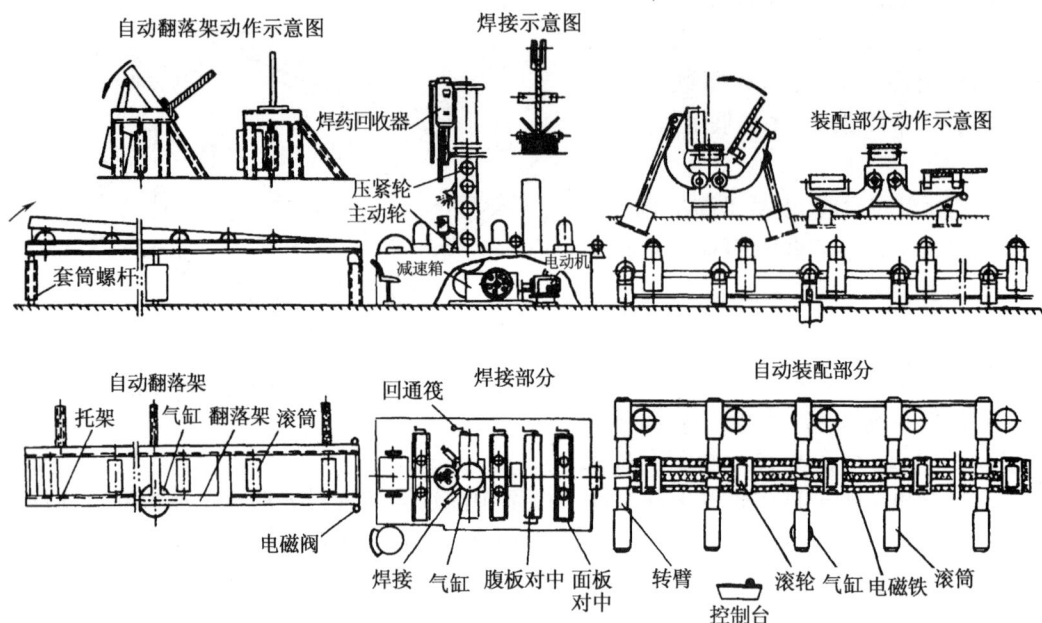

图 1 - 4 - 49　T 型梁自动装焊装置

自动装配部分装有两组联动的转臂,臂上装有滚筒,其中一组转臂上装有电磁铁,转臂靠气缸转动。焊接部分包括面板和腹板对中装置、气缸、调速装置、固定的两台半自动焊机和焊剂回收装置。自动翻落架是一个可翻落的托架,托架依靠气缸动作而实现翻落,整个托架还可以调节角度。

T 型直梁开始装焊时,面板吊放在装配部分的中间一排滚轮上,腹板吊放在装有电磁铁的一组转臂上。启动电磁铁开关,电磁铁吸住腹板,然后气缸进气,因无工件的一组转臂负荷小而先翻转 90°,对工件起支撑作用,另一组转臂接着翻转 90°,面板和腹板成板厚调节焊接速度。焊前准备工作结束后,焊接部分气缸进气使压紧轮压紧工件,然后启动马达,可自动地进行面板与腹板间的填角焊接,焊完后,工件送到翻落架上,靠气缸将工件自动翻落到地面上。

(四)肋骨框架的装焊

框架是船体的一种典型结构,以横向居多。它是由船体零件组成的一个平面封闭型或立体型部件。在分段装配时,常以框架作为成型内模,以保证分段或总段完工时具有良好的线型。平面框架如艏艉部肋骨框架,散装货船的顶、底边舱框架等。立体框架如底纵桁、纵骨和肋板组成的双层底框架。这里只介绍平面框架的装焊工艺。

1. 肋骨框架装配的准备工作

(1)铁平台画线　肋骨框架都在铁平台上拼装。首先在平台上画出所装配框架的肋骨型线图,如图 1-4-50 所示。肋骨型线图可用水线和以剖线的半宽、高度值画出,或用活络样板、格子样板画。铁平台上画出的是带梁拱、左右对称的完整肋骨型线。如肋骨框架数量较多,铁平台面积不足,可将艏艉部分的型线倒置后重叠在一起。在肋骨型线图中画出板缝、纵桁、纵骨结构线和框架构件的对接线,标注中心线和基线。

(2)检查框架零部件　按图纸检查肋板、肋骨、横梁和肘板的零件号和形状。当零件形状和型线不符合时,钢板零件应进行边缘修割。型材零件应做火工矫正。不允许用有偏差的零件强制装配,否则框架在焊后解除约束时会产生回弹变形。

(3)辅助材料准备　按需要准备的用于临时加强的型钢材料,根据框架大小可用旧角钢或槽钢。

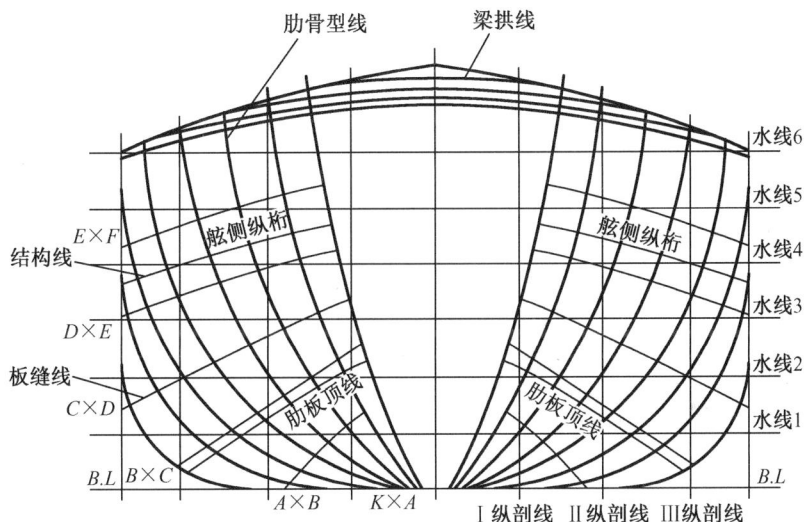

图 1-4-50　铁平台上的肋骨型线图

2. 普通肋骨框架的装配

普通肋骨框架的装配工艺如下:

(1)肋板定位　将肋板放平,对准中心线和肋骨型线,用马板固定。数控切割的肋板精度较高,一般都不留余量。若需要按地样上的型线修割肋板时,先在肋骨型线外侧 10~20 mm 画一条平行的辅助曲线,以此为依据在肋板上画线修割线,如图 1-4-51 所示。

(2)肋骨定位　将横梁筋边向上平放对准型线,如有余量,画线切割,用马板固定。

(3)横梁定位　将横梁筋边向上平放对准梁拱线和中心线,如有余量,画线切割,用马板固定。

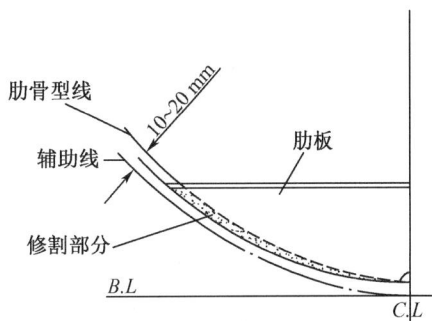

图 1-4-51　按地样修正肋板

（4）装梁肘板和舭肘板　检查肋骨、横梁和肘板是否平整。搭接的舭肘板和肋骨要紧密贴合。整个框架应平整，进行定位焊。

（5）驳线　将地样上的中心线、旁内龙骨、舷侧纵桁、甲板纵桁以及纵缝等用白漆画在肋骨框架上，供分段装配时使用。

（6）临时加强肋骨　框架装配后，用型钢对框架作十字支撑加强。

（7）焊接、矫正　框架正面焊接后，翻身封底。如有变形予以矫正。普通肋骨框架的装配如图 1 - 4 - 52 所示。

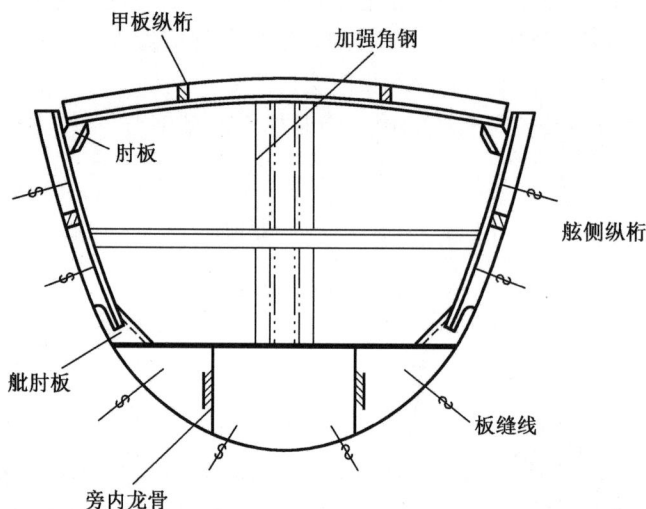

图 1 - 4 - 52　肋骨框架装配及临时加强

3. 宽板肋骨框架的装配

组成宽板肋骨框架的肋板、肋骨、横梁和肘板，都已预先装配成 T 型部件，其装配步骤如下：

（1）接缝画线　将肋板、梁肘板放到平台上，用木楔将腹板垫起成水平状态，用角尺检查使其与型线吻合。再用角尺将零件两端线驳画到地样上，作为肋板与肋骨、梁肘板与肋骨、横梁的接缝线，然后将肋板和肘板移开，这个操作如图 1 - 4 - 53（a）所示。

（2）肋骨和横梁定位　分别对准中心线、梁拱线和肋骨型线以后，将地样上肋板和肘板的端线驳画到肋骨和横梁上。切割余量，重新定位，将面板两端临时定位焊在平台上，如图 1 - 4 - 53（b）所示。此时腹板应呈水平状态。

（3）嵌装肋板和梁肘板　将肋板和肘板嵌入，并用角尺复查肋骨框架外形是否和型线很好吻合，局部偏差应进行修割。框架的腹板应在同一平面，进行定位焊，如图 1 - 4 - 53（c）所示。

（4）临时加强　如图 1 - 4 - 53（c）所示，用型钢对框架进行支撑加强。

（5）驳线　用角尺将肋骨型线上的板缝、纵桁等结构线驳到框架上。

（6）焊接、矫正　框架正面焊接后，翻身封底焊，若有变形，火工矫正。最后在肋骨型线上进行复查。

4. 边舱框架的装配

散装货船的边舱框架由框架腹板、面板、加强筋和肘板组成，属于平面框架，其装配步

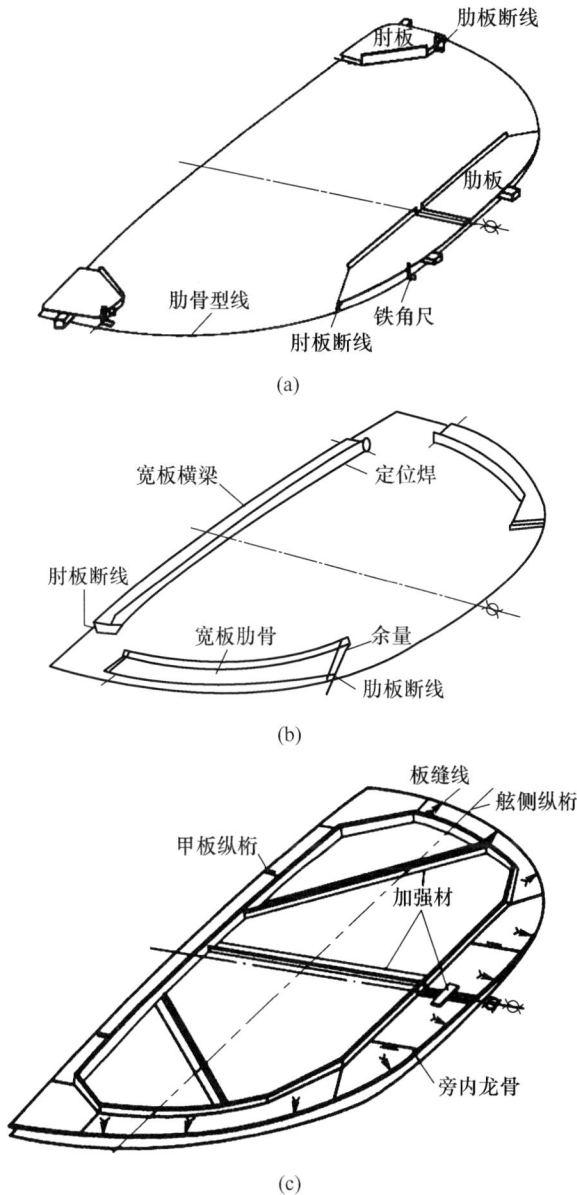

图1-4-53　宽板肋骨框架的装配

(a)地样上标画肋板、肋板端缝;(b)宽板肋骨、横梁的定位图;(c)框架拼接及临时加强

骤如下:

(1)平台画线　按工件型线图在平台上画出边舱框架外形线和基准线,通常取水平线和纵剖线作基准线,如图1-4-54所示。在型线图中画出外板、甲板和底侧板上纵骨的位置线和补偿值。

(2)腹板拼接　边舱框架的腹板常由2~4个零件组成。图中腹板由3块组成。边舱框架因对接、角接焊缝和火工矫正引起的收缩值比较大,框架在船宽方向(即腹板的长度方向)留有补偿量。将框架腹板零件按地样和基准线定位,四周用挡板加以固定。如腹板不是数控切割零件,应该注意使腹板上的纵骨开孔位置和平台上的纵骨位置线对准,修割腹

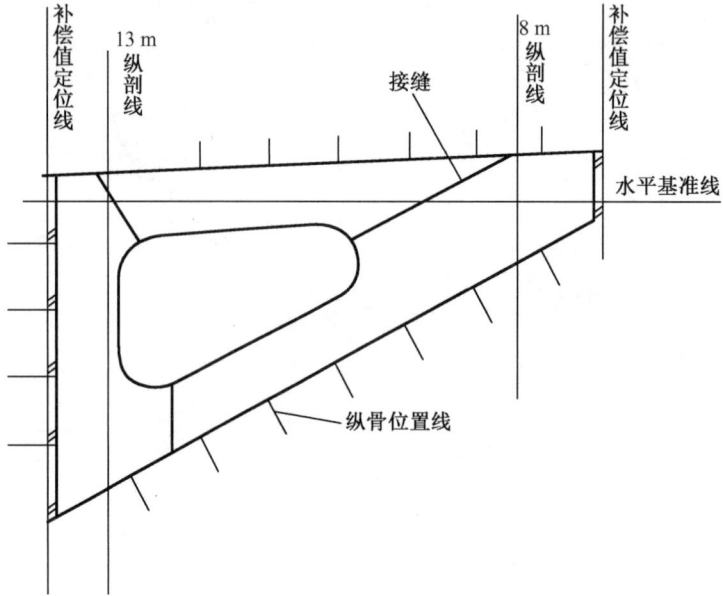

图 1 – 4 – 54 顶边舱框架型线图

板对接缝后再行焊接。

(3)腹板画线 在腹板上画出肘板、加强筋的位置线和定位基准线。如加强筋和腹板间有倾角,要同时标注角度,如图 1 – 4 – 55 所示。

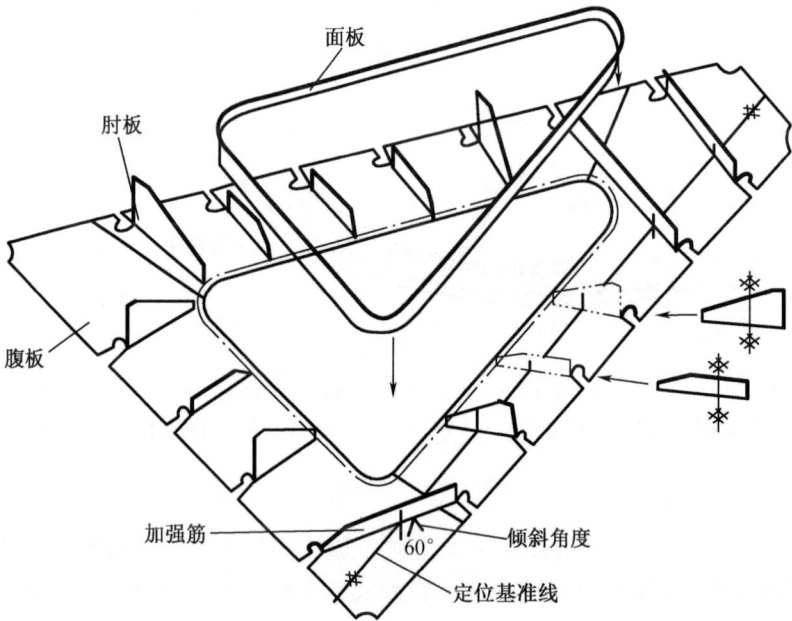

图 1 – 4 – 55 顶边舱框架装配

(4)安装框架面板、肘板和加强筋 将框架面板、肘板和加强筋,对准位置线和基准线,检查垂直度或夹角,进行焊接。

（5）装配焊接后，检查焊缝，修理打磨，补好底漆。将框架翻身置于翻身作业平台上，经火工矫正后装反面构件。

框架腹板上如有大尺寸的构件可在分段上散装，以免焊接后造成框架扭曲变形难以矫正。

（6）框架完工后应测量型值，进行质量检验，画基准线，标注编号，最后送往分段区。

（五）焊接带缆桩的装配

带缆桩是一种系船设备，船舶停泊时用于系缚缆索，分焊接和铸造两种。焊接带缆桩由钢板制成，有多种形式。图1-4-56所示为双底板焊接带缆桩，通常直接与甲板焊接。单底板的焊接带缆桩及铸造带缆桩则用螺栓或铆钉固定在带缆桩的底座上，底座直接焊接在甲板上。下面介绍双底板焊接带缆桩的装配工艺。

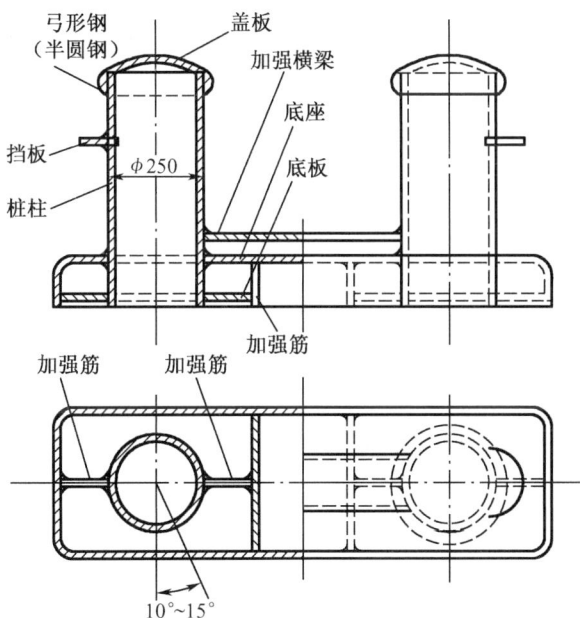

图1-4-56 双底板焊接带缆桩

1.看图备料

由图1-4-56可知，该带缆桩由桩柱、底座、底板、加强筋、加强横梁、挡板、弓形箍和盖板等零件组成。看图了解带缆桩结构及各部分尺寸。检查已加工成形的各个零件的形状和尺寸。底座的下缘留有余量。

2.双底板焊接带缆桩的装配

带缆桩在平台上正装，其中桩柱和底座预先装配成部件。

（1）桩柱拼接

桩柱由于直径较小，厚度较大，一般都由两片半圆体合成。半圆体已在液压机上压制成形，不应有翘曲、歪斜和椭圆度。

桩柱装配后只进行单面焊接，其对接缝的坡口角度为60°，留根2 mm。如采用自动焊，留根可略微增大。两半圆件拼接时，可在柱体外套一圆箍，端部对齐后用铁楔将其压紧，也可以用千斤顶和链条等简单工具将其压紧，如图1-4-57所示。同时用钢尺检查桩柱的直径。

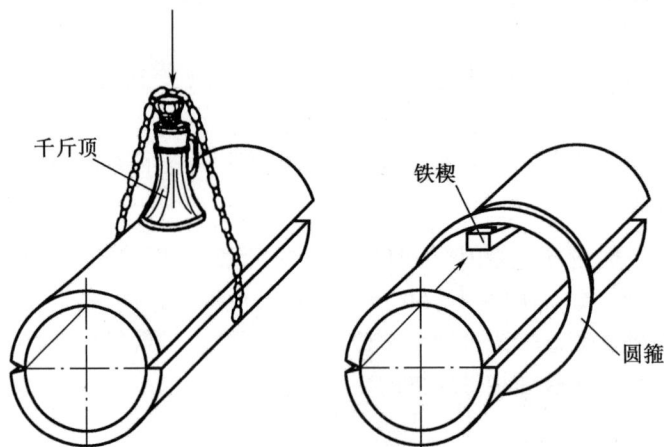

图 1 - 4 - 57　桩柱的拼接

桩柱拼接后,在其上画出中心线、弓形钢、挡板及底座顶板等的位置线。在桩柱上焊好装配定位马板。

目前,常将几个直径相同的桩柱一起进行加工。将长钢板经切割、刨边、轧半圆、装配焊接后,再按桩柱长度逐段切割,这样可以提高制作效率。

(2)底座装配

底座装配后,在底座的上面画出桩柱中心线,加强横梁位置线。在底座下面画出加强筋位置线。用圆割矩在底座面板上割出圆孔。孔径可比桩柱外径约大 1 ~ 2 mm,以便于桩柱插入。割下的圆形板可用作制造桩柱盖板的材料。

(3)桩柱装入底座

将桩柱插入底座圆孔,定位马保证了图纸要求的高度尺寸 H。并使桩柱的接缝和桩柱的横向中心线成 10° ~ 15°(参见图 1 - 4 - 56)。用角尺在不同位置测量桩柱和底座表面的垂直度,定位焊,见图1 - 4 - 58。

(4)装底座内的加强筋板

将带缆桩翻身放稳,进行桩柱和底座的填角焊。按位置线装加强筋,进行焊接。

(5)装其他零件

底座内的零件装焊后,再将带缆桩翻身正放在平台上。按位置线装月牙形挡板。挡板的

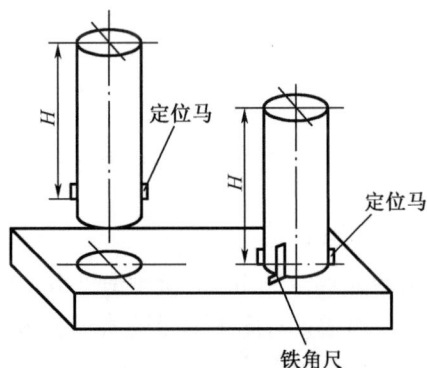

图 1 - 4 - 58　安装桩柱

中心线和底座上的纵向中心线对正,并用角尺检查和桩柱的垂直度。

按照位置线装弓形钢,使弓形钢高出桩柱一层顶板的厚度,其定位焊应焊在弓形钢的下侧,以免影响盖板的安装。

由底板上割下的圆形板,经火工抛顶压制成球冠状,装于柱顶后形成自然的焊接倾角。

焊接结束后的带缆桩,各处锐边要倒圆角,焊缝要打磨,以避免在使用时将缆索磨损或刮伤。

（六）主机座的装配

机座是船上各类机电设备安装时的底座。主机座大多安装在内底板上。只有小型船舶的主机座直接安装在船底外板上。辅机种类繁多，机座形式各异。安装的位置可能在内底板，舷侧外板，舱壁和甲板上，有的还倒置于甲板下。虽然主、辅机基座结构和尺寸差异很大，一般都由 T 型部件组合而成。都以机座的顶面或底边为基准在平台上倒装或正装。

现以主机座为例，介绍机座装配工艺，如图 1-4-59 所示，主机座由左右两列纵向桁材，若干块横向隔板及加强肘板组成。主机座的长、宽、高的尺寸要求较高。特别是机座上表面的平整度必须符合设计要求。

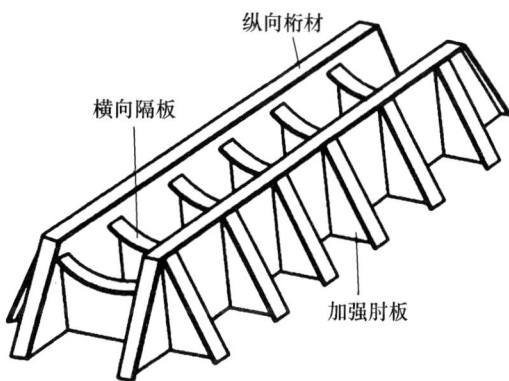

图 1-4-59　主机座结构

主机座的装配工艺如下：

1. 部件准备

主机座的纵向桁材，横向隔板和加强肘板，都是 T 型部件。它的装配方法和前面介绍过的焊接 T 型梁的装配方法相同，但由于机座上表面的平整度要求较高，且纵桁腹板又不在面板的中线上。纵桁装配时，要拉线检查腹板上口的平直度。装配时注意左右两列互相对称。面板和腹板焊接前要临时加支撑，以防产生过大的角变形，横向隔板和加强肘板的腹板都位于面板的中心，机座纵桁 T 型部件的装配见图 1-4-60(a)。

T 型部件焊接后，要经过火工矫正。特别注意纵桁的平直度和横向隔板的宽度尺寸。

2. 部件的画线和肘板的安装

在机座纵桁上按草图或样板画出横向隔板和加强肘板的位置线、水平检验线和下口的余量线。横向隔板上也要画出水平检验线和下口余量线，并检查隔板的宽度。纵桁、隔板的画线见图 1-4-60(b)。

安装于内底板上的机座，各部件的下缘位于同一平面，加强肘板可预先安装到纵桁上。将加强肘板对准纵桁上的位置线，一端靠紧纵桁面板，检查和腹板的垂直度，进行定位焊，见图 1-4-60(c)。安装在外板上的机座，由于机座下口带有线型，不在同一平面，一般在机座安装到分段上时再装肘板。

主机座下口的余量装配时不切割，当主机座在分段或船台上安装时，经定位后画线切割。

3. 机座总装

各类机座一般都在平台上正装或倒装。主机座尺寸较大，当平台的平整度达不到要求时，则可在平台上制作简单的胎架。胎架的高度约 500 mm，以便于操作为宜，下面介绍在胎架上用倒装法装配主机座的方法。

（1）按图纸尺寸在平台上画出机座中心线、纵桁位置线和机座的端线。根据需要确定胎板的数量和位置。垂直竖放各胎板，并用型钢支撑固定。使胎板的上缘构成一个准确的水平面。

（2）将一侧纵桁吊放在胎架上，用吊线锤调整位置，使纵桁在平台上的投影对准纵桁位置线和端点线，如图 1-4-61(a)所示。将纵桁和胎架定位焊，并用角钢予以临时支撑。用同样方法吊上另一侧纵桁进行定位,但暂时不与胎架固定,使之在宽度方向可稍微松动,只用临时支撑固定,防止翻落。

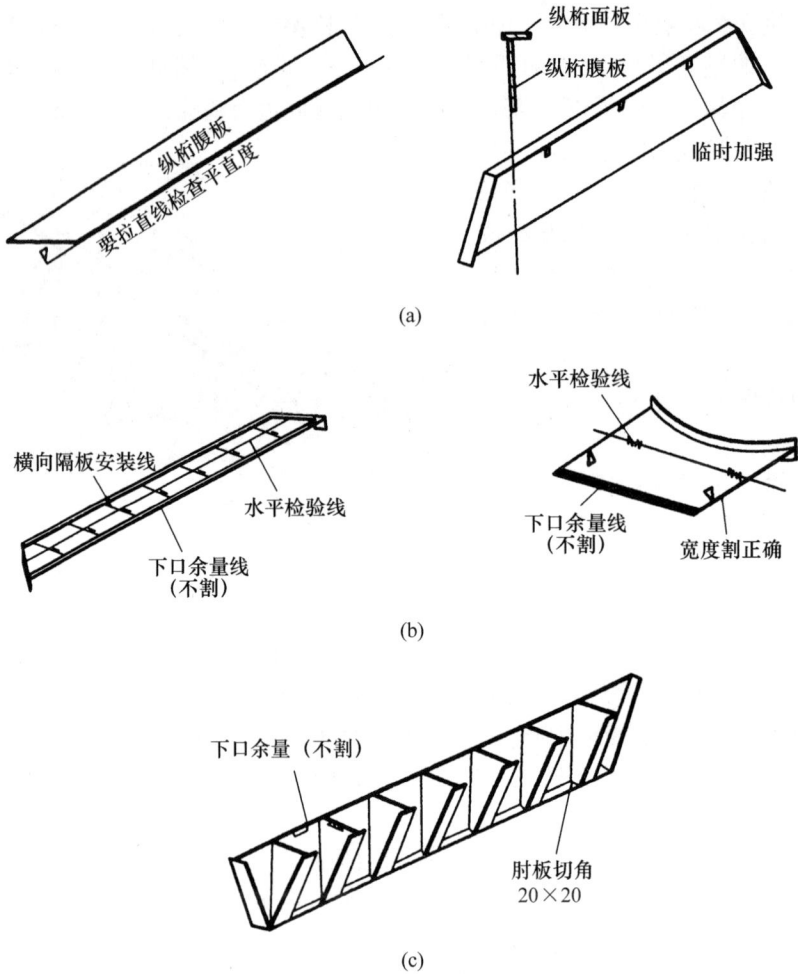

(a)

(b)

(c)

图1-4-60 T型小部件安装、画线及肘板安装
(a)机座纵桁T型部件的安装;(b)机座纵桁、隔板的画线;(c)装加强肘板

(3)横向隔板安装首先吊装首尾两端的隔板,使机座的宽度得以固定,安装时对准纵桁上的隔板位置线,并使隔板和纵桁上的水平检验线吻合。此时借助松紧螺丝调节两列纵桁的距离,使隔板能方便地插入,隔板插入定位后再复测纵桁间距,进行定位焊。然后再依次嵌入中间各块隔板,如图1-4-61(b)所示。

(4)焊接、矫正。主机座在胎架上装配成整体后进行焊接,注意焊接顺序以控制机座的变形。焊后要依据机座上的水平检验线进行复测。吊离胎架后根据变形情况进行火工矫正,达到所要求的精度标准。

各类辅机座的装配步骤和方法和主机座基本相似。由于其尺寸较小,都在平台上倒装。

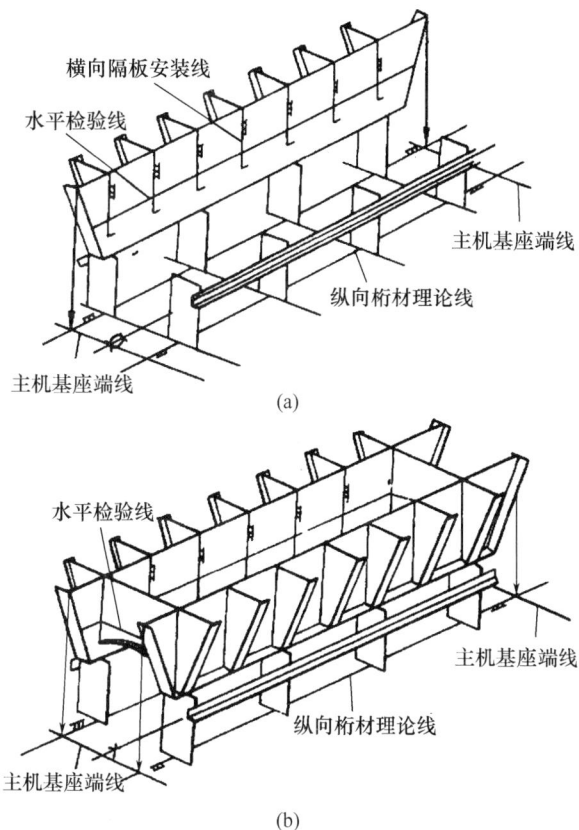

图 1 - 4 - 61　机座总装

(a)机座纵桁定位;(b)装横向隔板

(八)部件装焊变形及控制

1. 变形原因

部件在装焊过程中,往往会产生收缩、扭曲、角变形等现象。引起变形的主要原因是:

(1)装配方面

零件尺寸偏差;画线偏差;间隙过大;坡口不符合要求;拼板板缝不平整;采用外力使部件强制成形。

(2)焊接方面

因焊缝冷却,部件局部受到收缩应力影响;焊缝宽度及焊脚尺寸过大;焊接规范选择不当;焊接程序及方法不合理;焊接方向及焊缝层次选择不当。

(3)工艺措施不当

在吊装、翻身、运输和存放过程中工艺措施不当。

2. 控制部件变形的措施

部件的变形将严重影响下道工序的装配质量和进度,故须采取措施,使部件的变形控制在公差范围内。

(1)选择合理的装配工艺

①装配时应考虑增加部件的刚度。例如在拼接工字梁时,应先将工字梁完全装配好以

on

后,再进行工字梁的焊接工作。因为这时的部件结构比只装 T 型部件焊接的结构刚度强,同时焊后的变形可以互相抵消,所以工字梁先装后焊,变形小。

②装配时应考虑尽量使部件的中和轴靠近焊缝高度,且使焊缝均匀对称分布。例如,已装配好的成对基座,焊前将其对称叠合起来,用"马"或定位焊连接固定。这样,组合后的大部件的中和轴更加靠近焊缝高度,并做到相应焊缝对称分布。焊后变形可控制在最小范围。

（2）选择合理的焊接工艺

采用合理的焊接程序,选择正确的焊接参数,采用先进的焊接工艺方法。

①尽可能使焊缝自由收缩。例如大型板列部件的焊接,应从中间向四周放射进行,使所有焊缝能自由收缩。如图 1－4－62 的工字梁在对接时,无论先焊面板或是腹板的接头,横向收缩会在角焊缝内引起很大应力,甚至产生裂缝,为此可采取将角焊缝留出一段后焊,使对接接头的横向收缩能自由地进行。

②先焊接收缩量大的焊缝。例如带筋板的工字梁,若先进行面板和腹板的焊接,再焊筋板的角焊缝,则由于角焊缝的横向收缩很大,会在面板和腹板的角焊缝内造成很大的焊接应力。应采取先焊好腹板两边的筋板,再焊腹板与上下面板角焊缝的方法,从中间向两端依次循环焊完全部焊缝,如图 1－4－63 所示,则构件能自由收缩,但是要注意腹板两边必须同时对称焊接。

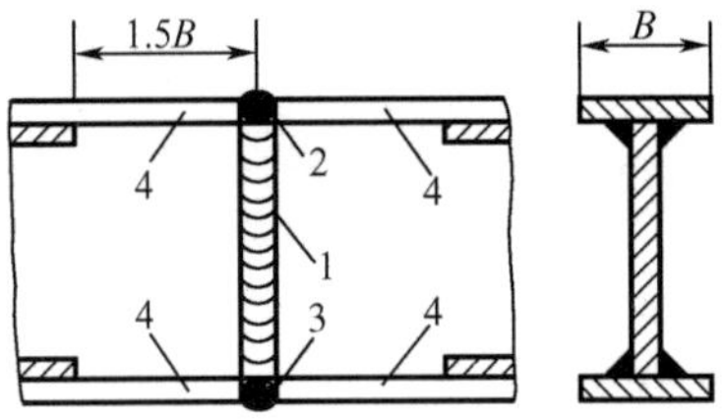

图 1－4－62　工字梁对接接头的焊接程序 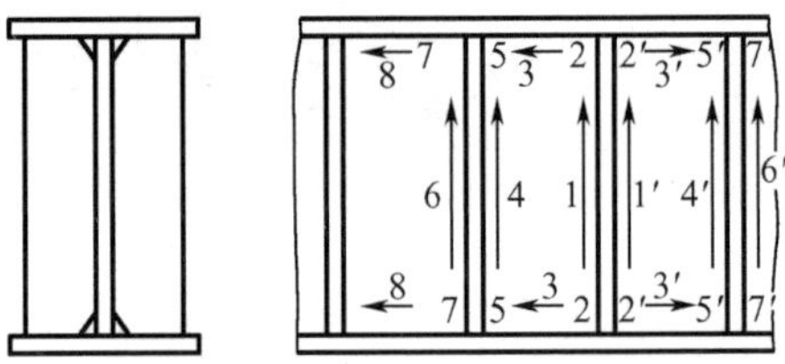　　　图 1－4－63　工字梁的逐格焊接法

③采取对称焊接。对于刚性大而断面对称的构件,施焊时可采用对称的焊接程序,这对于保证构件得到最小的弯曲变形是十分有利的。对称布置的焊缝,应采用双数焊工对称的进行焊接。

④根据不同情况,采用不同的焊接方向和顺序。在焊接长焊缝（≥1 m）时,可采用分段退焊法、分中分段退焊法、跳焊法、交替焊法;对中等长度（0.5～1 m）的焊缝可采用分中对称焊法。

（3）预放反变形法

所谓反变形法,就是根据焊后变形的情况,预先给以一个方向相反、大小相等的变形,使部件焊后变形很小甚至完全消失。采用这种方法时,应预先确定反变形的数值,以便达到消除焊后变形的目的。反变形的数值,一般是凭经验进行估算。

部件变形在施工工艺条件相同的情况下有一定的规律。在装配过程中,事先根据部件变形的相反方向,将零件放出一定数值的外开度,以补偿焊接所引起的变形。如 T 型材面板与腹板焊接后产生夹角收缩变形,现将腹板与面板焊接的一侧,预先加放一定的反变形,以抵消定位焊引起的夹角收缩变形,如图 1－4－64 所示。

（4）刚性固定法

由于刚性大的船体部件焊后变形小,因此,如果焊前加强部件的刚性,同样也可以减小焊接变形,刚性固定法是采用强制手段来减小部件焊后变形的有效办法。刚性固定一般采用定位焊、马板、简单工夹具将部件固定在平台或胎架上,或者用短角钢、扁钢、型钢等进行临时加强。

(5)散热法

散热法又称强迫冷却法,是将散热物体放置在焊接区域的周围,使焊件迅速冷却借以减小焊接受热区域,使变形减小。

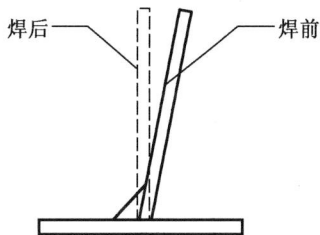

图 1-4-64 T 型材装焊反变形图

(6)锤击法

锤击法就是锤击焊缝及其周围区域,可以减小收缩应力和变形。锤击法是利用焊缝及其周围金属受锤击后产生的塑性变形,将已产生收缩的纤维伸长,从而减小了构件的可见变形和应力。锤击最好在热状态下进行,这时的金属具有较高的塑性。

(7)预热法

部件在焊前加热能减小部件的温度差,并降低焊后的冷却速度,从而减小焊接应力。部件焊前预热可根据部件的大小和施工条件,采取局部预热或整体预热。预热温度的大小主要根据部件的材料性质,厚度以及周围环境温度等综合来考虑。

(8)回火法

部件焊好后,将部件整体放入加热炉中回火,当部件尺寸大而不能进行整体回火时,可局部回火。回火目的是减小焊接内应力,从而减小焊接变形。

二、工作任务训练

训练名称:辅机基座的装配。

1. 训练内容及要求

训练内容:

(1)根据图 1-4-65 辅机基座结构图,编制装配工艺;

(2)采用硬纸板(含放样、下料、组装),按装配流程组装该辅机基座。

训练要求:

(1)工艺流程制定合理;

(2)画出所有安装位置线,件 2 两侧的加强肘板 4 安装位置线可画在件 2 上,件 3 横隔板上画端部 T 型肘板 5;

(3)定位线画线准确,角度误差 ≤1°;

(4)肘板切角为 30×30,两立板间距为 128 mm,横隔板距面板边缘 30 mm,基座另一端无横隔板。

(5)构件尺寸(见表 1-4-2):

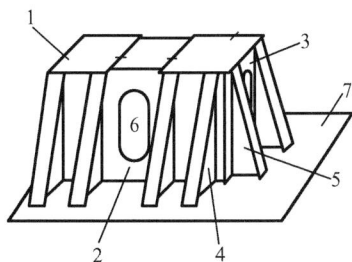

图 1-4-65 辅机基座结构

1—面板;2—纵向立板;
3—横隔板;4—侧部加强肘板;
5—端部加强肘板;6—减轻孔;7—内底板

表 1－4－2　构件尺寸表

件号	构件名称	规格	数量	备注
1	面板	$8 \times 200 \times 150$	2	矩形
2	纵向立板	$6 \times 400 \times 414$	2	矩形
3	横向隔板	$6 \times 400 \times 200$	1	矩形
4	侧部 T 型肘板	$\dfrac{6 \times 150 \times 400}{6 \times 40}$	8	两侧对称
5	端部 T 型肘板	$\dfrac{6 \times 150 \times 400}{6 \times 40}$	2	仅一端
6	减轻孔	100×200	3	两立板及横隔板

（6）组装过程控制结构变形。

2.训练资料、设备和工具

（1）训练资料：教材、生产图纸及装配工艺资料。

（2）设备和工具：硬纸板、剪刀、美工刀、圆规、三角板、直尺、铅笔、胶水等。

3.训练过程

下达工作任务→制订工作计划（任务分工→确定训练步骤）→实施工作计划→完成训练记录。

4.训练步骤

（1）看图 1－4－65 了解结构，确定工艺流程，进行装配工艺编制。

（2）辅机基座装配。

①对照图形和尺寸，明确各构件大小及结构相对位置；

②按照图 1－4－65 组装部件；

③部件的画线和肘板的安装；

④采用倒装法进行辅机基座总装。

【课后自测】

一、填空

1.固定式平台主要用于（　　）装焊船体部件、组件及各种分段，也可以作为设置（　　）的基础。

2.水泥平台是用（　　）浇成的，并在其表面埋入许多按 500 ~ 1 000 mm 间距平行的（　　）。

3.传送带式平台主要有链式传送带平台、（　　）平台、（　　）平台和圆盘式平台。

4.专用胎架按胎板形式分有（　　）式胎架、桁架式胎架、（　　）式胎架和支点角钢式胎架。

5.胎架基准面的切取方法有正切、（　　）切、斜切、（　　）切四种。

6.线锤用来检查零件的（　　）度，测量距离大时采用（　　）锤，距离不大时采用较小线锤。

7.铁楔与"马"配合，利用（　　）或其他机械方法获得外力，利用铁楔的斜面将外力转变为( )力。

8.大面积钢板拼接可( )分别拼接,随后再进行( )之间的横向拼接。

9.T型直梁多采用( )装法,T型弯梁则采用( )装法。

10.舵柱经电渣焊后,必须对焊缝进行( ),以消除内应力,稳定焊后的形状,防止再发生( )。

11.主机基座的T型小部件有纵向桁材、( )和加强肘板,装焊方法同( )型材。

12.舵叶内部隔板采用( )型小部件,腹板与面板的交角不是( )角。

13.舵叶内的构架先焊( )间的面板对接缝及腹板角接缝,后焊( )之间的角接缝。

14.肋骨框架是在画有左右对称的( )的( )平台上装配的。

15.狭长板对接时,在平台上用( )固定来控制( )。

16.单面焊双面成型的衬垫有( )式和( )质衬垫两种。

17.宽板肋骨框架装配中,肋板定位时是对准( )和( )。

18.将桩柱安装到带缆桩底座上时,是用( )控制其高度尺寸,并使桩柱的焊缝和( )成10°～15°角。

19.宽板肋骨框架装配时,通常在( )和( )的两端留有余量。

20.普通肋骨框架装焊后应当标划的线有中线、( )线和( )位置线。

21.拼板画线草图中标注的尺寸主要是( )和( )的位置尺寸。

22.安装顶边舱框架上的加强筋和肘板时,要对准( )和( )。

二、判断(对的打"√",错的打"×")

1.采用滑块式单面焊时,定位马板应在端部的两面进行焊接。 ( )

2.两节圆筒进行立式对接时,应使用专门的装配胎架。 ( )

3.肋骨框架装配时,与地样局部不吻合的肋骨型钢,可借夹具施加外力使之贴合型线进行装配。 ( )

4.主机座在胎架上总装时,纵桁装好后应先装两端的横向隔板,再装中间隔板。 ( )

5.设置于外板上的主机座纵桁上的加强肘板,只能在机座安装到外板上时装配。 ( )

6.不对称T型梁装配时所加的临时支撑,是为了减少焊接产生的弯曲变形。 ( )

7.船体部件是由零件经过一次或二次以上装配所形成的结构单元。 ( )

8.T型弯梁是指面板弯曲的焊接T型梁,T型弯梁一般在平台上装。 ( )

9.同时存在纵横缝的板列,应先拼接横缝。 ( )

10.带缆桩在平台上正装,其中桩柱和底座预先装配成部件。 ( )

三、名词解释

1.平台

2.胎架

3.胎架基准面

4.船体部件

四、简答

1. 简述平台的种类和用途。
2. 简述胎架的种类和用途。
3. 胎架基准面有哪几种,分别适用于哪些分段?
4. 举出五种常用工夹具并说明其用途。
5. 马板种类有哪些?
6. 船体装配分哪几个阶段?
7. 简述直 T 型梁、弯 T 型梁装焊工艺。
8. 拼板工艺过程有哪些?
9. 简述普通肋骨框架装焊步骤。
10. 简述强肋骨框架装焊步骤。
11. 简述带缆桩的装焊过程。
12. 简述主机基座的装焊过程。
13. 部件装焊变形的原因是什么?
14. 控制部件装焊变形有哪些主要措施?

下篇　高职部分

项目一　现代造船基础认知

【项目描述】

　　造船模式是造船体制和技术的总称,它整体地、动态地表达了船舶制造业的存在形式和活动方式,分析造船业的过去和现在,探索它的未来,造船模式呈现出有序的发展。对于复杂的造船工程,由于不同的船厂具有不同的技术水平和生产条件,即使它们造船的基本特征相同,但具体采用的造船方法也不尽相同。造船模式并不反映具体的造船方法。

　　目前船舶建造多采用分段建造方法,要船舶建造前要根据船厂的生产条件及船舶在船台(或船坞)上的建造方法,将船舶划分成多个分段。在船舶建造过量程中采用精度管理,以保证造船质量。此外现代造船模式采用壳舾涂一体化造船方式,使壳舾涂三种不同的作业,在空间上分道,在时间上有序,提高造船生产效率。

　　本项目主要包括对现代造船模式认知和造船工艺基础知识认知两个任务。

知识要求

1.了解现代造船模式的形成基础;

2.熟悉现代造船模式的内涵及演变;

3.了解造船精度管理基本概念;

4.熟悉壳舾涂一体化造船方式。

能力要求

1.能够理解现代造船模式形式的基础;

2.能够说明现代造船模式的内涵及演变过程;

3.能够理解船体分段划分的基本原则,分析船体分段划分图分段划分情况;

4.能够分析精度管理在船体建造过程中的应用;

5.能够分析壳舾涂一体化造船的基本方式。

工作任务

1.任务一　现代造船模式认知;

2.任务二　造船工艺基础知识认知。

任务一　现代造船模式认知

【学习目标】

1.了解现代造船模式的形成基础;

2.熟悉现代造船模式的内涵及演变。

【任务解析】

模式是指事物的标准形式,或可照着做的标准样式。造船总有其特定的模式。各厂有相同的模式,也会有不同的模式。但不管相同与否,总存在一种较之另一种更有利于提高造船生产效率、确保建造质量和缩短造船周期的模式。

本任务主要认知现代造船模式形成的基础,现代造船模式的内涵及演变,通过该任务学习和训练能够掌握现代造船模式相关知识,熟悉造船模式的演变,列出造船模式的演变过程,指出现代造船模式的优势。

【任务实施】

一、背景理论与知识学习

(一)现代造船模式形成的基础

现代造船模式可理解为以统筹优化理论为指导,应用成组技术原理,以中间产品为导向,按区域组织生产,壳(船体与上层的建筑)、舾、涂作业在空间上分道,时间上有序,实现设计、生产、管理一体化,均衡、连续地总装造船。采用现代造船模式,可以缩短船舶建造的周期。现代造船模式形成的技术基础是成组技术和系统工程技术。

1. 现代造船模式中应用成组技术的原理

成组技术是研究事物间的相似性,并将其合理应用的一种技术,它是促使现代造船模式形成的主要技术基础之一,运用中间产品导向型的作业分解原理和相似性原理。

(1)中间产品导向型的作业分解原理

简称产品制造原理。该原理是把最终产品按其形成的制造级,以中间产品的形式对其进行作业任务的分解和组合。所谓中间产品是指生产的作业单元,是对最终产品进行作业任务分解的一个组成部分,也是逐级形成最终产品的组成部分。它具有明显的"产品"特征。

①有特定的"产品"作业任务,而且其作业任务并非由单一工种完成;

②有明显的"产品"质量(尺寸精度)指标;

③有完成"产品"作业任务所需的全部生产资源(含人、财、物),或称生产任务包。

上述原理应用到造船,是把船舶作为最终产品,船舶建造从采购材料(设备)、加工零件开始,然后以中间产品的生产任务包形式组装成配件,进而再组装成更大的装配件,这样逐级组装,最终总装成船舶产品,如图2-1-1所示。现代造船模式所确立的产品作业任务的分配原则,实质上就是应用了成组技术产品制造原理,为现代造船模式的形成提供了理论基础。

(2)相似性原理

相似性原理是对产品作业任务分解成门类繁多的中间产品,按作业的相似特性,遵循一定准则进行分类成组,以便用相同的施工处理方法扩大中间产品的成组批量,以建立批量性的流水定位,或流水定员的生产作业体系。

根据船舶生产的特点,相似性分类成组有如下四方面准则:

①按生产作业的性质分类成组,即把船舶建造分为船体(壳)、舾装(舾)、涂装(涂)三种不同作业性质的类型,再各自分类成组作业。

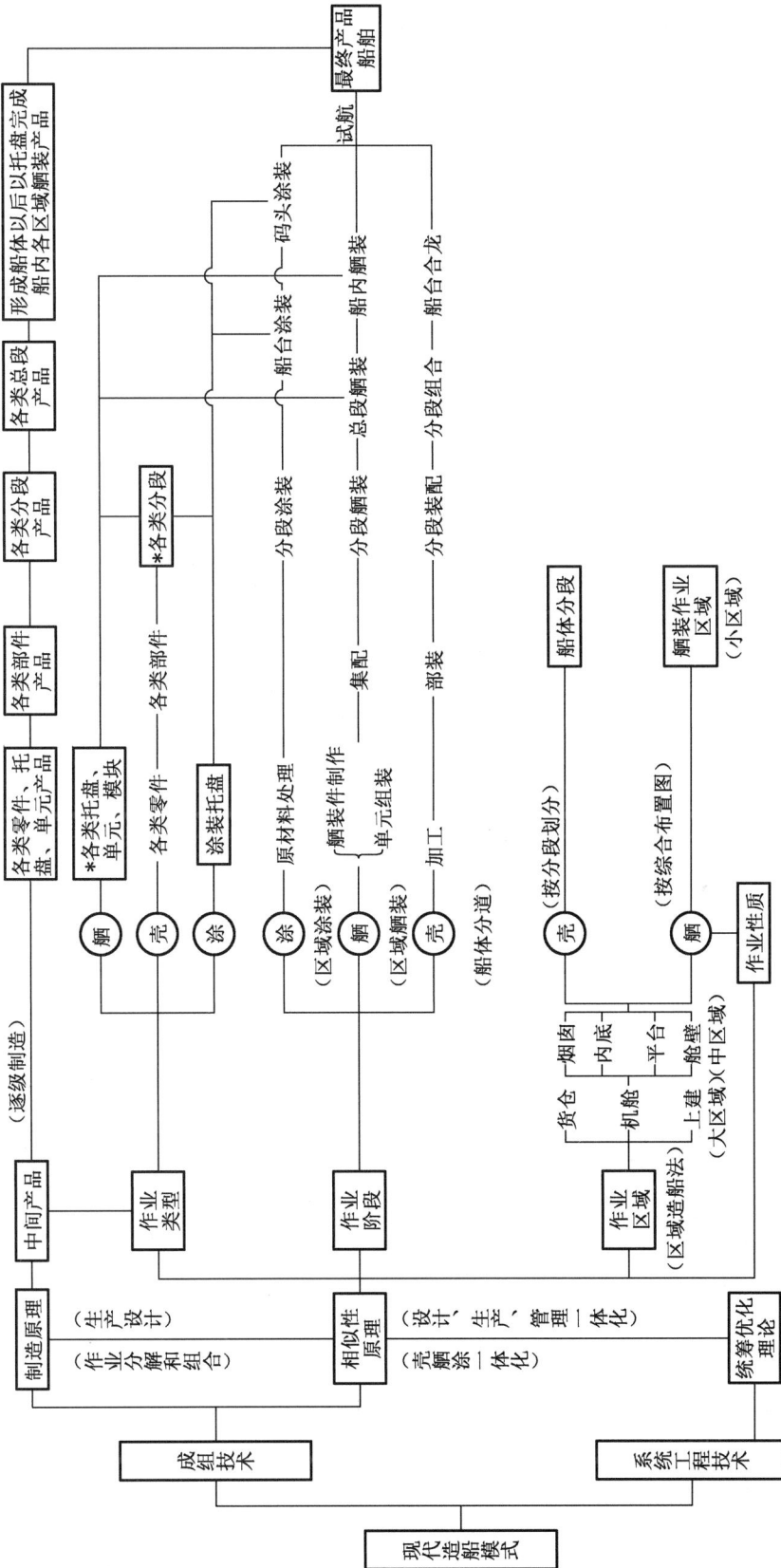

图2-1-1 现代造船模式形成的理论基础及其作业体系示意图

*指作为生产管理的中间产品

②按生产作业对象所处的产品空间部位分类成组,按产品划分的区域进行分类成组作业。对船舶产品而言,一般可划分为机舱区、货舱区、上层建筑居住区等三个大区域。根据船舶类型的不同,还可按其不同的空间部位划分其他区域。同时在划分的各大区域内再可划分中、小区域以进行分类成组作业。

③按生产作业生产过程中的相似内容分类成组,即按区域内划分的中间产品按其类型进行分类成组作业。以船体分段作为中间产品为例,可分平面、曲面和上层建筑三种不同类型的分段。再以舾装的中间产品为例,则可分为各类舾装托盘(或单元)。

④按生产作业在生产过程中的作业时序分类成组,即按区域划分的中间产品按其所处的作业阶段,或制造级进行分类成组作业。对船体建造而言,可划分为零件加工、部件(含组合件)装配(小组)、分段装配(中组及大组)、分段组合(总组)、船台合拢等五个作业阶段;舾装作业可分单元、模块、管件等制作,托盘集配、分段舾装、总段(总组)舾装、船内舾装等五个阶段;涂装则可分为原材料处理、分段涂装、船台涂装以及码头涂装等四个作业阶段。

需要考虑以下因素:

满足作业场地、设施要求;充分考虑到分段组立过程的工艺,如搬运、堆放等;为工人施工提供良好的作业环境;为实行高效焊接方法和提高焊接质量提供便利;有利于实行先行舾装,特别提前完成结构化舾装件,尽量做到通用化;最大限度地扩大中小组立,大组立时间胎位时间最短;分段组立过程的精度控制点,在各组立阶段需要得到控制;分段吊马利用本身船体结构来处理,最大限度减少在外板上设置吊马;各阶段所用的脚手架马板全部在中小组立阶段完成。

现代造船模式所确立的壳、舾、涂按区域/阶段/类型的生产作业方式,就是应用成组技术的相似性原理为其模式的形成提供了另一个理论基础。从而使该模式形成的生产作业体系,其中间产品具有明显的区域性、阶段性,又有一定批量性的特征。

2. 现代造船模式中应用系统工程技术的理论

系统工程是组织管理"系统"的一门工程技术。其应用已波及各行各业。应用成组技术的制造原理和相似性原理建立起来的现代造船模式,实际上已把船舶建造作为一个大系统,对其分解为壳、舾、涂三种作业系统,再按区域/阶段/类型逐一分类成组而形成了各类作业的子系统,如图2-1-2所示。对于这样一个极为复杂的生产作业系统,需要从组织"系统"的角度处理好各作业系统之间及其系统内各子系统之间的各种相关问题,才能有效、合理地组织生产。系统工程技术的基本原理是运用其统筹优化理论。其基本准则是:

(1)体现整体观点、综合观点、动态观点和寻优观点处理组织"系统"的问题;

(2)充分运用大系统的分解协调、定量分析和优化等方法。

为此,系统工程需要应用现代数学的统计管理方法和电子计算机进行系统分析、综合、优化、评价和规划。但在实际运用时,目前还有许多难以用数学模型描述的因素,有时仍只能依赖于经验,采取定性与定量相结合的方法。

在造船中应用系统工程技术处理组织"系统"的上述准则,通常可概括为统筹、协调、优化的准则。两个"一体化"(见图2-1-2)即壳舾涂一体化和设计、生产、管理一体化,也就是合理的船舶建造应从壳舾涂三类作业,从船舶设计、组织生产、生产管理互相结合,从全局、全厂、全船的角度统筹、协调各系统的各方面问题,使船舶建造能整体优化。系统工程技术在造船中的应用进一步从组织"系统"上充实、完善了已形成的现代造船模式,并为其提供建模的又一理论基础。

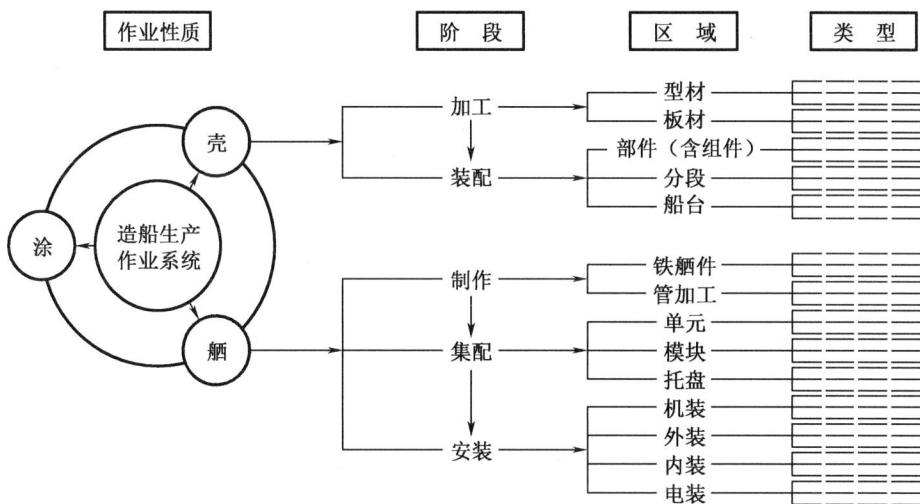

图 2 - 1 - 2　复杂的造船生产作业系统示意图

　　现代造船模式的形成,除应用上述成组技术和系统工程技术作为其建模的主要技术基础外,还需有当代其他新技术的应用做支撑,如电子计算机技术、管理科学等新技术的应用。其中,电子计算机技术的应用尤为重要,这是因为现代造船模式的形成,由于改变传统的船舶设计、组织生产和生产管理方式,需对大量的设计、生产、管理的图形数据信息及时加以相互沟通、交换和处理。

　　总之,现代造船模式的形成是当代新技术在造船中应用的综合体现,是推进现代化的船舶设计、造船生产和生产管理的动力。

(二)造船模式的演变

　　随着科学技术的进步和造船需求量的急剧增长,造船模式是不断发展和变化的。但相对在一段时间内又是稳定不变的。回顾其演变过程,可追溯从造铆接船年代到现在所经历的四个阶段,形成四种有代表性的模式。

　　第一阶段:按功能/系统组织生产的造船模式。

　　这就是造铆接船年代的造船模式,其特点是:

　　(1)船体建造按结构功能/系统,舾装按使用功能/系统进行船舶设计和组织生产;

　　(2)产品的作业任务分解与分解后的组合按船舶设计的功能/系统,通过放样先船体、后舾装,由各工种按功能/系统分别在船台和舾装码头进行单件作业,直至形成船体、舾装各完整的功能/系统。

　　第二阶段:按区域/系统组织生产的造船模式。

　　这是 20 世纪 40 年代中后期建造全焊接船初期形成的造船模式。焊接技术在造船中的应用开创了船体分段建造。

　　分段建造技术的应用,提供了船体建造可按其结构特性划分成分段、部件,形成以区域进行流水作业的可能,同时还提供在分段区域上进行预舾装的可能。这种造船模式具有如下特点:

　　(1)产品作业任务的分解和组合对船体建造可按其结构区域划分,而对舾装则以扩大

预舾装仍按其使用功能/系统组织造船生产;

(2)船舶设计虽仍按功能/系统,但船体建造作业任务的分解和组合可通过放样,采用船体生产设计加以规划和体现。

第三阶段:按区域/阶段/类型组织生产的造船模式。

这是 20 世纪 50 年代末、60 年代初形成的造船模式。促使这一模式形成的主要因素是由于成组技术在造船中的应用,以及当时建造超大型船舶日益急增的需求。该模式的特点是:

(1)产品作业任务的分解和组合是采取按船舶产品的空间部位划分区域,分阶段、按类型的分解原则和组合方式;

(2)产品作业任务的分解和组合方式是通过船体、舾装的生产设计加以规划和体现;

(3)生产作业方式按区域进行船体分道和区域舾装,并将完工的各个作业区域相互组合以形成完整的船舶产品。

第四阶段:按区域/阶段/类型一体化组织生产的造船模式。

这是 20 世纪 70 年代初期形成的造船模式。形成这一模式的主要因素是由于:

(1)超大型油船的舱内外涂装工程的日益增多及其要求的不断提高,促使涂装从舾装作业中分离,而形成独特的涂装生产作业系统;

(2)系统工程技术与电子计算机技术在造船中应用的扩大;

(3)20 世纪 70 年代初期建造超大型船舶仍处于需求的增长期。

这一模式的特点是:

(1)产品作业任务的分解和组合,除按区域/阶段/类型的分解原则和组合方式外,更体现船体建造、舾装、涂装三大作业系统的相互结合;

(2)产品作业任务的分解与组合,是通过船体、舾装、涂装的生产设计加以规划和体现;

(3)船舶设计、造船生产与生产管理相互结合,并通过生产设计融为一体。

按区域/阶段/类型一体化组织生产的造船模式,被认为是体现了现代造船技术发展水平的现代造船模式。

以上四种模式从本质上看又可分为两大类:前两种模式可归为一类,称为系统导向型的传统造船模式,后两种模式可分为另一类,称为产品导向型的造船模式。

(三)现代造船模式的内涵和特点

模式指事物的标准形式,或可照着做的标准样式。

造船总有其特定的模式。各厂有相同的模式,也会有不同的模式。但不管相同与否,总存在一种较之另一种更有利于提高造船生产效率、确保建造质量和缩短造船周期的模式。为此,研究造船模式的内涵就必须立足于对船舶产品如何确立其产品的作业任务分解原则和组合方式,在分析各种类别及其差异的基础上,用科学、先进的模式规范各厂"怎样造船"和"怎样合理组织造船生产"。

1.现代造船模式的内涵

造船模式的内涵就是指组织造船生产的上述基本原则和方式。它既反映组织造船生产对产品作业任务的分解原则,又反映作业任务分解后的组合方式。这种分解原则和组合方式体现了设计思想、建造策略和管理思想的结合。造船模式与造船方法是两个完全不同的概念,造船模式并不反映具体的造船方法。

现代造船模式是通过科学管理,特别是通过工程计划对各类中间产品在船舶建造过程中的人员、资材、任务和信息的强化管理,以实现作业的空间分道、时间有序、逐级制造、均衡连续地总装造船。

现代造船模式的基础是区域造船(按区域、阶段、类型组织生产),目标则是以中间产品为导向,实现"壳、舾、涂"和"设计、生产、管理"两个"一体化"区域造船,其主要基础则是生产设计和科学管理,它犹如两个车轮推动着传统造船模式向现代造船模式的转变。

现代造船模式的理解主要归纳为以下几个方面:

(1)应用成组技术的制造原理和相似性原理,以及系统工程技术的统筹优化理论,是形成现代造船模式的理论基础。

(2)应用成组技术的制造原理,建立以中间产品为导向的生产作业体系,是现代造船模式的主要标志。

(3)中间产品导向型的生产作业体系的基本特征是以中间产品的生产任务包形式体现的。

(4)应用成组技术的制造原理进行产品作业任务分解,以及应用相似性原理按作业性质(壳、舾、涂)、区域、阶段、类型分类成组,必须通过生产设计加以规划。其中按区域分类成组,建立区域造船的生产组织形式,是形成现代造船模式的基础和必要条件。

(5)应用系统工程的统筹优化理论,是协调用成组技术原理建立起来的现代造船生产作业体系相互关系的准则。该准则可形象化地概括为两个"一体化"。其中,壳、舾、涂一体化,指以"船体为基础,舾装为中心,涂装为重点"的管理思想,把壳、舾、涂不同性质的三大作业类型,建立在空间上分道、在时间上有序的立体优化排序。而设计、生产、管理一体化,指设计、生产、管理三者的有机结合,在设计思想、建造策略和管理思想的有机结合中,以正确的管理思想作为三者结合的主导。两个"一体化"是组织整个系统工程极为重要的一种管理思想。

(6)通过科学管理,特别是通过工程计划对各类中间产品在船舶建造过程中的人员、资材、任务和信息的强化管理,以实现作业的空间分道、时间有序、逐级制造、均衡、连续地总装造船。

2. 现代化造船模式的特点

(1)对生产设计工作进行变革,生产设计的过程是在图面上完成"模拟造船"。

(2)以中间产品为导向,实现分段区域化制造。

(3)在分段制造过程中,最大限度地实现壳、舾、涂一体化作业。

(4)作业者的专业分工逐渐消失,向一专多能方向发展。

(5)资料、设备的采购、供应实现纳期管理、托盘化管理。

(6)造船生产计划实行节点管理,造船生产的计划性得到了有效地加强。

(7)船舶制造过程逐步实行有条件的集成化、模块化、标准化。

(8)船舶制造厂向总装厂发展。

现代化造船模式的推行和有效实施,必将把造船企业的制造技术和生产、管理的水平推向一个新的高度。

二、工作任务训练

训练名称:造船模式演变过程。

1. 训练内容及要求

训练内容:学习现代造船模式相关知识,熟悉造船模式演变过程,列出造船模式的演变过程,分析说明现代造船模式的优势。

训练要求:画出造船模式演变框图,写出现代造船模式的阶段及优势。

2. 训练资料、设备和工具

(1)训练资料:现代造船模式形成的理论、教材内容及参考资料。

(2)设备和工具:绘图用具或绘图软件及电脑。

3. 训练过程

下达工作任务→制订工作计划(任务分工→确定训练步骤)→实施工作计划→完成训练记录。

4. 训练步骤

(1)根据教材内容及查取资料,进一步了解现代造船模式的基本概念,造船模式的演变过程;

(2)画出造船模式演变框图,通过分析比较,指出现代造船模式所具有的优势。

任务二　造船工艺基础知识认知

【学习目标】

1. 熟悉船体分段划分的基本原则,能够分析船体分段划分图分段划分情况;
2. 了解造船精度管理基本概念,能够分析精度管理在船体建造过程中的应用;
3. 熟悉壳舾涂一体化造船方式,能够分析壳舾涂一体化造船的应用。

【任务解析】

船体分段划分是根据船厂的生产条件及船舶在船台(或船坞)上的建造方法,将船舶划分成多个分段,以利船舶采用分段建造方式进行建造。为了保证船舶建造质量,在船舶建造量程中采用精度管理。此外现代造船模式采用壳舾涂一体化造船方式,使壳舾涂三种不同的作业,在空间上分道,在时间上有序。

本任务主要认知船体分段划分的基本原则,造船精度管理和壳舾涂一体化造船方式。通过该任务学习和训练能够根据分段划分图生产图纸指出分段划分情况,针对某货船典型船体立体分段指出检验时精度要求。

【任务实施】

一、背景理论与知识学习

(一)船体分段划分

在船舶设计过程中,当船舶详细设计进行到一定阶段,船体基本结构图已经完成时,即可进行船体分段的划分,绘制船体分段划分图,以便及时、全面地开展生产设计。

船体分段划分是否合理,直接影响产品质量、生产效率、生产成本、发挥船厂设备潜力和改善劳动条件等技术经济指标。因此,它受到船舶特点和船厂生产条件等许多因素的影响,是复杂细致的工作。图 2-1-3 所示为 42 000 t 散货船分段划分立体图。

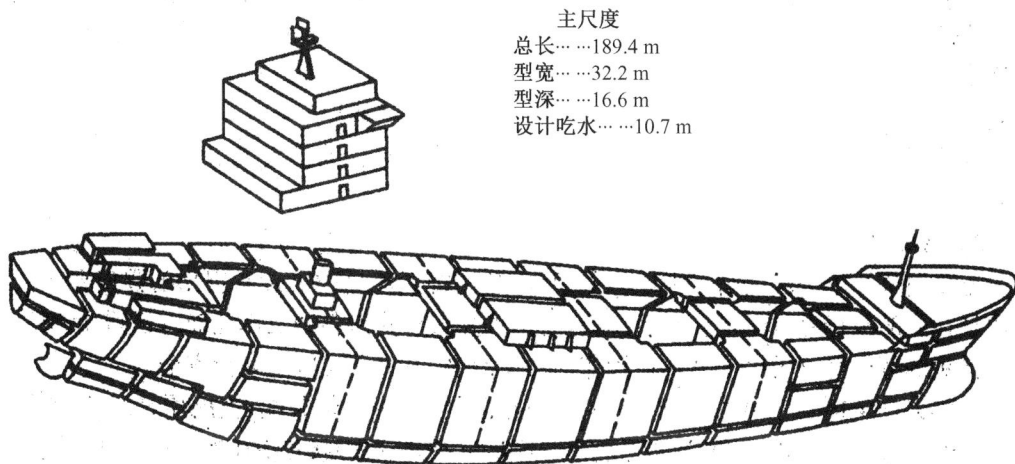

主尺度
总长……189.4 m
型宽……32.2 m
型深……16.6 m
设计吃水……10.7 m

图 2-1-3 42 000 t 散货船分段划分立体图

船体分段划分时应考虑以下原则:

1. 分段质量和尺寸的确定要考虑船厂起重运输能力和分段结构的刚性

分段的质量和尺寸越大,分段的数量就越少,则可减少船台装焊工作量和高空作业量,提高工效和改善劳动条件。但是,由于受到船厂生产条件(起重运输设备技术参数)和船体结构刚性的限制,必须根据实际条件来决定分段质量和尺寸的大小。

通常在划分船体分段时,首先应以分段质量(包括分段内的舾装件和临时加强材的质量)不超过船厂起重运输能力(船台起重能力、装焊车间起重能力、分段翻身条件和分段从车间运往船台的负载能力)为划分原则。但是,只按船厂起重运输能力划分分段不都是合理的。因为船体各部分结构的强弱不同,其单位面积质量相差很大,如果只按分段质量不超过船厂起重运输能力来划分,就会导致某些分段的尺寸过大,结构刚性不足等问题。所以,根据船体结构特点,船底、船首、船尾和某些上层建筑立体分段应以船厂起重运输能力为决定分段划分的主要因素;而甲板、舷侧等则应以分段结构刚性和分段翻身的可能性为分段划分的主要因素,船厂起重运输能力为次要因素。

2. 分段的划分应考虑生产负荷的均衡性

所划分的分段应能保持各工艺阶段生产负荷的均衡。例如,若将底部分段划分过大,势必会使分段制造周期显著增加;相反,船台吊装工作量相应减少,由此可能产生分段制造周期不能适应船台吊装进度计划的矛盾。因此,在分段划分中必须注意分段制造周期与船台吊装进度计划相协调的要求。

此外,在采用岛式建造法时,分段划分的位置应使上层建筑(或桥楼)不至跨越两个岛或落在嵌补分段的部位上,以便提前吊装上层建筑分段和开展舱室舾装作业。

3. 分段的划分应保证船体结构强度的合理性

分段划分时的船体结构强度合理性,就是船体结构特点对分段大接头提出的强度要求。即在容易产生应力集中的区域,如舱口角隅处,机座纵桁末端,上层建筑端部,双底向单底结构过渡部分等处,因应力集中而比其他区域的应力大得多,对焊接接头中存在的残余应力和热影响区特别敏感,所以分段大接缝必须避开这些应力集中区域。

4.分段划分应达到施工工艺的合理性

分段划分应为船舶建造创造良好的施工条件,以达到便于施工、减轻劳动强度和降低生产成本的目的。它主要有以下几方面的要求:

(1)扩大分段装焊的机械化、自动化范围

当前分段制造机械化、自动化程度的提高,主要反映在平面分段制造中。由于平面分段机械化生产线已在许多船厂中使用,因此,为了增加平面分段的数量,只要船体结构上允许,应尽量将船体的平面部分和曲形部分分开,并使平面分段的尺寸不超过平面分段机械化生产线所允许的最大尺寸。即使船厂没有平面分段机械化生产线,也要尽量扩大平面分段的数量,以得到良好的施工条件和扩大自动焊使用范围。

(2)分段大接缝布置的合理性

为了保证分段划分满足施工工艺合理性的要求,分段大接缝的布置应满足以下要求:

①从船体结构特点看,它总是由一些连接构件(肘板等)把各部分特征不同的结构连接起来的,如底部结构与舷部结构,横舱壁隔开的两个舱室的结构等的内部骨架,都是用各种肘板连接起来的。这些内部结构连接的接缝一般是天然的分段大接缝。利用这些接缝作分段大接缝,不仅把具有不同特点的船体结构划分开,还减少了因分段划分而增加的接缝长度。

②分段划分时,对横骨架式结构应尽量作横向划分,纵骨架式结构尽量作纵向划分,以免过多地切断内部连续骨架;同时,底部分段的横向大接缝应尽可能设在水密肋板和横舱壁所在的肋距内,甲板和舷侧分段的横向大接缝应尽可能设在横舱壁所在的肋距内,以避免过多地切断纵向构件,这样做在船台装配中还可以避免较多的假舱壁。

③分段横向大接缝尽量布置在同一横剖面内。在分段制造中,因焊接收缩变形的作用,使分段的实际长度缩短了。这种收缩量的补偿是通过增加分段大接缝处的肋距值(船台装配时)来实现的。如果舷侧分段和底部分段的横向大接缝布置在同一横剖面内,如图2-1-4(a)所示,由于分段中每档肋距内的焊接收缩变形值"△"很小,则上述两种分段的△之差值就更小,所以不会影响横向骨架的对准和船台装配作业。如果舷侧分段和底部分段的横向大接缝不布置在同一横剖面内,如图2-1-4(b)所示,就会造成横向大接缝附近两个分段的肋位线错开相当大,导致横向骨架难以对准,影响装配质量。

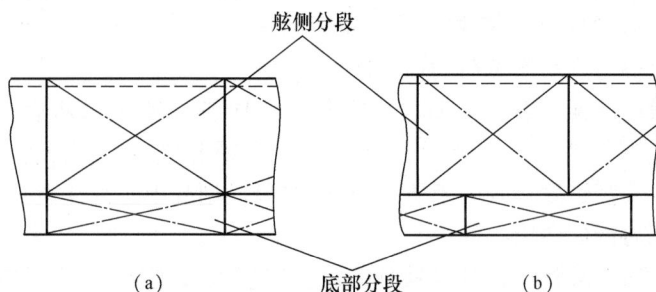

舷侧分段

(a)   底部分段   (b)

图2-1-4 分段横向大接缝的布置方式

④为了控制分段大接头处的型线,大中型船舶要求分段横向大接头设在1/4肋距处;但对于内河小船,因其肋距较小而将它设在1/2肋距处。

⑤艏艉尖舱的分（总）段的横向大接缝,一般布置在尖舱舱壁外,如图2-1-5所示,因为工人可以不必通过人孔进入空间窄小的尖舱进行作业,从而获得宽敞良好的工作空间。

⑥对有舱口的甲板分段划分,应尽量保持舱口的完整性。它既可提高舱口制造精度,还可以避免船台装配时对接舱口围板的高空作业,以提高作业的安全性和生产效率。

⑦船底作纵向划分时的纵向大接缝,在划分成左右两段时,应设在靠近中底桁处,如图2-1-6(a)所示;在划分成三段时,则应设在靠近旁底桁处,如图2-1-6(b)所示,这时应将旁底桁改为连续构件。

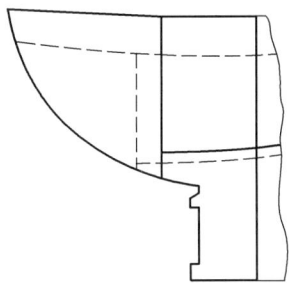

图2-1-5 艏尖舱立体分段
横向大接缝

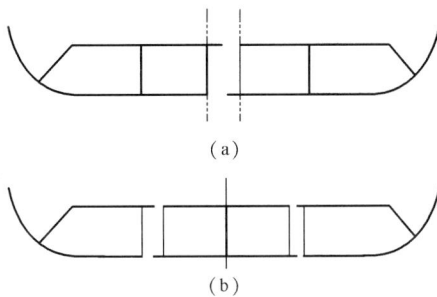

图2-1-6 船底的纵向划分

⑧底部分段与舷侧分段对接的纵向大接缝,一般都是以艏部外板与舷侧板的纵接缝,舭肘板与肋骨连接处作为大接缝的。从便于施工出发,其板缝位置船中部分应设在舭肘板上口向下100~150 mm处,如图2-1-7(a)所示,艏、艉部分则应设在舭肘板上口向上100~150 mm处,如图2-1-7(b)所示。

舷侧分段应尽量避免作上下划分,在必须作上下划分时,分段纵向大接缝应设在中间甲板或平台以上100~150 mm处。

⑨上层建筑一般都划成带甲板的立体分段,而且其纵向大接缝总是沿着甲板与围壁接缝处划分的,如图2-1-8所示。当外部围壁上下连续时,则分段纵向大接缝应设在甲板上100~150 mm处。

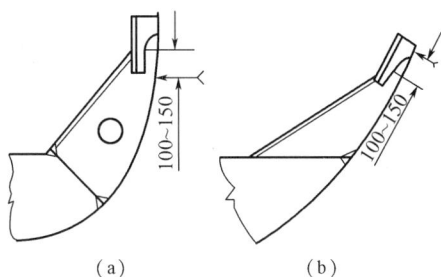

图2-1-7 艏部纵向大接缝

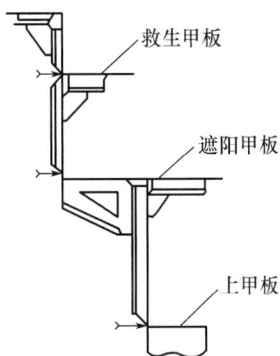

图2-1-8 上层建筑分段大接缝位置

⑩多层甲板的舱壁分段,为了保证甲板的连续和便于船台装焊,而将舱壁在甲板处切断,以舱壁和甲板连接的角接缝为大接缝。

⑪分段大接缝的布置要便于开展预舾装工艺,根据舾装件的布置,尽量使分段大接缝避开设置各种基座、水密门窗、人孔、扶梯和箱柜等部位,使它们不跨越两个分段;电路、电缆等被切断的数量最少,以减少这些舾装件的嵌补工作量。

(3)分段接头形式的合理性

常用的分段接头形式有平断面接头和阶梯形接头两种,如图2-1-9所示。平断面接头的板和骨架都在同一剖面内切断(图2-1-9(a));阶梯形接头的板和骨架是互相错开的(图2-1-9(b)),其错开距离不宜过长。横向大接缝的整个阶梯形接头应布置在一档肋距内,否则,就会恶化船台装配的施工条件。

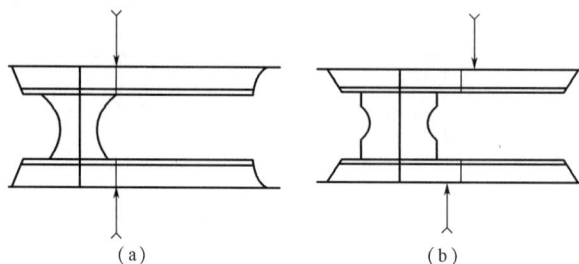

图 2 - 1 - 9　分段接头形式
(a)平断面接头;(b)阶梯形接头

船体总段和上层建筑分段的接头形式,一般采用平断面接头,以便进行船台装配作业。

底部分段横向大接缝的接头形式,一般选用平断面接头,它与舷侧分段对接的纵向大接缝,可选用如图2-1-7所示的自然形成的阶梯形接头。在底部分段做纵向划分时,其分段接头形式应选用如图2-1-6所示的阶梯形接头。舷侧分段和甲板分段的接头形式,一般应选用阶梯形接头,以便利用先吊装分段的骨架伸出部分,作为后吊装分段的支承。但对箱形结构的舷侧分段,则应选用平断面接头,以简化船台装配作业。

岛式建造法的嵌补分段,一律选用倒阶梯形接头,以便吊装时容易进行嵌入作业。

选用阶梯形接头时,接头处各类构件接缝线的布置,必须满足船台分段吊装顺序的要求,否则,就会因布置错误而造成吊装困难。如图2-1-6所示的底部分段,都是先吊装中间分段,以便利用船台中心线和船体基线进行分段定位,然后再吊装旁边的两个分段。所以它们的接头形式必须布置成图所示的形式,若布置成与图中相反,则在吊装旁边两个分段时,需向中间分段插入,这是绝对不允许的。

(4)降低材料消耗

分段划分应以钢材规格为依据,当使用的钢板规格与外板展开图的钢板规格一致时,可直接选用外板展开图的列板纵缝作分段纵向大接缝;若它们的规格不一致时,应首先对外板展开图重新排版,再选用新的列板纵接缝作分段纵向大接缝。分段的长度应等于外板展开长度或外板展开长度的倍数,再加上大接头工艺余量即可。

此外,分段划分方案应使船台装配时少用假舱壁和临时支撑,而且在单船建造时,尽量减少胎架数量,以减少辅助材料的消耗。

综上所述,在划分分段时,应充分熟悉产品图纸,掌握产品特点,熟悉船厂生产条件和船体建造方法,按照分段划分原则正确处理各项要求之间的矛盾,经过初步划分、反复分析和修改,确定最终划分方案等步骤,得出满意的分段划分方案,并绘制成分段划分图,如图2-1-10所示。

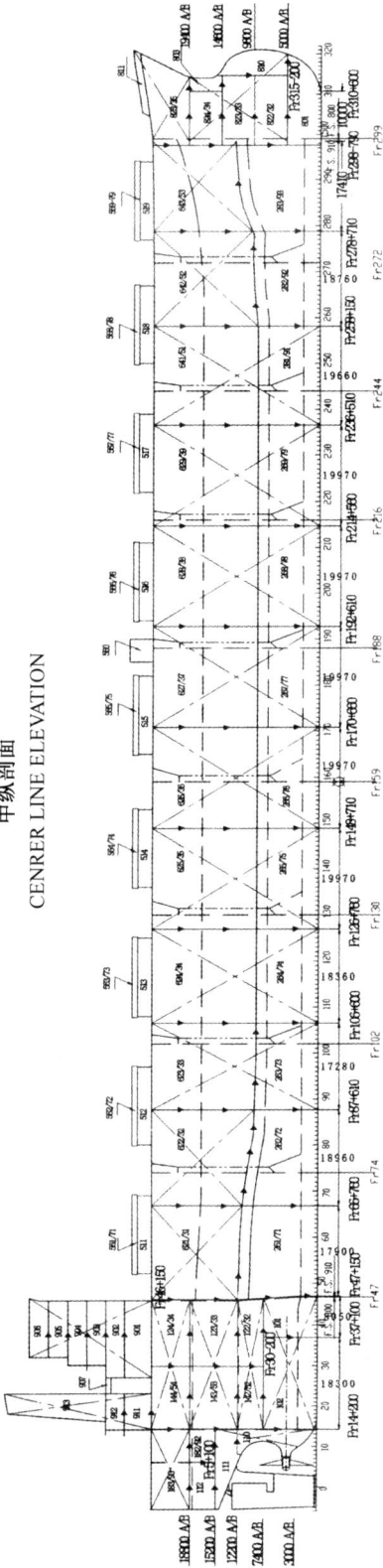

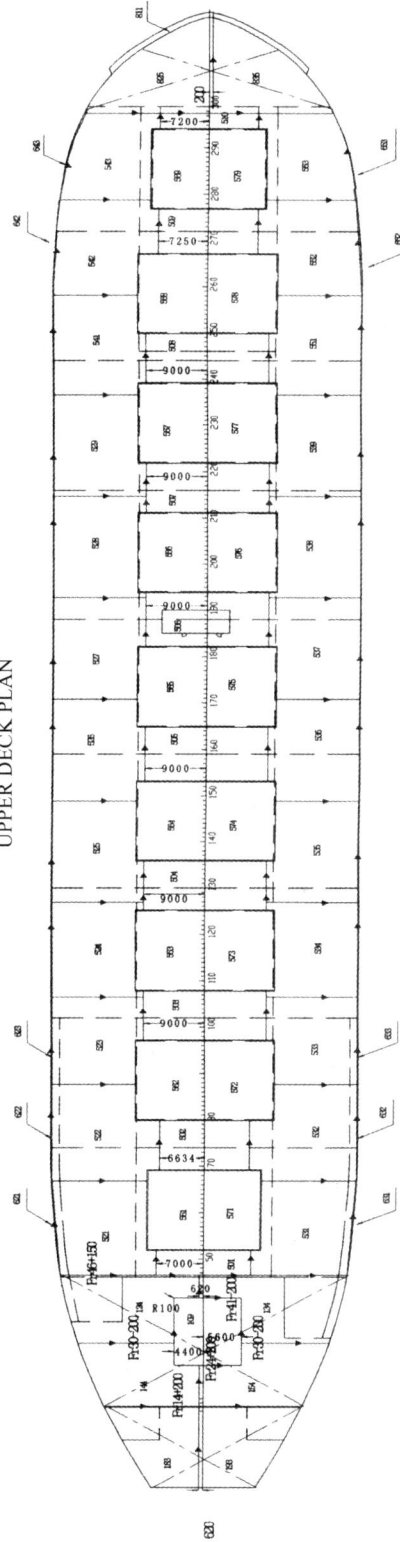

图2-1-10　某船中纵剖面和主甲板船体分段划分图

（二）造船精度管理

1. 船体建造精度管理的发展过程

钢质船体建造是按船舶设计图纸，经过放样、号料、加工、部件装焊、分段（或总段）装焊、船台装焊等一系列工序完成的。在整个施工过程中，因受种种客观条件的限制，船体零件、部件、分段、总段和船体主尺度等不可避免地会产生实际尺寸偏离放样时的公称尺寸，造成尺寸偏差。这种尺寸偏差的产生与很多因素有关，要精确地求取造船尺寸偏差的余量补偿值是相当困难的。因此，在船体建造中，一般都采取留有大于补偿值的造船工艺余量，装配中，经过定位、测量、画线后再切除实际多余的余量。船体建造余量分为总段余量、分段余量、部件余量、零件余量和其他余量。其大小是通过实际工作中积累的经验来制定的。船体构件的余量是为补偿构件在各工序中所产生的误差而留的尺寸裕度，它保证了各工序作业的顺利进行和建造质量。

在取得大量生产实践测量数据的基础上，运用数理统计方法，研究、制定、修改和完善船体建造公差标准，来控制施工精度。

我国从 20 世纪 70 年代初期就开始了船体建造精度控制技术的研究和实践，在国内各大船厂不同程度地取得了一些成果和经验。精度管理实施经过了三个发展阶段：

（1）分段上船台前进行预修正以适应船台装配的尺寸精度要求（分段无余量上船台装配）；

（2）对平直分段进行建造全过程的尺寸精度控制和对曲面分段进行预修正后上船台相结合；

（3）对全船所有分段进行建造全过程的尺寸精度控制。

国内精度控制水平已经基本上达到内部构件无余量号料、全船分（总）段无余量上船台合拢。精度管理目前比较成功之处如下：

（1）数字放样、数字切割全面应用，提高了零部件精度；

（2）CO_2 焊由于低热量，明显减少焊接变形；

（3）大接头处大间隙焊采用等，确保精度管理全面推行。

2. 船体建造精度管理的基本概念

（1）船体建造精度管理的含义。船体建造精度管理，就是以船体建造精度标准为基本准则，通过科学的管理方法与先进的工艺技术手段，对船体建造进行全过程的尺寸精度分析与控制，以达到最大限度减小现场修整工作量，提高工作效率，降低建造成本，保证产品质量。

（2）船体建造过程中的尺寸偏差和误差。造船公差的标准与生产条件密切相关。必须从船厂的实际生产条件出发，探索最佳的余量和公差标准，作为造船生产的指南。

①尺寸偏差。是制造的零部件或分段测量得到的实际尺寸与公称尺寸之间的偏差。

②生产误差。在造船生产中的各道工序中，所产生的图示尺寸与完工尺寸之间的偏差。按照造船生产的特点，造船生产误差有草率性误差、规律性误差与随机性误差。

a. 草率性误差。是由于施工人员粗心大意、主观原因（如看错尺寸、违反工艺操作规程、使用年久失修的设备进行加工等）所产生的生产误差。这种误差，在贯彻实行精度造船的工艺中必须消灭、杜绝。

b. 规律性误差。在一定的生产工艺条件下，存在的有一定规律性并被人们所掌握的一种确定性关系的生产误差。例如，在拼板过程中，其板缝焊接的收缩将影响拼焊后整块板材的尺寸，由此产生误差，误差的大小与板材厚度、焊缝的数量和长度、焊接方法、施焊的规范有关。如果在一定的焊接条件下,一定规格的板材经拼焊后,将产生数值确定的规律性误差。所以规律性误差又称作条件误差。

c.随机性误差。在造船过程中,由于受到很多不可控因素的偶然影响,即使在同一生产工艺的条件下,重复进行同一性质的工艺操作,也要产生大小不一、正负不定的有一定范围限制的偶然性生产误差。例如,肋板框架装配工作,由不同的人员操作,会发现其结果是不完全相同的,有的误差 ±0.5 mm,有的误差 ±1 mm、±2 mm,甚至更大些。如果不是施工人员粗心大意,那么这些误差值大部分集中在某一数值范围内。

造船生产中的草率性误差通过教育培训的方法解决;规律性误差通过总结提高的方可以逐步掌握;随机性误差通过实际观察和概率统计的方法掌握和控制。公差标准是以随机性误差为主要依据而制定的。

(3)船体建造精度标准包括的内容。船体建造精度标准是船舶设计、制造与质量管理部门为确保船体建造质量而制定的技术文件,又是推行船体建造精度管理,实施尺寸精度控制的依据。船体建造精度标准一般安排"标准范围"及"允许极限"两挡。主要内容包括:对钢材表面缺陷的规定;放样、画线和号料精度;零部件制造精度;分段制造精度;船台安装精度;焊缝质量及外形质量等要求。

(4)船体建造精度管理的理论基础。船体建造精度管理的理论基础是数理统计、尺寸链理论;技术核心是尺寸补偿量的加放,使之以补偿量取代余量;管理内容是健全精度保证体系、建立精度管理制度、完善精度检测手段与方法、提出精度控制目标、确定精度计划、制定预防尺寸偏差的工艺措施等。

3.船体建造精度管理的基本工作

船体建造精度管理的目的,是根据造船的最终质量要求,应用统计分析的原理和方法,制定出各工序中每个零件、部件、分段直至总段的最合理的公差,以控制和掌握零件与分段的尺寸精度,保证制造精度均在公差范围以内。

实施造船精度管理必须做以下基本工作:

(1)鉴定加工设备的精度。

(2)鉴定和统一检测量具的精度。

(3)测定气割割缝值,以确定零件切割割缝的补偿值,保证零件的切割尺寸精度。

(4)测定各种焊接变形:

①压力架拼接焊缝的收缩值;

②分段铺板焊缝的收缩值;

③分段装焊后纵横向的收缩值;

④船台大接头纵横向的收缩值。

掌握各种收缩变形的规律,计算误差和系统补偿值。

(5)测定热弯成型外板的变形,以掌握热变形规律,计算加工补偿值。

(6)编写各种工艺文件和标准。

(7)建立各种必要的规章制度,以提高工作效率和保证产品质量。

(8)加强技术培训和教育工作,不断提高操作者、管理人员的专业技术和业务水平。

船体建造精度管理的工作流程如图 2－1－11 所示。

船体建造精度管理的水平等级的提高在很大程度上受船厂的生产技术、管理水平、设备能力、工人技术素质、建造船舶的类型与等级、经济合理性等一系列因素的制约。

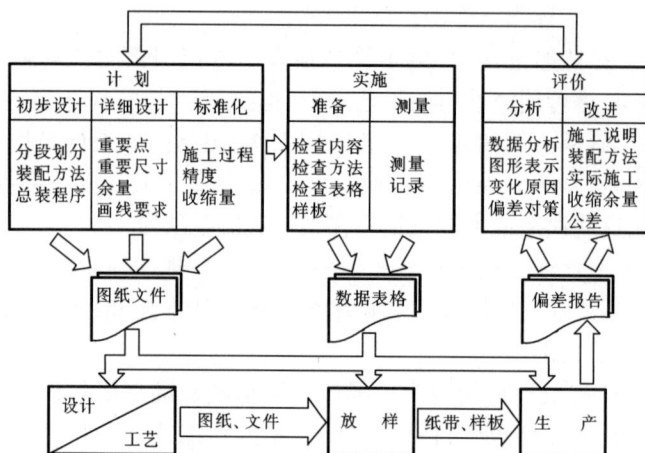

图 2 - 1 - 11　精度管理工作流程

船体建造精度管理是当代造船的重大新技术之一,是船厂现代化科学管理的重要内容,也是企业发展生产、加快科技进步的客观需要。

4. 补偿量加放

过去,各船厂均采用加放余量等方法控制船体建造精度,这种方法已不再适应当前造船生产发展的需要。在现代造船中,各个建造阶段每一道工序中都必须进行有效的尺寸精度控制,诸如加放必要的补偿量(或反变形)、(水火)矫正等,才能保证船舶的各项技术性能。

船体在建造过程中,有众多因素能造成工件基本尺寸的收缩变形。因此,相应的尺寸精度补偿也有多种类型,归纳起来可分为非系统补偿和系统补偿两大类。

(1)非系统补偿。是指单独地对一个因素、一道工序、一种变形的工件尺寸的补偿,如气割补偿、焊接补偿、船坞搭载环缝补偿等。

(2)系统补偿。是指在船体建造的全过程中,应用数理统计的方法,探索由于各种因素引起变形的一般规律而给予尺寸的全面补偿。

根据各种因素综合分析,对分段长度和宽度进行补偿是为了保证船体精度,使完工尺寸处在允许的公差范围内。对船体零件、部件或分段的尺寸计入各种因素造成的影响值,使分段在装焊完工后其影响值基本消失,这种做法称之为尺寸补偿,该影响值称之为补偿量。

补偿方法因船舶类型、结构形式、工厂设备情况和工艺技术水平在保证质量的基础上会各有不同,在不同的施工阶段,不同的焊接方式等都应分别对待。一般可分为如下三种方法。

(1)从加工中心下料开始采取尺寸补偿。各工艺阶段实行全面精度控制,当零部件经历若干工艺阶段后,仍然能满足船坞搭载各项技术指标的精度要求。

(2)在船中分段装配过程中选择有利时机,对端缝加放补偿量后切除余量。有条件时在分段的一端按基本尺寸,另一端实施这一补偿方法。

(3)在立体分段组装结束后,对搭载大接缝加放补偿量。

这三种方法各有利弊,从现代造船发展水平来看,要采用第一种补偿方法是完全可能的,或者说这种方法必须达到一定的比例。后两种方法对船坞快速搭载和精度管理方面都是不利的。

（三）壳舾涂一体化造船

目前，造船技术正向壳、舾、涂一体化的区域造船法方向发展。船体建造、舾装和涂装一体化是建立在引进成组技术、以中间产品专业化为导向组织生产的基础上的。

过去传统的造船方法是采用分段建造法，舾装和涂装是排列在分段制造完成后才进行，也就是在船体建造基本完成之后，才进行大量的舾装作业，导致生产效率很低。现在，国内外许多船厂已经以船体、舾装和涂装一体化的造船方法替代了传统的造船方法。壳舾涂一体化的核心问题是，如何使壳、舾、涂三种不同类型的作业，保证做到空间分道、时间有序、互不干扰、相辅相成。

壳、舾、涂一体化造船法是以船壳（船体）为基础，以舾装为中心，以涂装为重点，按区域进行设计、物质配套、生产管理的一种先进造船法。

壳、舾、涂一体化造船方法的主要特征是：

（1）船体分道建造法。根据成组技术族制造的原理制造船体零件、部件和分段，按工艺流程组建生产线。

（2）抛弃了舾装是船体建造后续作业这一旧概念，以精确划分的区域和阶段来控制舾装。新方法有三个基本阶段，即单元舾装、分段舾装和船上舾装。此外，还有一个分段舾装中的次阶段，即当分段倒置时，以俯向来完成本来必须仰面完成的作业。

（3）族制造。如管件族制造，它以成组技术原理代替作坊时代的思想方法，以最有效的手段制造多品种、小批量产品，可获得流水线生产方法的效益。

（4）采用产品导向型工程分解。它通过强调专业内容，把船舶创造性地划分为许多理想化的中间产品，例如，零件和部件，使之能协调地分道生产，从而大大简化了前面提到的不同类型作业的一体化。

现在，国内各大船舶企业都已采用壳舾涂一体化区域造船法，来替代传统的造船模式。而造船模式改变的突破口在于推行、深化区域设计，这是实现壳舾涂一体化区域造船法的关键。区域设计最终要通过区域建造来实现。区域建造应尽量扩大中间产品外扩、外协，这样可保证质量，也能缓解工厂生产线上的场地、劳动力等的压力。不能外扩、外协的区域或中间产品，必须按图纸要求进行材料、设备的托盘配套。为此工厂要建立设备、资料的综合集配中心，按施工阶段进行托盘配套后，按时按量送到区域建造的现场。尽可能地提高区域的预舾装率和设备的吊装率，区域预舾装的扩大，可以大量减少船壳和舾装件的二次除锈、涂装工作量和涂料的浪费。

实施壳舾涂一体化造船法可缩短船舶建造周期，降低造船成本，提高产品质量和保证安全生产。

二、工作任务训练

训练名称：（1）25 000 t散货船分段划分方法训练；（2）25 000 t散货船各分段余量布置识读。

1. 训练内容及要求

（1）根据图2-1-12的25 000 t散货船分段划分示意图指出分段划分情况，分析其结构对分段划分的影响，船厂起重及运输设施要求；

（2）根据分段划分图中的余量标注，了解各分段余量布置。

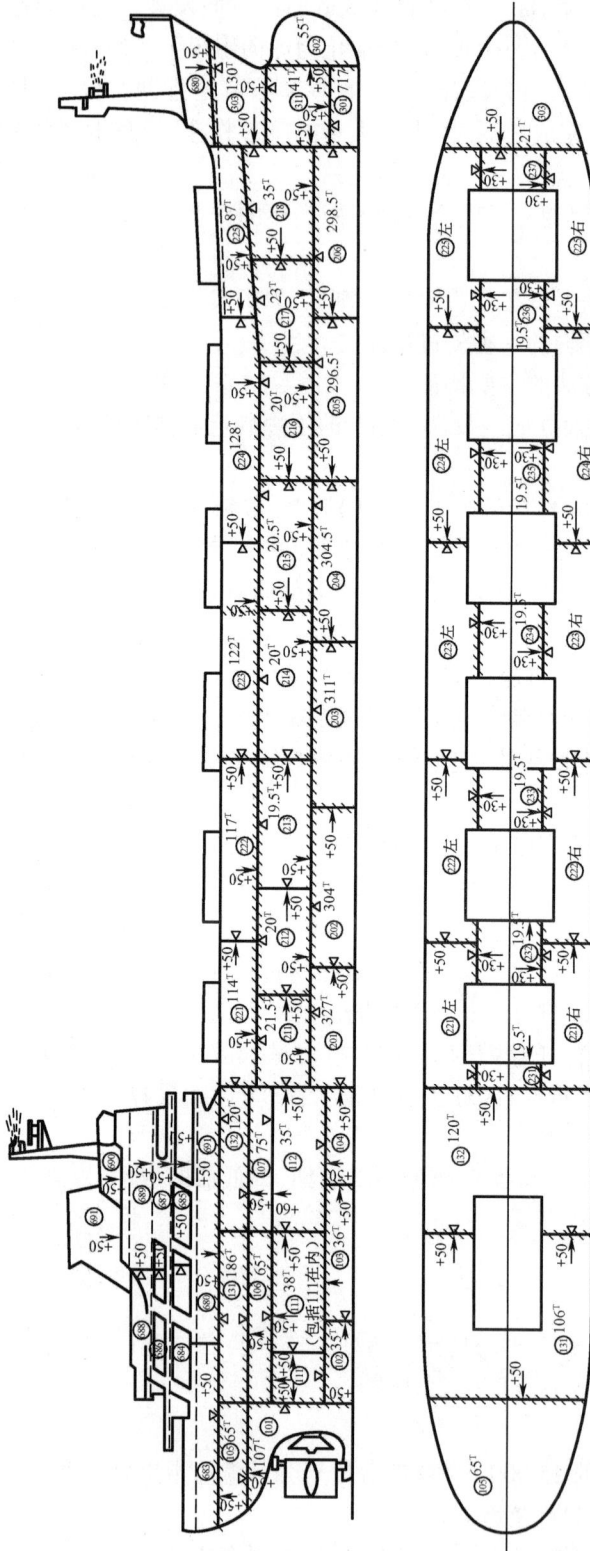

图2-1-112 25 000 t散装货船分段划分示意图

注：①图中▽为分段分线，圈中数字为分段编号，圈外数字为该分段质量，图中分段质量为分段总质量；
②201～206底部分段分左、中、右3段施工，中、右3段质量为该3段分段质量；
③舱壁分段以及其他分段此图未画。

2.训练资料、设备和工具

(1)训练资料:图2-1-12、分段划分图实际生产设计图纸、企业精度标准相关资料。

(2)设备和工具:无特殊设备要求。

3.训练过程

下达工作任务→制订工作计划(任务分工→确定训练步骤)→实施工作计划→完成训练记录。

4.训练步骤

(1)分段划分方法训练

①识读图2-1-12的分段划分图;

②分析图中的分段划分情况及结构特点;

③指出分段划分时对结构上有什么考虑,分段划分主要的原则。

(2)各分段余量布置识读

①收集并查阅船厂工艺文件、标准及图书等资料;

②以表格的形式列出图2-1-12中的各分段余量布置情况。

【课后自测】

一、填空

1.现代造船模式形成的技术基础是( )和( )。

2.中间产品导向型任务分解是将( )分解为若干级( )的分类方法。

3.船舶设计应包括初步设计、( )设计和( )设计三部分。

4.产品设计解决( )的问题,生产设计解决( )的问题。

5.船舶建造准备工作包括技术准备、( )、( )工厂场地准备和人员设施准备。

6.船舶产品区域划分为机舱区、( )、( )等三大区域。

7.船体建造分为零件加工、( )、( )、分段组合、船台合拢等五个作业阶段。

8.第四阶段的造船模式是按( )/( )/类型一体化组织生产的造船模式。

9.壳舾涂一体化的核心问题是,如何使壳、舾、涂三种不同类型的作业,做到空间分道、

( )、( )、相辅相成。

二、判断(对的打"√",错的打"×")

1.成组技术运用中间产品导向型的作业分解原理和相似性原理。 ( )

2.生产设计解决的是造什么样的船,初步设计和详细设计解决的是怎样造船。 ( )

3.尺寸偏差是制造的零部件或分段测量得到的实际尺寸与公称尺寸之间的偏差。 ( )

4.分段尺寸和重力的确定不需要考虑分段结构的刚性。 ( )

5.对有舱口的甲板分段划分,应尽量保持舱口的完整性。 ( )

6.生产负荷的均衡性与分段划分无关。 ( )

7.船体构件的余量是为补偿构件在各工序中所产生的误差而留的尺寸裕度。 ( )

8.常用的分段接头形式有平断面接头和阶梯形接头两种。 ( )

三、名词解释

1.成组技术

2. 相似性原理

3. 中间产品

4. 现代造船模式

5. 工艺余量

四、简答

1. 现代造船模式的含义如何？

2. 成组技术包括原理？

3. 什么是中间产品？什么是中间产品导向型任务分解？

4. 何为船体意义上的中间产品？

5. 船舶制造需要哪些必备条件？

6. 船体分段划分的原则主要有哪些？

7. 船体建造精度管理的含义如何？船体建造精度管理的目的是什么？

8. 实施造船精度管理必须做哪几项基本工作？

9. 公差造船的基本思想是什么？

10. 如何处理草率性误差？

11. 补偿量加放方法一般分哪三种？

12. 什么是补偿量,什么是余量,两者有什么主要区别？

13. 影响船体结构工艺余量的因素有哪些？船体总段余量、分段余量及部件余量分别留多少？

14. 习图 2-1-1 为某船分段划分图,将图中分段接缝错误之处改正。图中除底部分段为无余量船台装配外,其余分段及总段为有余量船台装配,标出各分段船台装配余量位置。

注:△为标准边,▲为有余量边。

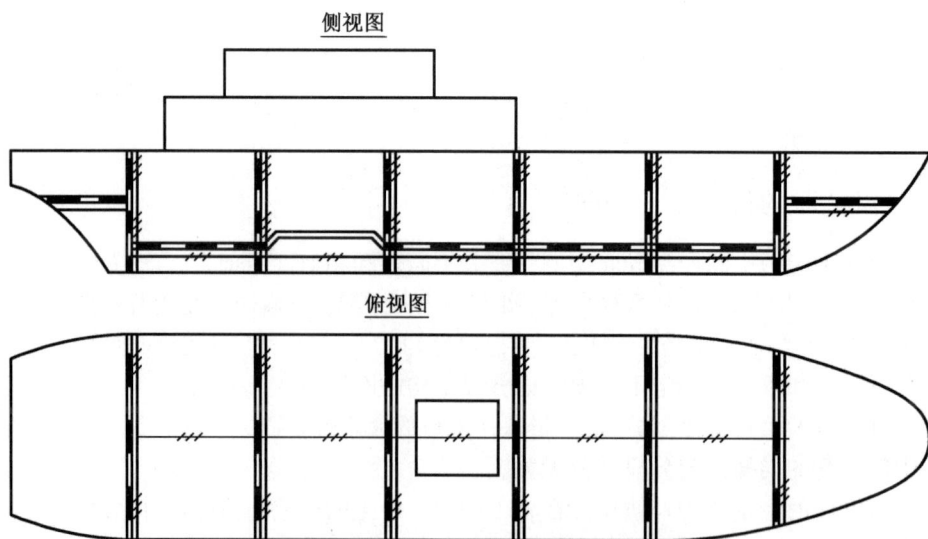

习图 2-1-1　分段划分示意图

项目二　船体放样

【项目描述】

　　船体放样是将图纸上按一定缩尺比例绘制的设计图,放大成 1∶1 的实尺图样(或 1∶10、1∶5 的比例图样),作为船体构件下料、加工的依据。由于船体表面是光顺的曲面,这就要求放大的图样也一定是光顺的。因此,船体放样的目的不仅仅是将设计图放大,更重要的是将设计图上因比例限制而隐匿的型值误差和曲线(面)不光顺因素予以消除,即对型线进行光顺;此外,还要补充进设计图中尚未完全表示出的内容,并依据放大光顺的图样求取船体构件的真实形状和几何尺寸,为后续工序提供施工资料(样杆、样板和草图等)。由此可知,放样既是设计意图的体现与完善的过程,又是产生后续施工依据的重要环节。

　　本项目按照船体放样的顺序进行任务学习。包括船体理论型线放样、肋骨型线放样、船体结构线放样和板缝线放样、船体构件的展开以及草图、样板的制作等任务,还对数学放样与号料的基本知识进行认知。

知识要求

1.熟悉船体放样过程,理解船体放样的原理,掌握手工放样方法;

2.了解理论型线的放样过程和方法;

3.熟悉肋骨型线的放样过程和方法;

4.掌握船体结构线及板缝线放样方法;

5.掌握船体外板展开方法;

6.熟悉草图的绘制、样板与样箱和制作方法;

7.了解船体数学放样原理与号料方法。

能力要求

1.能够使用放样工具进行操作、测量、计算和绘图;

2.能够熟悉船体放样的基本技术工作的原则和步骤;

3.能够理解理论型线的放样过程和方法;

4.能够熟悉根据型线图进行肋骨型线放样的过程和方法;

5.能够进行简单船体结构线放样,并会初步排列板缝线;

6.能够用十字线和测地线法进行船体典型外板展开;

7.能够进行草图绘制和三角样板的制作及活络样板调节,能进行样箱制作。

工作任务

任务一　理论型线放样;

任务二　肋骨型线放样;

任务三　船体结构线和板缝线放样;

任务四　船体外板展开;

任务五　草图的绘制、样板与样箱的制作;

任务六　船体数学放样与号料。

任务一　理论型线放样

【学习目标】

1. 熟悉船体型线放样方法以及型线修正的方法;
2. 能够使用放样工具进行手工放样。

【任务解析】

理论型线放样,就是以设计部门的船体理论型线图上给出的理论型值为依据,进行型线图的绘制,绘制的原理和方法同船体制图中型线图的绘制。理论型线放样包括绘制格子线、绘制理论型线、型线的检验与修改。

本任务主要是对船体理论型线放样原理、方法、工具使用的认知,通过该任务的学习和训练能够用激光经纬仪等放样仪器和工具进行船体型线放样。

【任务实施】

一、背景理论与知识学习

船体表面是光顺的空间曲面。船体理论型线图是完整表示船体表面形状的图样,它是根据三面投影的原理,用三组互相垂直的平行剖面(纵剖面、横剖面和水线面)与船体表面相交得到的三组型线(纵剖线、横剖线和水线)在三个投影面上投影,绘制成三个投影图(纵剖线图、横剖线图和半宽水线图)来表示的。这里所说的船体表面,对于钢质船舶来说,是指船体骨架外缘所形成的曲面,不包括船体外板及甲板厚度。船体理论型线放样是肋骨型线放样的基础。

1. 作基线和格子线

(1)三个投影图的布置

作基线之前,首先根据放样间地板的大小,结合所建造船舶的主要尺度,参照设计型线图,考虑好三个投影图在放样间地板上的布置,从而确定基线的位置。一般有以下几种典型布置方式:

①小型船舶型线图的三个投影图可以分别独立布置,如图2-2-1(a)所示。

②大、中型船舶放样时,当样台面积不大、尺度不够或者同时施工的产品较多而需要紧缩放样面积时,则型线图三个投影图的布置通常是将船体分成艏半段和艉半段后,在纵剖线图和水线图上重叠布置,但仍是三个分别独立的投影图,如图2-2-1(b)所示。

③采用纵向缩尺的方法,如图2-2-1(c)所示,这是一种很好的方法,它是将长度方向的尺寸按1:2,1:4,1:5或1:8等比例缩尺画出,而宽度和高度方向的尺寸仍旧按1:1的比例画出,这样并不会因为长度方向的缩尺而影响宽度和高度方向的型值,却节约了地板面积。

④根据放样场地的安排及船型大小,也可采用三个视图重叠布图,如图2-2-1(d)所示。

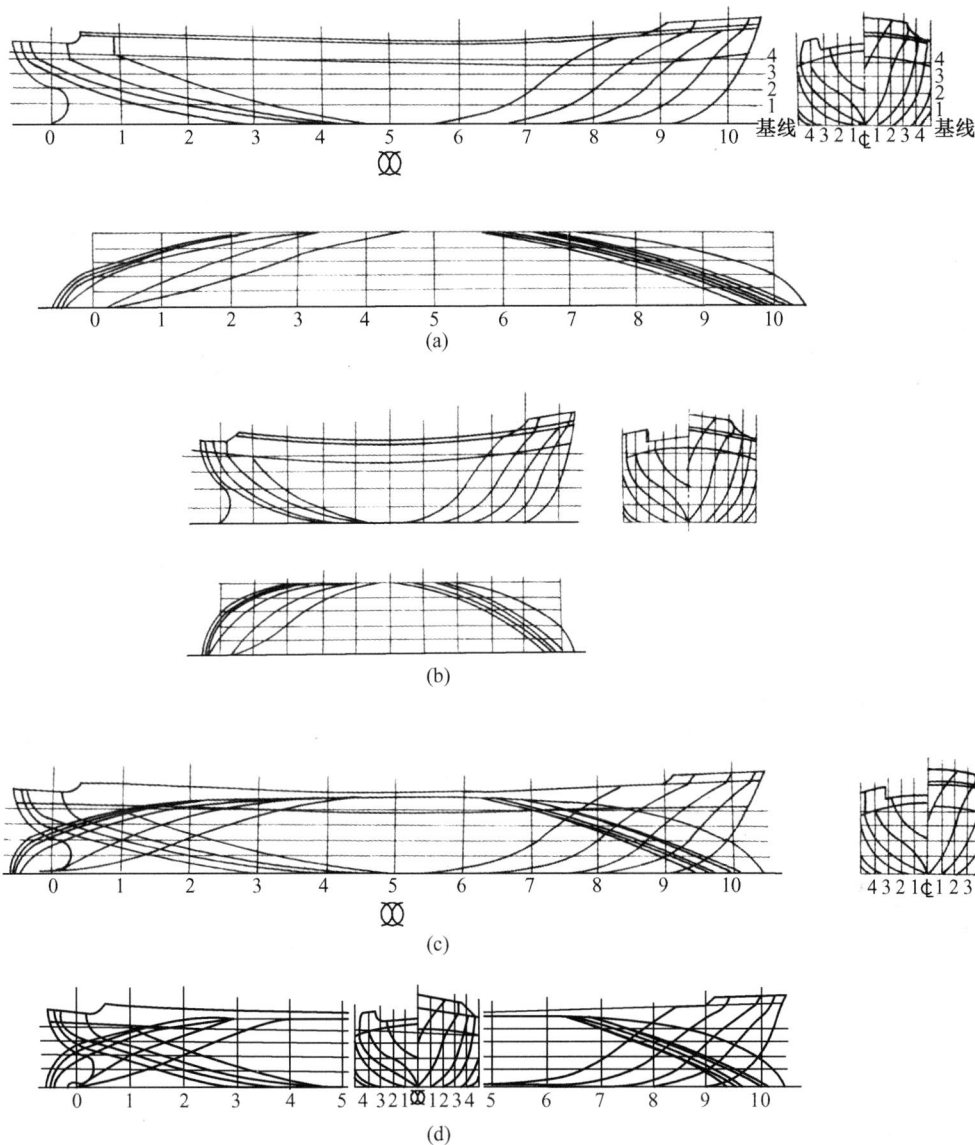

图 2 - 2 - 1 投影图的布置

(a)小型船舶型线图的布置;(b)型线图的重叠布置;(c)纵向缩尺的型线图;(d)三个视图重叠的型线图

(2)作基线的方法

作基线一般有三种方法:铅垂线法、角尺法和激光经纬仪法。

由于激光经纬仪精度高,使用方便,因此使用最为广泛。下面就以激光经纬仪法为例,介绍作基线的方法。

如图 2 - 2 - 2 所示,作基线时激光经纬仪安置在三脚架上,架下线锤尖正对基线端点 O 点,调好水平后,用望远镜照准基线的另一端点 A 后,再发射激光束对准 A(由激光管发出的激光束与望远镜目镜观测点应相重合)。定好向后即固定激光经纬仪水平度盘的各螺旋,竖向转动望远镜,发射激光束,照准地板,各点相距约 1 ~ 2 m,并用钢针沿各光点刻下刺点,

如 A,B,C,D 等,弹粉线连接各点,再画上色漆即成基线,如图 2-2-2 所示。在整个测绘过程中,不能变动激光经纬仪的水平度盘,仪器也不可碰动,以保证画出准确的基线。为了核查误差,基线画出后,应用激光经纬仪再次照准另一端点 A,以及基线上任意一点,同时用望远镜观察并用激光束检验。如有偏离,则应查明原因,重新测绘。

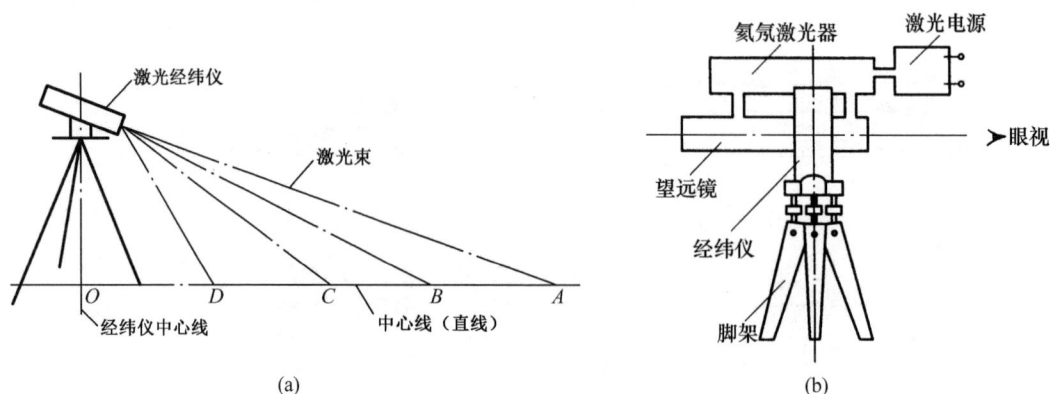

图 2-2-2 激光经纬仪及其作基线示意图
(a)激光经纬仪作基线;(b)激光经纬仪

(3)格子线画法

根据设计型线图给定的尺寸,以基线为基准,作出站线、纵剖线与水线组成的格子线。

①站线画法,如图 2-2-3 所示。在重叠的纵剖线图与水线图的基线上,按照设计型线图上规定的等分尺寸,用标准钢卷尺量出各等分点,标上站号(如 $0,1,2,\cdots,20$)。通过首、尾、中站号,运用作中垂线的方法(见图 2-2-3(a)),或运用勾股弦定理(见图 2-2-3(b)),作出基线的垂线(见图 2-2-3(c))。然后再用长样棒沿基线录下各站号,并平行基线向上移动一个等距离(一般取型深),把各站号点刻到地板上,注明站号,分别用粉线弹出,画上色漆,即成站线。

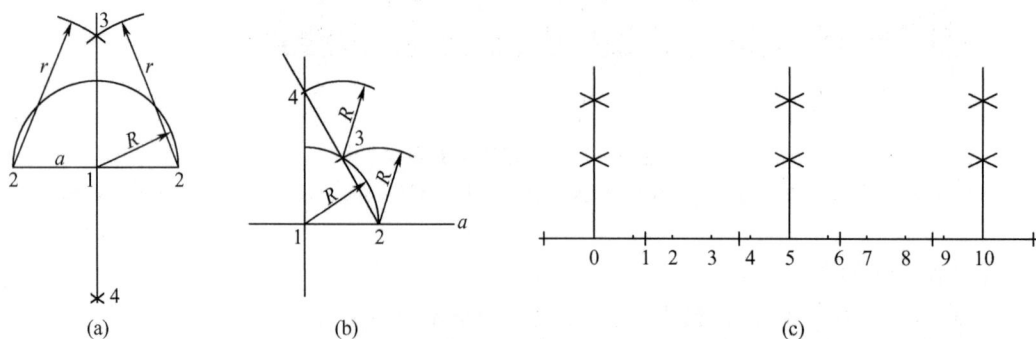

图 2-2-3 几何作图法艏、艉、中垂直于基线的站线画法

由于船体首、尾端的型线曲度较大,有些船舶在原等分站线间再加入半号站线(如 $\frac{1}{2}$,$1\frac{1}{2}$ 等)或向艉作负号站线(如 $-1,-2$ 等)来作为辅助站线,以利于艏、艉端的型线光顺。辅助站线一般与上述站线同时画出,其做法也相同。

②水线和纵剖线画法在选定的几条站线上(其数量以便于弹准直线为原则),纵剖线的间距用标准钢卷尺找出,并注明号数。通过站线上号数相同的各点,弹上色漆,即得水线和纵剖线。

③横剖线图上的格子线画法与上述相同,只是垂直线为纵剖线。画好的格子线如图2-2-4所示。

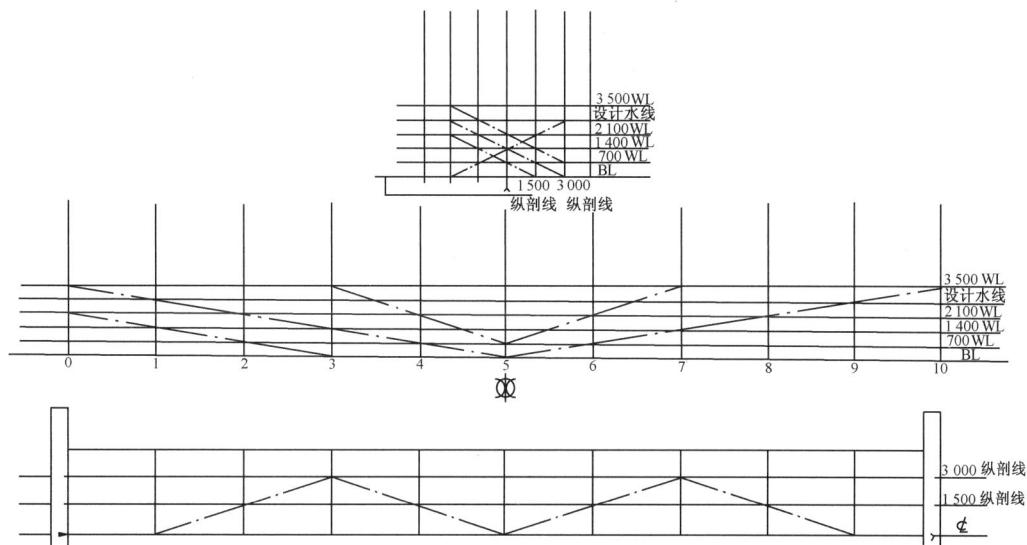

图2-2-4　格子线及其检验

(4)格子线的检验

格子线是量度型值的坐标,其准确度如何对型线的质量影响很大,所以画完格子线后,需对其精度进行检验。一是检验对应的格子线间距在三个视图中是否相等,二是检验格子线的等分、平行和垂直。检验方法如下:

①在大矩形中用粉线拉出对角线(图2-2-4),观察粉线通过各小矩形的对角点时,对角点是否与粉线重合,其误差应不超过±1 mm。

②测量大矩形的对角线是否相等,其误差每10 m内应不超过±1 mm,每10 m以上不超过±3 mm。如有误差超过允许范围,再检查站距、水线和纵剖线间距,要求相邻站距误差不超过±0.5 mm,水线和纵剖线相邻间距误差不超过±0.3 mm。基线与格子线的直线度为每10 m不超过±0.5 mm,线宽为0.3~0.5 mm。

格子线画好并经检验合格后,在每一根格子线的端头用色漆注明字号(如5站、1400水线、3000纵剖线等)。

2.理论型线的绘制

(1)作三个投影图的边界线(轮廓线)

①作中纵剖面的艏艉轮廓线

根据设计型线图上艏艉部分所规定的尺寸和艏艉柱图上的要求,在格子线上刻点连线,要求连出的曲线光顺,即可抛弃不在光顺曲线上的个别点子,不过总长、设计水线长、垂线间长、艉轴轴线高度均不能变动。

②作中横剖面的底边升高线和舭部转圆线

根据设计型线图上的底边升高值和舭部转圆半径,一方面找出船底折角点和舭部升高点,作出底边升高直线,另一方面找出舭部转圆处的圆心,作出舭部圆弧曲线(或按型值作出舭部曲线)。

③作甲板线

a.画纵剖线图上的甲板边线。在纵剖线图上作出艏艉轮廓线后,根据设计型线图及其型值表上的甲板边线的高度型值,可以画出甲板边线,且要画得光顺。

b.画水线图上的甲板边线。根据型值表上的甲板半宽型值和艏艉端甲板圆弧半径,在水线图的格子站线上量取对应的半宽值,并将纵剖线图上艏艉轮廓线的甲板顶点投影到水线图的中纵剖线上,以该点为圆心,以甲板艏艉圆弧的半径为半径,向船中在中纵剖线上找出艏艉端甲板圆弧的圆心,再反过来画出水线图上的甲板艏艉圆弧,然后光顺连接各站半宽点,至艏艉端时与圆弧线相切,即得水线图上的甲板边线。

c.画纵剖线图上的甲板中线。通常是采用甲板边线反中线的方法画纵剖线图上的甲板中线。即在梁拱样板的水平线上,从中心线向舷边量取各站甲板边线的半宽值,得 5,6,…,10 各点(见图2-2-5),量下各站半宽点处梁拱样板上垂线的高度,用最大梁拱高度减去后即得该站号处的梁拱高,再用一短样棒记下各站梁拱高度,并将其倒转过来在纵剖线图上以0点对准各站的甲板边线交点,向上刻出该站的梁拱高度点,然后用样条光顺连接这些点即为甲板中线。

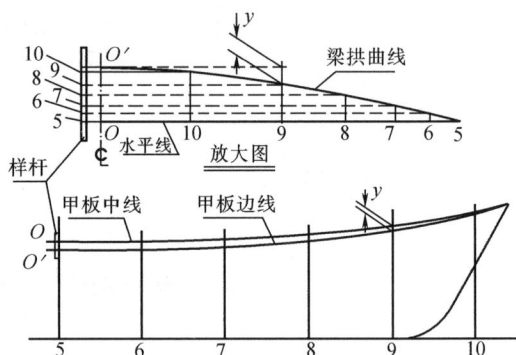

图2-2-5 甲板中线的绘制

梁拱线的形状在全船是相同的,所以通常只需作出甲板宽度最大处的梁拱线即可。常用的梁拱曲线有抛物线形、大半径圆弧形和折线形。这里介绍较复杂的抛物线梁拱线作法:

如图2-2-6(a)所示是一种常用的作法。取直线 $OA = B/2$(B 为型宽),作 $OC \perp OA$,$AD \perp OA$,且 $OC = AD = H$;取点 d,e,f 为 OA 的等分点,取点 $1,2,3$ 为 AD 的等分点(与 OA 上的等分数相同),点 d',e',f' 分别是直线 $C1$ 与 dd'',$C2$ 与 ee'',$C3$ 与 ff'' 的交点,用样条光顺地连接 C,d',e',f',A 各点,即得到所求的抛物线形梁拱线。

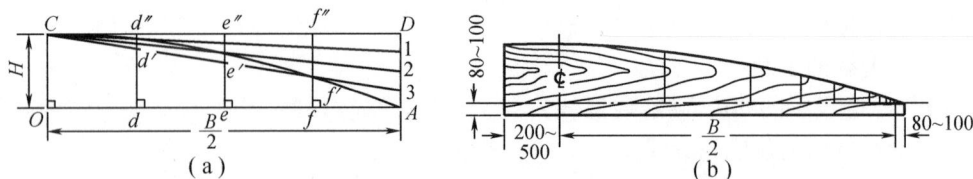

图2-2-6 抛物线梁拱曲线的绘制及甲板梁拱样板
(a)抛物线梁拱曲线的绘制;(b)甲板梁拱样板

梁拱线求得后,即可按图2-2-6(a)求得各站线的梁拱高,进而求取甲板中线在纵剖线图中与各横剖线交点的投影,将这些投影点连接起来,就是甲板中线在纵剖线图中的投影。

按照梁拱曲线钉制的样板称梁拱样板,如图2-2-6(b)所示,在梁拱样板两面均画出半宽线、船体中心线、水平线和纵剖线,以供画线和检验时用。

d. 画横剖线图上的甲板边线。在水线图上把甲板边线的半宽值用样棒录取下来,同时把纵剖线图上的甲板边线高度值用另一根样棒录取下来,移到横剖线图上,按同一站号的半宽值和高度值找出该站与甲板边线的交点,并注明站号,然后光顾连接各点即得横剖线图上的甲板边线。当横剖线图上的甲板边线不光顺时,应舍点修顺,并将舍点处型值返量到纵剖线图或水线图上,检验改点后甲板边线光顺情况;若在光顺甲板边线时又舍弃了其他点,则同样需要将新型值量到另两个投影图上去观察甲板边线的光顺情况;如此反复修正,直到三向光顺且型值对应为止。

④作舷墙顶线和甲板折角线:舷墙顶线和甲板折角线的画法与甲板边线完全一样。

(2)作三个投影图的理论型线

①画横剖型线

根据型值表左、右两部分各横栏中的型值,用尺沿各水线量取半宽值,沿各纵剖线量取高度值与设计水线的交点,须用样条在半宽图上量取;与中纵剖线的交点,可从纵剖线图中横剖线与中纵剖线的交点用样条搬取;与甲板边线及舷墙顶线的交点,已经得到。连接各点并与船底线及最大半宽线相切即得各横剖线。当横剖线各点不能连成光顺曲线时必须修改某些交点的型值,直到型线光顺为止。在修改时,设计水线各点的型值不允许修改。

②画水线型线

将横剖线图上已经光顺好了的横剖型线与各水线格子线的交点的半宽型值,用样棒录下,转画到水线图上,并用样条连顺水线型线。

③画纵剖型线

画纵剖线图上的纵剖型线,可用两根样棒分别从横剖线图上和水线图上,将纵剖格子线与各横剖型线相交的高度值和纵剖格子线与各水线型线相交的长度值录下,转画到纵剖线图上,再用样条光顺连接各点。如有更动的新点,需分别返画到横剖线图和水线图上去,一般来说,应尽量在水线图和纵剖线图上修改,因为这两个投影图上的纵剖线与水线的交角较小,准确性较低,便于移点修线。

船底底平线和舷侧边平线可在画水线和画纵剖线时进行。

3. 型线图的修改与检验

船体型表面是光顺的曲面,要保证船体曲面光顺,应该使横剖线、水线、纵剖线达到光顺。由于设计图纸比例小,不可避免地隐匿了许多误差。放样时按型值表给定的型值绘制型线,往往是不光顺的,应该对型线进行修改。修改型线是一项细致的工作,对型线某一处的修改,常会引起型线上相邻部分的变化,并且涉及其他型线。所以在修改型线之前,要对型线有关部分加以观察和分析,然后着手进行,以求得船体线型三向光顺。

(1)修改原则

型线修改是一项技术性高、难度大的工作,需要多次反复才能完成。型线修改的原则:型值一致性误差不大于 ±2 mm;设计水线以下各点的修正量应以小于图纸上的比例尺寸的分母值为原则,设计水线以上各点的修正量可以放宽些;船体型线修改前后排水量保持不变;对总体性能、船体容积有关的设计部位(船体主尺度、载重水线进水角及中横剖面型线)不能任意修改;主甲板边线型值在一般情况下不宜改动。

(2)修改方法

修改型线是一个反复修正、互相对应、逐步达到船体型线光顺的工作过程。如果光顺方法不当,容易使光顺过程出现多次反复而陷于复杂,影响光顺的进度和效果。型线修改方法要根据光顺的部位,操作者的习惯和经验而定。一般修改交角较小的型线,并应减少修改点的数量及型线修改量。

(3)型线检验

型线绘制结束后,需要对型线的精确性进行检验。型线的精确性体现在型线的光顺、协调和投影一致三方面,通常就从这三方面入手进行检验。

①检验型线的光顺性、协调性和投影一致性

型线的光顺性是指各型线的曲率应和缓地变化,不应有局部凹凸起伏和突变现象存在;型线的协调性是指同组型线间的间距大小应有规律地变化,不应有时大时小的现象存在;型线的投影一致性是指型线上任一点在三视图中的投影应符合长对正、高平齐、宽相等的投影规律。型线的光顺性和协调性可以通过目测来检验,投影一致性可用样条来检验。

②绘制斜剖线检验型线

对型线精度综合检验的方法通常是绘制斜剖线,如图2-2-7所示。斜剖线一般是侧垂面与外板型表面的交线。如果得到的斜剖线是一条光顺的曲线,则表明该处的型线绘制正确,即这部分型线的光顺性、协调性和投影一致性是满足要求的。如果得到的斜剖线不光顺,则需要修改斜剖线上某些点,使斜剖线光顺,并以此修改相应的型线。

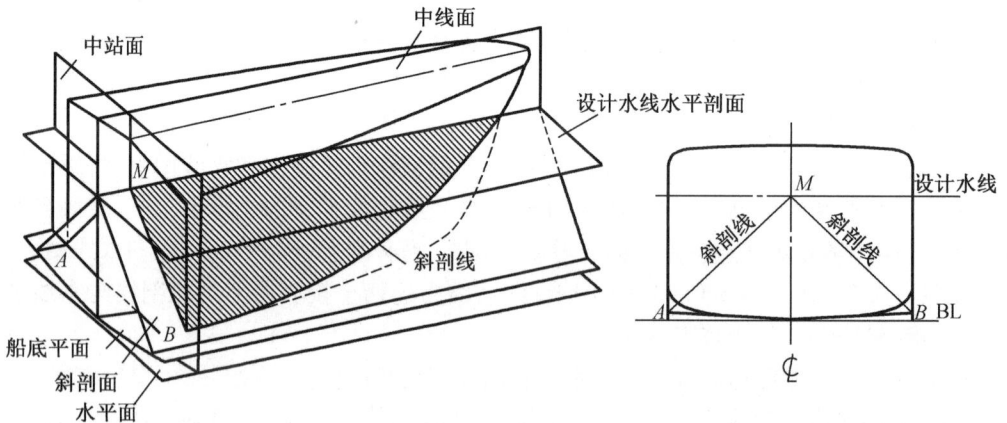

图2-2-7 斜剖面与斜剖线

一般来说,船体艏部型线的曲率较大,变化也较剧烈,为此常在艏部用包含中线面与设计水线面交线的侧垂面剖切外板型表面,求作斜剖线,如图2-2-7所示。根据平面投影特性可知,这样的斜剖线在横剖线图上投影为直线,在纵剖线图和半宽水线图的投影为曲线,不反映斜剖线的真实形状。为了获得斜剖线的真实形状,可用旋转法,将剖切平面绕中线面与设计水线面的交线旋转到中线面或设计水线面上,这样,在纵剖线图或半宽水线图中就可得到斜剖线的真实形状。斜剖线的作图方法通常如下(图2-2-8):

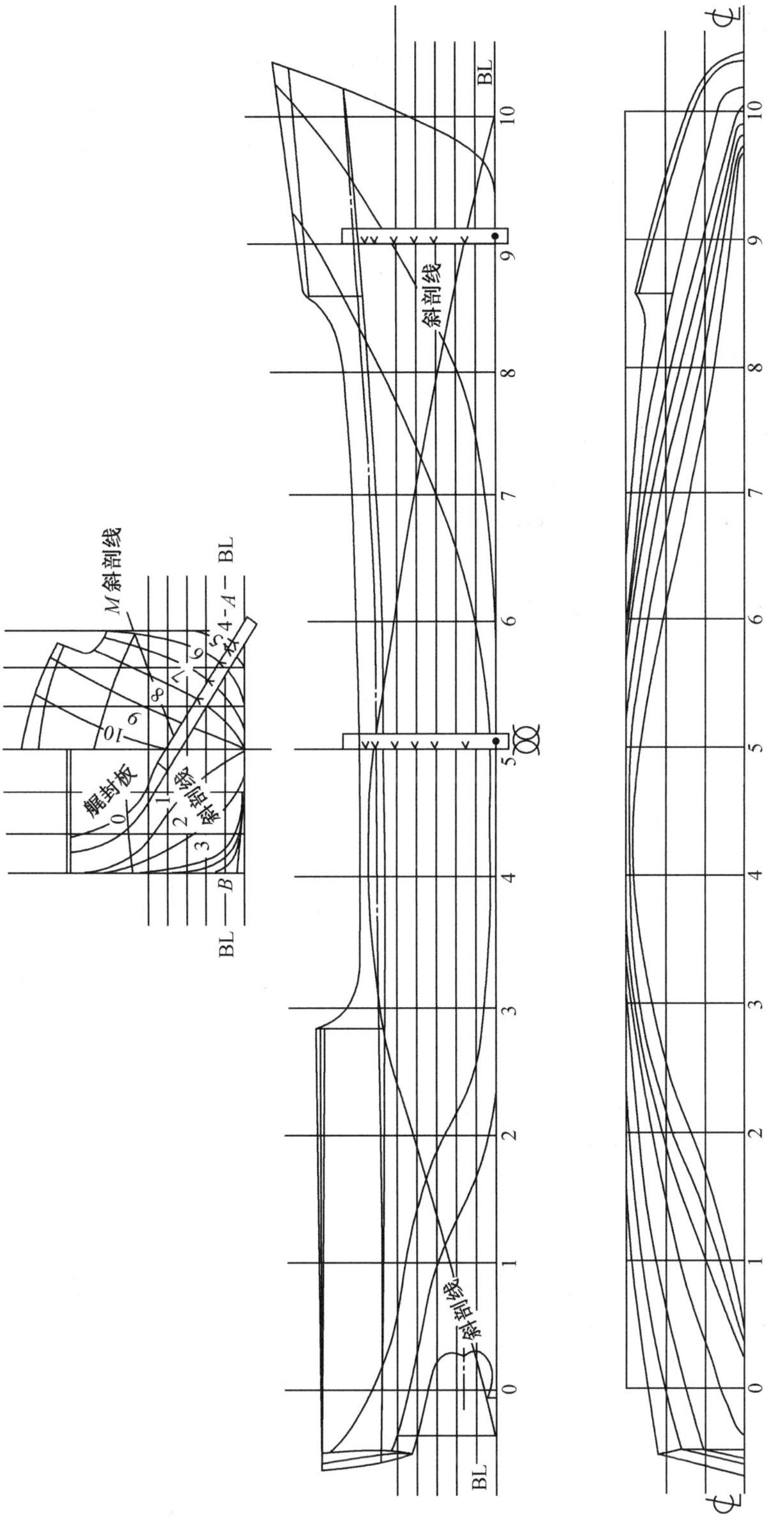

图2-2-8 在纵剖线图中绘制斜剖线的真实形状曲线

①在横剖线图中,连接 MA,MB,这是斜剖线在横剖线图上的投影;

②用纸条量取 M 点至斜剖线与各横剖线交点的距离,并注明横剖线编号;

③在纵剖线图中,使纸条上的 M 点与基线重合,在各站线上记下相应的交点,斜剖线与艏、艉轮廓线的交点,可以从纵剖线图中设计水线与艏、艉轮廓线的交点投影得到;

④用曲线板或压条光顺连接各点,得到在纵剖线图中的斜剖线的真实形状。

对于线型变化大或精度要求高的型线图,可在不同部位求取几根斜剖线来检验型线。

型线检验、修改完毕,用 $0.1 \sim 0.2$ mm 的细实线加深型线。加深时,必须严格按照底稿进行,以免影响型线图的精度。

二、工作任务训练

训练名称:53 m 货船的型线放样。

1. 训练目标与要求

训练目标:识读 53 m 货船的型线图(见附图 1),对其进行手工放样。

(1)用激光经纬仪绘制半宽水线图的格子线;

(2)绘制 500WL,1 500WL,2 500WL 的半宽水线图。

训练要求:

(1)格子线中的基线、中站线使用激光经纬仪绘制,其他站线可间隔使用激光经纬仪绘制;

(2)格子线采用对角线进行检验,并满足相关要求;

(3)船体每根型线要做到光顺性,每对型值要做到一致性(误差不超过 ± 0.5 mm)和每组型线间距要做到协调性;

2. 训练资料、设备和工具

(1)训练资料:53 m 货船型线图。

(2)设备和工具:激光经纬仪、样条、压铁、压嘴笔、卷尺等。

3. 训练过程

下达工作任务→制订工作计划(任务分工→确定训练步骤)→实施工作计划→完成训练记录。

4. 训练步骤

(1)使用激光经纬仪绘制格子线,并检验格子线。

(2)根据型值表分别绘制 500WL,1 500WL,2 500WL 线上的各点。

(3)光顺连接各点形成半宽水线图,检验各水线。

任务二　肋骨型线放样

【学习目标】

1. 熟悉船体肋骨型线放样方法;

2. 掌握肋骨型线检验方法;

3. 掌握船体手工放样工具的使用。

【任务解析】

船体理论型线图只是从设计角度反映出船体型表面的形状和大小,不表示船体纵横结构和板缝线等,因此在三向光顺的型线图基础上,还必须进行纵横结构线的放样和板缝排列,获得完整的肋骨型线图,以作为船体构件展开、钉制样板、样箱以及构件加工、装配画线的施工依据。例如肋板、肋骨、横梁、舭肘板等横向骨架和横舱壁等横向结构都是平行于横向剖面的横向构件,肋骨型线图直接为船体横向构件提供型线,反映它们的真实形状和大小。要获得完整的肋骨型线图,首先要以理论型线图为依据进行肋骨型线放样。

本任务主要学习肋骨型线及尾轴出口放样方法,通过该任务的学习和训练能够进行肋骨型线放样。

【任务实施】

一、背景理论与知识学习

(一)肋骨型线图基本知识

肋骨型线图的视图与型线图中的横剖线图比较相似,不同的是横剖线图中的横剖线是10等分或20等分垂线间长的横向剖切平面与船体型表面的交线,只表示了理论站号处的船体横剖面形状;而肋骨型线图中的肋骨线则是以型线图为依据,用通过各肋位处的横向平面(肋骨平面)为剖切平面剖切船体,与船体型表面的交线,它表示了各肋位处的船体肋骨型线的真实形状。此外,在肋骨型线图上,还表示了外板接缝的排列及甲板、平台和与外板相接的各纵向构件布置的情况,如图 2 − 2 − 9 所示。

肋骨型线图中的主要线条基本分为四类:

1. 肋骨型线

它是在各个肋位处剖切船体所得的真实的肋骨型线形状。由于船体左右对称于中线面,所以肋骨型线只画一半,在中线面的左面画中站面至艉部的各肋骨型线,在中线面的右面画中站面至艏部的各肋骨型线。肋骨型线用细实线表示。

大中型船舶的肋位较多,为了保持图面的清晰,一般间隔一档肋位绘制一根肋骨型线,通常逢双号绘制。在船体首尾部分的线型变化较大,故要求绘制出每档肋位的肋骨型线。

对所绘出的肋骨型线都须注出相应的肋位号。

2. 外板接缝线

外板接缝线表示了全船外板的排列和各块外板的形状。可分三种:

(1)边接缝线 是船体纵向相邻两列外板间接缝的投影,图中须注写其名称,如 $A \times B$,$B \times C$ 等。

(2)端接缝线 是同一列外板中相邻两块外板间接缝的投影,即外板横向接缝的投影。

(3)分段接缝线 是相邻两分段间接缝的投影。可分为横向分段接缝线(沿肋骨围长方向)、纵向分段接缝线(沿船长方向)。

图中一般接缝线用细实线表示,分段接缝线用斜栅线表示。

3. 构件交线

构件交线是船体甲板、平台、外底纵骨、旁底桁、旁内龙骨、内底边板、舭侧纵桁、舭龙骨等与外板的交线在投影面上的投影,表示了这些构件的位置及其与板缝的相对位置。

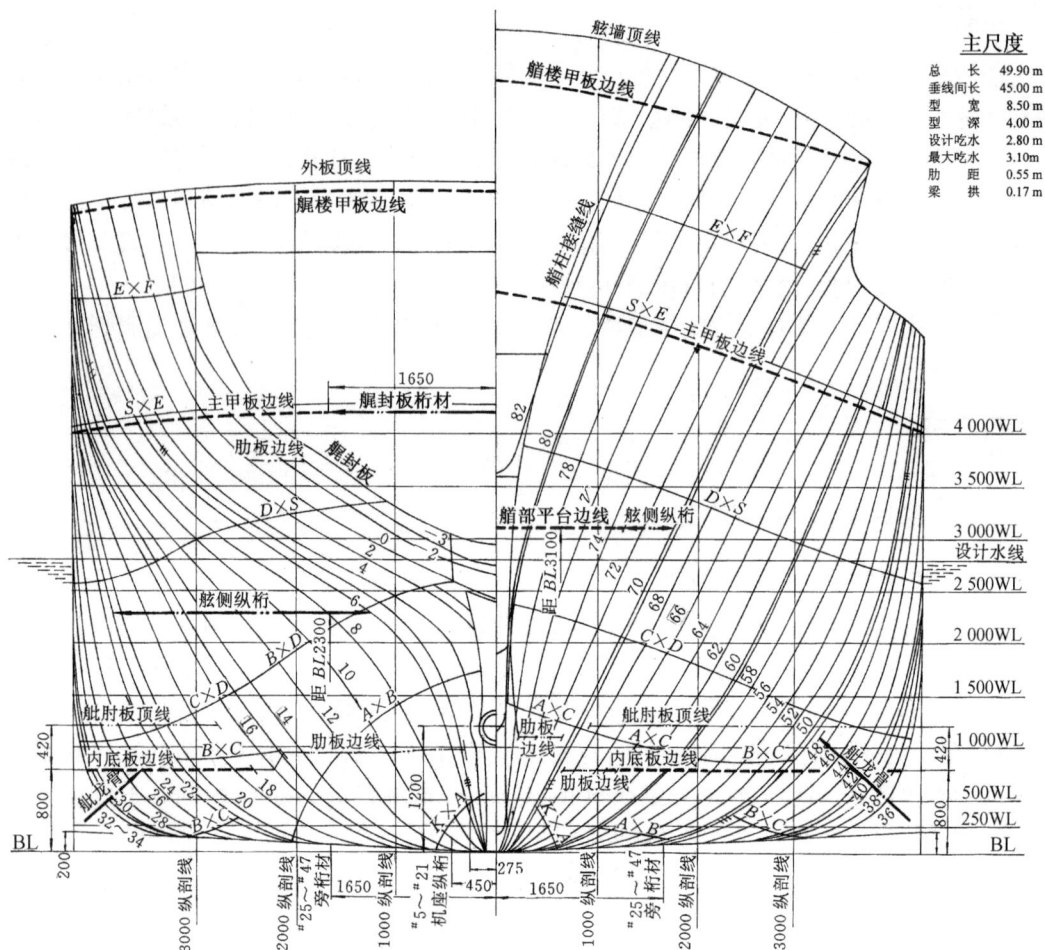

图 2 - 2 - 9　肋骨型线图

构件交线在图中采用简化线条表示,须用文字写明构件名称,并用尺寸表示其位置。不易表达清楚的纵向构件还须注明起点和终点。

4. 假想连线

它是某些同一类构件上特定点的假想连接线在投影面上的投影。如舭肘板顶线是舭肘板与外板型表面交线顶端各点假想连接线的投影;肋板边线则是肋板与外板型表面交线顶端各点假想连线的投影。假想连线表示了某些构件距基线的高度在船长方向的变化。

假想连线用细双点画线表示,并用文字注明名称。

肋骨型线图中除以上四类线条外,还有水线和纵剖线,在图中为直线。

(二)肋骨型线图放样

1. 肋骨型线绘制

(1)在纵剖线图和半宽水线图上,根据设计规定的肋骨位置,自 0 号肋位沿基线等分肋骨间距,然后过各肋位点作基线的垂线(各肋骨剖面的投影直线)。

(2)用两根样棒分别在纵剖线图和半宽水线图上录取同一肋骨号的高度型值和半宽型值。

（3）将这两根样棒的型值转录到横剖线图上，用样条光顺连接各型值点，就是所求肋骨型线。如果不光顺应予以修正。肋骨线通常按从中向艏艉逐条绘制。

（4）将纵剖线图上肋骨站线与甲板中线交点的高度值转画到横剖线图的中心线上，然后用梁拱样板连接中线交点与边线点，并检验样板上的水平线必须与水线格子线平行。

肋骨型线的检验方法仍是用斜剖线光顺与否鉴别，对曲率变化大的地方可多作几根斜剖线。对于没有纵剖线与水线相交的或相交距离较远的肋骨线，斜剖线还能起到光顺修正作用。

2. 作各肋位甲板梁拱曲线

斜剖线检验结束后，在光顺的各肋骨线上作出甲板梁拱曲线。

（1）将纵剖线图上肋骨线与甲板中线交点的高度值（可从最高一根水线量起）转画到横剖线图的中心线上。或将每根肋骨线的甲板半宽值置于梁拱曲线样板上，求出各肋骨线的甲板梁拱高度值后，画在船体中线对应位置上，即得甲板中线高度。

（2）将梁拱样板上的分中线对准甲板中线高度（见图2-2-10），其边端对准同一肋骨号的甲板边线点，检查样板上的水平线必须与水线格子线平行，沿梁拱样板上缘曲线画出每根肋骨的梁拱曲线。

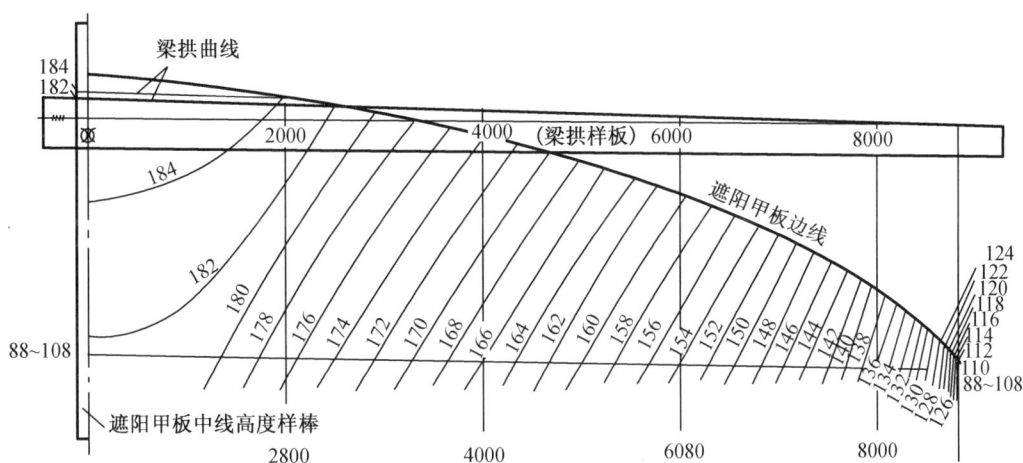

图 2-2-10　作甲板梁拱曲线

3. 艉轴出口处肋骨型线的放样

在推进器穿出船体的地方，船体表面的光顺性和某些内部构件受到破坏，为了弥补这一缺陷，应对该处的肋骨型线进行修正，使其形成一个凸起的和缓过渡的封闭曲面。

（1）推进器的布置形式

船舶的类型不同，艉轴的数量和布置形式也不同，一般有下列六种形式，如图2-2-11所示。

①在船体中纵剖面上，并与基线平行（图2-2-11(a)）；

②在船体中纵剖面上，并与基线倾斜（图2-2-11(b)）；

③在船体两侧，且平行于船体中纵剖面和基线（图2-2-11(c)）；

④在船体两侧，平行于船体中纵剖面，但与基线倾斜（图2-2-11(d)）；

⑤在船体两侧，平行于基线，但与船体中纵剖面成一角度（图2-2-11(e)）；

⑥在船体两侧，与船体中纵剖面及基线都成一角度（图2-2-11（f））。

（2）艉轴出口处的曲面光顺要求

由于轴壳板的肋骨型线是圆弧形的，放样时只需求出相应肋骨线处的圆弧半径值，以相应的轴心为圆心作圆弧，再用反圆弧与原肋骨型线连顺，这是轴壳板与船体连接的横向光顺性要求。另外，这些圆弧半径所组成的轴壳型线，既要保证本身的纵向光顺性，又应保证其与船体连接的纵向型线能光顺过渡。轴壳板与船体相连的反圆弧处也应保证纵向型线的光顺性，这是轴壳板与船体连接的纵向光顺性要求。

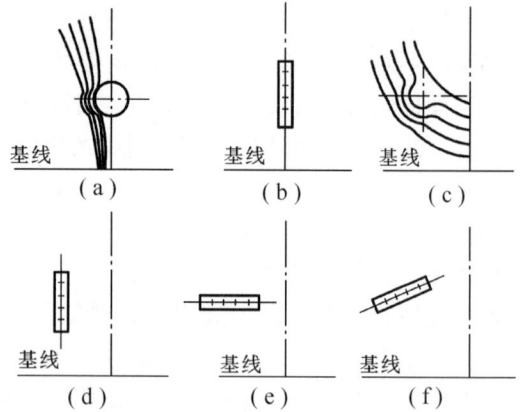

图2-2-11　推进器的布置形式

（3）艉轴出口处肋骨型线的放样

根据设计部门给定的轴中心线布置、轴壳半径（艉轴出口处肋骨剖面的圆弧半径）及开始凸起的肋位等，即可进行艉轴出口处肋骨型线的放样。

现以图2-2-12为例，说明艉轴出口处型线的放样。根据设计提供的图纸，轴中心线在船体的两侧，且与中线面和基平面平行，又已知轴壳在 #8 肋骨处的半径 R_8，轴壳从 #12 ~ #11 肋骨之间某处开始凸起，到 #8 肋骨止。根据上述条件，轴壳放样步骤如下：

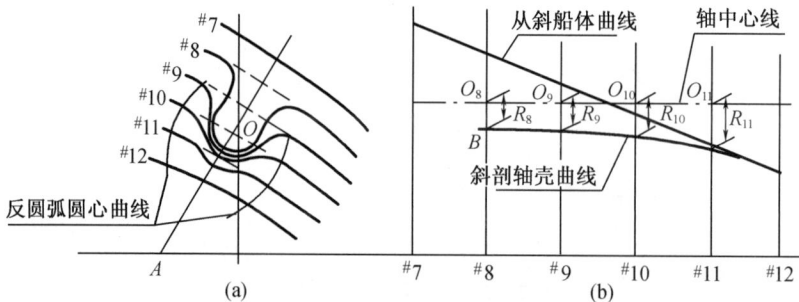

图2-2-12　艉轴出口处肋骨型线的放样

①在横剖线图上绘出轴中心线的投影，本例中重合于 O 点。

②在横剖线图上，过轴心点 O 作 #12 肋骨线的垂线，即得所求斜剖面的投影直线 OA。

③在横剖线图上，将各原肋骨线与直线 OA 的交点到基准点 δ 的距离，用样棒转录到纵剖线图的各对应肋骨线上（使 A 点始终对准基线），再用样条将各点连成光顺的曲线，即得到斜剖船体曲线。将横剖线图上各轴心点（本例中重合于 O 点）到基准点 A 的距离，也转录到纵剖线图的各对应肋骨线上，并作出轴中心线。

④在纵剖线图上，从轴中心线与 #8 肋骨线的交点 O_8 向下量取 R_8，得点 B，过点 B 作直线或和缓曲线，并在 #11 与 #12 肋骨间与斜剖船体曲线光顺的连接，得到斜剖轴壳曲线。该曲线与轴中心线在各肋骨线上的距离，即为相应肋骨处轴壳圆弧半径。

⑤在横剖线图上,以点 O 为圆心,分别以各半径画圆弧,圆弧两端应接近对应的肋骨线。

⑥在横剖线图上,以同样的半径作反圆弧(半径也可按比例任选),光顺的连接轴壳圆弧与原肋骨线。

⑦在横剖线图上,将各反圆弧的圆心连成光顺的曲线,检查反圆弧的纵向光顺性。若有个别圆心不在曲线上,应修改反圆弧,使圆心落在曲线上。

二、工作任务训练

训练名称:53 m 货船肋骨型线图放样(参见附图 1)。

1. 训练内容及要求

训练内容:

(1)根据 53 m 货船的型线图绘制肋骨型线图格子线;

(2)绘制 53 m 货船的 #5 ~ #15 肋位肋骨型线(也可根据需要增加)。

训练要求:

(1)格子线要经过检验合格,达到精度要求;

(2)肋骨型线光顺,并满足投影一致性和协调性。

2. 训练资料、设备和工具

(1)训练资料:53 m 货船型线图。

(2)设备和工具:图纸、曲线板、丁字尺、铅笔、橡皮等。

3. 训练过程

下达工作任务→制订工作计划(任务分工→确定训练步骤)→实施工作计划→完成训练记录。

4. 训练步骤

(1)根据 53 m 货船的船体型线图,根据图纸选择合适的比例(A_0 图纸可选择1:10 的比例; A_1 图纸可选择1:20 的比例),绘制肋骨型线图的格子线,并检验。

(2)在图纸上进行肋骨型线放样,绘制 #5, #7, #9, #11, #13, #15 号肋位肋骨型线图。检验合格后,标注出肋位编号。

任务三　船体结构线和板缝线放样

【学习目标】

1. 掌握船体结构线放样的基本方法;

2. 熟悉板缝线排列的原则,掌握板缝线放样的步骤。

【任务解析】

肋骨型线放样结束以后,为了获得构件展开,样板、样箱的钉制和加工装配等的施工依据,必须进行结构线放样和板缝线放样。

船体结构线放样主要是在肋骨型线放样的基础上,补绘出全部的结构理论线或其投影线。横向结构线放样主要是肋骨型线放样,纵向结构线放样就是在肋骨型线的基础上画出纵向构件与船体型表面及各肋骨剖面相交线的投影。

板缝线排列的恰当与否对于船体外表面美观、结构强度、焊接内应力、钢材利用率、零件加工、分段装配和船台安装、焊接工艺等均有密切关系,故要经过多次反复排列,直到满足要求为止。

本任务主要学习船体结构纵向构件线放样方法及板缝线排列要求及排列方法。通过该任务的学习和训练能够进行简单结构线放样,并掌握排板要求。

【任务实施】

一、背景理论与知识学习

(一)船体结构线放样

纵向构件是指中桁材(中内龙骨)、旁桁材(旁内龙骨)、舷侧纵桁、各种纵骨等纵向骨架和纵舱壁、内底边板、舭龙骨等纵向结构。其放样主要内容是在肋骨型线图上绘出纵向构件与船体型表面及各肋骨剖面相交线的投影。

现以图 2-2-13 所示旁内龙骨(双层底中为旁桁材)为例,介绍纵向构件的放样方法。旁内龙骨与船体外板的交线称为下口线,与面板(或内底板)的交线称为上口线。Ⅰ,Ⅱ号旁内龙骨放样步骤如下:

(1)按图纸规定的尺寸,在半宽水线图绘出旁内龙骨与船底外板的交线(即下口线)。

(2)将它在各肋骨上的半宽值转画到肋骨型线图中的对应肋骨线上,并连成一条光顺曲线,即为旁内龙骨的下口线。

(3)过下口线与肋骨线交点,作所在肋骨线的垂线(Ⅱ号旁内龙骨),并在其上截取旁内龙骨的高度值,得各高度点。再将全部高度点连成一条光顺曲线,即为旁内龙骨的上口线。上口线与下口线之间的各垂线就是旁内龙骨的横向理论线(即肋骨剖线)。

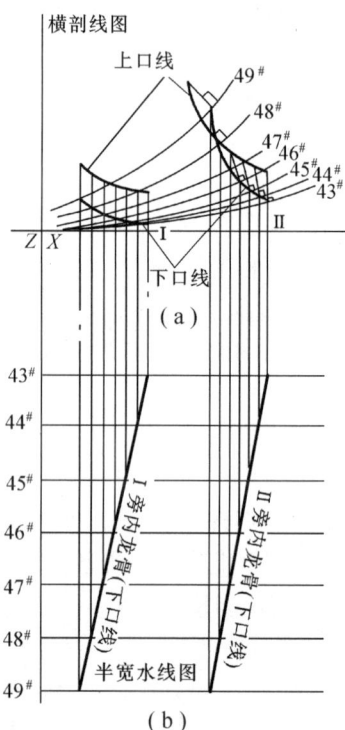

图 2-2-13 旁内龙骨结构线放样

按上述方法作出的旁内龙骨一般都是扭曲的。有时,为了便于加工和装配,设计给出的旁内龙骨,不要求垂直于外板,而是垂直于基线,即其肋骨剖线均相互平行。所以,这样的旁内龙骨不是扭曲的(图中Ⅰ号旁内龙骨)。

其他各种纵向构件的放样与上述方法类似,如甲板纵桁与甲板的交线称为上口线,与其面板的交线称为下口线;舷侧纵桁与船体外板的交线称为外口线,其腹板与面板的交线称为内口线。

(二)外板接缝线放样

外板接缝线要根据船体分段的划分、外板的厚度和板材的规格以及工艺和结构上的要求来布置。一般情况下,先排纵向接缝线,后排横向接缝线。

平板龙骨和舷顶列板的宽度由"钢质海船入级和建造规范"或强度计算决定,通常先布置;然后再由工艺性决定舭列板的纵接缝;最后布置其他纵接缝线;在艏艉处设计水线以下应采用并板。

纵接缝线和纵向分段接缝线通常为纵向的光顺曲线,在设计水线以上应与甲板边线或折角线平行。横接缝线和横向分段接缝线平行于肋骨剖面,通常布置在1/4或3/4肋距处。

此外,板缝线排列时,还必须注意以下几点:

(1)板缝线的排列应能充分利用原材料。如充分利用钢板的规格,尽可能减少钢板的剪裁;在排列纵缝时,应尽可能使纵缝与肋骨线正交,如图2-2-14所示,这样展开后的外板形状接近于矩形。另外,由于钢板边缘实际上不是完全平直的,必须对钢板的长和宽留出必要的余量。

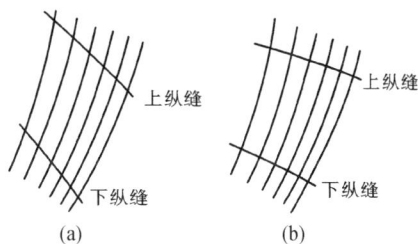

图 2-2-14 纵缝线与肋骨线的相对关系
(a)排列不好;(b)排列好

(2)板缝线的排列应使外板便于加工。如图2-2-15所示的折角型平板龙骨,如果纵缝排列不当,则在压力机上轧制折角时会发生构件与压头相碰的现象,以致无法加工。对于双向曲度都较大的外板,应适当缩短其长度和宽度,以利于加工。采用水火弯制的艏艉柱,应适当将板宽排窄,以降低弯制时刚性,提高成形效果。此外,板缝线的排列,应尽可能使每块外板的弯曲方向单一,即避免出现同时有正、反弯的情况,以降低加工的复杂性。

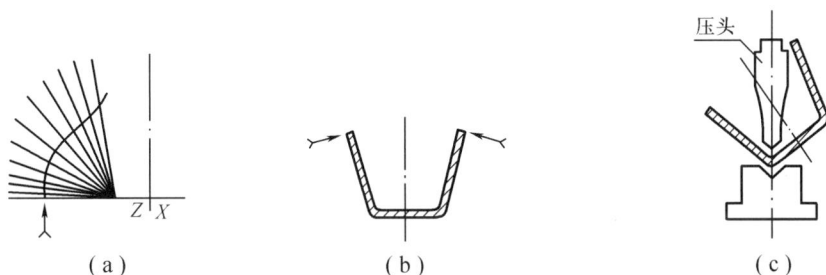

图 2-2-15 平板龙骨纵缝线的排列

(3)若外板纵接缝之间或外板纵接缝与内部纵向构件结构线之间呈小角度相交时,会影响焊接的质量。为此,必须调整纵缝位置,使两者夹角至少大于30°,最好成垂直相交或阶梯形,如图2-2-16所示。根据船舶建造规范的要求,对接缝与对接缝之间的平行距离不小于100 mm,对接缝与角接缝之间的距离不小于50 mm。

(4)纵缝线的排列应便于装配和焊接。如图2-2-17所示的双层底分段的上口纵缝,若其与内底板的距离过大,则自由端太大容易出现荷叶边变形,影响装配的精度;反之,若太小,则会形成装配硬点和死角,使施工条件变坏。平行中体的纵缝线,应尽可能平行于中线面和基平面,使接缝线为直线,既提高钢板利用率,又便于实施自动焊。

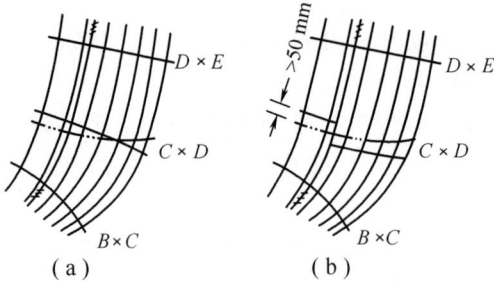

图 2-2-16 纵缝线与纵向构件线的相对位置
(a)排列不好;(b)排列好

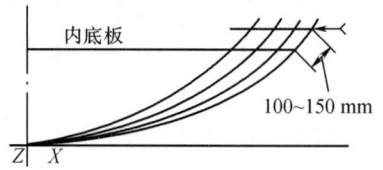

图 2-2-17 双层底分段纵向分段缝

(5)排列满载水线以上的纵缝线时,应该在保证强度和施工工艺性的前提下,使这些纵缝线与甲板边线(或折角线)近似平行,并沿船体全长光顺贯通,以保证满载水线以上船体外板的美观。

(6)横向接缝线的排列取决于分段划分情况,所有的分段横向大接缝都是外板的横缝线。此外,在每一分段中还应按照提高钢板利用率,便于加工和装配等要求,做适当的横向划分。各列板横缝线应在同一横剖面处,且平行于肋骨剖面,并要求布置在 1/4 肋距附近。

外板排列要综合考虑上述各种因素,经过反复斟酌和调整,才能确定符合要求的板缝排列。

船体型线放样与结构线放样结束后,应将所有的构件线、板缝线的名称标注在肋骨型线图上。此外,还应编制完工型值表,并写好肋骨编号、结构名称。这样就完成了船体型线放样的全部工作。

二、工作任务训练

训练名称:53 m 货船的结构线放样与板缝线放样(参见附图1)。

1. 训练内容与要求

训练内容:

(1)在任务二相关训练的基础上,绘制#5～#15 肋位之间的各主要构件的结构交线,包括甲板边线、舷侧纵桁、旁底桁、内底板边线。

(2)绘制出#5～#15 肋位之间各纵横向板缝线,并标注(可给定钢板宽度为 2 m)。

(3)对 1 000WL 附近的舷侧纵桁(#5～#15 肋位)进行结构线放样,并标注。

训练要求:

(1)结构线绘制完整、准确,并标注。

(2)按照外板排列原则,绘制#5～#15 肋位之间各纵向板缝线,并标注;按照分段划分图绘制横向向板缝线。

(3)对 1 000WL 附近的舷侧纵桁(#5～#15 肋位)进行结构线放样。

2. 训练资料、设备和工具

(1)训练资料:53 m 货船的船体型线图、基本结构图、中横剖面图、外板展开图等。

(2)设备和工具:设备和工具:图纸、曲线板、丁字尺、铅笔、橡皮等。

3. 训练过程

下达工作任务→制订工作计划(任务分工→确定训练步骤)→实施工作计划→完成训练记录。

4. 训练步骤

(1)根据基本结构图(见附图2)和中横剖面图(见附图3)在已经放样的#5~#15肋骨型线图上绘制甲板边线、舷侧纵桁、旁底桁、内底板边线;

(2)根据外板展开图(见附图4)绘制板缝线,并标注清楚;

(3)对1 000WL附近舷侧纵桁(尺寸参考附图2基本结构图)的进行结构线放样。

任务四 船体构件展开

【学习目标】

1. 熟悉船体构件展开的三要素;
2. 掌握非扭曲构件的展开;
3. 掌握船体外板的展开方法。

【任务解析】

船体构件展开是指将那些在投影图上不能表示出真实形状和尺寸的空间曲面等构件的实形求出,并摊开在平面上的过程。船体构件展开的目的是为了绘制号料草图或样板,以便在平直的钢板上号料。

构件展开是以肋骨型线图为基础的,因此要先在肋骨型线图上作出准线,并求出在肋骨型线图上不能反映实际形状的线段的实长、肋骨的弯度,然后才能展开构件。

本任务主要是学习船体构件展开的原理和方法,介绍外板展开典型方法和船体结构件展开基本方式,通过该任务的学习和训练能够用十字线法或测地线法进行船体外板展开,能对舷侧纵桁等纵向构件进行展开。

【任务实施】

一、背景理论与知识学习

船体构件分平面构件和曲面构件。平面构件有横向平面构件和纵向平面构件,横向平面构件(如肋骨框架、横舱壁等)因平行于中横剖面,其形状在肋骨型线图上已表示出来,不需另求;纵向平面构件(如各种桁材、纵向板材等),即在肋骨型线图上只表示出投影的平面构件,可精确地展开。而曲面构件的展开相对复杂,曲面又分可展曲面和不可展曲面。可展曲面能通过几何作图法精确地求出其展开的真实形状,大部分船体内部构件和舾装件属于可展曲面构件。船体外板多数属于不可展曲面,不可能用几何作图法求得其精确的展开图形,手工放样中需要用近似展开法展开。

展开船体构件的几何作图法,可分为准线法和撑线法两大类:

(1)准线法 以准线固定的四边形状为其共同特点。如图2-2-18(a)四边形,如果仅知道四个边长,可得多个四边形。但如果还知道由 A 向 CD 作的垂线 AE 的长度,就使得四边形 $ABCD$ 的形状和尺寸都固定了,AE 即为准线。

(2)撑线法　把空间曲面划分为许多相连的三角形,如图 2 - 2 - 18(b),用三角形的三个边长作三角形,依次形成一个组,其轮廓即为该空间曲面的展形图,这种以三个边长支撑三角形的方法称为撑线法。

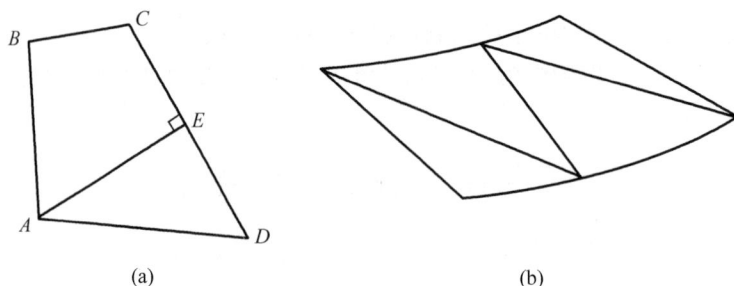

图 2 - 2 - 18　准线法和撑线法

(a)准线法;(b)撑线法

(一)求投影线实长、肋骨弯度及准线

利用肋骨型线图求船体构件的展开图时,求投影线实长、肋骨弯度和作准线是船体构件展开中起决定作用的因素,称为船体构件展开的三要素。

1. 求投影线实长

船体外板纵缝线和纵向结构线,一般是具有双向曲度的空间曲线,在三个投影面投影均未反映其真实长度,因此,展开船体构件时,必须求出这些投影线的实际长度(即实长)。一般船体表面沿船长方向的曲度变化是和缓的,故船体表面上的纵向曲线,在很短的间距(一个肋距)内可视为一段直线,这在造船生产中是足够精确的。

如图 2 - 2 - 19(a)所示,$\overarc{AB}$ 是船体表面上的纵向曲线段,$\overarc{A'B}$ 是 $\overarc{AB}$ 在肋骨型线图上的投影,其长度为 K(沿曲线量取),$\overline{AA'}$ 的长度是肋骨间距 L。若视 $\overarc{AB}$ 为直线段 $\overline{AB}$,并取 $\overline{A'B} = \overarc{A'B}$,则 $\overline{A'B}$、$\overline{AB}$ 和 $\overline{AA'}$ 组成了如图 2 - 2 - 19(b)所示的直角三角形,斜边长 L' 近似为 $\overarc{AB}$ 的实长,即有 $L' = \sqrt{L^2 + K^2}$。

在展开船体构件时,需要求实长的曲线多数是跨越许多档肋骨的曲线。如图 2 - 2 - 19(c)所示,用一根样杆沿该曲线在肋骨型线图上的投影,录下其与各肋骨线的交点 $1'$,$2'$,$3'$,$4'$;利用纵剖线图或半宽水线图上的肋骨线,将伸直后的样杆上的各交点依次转画到各肋骨线上,得如图 2 - 2 - 19(d)所示的 1,2,3,4 点,然后将它们连成光顺曲线,就是所求空间曲线的实长线。

2. 求肋骨弯度(冲势)

(1)肋骨弯度的几何概念

确定肋骨线在外板展开图上的形状时,可将船体外板近似地看成圆柱面,如图 2 - 2 - 20 所示。平行中体部分,由于圆柱面的母线与船体中心线平行,且垂直于肋骨剖面,因此圆柱外板的法面与肋骨剖面平行(或重合),在展开图上肋骨线呈直线,且与圆柱面的母线垂直。

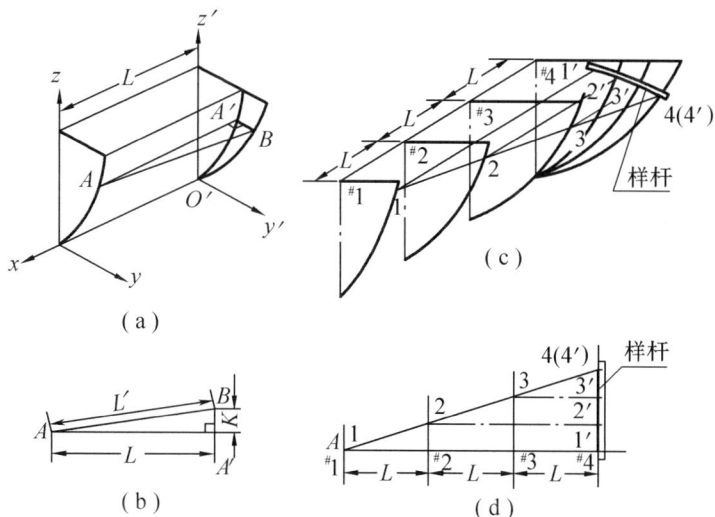

图 2-2-19 空间曲线实长的求法

在艉艉部分,由于圆柱外板的母线与船体中心线不平行,因此外板法面与肋骨剖面斜交,在展开图上肋骨线呈曲线。这种展开后的肋骨曲线与相应法面展开线间的最大拱度,称为肋骨弯度,如图中的 s。

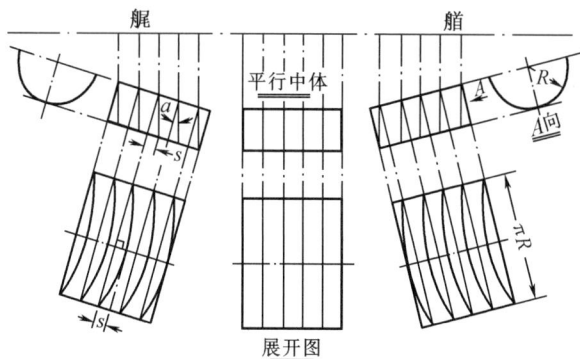

图 2-2-20 肋骨弯度的几何概念

(2)求取肋骨弯度的方法

如图 2-2-21 所示是作图法求取肋骨弯度的方法。

其中图 2-2-21(a)中 $\overset{\frown}{PQ}$ 和 $\overset{\frown}{QR}$ 是外板的纵缝线,$\overset{\frown}{AB}$ 是展开外板时用的准线(相当于圆柱面的母线),$\overset{\frown}{A'B}$ 是 $\overset{\frown}{AB}$ 在肋骨型线图上的投影线,$\overline{OR}$ 是 $^{\#}3$ 肋骨线所对应的弦线,过弦线 $\overline{QR}$ 的法面与外板的交线是 $\overset{\frown}{QDR}$,法面与准线所在平面的交线 $\overline{CD}$ 在空间垂直于 $\overset{\frown}{AB}$。图 2-2-21(c)为该外板的展开图,图上曲线 $\overset{\frown}{QBR}$ 为 $^{\#}3$ 肋骨的展开线,直线 $\overline{QDR}$ 为法面上曲线的展开线,两者之间的最大拱度为 $^{\#}3$ 肋骨的肋骨弯度(即 $\overline{DB}$ 的长度)。图 2-2-21(d)表示图

2-2-21(a)中准线平面上直角三角形 $\Delta AA'B$ 和直角三角形 ΔBCD，手工放样就是用作图法画出这样两个三角形求取肋骨弯度 s。有以下关系式

$$\frac{s}{m} = \frac{K}{L'}$$

或

$$s = \frac{Km}{L'} = \frac{Km}{\sqrt{L^2 + K^2}}$$

式中　s——肋骨弯度；

　　　m——肋骨型线图上肋骨线与其弦线间的准线长度。

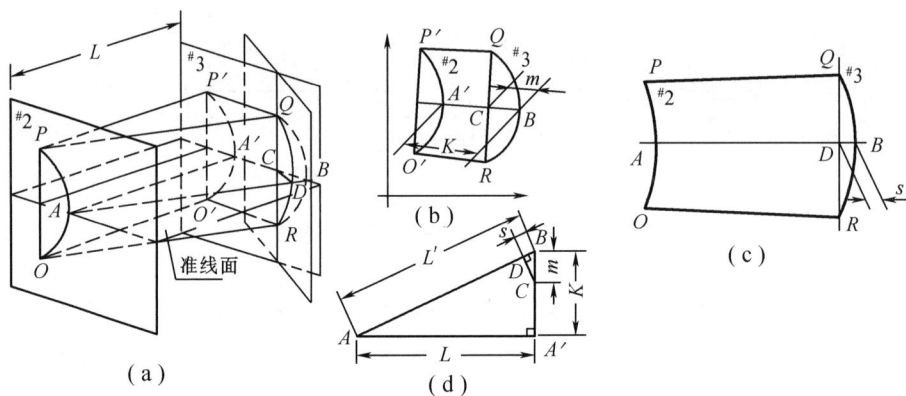

图 2-2-21　肋骨弯度的求法

由于船体表面毕竟不是圆柱面，所以，外板展开后的各肋骨弯度是不同的。展开外板时，一般只求出其中间肋骨的肋骨弯度，当由中间肋骨向该外板两端依次拼接每一肋距间的展开四边形时，自行产生其他各肋骨弯度。中间肋骨弯度的作图求取方法如图 2-2-22 所示。

外板展开图上肋骨线的弯曲方向按下述规律分布：凡属正弯形外板，展开后肋骨弯度的方向一律朝向船体中部（即向船中方向拱出）；反弯形外板的肋骨

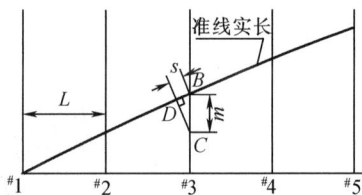

图 2-2-22　用作图法求中间肋骨弯度

弯度方向，在艏部朝向艏，在艉部朝向艉。但不论哪种情况，都有以下规律：外板展开图上的肋骨弯度的方向应与肋骨型线图上对应肋骨曲线的弯曲方向一致。

3. 准线

船体构件展开后的形状，是由许多被肋骨剖面剖切的四边形组成。但是，已知四边形的四个边长，可以作出无数个形状不同的四边形，因此必须作一根能够确定四边形各边相对位置的准线，才能按四边形作图方法逐步求出展开的图形。

船体构件展开中使用的准线有很多种，如测地线、十字线、定线等，准线不同，其作法也不同。准线的作法将在展开船体构件时加以介绍。

（二）船体外板展开

船体外板位于平行中体部分比较平直，而艏艉部分随着线型的逐渐变化和加剧，出现

了单曲度和双曲度。按其不同程度的曲率,采用不同的展开方法。近年来广泛采用的有测地线法和十字线法,此外还有定线法、轴线法等方法。

1. 测地线法展开船体外板

所谓测地线就是连接曲面上两定点的最短曲线,如果此曲面是可展的,则展开图上的测地线就成为一直线。而一般船体曲面虽然是不可展的,但其曲度较和缓,因此,其测地线在展开图上可近似地视为一直线。用它作为准线,可以很方便地展开船体外板。这种利用测地线作为准线的方法,称为测地线法。运用测地线法的关键,是在肋骨型线图上作出测地线的投影线(一般不是直线),使它展开后为一直线。

测地线的作法根据船体外板的形状不同,可分为两种。现分别介绍如下:

(1)扇形板测地线展开法

这种方法所作的测地线与中间肋骨的弦线垂直,如图 2 - 2 - 23 所示。

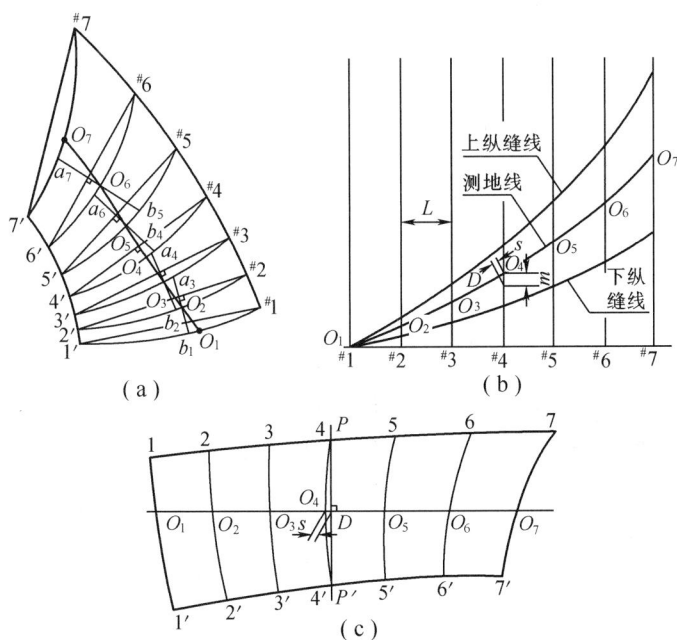

图 2 - 2 - 23 测地线法展开扇形外板

①作测地线,如图 2 - 2 - 23(a)所示。把各肋骨线与上、下纵缝线的交点连成弦线;过中间肋骨($^{#}4$ 肋骨)线的中点(或弧形最大点)O_4 作本身弦线的垂线,与 $^{#}3$ 和 $^{#}5$ 肋骨线交于 O_3 和 O_5 点,这三点都是相应肋骨线上的测地线交点;过 O_3 点作 $^{#}3$ 肋骨弦线的垂线,与 $^{#}4$ 和 $^{#}2$ 肋骨线交于 a_4 和 b_2 点,沿 $^{#}2$ 肋骨线量取 $\overset{\frown}{b_2O_2} = \overset{\frown}{a_4O_4}$(此两弧量取方向应相反,即:若 O_4 在 a_4 下方,则 O_2 应在 b_2 上方,反之亦然,以下同),得 $^{#}2$ 肋骨线上的测地线交点 O_2;过 O_2 点作 $^{#}2$ 肋骨弦线的垂线,与 $^{#}3$ 和 $^{#}1$ 肋骨线交于 a_3 和 b_1 点,沿 $^{#}1$ 肋骨线量取 $\overset{\frown}{b_1O_1} = \overset{\frown}{a_3O_3}$,得 $^{#}1$ 肋骨线上的测地线交点 O_1;同样,可以求得 O_6 和 O_7 点。用样条光顺地连接 $O_1, O_2, \cdots, O_7$ 各点,得到测地线在肋骨型线图上的投影线。

②用求投影线实长的方法求上、下纵缝线和测地线的实长,如图 2 - 2 - 23(b)所示。

③求中间肋骨的肋骨弯度,如图 2 - 2 - 23(b)所示。

以肋距 L 作一水平线,在一端作垂直线在其上量取 O_4O_5 长度(即 K 值),作一直角三角形,按图 2 – 2 – 21 求出肋骨弯度 s。

④作展开图,如图 2 – 2 – 23(c)所示。作一直线,即为展开图上的测地线,并定出其首尾方向,过其中间 D 点作垂线 PP'(即为过 #4 肋骨弦线的外板法面与外板的交线);在展开的测地线上,从 D 点向 #3 肋骨方向量取 #4 肋骨的肋骨弯度值 s,得 O_4 点,并以它为准,用样杆将测地线各段实长转录到展开的测地线上,得到 $O_1,O_2\cdots,O_7$ 各点;用样杆沿肋骨型线图上 #4 肋骨线录下 O_4 点到上、下纵缝交点间的肋骨长度,然后将样杆上的 O_4 点对准展开图上的 O_4 点,并使样杆上的上、下纵缝交点均落在垂线 PP' 上,得 4 和 4′ 点,将 4,O_4,4′ 三点连成光顺曲线,就是展开的 #4 肋骨线;以 4 点为圆心,#4 和 #5 肋骨间上纵缝的实长为半径作弧,以 O_5 点为圆心,以肋骨型线图上的测地线到上纵缝之间的 #5 肋骨长为半径作弧,两弧的交点 5 就是 #5 肋骨与上纵缝的交点,同样可以求出 #5 肋骨与下纵缝的交点 5′;如此从中间肋骨向首尾两端逐步展开,可得到上、下纵缝与各肋骨的全部交点 1,2,…7 和 1′,2′,…,7′;用样条分别将所得的上、下纵缝各交点光顺连接,并光顺地连出各肋骨线,即得外板展开图。

(2)菱形板测地线展开法

所谓菱形板,即其在肋骨型线图上的投影形状像菱形,若仍用扇形板测地线的作法,则测地线很可能不贯穿全部肋骨线,而越出纵缝线。所以,使测地线不与中间肋骨弦线垂直,而是偏转一定角度,贯穿全部肋骨,这是菱形板测地线的特点。菱形板的展开方法如图 2 – 2 – 24 所示。

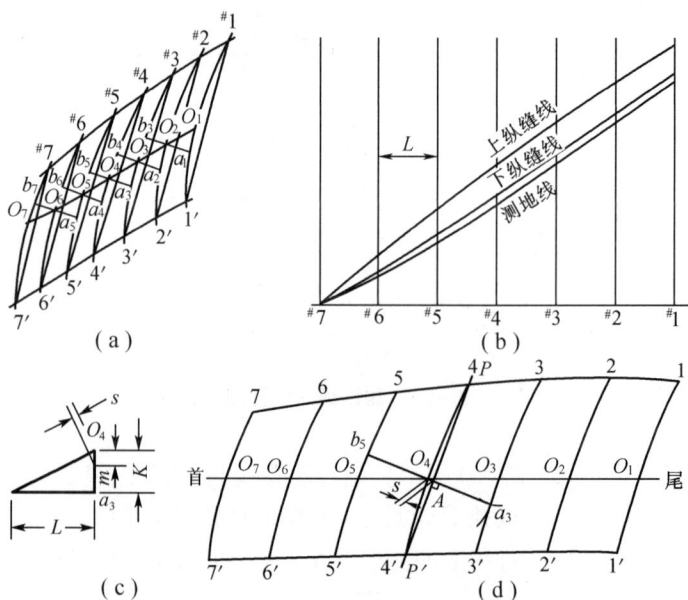

图 2 – 2 – 24 测地线法展开菱形外板

①作测地线,如图 2 – 2 – 24(a)所示。作各肋骨的弦线,过中间 #4 肋骨线及其相邻的 #3(或 #5)肋骨线的中点(或弧形最大点)O_4 和 O_3,分别作本身肋骨弦线的垂线,#4 肋骨弦线的垂线与 #3 和 #5 肋骨线相交于 a_3 和 b_5 点,#3 肋骨弦线的垂线与 #2 和 #4 肋骨线相交于 a_2 和 b_4 点;沿 #5 肋骨线量取 $\overset{\frown}{b_5O_5}=\overset{\frown}{O_3a_3}$(量取方向应相反),得 #5 肋骨线上的测地线交点 O_5;同样,

沿#2 肋骨线量取$\overset{\frown}{a_2 O_2} = \overset{\frown}{O_4 b_4}$，得#2 肋骨线上的测地线交点$O_2$；再过$O_2$点作#2 肋骨弦线的垂线，与#1 和 3 肋骨线相交于a_1和b_3点，沿#1 肋骨线量取$\overset{\frown}{a_1 O_1} = \overset{\frown}{O_3 b_3}$，得$O_1$点，并用同样方法求得$O_6$，$O_7$点；用样条光顺地连接$O_1$，$O_2$，…，$O_7$各点，就得到测地线在肋骨型线图上的投影。

②求上、下纵缝线和测地线的实长，如图 2 – 2 – 24（b）所示。

③求中间肋骨的肋骨弯度s。

由于肋骨弯度应在#4 肋骨弦线的垂线$\overline{O_4 a_3}$上（不在测地线上），故不能在测地线的实长线上求取，而只能另作肋骨弯度三角形，如图 2 – 2 – 24（c）所示。同样的道理，K值和m值均应在肋骨型线图上垂线$\overline{O_4 a_3}$上量取，K值即为$\overline{O_4 a_3}$的长度。

④作展开图，如图 2 – 2 – 24（d）所示。作一直线为展开的测地线，定出首尾方向，并标出各肋骨线与它的交点O_1，O_2，…，O_7；以$\overline{O_4 a_3}$的实长和$\overset{\frown}{O_3 a_3}$的实长在$\overline{O_4 O_3}$线段上作 △$O_4 a_3 O_3$，按肋骨弯度方向，在$\overline{O_4 a_3}$上量取$\overline{O_4 A} = s$（肋骨弯度），过点$A$作$\overline{O_4 a_3}$的垂线$PP'$（即为过#4 肋骨弦线的外板法面与外板的交线）。余下的展开方法与扇形板一样。

（3）统一测地线法

用模拟手工作测地线的方法进行船体外板数学展开时，为了避免对扇形板和菱形板进行判别，通过分析两种测地线作法的原理，提出了一种通用的测地线作法，称为统一测地法。其作法与普通测地线的区别，仅仅在于中间两肋骨上测地线交点的选取不同，其他的作法与菱形板测地线相同，如图 2 – 2 – 25 所示。

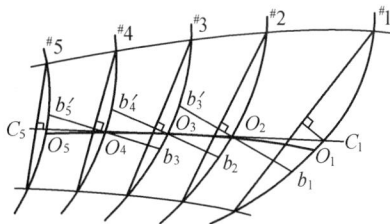

图 2 – 2 – 25　统一测地线的作法

①选取中间两根肋骨线上的测地线交点。首先过外板两端肋骨弦线的中点作本身的垂线，分别与本身肋骨线相交于C_5和C_1点，过C_5和C_1作一直线，与中间肋骨线（#3 肋骨）及其相邻的#4 肋骨线相交于O_3和O_4点，这两点即为中间两肋骨线上的测地线交点。

②从O_3和O_4这两点向两端，用前述的作测地线方法作出完整的测地线。由于O_3和O_4两点定出了所作测地线的基本方向，测地线不会越出上、下纵缝线。

2. 十字线法展开船体外板

在肋骨型线图上，若外板各肋骨弦线相互平行，且它们中点的连线为垂直于肋骨弦线的直线，则它实际上相当于柱形面（或锥形面、回转面）上的一根母线、由测地线的作法可知，这一直线就是测地线的特例。这种垂直于中间肋骨弦线的直线形测地线投影，称为十字线（或称十字准线）。十字线法的准线作法十分简单，还兼有测地线法的优点，常用它近似地展开肋骨线近乎平行的单向、双向曲度外板。

如图 2 – 2 – 26 所示，为一舣部外板的十字准线的作法。过中间肋骨弦线中点作本身的垂线，并与各肋骨相交O_1，O_2，…，O_7各点，此垂线就是准线投影线。其

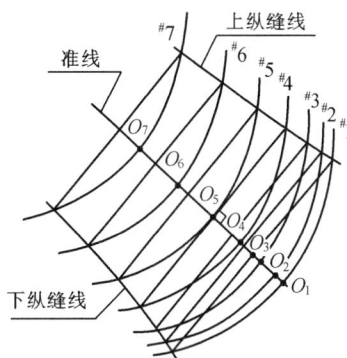

图 2 – 2 – 26　十字线法展开
舣部外板

展开步骤和方法与测地线法相同,这里不再详述。

(三)船体构件展开

船体构件可分为横向和纵向两大类,通过船体结构线放样,可以在肋骨型线图上直接得到横向构件的真实形状和尺寸;对于纵向构件,可以在肋骨型线图上得到它们投影的光顺曲线,利用它就可以进行纵向构件的展开。

船体上的许多纵向构件(如纵桁的腹板、纵舱壁等),它们与肋骨剖面的交线(肋骨剖线)是直线,其展开后仍为直线,即冲势为零,因此,可以用垂直准线法展开。它们的展开图形,是由每两根肋骨剖线分割成的各四边形拼接而成。

1. 非扭曲型纵向构件的展开

这类构件的特点是肋骨剖线为相互平行的直线,若在肋骨型线图上作一根垂直于各肋骨剖线的基准直线,则在展开图中这根基准直线也应该和各肋骨剖线保持垂直。我们只要求出基准线的实长并确定基准线与肋骨剖线之间的相对位置,就可以很方便地进行展开。

如图 2 - 2 - 27 所示为上、下口线有斜升的旁底桁的展开方法。

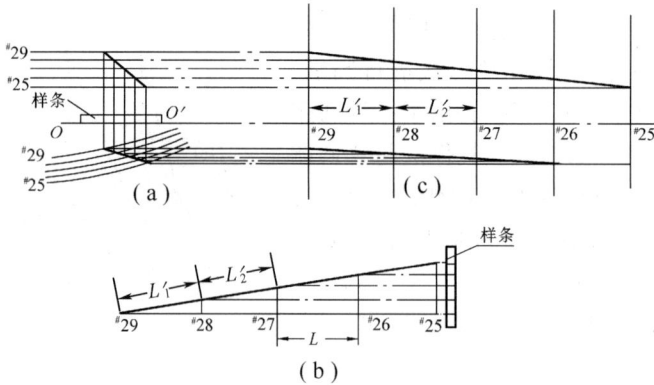

图 2 - 2 - 27　旁底桁的展开

(1)作准线。在构件的中间肋骨剖线之中点处作肋骨剖线的垂线,以便它能贯穿所有的肋骨剖线,如图 2 - 2 - 27(a)中的基准直线$\overline{OO'}$。

(2)求准线实长。作法如图 2 - 2 - 27(b)所示。

(3)作展开图。如图 2 - 2 - 27(c)作一直线,并在其上按准线实长线的各伸长肋距标出各相应肋骨位置点,得展开的准线,过各肋骨位置点作其垂线,用样杆将准线至上、下口线的各肋骨剖线长转录到展开图相应的垂线上,得到与上、下口的各交点;分别光顺地连接上、下口线各交点,得到展开的旁底桁图形。

2. 扭曲型纵向构件的展开

这类构件的特点是肋骨剖线垂直于本身肋骨线,肋骨剖线为相互不平行的直线。因此,不可能有在肋骨型线图和展开图上均为直线的准线存在。故通常采用分段作垂直准线并分段展开的方法近似地展开。

如图 2 - 2 - 28 所示为扭曲舷侧纵桁的展开方法。首先展开#35 和#36 肋骨剖线间一段纵桁,再依次展开其余各段纵桁。对于其中#35 和#36 肋骨剖线间一段纵桁,若只求出该四边形四边的实长,还不能唯一地确定其展开形状,故在肋骨型线图上作该四边形的一条垂直准线$\overline{1'a}$,它垂直于肋骨剖线$\overline{11'}$,在展开图上可近似视之为$11'$的垂线$\overline{1'a}$。由于垂直准线$\overline{1'a}$将四边形$11'2'2$分成了四边形$1'a21$(有一直角,故形状确定)和三角形$1'a2'$两部分,求出这两部分的展开图形,就得到了该四边形$11'2'2$的展开图形。

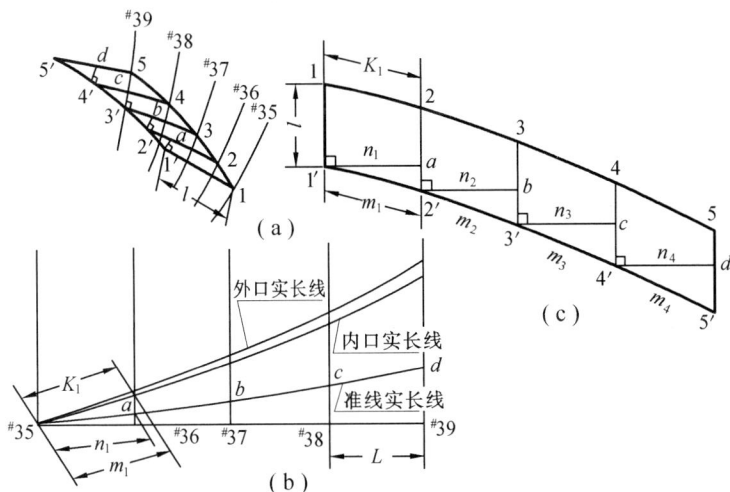

图 2 - 2 - 28　扭曲舷侧纵桁展开

具体步骤如下(图 2 - 2 - 28):

(1)作舷侧纵桁各段的垂直准线,如图 2 - 2 - 28(a)所示。在作好了的扭曲纵桁内、外口线和横向理论线的肋骨型线图上,过各内口点 $1',2',3',4'$ 作自身肋骨剖线的垂线,交相邻肋骨剖线得 a,b,c,d 各点。

(2)分别求出内、外口线和垂直准线的实长,如图 2 - 2 - 26(b)所示。

(3)求展开图形,如图 2 - 2 - 28(c)所示。在展开图上作一直线$\overline{11'}$等于纵桁高度,过内口点 $1'$ 作垂线等于$\overline{1'a}$的准线实长 n_1 得 a 点。然后用交规法:以 1 点为圆心,K_1 为半径画弧,并以 a 点为圆心,以肋骨型线图中 $a2$ 段为半径画弧,可得展开图内口点 2,同样方法可得展开图外口点 $2'$。连接 $2a2'$ 应为直线且等于纵桁高度值(注意此线与 $\overline{1'a}$ 不垂直)。以此类推可得纵桁展开图上内、外口线各点。分别将内口线上 $1',2',3',4',5'$ 各点和外口线上 1,2,3,4,5 各点用样条连接起来,即得舷侧纵桁的展开图形。

二、工作任务训练

训练名称:53 m 货船的船体构件展开(参见附图1)。

1. 训练内容及要求:

训练内容:

(1)$^{\#}5\sim{}^{\#}15$ 肋位处 $A\times B$ 与 $B\times C$ 之间的外板展开;

(2)$^{\#}5\sim{}^{\#}15$ 肋位处 1 000WL 处的舷侧纵桁展开。

训练要求：

（1）绘制指定的外板展开图，步骤正确，展开准确；

（2）绘制舷侧纵桁展开图，步骤正确，展开准确。

2. 训练资料、设备和工具

（1）训练资料：53 m货船的船体型线图、基本结构图、中横剖面图、外板展开图等。

（2）设备和工具：设备和工具：图纸、曲线板、丁字尺、铅笔、橡皮等。

3. 训练过程

下达工作任务→制订工作计划（任务分工→确定训练步骤）→实施工作计划→完成训练记录。

4. 训练步骤

（1）外板展开图的绘制步骤

①根据绘制好的肋骨型线图以及板缝线，确定外板的边界，本次训练展开板缝#6～#16肋位之间 $A \times B$ 与 $B \times C$ 之间的板缝；

②根据外板的形状选择合适的展开方法，并做准线；

③求准线以及上下板缝线的实长；

④求中间肋骨的弯度；

⑤作展开图。

（2）舷侧纵桁的绘制步骤

①根据已绘制好的#5～#15肋位的肋骨型线图以及 1 000WL 处的舷侧纵桁的结构线，判断其大致形状；

②根据舷侧纵桁是否扭曲，选择合适的方法绘制其展开的准线；

③求准线的实长；

④作展开图。

任务五　草图的绘制、样板与样箱的制作

【学习目标】

1. 理解草图与样板之间的关系；

2. 理解草图的分类；

3. 掌握草图绘制的方法与基本原则；

4. 理解样板的分类；

5. 掌握三角样板和样箱的制作。

【任务解析】

船体型线放样和构件展开工作结束后，接着要向船体生产车间提供号料、加工、装配以及质量检验等用途的放样资料，放样间通过钉制一定精度的各种样板或样箱、绘制清晰明了的草图和拷出各种数控软盘等措施，来提供型值。

本任务主要学习草图和样板的相关知识，掌握其制作方法，通过该任务的学习和训练

能够进行草图绘制和加工样板制作。

【任务实施】

一、背景理论与知识学习

(一)草图的绘制

草图可将放样所取得的船体型值记录在纸上,用来进行号料和画线,以补充施工图纸的不足。草图具有节省样板制作材料、易保存的优点,它适用于小批量、形状简单的船体构件。在放样展开或计算后,通常约有50%以上的零件能以草图形式来代替样板进行号料。

草图分为四类:号料草图、胎架画线草图、装配草图和加工草图。草图的绘制,应先在图纸上定出直角坐标系(一般取展开后的直准线作为横轴),构件图形不必严格按比例绘制,只是在表示出基本形状的基础上,用标注尺寸的方式确定其准确的图形。草图上还应标出必需的标记、符号及说明。

1. 号料草图

(1)零件草图

零件草图是号料草图中的一种,如图2-2-29所示。其简要绘图步骤为:

产品名称	图号	名称	件号	数量	牌号	规格
7 500 t客货船	VHD413-113-17	外板	2	工件"对称"	3C	$\delta=18\ \text{mm}$

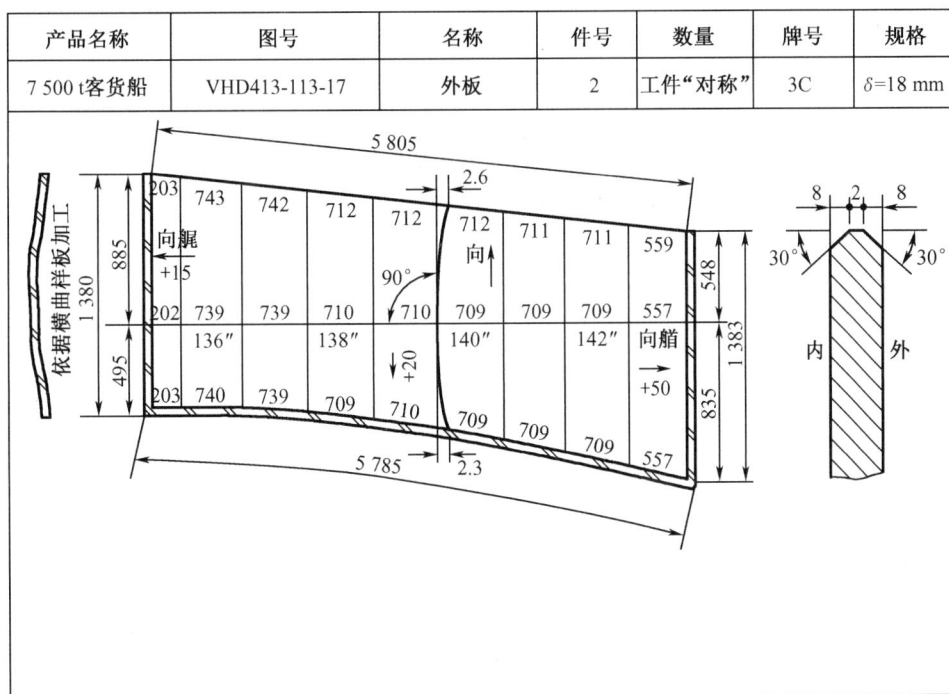

图2-2-29 船体外板草图

①按展开零件的图形特征,在图纸的适当部位,绘两根互相垂直的细直线,作为直角坐标轴,并在相交处注明90°。若零件图形本身有直角边,坐标轴就直接选在直角边上。

②按图形画出展开零件的图形。图形尺寸并不要求严格按比例绘制,但一定要确切地反映出零件的形状特征。习惯上以装有骨架一面向上,草图左端为艉,右端为艏,上端为零

件的上部。所以,绘制船体外板零件草图时,均以左舷外板零件为准。

③标注尺寸时,要考虑到下道工序的实际情况,应便于号料时画线,在图中不应出现需换算的尺寸。草图上的尺寸必须标注正确、完整、简洁、明了。所标尺寸均为展开净值,工艺余量另外加放。

④注明零件所处的方位。如肋骨号码、向艏、向艉、向中、向舷、向左、向右、向上、向下等。

⑤注明零件所需加放工艺余量的大小及方向。

⑥标注零件的施工工艺说明和加工符号。

⑦一般在图纸上画出表格,填写产品名称、分段名称、图号、零件名称、件号、数量、材料牌号和规格等。

在实际生产中,还要注意以下一些习惯上的规定和要求:

①零件草图上的图形,习惯上以构架面为正面,左端为向艉方向,右端为向艏方向,如船体外板零件以画出左舷形状为准。

②对称性的船体零件,必须在图面上标写出"对称"字样。

③草图中所注尺寸均系展开净值,工艺余量另用红色笔醒目标出数值和方向(刨边余量不应计入理论尺寸,由号料时另行加放,但须作出刨边标记符号及坡口形式)。

④在通常情况下,一张草图限画一个零件。在实际工作中,会出现一些零件形状相似,而尺寸不同时,可画出简要图形和增设表格(表格栏内有件号、材料规格和数量)对应填入即可。

⑤为节省纸张、时间和方便下道工序施工,有时也可将同一分段的若干相连零件绘制在一张统一格式的标准大草图上,但标注尺寸和工艺图形符号时,应简洁明了,使人一目了然。

⑥零件草图的绘制份数视生产需要而定,通常是一式两份,一份供号料使用,另一份作样台存据。若需刨边的零件则应一式三份,将其中一份交刨边工序使用。

⑦零件草图绘制完毕后,并经自验无误后,应在草图所规定的格栏内,签署工作者姓名和完工日期,提交专职检验员检验认可。同样应签署检验者姓名、日期,作为今后查核依据。

通常,一个零件画一张草图,如果有些零件的形状相似,仅尺寸不同时,则可绘制简要图形,再增设表格,列出各相似零件的件号、尺寸和数量。即在一张草图上表示多个零件。

(2)通用零件草图

根据船舶的结构特点,有很多船体零件的形状是相似的,仅尺寸大小而异。为了减少绘制零件草图的工作量,提高工作效率,可将常见的各种零件分门别类,确定数种形式,将其图形和尺寸指箭线事先印好,应用时则填入实际尺寸,这种草图称为通用零件草图。

由于各厂生产情况不同,所采用的通用零件草图的形式也不同,种类较多。常见的形式有:正方形、长方形、圆形板、圆环形板、直角肘板、锐角肘板、钝角肘板、平直扁钢、两端切角扁钢、平直角钢、一端切角角钢、两端切角角钢、球扁钢、槽钢、工字钢、圆管、圆钢以及半圆钢等一些典型的通用零件草图,图2-2-30为扁钢零件通用草图。

随着船舶产品结构设计的不断改进和变化,相应地将会出现新的钢材品种和规格,通用零件草图的形式也会随之有所变化。

2. 胎架画线草图

在胎架基准面、结构形式和各种结构的主要尺寸确定之后,应绘制胎架施工草图。在施工草图中,除了应标明必要的尺寸大小和材料规格外,还必须说明施工的技术要求。如在专用胎架上注明在胎板上必须画出的各种位置线和外板接缝线、分段纵向构件位置线、中心线、水线等检验线。

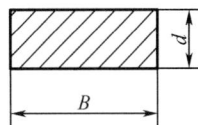

图 2 - 2 - 30 扁钢零件

如图 2 - 2 - 31 为横向胎架画线草图,横向胎架的胎板与船体外表面为横向线接触形式,放样间除了为胎架制造提供胎板样板外,还要画出胎架画线草图。这时需要注意,胎架画线草图均以理论面和理论线的尺寸为准,在具体制造胎架时,因胎板是与船体外板的外表面接触,需要扣除外板厚度。

胎板肋位	H_1	H_2	H_3	H_4	H_5	B_1	B_2
136	299	122	139	291	556	3514	2611
138	297	143	158	289	532	3482	2666
140	291	163	168	283	503	3449	2718
142	294	183	184	275	472	3415	2770
144	310	208	203	270	436	3377	2822
146	330	232	223	269	400	3338	2872
148	355	260	243	265	360	3296	2911
150	390	294	266	262	321	3252	2964
152	438	303	292	261	278	3203	3010
154	493	384	325	266	234	3154	3055
156	564	445	361	272	164	3101	3099
158	647	517	404	279	136	3043	3142
160	735	600	461	292	76	2984	3183

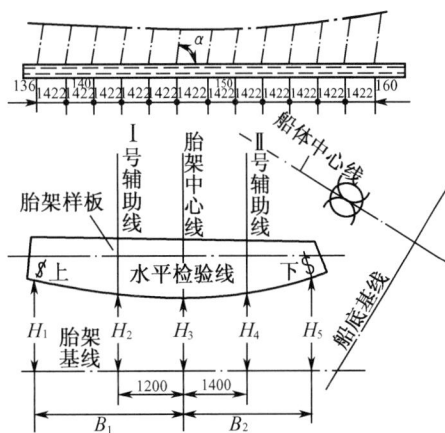

图 2 - 2 - 31　舷侧分段双斜切基准面横向胎架画线草图

3. 装配草图

(1)装配拼板草图

对于平直的或曲度不大的板列及平面分段上的板列,使用草图拼板后,再进行整块板列的号料比较方便,这类草图称为拼板草图,如图 2 - 2 - 32 所示为甲板拼板草图。

(2)装配画线草图

船体分段在建造时,为了满足装配画线的需要,按照各个分段的结构特点,绘成简明草图,列出表格,注明尺寸,专供分段装配时画线用,称为装配画线草图,如图 2 - 2 - 33 所示为横舱壁装配画线草图。

4. 加工草图

加工草图是用于构件加工的一种草图,如逆直线草图就是用于型钢冷弯加工的一种草图。一般弯曲的型钢在加工时要根据弯曲的型值(数控肋骨冷弯机弯制)或弯曲加工样板或铁样(自由成形弯制工艺)进行弯曲。采用自由成形弯曲型钢工艺时,还可以采用逆直线法。

产品名称	图号	名称	件号	数量	牌号	规格
7 500t客货船	VHD413-132-01	甲板	见图	见图	2C,3C	见图

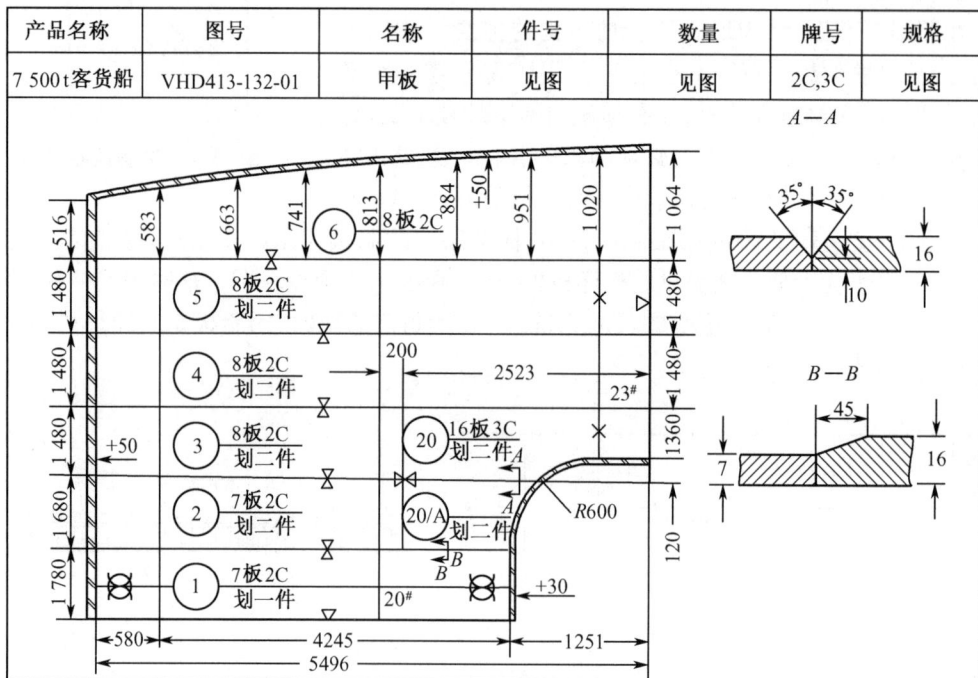

图2－2－32　甲板拼板草图

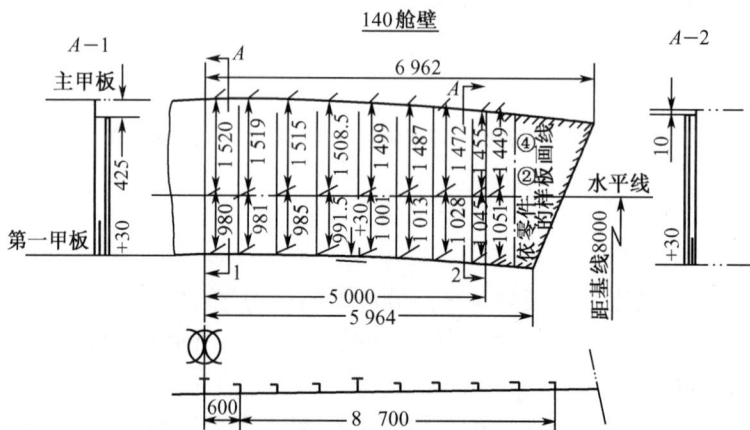

图2－2－33　横舱壁装配画线草图

逆直线法的原理是:如果在弯曲的型钢上作一根或几根直线(见图2－2－34(a)),将这根型钢矫直时,这些直线就成为曲线了(见图2－2－34(b));反之,如果在未弯曲加工的直型钢上作出了弯曲的准线,经过加工后,这些弯曲的准线分别变成为直线,同样可以据此获得准确的弯曲形状。

逆直线草图作法如下:

(1)在肋骨型线图上以对应的肋骨型线为型钢的边线,根据所用的规格而得出其中和轴距离边线的尺寸,画出中和轴的位置,作为画准线的依据。型钢弯曲度不大时,也可近似地以边线作为画准线的依据。

（2）画出一根（型钢弯曲度较小时）或几根（型钢弯曲度较大时）直准线。

（3）等分中和轴实长并过等分点作中和轴实长线的法线（垂线）。

（4）沿这些法线量出中和轴到准线的距离 $\Delta 1$，$\Delta 2$，$\Delta 3 \cdots$。

（5）在草图上画好直型钢并作出中和轴线且等分之，过各等分点作中和轴线的垂线，在垂线上对应截取 $\Delta 1$，$\Delta 2$，$\Delta 3$，$\cdots$ 各线段得各准线点，连接这些点即为逆直线之准线。

用以上画成的逆直线草图在加工前的型钢上画出逆直线，可以取代肋骨加工样板，且可以提高冷弯加工工效。

（二）样板与样箱的制作

在现代造船中，样板和草图同为放样资料而共存，并且互为补充，凡是草图无法解决的问题，均借助于样板来解决。

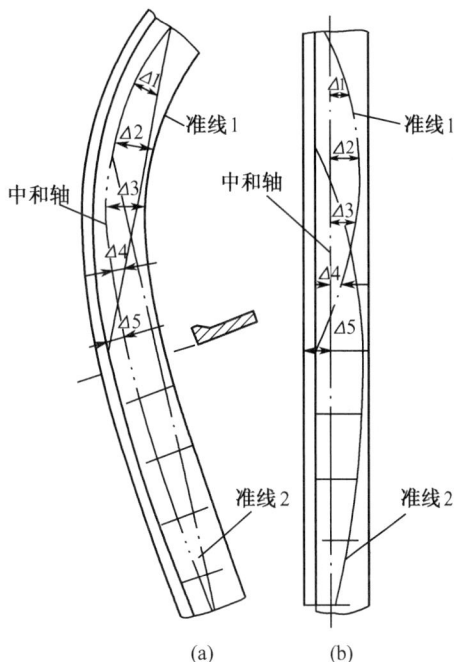

图 2 – 2 – 34　逆直线法

1. 样板

样板是放样间根据肋骨型线图或构件展开图制作的。按其在生产中的用途，可分为号料样板、加工样板、装配样板、胎板样板和检验样板等；按其空间形状，可分为平面样板和立体样板（样箱）。按其制作材料，可分为木质样板、塑料样板、油毛毡样板、硬纸板样板、金属样板（如薄钢板、扁钢样板或铝板、铝条）等。

凡具有严重的双向曲度或展开后其零件轮廓线边缘呈曲线的船体零件，均不宜绘制草图，而需用样板进行号料。很多船体零件在成形加工的过程中，就需依照样板来保证加工质量。另外，在胎架制造、分段装配和船台安装、检验等过程中，也需用到一定数量的各种样板。可见，在整个船体建造的过程中，各道工序都与样板有关，样板的钉制是保证船体建造质量的重要依据和标准。

（1）号料样板

号料样板多为平面样板，还有样棒、格子样板及样箱等。

①平面样板

平面样板主要用于梁拱、肋板、外板、舱壁、龙骨、纵桁、机座桁板等构件的号料工作，如图 2 – 2 – 35 所示。它是按照肋骨型线图上或构件展开图上所表示的真实形状，用木板条钉制而成，样板的误差不大于 ± 0.5 mm，其中间要适当加木撑，木板与木板相重叠处不应超过两层，与钢板接触一面要平整，在长度方向要弹画出一条直线检验线。在钉制好的样板上写明船舶名称、构件名称、所属分段、材料牌号、板厚规格、号料数量、所处部位、余量加放位置及大小、施工符号等。

图 2 – 2 – 35（a）和（b）所示肋板样板和外板样板，主要作为号料样板；图 2 – 2 – 35（c）所示甲板横梁样板，既可做画线样板，又可做横梁加工的检验样板，还可做甲板分段的安装样板。

(a)

(b)

(c)

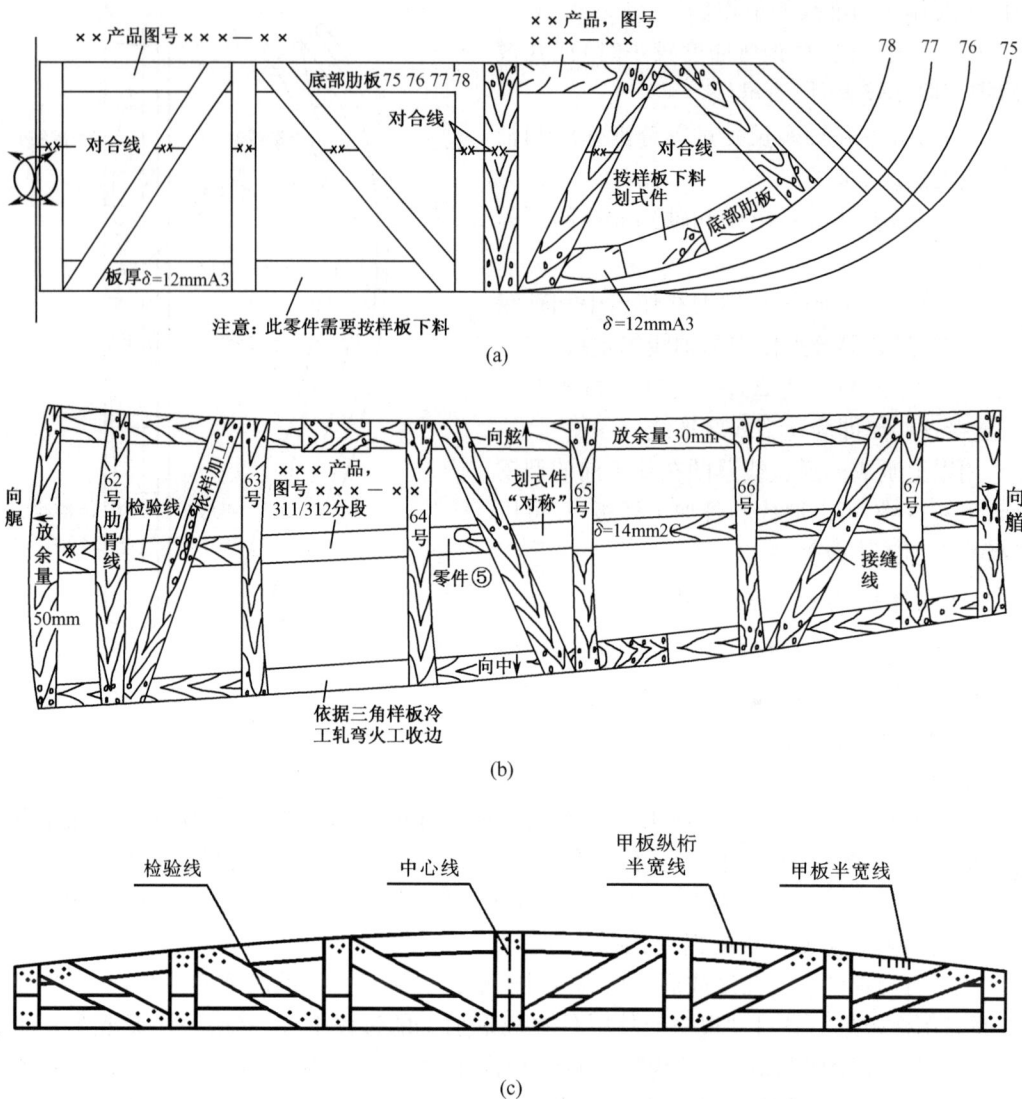

图 2 - 2 - 35　木质平面样板

(a)肋板样板；(b)外板样板；(c)甲板横梁样板

②其他号料样板

当平直钢板边缘呈平缓曲线时，可以用样棒来代替平面样板。对于肋板、舭肘板、胎板等相类似的构件，将其外形轮廓线重叠在同一块样板上公用很窄的曲条钉在格框上来表示不同曲度的曲线，这就是格子样板。而以后所讲到的样箱（图 2 - 2 - 39 所示），它主要是用作加工的依据，如轴包板、锚穴、双曲度严重的外板等，这些部位号料时可用油毛毡紧贴于样箱上，从样箱里面向贴拢了的油毛毡上刻画出各种线条，再摊平油毛毡并沿其轮廓线剪开，将此油毛毡铺在钢板上进行号料。

③平面样板的制作实例

实例1：制作肋板样板

如图 2 - 2 - 35(a)所示，对于船宽较大且底部平直的船舶，其肋板样板可分为两部分钉制。对于曲型部分,每一肋位均要钉制样板;而对于平直部分,各肋位可合钉一块样板。下料时,只要把每一肋位的曲型部分样板与平直部分样板对合即可,这样可以节省木材和人工。

制作肋板样板的具体步骤如下:

a. 钉制平直部分样板,注意靠近船中的一侧应扣除中底板板厚的一半;

b. 根据肋骨型线图上的肋板形状,用松木条或夹板条钉制每一肋位曲型部分的样板框,为了保持框形的正确形状、增加样板的刚度,注意在框内加装斜撑;

c. 样板框钉好后再放在肋板型线上进行校对,修正肋板外形和大小;

d. 保持样板对准肋板型线不移动,将肋骨型线图中的有关结构线驳画到样板上,如边缝接线、旁底桁位置线、水线、对合线等;

e. 在样板上标注产品名称、分段名称、零件名称、图号、件号、数量、材料以及零件本身所处的位置(如艏、艉、上、下、左、右及肋位号)和工艺符号等。

实例2:钉制外板样板

制作外板样板就是要将已经展开好的外板,根据其展开图钉制成记录其周界轮廓形状和各档肋骨的冲势曲线的框架样板,如图2-2-35(b)所示。

钉制外板样板的步骤如下:

a. 将展开外板零件的轮廓曲线和各档肋骨的冲势曲线,移驳到相应的木板条上,并将木板条沿曲线锯平刨削光顺;

b. 将刨削光顺的木板条,比对地板上外板展开图中的轮廓线和各档肋骨冲势曲线钉成框架;

c. 在样板宽度中间加一根纵向直木条对样板予以加强,并在两肋骨冲势木板条之间加设对角木条构成三角形以固定样板各节点不至于移动变形;

d. 在样板长度方向作一根检验直线以便于检查样板在将来使用过程中是否变形;

e. 样板钉好后将线型部分修顺,然后放在外板展开图上进行校对;

f. 在样板上标注产品名称、分段名称、零件名称、图号、件号、数量、材料以及零件本身所处的位置(如艏、艉、上、下、左、右及肋位号)和工艺符号等。

制作平面样板的注意事项:

a. 应尽量使平面样板与下料钢板接触的一面保持平整;

b. 木板条与木板条连接处的重叠不允许超过两层;

c. 刨光样板的工作边缘面必须与样板的整个平面保持垂直;

d. 样板的轮廓线与零件展开图的型线要吻合一致,其误差应保持在±0.5 mm以内;

e. 为了避免搬运、使用和存放过程中产生的变形和损坏,较大的样板应适当加强,使其具有一定的强度和刚度。

(2)胎板样板

胎架是装配焊接曲面分段和带曲面的立体分段、总段的工作台。它的曲形工作面应与分段和总段外形曲面相符合。其作用是保证分段或总段的型线和尺度,并使分段或总段装配焊接时具有良好的工作条件。为了节省材料和保证良好的施工条件,应选择合理的胎架基准面,以便为胎架制作提供胎板样板和胎架画线草图。目前,胎架基准面的切取方法有正切、正斜切、斜切、斜斜切四种。

胎架基准面选定以后,根据不同船体分段的需要确定胎架的种类。胎架种类较多,其中按其胎板方向分为横向胎架、纵向胎架和支柱胎架。横向胎架的胎板样板是一种平面样板，其画线与钉制方法类似于平面样板。如图 2-2-36(a)为底部分段胎架横向胎板样板，由于底部分段的肋骨型线左右对称，其样板的工作边缘只需按照船底分段半宽的对应肋骨型线录制。又如图 2-2-36(b)为舷侧分段胎架横向胎板样板，由于沿整个舷侧分段的肋骨型线曲率有变化，故其样板的工作边缘需依照整个舷侧分段宽度的肋骨型线录制。至于甲板分段胎架的横向胎板样板可借用梁拱样板来代替。在胎板样板上应画出外板或甲板接缝线、船体中心线（或距中检验线）、水平检验线及胎架中心线等。

在胎架的制造过程中，胎板样板和胎架画线草图常常对照着同时使用。

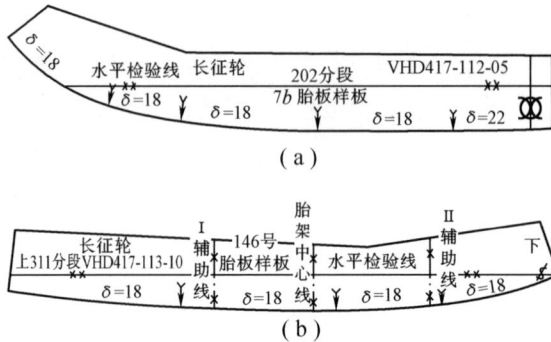

图 2-2-36　横向胎架的胎板样板
(a)底部分段横向胎板样板;(b)舷侧分段横向胎板样板

（3）加工样板

经过号料和边缘切割加工后得到的船体零件都是平直的，除了平直构件外，凡是具有弯曲度的构件如外板等，还需根据构件的曲型要求进行弯曲成形加工。为了保证构件加工的准确性，必须钉制加工样板，作为构件成形加工时测量弯曲度的依据。对于一般能用近似方法展开的外板，过去采用木质三角样板或扁钢样条，现在采用活络三角样板，而对于具有严重双曲度的外板则需采用样箱。

①三角样板

如图 2-2-37 所示，每一个三角样板都有一个直立的柄，在这些柄上有一个刻度，钢材经过成形加工后，三角样板直立其上，这些柄的同一个边就在空间形成一个平面，每一个柄上的刻度连接起来就成为一根直线，说明外板纵向弯曲符合船体型线要求。三角样板的钉制方法如下，如图 2-2-37(a)所示：

a. 在肋骨型线图上，过外板两端肋骨中点 a 和 b 作直线 $\overline{OO'}$;

b. 在直线 $\overline{OO'}$ 上量取 $\overline{aa'}$ 及 $\overline{bb'}$ 线段($\overline{aa'} = \overline{bb'}$，长度取 500～800 mm)，得线段 $\overline{a'b'}$;

c. 按肋骨档数等分肋骨间距个数等分 $\overline{a'b'}$，各等分点就是各三角样板的高度基准点；三角样板的基准点也可以重合在一起;

d. 按每根肋骨制作样板，并均钉上一直板条，使它们的同一边与准线 $\overline{OO'}$ 对齐，曲形样条与肋骨型线吻合，钉上两根斜撑板条，即制作成各三角样板，并在钉制好的样板上标注船名、构件名、肋骨号、准线、高度基准点、上下纵缝等标记。如果外板的纵向弯曲不大时，三

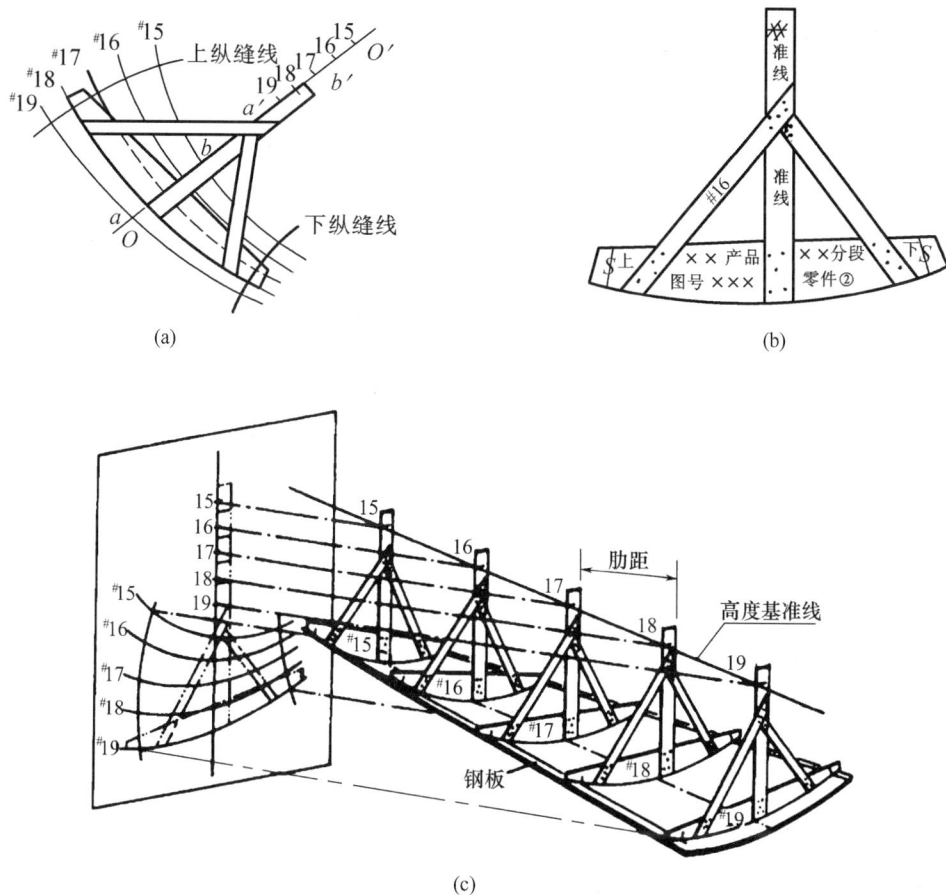

图 2-2-37　三角样板的钉制

（a）三角样板钉制;（b）三角样板标注;（c）用三角样板检验成形钢板

角样板可以隔一档肋骨钉制一块;如果外板的纵向弯曲度较大时,则三角样板必须每一档肋骨都钉制一块。

②活络三角样板

活络三角样板在使用时可以垂直外板放置,改变了以往由于肋骨弯度而形成样板与外板呈夹角而倾斜放置的缺点。它是通过计算机处理,计算出肋骨的法向面,所以使用简便,在实际操作中更体现了良好的实用价值。一次性投资,可长久反复地变换调节使用,因而节省了大量的木材和人工。材料为铝质结构,质量轻,且有一定的刚度,在调节、使用、搬运和堆放过程中不易变形。活络三角样板主要用于滚压成形加工外板以及水火弯曲板材构件。除船体 K 形折角龙骨底板、折角外板、轴包板、小半径圆弧板以及 S 形双向大弯曲度板外,全船 90% 以上的外板均可以使用。

a. 活络三角样板功能:活络三角样板主骨架为槽铝,调节伸缩杆为薄铝板,由立杆和横杆组成"土"字形。以主立杆为中心,通过伸缩杆带动弹簧钢带形成光顺的弯曲型线。活络三角样板的各个节点,均用元宝螺母紧固定位,通过粗调和微调形成任意内外相切的连续弧形。其调节范围有正弯曲、反弯曲及 S 形双向弯曲。调节幅度为:正弯曲最大幅度 300 mm;反弯曲最大幅度 300 mm;S 形双弯曲最大幅度 150 mm。

b.活络三角样板的形式与规格:活络三角样板形式有耙式标尺样板、梳状式样板和二翼扇形梳状式样板等。其作用与原理均相同,仅功能有所各异。活络三角样板的规格尺寸是根据不同种类的船型和船体不同的部位、不同规格的外板排列而设计的,通常有 1 000 mm,1 200 mm,1 400 mm,1 500 mm,1 600 mm,2 000 mm,3 000 mm 几种。

图 2 - 2 - 38 所示为二翼扇形梳状式活络三角样板,其主要构件有立杆、横杆、扇形连接板、伸缩杆、吊紧螺丝、弹簧钢带和各种规格的固定螺母。其特点是既有二翼上下煽动的粗调节结构,又有伸缩杆的微调节结构。

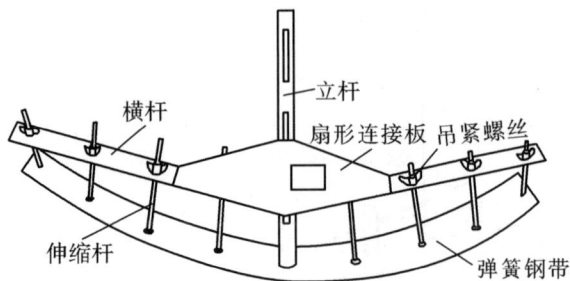

图 2 - 2 - 38　二翼扇形梳状式活络三角样板

此外,与活络三角样板配套使用的设施,还有坐标钢平台、磁铁、样板型值表、样板周转存放库等。活络三角样板的调节,可根据计算机提供的样板型值表在坐标钢平台上进行。

(4)样箱

对于一部分纵横向弯曲度严重的外板、艏柱艉柱板、轴壳包板等船体型线特别复杂而又不能近似展开的外板等,需要钉制样箱来供展开、号料、加工、检验用。样箱相当于从船体上切割下来的一个立体部分,样箱的外表面就是外板的内表面,即船体理论表面。样箱钉制的主要工作是剖面选取与展开,为了保证型线正确,必要时可以加中间辅助剖面;其次是要保证样箱的结构具有足够的强度和刚度。图 2 - 2 - 39 所示为艉轴包板样箱制作步骤。

①在肋骨型线图上,根据艉轴包板的型线变化情况,在其接缝线外作垂直于 W 面且相互平行的上、下侧板理论面(相当于单斜切面),分别与肋骨型线相交 $A,B,\cdots,G$ 和 $A',B',\cdots,G'$ 各点,过轴壳包板艏艉肋骨线交点 A 与 G 点,截取 $Aa = Gg = 500 \sim 800$ mm,得 a,g 两点,按肋骨档等分 ag 后,过各等分点作下侧面线的垂线并与上侧面线相交,则 $aa'g'g$ 为双斜切基准面。

②求出上、下侧面的真形,即在 V 面格子线上作出 $ab\cdots g$(及 $a'b'\cdots g'$)的伸长肋距,再按 $Aa,Bb,\cdots,Gg$(及 $A'a',B'b',\cdots,G'g'$)截取后在格子线上画出 $AB\cdots G$(及 $A'B'\cdots G'$)线即得下(上)侧面真形图。

③作出样箱双斜切底面的真形图。在肋骨型线图上钉制每一档肋骨的肋骨剖面样板框,按纵倾角 α 对号立于底面图上。再将按照上、下侧面真形图钉制的样板框也立于底面图上,并与各肋骨剖面样板框连接。各种样框之间适当加支撑和牵条,以增加强度和刚度来保证型线光顺性。并将各水线、纵剖线、接缝线画上,即成艉轴包板样箱。双桨船舶的另一舷需按上述同样方法钉制对称的样箱。

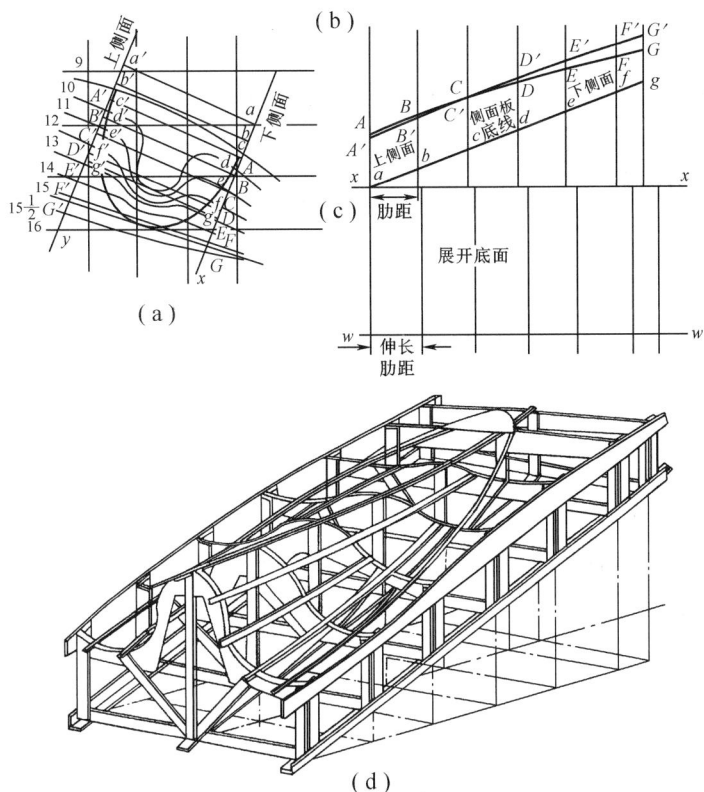

图 2 - 2 - 39　艉轴包板样箱的钉制

由上可知,钉制样箱费时费料,凡可用平面样板或草图解决问题的,均不钉制样箱。

(5)装配样板

船舶建造进入装配工序时,为了保证装配质量,需要用到装配样板,如装配画线样板、装配角度样板(即开拢尺样板)等。

①装配画线样板

装配画线即二次号料,是对于船体部件或分段在其制造过程中,用来修正因焊接变形而引起的误差采取的工艺措施。既为一次号料时,对有些船体零件的轮廓线不予切割,待整个部件或分段装焊结束以后,再复画一次,准确切割第二次画的轮廓线。这种用来复画的样板,就称为装配画线样板,如图 2 - 2 - 40 所示横舱壁的装焊画线样板,它即可作一次号料样板又可当二次号料样板。

②装焊角度样板

如图 2 - 2 - 41(a),(b),(c)所示为各种装配角度样板。在船体装配工序中,为了提高装配质量,保持构件与构件之间的夹角符合要求,都要用到装配角度样板。

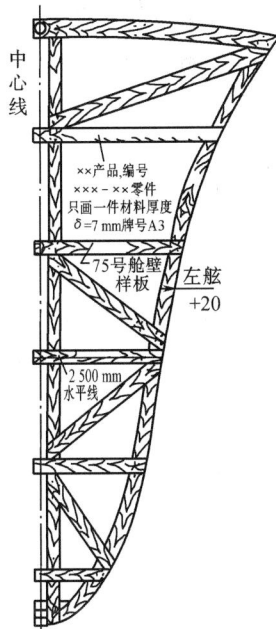

图 2 - 2 - 40　横舱壁装配
画线样板

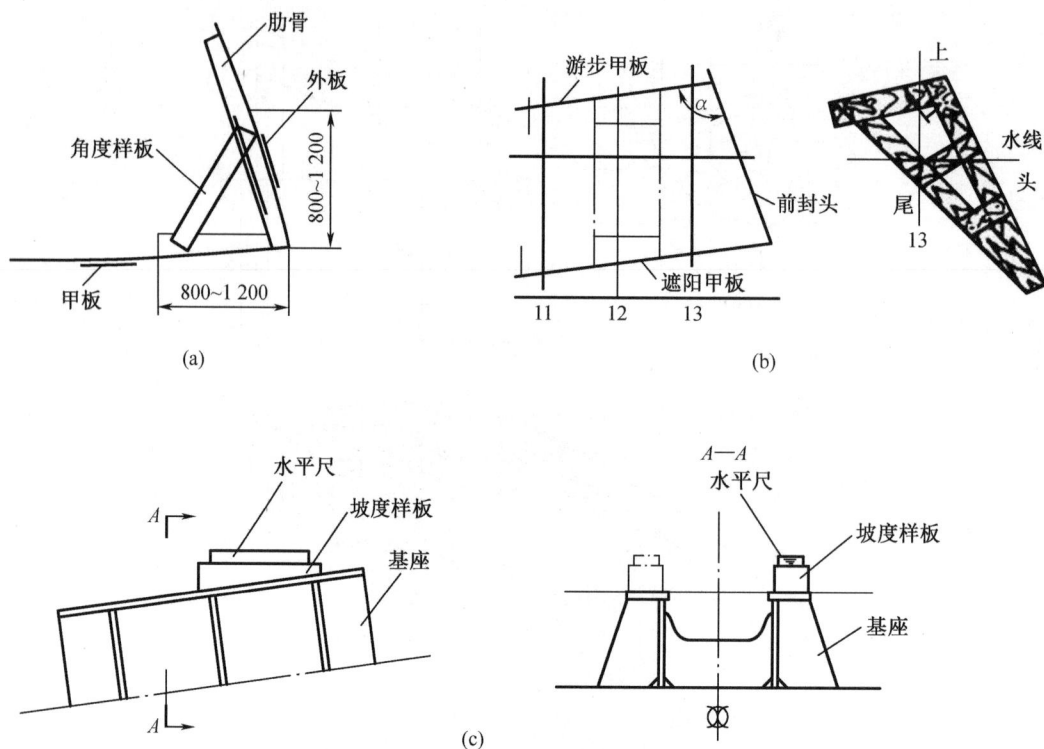

图 2 - 2 - 41　各种装配角度样板

(a),(b)分段装配角度样板;(c)倾斜船台坡度样板

二、工作任务训练

训练名称:绘制外板零件草图并制作加工样板。

1. 训练内容及要求:

训练内容:

(1)根据任务四已展开的外板,绘制号料草图;

(2)制作此外板的三角样板。

训练要求:

(1)号料草图型值准确,误差在 ±0.5 mm 以内。并正确标注;

(2)三角样板制作准确,与肋骨型线误差在 ±0.5 mm 以内,并正确标注。

2. 训练资料、设备和工具

(1)训练资料:53 m 货船的船体型线图、基本结构图、中横剖面图、外板展开图等。

(2)设备和工具:设备和工具:图纸、曲线板、丁字尺、铅笔、橡皮等。

3. 训练过程

下达工作任务→制订工作计划(任务分工→确定训练步骤)→实施工作计划→完成训练记录。

4. 训练步骤

(1)零件草图的绘制

①根据展开后的外板尺寸,选择合适的比例将外板展开草图绘制在图纸上;

②对草图进行必要的标注。

（2）三角样板的制作

①根据肋骨型线图中的板缝线选择一块外板(项目四中展开的外板)；

②按照三角样板的定制步骤,进行三角样板的绘制；

③根据绘制的型值,用纸板制作三角样板,每隔2个肋位制作一个。

任务六　船体数学放样与号料

【学习目标】

1. 理解数学放样的概念；

2. 了解数学放样的软件；

3. 掌握号料的方法；

4. 熟悉手工号料的方法。

【任务解析】

目前船厂船体放样过程中,数学放样大量应用,计算机放样占90%以上。本文只是做简单介绍,主要内容将在 CAD/CAM(计算机辅助设计和制造)课程中重点讲解。

号料,就是将放样展开后的船体构件的真实形状和尺寸实尺画(割)在钢板上或型材上,为下道加工提供依据。

本任务主要学习计算机放样及号料的几种方法,通过该任务的学习和训练能够制作外板的号料样板。

【任务实施】

一、背景理论与知识学习

(一)计算机船体放样

船体建造过程是一个复杂的生产过程,而且其中包含了大量的手工作业,若能利用电子计算机来完成船体建造过程中的一些工作,对降低成本,提高产品质量及船体建造技术水平都有非常重要的作用。计算机辅助设计和制造(CAD/CAM)是船舶制造业发展的大趋势,由于现代船舶的制造对效率与质量的要求不断提高,CAD/CAM 技术在船舶制造中得到了广泛的应用。

1. 计算机船体放样概述

由于船体建造工程包含特有的船体放样工序,这道工序的主要内容有船体型线光顺、结构线放样和船体构件展开等。其主要任务是为后续工序提供准确的施工资料,属于产品设计资料的"再加工"性质。因此,在 CAD/CAM 技术中完全有可能和必要应用计算机技术完成船体放样的各项工作内容,建立包括数学光顺、板缝线和结构线计算、构件展开计算和样板尺寸计算等功能的船体数学放样程序模块,成为 CAD/CAM 系统的主要组成部分,也是造船 CAD/CAM 技术特有的内容。

船体数学放样,首先要解决的是能够用数字来表示整个船体曲面的真实形状,也就是要建立起一个船体数学模型。有了船体数学模型以后,就可以对船体表面进行适当的分割,将整个船壳用电子计算机模拟人工放样过程,用数学方法将每一张外板零件的精确形状计算出来。另外,用点、直线、圆弧、曲线等相交及拼接方法,与船体数学模型结合,就可以把各种船体结构零件的精确形状也计算出来。所以,数学放样是通过电子计算机的高速运算完成船体放样工作。它主要有以下几步,即:第一步,船体数学三向光顺;第二步,船体板缝线的生成和外板展开;第三步,船体结构零件生成和展开。

数学光顺包括建立型线的插值或拟合函数、型线光顺性判别、不光顺型线的型值调整计算和肋骨线型值计算等内容。

船体外板的数学展开是数学放样的重要组成部分。它的任务是根据数学光顺给出的肋骨(包括外板的横缝线)样条函数和外板纵缝线样条函数,应用各种数学计算方法展开船体外板,并对展开后的外板进行定位,提供数控绘图机或数控切割机所需的数据资料。

2. 计算机船体放样在造船中的实际应用

计算机辅助设计和计算机辅助制造(CAD/CAM)技术是产品设计人员和组织产品制造的工艺技术人员在计算机系统的辅助之下,根据产品的设计和制造程序进行设计和制造的一项新技术,是传统技术与计算机技术的结合。

传统的方法对复杂船舶进行描绘和修改是极困难的,而利用现代船舶计算机辅助设计与辅助制造技术,使用者直接操作电脑,对船体型线中的各个型线,通过 CAD/CAM 软件提供的各种有关数据进行高精度的检验识别,如不光顺可在船舶 CAD/CAM 软件中直接修正,而无需在放样间中进行实尺放样。

设计人员在船舶设计中进行构思和论证,对船舶进行总体设计、结构设计、工艺设计等。把有关方面的分析计算和零件加工,以工程图纸或数控加工信息表等形式输出,并将技术文档和相关技术报告进行编制,作为船舶制造的理论数据基础。而工艺设计人员则可以根据船舶 CAD 提供的信息和 CAM 系统的功能,对于船体外板和构件的加工工艺进行加工状况预显,并提供控制外板展开和构件加工过程的信息。

计算机船体放样是将计算机与船体放样这两大专业性较强的学科有机地融为一体,对于操作人员来说,应同时具备这两方面的相关知识。应能掌握一定的计算机操作命令,具备计算机硬件维护的知识,具有高等数学的有关知识,有牢固的船舶制造工艺知识。

3. 国内外计算机船体放样软件的种类和特点

20 世纪 60 年代初,随着计算机及其应用技术的发展,各国造船界相继研究成功了包括船体型线光顺和船体构件展开的数学放样,以及数控绘图机和数控切割机,为船舶建造应用数控技术实现综合自动化开辟了道路。

到目前为止,世界造船业开发成功的主要造船集成系统或造船计算机应用程序系统多达 40 个以上。其中外国较著名的造船集成系统有瑞典 KCS 公司的 Tribon 系统、美国 PTC 公司的 CADDS 系统、挪威的奥托控(AUTOKON)系统,西班牙赛纳(SENER)公司研制的福兰(FORAN)系统,瑞典造船计算机中心(VDC)研制的维金(VIKING)系统,考库姆(KOCKUM)计算机系统公司研制的斯梯贝尔(STEERBEARHULL)系统,英国的 BRITISHIPS 系统,日本日立造船公司的 HICAS 系统,三菱重工业公司的 SHIP 系统等。我国的造船集成系统研制工作虽然起步较晚,在专业技术人员的努力下,已投入使用的有 HCS、HD - SHM 等系统。这些系统的问世,促进和完善了船舶设计和生产工艺准备工作,促进了造船数控技术的发展和应用,缩短了船舶设计和建造周期,提高了产品质量和企业管理水平。

(二)号料

号料是放样后的船体建造第二道工序,所谓号料,就是将放样展开后的船体构件的真实形状和尺寸通过样板、草图、光、电、数控等不同的号料方法,实尺画(割)在钢板上或型材上,为下道加工提供依据,号料图如图 2-2-44 所示。

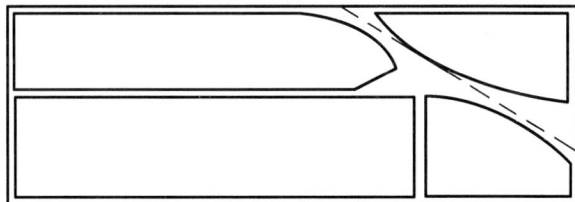

图 2-2-44 号料图

1. 样板号料

用样板直接在钢板或型材上描出船体构件的实际轮廓线、构件安装线、加工检验线和规定要求的余量线等,并做出必需的各种标记、符号等。

号料时,为后续工序能够顺利进行需标出的各种工艺符号,如表 2-2-1 所示列出了《船体建造工艺图形符号》(CB＊3194—83)中规定的几种常用的工艺符号。

表 2-2-1 常用的工艺图形符号

符号	说明	符号	说明	符号	说明
	船体长度分中线 船体宽度分中线		对合线 检验线		余量线
	正确线		折角线 (工件折边)		板材轧曲
	厚度线		型钢折钝角 (轧开尺)		板材轧圆
	角尺线 (两线互成90°角)		型钢折锐角 (轧拢尺)		双边断线

2. 草图号料

用草图上记载的基本形状和精确的形状尺寸,在钢板上通过作图的方式将其真实图形再现出来,其基本要求与样板号料相同。大批量生产时,不宜采用草图号料。

手工号料时号料方法的选择与零件的形状有很大关系,平直的构件多用草图,曲线面构件多用样板,具体见表2-2-2。

表2-2-2　手工号料方法的选用

构件名称	号料方法
外板、甲板、内底板、甲板室、舱壁和平台等平直和稍有曲形的构件	草图
中底桁、旁底桁、主机座和锅炉座的桁材	草图
全部型材构件	草图、样杆
肘板	样板
复杂曲度外板	样板
曲形构件(肋板、宽肋板、首尾部分甲板纵桁和底纵桁)	样板

3.光学投影号料

在比例放样的基础上,将展开的各构件图形经过套料,绘制成精确的投影底图,或通过摄影制成更小比例的投影底片,然后在光学投影放大装置上放大,在钢板上投射出1:1的构件图样,最后对投影的构件各线条进行手工复描号料。

4.电印号料

在光学投影号料的基础上,将放大成1:1的构件图形影像投射到覆盖有一层带负电的光导电粉末的号料钢板上,使其曝光,再经显影和定影处理,在钢板上留下号料的线迹,实现自动号料。电印号料工艺过程如图2-2-45所示。

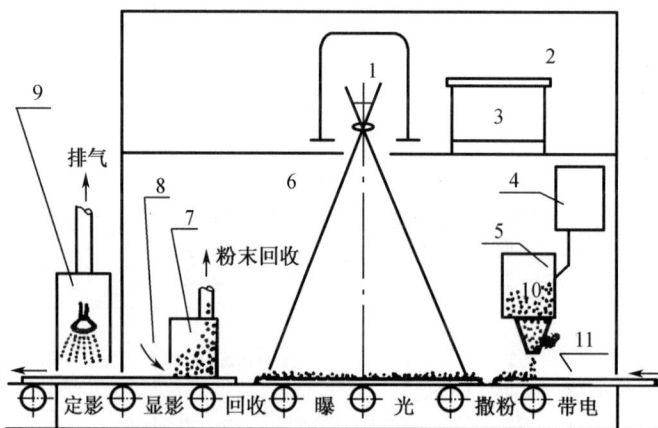

图2-2-45　电印号料工艺过程示意图

1—投影仪;2—操作室;3—操作台;4—高压发生器;5—撒粉器;
6—暗室;7—旋风分离器;8—压缩空气;9—自动定影装置;10—粉末;11—工件

5.数控套料

利用电子计算机确定船体构件的图形,再将这些构件图形置于钢板边框内进行合理排列的过程,称为数控套料。目前,使用比较多的有数控绘图机套料和图形显示系统套料两种数控套料方法。

（1）数控绘图机套料

首先，用数控绘图机按1∶10的比例在纸上绘出各个单独构件，并用手工剪下各个构件的纸样，再根据套料条件，在和构件比例相同的钢板边框内进行手工套料。套料完毕后，即可用图形处理语言编写出整块钢板的构件程序，并输入到电子计算机中，由计算机处理和输出数控切割程序。此程序经数控绘图机校验后，即可供数控切割机使用。

（2）图形显示系统套料

该系统的硬件配置有微型计算机、显示器、键盘、光笔及传感板等。各构件的几何形状和原材料信息，事先应存放在数据库中备用。操作者根据要套料构件的名称及主要尺寸，操作系统进行套料。

基本过程如下：显示钢板和要套料的构件；通过传感板和光笔（或通过键盘）移动、旋转构件在钢板上的位置，进行套料；套料结束后，在各构件间布置连割线；最后将套料结果存入数据库或输出，供数控切割机使用。

二、工作任务训练

训练名称：制作外板的号料样板并手工号料。

1.训练内容及要求：

训练内容：

（1）根据任务四的外板展开图以及任务五的外板号料草图，按照1∶1的比例制作号料样板；

（2）利用样板在钢板上进行手工号料。

训练要求：

（1）号料样板型线准确，并正确标注；

（2）钢板上号料型线要求准确，并正确标注。

2.训练资料、设备和工具

（1）训练资料：53 m货船的船体型线图、基本结构图、中横剖面图、外板展开图等。

（2）设备和工具：设备和工具：图纸、曲线板、丁字尺、铅笔、橡皮等。

3.训练过程

下达工作任务→制订工作计划（任务分工→确定训练步骤）→实施工作计划→完成训练记录。

4.训练步骤

（1）根据外板展开图，用硬纸板按照1∶1的比例制作号料样板；

（2）检验样板的尺寸（误差要求小于1 mm），然后在样板上标记出船名、板缝线、艏艉方向、肋位号等；

（3）根据制作好的样板，在钢板上进行号料，并画上相应标记。

【课后自测】

一、填空

1.船体放样的目的不仅仅是将设计图放大，更重要的是将设计图上因比例限制而隐匿的（　　）和（　　）予以消除，即对型线进行光顺。

2.梁拱线的形状在全船是相同的,所以通常只需作出( )的梁拱线即可。

3.型线的精确性体现在型线的( )、( )和( )三方面。

4.型线修改方法要根据光顺的部位,操作者的习惯和经验而定。一般修改( )的型线,并应减少( )和( )。

5.常用的工艺图形符号中分段线用( )图形符号表示,余量线用( )图形符号表示。

6.舷侧的肋骨是( )构件,其真实形状可以再( )体现出来。

7.旁底桁属于( )构件,其结构件放样就是要画出( )的投影。

8.旁内龙骨与船体外板的交线称为( ),与面板(或内底板)的交线称为( )。

9.在排列纵缝时,应尽可能使纵缝与肋骨线( ),这样展开后的外板形状接近于矩形。

10.根据船舶建造规范的要求,对接缝与对接缝之间的平行距离不小于( ),对接缝与角接缝之间的距离不小于( )。

11.外板纵接缝之间或外板纵接缝与内部纵向构件结构线之间夹角至少大于( ),最好( )。

12.各列板横缝线应在同一横剖面处,且平行于( ),并要求布置在( )附近。

13.船体外板展开方法常用的有( )法、( )法及定线法等。

14.船体构件展开的三要素是指( )( )和( )。

15.样板按其在生产中的用途,可分为( )、胎板样板、( )装配样板和检验样板等

16.活络三角样板的调节范围有( )、( )及 S 形双向弯曲。

17.草图分为号料草图、胎架画线草图、( )草图和( )草图。

18.装配样板常用的有装配( )样板和装配( )样板等。

二、判断(对的打"√",错的打"×")

1.船体型表面是指船体外表面。 ( )

2.船体中心线在纵剖线图上反应实形。 ( )

3.甲板边线在半宽水线图上反应实形。 ( )

4.型线放样主要工作就是将设计图纸中的船体型线图进行放大。 ( )

5.外板的板缝线一般先排纵缝,后排横缝。 ( )

6.外板的横向板缝一般为分段接缝线。 ( )

7.满载水线以上的板缝尽量平行于甲班边线,主要是为了美观。 ( )

8.外板纵接缝与内部纵向构件结构线之间不能相交。 ( )

9.测地线也是准线的一种。 ( )

10.扇形板与菱形板展开不同只是测地线的做法不同。 ( )

11.扇形板与菱形板都能用统一测地线法展开。 ( )

12.所有的外板都能用十字线法展开。 ( )

13.三角样板是用于号料的。 ( )

14.甲板分段胎架的横向胎板样板可借用梁拱样板来代替。 ( )

15.样板号料有利于提高钢板利用率。 ( )

三、名词解释

1. 船体放样
2. 船体构件展开
3. 肋骨弯度
4. 测地线
5. 十字线法
6. 逆直线法
7. 号料

四、简答

1. 格子线检验包括哪些内容,具体方法是什么?
2. 什么叫型线的投影一致性?
3. 船体理论型线的绘制步骤有哪些?
4. 型线如何检验?
5. 样板按照用途怎么样划分?
6. 三角样板的使用方法有哪些?
7. 外板板缝排列有哪些原则?

五、作图

1. 习图 2 - 2 - 1 所示为某船船首部分的型线图,试求:

(1)图中 A,B,C,D 各点在另外两个投影图上的投影位置;

(2)已知曲线 EF 在半宽水线图上的投影,试求出其在另外两个投影图上之投影;

(3)已知#40 号肋骨线位置,在横剖线图上画出其投影。

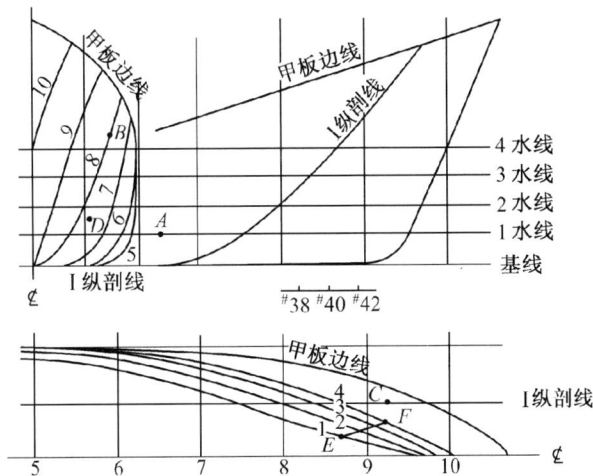

习图 2 - 2 - 1

2. 已知型宽 $B = 2\,000$ mm,梁拱高 $h = 100$ mm。以 1:10 比例作抛物线形甲板梁拱曲线(半宽)。并利用此梁拱曲线,在习图 2 - 2 - 2 中绘制甲板中线。甲板边线与甲板中线高度差比例为 1:50。

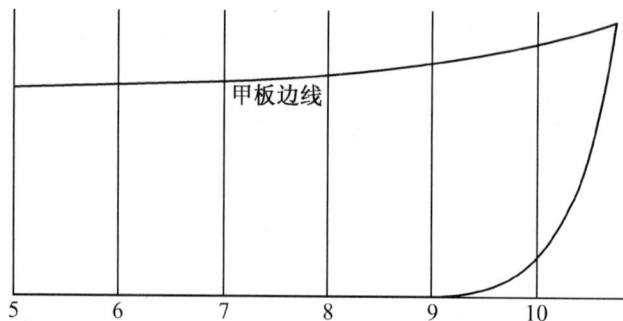

习图 2－2－2

各站甲板半宽值如表 2－2－1。

习表 2－2－1

站号	5#	6#	7#	8#	9#	10#
半宽	1 000	950	880	810	710	440

3. 习图 2－2－3 为一组横剖线,按图作出水线、纵剖线及斜剖线,站距在纸面上按 20 mm,比例为 1:1。

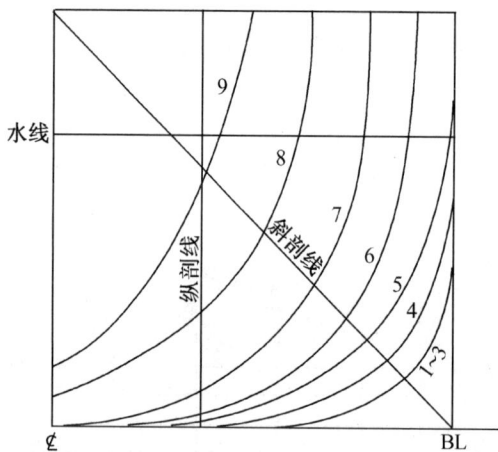

习图 2－2－3

4. 某船艉轴中心线在肋骨型线图上投影如习图 2－2－4 所示。已知轴壳从 #9 肋骨开始膨出,至 #5 肋骨处终止,终止处轴壳半径为 R_4。试根据给定肋距及肋骨型线图进行艉轴轴壳放样。

5. 画出习图 2－2－5 所示舷侧纵桁的内、外口线(腹板的肋骨剖线与基线平行),并对其进行展开。

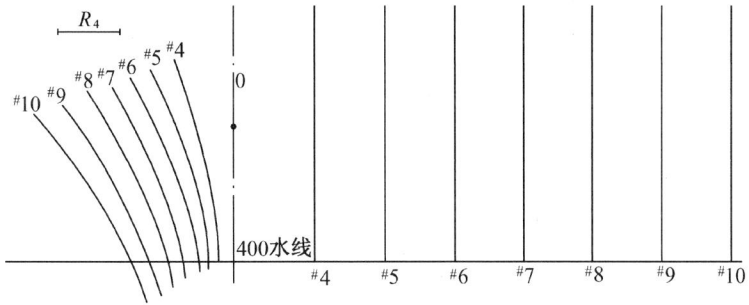

习图 2 - 2 - 4

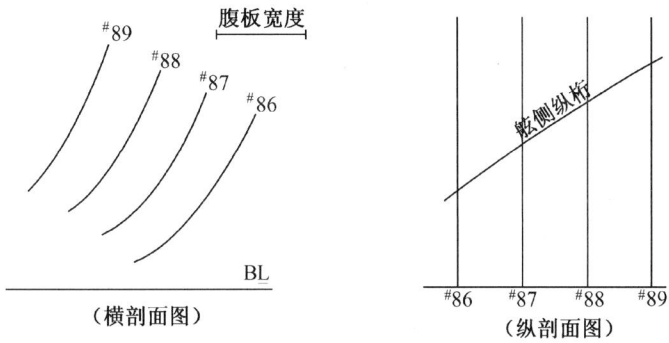

习图 2 - 2 - 5

6.用测地线法展开习图 2 - 2 - 6 所示扇形外板。

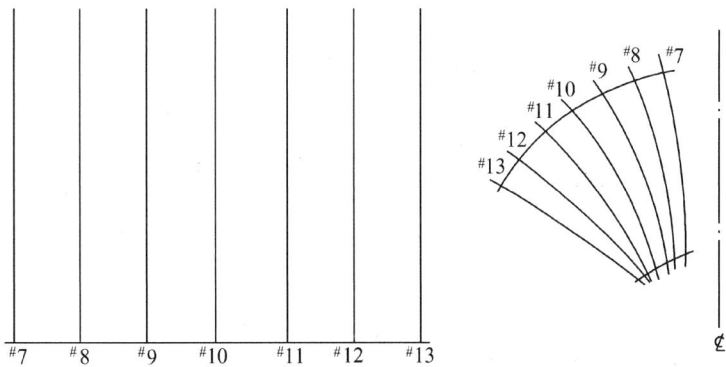

习图 2 - 2 - 6

7.用测地线法展开习图 2 - 2 - 7 所示菱形外板。

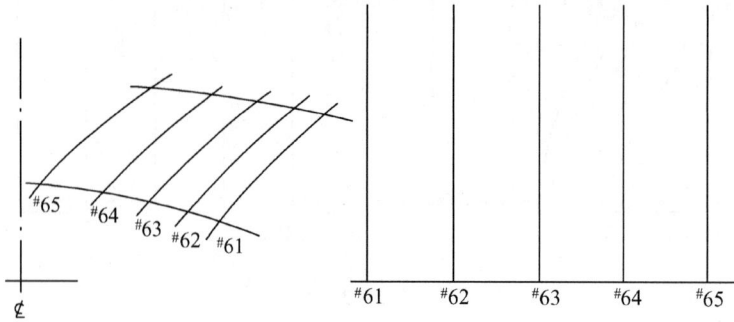

习图 2 - 2 - 7

8.用十字线法展开习图 2 - 2 - 8 所示外板。

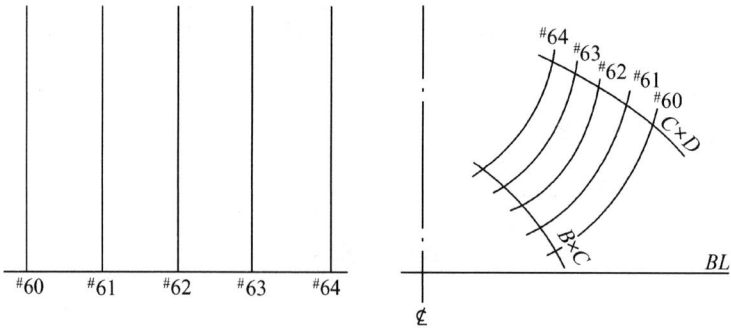

习图 2 - 2 - 8

9.展开习图 2 - 2 - 9 所示旁桁材 a,b,c,d。肋骨间距为 15 mm。

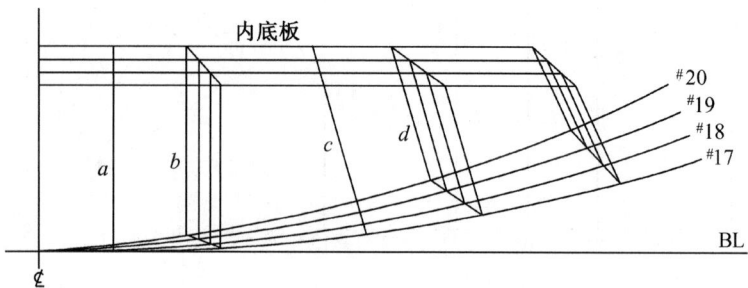

习图 2 - 2 - 9

10. 展开习图 2 – 2 – 10 所示扭曲舷侧纵桁。

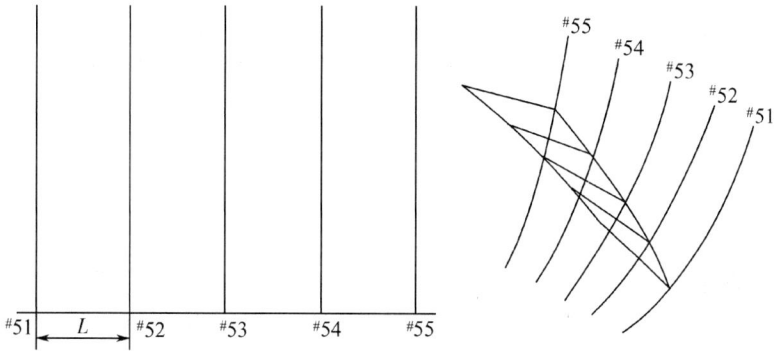

习图 2 – 2 – 10

11. 按习图 2 – 2 – 11 中型线进行三角样板放样，并用示意图绘出其中#16 三角样板。

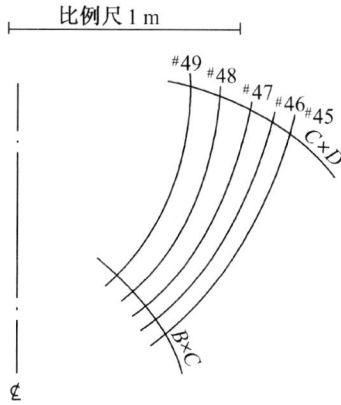

习图 2 – 2 – 11

项目三 船体钢材成形加工

【项目描述】

从钢材仓库里领取出来的钢板和型钢，需要经过矫正和表面清理与防护后，才能进行船体零件的号料工作，然后根据号料时画的有关加工线条，依次进行切割和弯制，才能成为船体所需要的构件。船体构件的成形加工主要是对船体的弯曲构件在边缘加工后进行弯曲成形加工，可分为板材成形加工和型材成形加工。

船体板材的成形加工，是指板材的一部分相对另一部分沿直线或曲线弯成一定线型，使平直的板材弯曲成一定的形状，以符合船体型线的要求。板材成形的主要方法有机械冷弯法和水火热弯法。一般单向曲度板都采用机械冷弯法加工，而复杂曲度板则先用冷弯机械加工出一个方向的曲度（该方向曲度较大），然后再用水火弯板法加工出其他方向的曲度。

船体结构中肋骨、横梁纵骨等多采用角钢、球扁钢等型材。型材的成形加工也有机械冷加工和热加工方式。目前大多数船厂多采用冷加工方式来加工肋骨等构件。

本项目主要包括板材成形冷加工、板材成形热加工、型材成形冷加工和型材成形热加工四个学习任务。

知识要求
1. 了解板材冷、热加工的原理；
2. 了解型材冷、热加工的原理；
3. 掌握板材冷加工成形的设备及方法；
4. 熟悉板材热加工成形的设备及方法；
5. 掌握型材冷加工成形设备及方法；
6. 熟悉型材热加工成形设备及方法。

能力要求
1. 具有基本钢板辊弯成形加工操作能力；
2. 具有初步钢板压弯成形操作能力；
3. 具有初步型材简单辊弯的操作能力；
4. 具有初步操作水火弯板工艺的操作能力。

工作任务
任务一　板材成形冷加工；
任务二　板材成形热加工；
任务三　型材成形冷加工；
任务四　型材成形热加工。

任务一　板材成形冷加工

【学习目标】

1.熟悉板材压弯和辊弯成形的原理;
2.掌握板材辊弯和压弯成形加工的方法。

【任务解析】

板材成形的方法主要有辊弯、压弯、拉弯、压延以及一些其他成形方法。板材冷弯成形常用的有辊弯和压弯两种方法。辊弯设备主要有三辊弯板机,多用于对单向曲度板辊弯成形。压弯所用设备大多为通用的液压机,弯曲的形状以及精度主要由模具来控制的。因此,要掌握板材弯曲的方法必须了解各种设备。

本任务主要学习冷加工弯曲成形的原理,板材冷加工的两种方法,通过该任务的学习和训练能够对钢板进行辊弯加工。

【任务实施】

一、背景理论与知识学习

（一）冷加工弯曲成形的原理

将材料弯成所需形状的加工方法称为弯曲成形。弯曲成形可以在常温下进行,也可以在材料加热后进行,但大多数的弯曲成形加工是在常温下进行的。

1.钢材弯曲变形的过程及特点

弯曲加工所需材料通常为钢材等塑性材料,这些材料的变形过程及特点如下。

（1）初始阶段

当材料上作用有外弯曲力矩时,将发生弯曲变形。材料变形区内,靠近曲率中心一侧（简称内层）的金属在外弯矩引起的压应力作用下被压缩缩短,远离曲率中心一侧（简称外层）的金属在外弯矩引起的拉应力作用下被拉伸伸长。在内层和外层之间存在着金属既不被伸长也不被缩短的中间层,称为中性层。

在材料弯曲过程的初始阶段,外弯矩的数值不大,材料内应力的数值小于材料的屈服极限,仅使材料发生弹性变形。

（2）塑性变形阶段

当外弯力矩继续增大时,材料的曲率半径也随之缩小,材料内应力的数值开始超过其屈服点,材料变形区的内表面和外表面首先由弹性变形状态过渡到塑性变形状态,以后塑性变形由内、外表面逐步向中心扩展。

（3）断裂阶段

材料发生塑性变形后,若继续增大外弯矩,待材料的弯曲半径小到一定程度,将因变形超过材料自身变形能力的限度,在材料受拉伸的外层表面,首先出现裂纹,并向内伸展,致使材料发生断裂破坏。

弯曲过程中,材料的横截面形状也要发生变化。例如材料弯曲时,将出现图2-3-1所示的两种变化情况。

在弯曲窄板($B \leq 2\delta$)时,内层金属受到切向压缩后便向宽度方向流动,使内层宽度增加;而外层金属受到切向拉伸后,其不足便由宽度、厚度方向来补充,致使宽度变窄,因而整个横截面产生扇形畸变(图2-3-1(a))。

在弯曲宽板($B \geq 2\delta$)时,由于宽度方向尺寸大,刚度大,金属在宽度方向流动困难,因而宽度方向无显著变形,横截面仍接近为一矩形(图2-3-1(b))。

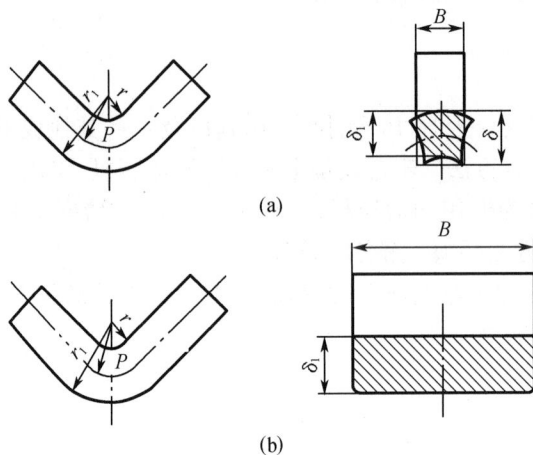

图2-3-1 板料弯曲时横截面的变形

(a)窄板;(b)宽板

此外,无论宽板、窄板,在变形区内材料的厚度均有变薄现象。

2. 钢材的变形特点对弯曲加工的影响

弯曲成形加工是使被弯曲材料按指定的加工要求发生塑性变形,而被弯曲材料自身又有着一定的变形特点,因此,为获得良好的弯曲成形件,就必须了解被弯曲材料的变形特点对弯曲加工的影响,以求能正确、合理地确定弯曲成形加工方法和工艺参数。钢材的弯曲变形特点对弯曲加工的影响主要有以下几个方面。

(1)弯曲力

弯曲成形是使被弯曲材料发生塑性变形,而塑性变形只有在被弯曲材料内应力超过其屈服极限时,才能发生。因此,无论采用何种弯曲成形方法,弯曲力都必须能使被弯曲材料的内应力超过材料的屈服点。实际弯曲力的大小要根据弯曲材料的力学性能、弯曲方式和性质、弯曲件形状等多方面因素来确定。

(2)最小弯曲半径

材料在不发生破坏的情况下所能弯曲的最小曲率半径称为最小弯曲半径。材料的最小弯曲半径是材料性能对弯曲加工的限制条件,采用适当的工艺措施,可以在一定程度上改变材料的最小弯曲半径。

影响材料最小弯曲半径的因素如下:

①材料的机械性能 材料的塑性越好,其允许变形程度越大,则最小弯曲半径可以越小;

②弯曲角 α 在相对弯曲半径 R/δ 相同的情况下,弯曲角 α 越小,材料外层受拉伸的程

度越小,越不易弯裂,最小弯曲半径可以取较小值。反之,弯曲角 α 越大,最小弯曲半径也应越大。

(二)钢板压弯成形的方法

1. 压弯的原理

在压力机上使用弯曲模进行弯曲成形的加工方法称为压弯。板材的压弯是在压力机的上下模间进行的,板材放在压力机的下模(凹模)上,开动机器,移下上模(凸模),使工件受压产生变形,一般情况下产生过弯变形,以抵消回弹。压模的形状和精度影响成形加工的质量,在通用压模上加工较长的板材,需分成数段加压,且相邻两加压段应重叠 30~50 mm,若产品批量较大,应采用专用压模。

2. 压弯的特点

压弯成形时,材料的弯曲变形可以有自由弯曲、接触弯曲和校正弯曲三种形式。图 2-3-2 所示为在 V 形模上进行三种方式弯曲的情况。

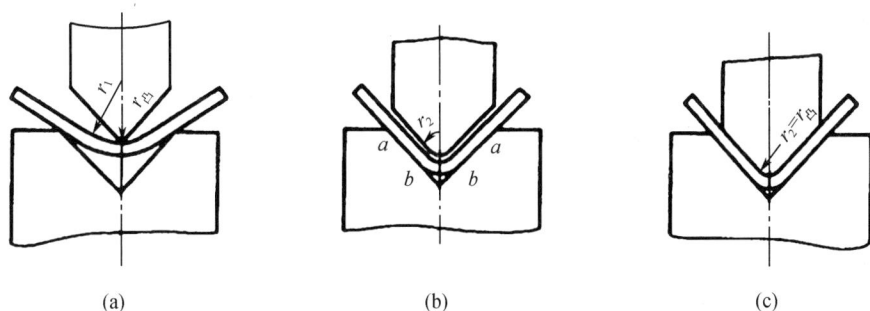

图 2-3-2　板材弯曲时的三种变形方式
(a)自由弯曲;(b)接触弯曲;(c)校正弯曲

材料弯曲时,板材仅与凸、凹模三条线接触,弯曲圆角半径是自然形成的,这种弯曲方式称为自由弯曲,如图 2-3-2(a)所示;若材料弯曲到直边与凹模表面平行,而且在长度方向上互相靠紧时停止弯曲,弯曲件的角度等于模具的角度,而弯曲圆角半径仍靠自然形成,这种弯曲方式称为接触弯曲,如图 2-3-2(b)所示;若将板材弯曲到与凸、凹模完全紧靠,弯曲圆角半径等于模具圆角半径时才结束弯曲,这种弯曲方式称为校正弯曲,如图 2-3-2(c)所示。

自由弯曲、接触弯曲和校正弯曲三种弯曲变形方式,是在材料弯曲时塑性变形阶段依次发生的。

采用自由弯曲,所需压弯力小,但工作时靠调整凹模槽口的宽度和凸模的下压点位置来保证零件的形状,批量生产时弯曲件质量不稳定,所以它多用于小批量生产中大型零件的压弯。

采用接触弯曲或校正弯曲时,由模具保证弯曲件精度,弯曲件质量较高而且稳定,但所需弯曲力较大,并且模具制造周期长、费用高。所以它多用于大批量生产中的中、小型零件的压弯。

3. 压弯设备

压弯主要是在液压机上进行的。有些船厂用万能弯板机弯制复杂曲度板,其中最典型的一种是多压头式(或称多柱塞式)数控弯板机,其工作原理见中职部分项目三任务三中的图1-3-29。这里主要介绍液压机。

(1)液压机及其结构形式

液压机是利用液体压力对板材压弯成形的冷弯设备。根据使用的液体介质不同,分为油压机和水压机两类,其中油压机使用比较广泛。

液压机的结构形式:

从机架形式看有立式和卧式;从机架组成方式看有立柱式、悬臂式和框架式,立柱式又分为四柱、双柱及多柱式;从工作缸的数量看有单缸、双缸和多缸式。悬臂式和柱式示意图见中职部分项目三任务三中图1-3-27。

(2)液压机压模

常用压模类型如表2-3-1所示。

表2-3-1 常用压模类型

压模类型		图例	结构特点	适用范围
通用压模	平压模	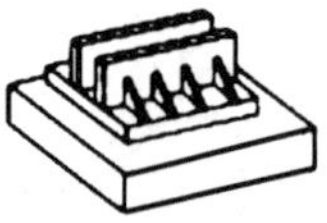	上下模均平直	专门用各种厚度零件的矫平
	角形压模	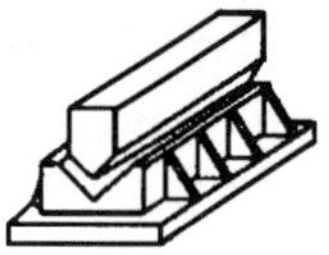	上模可用厚板刨成90°或其他角度,下模可用铸钢做成,可同时刨成不同规格的角度槽	用于各种厚度零件的折边、折角、弯凤或压圆等加工
	半圆形压模		上模可用半圆钢焊成或铸成,下模可用铸钢制成,也可做成自由支点	用于压弯一般曲形的零件。当采用自由支点下模时,可压制护舷管等
专用压模	曲面压模	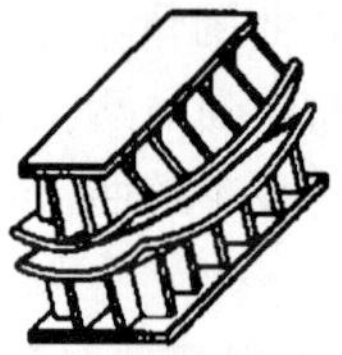	上下模表面形装根据零件特定的形状加工而成,一般为钢板结构	用于专一零件的加工,如空间复杂曲度的外板
	槽形压模	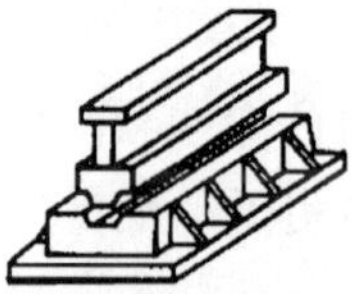	上下模表面形装根据零件特定的形状铸造而成	专用于压制槽形舱壁等零件
	球形压模	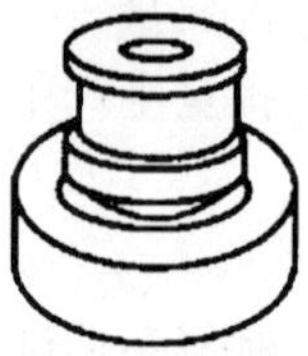	上下模表面形装根据零件特定的形状铸造而成	专用于压制锅炉封头,压力容器封头等

（三）钢板辊弯成型的方法

1.辊弯的原理

通过旋转轴辊使钢板弯曲成形的方法称为辊弯。辊弯时,钢板置于辊床的上、下轴辊之间,当上轴辊下降时,钢板便受到弯曲力矩的作用而发生弯曲变形,见中职部分图1-3-26所示。由于上、下轴辊的转动,通过轴辊与钢板间的摩擦力带动钢板移动,使钢板受压位置连续不断地发生变化,从而形成平滑的弯曲面,完成辊弯成形工作。

2.辊弯的特点

在辊弯过程中,钢板弯曲变形的方式相当于压弯时的自由弯曲。辊弯件的曲率,取决于轴辊间的相对位置、钢板的厚度和机械性能。依靠调整轴辊间的相对位置,可以将钢板弯成大于上轴辊曲率半径的任意曲率半径曲面。由于存在弯曲回弹,辊弯件的曲率不能等于上轴辊的曲率。

辊弯往往不能一次辊压成形,而多次的冷辊压会引起材料的加工硬化。当弯曲件弯形程度很大时,这种加工硬化现象将十分显著,以致使辊弯件的使用性能严重恶化。因此,辊弯成形的允许弯曲半径 R,不能以钢板的最小弯曲半径为界限,而应大些。通常取 $R = 20\delta$（δ 为板厚）,当 $R < 20\delta$ 时,则应进行热辊弯。

辊弯成形的最大优点是通用性强,板材辊弯时一般不需要在辊床上添加工艺装备。辊床结构简单,使用和维护容易。辊弯的缺点是生产效率低和精度不高。

3.板材辊弯成形加工设备

（1）三辊辊弯机

辊弯是一种冷加工方法,主要设备有三辊弯板机、四辊弯板机,其中三辊弯板机应用最为广泛。常用的三辊弯板机及工作示意图见中职部分图1-3-25和图1-3-26。

普通三辊弯板机除上轴辊可做上下调节外,再不能做其他调节,这使其弯板功能受到很大的限制。例如,在弯制圆柱形或圆锥形板件时,板的边缘就有一段无法进行辊压,只好采用既浪费工时又浪费材料的工艺措施（如加垫块先辊弯好板边部分或先用液压机压好板边部分等）来补救。为了解决上述缺陷,可采用几种新型的辊式弯板机。

①三根轴辊均可上下升降调节的三辊弯板机

这种弯板机的两根下轴辊不仅可以驱动,还可以单独或一起进行升降调节,图2-3-3所示为这种弯板机弯制构件边缘部分的过程。这种弯板机的工艺性能较好,操作方便,适用于简单曲度板的成形加工。

②轴辊可做横向调节的三辊弯板机

这种弯板机有两种类型。一种是上辊可横向移动的开式三辊弯板机,它可以用来弯制封闭形筒体或锥体,图2-3-4所示为这种弯板机弯制封闭形筒体的弯制过程。弯制时,可使上轴辊做横向移动并进行升降调节,弯制出构件的边缘部分,然后再弯成封闭的筒体。另一

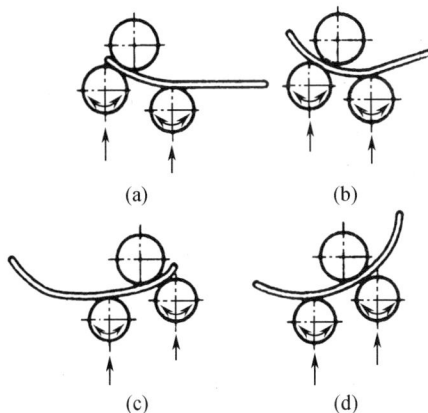

(a)　　　　(b)

(c)　　　　(d)

图2-3-3　下轴辊可上下调节的三辊
弯板机工作示意图

种是下轴辊可横向移动的闭式三辊弯板机,它是通过分别调节两根下轴辊的横向位置,弯制出构件边缘部分的曲度。

(2)四辊弯板机

其轴辊的布置如图 2 – 3 – 5 所示。轴辊 1 和 2 为主动辊,轴辊 3 和 4 为从动辊。轴辊 1 安装在固定的轴承内,其余三根轴辊被分别安装在可做升降调节的轴承内。弯制船体构件时,将要弯曲的钢板夹在轴辊 1 和 2 之间,通过对轴辊 3 和 4 做升降调节,将钢板弯制成构件所要求的弯曲程度。

(四)辊弯的工艺过程

钢板辊弯由预弯、对中、辊制三个步骤组成。

1. 预弯

辊弯时只有钢板与上轴辊接触部分才能得到弯曲,所以钢板的两端各有一段长度不能发生弯曲,这段长度称为剩余直边。剩余直边的大小与设备的弯曲形式有关,钢板冷弯曲时的理论剩余直边,对称弯曲是 $L/2$(L 是辊床侧辊中心距);不对称弯曲三辊是$(1.5 \sim 2)\delta$、四辊是$(1 \sim 2)\delta$ 头压力机的模具压弯是 1.0δ,其中 δ 是钢板厚度。实际上剩余直边常比理论值大,一般对称弯曲时为 $6\delta \sim 20\delta$,不对称弯曲时为对称弯曲的 $1/10 \sim 1/6$。由于剩余直边在辊弯时得不到弯曲,所以要进行预弯,常用的预弯方法如图 2 – 3 – 6 所示。

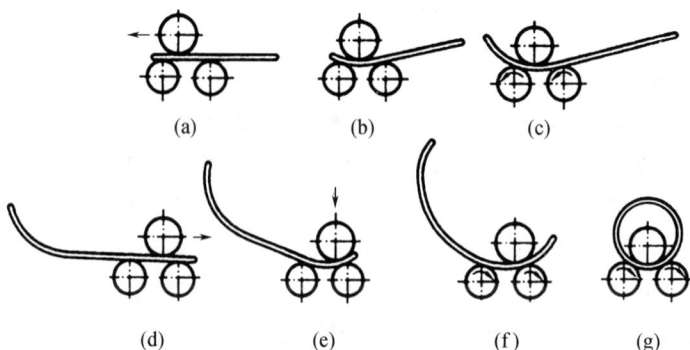

图 2 – 3 – 4　上辊可横移的开式三辊弯板机的工作示意图

在压力机上用通用模具进行多次压弯成形,如图 2 – 3 – 6(a)所示。这种方法适用于对各种厚度的板进行预弯。

在三辊弯板机上用模板预弯,如图 2 – 3 – 6(b)所示。这种方法适用于 $\delta \leqslant \delta_0/2$ 和 $\delta \leqslant 24$ mm,并且不超过设备能力的 60%。

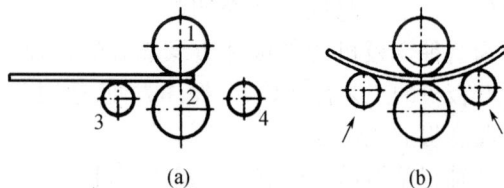

图 2 – 3 – 5　四辊弯板机示意图

在三辊弯板机上用垫板、垫块预弯,如图 2 – 3 – 6(c)所示。这种方法适用于 $\delta \leqslant \delta_0/2$ 和 $\delta \leqslant 24$ mm,并且不超过设备能力的极限。

在三辊弯板机上用垫块预弯,如图 2 – 3 – 6(d)所示。这种方法适用于较薄的钢板,但操作比较复杂,一般较少采用。

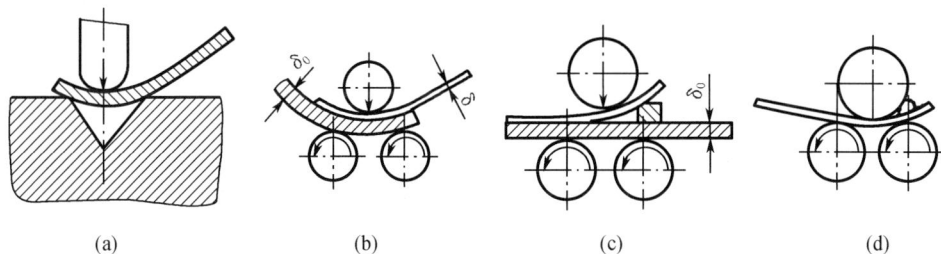

图 2 - 3 - 6 常用预弯方法
(a)通用模压弯;(b)模板辊弯;(c)垫板、垫块辊弯;(d)垫块辊弯

2. 对中

对中的目的是使工件的素线与轴辊轴线平行,防止产生扭斜,保证辊弯后工件几何形状准确。对中的方法有侧辊对中、专用挡板对中、倾斜进料对中、侧辊开槽对中等,如图 2 - 3 - 7 所示。

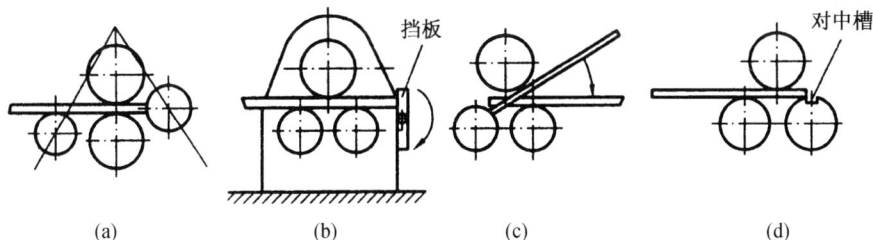

图 2 - 3 - 7 常用对中方法
(a)侧辊对中;(b)专用挡板对中;(c)倾斜进料对中;(d)侧辊开槽对中

3. 辊制

简单曲度板的辊弯成形主要是圆柱形钢板辊弯和圆锥形钢板辊弯。圆柱形钢板的辊制成形见中职部分的项目三任务三构件成形加工相关内容。下面主要介绍圆锥形钢板的辊弯成形。

(1)柱面的辊制

采用辊弯机弯制圆柱形钢板时,首先在钢板的两边和中间画出圆柱面素线。圆柱面的素线为相互平行的直线,因此在辊制柱面工作前,应检查辊弯机上、下轴辊是否平行,若不平行,则要进行调整。

按上述预弯方法先弯制钢板的边缘部分,然后弯制钢板的中间部分。弯制时应使钢板上所画的直素线平行地对准下轴辊上的纵向槽子,如图 2 - 3 - 8 所示。再调节上轴辊,使之压紧钢板,将钢板在辊弯机上来回滚动。

当分次进行辊制时,每次上辊的下降量约为 5 ~ 10 mm,板越厚,下降量应越小。在弯制过程中应经常注意钢板上所画的直素线与下辊纵向槽子

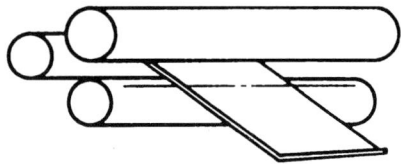

图 2 - 3 - 8 钢板中心素线对准下轴辊上的槽子

是否平行,并用内卡样板检查钢板弯制的曲度,用检查结果来调节上轴辊的升降,直至钢板的曲度与样板型线相符为止。辊制时由于钢料的回弹,所以必须施加一定的过卷量,在达到所需的过卷量后,还应来回滚动几次。对于高强度钢由于回弹较大,最好在最终辊制前进行退火处理。

对一些厚度较厚的圆柱体,辊制时须将两边缘辊制成约 20~30 mm 的重叠,即圆柱体壳体直径缩小 10 mm 左右,这是考虑到圆柱体从三辊弯板机上取下后,用铁锤进行手工矫形时会引起圆柱体壳体二对接边的扩张,圆柱体直径会变大。如果已知辊弯机的轴辊半径和相对位置,则可根据所要弯制板料的曲率半径,计算出轴辊应调节的位置,具体计算见图 2-3-9,可按下式求得。

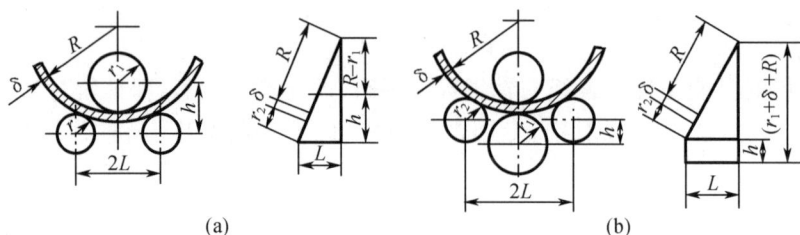

图 2-3-9 辊弯机辊轴位置的计算

(a)三辊轴;(b)四辊轴

图 2-3-9(a)所示为三辊:

$$h = \sqrt{(R+\delta+r_2)^2 - L^2} - (R-r_1)$$

图 2-3-9(b)所示为四辊:

$$h = r_1 + (R+\delta) - \sqrt{[r_2+(R+\delta)]^2 - L^2}$$

由于钢板的回弹,所以按图理论求得的值,供初辊时参考。在辊弯机上所能辊弯的最小圆筒直径取决于上辊的直径,考虑到圆筒辊弯后的回弹,能辊弯的最小圆筒直径约为上辊直径的 1.1~1.2 倍。

(2)圆锥面的辊制

由于圆锥面两端的曲率不同,在钢板上事先画出的素线是不平行的,而弯制锥形板同样要始终保持其素线与上轴辊重合才能准确地弯制成形。因此,用一般通用弯板机弯制锥形板时,必须采取一定的工艺措施,使其近似地弯曲成形。一般可采用如下的工艺措施:一是为了能获得锥形板两端不同的曲率,辊制圆锥面时,把上辊与侧辊的中心线调节成倾斜的位置,一般情况下,上轴辊处于倾斜,低的一端是小口的一端,高的一端是大口的一端,其倾斜度是随着钢板弯曲的程度而逐渐加大的,如图 2-3-10 所示。二是将锥形板作如图 2-3-11 所示的3~5等分的划分,并分别对其进行辊制。

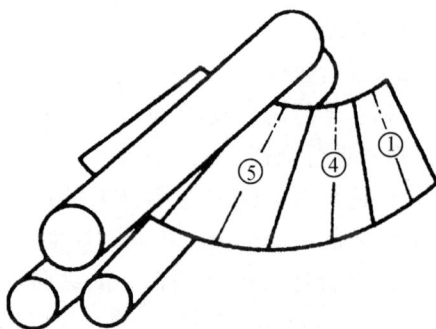

图 2-3-10 倾斜轴辊

圆锥面的辊弯过程与圆柱面相似,先预弯后辊制。

圆锥体壳板的滚轧可分为压头、对中、滚轧与卸车四个步骤。具体操作步骤如下：

①首先要对下好料的工件画加工基准线（如图 2-3-12 所示）区分加工区。如图所示为 5 个加工区，加工基准区中可画出一根中心线。

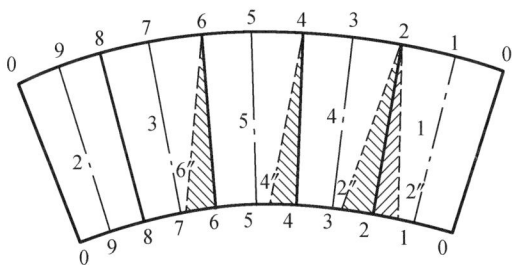

图 2-3-11　圆锥面的分区辊弯　　　图 2-3-12　圆锥体加工与滚轧顺序

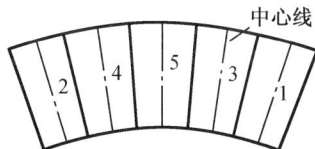

②辊弯时要分区对中，并逐区辊弯加工。圆锥体壳板加工基准线呈放射形，这给圆锥体辊轧中的对中带来困难，要使加工基准线始终与上辊轴中心线重合，必须随时转动壳板，这在实际操作中很难做到，故一般采用近似的方法进行加工。最常用的分区对中滚轧方法，滚轧时先滚轧两边的 1 区和 2 区，再滚轧 3 区和 4 区，最后滚轧 5 区，分区越多，成形越好。

③在辊弯中不断用样板进行复核，达到与样板相符的弯曲半径。

（3）复杂双曲度外板的辊弯加工

船体外板的弯曲形式除了柱面和锥面单向曲度外，还有几种双向曲度不大的弯曲形状。

- 帆形板：其弯曲特点是纵、横向弯曲同向；
- 鞍形板：其弯曲特点是纵、横向弯曲反向；
- 螺形板：其弯曲特点是横向弯曲按螺线变化。

双曲度外板加工工艺：

①根据工件的分段号、零件号、肋位号制作样板；

②依据样板的曲度劣势，在滚板机上调整外板的辊弯方向；

③进行外板辊弯，在辊弯中用样板复核；

④在辊弯结束后将样板及外板交火工进行水火矫正。

二、工作任务训练

训练名称：辊弯圆柱形（或圆锥形）钢板。

1. 训练内容与要求

训练内容：

（1）绘制辊弯线

（2）操作三辊弯板机

训练要求：

（1）圆柱形钢板成形后半径为 500 mm，高 1 000 mm；圆锥形钢板成形后小口半径为 300 mm，大口半径为 500 mm，高 1 000 mm；

（2）安全熟练操作三辊弯板机；

（3）采用三辊弯板机弯制圆柱形（圆锥形）钢板；

（4）检验辊弯件符合要求。

2. 训练资料、设备和工具

（1）训练资料。某散货船图纸。

（2）设备和工具。三辊弯板机、卷尺、样板等。

3. 训练过程

下达工作任务→制订工作计划（任务分工→确定训练步骤）→实施工作计划→完成训练记录。

4. 训练步骤

（1）研究计算辊弯线；

（2）在钢板上绘制辊弯线；

（3）使用三辊弯板机辊弯钢板；

（4）检验辊弯件是否加工完毕。

任务二　板材成形热加工

【学习目标】

1. 了解船体外板的分类及不同形状；

2. 了解外板加工时作为检查依据的样条、样箱要求；

3. 掌握水火弯板加工的工艺流程。

【任务解析】

对于双向或多向曲度的板，其冷弯成形设备主要是液压机或辊弯机，热加工是用水火弯板方法。热加工的加工过程是在火工加工平台上进行的。90%以上的船体复杂曲度外板都可用此法加工。水火弯板具有生产率较高、成形质量好和设备简单等优点，特别是在单件生产和小批生产时更为适用。

本任务主要介绍了水火弯板加工的原理、火工矫正的原理、不同加热方式的特点、使用范围、热加工工艺技术要求，船体外板不同形状所应采用的不同热加工工艺。通过该任务的学习和训练能够进行板材的热加工工艺的编制。

【任务实施】

一、背景理论与知识学习

对钢材加热至一定温度再进行加工或矫正成形，称为火工，包含了火工加工、火工矫正两个方面。

对于火工加工，目前常用两种工艺方法：一是采用氧－乙炔火焰，对钢板表面进行局部加热，利用钢板热胀冷缩的原理使钢板弯曲成形；也可在局部加热的同时，浇水冷却使钢板弯曲成形即水火弯板。一种是将钢板放入专用加热炉进行整体或分区加热,主要利用钢材加热后强度明显下降塑性增大的特性,然后再加外力强制钢板弯曲成形。各船厂广泛应用的是第一种方法。

(一)热加工原理

1. 火工加工的原理

由火工定义可知,它主要是利用钢材加热后塑性增大、强度降低的特点,强制施以外力,使之发生永久性变形,从而达到想要的形状。而船厂使用最多是水火弯板的方法。所谓水火弯板是指沿预定的加热线用氧－乙炔火工矫正炬对板材进行局部线状加热,并用水进行跟踪冷却,使钢板产生局部塑性变形,从而将钢板弯成所要求的曲面形状的一种弯板方法。

当氧－乙炔火焰对钢材局部加热到 600~700 ℃以上时,受热区发生膨胀,但周围温度较低的金属将限制并产生压缩应力,由于金属在高温时的塑性增大,使得受热区产生压缩塑性变形,在钢材冷却时形成收缩变形。在收缩时,由于钢板厚度的影响,加热面与背面存在着温度差,导致正面的压缩塑性变形量大于背面,因此形成了角变形 α,如图 2－3－13 所示。

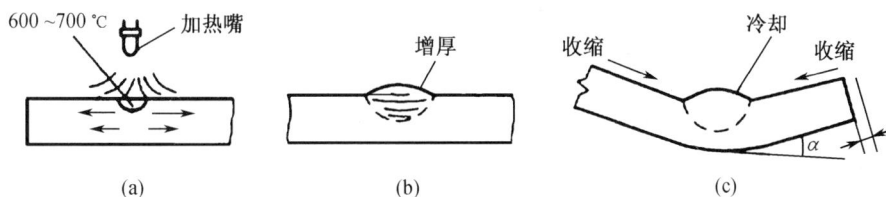

图 2－3－13　水火弯板原理
(a)加热;(b)膨胀;(c)收缩变形

当温度差越大时,其角变形量也越大。水火弯板就是利用这一原理,在加热时为了加大正、背面之间温度差,常采用水跟踪冷却,可以提高冷却速度,从而使角变形量增加。采用不同的加热温度、不同的跟踪冷却方式,可以达到有效控制角变形量的目的。

2. 火工矫正的原理

如图 2－3－14 所示,当钢板在加热时,受热区(图中阴影部分)膨胀,受到周围冷金属区的压缩。当压力超过该钢材的屈服点(普通船用低碳钢的屈服点约为 235 N/mm² 时,钢材将发生塑性变形,在冷却过程中随着压缩应力的释放,受热区金属并不能恢复到原有的长度,比原来缩短了,这种现象称为火工收缩。由于钢材的不

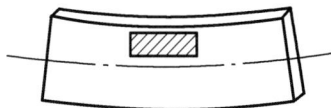

图 2－3－14　火工收缩原理

均匀性、局部加热等,常使得该收缩不对称于材料截面的中和轴,所以会出现弯曲变形。

钢材的屈服点是随着温度上升而下降的,而压力则随着温度的升高而增大。因此加热温度越高,就越容易达到其屈服点,当加热到 600 ℃时,屈服点就接近于零。火工矫正就是利用火工收缩的原理,来控制达到所要求的变形。一般加热温度常在 500~900 ℃之间。

但由于受热区与周围的冷金属区之间并没有明显的分界,中间总是存在一定区域的过渡区,这将使得受热区受的压力因受热、过渡区之间温差的减小而减小,为了保持压力,

就必须降低冷金属区的温度,一般常采用水冷却,从而提高火工收缩的效果。水冷却的火工矫正是目前普遍使用的一种有效方法。

(二)加热方式

火工加热方式的不同,会使结构变形所达到的量也不一样,在选择时,应根据结构变形的特点、加工外板的线型、火工矫正的原理,再结合火工加热方式的适用范围,进行确定。否则将给火工加工、火工矫正增加困难,如产生相反的效果、浪费人力物力、影响美观等。

火工的加热方式主要有圆点形、长条形、马蹄形、三角形(楔形)、半圆形、链式密点等多种形式,其中长条形加热方式中又可分为线状加热法、短条状加热线、十字状加热法、格子状加热法、放射状加热法等。

1.圆点形加热法

用氧 – 乙炔焰矩在被矫正部位做圆环状流动,均匀地加热,使加热区成圆点形的加热矫正方法,如图 2 – 3 – 15 所示。

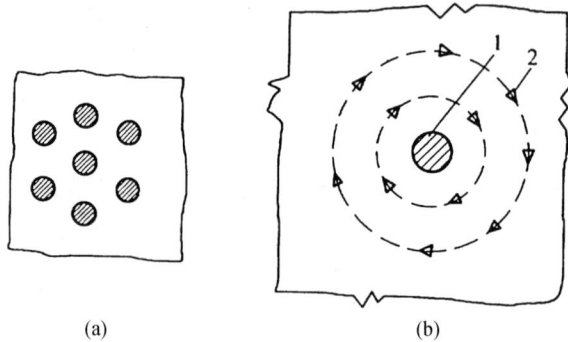

图 2 – 3 – 15　圆点形加热矫正法
(a)圈点的排列;(b)圆点加热及捶击顺序
1—圆点加热;2—捶击方向和位置

该方法优点在于加热参数容易掌握,如图 2 – 3 – 16 所示。缺点在于加热面积过多、速度慢、工效低、易诱发其他方向的变形、加热区冷却后有明显局部增厚、加热时需进行锤击劳动强度大、噪音大、涂装后易留下明显痕迹等。适用于矫正各种厚度、各种结构形式的变形,特别适用上层建筑的围壁的矫正,但由于工效低、质量差,现已很少使用。

常用的加热温度为 600 ~ 700 ℃,最高可达 900 ℃。

图 2 – 3 – 16 为圆点加热法加热参数图,其加热圆点直径一般为:

$$D = 4\delta + 10 \text{ mm}$$

式中　δ——板厚,mm;

图中,参数 $a = 200 ~ 400$ mm,参数 $b = 100 ~ 200$ mm。

2.长条形加热法

长条形加热法的加热区呈长条形,与圆点加热法相比,以极少的加热面积即可获得同样的矫正效果。该法常用于钢板的凸弯变形,其加热面积大约为凸弯变形部分总面积的12%左右。长条形加热带的宽度与钢板厚度有关。

（1）线状加热法

线状（或长条形）加热法是指加热形式为长条线状的加热方法,如图 2 − 3 − 17 所示。

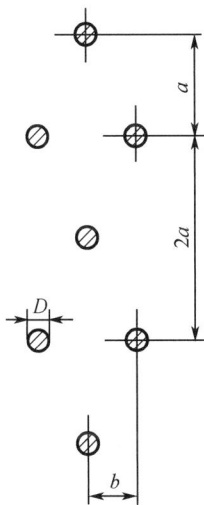

图 2 − 3 − 16　圆点加热法加热参数

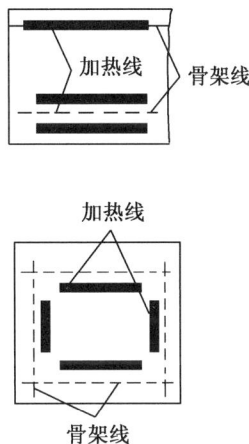

图 2 − 3 − 17　线状加热法

线状加热法适用于各种结构变形的矫正,特别是对于板架变形的矫正,如瘦马变形、波浪变形等。该法多用于水火弯板的加热、水火矫正,对于小于 4 mm 的薄板矫正效果也比较好,目前已被普遍采用。

常用的加热温度为 700 ~ 800 ℃,最高可达 850 ℃。由于加热薄板时容易起皱,所以对于 2 ~ 4 mm 的薄板,加热温度应小于 750 ℃。

加热线宽度:

$$B = 10 ~ 20 \text{ mm}$$

加热线长度:

$$L = \frac{F}{B}$$

式中,F 为加热总面积, mm^2,该值应根据变形挠度进行估算。

（2）短条状加热法

短条状加热法是加热线呈短条形状的加热方法,如图 2 − 3 − 18 所示。

短条状加热法的优点:比圆点形的加热面积要小,工效较高;矫正质量较好,工件基本上没有明显的局部增厚和局部起折现象。其缺点在于操作比较复杂,加热线位置不易掌握。

该加热方法适用于矫正 2 ~ 6 mm 的薄板结构,对于板厚大于 12 mm 的结构变形很少采用。同时还用于矫正四周有构架的球面变形。并可用水火矫正和

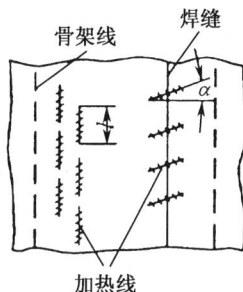

图 2 − 3 − 18　短条状加热法

$l = 100 \text{ mm} ~ 150 \text{ mm}$;

$a = 35° ~ 40°$

水火弯板。

常用的加热温度为 700 ~ 800 ℃,最高可达 850 ℃。对于加热 2 ~ 4 mm 的薄板,加热温度应小于 750 ℃。

加热线宽度:
$$B = 10 ~ 20 ~ mm$$

加热线长度:
$$L = 100 ~ 150 ~ mm$$

(3)十字状加热法

十字状加热法是加热区呈十字形(松叶状)的加热方法,如图 2 - 3 - 19 所示。

十字状加热法的优缺点与短条形加热法相同,在各个方向作用着收缩力,能均匀地得到矫正,但它的收缩力方向要比短条形复杂。

该加热方法适用于矫正变形较大、要求较高的薄板结构,特别适合矫正四周有构架、中间凸起的球面变形。

对于加热 2 ~ 6 mm 的薄板,加热温度为 650 ℃ ~ 750 ℃。

加热线宽度:
$$B = 10 ~ 12 ~ mm$$

加热线长度:
$$L = 100 ~ 120 ~ mm$$

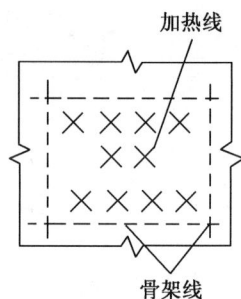

图 2 - 3 - 19　十字状加热法

(4)格子状加热法

格子状加热法(又称纲目烧法)是加热区呈格子形的加热方法,如图 2 - 3 - 20 所示。此法适用于大变形的场合,能得到比较均匀的外表,但必须注意切勿矫正过头。

(5)放射状加热法

放射状加热法是加热区呈放射形的加热方法,如图 2 - 3 - 21 所示。

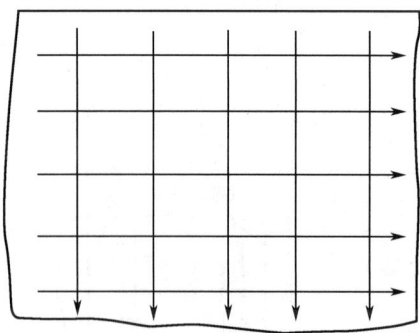

图 2 - 3 - 20　格子状加热法

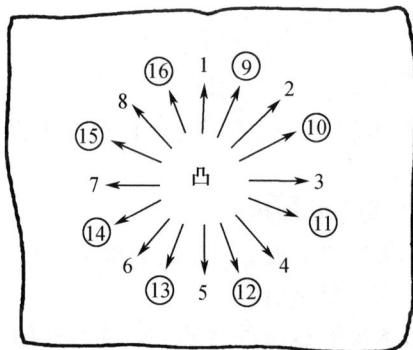

图 2 - 3 - 21　放射状加热法

此法适用于凸变形的矫正,从变形凸部中央向各个方向进行短线加热。

加热线长度一般为 100 ~ 150 mm。

3. 马蹄形加热法

马蹄形加热法是加热区呈开口圆环形的加热方法，如图2-3-22所示。

马蹄形加热法适用于6 mm以下的薄板矫正，厚度大于8 mm时的矫正优越性不显著；矫正四周有构架的球面变形的效果要比矫正柱面变形效果好。此法适合水火矫正。

常用的加热温度为650~750 ℃，最高达800 ℃。

加热圆环宽度：

$$b = 15 \sim 20 \text{ mm}$$

圆环内径：

$$d = 40 \sim 50 \text{ mm}$$

d 最大不超过60 mm。

图2-3-22　马蹄形加热法

4. 三角形（楔形）加热法

三角形（楔形）加热法是加热区呈三角形的加热方法，如图2-3-23所示。

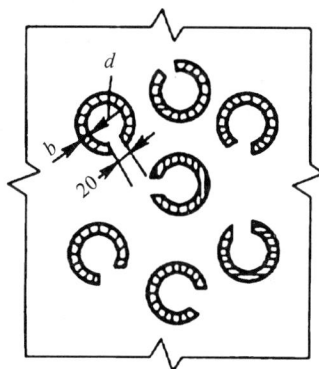

图2-3-23　三角形加热法

三角形加热法的优点在于加热方法比较容易掌握，矫正T形、H形和其他型材弯曲变形效果较好，工效高。缺点是温度掌握不当容易产生新的变形。

该法适用于矫正T形、H形结构和其他型材的弯曲变形。也可用于矫正分段自由边缘的荷叶状变形，如甲板企口双层底边舱外板上口等。此法适用水火弯板、水火矫正。

常用的加热温度为750~850 ℃，最高达900 ℃。图2-3-24为三角形加热法加热参数。

加热长度：

$$h = \left(\frac{1}{2} \sim \frac{2}{3} \right) H$$

加热区角度：

$$\alpha = 30°$$

5. 半圆形加热法

半圆形加热法是加热区呈半圆形的加热方法，如图2-3-25所示。

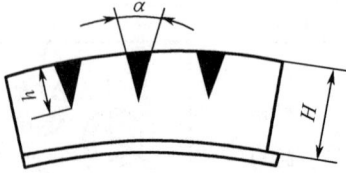

图 2 - 3 - 24　三角形加热法加热参数　　　图 2 - 3 - 25　半圆形加热法

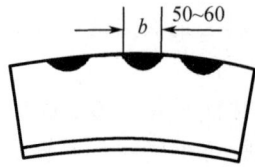

这种加热方法实际上是三角形加热法的一种特例。其优点是加热面积较三角形加热法略少,但矫正效果则不如三角形加热法。

半圆形加热法适用范围与三角形加热法相同,特别适用于薄壁型材的矫正。

常用的加热温度为 750 ~ 850 ℃,最高达 900 ℃。

加热高度:

$$h = 25 \sim 30 \text{ mm}$$

加热宽度:

$$b = 50 \sim 60 \text{ mm}$$

在使用该法进行操作时,其注意点与三角形加热法一样。

6. 链式密点加热法

链式密点加热法是加热区呈多点连成的长条线状的加热方法,如图 2 - 3 - 26 所示。

该方法适用于变形不大的薄板结构,特别是 2 ~ 4 mm 的薄板,厚度大 8 mm 的结构很少采用,这种方法矫正鼓曲的柱面变形的效果较好。

常用的加热温度为 650 ~ 750 ℃,最高达 800 ℃。

密点直径:$D = 10 \sim 20$ mm

密点间距 30 ~ 50 mm。

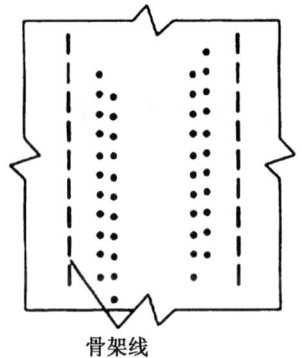

(三)冷却方式

骨架线

图 2 - 3 - 26　链式密点加热法

火工冷却方式的选择和火工加热方式一样,不同的方式各有一定的适用范围,也应该结合结构变形的特点、加工外板的线型、火工矫正的原理进行确定。选用了不合适的冷却方式,也会对火工加工、火工矫正产生不利影响。

火工加热后的冷却方式主要分空冷、水冷两种,其中水冷又可细分为正面跟踪水冷、背面跟踪水冷。

1. 空气冷却法

空气冷却法就是工件在进行加热后不辅以其他方式,在空气中自然冷却,这是一种最简单的火焰成形方法,如图 2 - 3 - 27(a)所示。

空气冷却的优点是操作简单。其缺点是冷却速度较慢;加工和矫正的变形效果比较小,生产效率低;成形速度慢,在角变形的同时会产生不需要的纵向弯曲。空冷法除用于部分高强度低合金钢、铝合金的矫正、加工及冬季施工,一般较少采用。

(a)

(b)

(c)

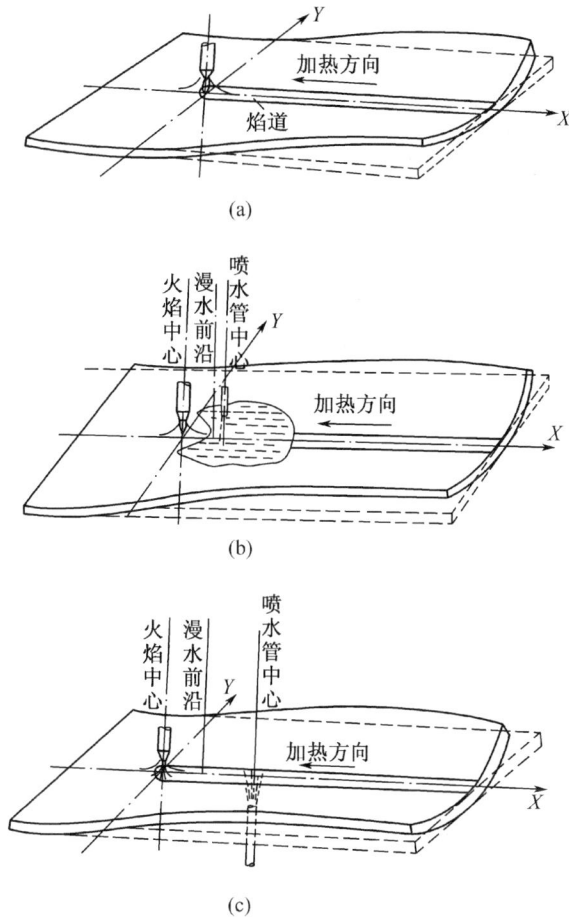

图 2 - 3 - 27 水火弯板冷却法

(a)空气冷却法;(b)正面跟踪水冷却法;(c)背面跟踪水冷却法

2.正面跟踪水冷却法

正面跟踪水冷却法是指在进行火工加工后,在工件加热面随即用水进行跟踪冷却,由于增加了冷却速度,减少了热量向背面传递,扩大了正反面温差,从而达到成形效果,简称正冷法,如图 2 - 3 - 27(b)所示。

正冷法的优点是成形效果比空冷法要好,设备简单,操作方便。但是,由于加热面被水强制冷却,温度急剧降低,甚至使正面温度低于背面温度,出现负温差,降低了角变形效果。而且,在附加变形的反作用力作用下,使正处在冷却过程中的金属受到附加拉伸作用而抵消部分变形,因此,角变形效果一般不如空冷好。但其横向收缩变形却比空冷法大,成形加工所不需要的加热线纵向收缩变形也远比空冷法小。

正冷法可用于加工、矫正船用低碳钢、一般低合金钢和其他无淬硬倾向的钢结构。

3.背面跟踪水冷却法

背面跟踪水冷却法是指在进行火工加工后,在工件加热面的背面用水进行跟踪冷却,由于背面先行冷却,在冷却收缩时,正面正处在加热状态,收缩受阻产生拉伸,使正反面压缩差值扩大,角变形增大,因而达到了成形效果,简称背冷法或反冷法。如图 2 - 3 - 27(c)所示。

背冷法优点在于,由于是背面强制冷却,因此增大了板材反面的温差,角变形比前两种大,成形效率高。但操作不方便,特别是在进行水火弯板时需要专用的工装设备,所以在实际生产中很少采用,仅应用于个别厚度很大的大曲率板的加工。

在这三种冷却方式中,背面跟踪水冷却的成形效果最好,但操作比较麻烦。目前,造船生产中常用的是正面跟踪水冷却,它的成形效果比自然冷却好,并且还具有操作方便的优点。

(四)热加工主要参数

火工加工、矫正的成形效果,主要取决于相应工艺参数的确定,如焰嘴口径、火炬功率、加热温度、加热速度、加热深度、水火距、水流量等,这些参数对钢板的成形效果起着至关重要的作用,在实际操作中,应根据要加工的部位、工件的材料、变形情况等来选择合适的参数,以便达到最佳的成形效果。

1. 火焰功率

火焰功率主要取决于氧 - 乙炔焰嘴的大小,焰嘴直径大,单位线热能就强,钢板的成形效率就可以提高。所以在对钢板进行施工时,应根据不同厚度,在不产生过挠的前提下,尽可能地采用较大的火焰功率,以提高生产效率。

2. 加热温度

加热温度与钢板的横向收缩、角变形都有一定的关系。

横向收缩随温度的增高而增大,但当温度超过 900 ℃时,收缩量增大不显著。

角变形随温度的增高而增大,对于薄板,当超过 750 ℃后,角变形的增大不显著。

3. 加热速度

加热速度是水火弯板中一个主要的参数,对成形效果影响较大,应该特别注意,尽量选用与板厚对应的最佳加热速度,以提高成形效果。加热速度的影响主要在于以下几点:

(1)一般而言,加热速度越慢,收缩量则越大;

(2)加热速度慢,钢板正反面温差小,成形角度即角变形也小;反之较大;

(3)在同一加热速度下,薄板的收缩要大于厚板;

(4)加热速度过快时,由于单位线热能减小,成形角度反而减小;

(5)在板厚一定时,对同一加热、冷却方式而言,存在一个最佳的加热速度;

(6)一般选用的加热速度为 0.3 ~ 1.2 m/min,厚板时速度可稍慢。

4. 加热深度

加热深度对钢板的成形效果也有较大影响。横向收缩随加热深度增加而略有增大。当加热深度在 1/2 板厚内,角变形随加热深度增加而增大;超过 1/2 板厚后,由于逐渐趋向在整个板面上受热,造成钢板正反面温差减小,因而造成正反面塑性变形值减小,角变形减小。

加热深度与加热速度成反比关系,加热速度慢,加热深度就深,反之则浅。

5. 水火距

水火距即浇水点至火焰点的距离。

随着水火距的增大,横向收缩量也跟着增大。当达到某一峰值后,继续增大水火距,则收缩量反而减小。

角变形随水火距的增大而减小。

6.水流量

水流量主要用于钢板的冷却,在使钢板受热区得到充分的冷却时,应能保证冷却后的钢板温度控制在70~80℃,因此冷却后的钢板温度即使再低,也不会产生新的变形,因此水流量不宜过大,否则易造成浪费。

(五)主要工艺要求

1.水火弯板应遵循的原则

在进行水火弯板操作时,应注意以下几点:

(1)在水火弯板前应根据构件的成形要求,在钢板上画出加热线。各加热线的起点相互错开,不可在同一条直线上。

(2)左右形状对称的构件,其加热线的位置、数量、长短也应对称,同时操作时也应该对称进行。

(3)在布置加热线位置时,应避免在同一部位反复进行加热。一般情况下重复加热次数不得超过三次,否则会影响成形效果和降低钢材的机械性能,特别是对于低合金钢。

(4)新钢种采用水火弯板法需经过试验鉴定后才能进行。

(5)根据构件成形的要求、厚度,选择合理的加热参数。表2-3-1中列出了常用工艺参数的一些建议值。

表 2 - 3 - 1 水火弯板工艺参数

项目		板厚/mm			
		<3	3~5	6~12	>12
烘嘴号码		1	2	2,3	4
火焰性质(氧炔比)		1.0~1.2			
加热温度/℃		<600	650~700	750~800	750~850
最小水火距[①]/mm	低碳钢	30~50	50~70	70~100	100~120
	低合金钢	50~70	70~90	90~120	130~150
加热速度/(mm/s)		20~30	10~25	7~20	4~10
加热深度/mm		$(0.6 \sim 0.8)t$[②]			
加热宽度/mm		12~15			
氧气压力/Pa		$(20 \sim 30) \times 10^4$	$(30 \sim 40) \times 10^4$	$(50 \sim 70) \times 10^4$	
乙炔压力/Pa		$(4 \sim 8) \times 10^4$			
焰心距板面距离/mm		2~3			

注:①表中水火距系指正面跟踪水冷却而言;②t 为板厚。

2.水火弯板加工中加热线位置、数量、长度和方向的选择

加热线的位置、疏密和长短对板材成形效果影响极大,加热线的位置正确与否直接关系到钢板能否正确成形。对相同的钢板沿不同位置的加热线进行加热,成形后的形状会完全不同。

(1)加热线的位置

水火弯板时加热线的位置主要取决于所要求的构件形状,这是水火弯板时的关键参数。水火弯板加工时加热线位置和方向不同,可达到不同的成形效果,柱形板、正反弯板、轴壳板、球形板四种类型板水火加工时的加热线位置和方向可参见中职项目三任务三图1-3-31。

船舶上经常会有两类板:帆形板和鞍形板。这两种板的成形都存在着双向曲度,先在冷弯设备上弯出曲率较大的横向曲度,然后再用水火弯板法弯出纵向曲度。

①帆形板

帆形板的特点是纵向曲度弯曲的方向与横向曲度弯曲方向是一致的,即都向钢板的同一面弯曲,如图2-3-28(a)所示。

帆形板加工时,先用机械冷弯设备弯出横向曲度,再用水火弯板法弯出纵向曲度,加热线应位于板的横剖面两侧,弯曲时采用水火收边的方法,依靠其横向收缩及角变形,使构件两侧纵向板边缩短而得到构件的纵向曲度。

②鞍形板

鞍形板与帆形板不同的是,其纵向曲度弯曲的方向与横向曲度是相反的,即纵向朝板的一面弯曲,而横向朝板的另一面弯曲,如图2-3-28(b)所示。

鞍形板加工时,先用机械冷弯设备弯出横向曲度,再用水火弯板法弯出纵向曲度,加热线应位于钢板的横剖面中间,弯曲时应加热构件背面的中间部分,使构件中间部分产生纵向缩短而得到构件的纵向曲度。

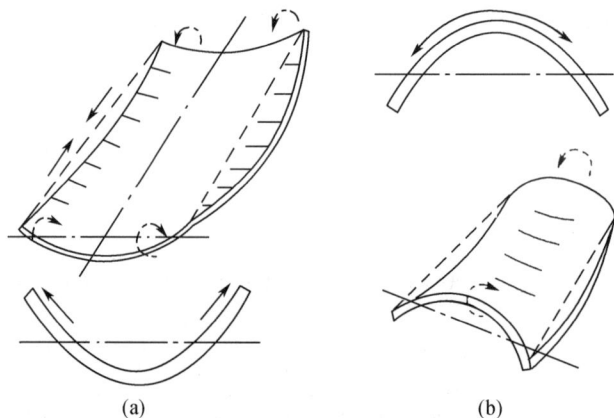

图2-3-28 帆形板和鞍形板成形

(a)帆形板;(b)鞍形板

(2)加热线的疏密、长短

加热线的疏密、长短主要影响构件的成形效果。

一般来说,加热线越长、越密,则产生的变形就越大,成形效果也就越好。因此,当弯曲的曲率较大时,加热线的布置可适当加密、加长。但在确定加热线疏密、长短时要注意,加热线不可跨越构件横剖面的中和轴,如图2-3-28所示。

（六）船体外板的形状及热加工方法

船体结构中船壳板占了很重要的地位，所有的骨架都是以板为基础形成框架式结构以起到支撑作用的。船体外板的形状是由船体型线来决定的，在整个船长、船宽及高度范围内是个三维的空间曲面。而采购的钢板均为平直板，这使得对于钢板的加工，不得不涉及双向弯曲加工，这与型材的热加工存在着不同。

以一块钢板为例，当仅有单向弯曲时是无须火工操作的。如果要加工成球形，就存在纵、横两个方向的同时弯曲，这样就必须要火工加工。类似于一张纸，如果想将之折成球形，应对其四边进行折叠，使四边的长度缩短，则纸张就能弯曲成球形。同样，若想缩短钢板的四个边，通过前述的热加工原理，在边缘进行加热，冷却后，受热区将收缩得比原来的长度要短一些。因此，在该钢板的四周进行三角形加热后，其结果将缩为球形，如图 2 – 3 – 29 所示。

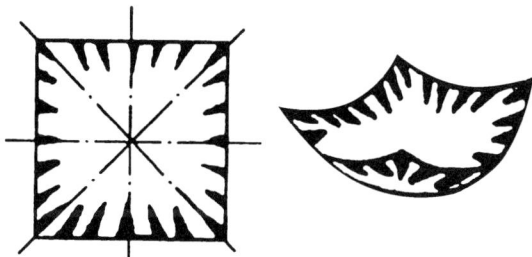

图 2 – 3 – 29　平板收缩成球形

由以上原理可推，在对双曲度船体外板进行热加工时，根据加热、冷却的方式，基本上可分为两种形式，如图 2 – 3 – 30 所示。

(a)　　　　　　　　　　　　　　(b)

图 2 – 3 – 30　缩边和宽边双曲度外板

(a)缩边外板；(b)宽边外板

（1）外板收缩边势，也称紧边，即加热线基本上在外板边上，这一类加工方法大部分都用在正面弯曲的艏包板、卷筒板等双曲度外板上

（2）外板宽边，也可称松边，加热线基本上在外板中间区域内，这类加工方法大部分都用在反向艏包板、线型较复杂的轴壳板等双曲度外板上。

对于双曲度外板加热时大多采用线条形加热方法，冷却一般采用水冷却、冷风冷却或自然冷却。加热时采用氧 – 乙炔焰进行加热，加热火圈的形状、大小以及温度因壳体的厚度、形状而异。如图 2 – 3 – 31 所示，当在板中部进行加热时，火圈呈圆形，直径在 50～80 mm 左右；当在边缘进行加热时，加热火圈呈 V 形，高度为 60～100 mm，宽度为 50～70 mm，加热温度在 900～950 ℃。而条状加热，其加热一般在 650～750 ℃，并用水冷却。水冷却点离加热点 100～150 mm。圆点加热大都应用于外板产生均匀收缩部位，即曲率变化不大的外板。条状加热一般用于加工掠势（即扭曲）板。

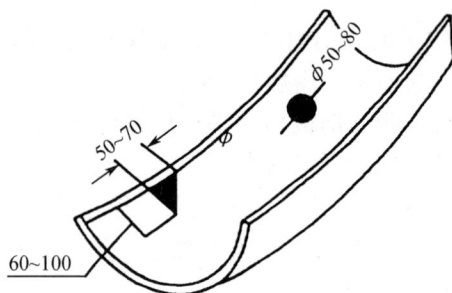

图 2 - 3 - 31　加热火圈的尺度

（八）双曲度船体外板加工工艺

1. 双曲度舷部外板的热加工工艺

舷列板又称卷筒板，在平行中体处一般仅有横向曲度，可通过弯板机等冷加工方法得以实现。但靠艏艉处的舷列板，将出现一定的纵向弯曲，有时还存在掠势变化，其线型变化较大。

该类板的热加工工艺流程如下：

（1）舷列板的横向曲度一般较纵向曲度大，因此横向曲度先由三辊弯板机等设备加工成形，再用火工对其纵向弯曲进行加工。

（2）用锤击修正舷列板的形状，使之与样板大致相合，然后吊至火工加工平台。确定好作业工位后，用枕木、楔木垫妥，防止其左右摇摆。在舷列板上找出下料时所作的各肋骨号标记，用石笔画出其肋骨线和板缝线。

（3）将样板放在每一档对应的肋骨位置上，样板上的板缝线要对齐舷列板上的板缝线。用铁夹钳固定样板的垂直度，防止其左右倾倒。

（4）使用两端的样板，在水平基准点之间拉一条粉线，并将粉线绕在两端的弯锤上或定位杆上。

（5）观察每档肋位上各样板的水平基准点的位置。

若样板上的基准点在该粉线之上，说明该档肋位高需向下收缩，此板属纵向正弯曲加工；如样板上的基准点低于直线，则说明该肋位需向上收缩，此板属纵向反弯曲加工，如图 2 - 3 - 32 所示。

（6）根据样板这些基准点的变化和数值，在舷列板两侧用石笔画出加热线。

加热线的密度、长短是根据舷列板纵向弯曲形状而定，其数值来自于各肋位处样板基准点与直线间的数值差。加

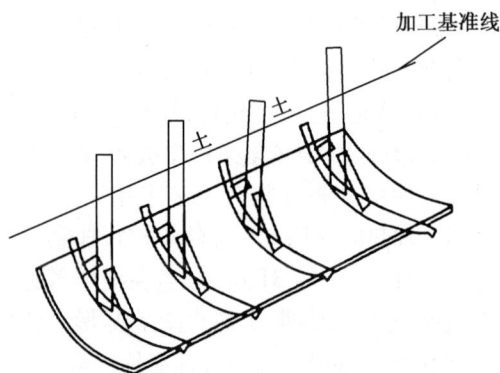

图 2 - 3 - 32　用样板检验舷列板

热线一般选在两肋位之间，一般加热线不宜超出舷列板半宽的三分之二。不宜在同一位置

上加热超过三次,以防加热次数过多造成钢板局部金相结构发生变化。加热温度一般不要超过900 ℃。加热时两边必须同时进行。正弯加工在正面加热,反弯加工在反面加热,加热线位置,如图2-3-33所示。

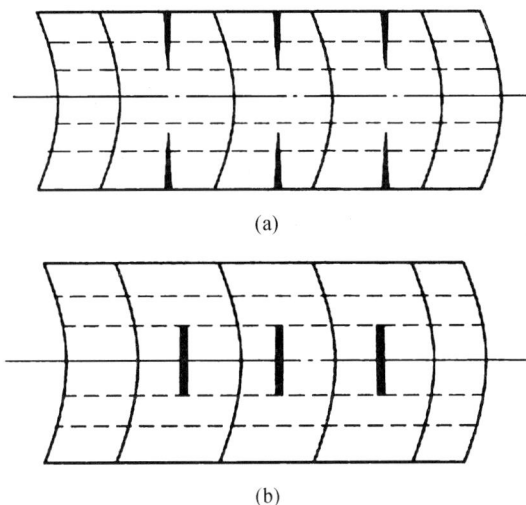

图2-3-33 正弯、反弯加热线位置和长度
(a)正弯加工;(b)反弯加工

在加热过程中要随时注意舭列板发生变化的形态,及时垫妥斜木楔,同时要检验样板上基准点对应粉线的高低变化。如样板上基准点与粉线在同一水平线上,说明该处纵向弯曲度已加工到样;如原来高于粉线的基准点,在加工时出现低于粉线的现象,则说明舭列板纵向弯曲已经加工过样,那么就要改变加热线的位置。

(7)样板基准点与粉线高度相差最大的肋骨位置上(不一定在舭列板纵向的中间),加热前可在中间压以重物(铁墩或压舱铁等),两边根据相差数值的多少斟量压些重物,其目的是钢板在弯曲前,有一个中间向下的趋势,以增加弯曲效果,提高收边效率。

但要注意的是,如果舭列板有外加重物时,加热的顺序必须要两边向中间方向进行,并时刻注意基准点与粉线间距离的变化,防止纵向弯曲过样。

(8)对于有掠势的舭列板,在加热前按掠势要求垫妥舭列板,即在有掠势边缘用斜木楔垫高,其他三处边缘可用铁马压紧,然后用小锤子打紧斜木楔,使有掠势的边上翘,如图2-3-34所示。用样板侧面平直度来检验掠势数值,在加热时有掠势边的一面,加热线可适当加长和加密,加热时要注意掠势的变化。

(9)加热结束后,用样板检验加工后的舭列板,要达到样板上的基准点与粉线重合,掠势与小样要全部到样,舭列板边势要和顺,小样不到样可采用局部短加热来修正,如图2-3-35所示。边势不和顺,则采用边局部加热边锤击的方式敲直,如图2-3-36所示。

(10)加工完毕后,对满足要求的舭列板做好完工标记,吊离火工加工平台。加工完后的板要堆放在平整处,掠势一边要用木楔垫妥。加工完毕后的舭列板不宜多张重叠堆放,以免重压变形。

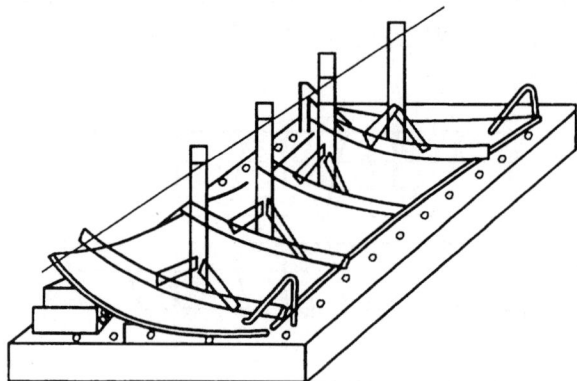

图 2 - 3 - 34　掠势外板的加工

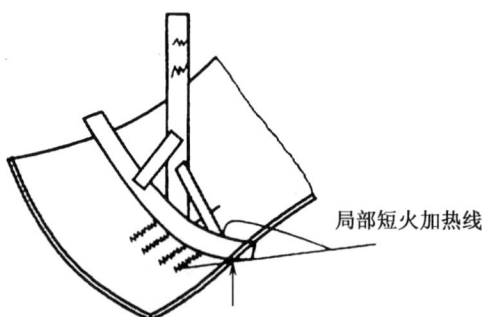

图 2 - 3 - 35　小样加热到样

局部短火加热线

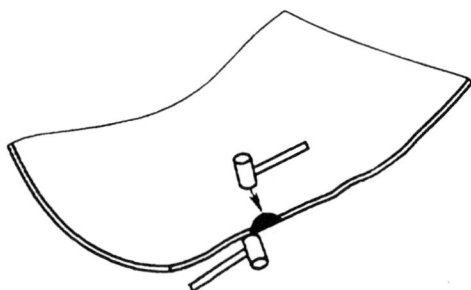

图 2 - 3 - 36　边势敲击修正

2. 双曲度船体球鼻艏外板加工方法

船体球鼻艏外板处于船体艏柱的水下部分外板,该板的形态似球体状态,故又称球鼻艏。该外板一般比较厚,在形状上有纵向或横向弯曲度,从形状上看有些像西瓜皮。加工这类外板除需用三角样板或活络样板外,还需要用角度样板保证每块样板之间垂直度和加工平线的正确,如图 2 - 3 - 37 所示。其加工方法如下:

(1)用样板检验球鼻艏外板加工形状,用枕木、斜木楔垫妥外板,使外板搁空,如有掠势的还需把掠势边垫好,同时用铁马马紧相应边,根据样板要求划出合理的加热线;

(2)加热时要两边同时加热,并及时注意外板的变化,垫妥枕木和斜木楔,用样板检验外板状态;

(3)如球鼻艏外板带掠势的,则在有掠势边可适当加长加密加热线;

(4)经过以上多次反复加工步骤,直到达到加工要求,加工完毕要做好标记;

(5)加工某些球鼻艏类似西瓜形外板时,缩边形式可在外板四条边上同时加热,但一般加热线横向要比纵向适当加长些,具体要根据样板而定如图 2 - 3 - 38 所示。

(九)样板及样箱检查外板的方法

双曲度船体外板的加工由于涉及双向的弯曲,判断是否加工到位的主要依据是样板和样箱。当双向曲度外板形状简单、具有较小的纵向弯曲时,可由三角样板来检查;若线型十分复杂具有较大的纵向弯曲,则应使用笼样、样箱,如轴壳板、球鼻艏板等。

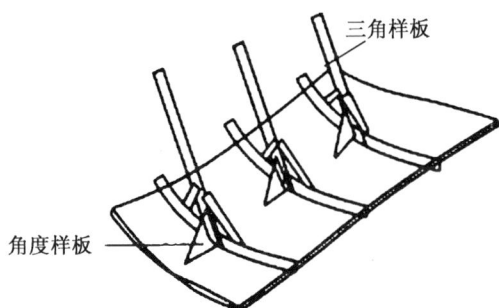

图 2 - 3 - 37　角度样板的使用

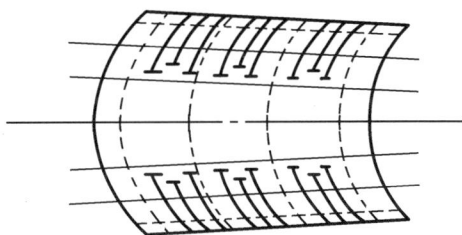

图 2 - 3 - 38　球鼻艏外板加热线位置

1. 样板检查外板

样板主要是木质三角样板,也可使用铝合金活络样板,如图 2 - 3 - 39 和 2 - 3 - 40 所示。一般由一块曲线样板、一块基准线样板和二斜撑组成。曲线样板的曲线部分表示肋骨线型,在样板上还标有:上、下板缝的位置线、纵向基准边、水平对合线,并标有船名、分段号、外板件号、肋位号。

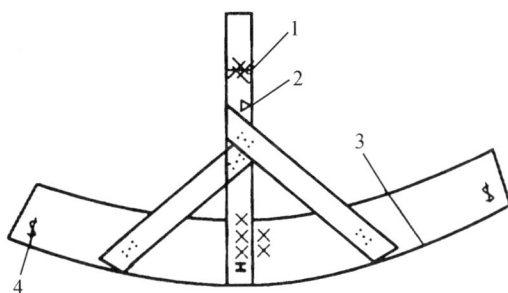

图 2 - 3 - 39　三角样板

1—水平基准点;2—纵向基准面;3—外板线型;4—板缝线

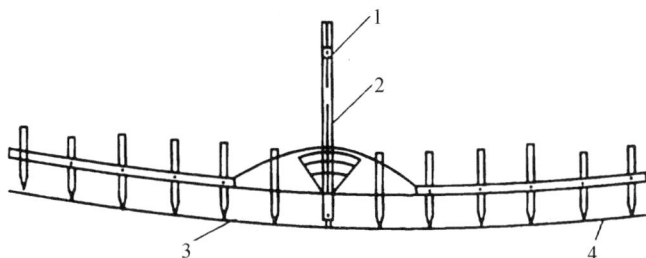

图 2 - 3 - 40　活络样板

1—水平基准点调节块;2—纵向基准面;3—外板线型;4—板缝线

在用样板检查船体外板的步骤如图 2 - 3 - 41 所示,步骤如下:

(1)将加工好的外板凹面向上放于平台上,用楔木枕垫妥,不使其左右摆动。

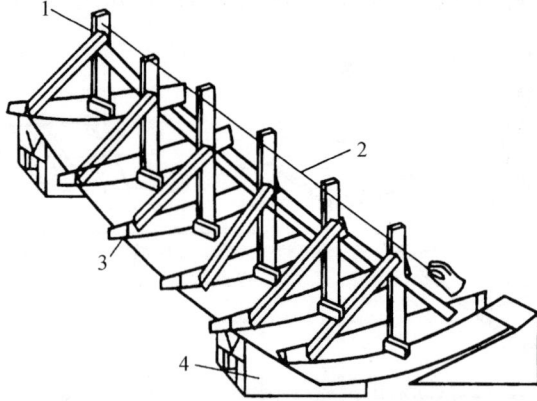

图2-3-41 用三角样板检查外板

1—纵向基准面;2—检验线;3—板缝线;4—楔木枕

(2)对应各肋位号,放置相应的样板,并用铁夹钳将样板固定好。如果纵向弯曲较大的外板,有时还需订制角度样板。

(3)将样板标注的上、下板缝线,对准外板上的上、下边线。有时在板四周还放有一定的余量,作为热加工收缩误差之用。

(4)检查纵向基准面是否在同一平面内。

(5)在艏、艉两块样板的水平基准点位置上拉一根粉线,检查各档肋位处样板上的基准点的相对位置。如果某个肋位处的样板基准点高于该粉线,则说明这一肋位处的外板曲度过小,还需让板再下凹一些。反之,则说明外板曲度过大,需上凸一些。

(6)检查每档肋位处的样板,其曲线与外板的贴合程度,当其间隙应符合技术要求。否则,应对该处外板重新进行修正。

(7)判断纵向是否出现变形。

将艏、艉两块样板的纵向基准面对齐,同时把纵向基准面与曲线边相交的一点 a 也对齐,如图2-3-42所示。此时水平基准点的位置上有一高低差 δ,样板两边的板缝线处也会存在一定的高低差 b 和 c。

其中 δ 表示外板的纵向具有上翘的斜度(不是纵向弯曲度)。根据每相邻两块样板的对合线高低差,这些数值应依次成一等级数,说明外板在纵向没有弯曲度,仅有上翘现象;如果这些数值没有规则,则说明外板不仅存在上翘现象,还存在一定的弯曲度。

数值 b 和 c 表示了外板的扭曲程度。

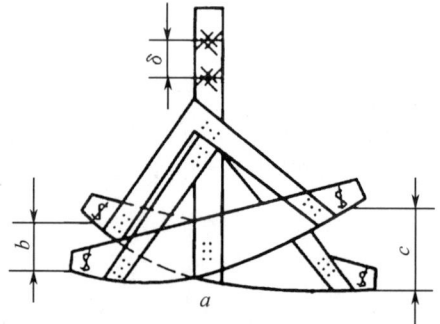

图2-3-42 首、尾两块加工样板对合

2.样箱检查外板

对于形状复杂的船体外板,用三角样板来检查加工板的形状就存在一定难度,一般常由放样间另外钉制样箱。样箱是由一组封闭开的曲线形样板所组成的,每块组成的样板是根据肋骨线型或剖面线而制作的,因此,样箱已经是一个立体模型,其上一般不再标注对合线符号,仅注明船体外板的断线符号即可。

在检查时如图 2-3-43 所示,将已加工好的船体外板放稳垫妥后,将样箱在其上,对准相应的肋位号和断线位置,然后用塞尺或直接目测样箱与外板之间的间隙,当间隙值超过技术要求的范围,则需对外板予以修正。

二、工作任务训练

训练名称:帆形板热加工工艺的编制。

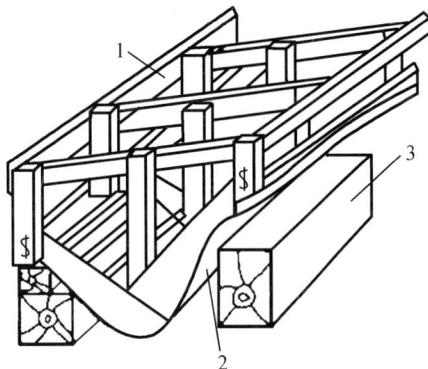

图 2-3-43　用样箱检查外板
1—样箱;2—外板;3—方木枕

1. 训练内容与要求

训练内容:

(1)研究水火弯板工艺的详细过程以及工艺参数;

(2)操作压弯机;

(3)绘制板上加热线。

训练要求:

(1)熟练使用氧-乙炔焰热加工设备;

(2)正确选择加热顺序;

(3)正确选择热加工的主要参数;

(4)画出正确的加热线。

2. 练资料、设备和工具

(1)训练资料:船厂水火弯板参考资料以及设备操作说明书。

(2)训练设备:纸板。

3. 训练过程

下达工作任务→制订工作计划(任务分工→确定训练步骤)→实施工作计划→完成训练记录。

4. 训练步骤

(1)做好热加工前的准备,了解热加工工艺中的设备。

(2)了解加热板材的材质,根据构件的成形要求,在钢板上预先定出加热线的位置,一边加热时正确掌握,各加热线起点不宜在一条直线上,应相互错开。

(3)确定加热位置和加热顺序,考虑是否需加外力;

(4)采用氧-乙炔设备对板材进行加热。

(5)制订板材热加工工艺。

任务三　型材成形冷加工

【学习目标】

1. 熟悉型材常用冷加工的方法；
2. 熟悉型材冷加工成形工艺过程；
3. 熟悉型材冷加工设备。

【任务解析】

船体非平直骨材较多，如肋骨、横梁、纵骨等。这些构件在边缘加工以后，还需要进行弯曲成形，这种弯曲成形的工艺过程称为型材的成形加工。对于曲率变化不大的单向弯曲构件，大多采用冷加工的方法。主要通过型材加工设备进行弯形成形。

本任务主要学习冷加工的概念、常用的冷加工设备以及几种型材冷加工工艺和检验方法，通过该任务的学习和训练能够用冷加工方法加工肋骨。

【任务实施】

一、背景理论与知识学习

冷加工方法主要是在室温下使金属产生塑性变形的加工工艺，如冷轧、冷拔、冷锻、冲压、冷挤压等。

船体结构中常用的型材有角钢和球扁钢，型材构件主要有肋骨、横梁、纵骨等。型材成形加工的方法很多，有三支点逐段进给式肋骨冷弯机冷弯、纯弯曲原理肋骨冷弯机冷弯、型材矫直机冷弯、三轮滚弯机滚弯、多模头一次成形数控肋骨拉弯机冷弯等。目前各船厂对肋骨的冷弯曲主要采用型钢矫正机、肋骨冷弯机及液压机等加工设备，冷弯方法一般都采用逐渐进给，即型钢在机床上从一端开始，逐段进给加以弯曲，使每一段弯曲部分都能达到所要求的形状。现在已将数控技术应用到肋骨冷弯机上。具体型材冷弯成形设备及应用详见中职项目三任务三相关内容。

（一）型材冷弯受力与变形

型钢的冷弯曲是在常温下直接通过施加外力使其产生塑性变形，从而达到所要求的曲线形状。其加工工艺基本上与型钢的矫正工艺相同，可在同一型钢加工机床上进行弯曲，区别仅仅是弯曲量的大小不同。

型钢弯曲时，由于有些型钢的中和轴与受力面不在同一平面上，所以不仅使型钢产生弯曲，而且伴随着断面变形。图 2-3-44 所示为角钢内外弯曲时的断面变形，角钢外弯时夹角增大（俗称开尺）并产生角钢上拱；角钢内弯时夹角变小（俗称拢尺）并产生角钢下垂。

此外，由于型钢弯曲时，材料外层受拉应力，内层受压应力。在压应力的作用下材料易出现皱折变形，在拉应力的作用下材料易出现翘曲变形。如图 2-3-45 所示为 T 形构件的内外弯曲时的面板与腹板变形情况。

图 2-3-45(a)，由于 T 形材的面板在外弯时受压应力的作用，故在面板两缘产生波形

不平。

图 1 - 3 - 45(b),由于 T 形材的面板在内弯时受
到拉应力的作用,故产生卷缩变形。

图 1 - 3 - 45(c),由于 T 形材的腹板在外弯时受
拉应力作用,故产生翘曲变形。

图 1 - 3 - 45(d),由于 T 形材的腹板在内弯时受
压应力作用,故产生皱褶变形。

型钢弯曲加工中产生的变形程度取决于应力的
大小,而应力的大小又取决于弯曲半径。弯曲半径越
小则断面变形越大。

冷弯加工只适用于小尺寸或弯曲度不大的型钢,
对大尺寸或弯曲度大的型钢,一般均采用热加工
处理。

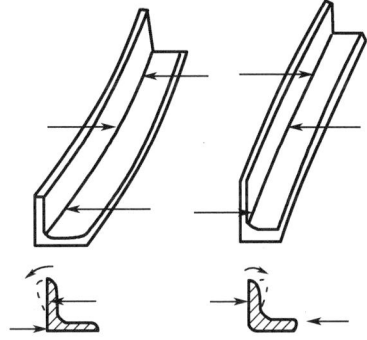

图 2 - 3 - 44　角钢弯曲时的受力
与变形情况

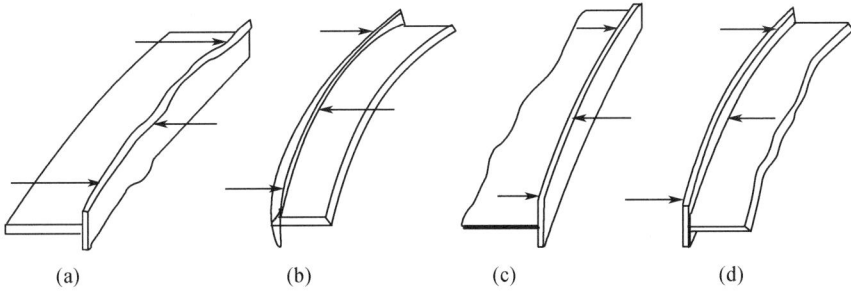

(a)　　　　　　(b)　　　　　　(c)　　　　　　(d)

图 2 - 3 - 45　T 形构件弯曲时的受力与变形

(a)面板波形不平;(b)卷缩变形;(c)翘曲变形;(d)皱褶变形

(二)型材冷弯成形加工

型钢弯曲分为单向弯曲、双向弯曲和角钢开拢尺加工三种(详见前面中职部分相关内容)。

1. 型钢单向弯曲

型钢只有一个方向的弯曲,称为单向弯曲,也称平面弯曲,如肋骨的弯曲。圆钢、角钢
及槽钢的单向弯制在中职项目三任务三中已经做了介绍,这里介绍工字钢和球扁钢的单向
弯曲。

(1)工字钢的弯制

工字钢的弯制方法与槽钢相同,对尺寸曲
度较大的工字钢不用任何辅助装置,直接放在
三辊辊轧机上辊弯,效果较好。但在加工时经
常使工字钢两翼端的圆口处留有 2 ~ 3 mm 的
压痕,如图 2 - 3 - 46 所示。产生的原因,主要
是由于断面受力过大所致。

(2)球扁钢的弯制

目前,新造船舶的肋骨构件,一般都采用球

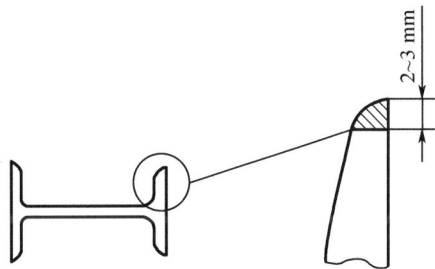

图 2 - 3 - 46　工字钢边缘经辊轧后轧痕

扁钢。其成形过去大多是使用大火热弯法,现已逐渐被冷加工取代,特别是广泛采用三支点式肋骨冷弯机,如图2-3-47所示。

这种肋骨冷弯机的工作原理与撑车相似。肋骨的弯制是采用逐段进给法,在冷弯某一段肋骨时,安装在两侧的可动夹头连同所夹持的型钢做旋转和进退,以对型钢施加外力,从而使该段型钢弯成所需的形状,如图2-3-47所示。型钢在弯制中所产生的拱挠曲度,由中间固定夹头的垂向液压装置加垫片予以矫正,或预先给以反变形来防止型钢弯制后的拱挠现象。这样进行逐段弯曲,直至整根肋骨符合样板线型要求。为了适应型钢的曲度变化,这种冷弯机的活动夹头可以绕支点回转;弯曲时,夹头上的液压装置将型钢腹板夹紧,以防止型钢在弯曲过程中产生翘曲和皱折,这样弯曲后的型钢基本上能保持平整。

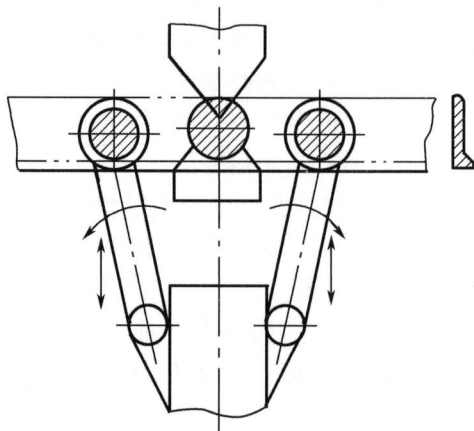

图2-3-47 三支点式肋骨冷弯机

如果船厂缺少肋骨冷弯机,可充分利用原有的液压机。在其上面装一套压弯模具,如图2-3-48所示,同样可弯制球扁钢肋骨,其效果很好。

如图2-3-48所示,在液压机上加装的压模,由上下模组成。上模分为Ⅰ与Ⅱ,上模Ⅰ只能按液压机的压柱及下模侧壁做上下活动;上模Ⅱ不仅能随上模Ⅰ上下活动,当它与下模的被弯型钢接触时就产生向左滑动,随着上模Ⅱ的不断下降,迫使型钢弯曲。在上模Ⅱ上装有用以根据型钢曲度要求随时调换的凸模5,在下模上装有可以随时调换的凹模6。型钢的弯制也是采用逐段进给法,一般弯好后再进给一段,直到整根成形。这样弯曲后的型钢由于垂向不能预先做反变形,所以型钢经弯曲后,其平面有拱挠曲度产生,对此必须在液压机上进行矫正。

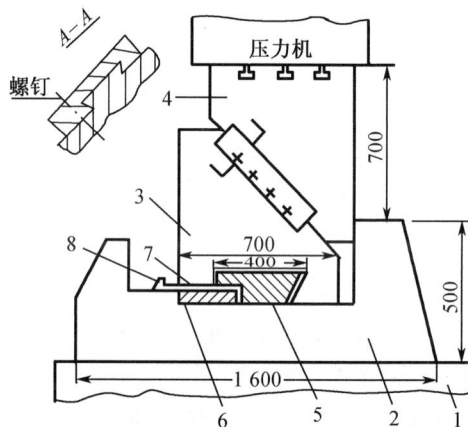

图2-3-48 球扁钢肋骨压模
1—压力机工作台;2—下模;3—上模Ⅱ;4—上模Ⅰ;
5—凸模;6—凹模;7—球扁钢;8—肋骨铁样

2. 型钢的双向弯曲

型钢有两个或两个以上方向的弯曲称为双向弯曲。型钢弯曲后是一个空间曲面,如舷墙面板球扁钢的弯曲。型钢的双向弯曲除了采用冷弯,一般还需采用大、小火加热弯曲,现以舷边角钢和舷墙顶部球扁钢的弯制过程为例说明型钢的双向弯曲工艺过程。

(1)舷边角钢的弯制

舷边角钢除了有开拢尺外,在水线面及纵剖面上也存在有弯曲度,所以具有双向弯曲,并且该角钢的弯曲都是内弯,如图 2-3-49 所示。

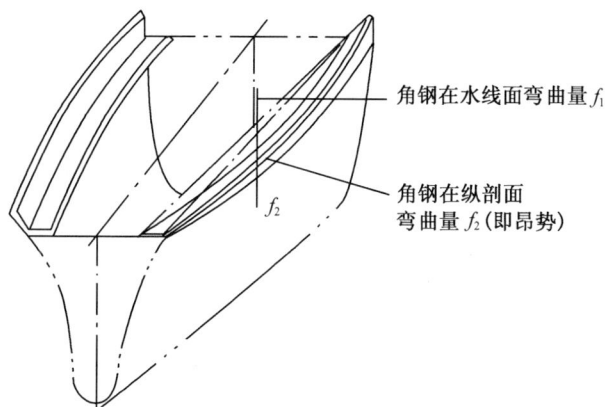

图 2-3-49　舷边角钢双向弯曲示意图

其弯制方法是:首先加工角钢的开拢尺,其次加工角钢在水线面上的弯曲度(因一般水线面的弯曲度大于纵剖面上的弯曲度,所以先加工),最后加工纵剖面上的弯曲度(这样不会影响已加工好的水线面上的弯曲度),具体方法如下。

①加工角钢的开拢尺

a.角钢开尺的加工方法

角钢开尺角度不大时,可在液压机上用压模进行冷加工,如图 2-3-50 所示。

上模下端的圆钢按角钢尺寸大小进行调换,其直径既不能太大也不能太小,太大会引起角钢两直边产生很大的弯曲变形,太小由于圆钢碰到角钢的棱角边无法进行开尺加工,如图 2-3-51 所示。

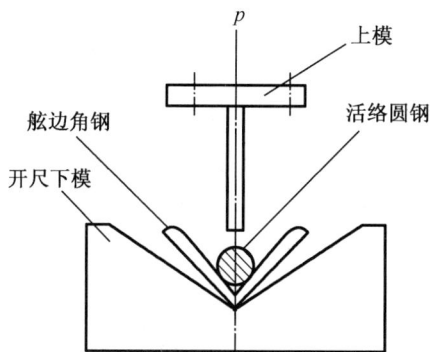

图 2-3-50　角钢开尺的轧制

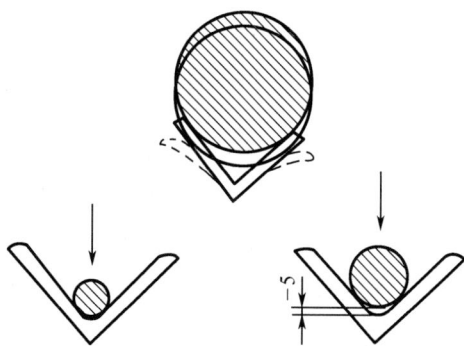

图 2-3-51　圆钢直径大小对角钢开尺成形的影响

所用的圆钢长度约 400 mm,不能太长,因舷边角钢在每一肋位上的开尺角度不同。当角钢压开尺后,两直角边可能会产生少量的弯曲变形,则应在液压机上进行压平。如因角钢尺寸较小,压平时角钢边与上模相碰,则可加垫板解决,如图 2-3-52 所示。上垫板厚度应大于角钢厚度的 2 倍。

b. 角钢拢尺的加工方法

角钢拢尺加工同角钢开尺加工方法完全相反,它是要使角钢两边夹角变成小于90°。一般在液压机上用压模冷压成形,如图2-3-53所示。

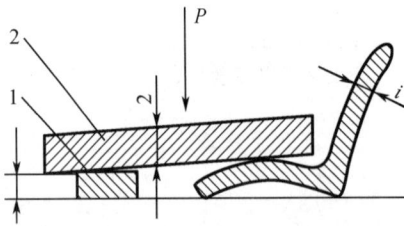

图2-3-52　用垫板压平角钢平面
1—下垫铁;2—上垫板

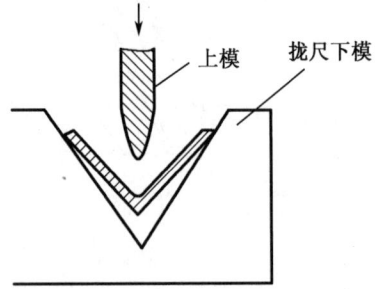

图2-3-53　角钢拢尺的轧制

上压模下口必须按角钢棱角内口削斜成圆头形。由于冷压时,角钢棱角处的金属不易收缩,会产生两直角边的弯曲变形,必须在压力机上进行压平,如图2-3-54所示。

②加工水线面上的弯曲度

加工水线面上的弯曲度,应按放样供给的加工样板,制造简易靠模,并把它固定在火工平台上,然后将分段加热的舷边角钢放于靠模旁,用羊角加外力进行弯曲。当水线面曲型弯好后,应用活络角尺检验在舷边角钢各位置上的

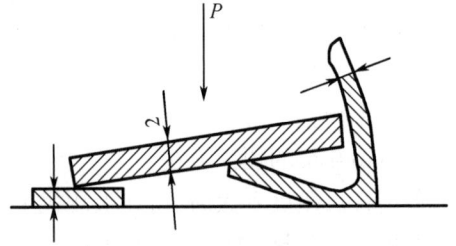

图2-3-54　用垫板压平角钢平面

开拢尺是否变形,如有变形,应先进行开拢尺的矫正,然后对水线面上的弯曲度进行矫正。

③加工纵剖面上的弯曲度(昂势)

加工纵剖面上的弯曲度(昂势),只能用小火加热的工艺方法进行收边弯曲。在弯曲中,由于舷边角钢是一个空间曲面,必须随时用垫木、铁桩、铁马等工夹具将角钢固定好,防止角钢倒下伤人,并不断用纵剖面上的弯曲样板,检验曲度。检查时,应将样板先沿水线面的曲形弯曲,贴紧于角钢的曲面上,再检查纵向曲度,如图2-3-55所示。

如果木样板很长,使用不方便,可将木样板的线型分成几段,用扁钢敲制铁样,如图2-3-56所示。每段铁样应重叠300 mm,铁样在角钢弯曲每一小段曲形时用,待角钢逐段弯好后,最后用木样板对整根角钢的曲形进行检查。

(2)舷墙顶部球扁钢的弯制

现在所造船体舷墙顶部,其结构形式广泛采用球扁钢作为面板,如图2-3-57所示。

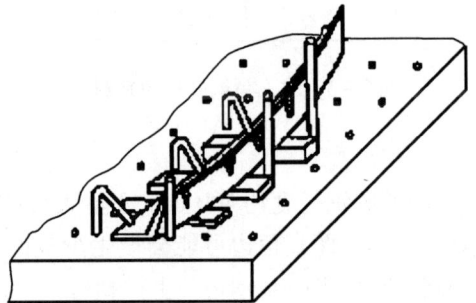

图2-3-55　舷边角钢(昂势)加工方法

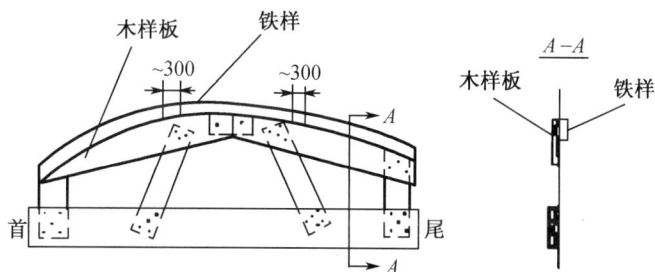

图 2 − 3 − 56　以木样板为依据复制铁样

　　舷墙顶部球扁钢与舷边角钢一样,在水线面与纵剖面上都具有弯曲度。其弯制顺序,也是先弯水线面上的曲度,然后再弯纵剖面上的曲度。由船体型线与结构的特性决定了球扁钢在水线面的弯曲全部为外弯。外弯的具体方法与肋骨外弯的方法相似。如果弯曲度不大可采用小火加热的工艺方法弯曲,可以不做靠模,直接按样板弯制

　　在弯曲纵剖面上曲度(昂势)时,由于球头宽度很窄,单靠钢材的热胀冷缩不能产生很大的弯曲度,所以对一些昂势大的舷墙顶部球扁钢,采用火焰嘴边加热边用油泵加压的方法进行弯曲,如图 2 − 3 − 58 所示。

图 2 − 3 − 57　舷墙结构

图 2 − 3 − 58　舷墙顶部球扁钢昂势加工方法

(三)肋骨冷弯成形中检测和控制成形的方法

　　肋骨冷弯机要将型材弯曲到使其腹板边缘与要求的肋骨曲线一致,在加工过程中需反复进行检查和测量。检测和控制成形的方法有用铁样(或样板)人工对样、逆直线法和仿形控制法,详见中职部分项目三任务三相关内容。

二、工作任务训练

　　训练名称:逆直线法冷加工肋骨。

　　1.训练内容与要求

　　训练内容:

　　(1)绘制肋骨逆直线;

　　(2)操作肋骨冷弯机。

　　训练要求:

　　(1)能够看懂肋骨型线图;

　　(2)能够绘制逆直线法的加工线;

（3）熟练操作肋骨冷弯机。

2.训练资料、设备和工具

（1）训练资料：某散货船的肋骨型线图及肋骨冷弯机操作说明书。

（2）设备和工具：肋骨冷弯机、夹具、平锤、铁锤、样板、活络角尺、铁马、铁桩、画线工具等设备及工具等。

3.训练过程

下达工作任务→制订工作计划（任务分工→确定训练步骤）→实施工作计划→完成训练记录。

4.训练步骤

（1）加工前的准备，检查加工设备的状况是否良好；

（2）熟悉加工设备的操作规程以及安全知识；

（3）绘制逆直线法的加工线；

（4）对肋骨进行冷加工；

（5）检查加工线是否变为一根直线，关闭设备及电源。

任务四　型材成形热加工

【学习目标】

1.熟悉型材常用热加工的方法；

2.熟悉型材热加工步骤。

【任务解析】

型材在船体结构中使用较为广泛，由于船体结构的复杂性，型材安装的部位是随着船体线型的变化而变化的，因此会出现型材的安装线呈空间曲线的情况，则型材随着这一空间曲线的变化，型材可以通过热加工的方式弯制成所需形状。

本任务学习型材几种热加工方法，以及实例讲解几种典型型材的热加工工艺流程，通过该任务学习能够加热法进行手工弯制球扁钢肋骨。

【任务实施】

一、背景理论与知识学习

型材的热弯加热方法目前常用的为氧－乙炔加热器、地炉、专用炉和中频感应加热。型材弯曲大多采用大火加热弯曲工艺，也有少量采用小火加热弯曲，或在液压机上进行弯曲。低合金钢肋骨采用中频感应加热弯曲。在船厂普遍采用的是氧－乙炔（天然气、丙烷）气体进行加热，因为该法操作简便，不需添置其他设备。大火热弯法及中频感应加热弯曲肋骨工艺方法已在中职部分项目三任务三中有相应的介绍。

（一）型材热加工的变形及其防止方法

型材热加工成形的原理是通过外力的作用或由于型材局部加热后热胀冷缩的作用，使型材沿中和轴内侧发生压缩的塑性变形和沿中和轴外侧发生位伸的塑性变形,从而达到弯曲成形。

型材加热后在冷却过程中会产生变形,主要表面在型材冷却后长度的缩短,影响成形尺寸的正确性,一些剖面不对称的型材,由于其表面冷却速度不同,出现向表面积较大的一边弯曲的变形。这些变形的数值通常靠经验来判断。为防止变形,一般采取在制造模具时适当加放反变形加工余量及坯料下料时加放加工余量,或在加热时控制各部位的加热温度,以保证工件冷却后的尺寸与形状的正确性。

型材在弯曲时,内层受压、外层受拉,两层的长度均发生了变化,但在内外层之间有一层材料,其长度并未发生变化,这层称为中性层。中性层与纵向断面的交线称为中和轴。因此,中和轴的展开长度就是型材的展开长度,对于在弯曲方向剖面对称的型材,其中和轴就是弯曲宽度的中心,图 2 – 3 – 59 显示了几种对称型材的中和轴位置。

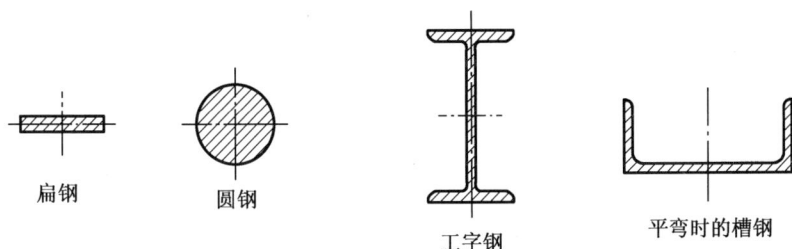

扁钢　　圆钢　　工字钢　　平弯时的槽钢

图 2 – 3 – 59　对称型钢的中和轴

为了使型材加热弯曲成形后,型材的长度既不太长、也不太短,以免造成返工,在型材加热弯曲之前,必须对型材的展开尺寸有一个精确的计算。对于对称型材,其中和轴位置易于确定。但对于不对称型材如船厂常用的球扁钢,其中和轴位置在中国标准出版社出版的《GB/T 9945—2001 热轧球扁钢》中可查得相应的尺寸。

(二)型材的单向弯曲

对于中小型船舶,其肋骨大多数采用角钢或球扁钢制成,因此对于型材的弯曲,主要以球扁钢为重点进行展开描述。

目前各船厂广泛采用肋骨冷弯机或液压机冷加工,但经冷加工成形的肋骨,还常需用火工进行最后的修正,其肋骨型线往往不是很光顺,平面也高低不平,如果继续用冷加工的方法进行修正,则速度慢、效率低,所以常用水火成形的方法进行修正。

1.球扁钢肋骨的弯制

肋骨在进行冷弯成形加工后,经常需要火工的进一步修正,因此在冷加工后,其加工步骤如下:

首先,把肋骨放在火工平台上,检查肋骨平面是否与火工平台贴紧,如有不平则用火工矫正炬加热给予收平。

其次,用肋骨铁样检查线型是否正确、光顺,如图 2 – 3 – 60 所示。在使用肋骨铁样时,不能施加任何外力,应使其完全处于自由状态下。如与线型不符,仍用火工矫正炬加热进行修正,直到完全符合要求。

最后,画出肋骨两端的加工余量并用气割割除。

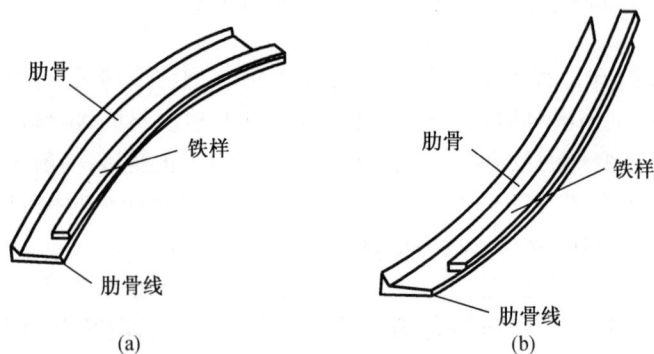

图 2 - 3 - 60　用肋骨铁样检验肋骨型线

(a)内弯肋骨;(b)外弯肋骨

2.球扁钢肋骨的手工弯制

目前,还有一些小型船厂,因设备的限制,仍用加热法进行手工弯制球扁钢肋骨。

(1)靠模的制造

①选择靠模

在手工弯制球扁钢肋骨时,常用靠模作为肋骨弯曲成形的依据,因此靠模位置决定了肋骨成形的成败,一般不论肋骨型线呈外弯、内弯或 S 弯,靠模均应设在肋骨型线的凹面,不能设在凸面。而且肋骨在弯制时,应该逐段进行,这样在每一段弯曲时不会引起整根肋骨的弯曲。若靠模设在曲线的凸面,则肋骨不能进行逐段弯曲,这样将导致任何一段的弯曲都会引起整根肋骨的变弯。这使得实际操作时产生很大的困难,而且弯制的曲线也不光顺。对于 S 形曲线,则必须做两只靠模。靠模位置如图 2 - 3 - 61 及图 2 - 3 - 62 所示。

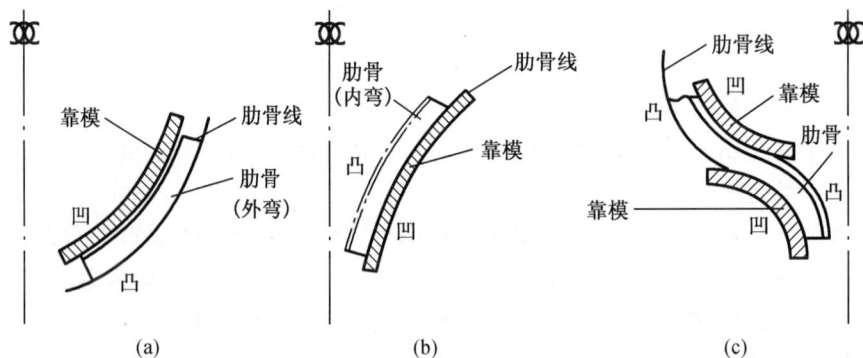

图 2 - 3 - 61　肋骨弯曲靠模位置的选择

(a)外弯曲线;(b)内弯曲线;(c)S 形弯曲线

②绘制靠模曲线

在火工平台上按肋骨铁样画出所需弯曲的肋骨型线。

如果是反弯曲线,则该曲线即为靠模曲线,如图 2 - 3 - 63(b)所示。

如果是正弯曲线,则此需按图 2 - 3 - 63 的作图方法求得靠模曲线。

作肋骨型线的垂直线,其间距按曲线的弯曲程度而定,弯曲度大的部位间距应小些;弯

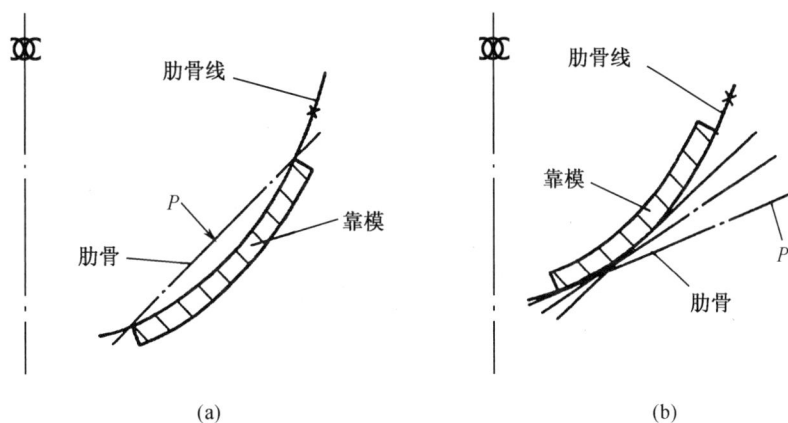

图2-3-62 靠模位置示意图

(a)错误位置;(b)正确位置

曲度小的部位间距可大些。

在这些垂直线上量取所弯球扁钢的高度,把这些点连成光顺的曲线。该曲线即为靠模曲线。

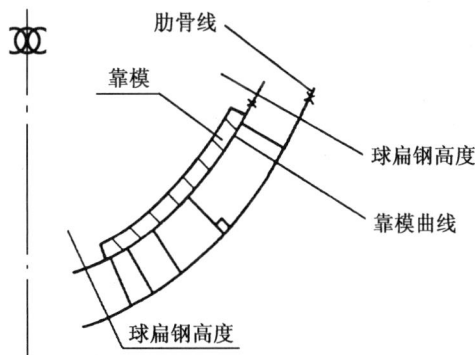

图2-3-63 外弯肋骨靠模曲线的求法

③弯制靠模

肋骨靠模一般用25 mm×25 mm的方钢弯成,也可用平整的10 mm厚的钢板制成。

④固定靠模

弯制好的靠模,用铁桩、铁马固定于火工平台上。

⑤绘制对核线

由于球扁钢尺寸较小,为随时检验靠模在肋骨弯曲中是否变形,必须在平台上做出各种对核线。

(2)肋骨的加热与弯制

①肋骨的固定

球扁钢肋骨是分段弯制的,每次的加热长度应根据操作人员的熟练程度来决定。

将加热的球扁钢置于火工平台上的靠模旁边,如图2-3-64所示,并用铁桩、铁马将球扁钢的一端固定牢,将羊角插入平台孔中,旋转柄端,加力于球扁钢,使其侧边贴紧靠模。

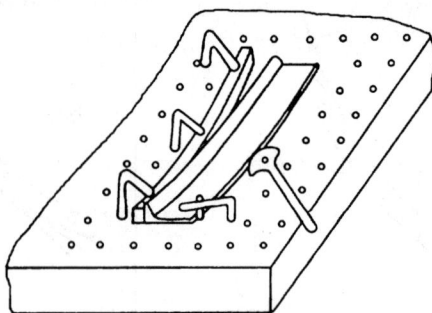

图2-3-64 球扁钢肋骨的弯曲

如球扁钢产生上翘,应用平锤做衬垫,锤击平台,进行矫平,并随时用铁桩、铁马将弯曲好的部分固定牢。

②第1段弯曲后的检查

当该段肋骨初步弯曲好后,拆除铁桩、铁马,在自由状态下检查其是否贴紧平台、肋骨型线是否与铁样相符。如有不符,就用水火成形的方法进行矫正。

③其他段的弯制

再以同样的方法弯曲第2、第3段,直至整根肋骨弯制好。

④最后对整根肋骨进行检查与矫正

为有利于肋骨型线的光顺,相邻两段加热弯曲时,必须重叠一段,长度约300 mm。

⑤变形的矫正

球扁钢在加热后将产生变形,其球头部分的收缩量要大于腹板边缘的收缩量,所以外弯肋骨冷却后,弯曲半径比靠模小;内弯肋骨冷却后,弯曲半径比靠模大。如图2-3-65所示。在矫正时,只要对球扁钢腹板边缘进行局部加热冷却,即可达到矫正目的,不必对球头区域进行加热。

为提高加工效率,在球扁钢弯曲时,操作人员往往采取外弯时弯过头,然后来矫直。

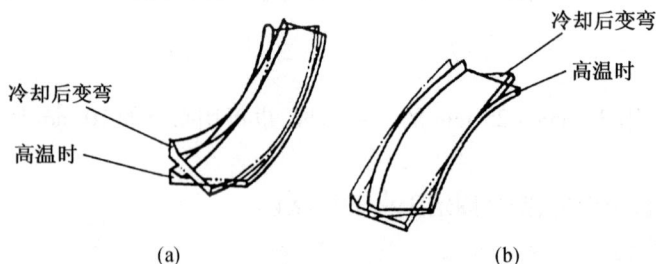

(a)   (b)

图2-3-65 球扁钢肋骨热弯冷却后的变形
(a)外弯肋骨;(b)内弯肋骨

（三）型材的双向弯曲

型材的双向弯曲——舷墙顶部球扁钢的弯制。

舷墙顶部的结构形式，一般采用球扁钢作为面板，如图2-3-66所示。

舷墙顶部球扁钢在水线面与纵剖面上都具有弯曲度。其弯曲顺序是先弯制水线面上的曲度，然后再弯制纵剖面上的曲度。

由于船体型线与结构的特征，决定了球扁钢在水线面的弯曲全部为外弯。外弯的具体方法与肋骨的方法相似，采用逆直线法，根据下料加工数据画出加工逆直线，可先在肋骨冷弯机上把水线面上的曲度弯制好，然后在火工平台上按样板弯制纵剖面上的曲度（昂势）。

在弯曲纵剖面上曲度时，由于球头宽度很狭窄，单靠钢材的热胀冷缩不能产生很大的弯曲度，所以对一些昂势大的舷墙顶部球扁钢，采用边加热边用油泵加压的方法进行弯曲，以提高工效，如图2-3-67所示。

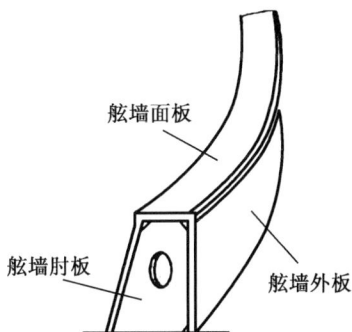

图2-3-66 舷墙的结构形式

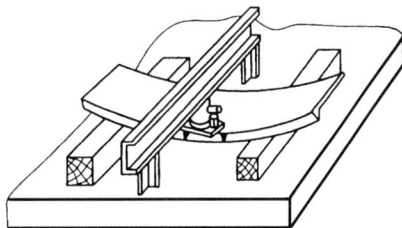

图2-3-67 舷墙球扁钢面板昂势的加工方法

二、工作任务训练

训练名称：球扁钢的双向弯曲。

1. 训练内容与要求

训练内容：

（1）用加热法进行手工弯制球扁钢肋骨；

（2）用样板检验加工后的肋骨。

训练要求：

（1）熟练使用氧-乙炔热加工设备；

（2）正确选择加热顺序；

（3）正确选择热加工的主要参数。

2. 训练资料、设备和工具

（1）训练资料：某散货船的肋骨型线图以及教材内容。

（2）设备与工具：使用炉灶或氧-乙炔加热器、火焰炬、平锤、铁锤、样板、靠模、活络角尺、铁马、铁桩、羊角、画线工具等设备及工具等。

3. 训练过程

下达工作任务→制订工作计划（任务分工→确定训练步骤）→实施工作计划→完成训

练记录。

4.训练步骤

(1)做好热加工前的准备,检查氧、乙炔、工具、设备情况,选择合适的焊炬、焊嘴;

(2)了解加热件的材质,及其塑性、结构特性、刚性、技术条件及完工形状等;

(3)确定加热位置和加热顺序,考虑是否需加外力;

(4)采用氧－乙炔设备对型材进行加热。

(5)检查加热型材的质量,直至符合要求为止。

【课后自测】

一、填空

1.为提高加工效率,在球扁钢弯曲时,操作人员往往采取外弯时( ),然后来矫直。

2.加工球扁钢时,将加热的球扁钢置于火工平台上的靠模旁边,并用铁桩、铁马将球扁钢的一端固定牢,将( )插入平台孔中,旋转柄端,加力于球扁钢,使其侧边贴紧靠模。

3.制作靠模时,如果肋骨型线是反弯曲线,将该线按肋骨铁样画于火工平台上,此曲线即为( )。

4.肋骨在进行冷弯成形加工后,放在火工平台上,然后用( )检查线型是否正确、光顺。

5.肋骨在热弯加工时,应该( )进行,这样在每一段弯曲时不会引起整根肋骨的弯曲。

6.对肋骨分段加工时,当该段肋骨初步弯曲好后,拆除( ),在自由状态下检查其平台是否贴紧平台、肋骨型线是否与铁样相符。

7.板材的成形方法主要有( )、( )、( )、( )以及一些其他成形方法。

8.辊弯成形的最大优点是( ),板材辊弯时一般不需要在辊床上添加工艺装备。辊弯的缺点是生产效率低和( )。

9.钢板辊弯由( )、( )、( )三个步骤组成。

10.对中的目的是使( )与( )平行,防止产生扭斜,保证辊弯后工件几何形状准确。

11.辊弯件的主要缺陷有、( )、( )等。

12.( )是选择压力机工作压力的重要依据。

13.防止压弯过程中材料偏移的办法是采用( )。

14.型钢弯曲分为( )、( )和( )三种。

15.肋骨冷弯成形中检测和控制成形的方法有( )、仿形控制法和( )法。

16.弯曲零件时,应考虑材料的( )方向。

17.弯曲变形主要经历( )、( )和( )三个阶段

18.火工加工常用的是采用( )火焰,对钢板表面进行局部加热;也可在局部加热的同时浇水冷却使钢板弯曲成形即( )。

19.钢材的屈服点是随着温度上升而( )的。

20.长条形加热法与圆点加热法相比,以( )的加热面积即可获得同样的矫正效果。

21.短条状加热法的加热线应施于变形( )的一面。

22.放射状加热法适用于凸变形的矫正,在操作时加热线应由(　　)向(　　)进行。

23.圆锥面的辊制方法有(　)、(　　)、(　　)、(　　)、(　　)五种。

二、判断(对的打"√",错的打"×")

1.在手工弯制球扁钢肋骨时,常用靠模作为肋骨弯曲成形的依据,因此靠模位置决定了肋骨成形的成败。　　　　　　　　　　　　　　　　　　　　　(　　)

2.舷墙顶部球扁钢在水线面与纵剖面上都具有弯曲度。其弯曲顺序是:先弯制纵剖面上的曲度,然后在弯制水线面上的曲度。　　　　　　　　　　　　　　(　　)

3.肋骨冷弯机要将型材弯曲到使其腹板边缘与要求的肋骨曲线一致。　　(　　)

4.水火弯板时加热线的位置主要取决于所要求的构件材质和厚度,这是水火弯板时的关键参数。　　　　　　　　　　　　　　　　　　　　　　　　　(　　)

5.船舶构件中有大量弯曲构件,而这些构件大多是火工加工完成的。　　(　　)

6.复杂的双曲外板通常是对大曲率方向(一般为横向)进行冷弯,然后用火工弯出另一曲率方向(一般为纵向)。　　　　　　　　　　　　　　　　　　(　　)

7.水冷却的火工矫正是目前普遍使用的一种有效方法。　　　　　　　(　　)

8.长条形加热法的加热区呈长条形,加热带的宽度与钢板厚度有关。　　(　　)

9.型钢弯曲加工中,大多采用靠模制作。　　　　　　　　　　　　　(　　)

10.当采用肋骨冷弯机加工肋骨时,是逐段边加工边检验,在加工后无需修正。(　　)

三、名词解释

1.船体冷加工

2.水火弯板

3.大火热弯法

4.逆直线法

5.线状加热法

四、简答题

1.圆钢是怎样弯制成形的?

2.角钢是怎样弯制成形的?

3.槽钢是怎样弯制成形的?

4.工字钢是怎样弯制成形的?

5.球扁钢钢是怎样弯制成形的?

6.简述水火弯板中的主要参数对工艺有哪些影响?

7.压弯过程中,为了防止弯裂,常采取哪些措施?

8.柱面板辊制的工艺流程是什么?

9.冷辊弯时防止弯裂的方法有哪些?

项目四　船体部件装配

【项目描述】

　　船体是由大量的零件组成的,为了扩大工作面,提高产品质量,缩短建造周期,船体装配分成部件装配、分段装配、总段装配、船台总装四个工艺阶段。船体部件是指两个或两个以上的船体零件装焊成的船体结构组合件,如各种焊接 T 型梁、肋骨框架、带缆桩、主机、辅机基座、舵和艏、艉柱等。目前,船部件装焊是船体装配焊接的第一道工序,部件装焊后,大部分是送往分段装配区进行分段装配,也有少量的被送到船台上进行船台总体装配。

　　本项目共有三个工作任务。主要学习艏艉柱、舵、桅杆、立体框架及甲板室围壁等复杂部件的装配焊接工艺(简单部件装焊工艺在中职部分已经学习),通过学习能够制定复杂部件的装焊工艺,并能够模拟装配复杂部件。

知识要求

1.掌握艏、艉柱的结构及分类;

2.掌握艏、艉柱的装配步骤;

3.掌握舵和桅杆的装配步骤;

4.掌握桅杆柱体拼装的工艺过程;

5.了解立体框架及甲板室围壁的装配过程。

能力要求

1.能熟练使用装配工具;

2.能熟练看懂艏、艉柱装配图;

3.初步具有装配艏、艉柱的能力;

4.初步具有装配舵和桅杆的能力。

工作任务

任务一　艏、艉柱装配;

任务二　舵和桅杆的装配;

任务三　立体框架及甲板室围壁的装配(中组立)。

任务一　艏、艉柱装配

【学习目标】

　　1.掌握艏、艉柱的结构及分类;
　　2.掌握艏、艉柱的装配步骤。

【任务解析】

　　艏柱是主船体的首端构件。艏部最容易受到各种外力的作用,两舷结构在船体首端汇交连接于艉柱,营运中的船舶其舷如巨浪冲击、浮冰挤压、船只碰撞,以及纵摇时的拍击等。所以要求艉柱具有较高的局部强度;艉柱是主船体的尾端结构,是组成尾立体分段的重要部件。船体尾部有多种不同形状。大型船舶常采用球形艉和悬挂舵,传统形式的艉柱已不复存在。

本任务学习艏、艉柱装焊工艺,通过该任务的学习和训练能够制定艏、艉柱的装配工艺。

【任务实施】

一、背景理论与知识学习

(一)艏柱的装焊

根据制造方式,艏柱可分为锻造艏柱、铸造艏柱、钢板焊接艏柱和铸钢加钢板焊接混合组成艏柱等几种形式。

锻造艏柱:柱断面形状一般比较简单,常呈矩形。目前,锻造艏柱仅用于小船上,能够承受较大外力,但质量大。

铸造艏柱:目前,整个艏柱都采用铸造的很少。

钢板焊接艏柱:质量较轻,边缘维修,但容易变形,承受外力不大。

铸钢加钢板焊接混合组成的艏柱如图 2 - 4 - 1 所示,在设计水线附近及以下部分,型线

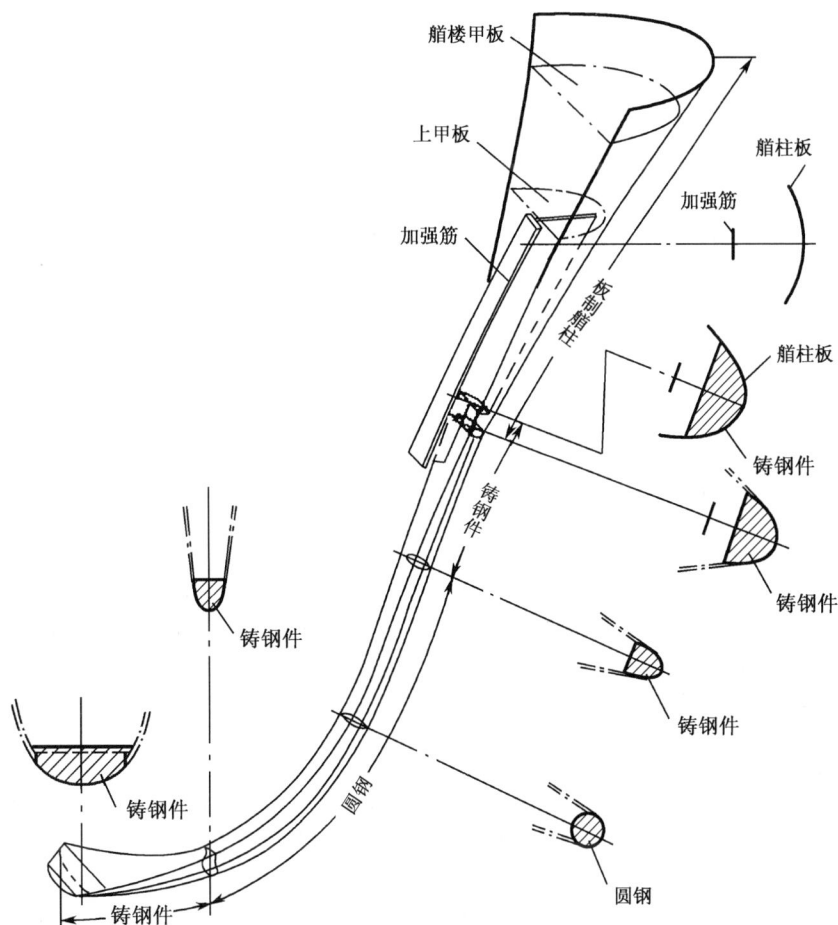

图 2 - 4 - 1 铸钢加钢板焊接混合组成的艏柱

较为瘦削,承受外力大,强度要求高,采用铸钢,而在设计水线以上部分,采用钢板焊接。

艏柱装配在胎架上进行,有正装和侧装两种。正装的胎架基面垂直于中纵剖面,这种方法适用于较平直的艏柱。侧装又叫卧式装配法,胎架的基面平行于中纵剖面。

现以某万吨船艏柱为例,介绍艏柱的装配方法。

艏柱为钢板焊接和铸钢件混合组成,如图2-4-2所示,采用卧式装配法。艏尖舱平台以下部分由铸钢件焊接组成。其简要装配过程如下:

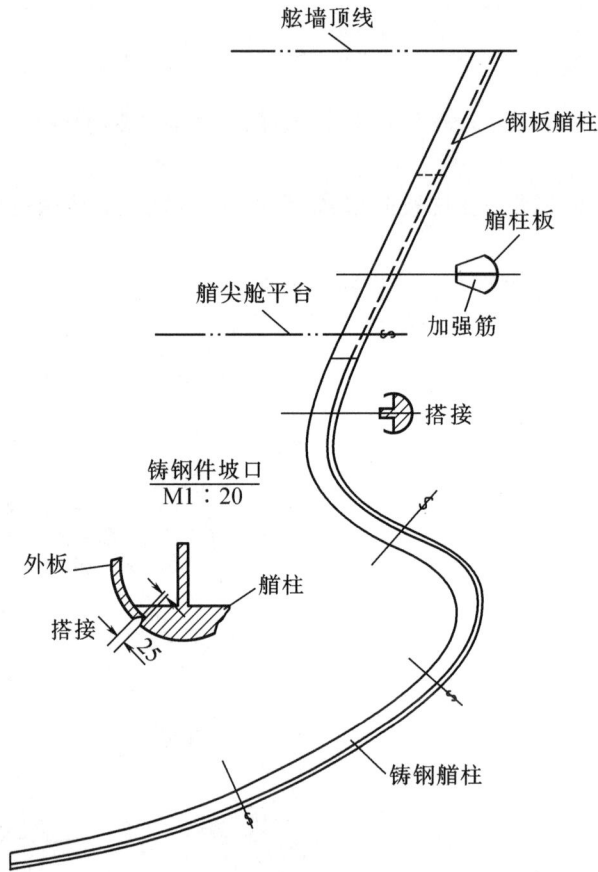

图2-4-2 艏柱

1. 制造胎架

根据艏柱型线样板在平台上画出艏柱轮廓、铸件接缝线、胎板位置等。竖立胎板,标出水平基准线,按艏柱断面样板画出断面型线,并进行切割,其方法与艉柱胎架的制造方法基本相同,如图2-4-3(a)所示。

2. 铸件的拼接

先将中间一段铸钢件吊上胎架进行画线,如图2-4-3(b)所示。待铸件中心线及外行轮廓线相符合后,稍做固定,即可用线锤按平台上的接缝线位置反映到铸件上,并画出断线。将铸件吊下胎架进行切割,并割出双U形坡口。

在中段铸件吊出胎架后,将另两段铸件吊上胎架进行定位,以同样方法在此两段铸件上画出断线,并即在胎架上进行切割,接头也割成双U形坡口,如图2-4-3(c)所示。

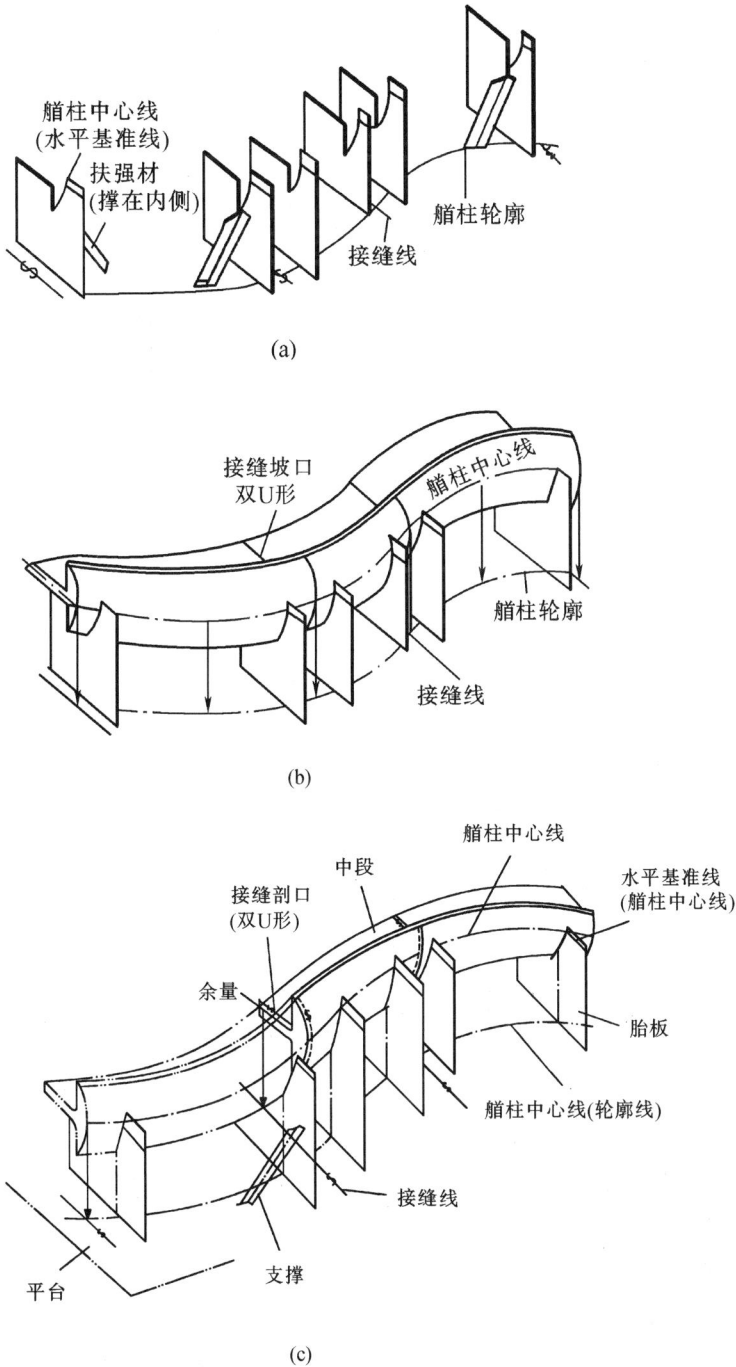

(a)

(b)

(c)

图 2 - 4 - 3 铸钢艉柱的装配

(a)艉柱胎架;(b)在胎架上画余量线;(c)艉柱的焊接

按照上述方法,将艉柱铸钢件逐段拼接。小合拢的段数是根据首分段建造工艺确定的。

在艉尖舱平台以上一段艉柱,是在胎架上由钢板拼焊而成,并采用卧式装配法。它的装配是按:艉柱板→下肘板→加强筋→上肘板的程序,如图2-4-4所示。

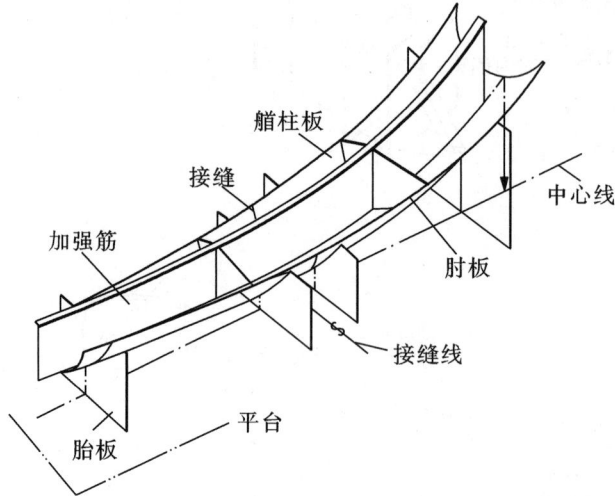

图2-4-4 钢板艉柱段装配

(三)艉柱的装焊

艉柱既是船体结构的一部分,由铸钢、锻钢制成或与钢板组合而成,如图2-4-5所示,同时又作为螺旋桨和舵的支承。不但要有足够的强度,并且要求外形尺寸准确。同时,由于电渣焊时热量很大,容易产生变形。所以对装焊质量的要求很高。通常都在平台上设置坚固的胎架,采取必要的反变形,以卧装方式进行装配,大型船舶一般采用铸钢结构。艉柱的形式复杂且受铸造设备的限制,所以要分成几段浇铸,再经过装配焊接而成为一个整体。

下面介绍铸钢艉柱的装配方法。

1. 接头端面的准备

被划分为6段的艉柱共有5个接头。按电渣

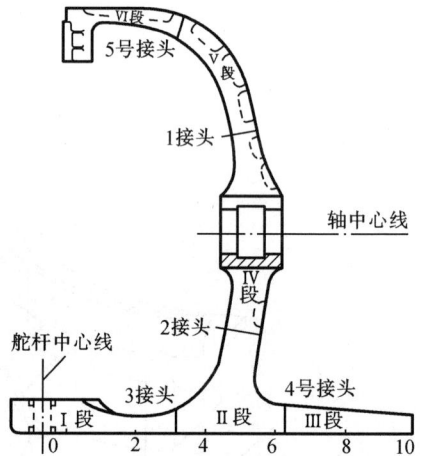

图2-4-5 艉柱结构

焊工艺要求,各段端面铸成图2-4-6所示的形状。接缝端面按放样样板画线,经切削、磨削或碳弧气刨加工平整,各段都要在画线平台上准确画出中心线,作为装配定位的依据。由于焊接时对接段的两端会产生上翘的焊接变形,定位时两段中心线不在同一平面上,两端向下做一定反变形。所以各个接头的间隙上口大于下口。具体数值和铸件形状、焊接程序、焊接电流的强度及电压等因素有关,按焊接工艺要求确定,装配时要根据反变形值进行艉柱胎架板的画线切割。

2.平台上画线和制造胎架

（1）平台画线　艉柱胎架制作前,根据艉柱结构图,用艉柱中纵剖面型线样板,在平台上画出艉柱的完整轮廓线、轴中心线、舵杆中心线以及各分段接缝线,如图2-4-7所示。

（2）胎架制作　由艉柱接缝线确定胎板位置。通常每段在靠近两端各设一块胎板,有的分段为放置平稳,中间增加一块,胎板和平台垂直并加以牢固支撑。胎板竖立后,用水平软管画出中纵剖面线和一条与之平行的水平基准线。同时,将平台上的艉柱轮廓线过到胎板上,根据计算得到的反变形数值,用胎板位置的艉柱断面样板,进行胎板上缘的画线和切割,参见图2-4-10。

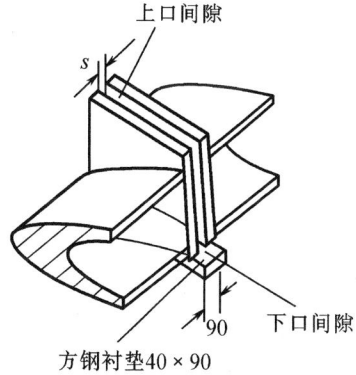

图2-4-6　艉柱接头断面形状

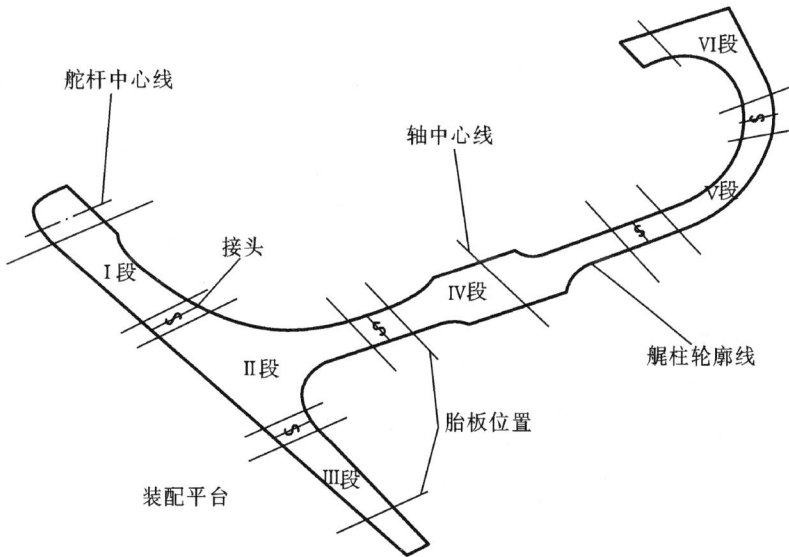

图2-4-7　艉柱平台画线

3.艉柱分段预装配

图2-4-10中划分为6段的艉柱,通常将Ⅰ,Ⅱ,Ⅲ段和Ⅴ,Ⅵ段作为部件先行装配。

（1）Ⅰ,Ⅱ,Ⅲ段预装配　如图2-4-8所示。先将Ⅱ段吊上胎架定位。使其上中心线成水平。悬线锤对准平台上的轮廓线,进行定位焊。接着将Ⅰ段吊上胎架,悬线锤对准平台上的轮廓线。由于胎架已做反变形,Ⅰ段的中心线和Ⅱ段的中心线不在同一平面内而形成一个折角α。用相同方法吊上Ⅲ段定位。焊接前用型钢将分段与平台牢固连接,以增加刚性减小焊接变形。拼接以后将该部件送往加热炉内进行热处理以消除内应力,稳定焊后的形状,防止以后继续发生变形。

（2）Ⅴ,Ⅵ段预装配　Ⅴ,Ⅵ段的预装配如图2-4-9所示。做反变形后其中心线也成一折角,其值由接头处的上、下间隙确定,其他要求和前述相同。

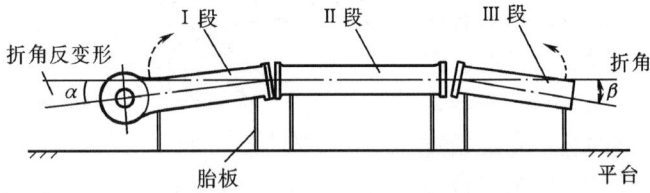

图2-4-8 Ⅰ,Ⅱ,Ⅲ段艉柱预装配

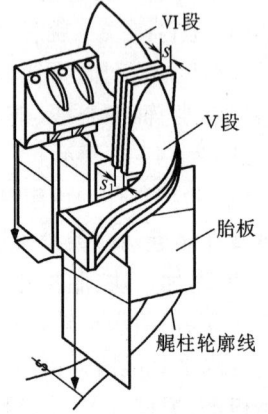

图2-4-9 Ⅴ,Ⅵ段艉柱
预装配

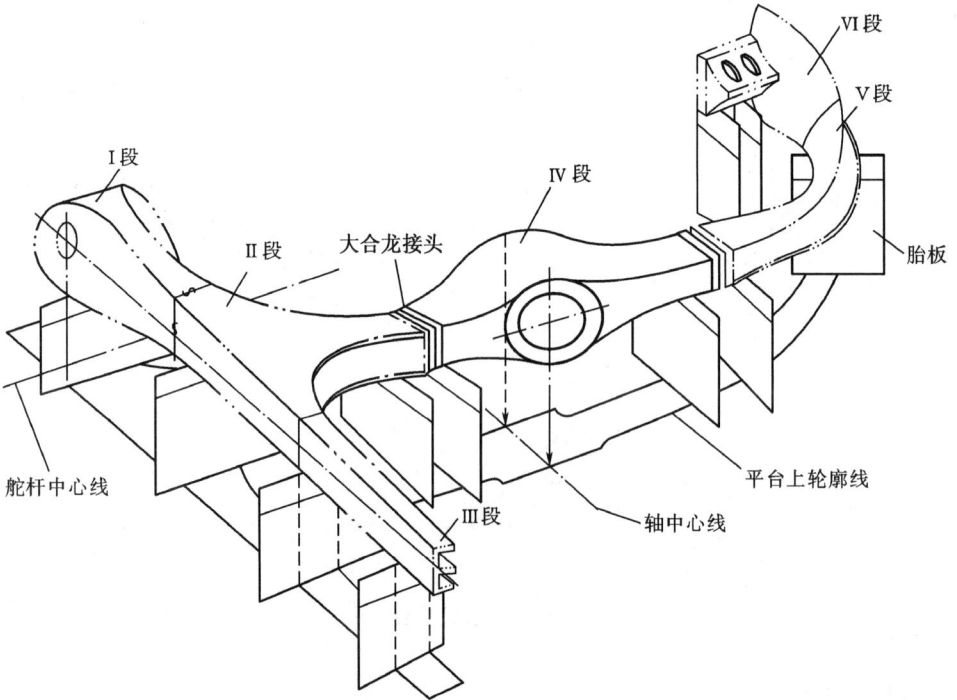

图2-4-10 艉柱总装

4.艉柱总装

艉柱总装如图2-4-10所示,将Ⅵ段吊上总装胎架定位。使分段成水平、轴孔端面垂直于平台。悬线锤对准平台上的轮廓线和轴心线。然后吊上已预装的两个艉柱部件,其中心线也不在同一平面内。反变形的大小由接头间隙确定。定位后予以固定,艉柱尺寸较大,这两个大合拢接头就地进行热处理以消除内应力后即可送往艉部分段的装配场地,进行电渣焊。由于总装后,总装后的艉柱经完工测量后即可送往艉部分段的装备场地。

二、工作任务训练

训练名称:制定艏柱的装配工艺。

1. 训练内容及要求

训练内容:

(1)根据图 2-4-11 所示的艏柱施工图确定装配方式,设计胎架;

(2)根据艏柱施工图编制艏柱装焊工艺。

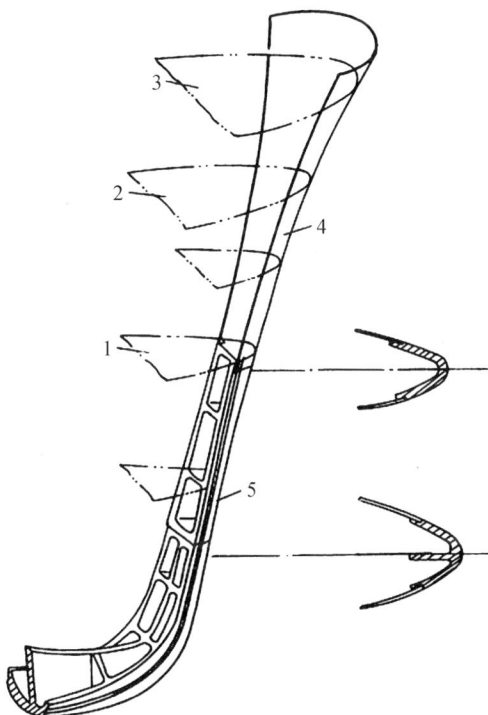

图 2-4-11　钢板铸钢混合艏柱(前倾型)

1—下甲板;2—上甲板;3—艏楼甲板;4—钢板艏柱

训练要求:

(1)识读图纸时注意了解艏柱线型,以便进行胎架设计和制作;

(2)制定艏柱装焊工艺时考虑焊接变形和精度的控制;

(3)编制的工艺中要说明施工时的注意事项和要求。

2. 训练资料、设备和工具

(1)训练资料:实船图纸、装配工相关参考书。

(2)设备和工具:绘图工具。

3. 训练过程

下达工作任务→制订工作计划(任务分工→确定训练步骤)→实施工作计划→完成训练记录。

4. 训练步骤

(1)识读艏柱施工图,了解艏柱结构;

(2)根据施工图,选择装配方式;

(3)确定艉柱装配用的胎架形式(专用胎架要画出胎架结构图);

(4)编制艉柱装焊工艺。

任务二　舵叶和桅杆的装配

【学习目标】

1.能熟练使用装配工具;

2.能看懂船舶舵叶装配图;

3.掌握舵叶装配的工艺过程,具有装配舵叶的能力;

4.掌握桅杆柱体拼装和总合拢的工艺过程,初步具有装配桅杆柱体的能力。

【任务解析】

舵通常布置在艉部,按其支承形式可分成四种类型:支承式不平衡舵、支承式平衡舵、半悬挂式半平衡舵、悬挂式平衡舵。按舵的剖面形状分为平板舵与流线型舵两种。目前基本上采用的是流线型舵,平板舵目前已较少采用。桅是甲板上的重要结构,桅杆上常装有吊货杆,是船舶起重设备的主要组成部分。桅柱有时还兼作通风筒。桅杆上部用于装置信号设备,安装天线架,雷达架和瞭望台。

本任务主要学习舵叶和桅杆的装配过程及方法,通过该任务的学习和训练能够进行舵叶和桅杆装配工艺的编制。

【任务实施】

一、背景理论与知识学习

(一)舵叶装配

流线型舵由舵杆和舵叶两部分组成。流线型舵的阻力小、水压力大、强度高,得到广泛应用,如图2-4-12所示。以下主要介绍流线型舵的装配方法。

1.舵叶的结构

从图2-4-12所示的舵叶结构可以看出:舵叶截面呈流线形,舵板的一侧与水平隔板、垂直隔板以焊接相连。舵叶的尾端材料由扁钢制成,以增加尾端的钢性,又起连接作用,使横截面逐渐减少,有稳定流水的作用。在首端舵板相接处,有一弧形的前端衬板。舵叶与舵杆是通过舵杆套筒(铸钢)相连接,连接处有活动盖板,四周的纵横隔板要求水密。在上顶板与下顶板上有放水塞,供注水或充气实验其密性之用,或灌注防腐漆及灌油等用。另外还有吊索套管,供起吊舵使用。

舵叶的横剖面必须对称于中心面,否则,左右两侧的水流压力就不相等,会产生一个附加力矩,直接影响对舵的操作;舵叶表面必须光顺,无局部凸出或凹陷;整个舵叶中心面无扭曲,即四角平整,保持同一平面;舵叶应具有密性。

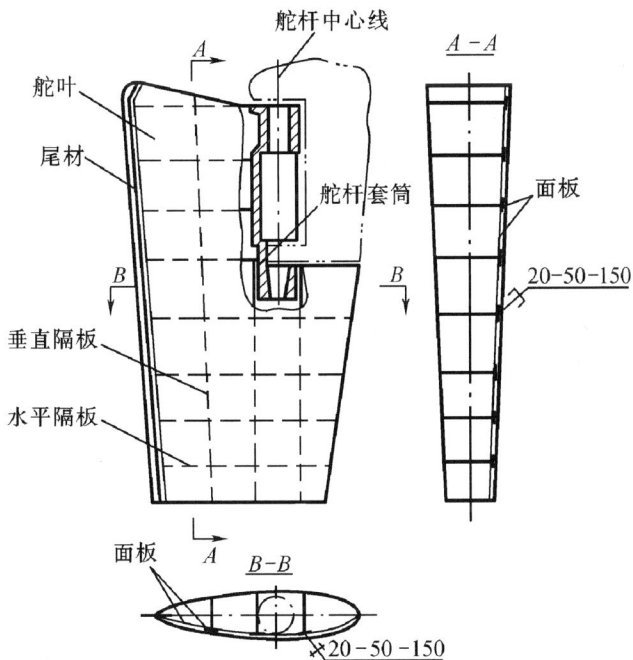

图 2 - 4 - 12　舵叶结构

2. 舵叶的装配

舵叶一般都采用侧式装配方法,在胎架上进行装配。

(1)制造胎架

①胎架基面一般选取平行于舵叶中心面的平面作为胎架基面。

②舵叶的理论线,舵叶包板外表面为舵叶的理论线面。

③图 2 - 4 - 13 所示的为舵叶胎架的模板布置和模板结构。模板的工作表面为舵叶左舷的舵板外表面。横向有四道模板,其位置与舵叶水平隔板位置相对应。

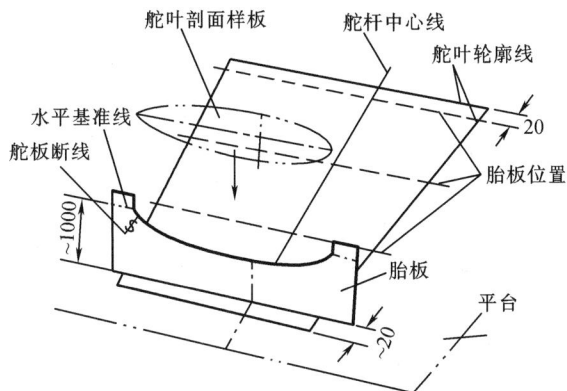

图 2 - 4 - 13　胎架结构

胎架模板上标有水平线(舵叶中心线)和接缝位置线。

(2)水平隔板、垂直隔板的拼接

舵叶的水平隔板和垂直隔板都是由腹板和面板组成的 T 形部件,应先进行 T 形部件的拼装。合拢前,须按样板重新标画出中心线及构架对合线等,如图 2 - 4 - 14 所示。

因为舵叶顶面大,底面小,包板是流线型的,所以水平隔板的腹板与面板的交角不是直角,垂直隔板的腹板与面板交角也不是直角。

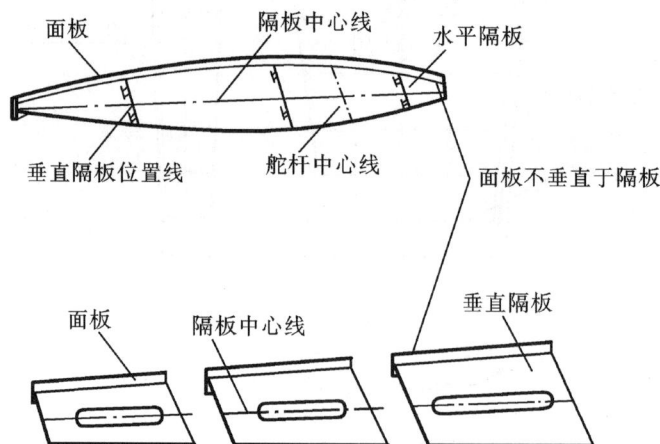

图 2 - 4 - 14　隔板的拼接

在进行部件装焊时要注意,开拢尺的方向不能搞错。焊后须再复查矫正,面板在其宽度方向上必须保持平直。

(3)舵叶装配

①在胎架上拼装左侧舵叶包板。以胎架上的舵杆中心线为准,定位左侧舵叶包板,定位焊后画线,将两边余量、上、下端余量线画出并割除。舵叶包板上、下端与铸钢件相接的边缘余量暂不切割。

②上、下端铸钢件定位。上、下端铸钢件用拉钢丝法进行第一次定位,画出舵叶包板与其相交处的余量,并将上述余量割除,焊接坡口切割准确,按上述要求进行铸钢件第一次定位。定位时必须注意铸钢件上、下端面的位置和加工余量,上、下铸钢件的中心线必须与舵叶中心线为同一直线;上、下端面与基面垂直;铸钢件的首尾方向放对。

③安装隔板。在左侧舵叶板上先装中间水平隔板,然后向上和向下装垂直隔板。再装水平隔板、垂直隔板。安装隔板时必须注意下列各点:安装水平隔板、垂直隔板时要用水平尺检验隔板的垂直度,因为隔板与舵叶包板不是垂直的。须预先装焊好上、下顶板上的放水塞,并经火工矫正。水平隔板与垂直隔板的连接要光顺,不能在局部凸凹。

④安装前端包板、艉端扁钢。艉端扁钢的安装位置以保证舵叶两侧包板的宽度要求为主,它与舵叶包板的相对位置可以稍作修改。

⑤安装右侧舵叶包板。舵叶内部包板、艉端扁钢及前端包板焊接结束,经火工矫正,检验合格后方可安装右侧舵叶包板和上、下端的顶板和底板。

右侧舵叶包板与水平隔板、垂直隔板以塞焊相连接。舵叶包板须按图示尺寸画出塞焊孔位置,还要根据水平隔板和垂直隔板的实际安装位置,对塞焊孔位置进行修正,以免塞焊孔不在隔板的面板上,产生"脱孔现象"。

⑥舵叶在装焊结束,吊离胎架前,要对舵叶进行外形尺寸测量,并画出舵杆中心线和舵中心线。

舵叶应在上下铸钢件机加工后,提交密性试验,合格后,塞焊孔处搪塞水泥,使其外表平整。

(二)桅杆装配

桅按形式分为龙门桅、人字桅、单桅和三脚桅等多种。其中单桅结构简单,强度较大,应用最多。

1.单桅杆柱体的拼接

单桅的横断面一般为圆形。下段为圆柱体,上段为圆锥体。桅杆柱体内不设骨架。在船上安装时穿过起货机平台、上甲板到达下甲板,与甲板及纵横舱壁连接成整体。单桅结构如图2-4-15所示。图中桅杆柱体共有9个自然段。将其合成4个大段作为部件先行装配。单桅的装配过程如下:

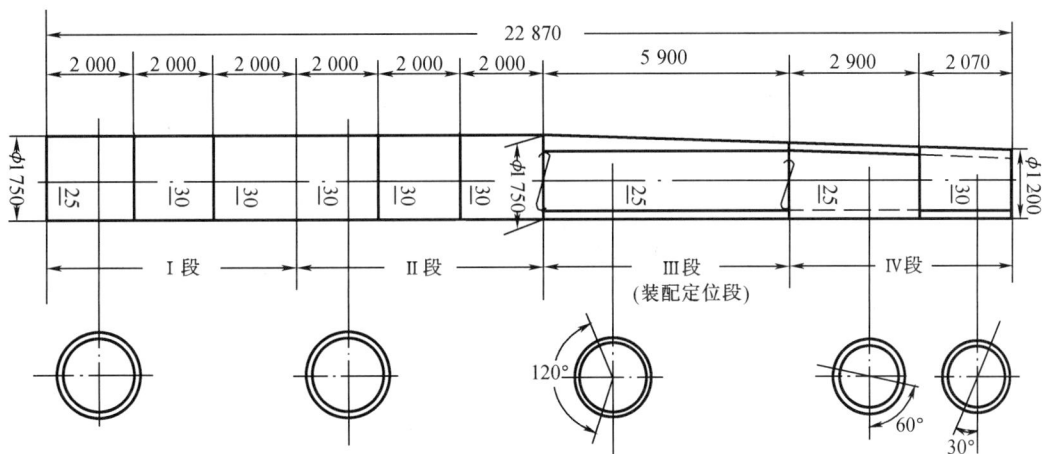

图2-4-15　单桅杆柱体结构及型值

(1)第Ⅰ大段的装配。第Ⅰ大段由三节圆柱组成。每节圆柱由一张钢板轧制而成,单节柱体的拼装工作可以直接在平台上进行,用拉撑螺丝将柱体纵缝拉拢,接缝端部对齐,如接缝采用自动焊,则在焊缝两端设置引弧板,如图2-4-16(a)所示。

单节圆柱的纵缝焊好后,将三节圆柱拼接时,一般可放在工字钢上进行。相邻圆柱的两侧各安装一个拉撑螺丝,以便拉紧,按图纸要求将相邻两节圆柱的纵缝错开,不可在同一直线上,如图2-4-16(b)所示。

(2)第Ⅱ大段可按同样方法拼装。

(3)第Ⅲ大段是由三张钢板拼合而成,如图2-4-17所示。其装配方法为:左圆柱钢板定位、左右圆柱钢板拼合和圆柱拼合。

在平台上画出圆柱外形,两旁各竖两根角钢,高度1 m左右,角钢间距可稍大于圆柱直径。先吊左面一块圆柱钢板放准位置,并用定位焊固定,如图2-4-17(a)所示。

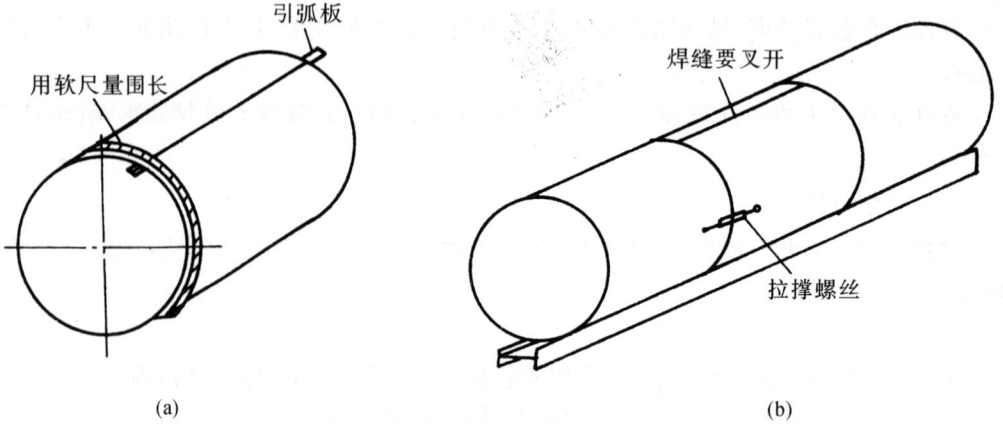

(a)

(b)

图 2 - 4 - 16   第 I 大段的装配

(a)单节柱体拼接;(b)柱体拼接

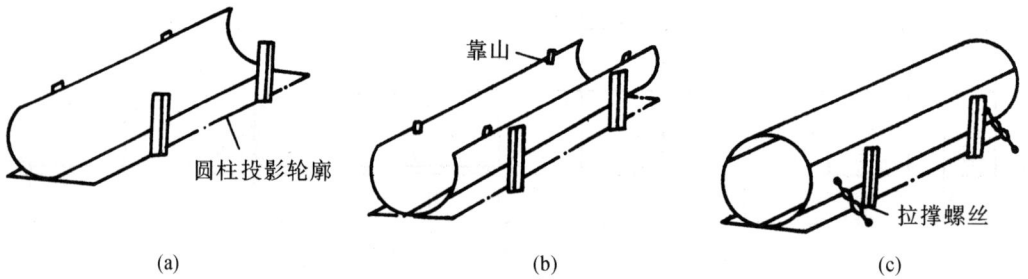

(a)

(b)

(c)

图 2 - 4 - 17   第Ⅲ大段三张钢板拼合

(a)左圆柱钢板定位;(b)左右圆柱钢板拼合;(c)圆柱拼合

再吊右面一块圆柱板,拼合纵缝,在下图所示位置焊上靠山,供吊装第三块圆柱块。见图 2 - 4 - 17(b)所示。

吊装第三块圆柱板,若发现与下面圆柱板的缝隙太大或相叠,可在下面圆柱板的外侧焊两只拉撑螺丝进行调整,直至板缝拼合,如图 2 - 4 - 17(c)所示。

此外,由三张钢板拼合而成的圆柱也可采用下图的方法,即按圆柱内径,做一内模板,放在圆柱板内作为靠山,逐步进行拼合,如见图 2 - 4 - 18 所示。

图 2 - 4 - 18   用内膜板拼接圆柱

(4)第Ⅳ大段的拼装。第Ⅳ大段由两节圆柱拼成,分别由两个半圆拼合(图 2 - 4 - 19),所以拼装比较简单。在半圆的内侧焊几只靠山,使上半圆能搁置在上面,不会滑下。两节圆柱拼接,同样可放在工字钢上进行,并使两节圆柱的中心线在一根直线上。

吊装第三块圆柱板,若发现与下面圆柱板的缝隙太大或相叠,可在下面圆柱板的外侧焊两只拉撑螺丝进行调整,直至板缝拼合。

2. 桅杆柱体合拢

桅杆柱体分四大段,共有三个接头。为了便于装配与手焊操作,支承架离平面最低处为 500~600 mm,每一大段一般设两档模板支承。

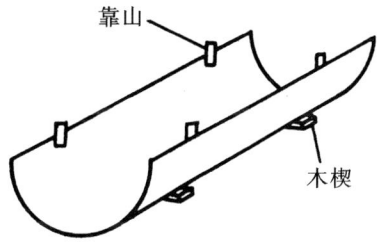

图 2-4-19 两半圆的合拢

胎架制造时首先须在平台上画出桅杆的中心线和每档模板(图 2-4-20)的位置线及柱体大段的接缝线,按模板位置线在平台上竖立模板;将平台上的中心线驳画到模板上,并在每块模板上画一根高度相同的水平线;最后用圆形截面样板画出模板的线型,并切割正作。

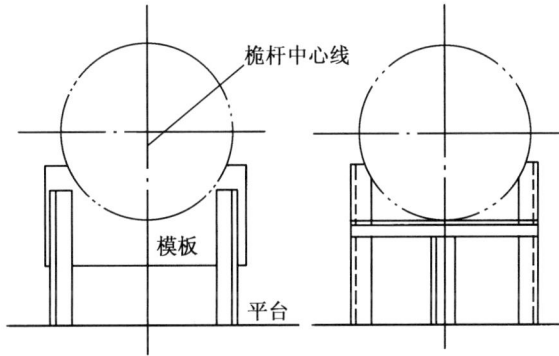

图 2-4-20 模板的形式

3. 桅杆柱体总合拢

桅杆总合拢时,以第Ⅲ大段为定位段,第Ⅲ段吊上胎架定位时,要用线锤测量两端头的位置,使与平台上的断线(大段接缝线)相符,中心线相吻合,定位正确后,将Ⅲ段与胎架固定。将Ⅱ,Ⅳ两段同时吊上胎架,与Ⅲ段相接。用线锤测量端头与平台上的断线间距离,计算出Ⅱ,Ⅳ段与Ⅲ段对接处的余量值,分别在Ⅱ,Ⅳ段端面画出余量线,拉拢接缝,进行定位焊。最后吊装Ⅰ段。

4. 安装桅肩

以桅肩的面板为基准面,在平台上采用倒装法进行装配。先将面板放在平台上画线,再装焊垂直加强板和侧板,最后装焊底板,如图 2-4-21 所示。

桅肩在吊装前,需在侧板上装一吊环。吊环设置要考虑桅肩起吊时能使其中心线呈水平位置,桅肩吊上桅杆定位时,可用花兰螺丝拉牢,下面用木楞头和油泵顶住,如图 2-4-22 所示。

5. 桅杆测量及安装附件

桅杆柱体与桅肩装焊结束后,拆除桅杆与胎架的连接物,使桅杆呈自由状态,原位搁置在胎架上进行测量,测量项目如下:

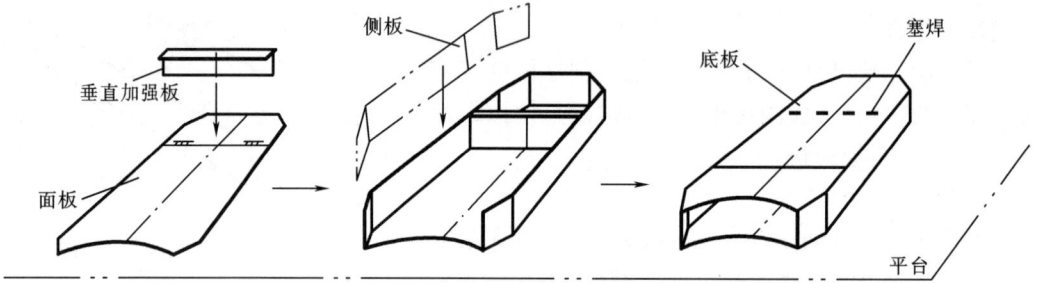

图 2 - 4 - 21　桅肩的装配

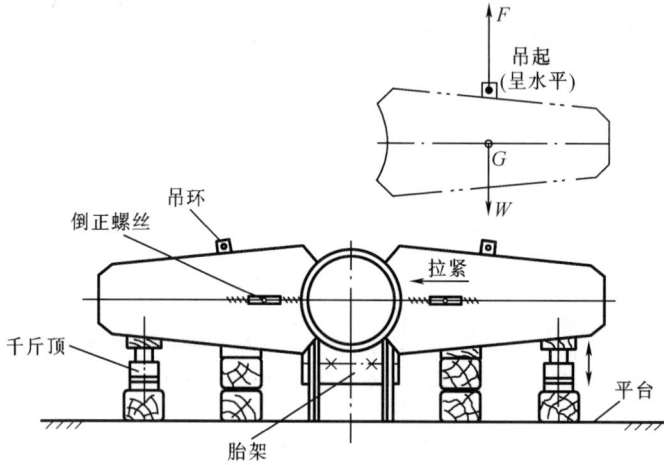

图 2 - 4 - 22　安装桅肩

(1)中心轴线弯曲度≤(1/1500)L,式中 L 为桅杆长度;

(2)柱体椭圆度≤t,式中 t 为测量部位的板厚。

测量合格后进行桅杆上的吊杆座、千斤索眼板、直梯、栏杆等件的安装工作。吊杆座在安装前要检查转动部位是否灵活,分清上下方向。千斤索眼板需安装在索具的拉力方向,不处于受扭曲的位置。直梯安装时,要使方钢的棱角正好向上,以增加摩擦。栏杆要平直,接头要牢固,以保证安全。

二、工作任务训练

训练名称:编制流线型舵叶的装焊工艺。

1.训练内容及要求

训练内容:

(1)根据图 2 - 4 - 23 流线型半平衡舵叶装配图,确定装配方式,设计胎架;

(2)根据该流线型舵叶装配图编制装焊工艺。

训练要求:

(1)识读图纸时注意了解流线型舵叶结构及线型,以便进行胎架设计和制作;

(2)制订流线型舵叶装焊工艺时考虑焊接变形和精度的控制;

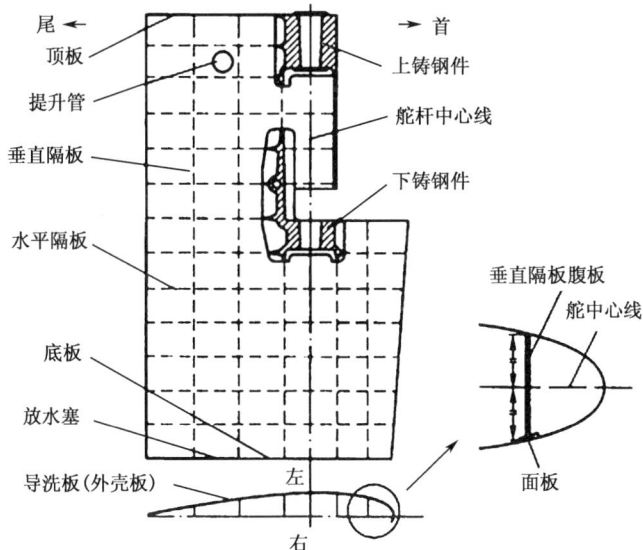

图 2 - 4 - 23　流线型半平衡舵叶结构

（3）编制的工艺中要说明施工时的注意事项和要求。

2.训练资料、设备和工具

（1）训练资料:实船图纸、装配工相关参考书。

（2）设备和工具:绘图工具。

3.训练过程

下达工作任务→制订工作计划(任务分工→确定训练步骤)→实施工作计划→完成训练记录。

4.训练步骤

（1）识读流线型舵叶装配图,了解流线型舵叶结构;

（2）根据施工图,选择装配方式;

（3）确定流线型舵叶装配用的胎架形式(专用胎架要画出胎架结构图);

（4）编制流线型舵叶的装焊工艺。

任务三　立体框架及甲板室围壁的装配

【学习目标】

1.了解立体框架的装配过程;

2.了解甲板室围壁的装配过程。

【任务解析】

将尺寸较大的纵横骨架预先装配成立体框架,再和铺板进行合拢是双层底分段、边舱分段的装配中常见的一种分段装配方式。船舶的上层建筑和甲板室,各层都由顶甲板和内外围壁构成,围壁在船体结构中的数量相当大,尤其是大型客货船,在进行上层建筑分段装配之前,可将围壁板拼装好,并安装上扶强材。

本任务主要学习立体框架及上层建筑甲板围壁的装配,通过该任务的学习和训练能够进行简单围壁结构的装配。

【任务实施】

一、背景理论与知识学习

(一)立体框架的装配

现以双层底框架为例说明立体框架的装配工艺。

双层底框架部件由一道纵桁、纵桁一侧的肋板、底纵骨、内底纵骨、加强筋、补板和肘板组成,如图 2-4-24 所示,肋板都为数控切割,精度较高,其上加强筋已预先装配,并经火工矫正。

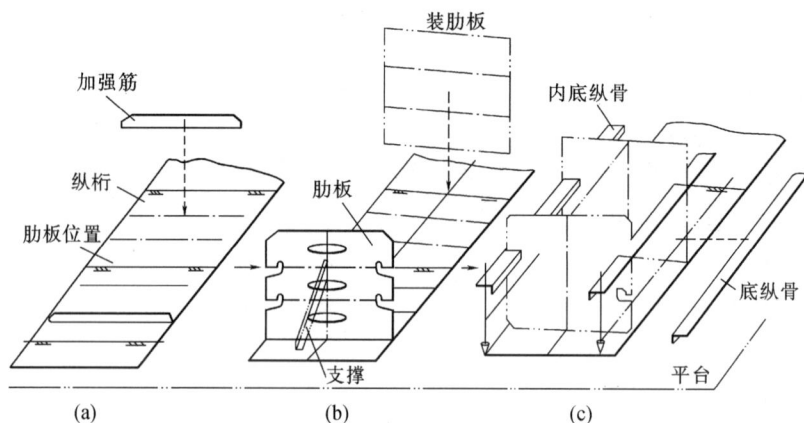

图 2-4-24 双层底框架部件的装配

双层底框架以纵桁为基面在平台上装配。平台应有较高的水平度,偏差不超过 1.0 mm。可以在钢板平台或型钢(工字钢,球扁钢,角钢)平台上装配,装配程序如下。

(1)将拼装并经矫正的纵桁板吊上平台,画出装配基准线和构件位置线,装配其上加强筋等零件,如图 2-4-24(a)所示。

(2)将肋板吊上纵桁,按位置线和基准线进行定位。用线锥(线锤)检查肋板及板边的垂直度。由于肋板都为数控切割,其边缘偏差都不会超过 2 mm。框架首尾两端的肋板更应保证其垂直精度,因为它是在分段上安装框架时的定位基准。位置正确后用角钢将其临时支撑固定,如图 2-4-24(b)所示。

(3)装底纵骨和内底纵骨。长度小于纵桁的纵骨,应预先在平台上接好,整根吊装。纵骨上画好肋板位置线,两端通常不留余量而留补偿。将纵骨吊入肋板上的贯穿孔,其上相应位置线对准肋板,用线锤检查端面位置,纵骨和肋板的边缘对齐,保证在同一平面,进行定位焊,同时安装通孔处的补板,如图 2-4-24(c)所示。

若为嵌入式纵骨,装配时须从框架一端肋板插入,此时可在纵桁一端外侧设置型钢插装滚轮,使纵骨能迅速插入各道肋板。

(4)进行肋板与纵桁、纵骨与肋板间的平角焊。

(5)将框架整体翻身,搁平。框架进行火工矫正,经完工检验后编号送往分段区。

采用立体框架装配能降低分段工作量和缩短分段制造周期,使部件、分段和船台三个工艺阶段的负荷趋于平衡,被现代船厂广泛采用。

(二)甲板室围壁的装配

甲板室围壁分外围壁和内围壁。外围壁属于船体强度构件;内围壁也称轻围壁,只起内部空间分隔的作用。围壁按其结构形式又分平面围壁和压筋(圆弧形、矩形和梯形)围壁两种。以压筋代替扶强材可减小焊接工作量,减轻围壁的质量。围壁的高度就是甲板室的层高,在 2 200 ~ 3 000 mm 范围。厚度为 3 ~ 8 mm。当采用 3 m 宽板材时,围壁在高度方向不需拼接。围壁上通常开有各种舷窗和门。

平面围壁在平台上装配,压筋围壁则在胎架上装配,甲板室围壁的装配工艺如下。

(1)板的拼装焊接

按工作图核对围壁零件,根据基准线和对合线对围壁板进行拼接,由于围壁的上下缘连接于甲板,应该注意纵向昂势(脊弧)和横向梁拱的影响。图 2 – 4 – 25 所示为带圆角垂直围壁,$\overset{\frown}{ab}$ 段为梁拱线,$\overset{\frown}{bc}$ 圆角部分受昂势和抛势的影响。$\overset{\frown}{cd}$ 段由昂势确定。由于甲板室分段都以顶甲板为基面进行倒装,所以围壁的上缘为无余量的正足边,下缘留有余量,拼接时应予以注意。

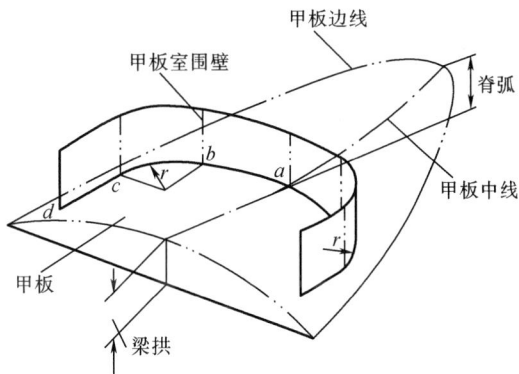

图 2 – 4 – 25　脊弧和梁拱的影响

(2)装配画线

甲板室围壁画线见图 2 – 4 – 26,当所用板材长度为 8 m 时,即将其作为单张围壁的最大长度,以此进行单独画线和装配。如果围壁长度超过 10 m,需由两张钢板拼接时,则多在拼接后整体画线和装配,但此时横接缝只拼不焊。画线和装扶强材后将其拆开,在分段装配时重新对接。

围壁画线方法如下:

①画扶强材位置线　按图纸尺寸在板上画出垂直扶强材位置线。注意扶强材上下端尺寸。

②舷窗开孔画线　由于图纸提供的窗孔中心线高度都以下方甲板为基准标注尺寸,如图中的 A 值。由于围壁下缘有余量,测量时容易发生差错,画线时都是以正足的上缘向下量取开孔中心的尺寸,如图中的 B 值。B 值需要通过计算得到。现以侧围壁上窗口中心线定位为例加以说明,如图 2 – 4 – 27(a)所示。

窗口开孔中心定位窗口中心线离上缘的距离 B 按下式计算

$$B = H - (E - F) - A \text{ (mm)}$$

式中　H——在中心线上标注的甲板室层高,mm;

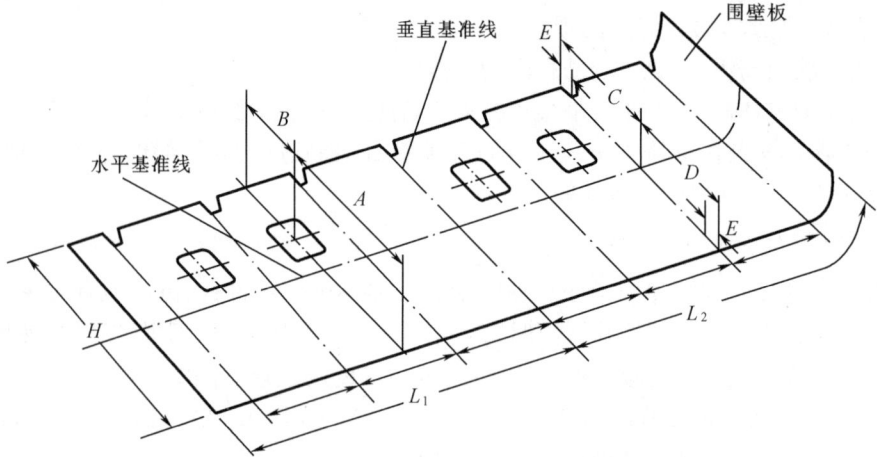

图 2-4-26　甲板室围壁画线

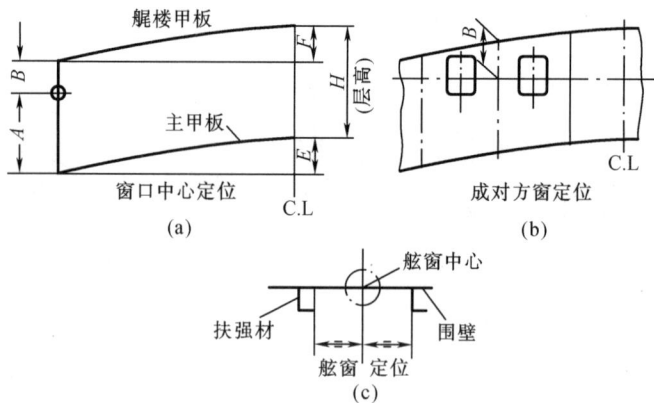

图 2-4-27　窗口开孔中心定位

E,F——上、下方甲板的梁拱，mm。

当上下甲板的梁拱相同时，$B=H-A$ mm。

前后围壁上窗孔中心的计算方法与此相同。

内围壁上所开方窗孔中心的计算方法与此相同。当围壁上所开方窗成对布置时，相邻两方窗以同一 B 值作水平线画出窗孔，如图 2-4-27(b)所示。方窗中心线布置在扶强材之间时，应该将扶强材间距减去型钢翼边的宽度再分中开孔，如图 2-4-27(c)所示。围壁舷窗开孔切割尺寸应稍大于窗框外形尺寸，以方便安装和焊接。方窗孔四周加大 2 mm。圆窗孔直径加大 2 mm，窗孔切割后边缘需进行打磨。

（3）扶强材的装配与焊接

用扶强材的装配与焊接和主船体舱壁上扶强材装焊的相同方法，依次装配各扶强材并进行焊接。

（4）检查围壁四周的工艺余量

除下缘外，按工作图所标符号切割其余边缘的余量。

（5）装临时加强材

在距围壁下口约 400 mm 处，装临时加强材使围壁保持较好的直线度。

由于甲板室板材较薄（≤6 mm），围壁焊接产生的变形暂不做火工矫正，在分段制造或船台总装后再整体进行矫正。

完工后的甲板室围壁即送往分段区进行分段装配。

二、工作任务训练

训练名称：装配上层建筑舱壁小组立。

1. 训练内容及要求

训练内容：

（1）根据图 2 - 4 - 28 所示的舱壁小组立图，编制装焊工艺；

（2）采用硬纸板（含放样、下料、组装），按装配流程组装该舱壁。

训练要求：

（1）工艺流程制定合理，编制的工艺中要说明施工时的注意事项和要求；

（2）装配前认真核对舱壁首尾、上下、左右标记和结构安装方向；

（3）保证构架安装角度正确性，确保装配间隙不超标；

（4）安装加强排时尽量考虑大组立结构安装与搭载拆除方便，一般设在舱壁下口向上 500 mm 左右位置。

2. 训练资料、设备和工具

（1）训练资料：教材、生产图纸及装配工艺资料。

（2）设备和工具：硬纸板、剪刀、美工刀、圆规、三角板、直尺、铅笔、胶水等。

3. 训练过程

下达工作任务→制订工作计划（任务分工→确定训练步骤）→实施工作计划→完成训练记录。

4. 训练步骤

（1）看图 2 - 4 - 28 了解结构，确定工艺流程，进行装焊工艺编制。

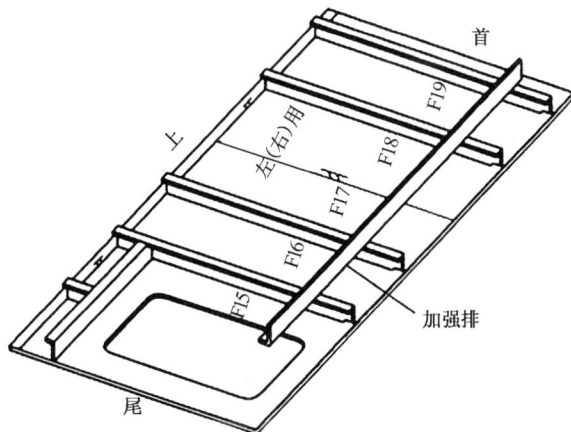

图 2 - 4 - 28 上层建筑舱壁小组立

（2）上层建筑舱壁小组立装配。

①对照图形和尺寸,明确各构件大小及结构相对位置;

②按照图2-4-28划构件安装线;

③组装舱壁结构;

④进行测量检验等。

【课后自测】

一、填空

1. 在装配过程中,使用马板和铁楔可使构件准确（　　　）和可靠（　　　）。

2. 烟囱卧装时使胎架基面平行于烟囱中心面,使平台上所画的烟囱形状为侧面（　　　）,顶盖板在装配时呈（　　　）状态。

3. 钢板艉柱的装配可以采取（　　　）和（　　　）两种方式。

4. 甲板上的围壁等结构其上下边缘都与甲板的（　　　）和（　　　）有关。

5. 舵叶水平剖面不对称于中线时,会造成两侧（　　　）的差异。

6. 艉柱经电渣焊后,必须对焊缝进行（　　　）,以消除内应力,稳定焊后的形状,防止再发生（　　　）。

7. 根据制造方式,艏柱可分为锻造艏柱、（　　　）、（　　　）和铸钢加钢板焊接混合组成艏柱等几种形式。

8. 舵按其支承形式可分成四种类型:支承式不平衡舵、（　　　）、（　　　）、悬挂式平衡舵。

9. 桅按形式分为龙门桅、（　　　）、（　　　）和三脚桅等多种。

二、判断（对的打"√",错的打"×"）

1. 流线型舵的隔板装配时,应检查隔板与舵叶板的垂直度。（　　　）

2. 后装舵叶板与隔板的腹板之间用塞焊连接。（　　　）

3. 上层建筑围壁上的舷窗,都以其下方甲板为基准标注其中心线的高度。（　　　）

4. 作了反变形后,铸钢艉柱接缝端面的间隙量上端大于下端。（　　　）

5. 在胎架上确定舵叶的理论线,是以舵叶包板的内表面为舵叶的理论线面。（　　　）

6. 锻造艏柱仅用于小船上,能够承受较大外力,但质量大。（　　　）

7. 艉柱既是船体结构的一部分,由铸钢、锻钢制成,或与钢板组合而成,同时又作为螺旋桨和舵的支承。（　　　）

8. 按舵的剖面形状分为平板舵与流线型舵两种,平板舵目前已较少采用。（　　　）

三、名词解释

1. 部件装配

2. 卧式装配法

3. 流线型舵

4. 双层底框架

四、简答题

1. 艏柱采用卧式装配法的装焊步骤有哪些?

2. 艉柱采用卧式装配法的装焊步骤有哪些？

3. 铸钢艉柱装配时,在平台上应画出哪些线？

4. 舵叶装配方式及装焊步骤有哪些？ 舵叶构架装配应注意什么？

5. 桅杆由哪些部件构成？ 桅杆装配装焊步骤是什么？

6. 怎样在平台上制作桅柱总装胎架？

7. 桅肩安装到桅柱上时,应怎样进行定位检查？

8. 说明双层底框架装配时各构件装配的顺序和定位要求。

9. 上层建筑围壁装配时画线方法有哪些,怎样画线？

项目五　船体分段装配

【项目描述】

分段是由零、部件组装而成的船体局部结构,是船体装配焊接工作中的重要组成部分。分段建造周期长短、质量的好坏对船舶整体的建造周期和建造质量有很大的影响。

本项目共有九个任务。首先认知船体分段装配基础知识,包括分段类型、分段装焊工艺的基本内容、分段建造方法和构件装配方法、分段翻身的方式、分段装焊变形及控制方法;此外学习胎架的设计、选取和制造,在此基础上学习底部分段、舷侧分段、甲板分段、舱壁分段、艏艉分段和上层建筑分段及中部总段的装配工艺和操作技能。通过学习能够编制船体分段装焊工艺,并能够正确进行分段装配。

知识要求

1. 掌握分段的不同类型;

2. 熟练掌握分段装焊工艺的基本内容;

3. 熟练掌握分段建造方法和构件装配方法;

4. 熟练掌握分段翻身的方式;

5. 掌握分段装焊变形及控制方法;

6. 掌握胎架的设计原则;

7. 掌握胎架基准面的选取方法和胎架的制造方法;

8. 掌握底部分段、舷侧分段、甲板分段、舱壁分段的装配和检验方法;

9. 初步掌握艏部分段、艉部分段的装配方法;

10. 掌握上层建筑分段的装配方法及加强方法;

11. 掌握中部总段的装配方法。

能力要求

1. 能制订分段装焊工艺文件;

2. 具有控制分段变形的能力;

3. 具有制造不同分段胎架的能力;

4. 具有装配双层底分段、舷侧分段、甲板分段、舱壁分段、上层建筑分段和烟囱的能力;

5. 初步具有装配中小型船舶首部立体分段、尾部分段的能力。

工作任务

任务一　分段装配基础知识认知;

任务二　胎架的设计、选取和制造;

任务三　底部分段的装配;

任务四　舷侧分段的装焊;

任务五　甲板分段的装焊;

任务六　舱壁分段的装焊;

任务七 艏、艉分段的装焊；

任务八 上层建筑分段和烟囱的装焊；

任务九 中部总段的装焊。

任务一 分段装配基础知识认知

【学习目标】

1. 掌握分段的不同类型；

2. 熟练掌握分段装焊工艺的基本内容；

3. 熟练掌握分段建造方法和构件装配方法；

4. 熟练掌握分段翻身的方式；

5. 掌握分段装焊变形及控制方法。

【任务解析】

分段是由零、部件组装而成的船体局部结构，是船体装配焊接工作中的重要组成部分，约占整个船体装焊工作量的35%左右。因此，分段建造周期长短、质量的好坏对船舶整体的建造周期和建造质量有很大的影响。

本任务学习分段的类型、分段装焊工艺的基本内容、分段建造方法和构件装配方法、分段翻身的方式及分段装焊变形及控制方法，通过该任务的学习和训练能够进行分段装焊工艺方案设计。

【任务实施】

一、背景理论与知识学习

（一）分段的类型

分段的种类很多，按其外形特征大致可分为以下几类，如图2-5-1所示：

（1）平面分段　平直板列上装有骨材的单层平面板架，如舱壁分段、舱口围壁分段、平台甲板分段、平行舯体处的舷侧分段等。

（2）曲面分段　曲面板列上装有骨材的单层曲面板架，如单底分段、甲板分段、舷侧分段等。

（3）半立体分段　两层或两层以上板架所组成的非封闭分段，或者是单层板架带有一列与其成交角的板架所构成的分段，如带舱壁的甲板分段、带舷侧的甲板槽形（门形）分段、甲板室分段等。

（4）立体分段　两层或两层以上的板架所组成的封闭分段，或者是由平面（或曲面）板架所组成的非环形立体分段，如双层底分段、双层舷侧分段、边水舱分段、艏立体段、艉立体段等。其中，对形成不封闭状态的分段称为半立体分段。

（5）总段　主船体沿船长方向划分，其深度和宽度等于划分处型深和型宽的环形立体分段，如艏、艉尖舱总段、上层建筑总段等。

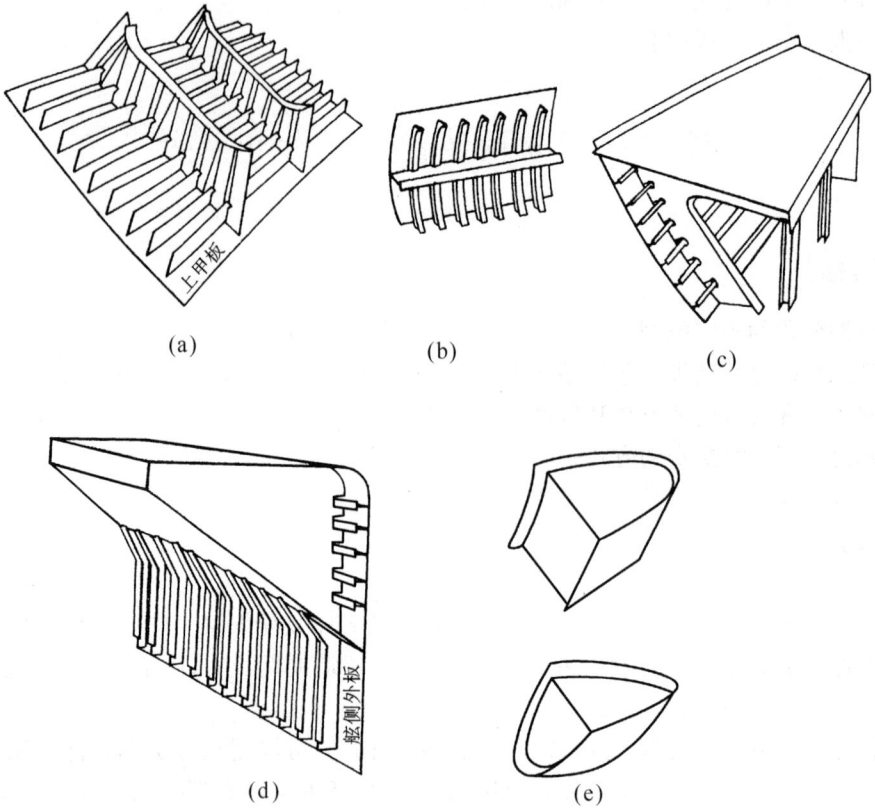

图 2 – 5 – 1　分段的类型

(a)平面分段;(b)曲面分段;(c)半立体分段;(d)立体分段;(e)总段

(二)分段装焊工艺的基本内容

1.分段装焊工艺的基本内容

(1)选择分段装配基准面和工艺装备(平台或胎架);

(2)决定合理的装焊顺序;

(3)提出施工技术要求。

其中,分段装焊顺序的合理与否,直接影响分段制造的质量、装焊作业的难易程度、辅助材料的消耗量以及分段制造的周期等。由于同一分段可有不同的制造和装焊顺序,不同的分段更可有各自不同的制造方法和装焊顺序,因此,决定适合于某一分段的最佳制造方法和装焊顺序是此工艺阶段的重要工作内容。

2.衡量确定的装焊工艺程序是否合理一般可按以下标准

(1)能否保证分段的型线与尺寸的准确;

(2)是否便于装配操作,辅助材料和工时消耗是否少;

(3)是否便于焊接操作,合理的工艺应是水平焊缝和俯位焊缝数量多、长度长,有利于扩大自动焊、半自动焊与俯位焊的范围;

(4)是否缩短分段的制造周期;

（5）是否有利于舾装工程与船体工程的平行作业；

（6）能否处理好单船、小批量或批量生产的矛盾。

（三）分段建造方法和构件装配方法

1. 分段建造方法

在分段建造之前，首先应确定分段建造时采用的建造方法。按装配基面分，有如图2-5-2所示的三种。

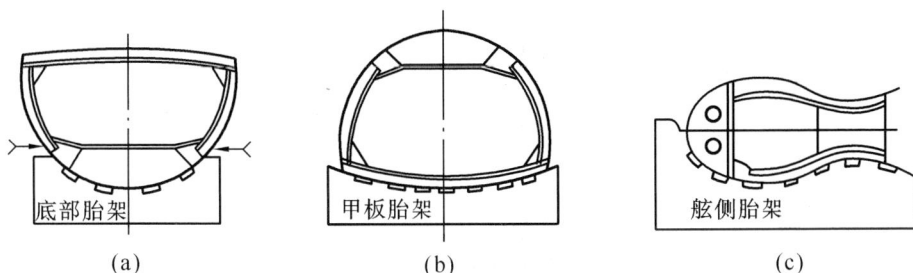

图2-5-2　分段建造方法
(a)正造法；(b)反造法；(c)侧(卧)造法

（1）正造法

分段建造时的位置与其在实船上的位置一致，如图2-5-2(a)所示。其优点是施工条件好、型线易保证，缺点是胎架复杂、画线工作量大。通常用于单底分段、机舱分段及批量生产。

（2）反造法

分段建造时的位置与其在实船上的位置相反，如图2-5-2(b)所示。其优点是胎架简单、可一次翻身，且可改仰焊为平焊。缺点是施工条件稍差、型线易产生误差。常用于双层底分段、以甲板为基面的分段及单船生产。

（3）侧(卧)造法

分段建造时的位置与其在实船上的位置成一定的角度或垂直，如图2-5-2(c)所示。其优点是改善施工条件，缺点是胎架数量多，通常用于舷侧分段、舱壁分段等。

2. 构件装配方法

分段的装配程序一般是先铺板，然后画线，再安装构架。按构件安装情况其装配方法有散装法和框架法两类，而散装法又可分为分离装配法、放射装配法、插入装配法等几种，如图2-5-3所示。

（1）散装法

①分离装配法

在分段装配基准面的板列上，先安装布置较密的主向构件并进行焊接，再安装交叉构件并进行焊接，如图2-5-3(a)所示。这是一种装配与焊接交替进行的装焊方法，有利于扩大自动焊、半自动焊的范围，减小分段的总体变形。但装配、焊接工作分离，使装配工作不连续。适用于平直的、结构刚性大、钢板厚、以纵骨架式为主的大、中型船舶的分段制造。

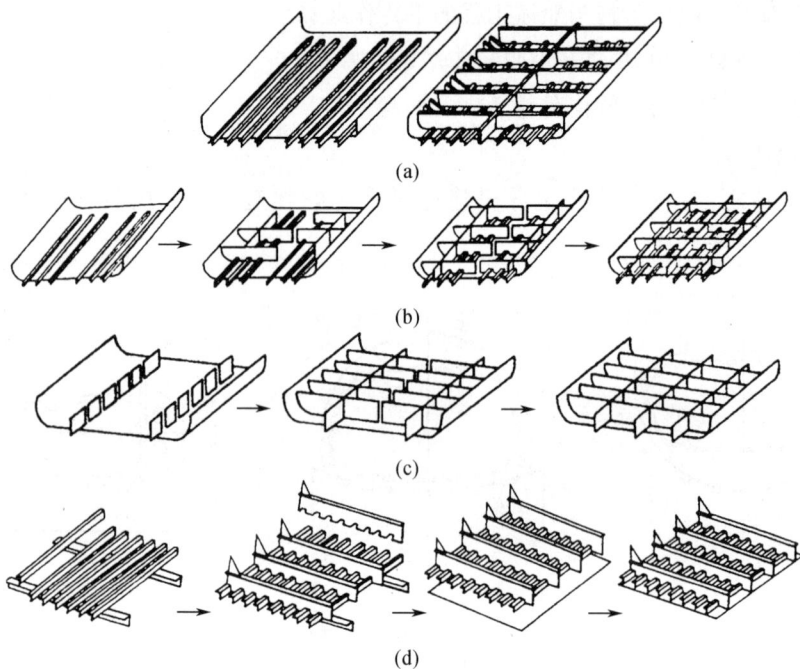

图 2 - 5 - 3　分段构件装配方法

(a)分离装配法;(b)放射装配法;(c)插入装配法;(d)框架装配法

②放射装配法

在分段装配基准面的板列上,按照从中央向四周的放射状方向,依次交替地装配纵、横构件并焊接,如图 2 - 5 - 3(b)所示。这种方法引起的分段变形小,适用于曲率变化大、钢板稍薄的小型船舶分段制造。也适用于板材厚度较大、且高度在 1 m 以上的双底结构。

③插入装配法

在分段装配基准面的板列上,先安装间断的纵向构件,再装插入的横向构件,最后将连续的纵向桁材插入横向构件中,然后再进行焊接,如图 2 - 5 - 3(c)所示。这种方法可使构件吊装的时间集中,不需吊车随时配合,但插入安装难度较大,适合于钢板较厚且制造场地起重设备负荷较大的中型船舶的分段制造。

(2)框架法

先将所有的纵、横构件组装成箱形框架并焊好,再与板列组装在一起形成分段,如图 2 - 5 - 3(d)所示。这种方法可变立焊为俯焊,便于框架焊接采用机械化,使工作面得以扩展,有利于缩短分段制造周期,并有利于减小焊接变形,适用于大型平直分段制造。

(四)分段制造过程中的精度要求和检验方法

1.胎架检验

胎架是船体分段装配和焊接必需的工艺装备,它的作用是使分段的装配和焊接工作具有良好的条件。特别对中小型船舶,船体线型变化大,船体钢板薄,要求胎架具有足够的强度和刚度来控制分段的外形,所以要求胎架的制造必须准确,在分段的制造前,胎架应认真检验。

2. 画线检验

胎架经验收合格,装配工在胎架上拼装外板或甲板且焊好,焊缝经外观表面质量检查合格,即可进入画线工序。画线操作应对照分段工作图,依据草图、样条、样板等,先用激光经纬仪画出角尺基准线,然后画出各种结构线、开口线和大接缝线,按分段焊接表,画出断续焊焊段尺寸,提交检验。

分段画线位置正确与否,将决定分段中各零、部件装焊位置的正确性,尤其在分段大接缝处连续构件的位置及外板、甲板、纵横壁上开孔位置与大小的正确与否,更影响到船体大接缝质量和外观的美观及强度。画线检验的内容、精度标准和检验方法见表 2-5-1。

表 2-5-1 画线检验的内容、精度标准和检验方法 单位:mm

检验内容	精度标准		检验方法
	标准	允许	
中线、结构线、开口线偏差	≤1.0	≤1.5	用画线草图或样条检测
构件厚度位置偏差	正确	正确	按船体构件理论线图检查
端头肋位距大接缝尺寸偏差	±2.0	±4.0	对预修整端头、检查有余量即可
内底、平台、甲板宽度偏差	±2.0	±4.0	用画线草图或样条检测

3. 平面和曲面分段检验

在船体建造中,平面分段有纵横舱壁、平面甲板、平台、平行中体部位的外板及方艄船型的艉封板等板架。平面分段由于在建造过程中始终处于敞开状态装焊,施工条件好,便于使用高效焊接。因此,立体分段中的平面板架结构,应尽可能提前装焊成平面分段,且经火工矫正后再提供组装成立体分段,以缩短分段建造周期,提高建造质量。

在船体建造中,曲面分段有单层底的底部分段、单层舷侧分段、甲板分段、艏柱分段及艉柱分段等。曲面分段通常在胎架上建造,分段线型在脱胎架后有所缩小,火工矫正一般仅改善外板线型的光顺性,而难以复位至胎架线型。因此,对精度要求高的曲面分段,只能在胎架制造时采取反变形措施。平面和曲面分段的检验标准见表 2-5-2。

表 2-5-2 平面和曲面分段检验表

	分段形式	项目	标准范围	允许极限	备注
尺寸精确度	平面分段	内部构架与外板的偏差	±5	±10	内部构架相互连接为搭接的除外
	曲面分段	分段宽度	±4	±8	沿曲线周长测量割去超长部分
		分段长度	±4	±8	割去超长部分
		分段变形	10	20	在宽横梁、桁材的面上进行测量

4.立体分段检验

立体分段检验是对分段的外形尺寸、构件尺寸、构架位置、零件数量、装配精度和焊接质量的检验。管理好立体分段质量,是确保船体大接缝线型光顺、缩短船体建造船台周期的关键。立体分段检验内容、精度标准与检验方法,见表2-5-3和表2-5-4。

表2-5-3　立体分段检验表

单位:mm

检验内容	精度标准		检验方法
	标准	允许	
分段两端肋位间长度偏差 l 为分段长度	±0.75l/1 000	±1.5l/1 000	用钢卷尺检测
分段宽度(全宽)偏差	±4.0	±8.0	用钢卷尺检测
分段高度偏差(h 为分段高度)	±1.0h/1 000	±2.0h/1 000	用钢卷尺检测
上下中线偏差	≤2.0	≤4.0	用线锤检测
两端肋位框架垂直度	≤3.0	≤5.0	用线锤检测
构件垂直度(h 为构件高度)	±1.0h/1 000	±1.5h/1 000	用线锤检测
四角水平度	±8.0	±15.0	用水准仪或水平软管检测

表2-5-4　舵柱立体分段检验表

单位:mm

检验内容	精度标准		检验方法
	标准	允许	
艉轴中心线高度偏差	±3.0	±5.0	用卷尺检测
艉轴中心线与船体中心线偏差	±2.0	±4.0	用线锤检测
轴壳后端与艉尖舱壁间距偏差 b	±5.0	±10.0	用样棒、钢卷尺检测
上下舵承间距偏差 a	±4.0	±8.0	用钢卷尺检测
舵杆中心线与轴中心线相交偏差 d	≤3.0	≤6.0	验轴中心线与舵柱中心钢丝线
上下舵承中心线偏差 e	≤5.0	≤8.0	用线锤检测

5.分段完工检验

分段的完工检验是在完成全部施工,包括对分段进行尺度和外形测量之后的完整性检验,它是船体建造过程中必须检验的项目。检验分段数量是按分段划分图中分段的数量进行的。

完工检验包括工厂检验部门的检验和工厂报请验船部门和船东的检验。工厂检验部门在每个分段报验之前必须先自行检查,并提出检查意见,待施工部门修复后再请检验员验收合格,然后,通知验船部门和船东检验。检验按质量标准进行,对不合格的项目,用工艺符号在相应的位置标出,难以用工艺符号表达的意见,可在舱壁或显眼的位置用文字逐条写明并签名与检验日期。事后,检验员应及时督促施工部门尽快将遗留缺陷修复,并认真复验。

（五）分段吊运与翻身

分段的吊运与翻身是船体建造过程中的一个重要工序。完工的分段需吊出平台或胎架,吊上船台。为使板材接缝的封底焊以及分段内部上下骨架的角焊缝处于俯焊位置,分段有时要进行多次翻身。随着船舶日趋大型化,分段的尺寸和质量都相应增大。合理的分段安全的翻身和吊运就显得更为重要。分段翻身吊运工艺涉及吊环的安装、焊接、拆除、批平和打磨的工作量,涉及辅助性加强材料的消耗,涉及结构的受力和变形,影响到船体外表质量、施工工艺和制造周期。

1.分段翻身的方式

分段翻身有空中翻身和落地滚翻两种方式。

（1）空中翻身

空中翻身可由一台吊车的主、副钩或两台吊车联合完成,如图 2 - 5 - 4 所示。在分段两端设置两组吊环,图中（a）为平面吊环,（b）为侧面环。如用一台吊车翻身,分段水平吊起后,副钩缓慢松钩,成直立状态时将分段转向,副钩再行吊起完成分段翻身。空中翻身的分段最大质量应小于主钩吊车的安全起重量。分段在空中无论作纵向或横向翻身,都应保证翻身过程中吊索不致损坏分段边缘的外板或围壁。

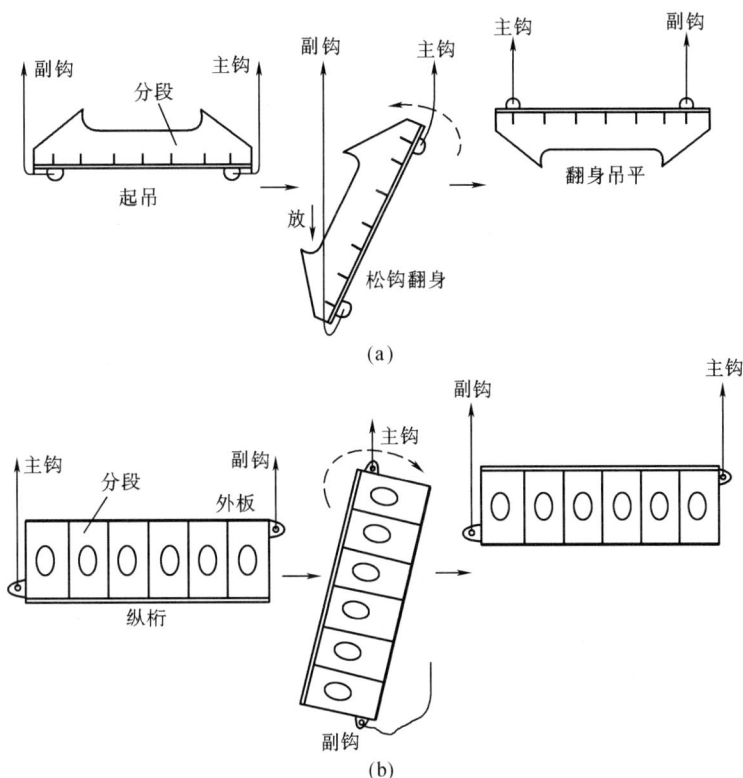

图 2 - 5 - 4　分段空中翻身

（a）平面吊环翻身;（b）侧面吊环翻身

空中翻身动作平稳、施工方便,作业安全。分段上只需设置吊环和做一般加强,成本较低,被广泛采用。

（2）落地滚翻

当分段尺寸较大,质量超过一台吊车的安全负荷时,就采用落地滚翻的方式,借地面支承力减小分段施加于主钩吊车的作用力。为不损坏分段落地边缘,分段的一端需加设滚翻装置,通常有圆弧式和啮合线式两种。图2-5-5为啮合线式装置的落地翻身情况。在翻身过程中,通过重心的垂直线始终通过地面上的支承点。分段处于动平衡状态,不会突然产生前冲力而带来不利影响,翻身过程安全平稳。

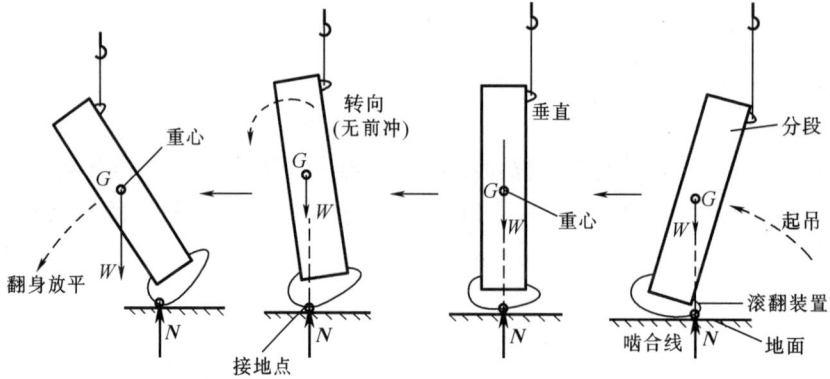

图2-5-5　分段落地滚翻

落地翻身还可在沙坑上进行,在翻身过程中利用沙子的阻力和缓冲作用,控制分段的翻身运动,并使结构不发生变形损坏。

2.吊环

吊环是分段吊运翻身的主要属具,有多种形式和规格。使用时根据吊环的特点和承受的负荷在标准吊环系列中选择。

吊环形式分平面型(无肘板,分A,B型)和组合型(有肘板,分C,D,E型)两种,如图2-5-6所示。有肘板的吊环都垂直于分段表面安装,它在平行和垂直于吊环竖板的方向上都有较好的刚性。无肘板的吊环一般与分段的骨架相搭接,它只在吊环平面内有较好的刚性。

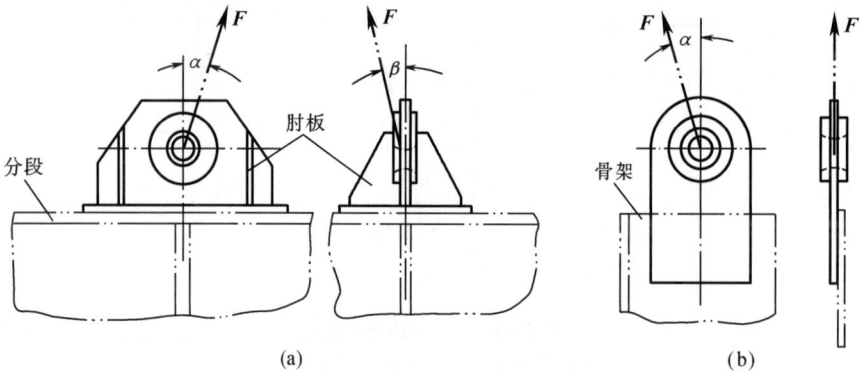

图2-5-6　吊环的形式

（a）有肘板;（b）无肘板

　　吊环的数量要根据分段形状、分段在空中状态及吊运翻身方式确定。分段吊起后要求在空中处于垂直、水平或倾斜状态，以适应装配的需要，如图 2 - 5 - 7 所示。舱壁分段只需在分段上端安装两个吊环。甲板分段上船台合拢时，既要翻身，又要吊平。复杂的立体分段和总段往往要安装数量更多的吊环。

　　吊环应尽可能对称于分段重心布置，以使吊索受力均衡、吊运平稳。吊环应安装在纵横骨架交叉处，或至少布置在分段的一根刚性构件上。吊环间距应和吊索长度匹配，以使两根吊索间的夹角大于 60°。吊环及吊环下方结构的焊接应满足相应的要求以确保吊运的安全。

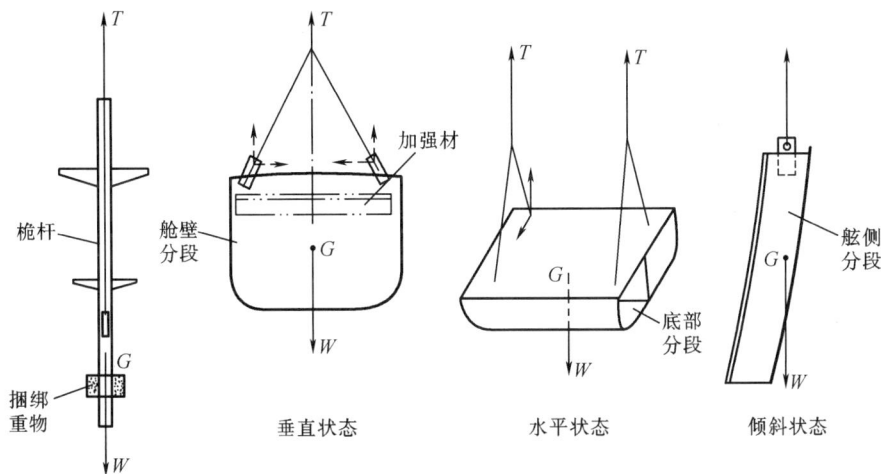

图 2 - 5 - 7　分段吊起后的空间位置

　　吊环拆除后，甲板上表面和外板外表面的焊脚应铲平磨光，保证美观，被绝缘材料覆盖的部位或隐蔽在结构中的吊环，拆除后可不清除根部。永久性吊环则不需拆除。

3. 吊索与吊排

（1）吊索

　　吊索是分段吊运的重要属具，要根据钢索实际受力、安全系数合理确定钢索直径。钢索的长度与分段尺寸有关。吊运时吊索的夹角越大，实际受力也越大，如图 5 - 8 所示。当吊索夹角为 120° 时，吊起 1 000 kg 质量时每根吊索受力就达到 1 000 kgf（1 kgf = 9.8 N）。在车间内装配分段时，吊索长度还应考虑分段能顺利吊出平台或胎架。

（2）吊排

　　甲板分段的尺寸较大，结构刚性较差，由于吊环间距大而增加了吊索的张角。这不但加大了吊索的实际受力，其水平分力还容易使甲板失去稳定而产生弯曲变形，这类分段可采用吊排吊运，使吊索的水平分力由吊排承受而不直接作用在分段上。吊索受力、分段变型和吊排的使用参见图 2 - 5 - 8。

4. 分段的临时加强

　　临时加强材的作用是加强分段的刚性或局部强度，防止在吊运中产生变形或局部损坏。临时加强材在施工结束后要予以拆除。图 2 - 5 - 9 为舷侧分段和双层底分段上设置的临时加强材。

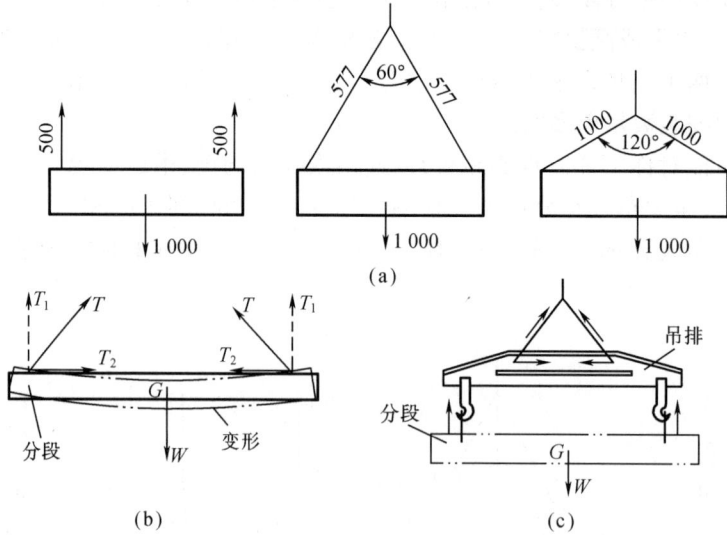

图 2 - 5 - 8　吊索受力与吊排
(a)吊索受力与夹角的关系;(b)工件变形;(c)吊排

加强材的设置要根据分段形状,结构特点及翻身方向确定。一般是纵骨架式分段做横向加强、横骨架式分段做纵向加强。这和分段翻身的方向也是一致的。

现代船舶设计时,为了减少加强材拆卸的二次作业,局部结构采用加大尺寸、增加板厚和加装肘板的方法来代替分段的临时加强。

(六)分段装焊变形及控制

1.分段变形

分段在装焊过程中,将产生纵向和横向的收缩和翘曲变形。由于各个分段结构不尽相同,焊接程序不同,故每一分段变形的大小和现象也不一样,但分段的一般变形大致有以下几种情况:

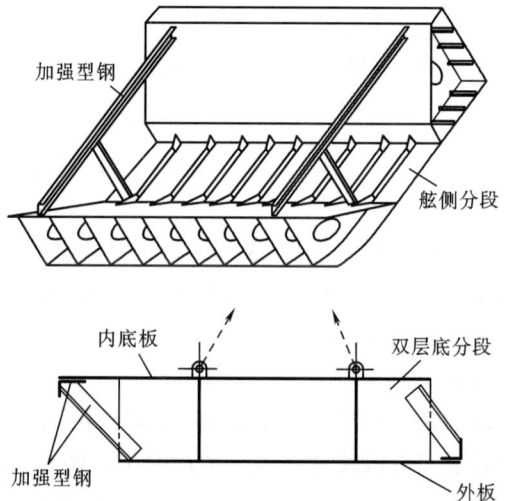

图 2 - 5 - 9　分段的临时加强

- 分段两端上翘;
- 底部分段横向收缩;
- 甲板下塌,即甲板梁拱减小;
- 分段内构架的纵横向收缩和角变形。

2.分段变形的原因

分段变形的主要原因是因为焊缝位置不对称于中和轴,因此焊缝冷却收缩量不一致,以及在装配焊接过程中的工艺措施不当等因素所造成的。下面具体分析几种典型的分段变形原因。

（1）单底分段变形

单底分段变形是宽度、长度缩小,四角上翘,底部中垂,边缘呈波浪形变形,如图2-5-10(a)所示。

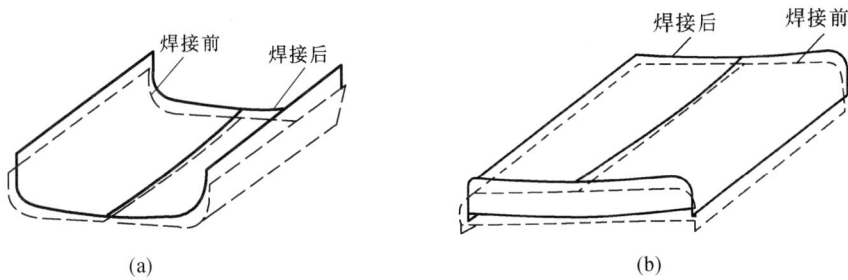

图 2-5-10　底部分段的变形
(a)正造单底分段变形;(b)反造双层底分段变形

单底分段变形的原因如下:

①外板对接缝的焊接所引起的分段纵横方向的收缩。但由于外板的对接缝不多,且外板与胎架又用"马"进行固定,因此,这个因素所引起的变形是不大的。

②纵横构架与外板的角接焊缝、构架相互之间的角接焊缝,引起分段的收缩变形和分段四角上翘变形,对于薄板分段和构架密集的分段,它的变形更为严重。

③分段建造中的不合理工艺,如过大的装配间隙、构架安装不垂直、外板与胎架未加以固定、过大的坡口及焊缝尺寸、不合理的焊接规范和焊接程序等都可能引起分段的变形。

（2）双层底分段变形

双层底分段变形的情况与它的建造方式有关,建造方式一般分为正造和反造两种。

反造的底部分段焊后往往产生宽度、长度缩小,分段翻身搁置呈中拱状态,边缘呈波浪变形,如图2-5-10(b)所示。

反造双层底分段变形的原因如下:

①内外底板的对接焊缝焊接引起的分段变形,其中,内底板与胎架固定的分段变形较小;而外板是呈较为自由状态的分段,变形较大。

②构架的焊接变形(同单底分段)。

③分段内纵横构架之间的角接焊缝及其与内外底板的角接焊缝所引起分段的收缩和上翘变形最大。

④分段翻身后的焊接继续产生变形。

⑤分段翻身后如搁置不当,或装焊前没有采取有效的反变形工艺措施,也将引起变形。

正造的双层底分段装焊后,往往产生宽度、长度缩小,呈中垂状态,边缘呈波浪变形。

（3）甲板、舱壁、舷侧分段的变形

甲板、舱壁、舷侧分段的装配,焊接后的变形如图2-5-11所示。这些分段焊接后往往产生长度、宽度缩小,边缘呈波浪形,甲板梁拱减小,舷侧曲率减小,舱壁表面拱出等变形。

3.分段变形处理及预防

（1）分段变形的处理方法

分段产生变形后,为了不影响船台的装配质量,必须加以矫正处理。一般有以下几种方法：

①分段压载重物矫正变形。对反造或正造双层底分段，可在分段翻身后将搁置分段的墩木设在分段的两旁。如果变形过大，还可在内底板或外底板的中部加压铁。

②无论单底或双层底分段，如果分段宽度缩小太多而影响船台对接时，可对其邻近分段大接头处的肋板、内底板和外板的接缝切开部分焊缝，使船体外板对接处线型光顺。

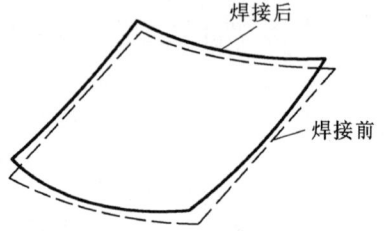

图 2 – 5 – 11　甲板、舱壁、舷侧
分段的变形

③分段纵向收缩除考虑建造工艺时适当扩大肋距，以抵消纵向收缩量外，一般不做预处理。

④舷侧分段变形一般不预处理。但如果由于变形太大，从而引起外板线型变化大而又影响分段对接时，可用火工在变形部位的肋骨处矫正。

⑤甲板分段梁拱的矫正，一般在船台上安装时处理。梁拱减小的甲板，可在分段下用千斤顶顶起；梁拱增大的甲板，可加压铁并配合火工矫正。

⑥舱壁分段变形，一般在焊接后就进行火工矫正。

（2）控制分段变形的措施

对于分段的焊接变形，一般以预防为主，以矫正为辅。在了解并掌握了上述变形的规律前提下采取一定的措施，以使分段焊接后的变形减少到最小。

①结构设计上的措施

合理的结构设计对减少分段装配、焊接变形有很大的作用，因此在结构设计中应注意以下几点：

a.在结构设计时，尽量减少板材的接缝，减少焊接工作量。

b.在保证设计强度的前提下，焊缝的熔焊金属或焊缝的坡口应尽可能取小。一般钢板对接缝的坡口有 V 形和 X 形两种，应尽量取 X 形。因为在同一板厚中，相同坡口角度条件下，X 形坡口的焊缝截面积是 V 形坡口截面积的一半。

c.广泛采用自动焊和半自动焊接，采用二氧化碳气体保护焊，减少线能量输入，从而减小焊接变形。

d.不同板厚的钢板对接时，应将厚板边缘削斜，使其与薄板等厚，削斜的长度要不小于四倍板厚差。

e.板缝布置尽量与船体中心线对称。

f.避免焊缝密集。平行焊缝的间距要大于 100 ~ 150 mm。

②焊接工艺的措施

合理的焊接顺序能使焊接时热量均匀分布，减小焊接变形。因此在焊接分段时应遵守以下规定：

a.长度为 500 mm 以上的连续焊缝应采用逐步退焊法，每段长 200 ~ 300 mm。

b.焊接人员的操作应以分段剖面（平面）的中和轴为中心对称进行。

c.对收缩变形大的焊缝应先焊。例如：在一结构中，既有对接缝又有角接缝，则应先焊构件间的各对接缝，再焊构件间的各角焊缝。

d.在板架结构中，应先焊构架间的各交叉接缝，后焊构架与板的角接缝。在焊构架与板的角接缝时,可采用由中心向四周逐格呈放射性的对称焊接法。

e.对薄板结构,为防止焊缝局部隆起,在每一焊缝焊完后,可用小锤敲打焊缝以消除部分应力,减少变形。

f.选择合理的焊接规范及焊缝规格。

③装配工艺上的措施

a.提高零件加工质量和部件装配质量。

b.对线型复杂的分段(如带轴包板的尾部分段)采用正造法。用"马"将外板与胎架拉紧,强制减小分段的变形。胎架要具有一定的刚性。

c.构架曲型应与外板线型自然吻合。超差严重的应加以矫正后再装。

d.尽量减小构架与构架的安装间隙。

e.扩大平面分段的拼装范围,这样可减少分段或总段的焊接工作量,以减少船体总的焊接变形。

f.采用框架式装配新工艺。

g.采用反变形措施。在施工工艺条件相同的情况下,分段的变形有一定的规律。因此,可在胎架制造过程中,事先根据分段变形的相反方向,将模板放出一定的反变形值,用以抵消分段焊接后的变形。

④分段的合理加强及运输、搁置

在分段制作中,对于易变形的部位,可增加临时加强材。如焊接甲板分段构架前,在一定肋骨间距中加装假宽横梁及纵桁,以增加分段刚性;双层底底部分段在内底板上加肘板和角钢,以支撑底板边缘部位;在焊接前,不拆除上层建筑围壁的临时支撑等,以防止焊后产生变形。

当分段翻身后,板对接缝进行封底焊时,一定要依据分段线型进行搁置,使垫墩与分段有较大的接触面。

在吊运分段时,稍有不当也容易产生变形,因此,吊运前要对分段进行适当加强,吊运时要避免碰撞,搁置时要平稳。

(七)船体分段制造生产线

船体装配和焊接是船舶建造中的重点工序,在船体建造中占很大比例。因此,实现装配和焊接工作的机械化和自动化,形成生产流水线作业,对缩短造船周期、降低成本、改善产品质量、减轻劳动强度,有着极其重要的意义,是船厂进行技术改造的重要内容之一。平面分段生产流水线、立体分段和总装流水线都是装焊工作机械化和自动化的一个组成部分。

1.平面分段机械化生产线

平面分段机械化生产线,是根据所选定的列板和交叉骨架的装焊方法及其机械装置,结合工艺流程和厂房特点,用机械化运输设备连接而成的生产线。

平面分段结构由平直板列和平直交叉骨架组成。因此,其制造机械可分为机械化拼焊板列和机械化装焊交叉骨架两部分,如图2-5-12所示。

(1)机械化拼焊板列

板列的拼装包括板材的输送、整平、定位及施焊固定等工艺操作。

板材的机械化输送,一般都采用电磁吊或真空吊将板材吊上传送滚道,再由传送滚道送入拼板工位。板列的机械化装焊,按采用的焊接方法可分为双面埋弧自动焊接和单面焊双面成形自动焊接法。前者在拼板流水线上要增设板列翻身工位,以便进行板列的翻身及封底焊。

（2）机械化装焊交叉骨架

骨架的机械化焊接按骨架装焊顺序可分为主向构件先装法和箱形框架组装法,如图2-5-12所示。目前,主向构件装焊和板列的移动、定位均已实现了机械化,但次向构件的装焊,多数采用手工作业。而箱形框架间的角焊缝的焊接,一般都专设工位,由专用自动焊机施焊;箱形框架与板列之间的装焊,可启动板列下面的油压千斤顶,使板列与框架贴紧,然后施焊。

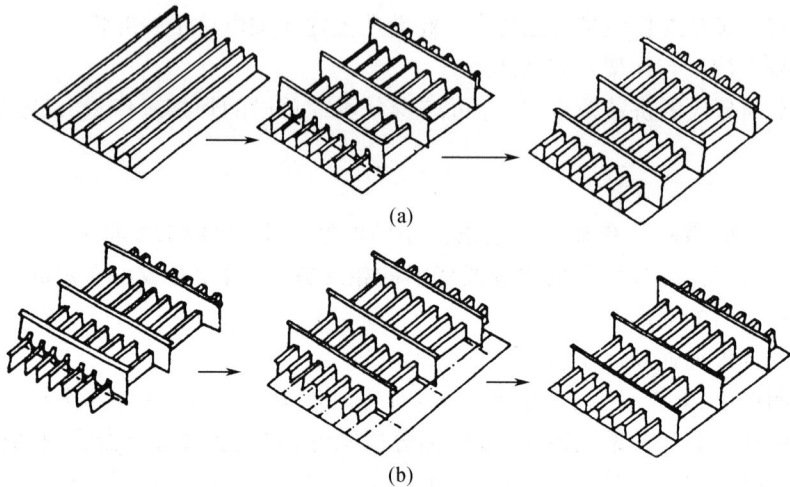

(a)

(b)

图 2 - 5 - 12 平面分段装配方式
(a)主向构件先装法;(b)箱形框架组装法

图 2 - 5 - 13 所示为我国设计的四工位平面分段机械化生产线。它采用单面自动焊焊接列板对接缝和主向构件先装法。第 I 工位完成拼板焊接,形成列板的工作。第 II 工位完成列板焊接缺陷修补,分段画线、切割、列板回转和对接等工作。第 III 工位完成主向构件的装焊和纵骨架式甲板分段的转向等工作。第 IV 工位完成其余骨架的装焊等工作。

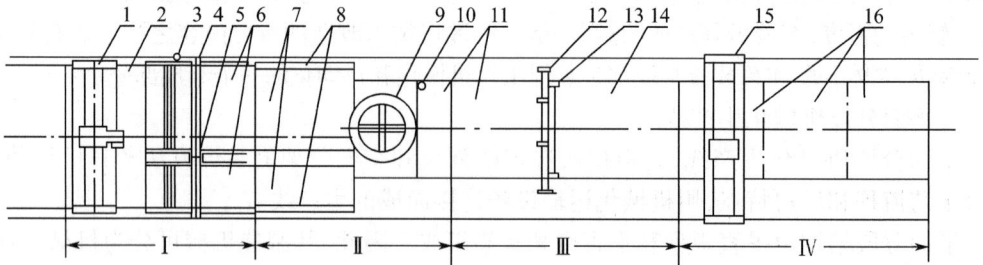

图 2 - 5 - 13 平面分段机械化生产线示意图
1—真空吊;2—材料堆场;3—定位销;4—12 米板拼板机;5—6 米板拼板机;6—辊道输送平台;
7—纵横向输送平台;8—切割区;9—转盘;10—定位销;11—输送平台;12—构架装焊机;
13—分段自动定位移位装置;14—被动辊道平台;15—行车;16—活络折角平台

2.曲面分段制造的机械化

曲面分段的形状和构件配置随分段不同而异,零、部件的装焊位置非常复杂,而且其装焊基准面是空间曲面,所以实现其制造工艺的机械化要比平面分段困难得多,至今仍处在研究试验阶段。但由于在船体分段制造中,曲面分段占有相当大的比重,实现曲面分段制造机械化具有极其重要的意义。图2-5-14是曲面分段自动装焊示意图。

图2-5-14(a)是数控调整式通用胎架,胎架是由一些可调节的螺杆构成,由电动机通过减速齿轮带动螺杆升降,达到调节胎架曲面的目的,可保证胎架曲面具有较高的精度。螺杆上端装有电磁吸头,用以吸牢固定钢板。

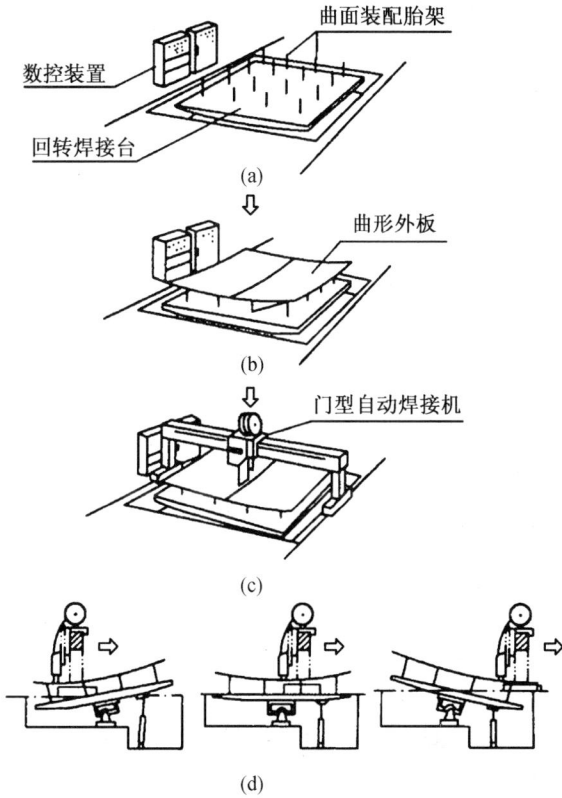

图2-5-14　曲面分段自动装焊示意图

图2-5-14(b),(c)是曲形外板装配焊接示意图。整个胎架座落在一个可回转的焊接台上,回转焊接台由一个中心万向联轴节支承座和设置在纵、横向边缘处的两个可升降电动螺旋支杆支承。调节该两个支承点,便可使胎架沿任意方向倾斜,使焊接的焊缝始终处于水平位置。

曲面分段的装焊工序如下:用数控装置调整好胎架曲面的型线,然后铺放加工好的外板,对准位置后用电磁吸头使之固定,同时在板缝地方安装好衬垫,以备焊接。此后,一面调整回转焊接台,使所焊焊缝处于水平位置,一面进行焊接。外板焊接完毕,便可进行内部骨架的装焊。

3.船体分段生产线

为了改革造船业长期以来以单件生产为主的作业方式,推进分段制造工艺过程标准化和机械化作业的进程,国内外造船业进行了大量的探索研究,近年来,随着成组技术的推广应用,研制出既适合造船生产条件又接近于批量生产的专门生产某种类型分段的生产线和作业区的组建方法,在该生产线(或作业区)内可以制造分段尺寸和结构不同的同类型分段,使作业方式接近于专业化,从而提高了产品质量和生产效率。

应用成组技术改革船体分段制造方式,首先应对生产的各类船舶进行结构分解,按照相似性原理(形状相似、材料相似、加工工艺相似),对其分类成组,然后根据船厂条件规划和组建各相似分段组的制造生产线或作业区,依此来组织和生产,以形成能适应产品不断变化的且接近于批量生产的作业方式,从而达到大幅度降低生产成本和提高生产效率的目的。

二、工作任务训练

训练名称:设计分段装焊工艺方案。

1.训练内容及要求

训练内容:

(1)分段类型。如图2-5-15所示某一大型油船船中区域纵骨架式双层底(带底边舱)分段(同一船长位置底部划分为左右两个分段),分段质量为150 t,分段外形尺寸为11.94 m×18.9 m×5.2 m。

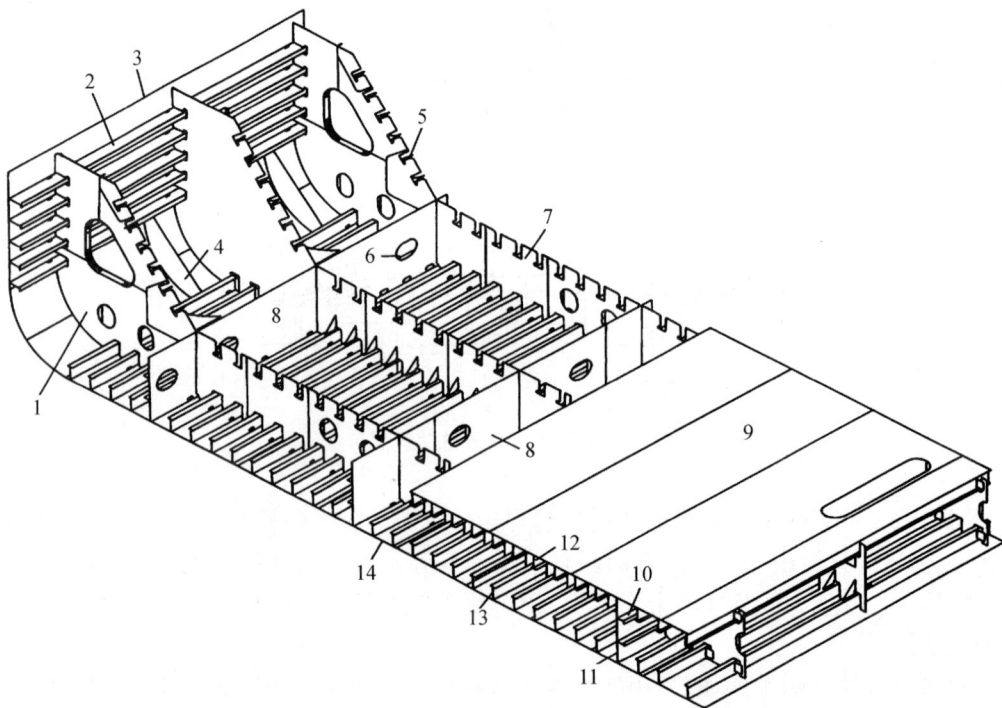

图2-5-15 大型油船纵骨架式双层底结构

1—开孔横隔板;2—舷侧纵骨;3—舷侧外板;4—舭肘板;5—斜板纵骨;6—人孔;7—实肋板;8—旁底桁;9—内底板;10—水平加强筋;11—中底桁;12—内底纵骨;13—船底纵骨;14—船底外板

（2）根据已知分段类型确定分段装配初步方案,包括分段建造基准面的选择、采用的胎架类型、分段构件装配方式和主要顺序,确定吊车能力等。

训练要求:

（1）分段建造基准面的选择是便于施工,避免高空作业;

（2）采用的胎架类型要注意提高胎架的使用率和节省材料;

（3）分段建造法及构件装配方式要合理,减少吊车使用量;

（4）确定的吊车要达到分段起重能力要求。

2.训练资料、设备和工具

（1）训练资料:教材及船舶图纸。

（2）设备和工具:文具等。

3.训练过程

下达工作任务→制订工作计划（任务分工→确定训练步骤）→实施工作计划→完成训练记录。

4.训练步骤

（1）分析分段结构图,了解分段结构主要组成;

（2）确定分段建造基准面和胎架形式;

（3）确定分段的装配方式,包括分段的建造法及构件装配方法的确定;

（4）确定分段装配过程及吊装或翻身用的起重机负荷。

任务二　胎架的设计、选取和制造

【学习目标】

1.掌握胎架的设计原则;

2.掌握胎架基准面的选取方法;

3.掌握不同分段胎架的制造方法。

【任务解析】

胎架是船体分段装配与焊接的一种专用工艺装备,它的工作面应与分段的外形相贴合。胎架的作用在于使分段的装配焊接工作具有良好的条件,并保证分段有正确的外形和尺度。

本任务主要学习胎架设计原则、胎架基准面的选取和胎架制造过程和方法,通过该任务的学习和训练能够进行常用胎架制作。

【任务实施】

一、背景理论与知识学习

（一）胎架的设计原则

（1）胎架结构的强度和刚性,应根据其使用特点而定。在需要以胎架控制分段形状的情况下,胎架应具有足够的强度和刚性,以支承分段质量,防止分段在制造过程中变形。当分段本身刚性很强,而胎架已不足以控制分段的变形时,胎架仅起支承分段的作用,其强度和刚性就不是主要因素。

(2)胎架长、宽方向尺寸必须大于分段尺寸;模板的有效边缘应计及外板的厚度差和反变形数值。

(3)模板间距,当结构为横骨架式时,板厚≥6 mm,取2~3倍肋距,板厚<6 mm,取1~2倍肋距;当结构为纵骨架式时,可取2~3倍肋距,但一般不大于1.5~2 m。分段两端的构架位置必须设有模板。

(4)模板的最小高度为600~800 mm。

(5)根据生产批量、场地面积、劳动力分配、分段制造周期等因素,选择适当的胎架形式和数量,并根据船体型线决定合理的胎架基准面切取方法,以满足生产计划的要求,改善施工条件,扩大自动焊和半自动焊的应用范围。

(6)模板上应画出肋骨号、分段中心线(或假定中心线)、外板接缝线、水平线、检验线、基线等必要标记。

(7)胎架制作应考虑节约钢材,节省工时,降低成本,尽量利用废旧料和边余料。同时,还要考虑胎架搬移、改装的可能性及在一定范围内的通用性。

(二)胎架基准面的选取

船体分段的外形大部分带有曲型。不同部位的分段有不同的曲型,而且相差很大,如首、尾部位的舷侧分段外形和船体中部的舷侧分段外形。如何使这些典型分段的装配胎架的表面型线,既满足分段装配的要求,又能最大限度地改善分段的施工条件,扩大自动焊、半自动焊的使用范围,降低胎架制造成本,这些与胎架基准面的切取有很大的关系。

所谓胎架基准面就是用来确定胎架工作曲面的基准面,也就是各个胎架模板底线所组成的平面。根据它与肋骨剖面和基线面的相对关系,可分为以下几种类型,如图2-5-16所示。

(1)正切基准面(图2-5-16(a)) 在肋骨型线图上,胎架基准面平行或垂直于基线面(H面),并同时垂直于肋骨剖面(W面)。正切基准面胎架多用于船中底部分段、甲板分段、平行中体部位的舷侧分段、中部总段以及整体建造船舶时。

(2)正斜切基准面(图2-5-16(b)) 在肋骨型线图上,胎架基准面不平行于基线面,且不垂直于肋骨剖面,但垂直于基线面或中线面,与各肋骨剖面的交线为一组间距相等的平行直线。这种正斜切基准面的胎架,主要用于纵向线型变化较大的船体首尾舷侧及底部分段的制造。

(3)斜切基准面(图2-5-16(c)) 在肋骨型线图上,胎架基准面与基线平面倾斜一定的角度,但同时垂直于肋骨剖面。这种胎架基准面的切取,适用于船体横向肋骨型线弯势变化较大,而纵向型线弯势变化不大的舷侧分段。

(4)斜斜切基准面(图2-5-16(d)) 在肋骨型线图上,胎架基准面既与基线面有一横倾角,又与肋骨剖面构成一个纵倾角。这种胎架基准面的切取,适用于船体肋骨型线在横向比较倾斜而纵向型线弯势变化又较大的首、尾舷侧分段。

以上四种胎架基准面的切取方法中,正切与单斜切基面胎架的制造和其分段、总段或船体的装配、画线、检验都较简便,因为胎架基准面与肋骨剖面相垂直,所以被广泛采用。正斜切基准面、斜斜切基准面胎架因其基准面与各肋骨剖面并不垂直,所以制造和使用均

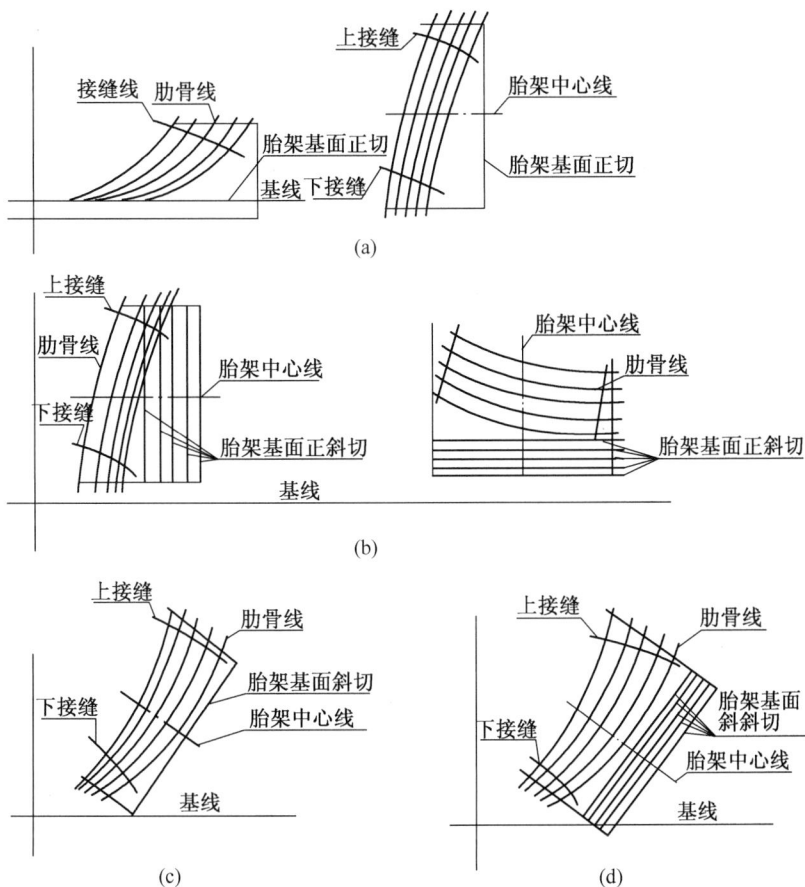

图 2 - 5 - 16　胎架基面的切取
(a)正切基准面;(b)正斜切基准面;(c)斜切基准面;(d)斜斜切基准面

不及平切和正切基准面方便,特别是斜斜切胎架制造和分段装配、画线及检验测量等工作比较麻烦,但能使所制造的整个分段处于水平的状态,并能节省模板材料。

在选择胎架基准面时,首先看分段肋骨线是水平、垂直还是倾斜;看肋骨级数的大小,级数变化小表示胎架纵向不很陡,级数变化大则表示胎架纵向有显著斜升;尽量使胎架工作曲面的纵、横向倾斜不超过 10°~20°;使制造的整个分段处于接近水平的状态,避免工人攀高和便于焊接施工;有利于安全生产和扩大自动、半自动焊接。

（三）胎架的制造

基准面选好后,在胎架制造前,首先要根据肋骨型线图确定胎架的型值或由计算机放样提供型值,然后进行胎架制作。

1.正造底部分段胎架制造

正造底部分段一般采用框架式专用胎架,制造顺序如下:

(1)画胎架格线

根据胎架制造图,如图 2 - 5 - 17 所示,在胎架平台上画出胎架中心线、角尺线(即肋骨检验线)。以肋骨检验线为基准画出所有模板位置线,并标出每档胎架模板的肋位号。一般外板厚度大于 6 mm 且横骨架结构时,每两肋距设置一道模板;外板厚度≤6 mm 时应每档设模板。分段两端肋位须设模板以保证端部线型精度。画出分段的上、下边接缝和首尾端接缝在平台上的投影线,并用色漆做好标记。

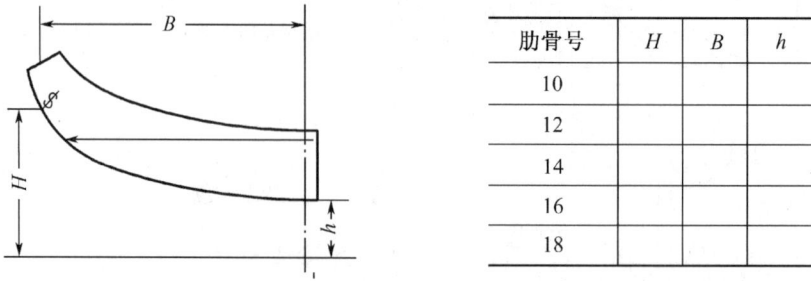

肋骨号	H	B	h
10			
12			
14			
16			
18			

图 2-5-17 胎架制造图

（2）在平台上竖立模板

在胎架平台上的相应肋位处竖支撑角钢,将做模板的小块钢板分别装到支撑角钢上,并装上拉马角钢及加强角钢。

另一种常用的方法是,先按胎架画线样板在平台上拼装模板,然后整块吊运,并竖立到相应的肋位处,并将模板中心线对准平台上的胎架中心线。

（3）模板画线

用水平尺或线锤将平台上胎架中心线和半宽尺寸投影到模板上。根据胎架制造图,用水平软管或激光经纬仪在每档模板上画出水平线及高度值。将胎架画线样板贴在相应的胎架模板上,使样板上的胎架中心线、水平线与模板上的中心线、水平线对准。按样板下口线型画出模板上口线型,并画出底板纵向接缝位置线,如图 2-5-18 所示。

画线时,由于样板线型是理论型线,所以应根据分段外板的厚度,在模板上画去相应的厚度。

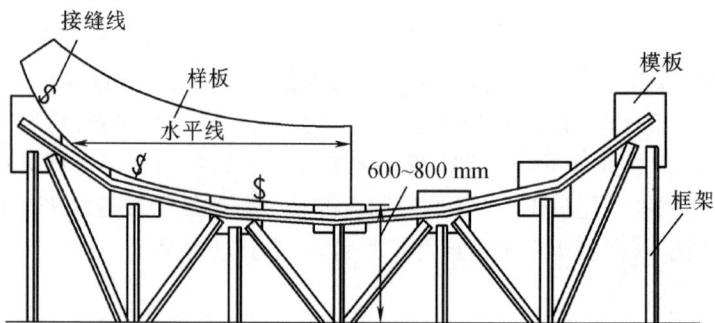

图 2-5-18 模板画线

（4）切割模板

在模板画线后,便可进行切割。对精度要求高的模板气割时,留出 1~2 mm 余量,以便进行铧磨。

（5）安装纵向角钢及边缘角钢

分段边缘应设边缘角钢,以保证分段边缘线型,纵向角钢每隔 1 500 mm 设置。在每块模板上画出安装角钢的位置线,然后割一切口,将角钢嵌入,用电焊固定。并检验以保证胎架制造误差在精度允许范围之内。

2. 舷侧分段胎架的制造方法

(1)斜切胎架制造方法

①斜切胎架基面及模板型值的确定

胎架基准面切取的依据是肋骨线型图。根据分段肋骨线型的曲型和肋骨线型级数的大小(级数小表示胎架纵向不是很陡,级数变化大说明胎架纵向有显著的斜升),进行胎架基准面的切取。切取后的基准面,应使胎架表面的横向倾斜度不超过 $10°\sim20°$,纵向不超过 $10°$,胎架四周的高度接近。在图 $2-5-19$ 所示肋骨型线的下方作一斜直线与船体基线面的夹角为 α,距分段肋骨线型最低处的垂直距离为 H_2(大于 800 mm),距分段上下外板边接缝的距离为 H_1 和 H_3,H_1 和 H_3 基本接近,此线即为胎架的基准线(面)。在近似于舷侧分段外板的上下边接缝的中间部位作胎架基准线的垂直线,即得胎架中心线。从胎架基准线向肋骨线型量取相应部位的垂直距离和水平距离,得到每档模板的 H_1,H_2,H_3 和 B_1,B_2 值。上述各值填入表内,即得胎架模板的型值表。

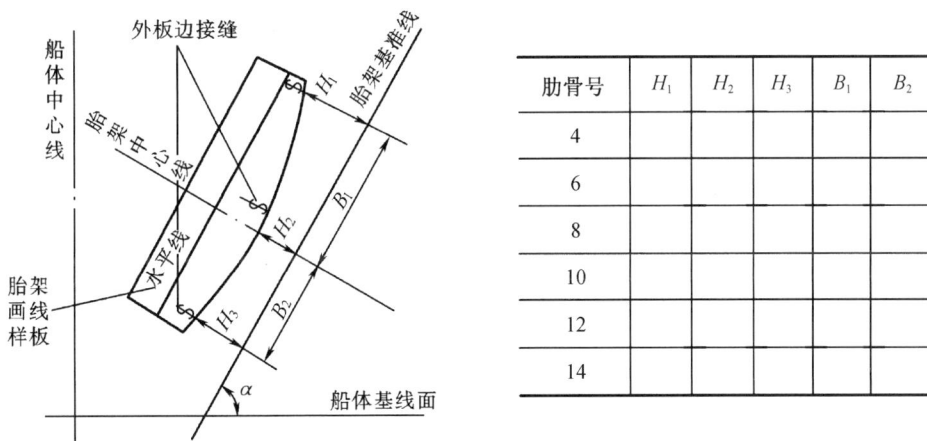

肋骨号	H_1	H_2	H_3	B_1	B_2
4					
6					
8					
10					
12					
14					

图 $2-5-19$　单斜切胎架基准面及型值

②制作胎架画线样板

胎架样板是根据舷侧分段的肋骨线型制作。由于胎架中心线两边的线型不一样,所以舷侧分段的胎架画线样板应做成整块的。胎架画线样板上须标明分段号、肋位、上下方向、外板纵向接缝线位置、胎架中心线、水平线等,如图 $2-5-19$ 所示。

其后的制造步骤与底部分段正造胎架相同。

(2)斜斜切胎架制造方法

斜斜切胎架适用于艏艉部曲型变化很大的舷侧分段。

①胎架基准面和型值的确定

斜斜切胎架基准面既与船体基线面成一倾角,又不垂直于肋骨面,如图 $2-5-20$ 所示。其步骤为:

a. 根据分段型线的纵、横向曲型及所设胎架模板的肋位,在近#5 肋骨型线的下方作直线 AE,使其与整个分段的各肋骨型线的距离相差不至过大。在近#1 肋骨型线的下方作直

线 CD,与直线 AE 平行。过 E, D 两点(每点与相应上、下边接缝线的最外部位约距 50 mm 左右),各作直线 EC 和 AD 垂直于直线 AE。考虑整个胎架的模板档数和各相邻模板间的理论肋距的比例,分直线 EC 为若干段(若理论肋距相等,即按模板档数等分),得 a, b···各点,过这些分点作一直线平行于 AE,这样便切取出胎架的基准面 $AECD$。其中各条直线即是胎架基准面 $AECD$ 与各相应模板 $\#1$, $\#2$, $\cdots$, $\#5$ 的交线(即模板基准线)。这种所切取的胎架基准面,可使整个分段的表面在纵、横向都相应地处于平坦状态。

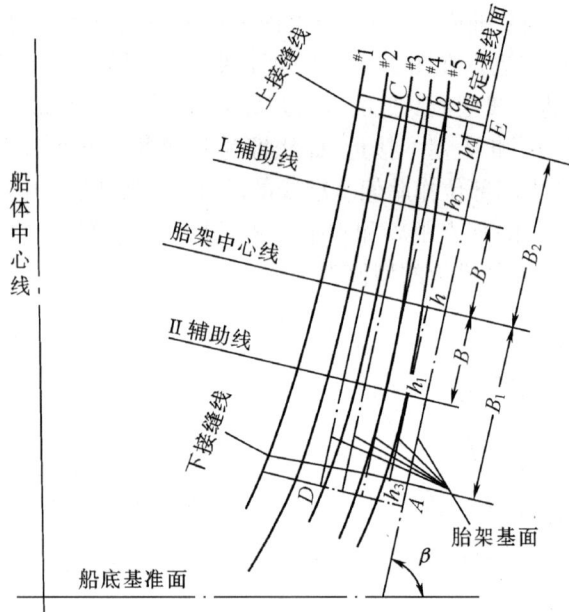

图 2 - 5 - 20　斜斜切胎架基线面的切取

　　b. 在整个分段线型宽度约二分之一处,作胎架中心线与 AB 相垂直。如果舷侧分段较宽,必须作第一、第二甚至第三、第四辅助线。在胎架中心线的两侧适当位置处(视分段线型曲型程度而定)过分段的全部肋骨线,以距离为 B、平行于胎架中心线分别作第一、第二辅助线。

　　c. 量出各肋骨线与分段上下端接缝线、胎架中心线、第一、第二辅助线的交点至胎架基准线的垂直距离 H_1, H_2, H_3, H_4, H 的数值,并填入图 2 - 5 - 21 的型值表中,据此制作胎架画线样板,如图 2 - 5 - 21(a)所示。在胎架画线样板中应画出胎架中心线及水平线及上下纵缝线的位置。

　　d. 作第二胎架基准面和胎架中心线的纵向展开型线,如图 2 - 5 - 21(b)所示,并求安装模板时的纵倾角 α。根据每档肋骨的级数 t 及理论肋距 S,得纵倾角 α

$$\alpha = \arctan\left(\frac{S}{t}\right)$$

由此可制造纵倾角样板,供制造胎架时安装模板用。

图 2 - 5 - 20(b)中胎架基线面上各相邻模板间的间距(伸长肋距)为

$$L = \frac{S}{\sin\alpha}$$

型值表　　　　　　　　　　　　　　　　　　　　　　单位：mm

肋号	B	B_1	B_2	H_1	H_2	H	H_3	H_4
$1^\#$								
$2^\#$								
$3^\#$								
$4^\#$								
$5^\#$								

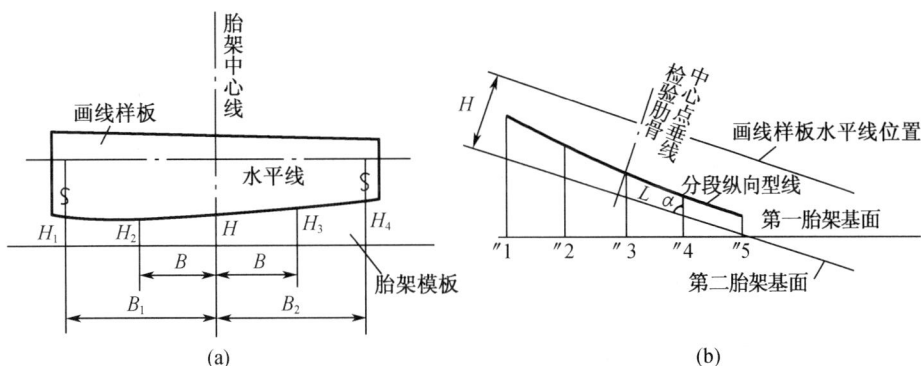

图 2 – 5 – 21　斜切胎架的模板画线样板与基准面

②胎架基准面画线

在平整的胎架平台上画出胎架中心线、第一、第二辅助线以及肋骨检验线，然后以肋骨检验线为准，画其斜的肋骨位置线。这里的肋距应为斜切后伸长的肋距 L。

③模板的制造与画线

先在平台上按肋骨线型样板画出线型，根据型值及胎架结构图拼焊模板并在模板上画出胎架中心线、水平基准线、第一、第二辅助线和上下接缝线。

将模板吊上胎架平台相应的肋位上，对准胎架平台上胎架的中心线，由于斜斜切胎架模板与平台有一倾斜角度，因此，需用角度样板来校正模板的倾斜角度，将模板与平台固定焊牢。并在模板与平台的夹角较小的一侧，用短角钢（支撑）加固，以免模板在分段装焊过程中倾倒。

根据平台上的各线和标杆尺寸校正模板上相应的胎架中心线、辅助线、水平线和接缝线。

将画线样板固定在对应肋号的模板上，使样板上的各线对齐模板上相应的各线。根据样板线型画出模板上口线型，并去掉板厚进行切割，加固整个胎架，如图 2 – 5 – 22 所示。

斜斜切胎架制作要求：

a. 胎架平台上的画线必须正确，特别是肋距必须是伸长肋距 L。

b. 模板必须平直。在平台上安装模板要用角度样板，以保证模板在平台上的倾角。

c. 整个胎架必须有一定的刚性，特别是倾斜的模板必须用斜支撑加固，以防整个胎架在分段装配过程中倾斜。

d. 画线时必须注意，画线样板应放于模板线型的上方。切割时注意，模板上口沿板厚

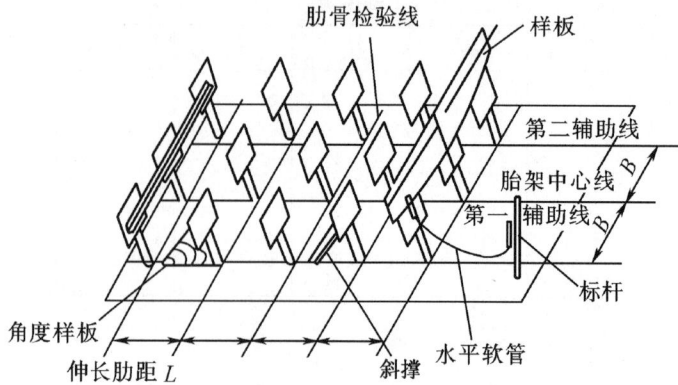

图 2 - 5 - 22 斜斜切胎架制造图

的斜度与胎板倾斜度一致,并留有余量,以便锉磨,确保胎架线型在纵横方向的光顺。

e.图 2 - 5 - 20 中,基准线 AE,CD 离相应肋骨线的最近距离不得小于 800 mm,以确保胎架最低点的高度,否则不利于操作人员在胎架下面工作。

f.舷侧分段一般为左右对称,所以胎架可对称制造,便于舷侧分段的安装。除要求胎架制造的公差与底部胎架相同外,还要注意模板倾斜度误差为 $\pm \dfrac{H}{500}$ mm,H 为胎架模板的高度。

④坐标立柱式胎架的制造

传统模板胎架的模板,以前是作为控制分段形状,防止分段在装配焊接过程中变形的一种主要工艺措施。在大型船舶建造中,胎架的强度和刚性不足以控制分段的变形,主要是支承分段的质量,由胎架保证分段的型值改为靠肋骨、肋板等结构来保证分段形状,所以可将胎架的模板形式改成立柱式,并可由电子计算机提供胎架立柱高度型值。尤其在数学放样和数控技术日益成熟的今天,坐标立柱式胎架将更多地替代模板胎架。这种胎架在采用斜斜切基面时,立柱垂直于第二胎架基面,简化了胎架制造工序。它的制造方法如下:

a.根据坐标立柱式胎架基面投影图,在平台上画出横向胎架中心线和纵向胎架中心线,然后画出纵横向间距离为 1 m 的格子线,如图 2 - 5 - 23 所示。

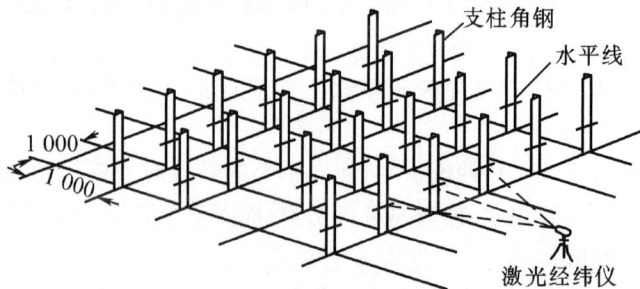

图 2 - 5 - 23 坐标立柱胎架画格子线及水平线

b.按格子线竖立支柱,支柱要垂直于平台。

c.用水平软管或激光经纬仪在支柱上画出水平线。

d.根据胎架基面投影图提供的立柱高度值,用样棒量出每根立柱的高度,然后切割余量,并焊上支撑加强材等。

3.支柱式甲板胎架制造

(1)画胎架格子线

根据甲板胎架制造图,如图 2 – 5 – 24,在装配平台上画出胎架中心线、肋骨检验线,以肋骨检验线为基准画出模板位置线,以胎架中心线为基准画出模板的半宽位置及胎架外形轮廓线。胎架支柱的位置应根据甲板分段的结构形式来确定。纵骨架式结构,支柱应每个肋距设置;横骨架式结构,由于肋骨间距较近,则支柱应每两个肋距设置一道,甲板板厚度在 6 mm 以下时,支柱可每个肋距设置。

(2)在平台上竖立支柱

支柱可采用 $100 \times 75 \times 8$ 的角钢,支柱离地面的高度一般不小于 800 mm,竖装支柱时,应垂直安装并与平台焊牢。

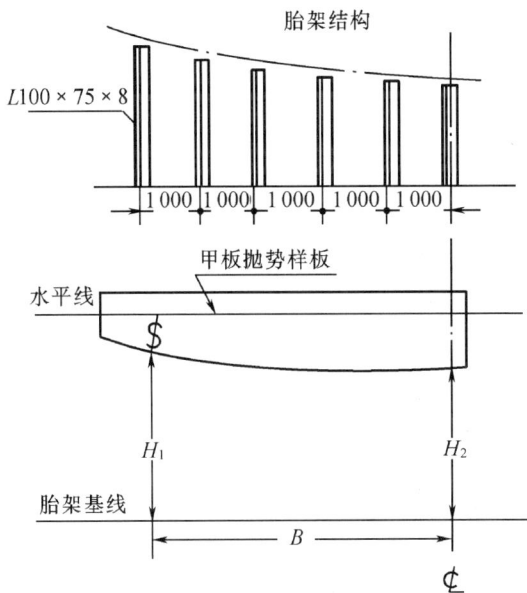

图 2 – 5 – 24　甲板胎架制造图

(3)模板画线

用水平尺或线锤将平台上的胎架中心线和半宽位置投影到支柱上。按图 2 – 5 – 24 中的 H_1 和 H_2 值,用水平软管或激光经纬仪在每档模板上画出水平线及高度值。将甲板抛势样板贴紧支柱,使样板上的胎架中心线、水平线对准支柱上的相应中心线和水平线,检查无误后,即可按样板画出每道模板的抛势。在画线型时,还应按甲板板的不同厚度,在模板上减去相应的厚度。

(4)切割支柱

画线结束后,便可进行切割,并用角钢将支柱连接起来,以增加胎架的强度。

二、工作任务训练

训练名称:制造正造底部分段的胎架(缩小比例)。

1.训练内容及要求

(1)训练内容

①根据图 2 – 5 – 25 所示的双层底分段的胎架支柱高度及板的定位数值,设计胎架形式;(该图中竖列支柱自左向右依次以 A ~ J 标注,横行自下向上依次以 1 ~ 9 标注;各支柱的高度值直接标在支柱位置上。板的定位数值则以相邻支柱为基准,直接在图中标出板角离支柱行列线的距离。板角的高度值标注在方框中。)

②制作出缩小比例的固定式专用胎架(或进行通用胎架的调节)。

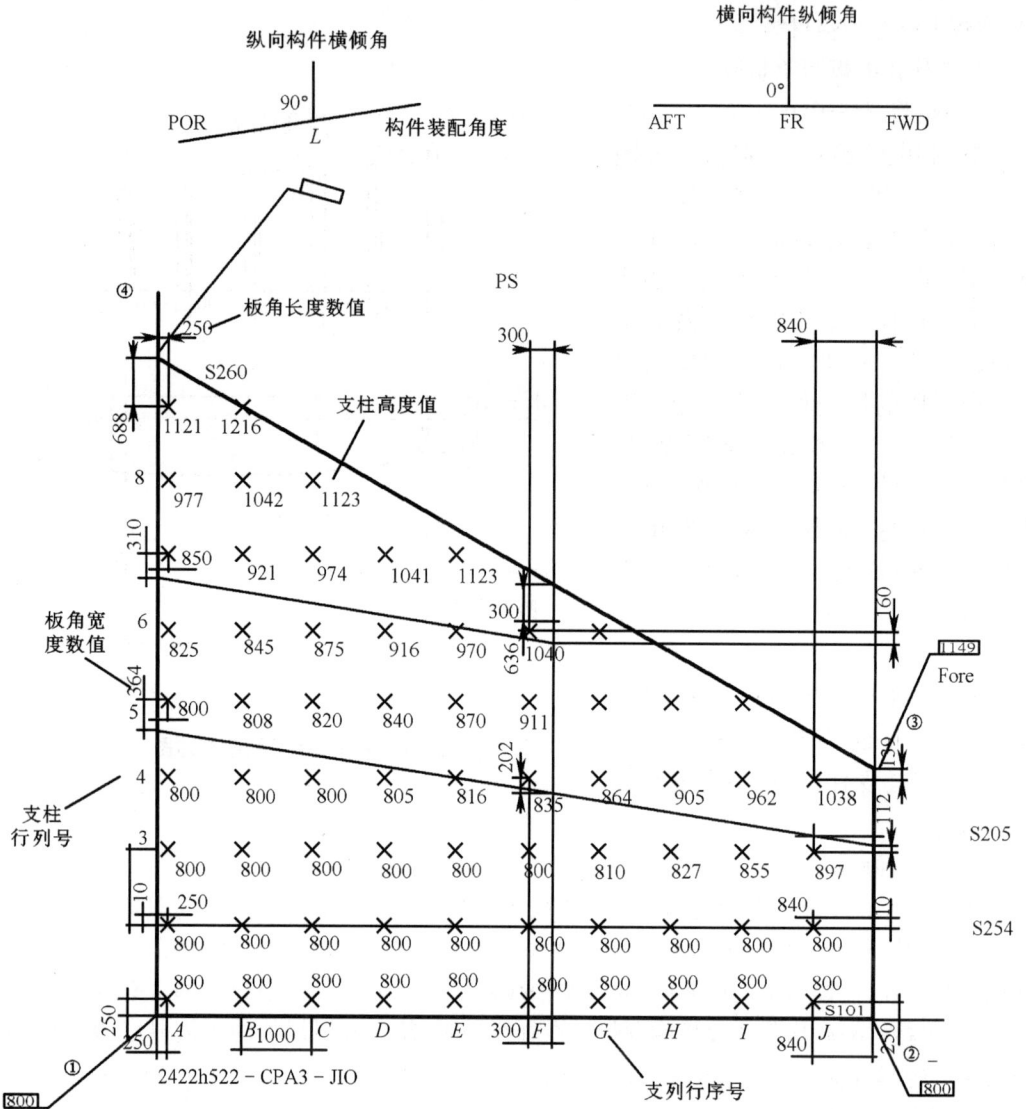

图 2-5-25 某双层底分段支柱高度及板的定位数值

（2）训练要求

①胎架为以基平面为基准的正切胎架；

②按比例画出胎架结构图,注意胎架应满足强度要求并节省材料；

③胎架制作采用纸板按缩小比例制作,如采用套管通用胎架时,可按高度值进行胎架支柱高度的调节。

2.训练资料、设备和工具

（1）训练资料:教材及船舶图纸。

（2）设备和工具:纸板、剪刀、胶水、直尺等。

3.训练过程

下达工作任务→制订工作计划（任务分工→确定训练步骤）→实施工作计划→完成训

练记录。

4.训练步骤

(1)识读某底部分段胎架型值；

(2)确定该分段采用的胎架形式；

(3)根据胎架结构形式及高度值用纸板按比例制作胎架模型(通用胎架可进行胎架高度的调节)。

任务三　底部分段的装配

【学习目标】

1.掌握双层底分段的装配方法；

2.掌握底边舱分段的装配方法。

【任务解析】

底部分段根据结构形式、单双底的情况采用不同的装配方式、不同的装配工艺流程；装配过程主要用到的工具包括胎架、激光经纬仪、钢丝、吊线锤、马板、粉线、卷尺等。

本任务主要学习底部分段各种装配过程和方法，通过该任务的学习和训练能够设计底部分段装焊工艺，并能模拟(或仿真)装配底部分段。

【任务实施】

一、背景理论与知识学习

底部分段从结构形式上分为双底和单底两大类。单底底部分段一般由外板、纵横构架组成；双层底底部分段一般由外板、纵横构架、内底板及污水井等结构组成。双层底内底边板又有平直的、向下折角的、向上折角的和阶梯型的等四种形式，如图2-5-26所示。

大中型船舶，由于双层底分段质量大，受到工厂起重能力的制约，在建造时，将底部分段沿船宽方向可再分成两个或三个分段。

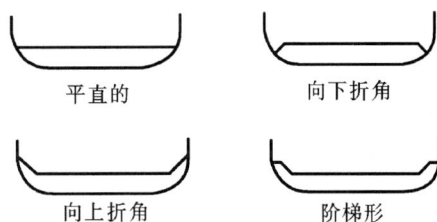

图2-5-26　双层底形式

根据底部分段的结构不同，分段的装配方法有正造法和反造法两种。正造法是以外底板为基准面，一般在胎架上装焊，因此，这种建造方法容易控制分段在建造过程中的变形，能够保证底部的正确线型。对于单底结构或壳板较薄的底部分段，以及外板曲率较大的靠近艏、艉部的底部分段，特别是成批量生产这类的产品，多采用正造法。但正造法由于所用的胎架需耗费较多的辅助钢材和一定的工时，所以也增加建造成本。反造法是以内底板为基准面，在型钢平台(墩木或水平胎架)上进行装焊，它是利用肋板、龙骨(或桁材)等纵横骨架来保证底部线型的，其正确性比正造法要差些，但可省去胎架的消耗，故大多用于双底结构或单船生产。

（一）双层底分段正造法

双层底分段正造一般是在专用胎架上进行的。此方法适用于成批生产、薄板结构、外板曲率较大的靠近艏、艉部的底部分段。

双层底分段正造法的装配顺序为：铺外底板→焊接外底板→画纵横构架线→安装纵横构架→焊接纵横构架→修齐纵横构架→双层底内部舾装→安装内底板→焊接局部内底板→装焊吊环、加强→画分段水平线、分段中心线和肋骨检验线→分段吊离胎架→翻身、外板接缝封底焊，同时进行内底板与内底纵横构架接缝的焊接→火工矫正→密性试验（同时进行完工测量）验收。具体装配方法如下：

1. 胎架制造

正造底部分段一般采用框架式专用胎架，首先根据胎架制造图，在平台上画胎架格线，然后在平台上竖立模板，在模板上画线，切割模板，安装纵向角钢及边缘角钢以保证分段边缘线型及胎架牢固性。

2. 底板装焊

从 K 行板开始，依次将平直部分和曲形部分的外底板吊上胎架，并将接缝边的铁锈用砂轮清除干净。当 K 行板吊上胎架后，应使其中心线对准胎架中心线；其纵向位置以 K 板伸出端部胎架的长度来确定（当分段长度为一张钢板长度时），如图 2-5-27 所示。当 K 行板的纵横位置确定后，用马板固定于胎架上并与胎板贴紧。左右两侧平直部分外底板的拼接与在平台上拼板的方法基本相同，平直底板也可先用自动焊在平台上拼好后再吊装；曲形外底板的装配可按次序一列列循序进行。装配两侧外底板时，其基准边与余量边通常为：以前一行已定位底板的纵缝为基准，与之相接的后一行未定位底板的纵缝为有余量边；横缝则以环缝线为准，画出切割线，对于奠基分段首尾横缝都须正确切割（正作），对于非奠基分段则与奠基分段相近的一段留有余量，另一端则为基准边，也须正确切割。

曲形外底板装配时，一般是尽量把刚吊上胎架的后一列钢板插入已定位好的前一列底板下面，以便于进行套割，如图 2-5-28 所示。套割时注意应使割嘴与钢板接缝成直角状态并紧贴上层的板边，以保证割缝间隙正确而均匀，否则会出现斜边或间隙不匀等现象，影响装配质量。当板材较厚不便插入时，可将两板边缘对平，以定位好的板边为准，平行画出另一板的余量线再予切割。

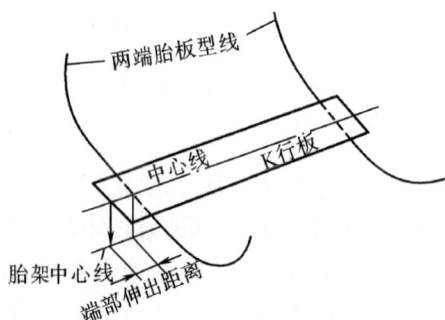

图 2-5-27 底板装配中的定位　　图 2-5-28 拼板中的套割法

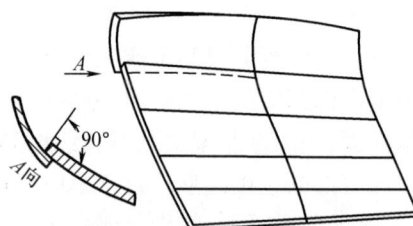

拼接的板边需待平整后才能进行定位焊。如遇板缝不平，可用马板和铁楔楔平。板缝

定位焊后应使外板与胎架用马板固定,但切忌与胎板直接用定位焊固定,以免分段完工后割除定位焊时割坏胎板型线,或漏割定位焊后在分段吊离胎架时发生严重事故。凡外板与胎架贴紧的部位,可用"扁铁马"或"麻花马"固定,这两种马板都能保证分段与胎架具有弹性连接的作用,要求其与胎板连接的焊缝焊在马板的下端且为一小段。对于脱空的部位,可用调节的"螺杆马"或"弓形马"拉紧,如图 2-5-29 所示。

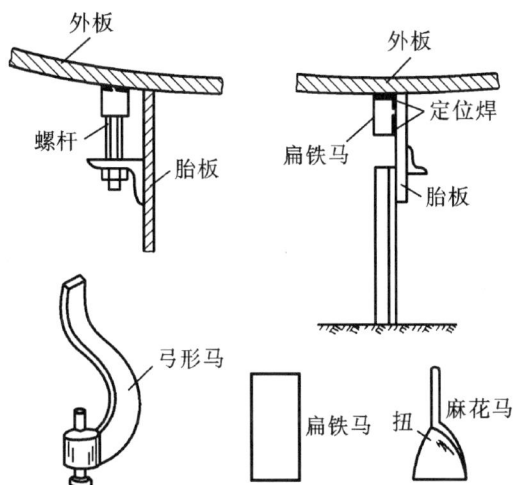

图 2-5-29 底板与胎架的固定方式

底板拼装与固定应交错进行。平直底板可待全部拼装妥后,再用马板固定,曲形底板必须安装与固定交替施工,否则,全部曲形底板装配完毕再用马板拉紧,会出现曲形不尽相符,强行拉紧时产生过大的内应力,以致使底板接缝处定位焊崩裂开。

分段底板铺设完毕后,即行焊接。平直底板的接缝可用二氧化碳气体保护焊或埋弧自动焊焊接,若用埋弧自动焊焊接,焊前两端需装上工艺板。曲形底板的接缝多用手工焊焊接,有些需开坡口时,则在其反面加设定位焊,以保证板缝平整。凡十字接缝处,还需加设"梳状马",此马不可直接跨在十字缝部位,如图 2-5-30 所示。并且焊接时应采取适当的焊接程序,以控制焊接变形。

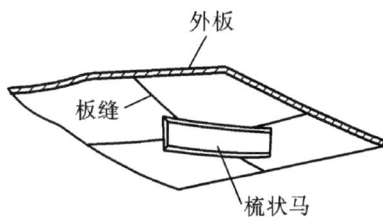

图 2-5-30 控制十字接头变形的方法

3. 在底板上画纵横构架线

画纵横构架线,就是在底板上画出纵横构件的安装位置线。根据胎架中心线在分段的两端标出中心点,连接该两点即得分段中心线。然后画出肋骨线,推荐几种肋骨线的画法,可根据实际情况任选一种。

(1)拉线架吊线锤法 即从胎架拉线架上的已知肋位处拉根钢丝,在钢丝上吊线锤以找出若干底板上的点,再用样条将这些点连接起来即得到肋骨线,如图 2-5-31(右)所示。

(2)基准线对线法 即将胎架基准面上标出的基准肋骨线用线锤复到底板上口边,以该点为准,用肋骨间距在上口线的展开样棒来画出上口线上的各肋骨点,打上标记,然后沿对应点拉出钢丝,用吊线锤的方法找出若干点,即可画出肋骨线,如图 2-5-31(中)所示。

（3）接线交面法 即已知底板上口线及中心线上的各肋骨点,用两根粉线进行画线,一根咬住一舷底板上口线及中心线上的对应肋骨点,并绷紧固定,另一根的一端咬住另一舷底板上口线的相应肋骨点,使另一端靠着绷紧的粉线移动,其线头与底板相交点的连线即为肋骨线,如图2-5-31（左）所示。

（4）激光经纬仪法 将胎架中心线引到分段底板上,在中心线上用肋距伸长样棒或按草图尺寸画出每档肋骨位置线与中心线的交点。将激光经纬仪置于分段上,按中心线与肋骨检验线的交点,将仪器对中、整

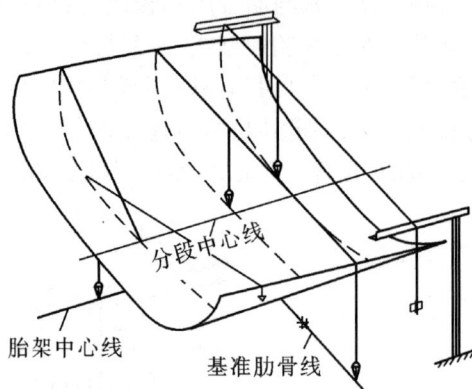

图2-5-31 底板横向构架线画法

平。发射激光束,使其与中心线对准,记下水平刻度盘读数,旋转90°,发射激光束,在外板上得出数点,连接各点即为肋骨检验线。按同样方法画出其他肋骨线。

纵向构件画线时,将各档肋位的肋骨伸长样棒对准中心线画出分段的边缘缝、纵向构架的位置,将各点连接起来即为边接缝线和纵向构架线。

纵横构架线画好后,需进行复查,并做出标记,如分段的各肋位号、纵横骨架的零件号、艏艉左右方向和构件的板厚、位置等。

4.纵横构件的安装

可根据实际情况,从构件装配的方法（分离法、放射法、插入法）中任选一种,进行船体构件的安装。

5.内底纵骨的装焊

把内底纵骨嵌入横向构架的切口内,进行定位焊,使上口符合内底安装线。内底纵骨也可预先安装到内底板上,然后和内底板一起上胎架安装。

6.焊接

当采用分离装配法安装纵横构架时,纵向（主向）构件边装边焊,常采用单面连续焊,并且中桁材、旁桁材、船底纵骨与船底外板的角焊缝需用自动或半自动角焊机施焊,其焊接程序如图2-5-32所示。在外底板上安装肋板（交叉构件）后,则先焊肋板与中桁材、旁桁材、船底纵骨连接的连续立角焊缝,其焊接程序如图2-5-33(a)所示。然后再焊接肋板与船底外板的单面连续平角焊缝,其焊接程序如图2-5-33(b)所示。

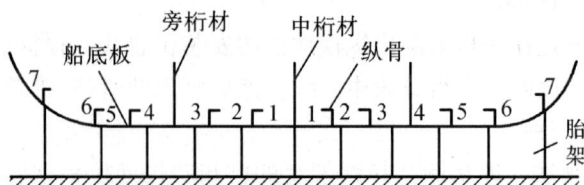

图2-5-32 船底外板与纵向构件角焊缝的焊接

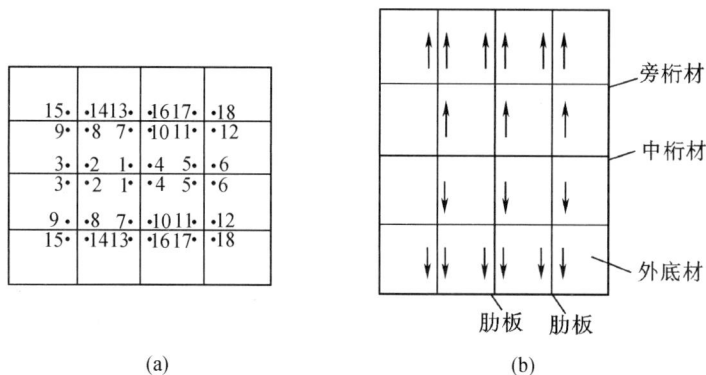

(a)   (b)

图 2-5-33 肋板与纵向构件及外底板的焊接程序

(a)肋板与纵向构件的立角焊缝;(b)肋板与外底板平角焊缝

当采取放射装配法或插入装配法安装纵横构架时,通常是与船底外板连接的纵横构架全部安装好后,再进行焊接。这时应先焊纵横构架间的连续立角焊缝,然后再焊纵横构架与船底外板连接的平角焊缝,通常为双面交错间断焊缝,其焊接程序如图 2-5-34 所示。

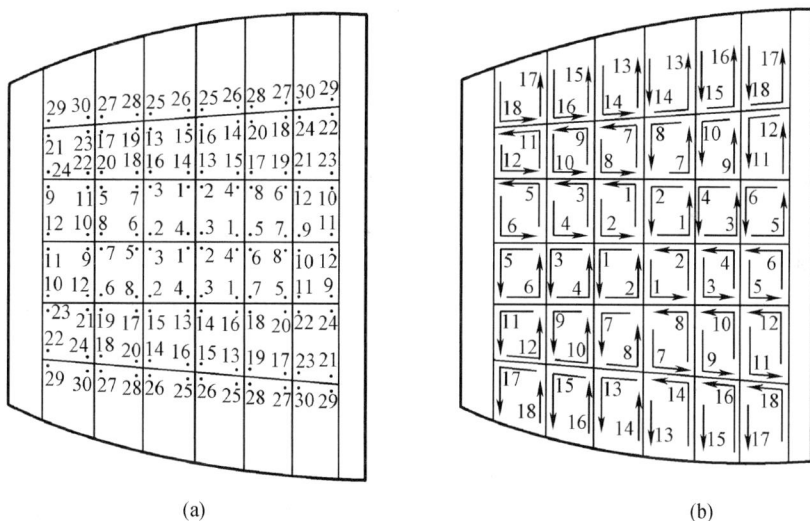

(a)   (b)

图 2-5-34 双层底分段构件焊接程序示意图

(a)纵横构架间的立角焊缝;(b)纵横构架与船底外板的平角焊缝

7. 分段舾装

将预先经过模型放样并加工结束的双层底分段内的管系及附件等也安装妥,至于安装在内底板上的舾装件,要等内底板装焊结束,并待分段整个矫正完毕后再进行。这种在分段建造中将该分段内的舾装件也一起装焊的工艺,叫作分段舾装或分段预舾装。它使舾装工程中的一部分提前到分段制造时完成,有利于改善劳动条件,缩短整个造船周期。只是增加了分段的质量,因此,在分段划分时就要保证包括舾装件在内的各个分段的质量,在起重运输能力所允许的范围内。

8. 内底板装焊

在平台上拼装内底板。根据内底板厚度，不开坡口或预先开坡口，定位焊后，采用二氧化碳气体保护焊或埋弧自动焊焊接内底板对接焊缝。焊完正面焊缝后翻板，并进行反面焊缝的焊接或采用单面焊双面成形工艺。然后画构架线和边界线，在焊好的内底板上装配纵骨，纵骨定位焊后，采用自动焊机焊接纵骨与内底板的角焊缝。画内底板的边界线并准确切割。

将内底板平面分段吊装到船底构架上，并用定位焊将它与船底构架、船底外板焊牢定位，如图2-5-35所示。

需要说明的是，内底板与外板间的角焊缝不宜先焊，可待船台合拢时，舷侧分段装上后再行焊接，这样可保证舷侧分段和底部分段接合处的型线光顺。否则，由于焊接而产生较大的角变形及边缘失去稳定性，致使舷侧分段的安装发生困难。

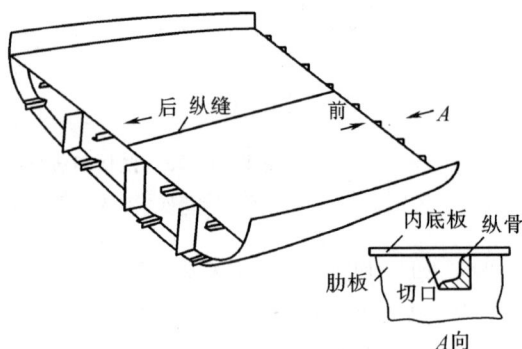

图2-5-35　内底板在分段上的装配

9. 分段完工画线

待分段装焊完工后，把分段上的船体中心线、基准肋骨线、水平检验线及分段余量线，复绘到双层底分段的外表面上且做好标记，供船台装配时定位用。

10. 分段翻身及进行封底焊

在完成画线的分段上，安装吊环，吊环安装的位置要正确，一般安装在强构件或纵横构件交叉的位置，且构件与外板间焊牢。然后割胎，即割除底板与胎架连接的"马"板。按合理的方案进行分段的翻身。

骨架与内底板的角接缝，以及外底板外表面对接缝的碳刨开槽封底焊等可待分段翻身后进行焊接。这样可使接缝处于俯焊位置，但在吊环处的骨架与内底板间的焊缝，必须在分段吊离胎架前进行双面连续角焊，且焊接的长度应超过吊环焊缝长度的一倍以上（约1 m），以保证分段吊运的安全。

正装双层底分段需翻身两次，若倒装双层底分段则只需翻身一次。而且倒装可在平台上进行，不过安装时，无论构件还是舾装件，上下左右都是颠倒的，不能装错。

11. 检验并涂装

双层底分段的检验分为装配和焊接两方面的检验，实际上贯穿于制造的全过程。装配质量指分段的外形尺寸和型线情况，以及焊接变形的火工矫正。焊接质量是指焊缝的外部与内部没有缺陷，通过密性试验来检验。并为船体总装做好准备，如大合拢缝的标准边切割正确，余量边画有余量线，还有定位线、对和线等。

分段涂装在检验后进行，且按设计涂若干层涂料，但大接头处需留50~100 mm宽的区域暂不涂装，待大合拢后再检验再涂装并涂最后一道面漆。

（二）底边舱分段的装配

散装货船的底部左右两舷斜内底板区域的结构为底边水舱，一般单独划分为一个分段，使中部双层底区域成为平直型分段，提高装配和焊接的效率。底边水舱由外板、斜内底板、横框架肋板、纵骨等组成,由于斜内底板为一平板,故宜采用反造法进行装配。

底边舱分段的装配工艺,主要分析不同于中段双层底分段的装配特点。

(1)制作简易胎架。底边舱的倾斜内底为一平板。通常都以内底板作为基面倒装,内底板向艏艉端延伸时,由于宽度的变化,肋板和内底板由垂直变为倾斜,如图2－5－36的 A $-A$ 剖面所示。根据分段尺寸制作简易胎架。底边舱分段也可在活络支柱胎架或平台上建造。

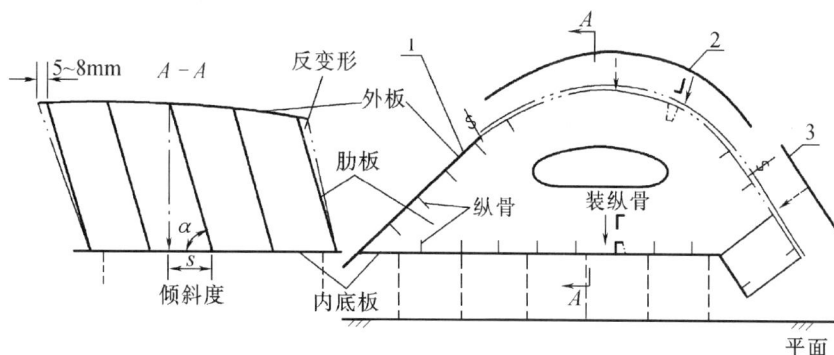

图2－5－36　底边舱分段的装配(图中1,2,3为外板装配顺序)

(2)内底板拼接和画线。将内底板吊上胎架,定位后焊接,按工作图数据画出纵骨、肋板等构件位置线和板的轮廓线。切割余量并开好坡口;坡口的角度和留根要准确。

(3)装内底纵骨。批平构架处的内底板焊缝增强量,设置防倾倒马板后吊上全部纵骨。定位时检查纵骨两端面和板边正足线的距离,并使纵骨端面在同一平面内。

(4)吊装框架肋板。将框架上的开口嵌入纵骨,按两侧的端线进行横向定位,使与内底板贴紧。检查与内底板的垂直度。当肋板在船长方向和内底板成倾斜时,应按工作图的要求荡线锤定位,如图2－5－36中 $A-A$ 剖面所示。由于分段焊接后都产生一定程度的翘曲变形,在分段两端肋板定位时,使肋板上口各向分段外侧倾斜5~8 mm作为反变形,这样可以保证船台合拢时肋距的正确。装好分段两端的肋板以后,以此为基准,依据外板上纵向展开肋距,向艏艉方向依次装配其余各肋板,同时将内底纵骨定位焊。

(5)装外底纵骨。将外底纵骨吊上分段,嵌入肋板的开孔内。其定位方法和双层底分段相同。

(6)散装外板。首先吊装企口外板,将其与肋板拉紧,检查肋距,正确定位。进行外板与构架之间的焊接,然后依次装配其余各列外板。

(7)安装吊环并将分段临时加强。

(8)同时进行分段内舾装作业。

(9)分段翻身及焊接。拆开分段与胎架的连接,将分段吊离胎架,翻身放稳,进行外板主焊缝和内部构架的焊接。

(10)二次翻身和焊接。将分段第二次翻身,进行外板封底焊,进行分段结构性验收,提交分段完工型值。

(11)对分段进行二次除锈和涂装。

（三）中底框架式装配

框架式建造为近年来国内外所采用的一种新的分段建造方法,它有利于扩大机械化焊接方法的使用范围,便于构架焊后变形矫正,减少分段总的焊接变形,提高建造质量和生产效率。一般适用于大型船舶平直部分的底部分段,如图2-5-37所示。

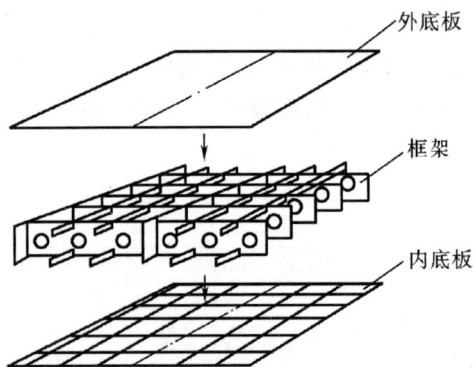

图2-5-37 框架式建造法

框架式建造法与反造法基本相似,以内底板为基准面在平台上进行装配。如大型船舶的底部结构为纵骨架式,一般按纵向分为几个区域,以侧桁材和中桁材为框架装配的基准面,在平台上分别将构件组装成框架,经焊接、矫正和检验后运往分段装配场地。框架式建造法步骤如下:

（1）在平台或胎架上拼接内底板,经焊接后,画出构架安装位置线。

（2）将框架吊上内底板,对准相应的安装位置线,施定位焊,再将几个区域的框架在内底板上装配成一个整体结构,然后进行焊接、矫正。

（3）吊装外板,线型平坦的外板可预先拼焊好,再吊上分段。

（4）画分段中心线和肋骨检验线。将分段中心线和肋骨检验线移画到外板上,并进行吊环的安装和加强。然后可将分段吊离胎架、翻身,进行外底板与构架的焊接,并对内底板的对接缝进行封底焊,完工测量,提交验收。

二、工作任务训练

训练名称:装配某船纵骨架式双层底分段。

1. 训练内容及要求

训练内容:

（1）根据图2-5-38所示纵骨架式双层底分段结构,确定分段建造法(正、反造)及构件安装方法;

（2）确定胎架形式及设计胎架;

（3）设计双层底分段的装焊工艺;

（4）装配双层底分段。

训练要求:

（1）确定的分段装配方法要合理;

（2）胎架要满足施工要求,并节省材料,采用通用胎架画出示意图,要会调节胎架;

（3）用纸板模拟双层底分段的装配过程,注意严格按照装配流程制作。

2. 训练资料、设备和工具

（1）训练资料:教材及船舶生产图纸。

（2）设备和工具:纸板、剪刀、美工刀、直尺、铅笔、胶水等。

3. 训练过程

下达工作任务→制订工作计划(任务分工→确定训练步骤)→实施工作计划→完成训

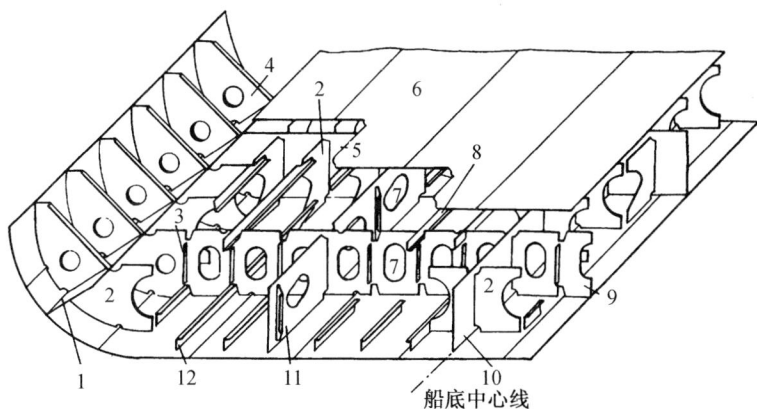

图 2 - 5 - 38　纵骨架式双层底分段

1—内底边板；2—肘板；3—加强筋；4—舭肘板；5—水密肋板；6—内底板；
7—人孔；8—内底纵骨；9—主肋板；10—中底桁；11—旁底桁；12—船底纵骨

练记录。

4.训练步骤

(1)识读底部分段施工图,了解分段结构形式、基本组成、构件大小及连接方式;

(2)确定分段建造方式及构件安装方法;

(3)设计及制作胎架(通用胎架则省略此项,但需要按型值进行调节);

(4)设计双层底分段的装焊工艺;

(5)按分段装焊流程用纸板模拟装配分段,完成结构模型制作。

任务四　舷侧分段的装焊

【学习目标】

1.掌握舷侧分段的装配方法;

2.掌握舷侧分段的检验方法。

【任务解析】

舷侧分段有纵骨架式和横骨架式之分,也有单层和双层之分。舷侧分段都是采用侧造法建造的,根据舷侧分段的线型不同,其装配方式也不同。平行中体区域的舷侧分段线型是平直的,可直接在平台上进行装配。艏、艉部位曲型较大需要在胎架上装配。不论是平直的或曲型较大的舷侧分段,它们的装配顺序及方法基本相同。

本任务主要学习各种舷侧结构的装焊工艺,通过该任务的学习和训练能够进行舷侧分段装焊工艺制定,并正确模拟(或仿真)装配舷侧分段。

【任务实施】

一、背景理论与知识学习

舷侧分段有纵骨架式和横骨架式之分,也有单层和双层之分。舷侧分段都是采用侧造法建造的,根据舷侧分段的线型不同,其装配方式也不同。平行中体区域的舷侧分段线型是平直的,可直接在平台上进行装配。艏、艉部位曲型较大需要在胎架上装配。不论是平直的或曲型较大的舷侧分段,它们的装配顺序及方法基本相同。

(一)横骨架式单层舷侧分段的装配

横骨架式单层舷侧分段一般由外板、肋骨、舷侧纵桁等构架组成。有的分段还带有油箱、纵横舱壁、甲板小分段以及污水井等。舷侧分段的结构虽然较简单,但它的线型特别是艏、艉部的线型变化很大,给胎架制造和构架的画线带来了许多困难。

横骨架式单层舷侧装配顺序为:安装外板→焊接→画构架线→安装肋骨→安装舷侧纵桁→插入强肋骨→焊接→画出分段定位水线、肋骨检验线→装焊吊环及加强→吊离胎架→翻身、清根、封底焊→火工矫正→测量、验收。具体装配方法如下:

1. 舷侧分段胎架制造

舷侧分段胎架基面切取方法常为正切、斜切和斜斜切。胎架基准面切取的依据是肋骨线型图。根据分段肋骨线型的曲型和肋骨线型级数的大小,选择适宜的胎架基准面,使胎架四周的高度接近,便于施工。

在大型船舶建造中,胎架主要是支承分段的质量,靠肋骨、肋板等结构来保证分段形状,所以可将斜斜切胎架的模板形式改成立柱式,立柱垂直于胎架基准面,立柱型值由数学放样提供,简化了胎架制造工序。

2. 安装外板

如图2-5-39所示,将外板吊上胎架,如果分段外板由二列板以上外板组成,则先吊中间一列外板。用吊线锤法使外板内端缝对准胎架平台上的端缝线,外板纵缝则要与模板上的纵缝位置线对齐。外板位置对准后,用马板将外板与胎架固定。然后用同样方法依次吊装中间列板两侧的各列外板。拼装好的外板应在焊缝处加马后进行焊接。

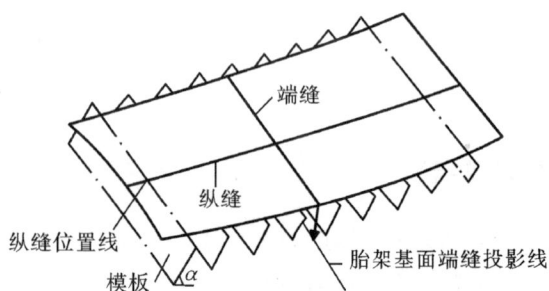

图2-5-39 安装外板

3. 画纵横构架线

在正切或斜切胎架上安装的舷侧分段,画纵横骨架线与底部正造分段的画线相同。

在正斜切或斜斜切胎架上安装的舷侧分段,其画线方法可采用双线法、对角线法、冲势型值法和电算坐标式法进行画线。其中双线法和对角线法画线精度较差,目前较实用的是冲势型值法和电算坐标式法。

（1）冲势型值法

如图 2 - 5 - 40 所示,先确定分段检验肋骨的中心点 O,在平台上作出检验肋骨中心点的角尺线,铺板后将此角尺线搬画到外板上。为了求取基准检验肋骨线,先平行胎架中心线作等间距辅助线Ⅰ,Ⅱ与角尺线相交。上述各线可以采用激光经纬仪,也可以用常规挂线方法求出。在交点上分别量取冲势 K,连接各点,求得外板上实际的检验肋骨线。依此向分段首尾两端在Ⅰ,Ⅱ辅助线、上下缘接缝线和中心线上按肋骨伸长数求出各道肋骨线和分段横接缝线。再以中心线为准,在各肋骨线上,按展开型值向上下求出各道纵向构件和分段上下边缘线。

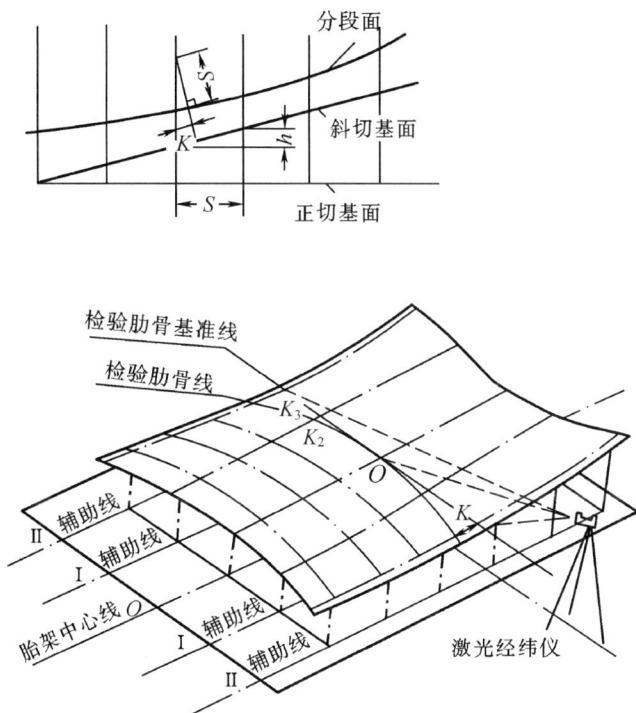

图 2 - 5 - 40　冲势型值法画线

冲势值 K 可通过胎架纵向型线展开图求得

$$K = S_1 \cdot \frac{h}{S}$$

式中　S——肋骨间距;

　　　h——第二胎架基面在一档肋距内的升高值;

　　　S_1——垂直高度。

（2）电算坐标式画线法

在坐标立柱式斜斜切胎架上制造的舷侧分段,画构架线的方法与冲势值法有所相同,但无需求冲势值和画中间肋骨线。画肋位线和纵向构件线的实长数据均由电子计算机提供。

①平台上的横向胎架中心线和纵向胎架中心线,用激光经纬仪或拉钢丝荡线锤法引画到外板上,同时把横向立柱和上下仿路线(边缝线)也引画到外板上,如图 2 - 5 - 41 所示。

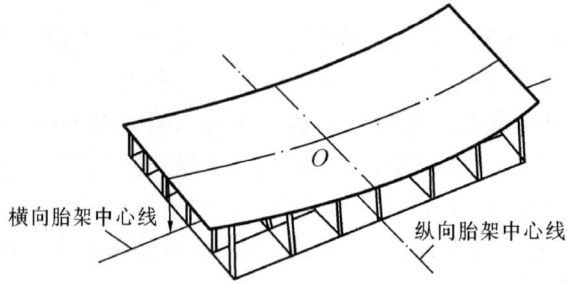

图 2 − 5 − 41　引画纵、横向胎架中心线

　　②以纵向胎架中心线为基准线,用肋骨定位数据表提供的数据,在横向胎架中心线上、外板上各号横向立柱线和上、下仿路线上面,量出各号肋骨与它们的交点位置,然后用样条攀顺各点,即为各号肋骨位置线。

　　在数据中,所有数据均为各肋骨离开纵向胎架中心线的实长。纵、横向胎架中心线的交点为 O,从纵向胎架中心线向船尾方向测量的数据为负值,向船首测量的数据则为正值。

　　③以横向胎架中心线为基准线,在各肋位线上,用结构定位数据表的数据,量出纵向构件线及上、下仿路线在各肋位上的位置,连接各点,即为纵向构件安装线和上、下仿路线。以横向胎架中心线为准,向上量的数据为正值,向下量的则为负值。

　　4. 安装纵横构架

　　(1)安装肋骨

　　如图 2 − 5 − 42(a)所示。在双斜切胎架上将肋骨吊放到外板相应的肋位线上,用角度样板放对外板与肋骨的夹角后进行定位焊,或者肋骨的倾斜角保持与胎板倾斜度一致进行点焊定位。为了防止肋骨的焊接变形,安装后须临时加强。

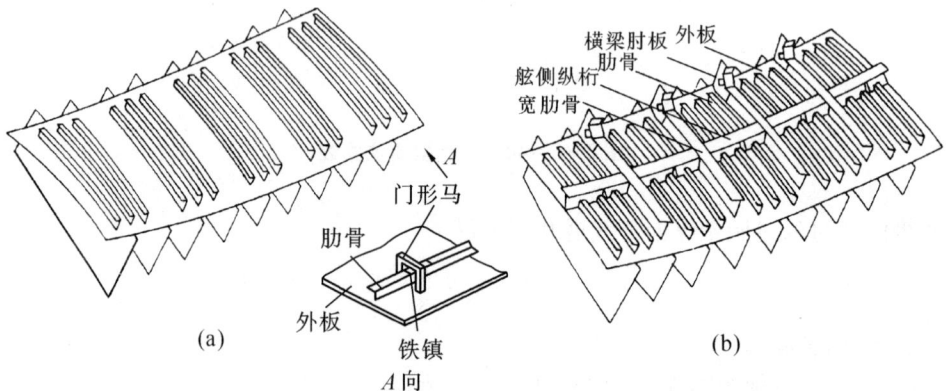

图 2 − 5 − 42　安装纵横构架
(a)安装肋骨;(b)安装舷侧纵桁和强肋骨

　　(2)安装舷侧纵桁和强肋骨

　　如图 2 − 5 − 42(b)所示,舷侧纵桁和强肋骨的安装顺序,可在间断的舷侧纵桁全部安装后再插入强肋骨;也可安装一根舷侧纵桁,装一根强肋骨,再装一根舷侧纵桁,以此类推。间断的舷侧纵桁安装定位时,须用角度样板检查其外板夹角,在其端部(强肋骨插入处)应根据角度样板检查修割正确。间断的舷侧纵桁与强肋骨相连时,强肋骨相邻两侧的舷侧纵桁应对齐,强肋骨与外板的夹角也应保持准确。最后安装舷侧纵桁与肋骨连接肘板。

5. 构架焊接

先进行构件之间的对接焊缝焊接,再进行构件之间的立角缝焊接,最后焊接构件与外板的角接焊缝,焊接程序如图 2 – 5 – 43 所示。

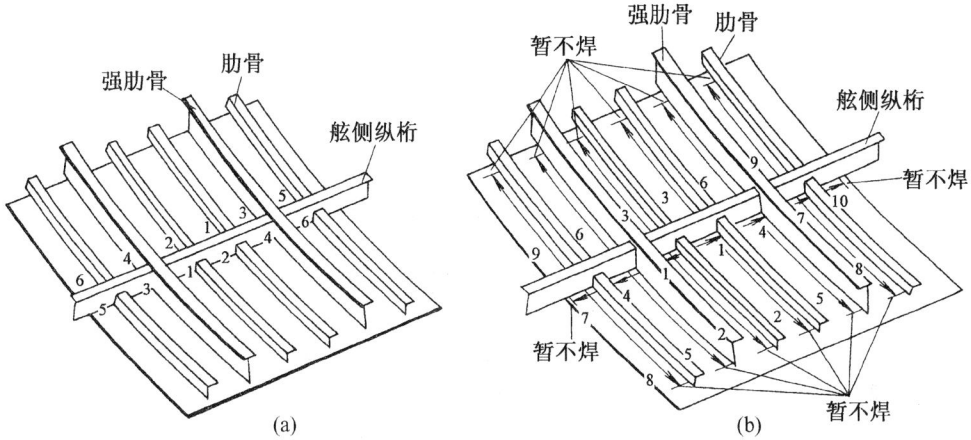

图 2 – 5 – 43　舷侧构件焊接程序
(a)构件间立角焊缝焊接;(b)构件与外板间角焊缝焊接

6. 分段舾装

将预先放样加工好的管系及其附件、辅机基座等舾装件在相应位置安装完毕。

7. 分段画线、加强及吊环安装、翻身及封底焊、变形矫正

舷侧分段纵横构架装焊后,在外板的外表面上画出分段的定位水线、肋骨检验线,标出分段的上下、首尾方向。按工艺进行分段吊运前的加强和装配吊环,将分段外板与胎架的连接拆除,分段吊离胎架,翻身,搁放平整,进行外板接缝的清根、封底焊。分段若有变形,应用火工矫正,但对整个分段外板的凸凹变形,不宜做最后矫正,因为舷侧分段在自由状态下,用火工矫正量过大,则极易变形,反而使分段线型不正确。

8. 完工测量及涂装

对分段的外形尺寸进行测量,提交验收。按分段的质量要求进行完工测量,并把测得的数据填入表内。舷侧分段完工测量项目有:分段长度(公差 ±4),分段宽度(公差 ±4),构件安装角度(≤1/100 构件高度)。

(二)顶边舱分段的装配

顶边舱和外板构成 P 形舷侧分段,通常有子分段装配和三工位装配两种装配方法。

1. 子分段装配法

这种方法是将顶边舱的横向框架拆开,分别组成舷侧、甲板和边舱斜底三个平面于分段,各自装配后再进行合拢,如图 2 – 5 – 44 所示。

(1)子分段装配

将外板、甲板和顶边舱斜底三个子分段,分别在各自的平台上进行装配。每个子分段均为片状结构,由板、纵骨和横框零件组成。由于三个子分段同时施工,平行作业,有效地

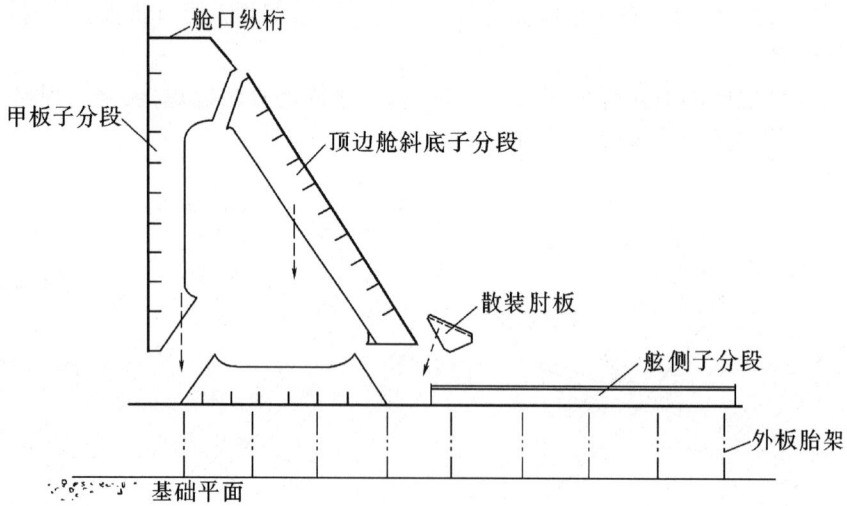

图2－5－44　顶边舱舷侧分段子分段装配法

提高了分段的制造速度。此时,大部分焊接作业都处于俯焊状态。如果采用流水线组织生产,效率更高。

子分段装焊后,用火工矫正变形,使其达到规定的精度要求。

（2）分段总装

将甲板和斜底两个子分段吊上舷侧分段进行定位。如图2－5－44所示,对准舷侧分段上的位置线,检查垂直度和型值,进行定位焊并加临时支撑。这种方式的缺点是分段总装时,每个横向框架上都有三道对接竖向焊缝,对接工作量大,其中舱口纵桁处的板和框架接缝。高度常达8 m左右,增加了搭建高空作业脚手架的工作量。

2.三工位装配法

这种装配方式的特点是:顶边舱横向框架是在部件装配阶段预先装配的整体,分段的装配在三个工位上依次顺序完成,如图2－5－45所示。

（1）在第一工位上

①在边舱斜底平台上铺放斜底板,拼接后进行画线。

②依次吊装舱口纵桁,斜底纵骨装

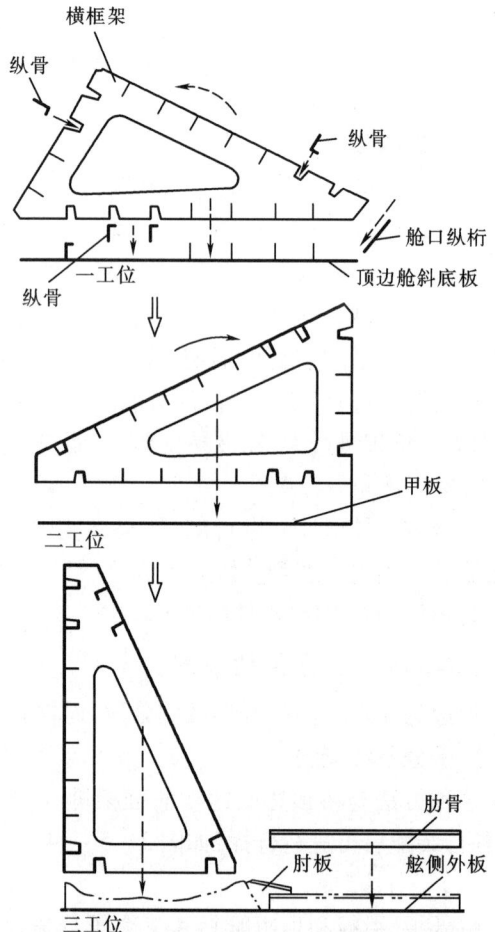

图2－5－45　顶边舱舷侧分段三工位装配法

配完整的横向框架,然后将斜底纵骨定位。

③吊装甲板纵骨和舷侧纵骨,将其嵌入框架开口,定位后纵骨两端局部焊牢,防止翻身时脱落。

④进行框架下侧的俯向焊接。

(2)在第二工位上

①在甲板平台上铺设甲板,装配并焊接后画出各构件位置线。

②将第一工位完成的斜底框架组合件翻身吊到甲板上,定位后进行横向框架及纵骨与甲板的俯向焊接,形成顶边舱。

③进行边舱的二次除锈和涂装。

(3)在第三工位上

①在外板平台上拼接外板,画线后装配肋骨。

②将顶边舱翻转90°吊到外板上定位后进行框架与外板的焊接。

③装肋骨上端的肘板,由于肘板焊接时肋骨下端会产生上翘变形,定位时使外板下边做向外10~15 mm的反变形。

④结构焊接后画出船台装配基准线即肋骨检验线,外板上的一条水线和甲板上的一条纵剖线。画线切割分段边缘余量后提交结构性验收,进行焊缝无损探伤。

采用三工位法时,装配中高空作业少,构架90%以上都是平角焊,二次涂装方便,作业效率较高,建造周期短;但构架不能采用自动角焊机焊接,只能用重力焊。此外,三个工位占用施工场地也较大。

(三)双层上舷侧分段的装配

目前很多大型船舶舷侧基本为双层结构,根据船舶大小及分段划分情况,有时将舷侧分段在高度方向划分为上舷侧分段、中间舷侧分段,靠近舷侧下边部分通常为底边舱或归为底部分段。上舷侧分段通常分为多个小片段及部件(小组立),这些小片段和部件在平台等场地造好后再在胎架上采用侧造法(通过中组及大组)合拢成整个分段。如图2-5-46所示为某大型油船平行舯体处的上舷侧分段,该分段可在立柱式侧胎架上以舷侧外板为基准采用侧造法建造,基本装配步骤如下:

(1)将已装配好的外板及其纵骨所在的片段吊上胎架,定位并与胎架固定。

(2)吊装连续的平台(已装好加强材)对准安装位置线、定位;吊装横向强框架对准安装位置线、定位。焊接平台、强框架与外板之间的焊缝及构架之间的焊缝。安装衬板并焊接。

(3)靠上甲板板架,并检验其安装角度是否正确,并进行定位焊。

(4)吊装舷侧内壳纵壁板架,注意内壳纵壁上的纵骨应与强框架的开口对准,然后进行定位焊。

(5)吊装强横梁,按已画好的安装位置线进行定位并焊接。

二、工作任务训练

训练名称:装配纵骨架式单层舷侧分段。

1.训练内容及要求

训练内容:

(1)根据图2-5-47所示纵骨架式单层舷侧分段结构,确定分段建造法及构件安装方法;

分段装配图

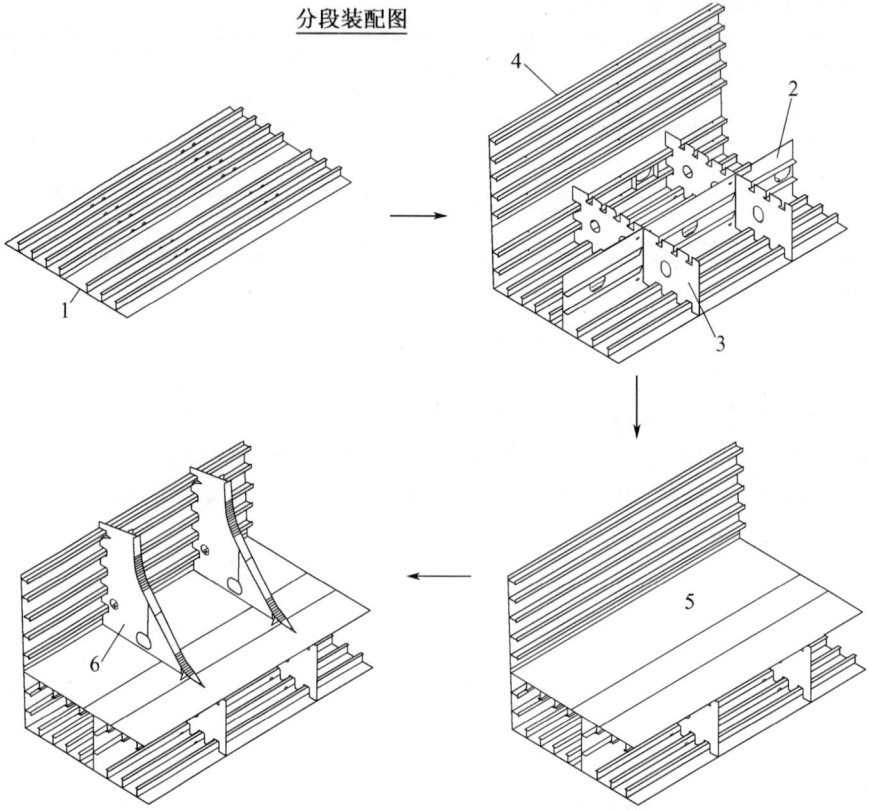

图 2 - 5 - 46　双层上舷侧分段装配顺序图

1—外板板架;2—连续平台;3—横向框架;4—甲板板架;5—舷则内壳纵壁板架;6—强横梁

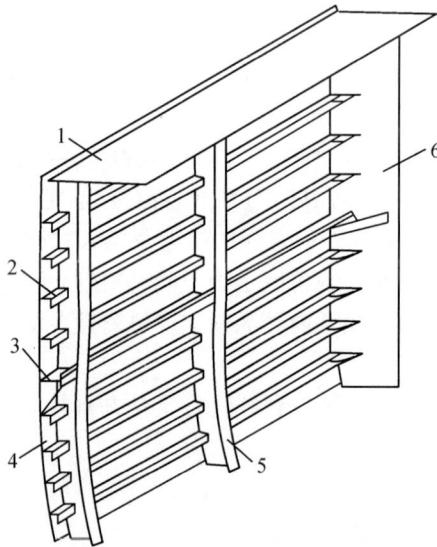

图 2 - 5 - 47　纵骨架式单层舷侧分段

1—甲板;2—舷侧纵骨;3—舷侧纵桁;4—舷侧外板;5—强肋骨;6—横舱壁

(2)确定胎架形式及设计胎架;

(3)设计纵骨架式单层舷侧分段的装焊工艺;

(4)装配纵骨架式单层舷侧分段。

训练要求:

(1)确定的分段装配方法要合理;

(2)胎架要满足施工要求,并节省材料,采用通用胎架画出示意图,要会调节胎架;

(3)用纸板模拟纵骨架式单层舷侧分段的装配过程,注意严格按照装配流程制作。

2.训练资料、设备和工具

(1)训练资料:教材及船舶生产图纸。

(2)设备和工具:纸板、剪刀、美工刀、直尺、铅笔、胶水等。

3.训练过程

下达工作任务→制订工作计划(任务分工→确定训练步骤)→实施工作计划→完成训练记录。

4.训练步骤

(1)识读纵骨架式单层舷侧分段施工图,了解分段结构形式、基本组成、构件大小及连接方式。

(2)确定分段建造方式及构件安装方法;

(3)设计及制作胎架(通用胎架则省略此项,但需要按型值进行调节);

(4)设计纵骨架式单层舷侧分段的装焊工艺;

(5)按分段装焊流程用纸板模拟装配分段,完成结构模型制作。

任务五　甲板分段的装焊

【学习目标】

1.掌握甲板分段的装配方法;

2.掌握甲板分段的检验方法。

【任务解析】

甲板分段是由甲板板、横梁、强横梁、甲板纵桁、舱口围板等组成。从甲板结构形式看,它有纵骨架式和横骨架横式两种。甲板形状沿纵向有舷弧,横向有梁拱,梁拱值一般为船宽的 $1/100 \sim 1/50$。甲板分段胎架是按甲板的梁拱和脊弧形状而制成的,甲板分段是以甲板板为基准面采用反造方法制造的。

本任务主要学习纵横骨架式甲板分段的装配,通过该任务的学习和训练能够制订甲板分段装焊工艺,能够模拟(或仿真)装配甲板分段。

【任务实施】

一、背景理论与知识学习

（一）曲面甲板分段的装配

甲板分段一般是在胎架上进行反造。甲板分段常规装焊流程为：胎架制造（支柱式）→铺甲板板→画纵横构架线→纵横构架的装焊→完工画线、分段舾装→分段完工检验及涂装。具体装配方法如下：

1. 胎架制造（支柱式）

甲板分段的型线虽是双曲度的，但甲板梁拱和脊弧曲线变化都比较和缓，所以，一般选择在支柱式胎架上进行装焊。对于钢板较薄的甲板分段则应采用框架式胎架为宜，因为框架式胎架的模板与甲板板接触面积大，能使板强制平整，对控制薄板分段变形较支柱式为好。

支柱式胎架制造时，首先根据甲板胎架制造图画胎架格子线，然后在平台上竖立角钢支柱，进行支柱模板画线，切割支柱并用角钢将支柱连接起来，以增加胎架的强度。

2. 铺甲板板

甲板分段的甲板板拼装有两种方法：一种是钢板可在平台上先行拼好或部分拼好，并采用单面焊双面成型的自动焊焊好，然后吊上胎架。另一种是钢板需在胎架上进行甲板板及角隅板的拼装焊接。

3. 画纵横构架线

甲板分段是在胎架上反造的，其纵向构架是与中纵剖面左右对称的，所以画线时要注意理论线位置，对于个别不对称结构还应注意左右舷方向。

纵横构架画线的具体方法如下：

（1）在胎架上甲板板拼装好后，根据胎架中心线引出甲板两端的中心点，连接该两点，便得甲板中心线。

（2）在已画好的甲板中心线上，用肋距伸长样棒套出两端余量，并画出肋位点；也可根据工作图用长卷尺直接量出。

（3）在甲板中心线上取各档横梁间距点，作甲板中心线的十字垂线（因甲板板有曲度，一般用样条作），即得横梁的肋位线。

（4）用半宽伸长样棒摆对各横梁肋位线，画出甲板纵桁、纵骨、舱口围板等位置点。

（5）用样条连顺出各点，即画出纵向构架位置线。

（6）用色漆标明肋号、厚度线、甲板纵桁、舱口围板、纵骨线检验线及余量线等。

4. 纵横构架的装焊

纵横构架的安装可采用分离装配法。图2-5-48所示为带有舱口的甲板分段安装。若分段是纵骨架式结构，可先将纵向构件安装焊接后再装横向构件；若分段是横骨架式结构，则先装横向构件，焊接后再装纵向构件。分段钢板较薄时（6 mm以下），宜采用放射装配法，即纵横构件的装配交叉进行，待全部构架装配加强完成后，再进行焊接。因为钢板较薄，若主向构架装好后即焊，则因薄板的焊接变形较大，会给后面装配交叉构件带来一定的困难。

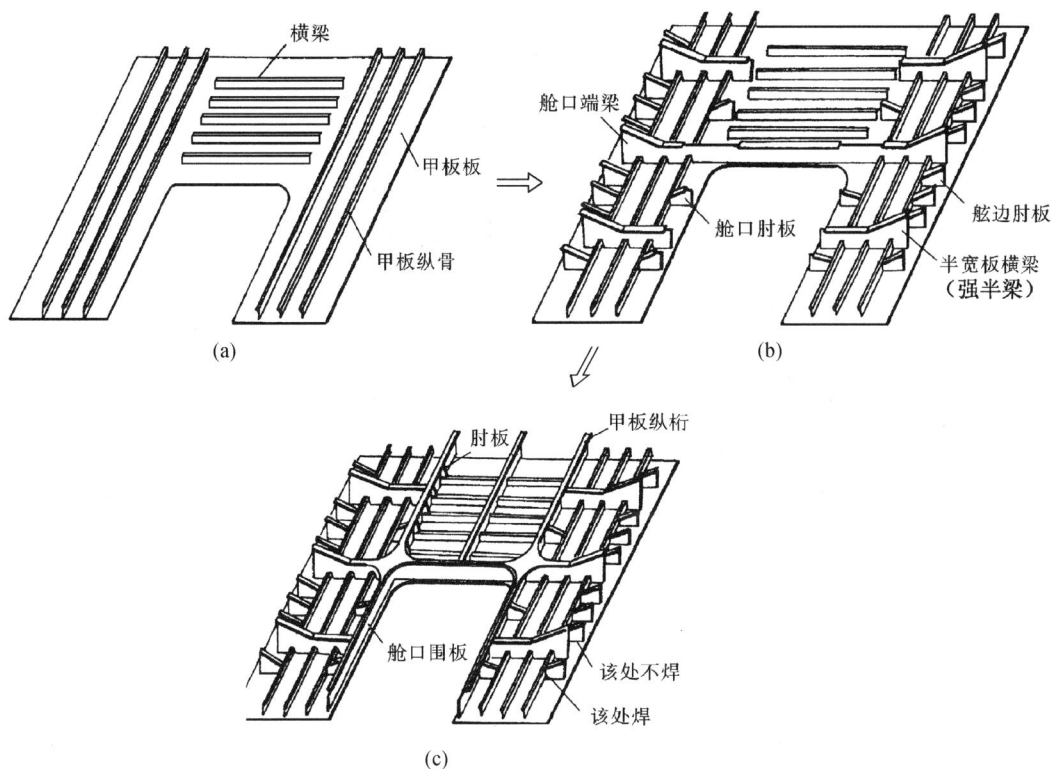

图 2 - 5 - 48　甲板分段的安装
(a)安装横梁与甲板纵骨;(b)安装舱口端梁与半宽板横梁;(c)安装舱口围板与甲板纵桁

5.完工画线、分段舾装

甲板分段装焊完成后,把甲板中心线、肋骨检验线、舱壁位置线、轮廓线、余量线等用色漆画到分段上,并用洋铳打上永久记号。安装舾装件及临时加强,然后割胎、吊运翻身、反面封底焊。

6.分段完工检验及涂装

7.甲板分段装配的注意事项

(1)由于甲板分段翻身制造,须特别注意骨架的左右位置,以防止返工。

(2)甲板板较薄时(6 mm 以下),要将其与胎架固定,甲板板用"叉口马"与边缘角钢夹牢,以免焊后变形。

(3)舷边的梁肘板不应全部焊接,仅作临时定位,或保证工艺规定的留焊长度,只保证吊装翻身不致跌落即可。因为船台装配时,如果梁肘板与舷侧、分段的肋骨无法对齐时,尚可做调整。

(4)甲板分段在舱口处及结构间断处须用槽钢进行临时加强,然后才能进行吊运翻身。如图 2 - 5 - 49 所示。

(二)半立体甲板分段的装配

图 2 - 5 - 50 所示为某集装箱船货舱区域第四甲板和内底板之间的甲板半立体分段。该分段由甲板、外板、纵骨和纵横隔板组成,以甲板为基面在活络支柱胎架上倒装。

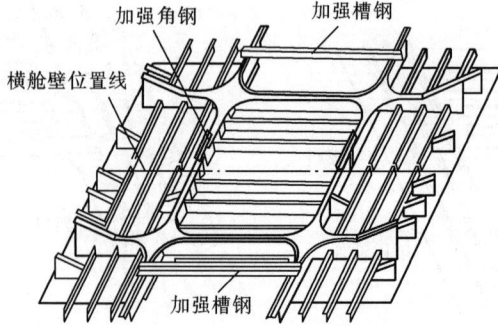

图 2 – 5 – 49　甲板分段的加强

　　由外板、外板纵骨、横向隔板和肘板组成的外板子分段,已在胎架上完成装配和焊接。甲板半立体分段的大组立以甲板为基面在活络支柱胎架上进行装配,如图 2 – 5 – 50 所示。

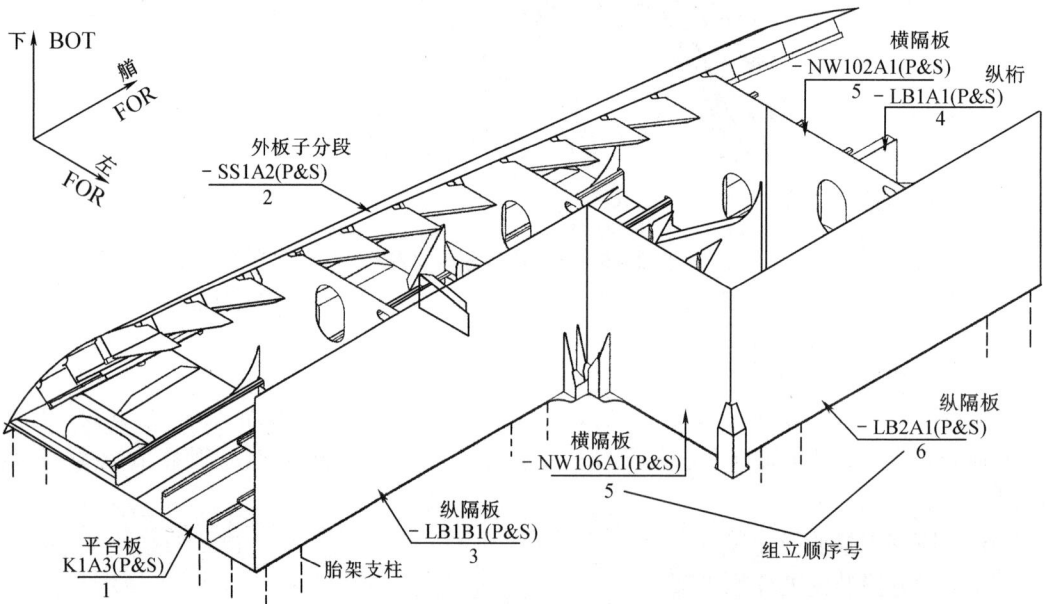

图 2 – 5 – 50　甲板半立体分段大组立

　　(1)甲板的拼接和甲板纵骨的装配,可以在活络支柱胎架上进行,也可以在平台上预先完成再吊上胎架,在甲板上画出构架位置线和轮廓线,并按图纸要求加放补偿量,装配甲板纵骨和加强筋。

　　(2)将外板子分段吊上胎架,外板上的横向隔板搁在甲板上并和其位置线对准,检查外板上的甲板线是否和甲板边缘对准,用松紧螺丝将外板子分段与甲板拉紧,同时按所给型值检查外板下缝的高度和半宽,以保证分段型线的正确。定位后进行外板、横向隔板与甲板的焊接。

　　(3)将纵向隔板(LBIBI)吊上分段对准甲板上的位置线,使其上肋位线与外板子分段上相应的横向隔板对准,将纵横隔板拉紧,检查垂直度,定位后焊接。

(4)将纵桁(LBIAI)吊上甲板对准位置线,检查垂直度,定位后焊接。

(5)将102,106 号肋位的横向隔板(NW102AI,NW106AI)吊上分段,对准甲板和纵隔板上的位置线,对其垂直边缘进行必要的修割。其中102 号肋位的横向隔板和外板子分段上的同号隔板对准,拉紧固定后焊接。

(6)最后吊上另一纵向隔板(LBZAI),对准甲板上的位置线,将其与横向隔板拉紧,检查垂直度;定位焊接。

分段全部焊接工作结束后,安装吊环,进行翻身封底焊;进行火工矫正和完工测量;同时进行分段的舾装作业,分段二次除锈和涂装后送往船台。

二、工作任务训练

训练名称:装配横骨架式甲板分段。

1.训练内容及要求

训练内容:

(1)根据图2－5－51 所示横骨架式甲板分段,确定分段建造法及构件安装方法;

(2)确定胎架形式及设计胎架;

(3)设计横骨架式甲板分段的装焊工艺;

(4)装配横骨架式甲板分段。

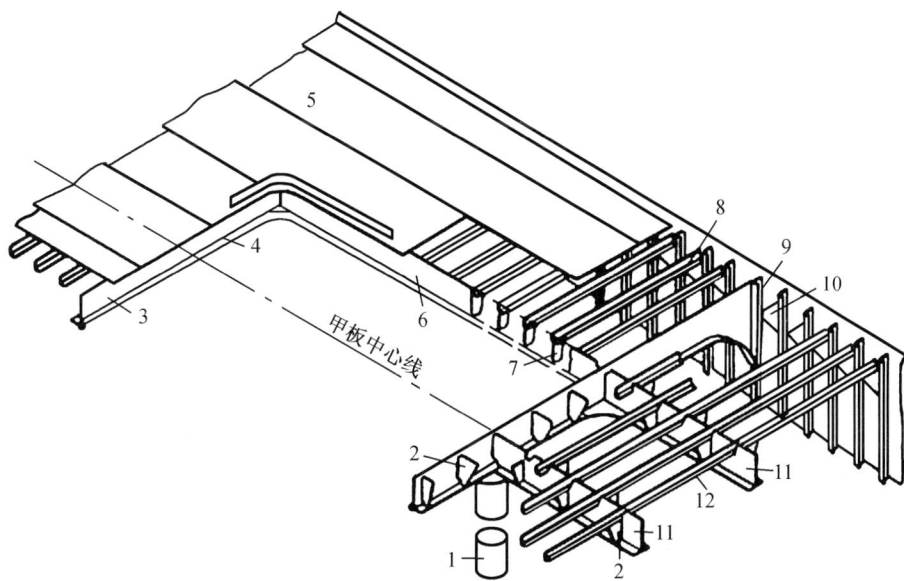

图2－5－51　横骨架式甲板分段

1—支柱;2—防倾肘板;3—舱口端横梁;4—圆钢;5—甲板;6—舱口纵桁;
7—肘板;8—半梁;9—主肋骨;10—梁肘板;11—甲板纵桁;12—横梁

训练要求:

(1)确定的分段装配方法要合理;

(2)胎架要满足施工要求,并节省材料,采用通用胎架画出示意图,要会调节胎架;

(3)用纸板模拟横骨架式甲板分段的装配过程,注意严格按照装配流程制作。

2.训练资料、设备和工具

(1)训练资料:教材及船舶生产图纸。

(2)设备和工具:纸板、剪刀、美工刀、直尺、铅笔、胶水等。

3.训练过程

下达工作任务→制订工作计划(任务分工→确定训练步骤)→实施工作计划→完成训练记录。

4.训练步骤

(1)识读横骨架式甲板分段施工图,了解分段结构形式、基本组成、构件大小及连接方式。

(2)确定分段建造方式及构件安装方法;

(3)设计及制作胎架(通用胎架则省略此项,但需要按型值进行调节);

(4)设计横骨架式甲板分段的装焊工艺;

(5)按分段装焊流程用纸板模拟装配分段,完成结构模型制作。

任务六　舱壁分段的装焊

【学习目标】

1.掌握平面舱壁分段及槽型舱壁的装配方法;

2.掌握舱壁分段的检验方法。

【任务解析】

舱壁分段通常是由舱壁板、扶强材、舱壁桁材等组成。舱壁按位置和功能分横舱壁、纵舱壁、防撞舱壁、制荡舱壁等;按结构形式和形状分平面舱壁和槽形舱壁。平面舱壁和槽形舱壁由于结构不同,其装配方式和工艺也不同。

本任务学习平面舱壁和槽形舱壁的装焊工艺,通过该任务的学习和训练能够设计舱壁分段的装焊工艺,进行模拟(或仿真)装配舱壁分段。

【任务实施】

一、背景理论与知识学习

舱壁分段通常是由舱壁板、扶强材、舱壁桁材等组成。舱壁按位置和功能分横舱壁、纵舱壁、防撞舱壁、制荡舱壁等;按结构形式和形状分平面舱壁和槽形舱壁。

(一)平面舱壁分段的装配

平面舱壁分段可在平台或在水平胎架上拼板,若板厚不一,在胎架上拼接比较方便。舱壁分段装配流程为:铺板→平面舱壁的画线→切割余量→安装舱壁构架。具体装配方法如下:

1.铺板

将已经装焊好的舱壁板铺放在平台上,铺板时应考虑安装构件的需要,若钢板厚度不一,应将平整的一面朝上放。拼接方法如前述。

2.平面舱壁的画线

横舱壁扶强材翼缘与船的中纵剖面是对称,在画扶强材位置线时应注意其理论线。平面横舱壁结构是由舱壁板和扶强材两部分组成,画线主要是画扶强材的位置和舱壁板外形轮廓线。

画线步骤如下:将拼板装焊好的舱壁板,有变形的地方经过火工矫平,即可进行画线。首先弹出中心线,而后作出它的垂直线。以中心线及垂直线为基准线,按施工图结构位置尺寸作平行线,分别画出相应的竖向及横向构件的位置线。并且依照轮廓线样板上需要的对合线位置,同时画出相应的水线及直剖线。

横舱壁的外形轮廓线弯曲很大,同时多数是用木样板画线的。如果是线型简单的舱壁,也可用草图进行画线,但以样板画线为佳。采用数控切割的横舱壁零件,拼接后外形轮廓不再进行画线切割。画线样板在制作时,是用多种样板拼接的,并已标上必需的水平线及直剖位置对合线位置。根据钢板上画出的水线及直剖对合线放准样板位置,用尖锐的画针或色笔紧靠样板,画出外形轮廓线(包括用样板画甲板梁拱线)。

3.切割余量

根据外形轮廓线切割舱壁的余量,一般舱壁的上口及左右两舷处切割,下口余量不割,待船台定位时再切割。

4.安装舱壁构架

一般应先装小型扶强材,后装大型扶强材、水平桁材及焊接组合型材等。当安装完整后,应加装临时大型扶强材,以控制焊接变形及增加吊运时的刚性,如图2-5-52所示。

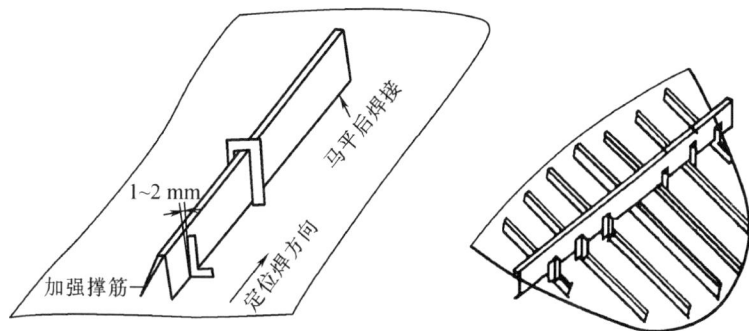

图2-5-52　横舱壁加强和安装扶强材

安装舱壁构架时,应注意以下几点:

(1)安装扶强材时,应注意检查是否矫正,尤其是焊接组合型材,须经矫直后才能安装。在安装过程中,一般应对准基准线后从中间向两边逐步定位焊。若扶强材较短时,亦可由一端向另一端逐步定位焊。若有间隙,可用"门形马"压平,再用铁角尺检查其垂直度,然后加些临时短撑,以防止焊后变形。

(2)在安装桁材时,应先装间断的水平桁材,然后装垂直桁材,同样用铁角尺检查其垂直度。某些水平桁材倾斜于舱壁平面,应按照施工要求,用夹角样板进行检查,并对容易变形的部位用临时短撑加固才能施焊。

（二）槽形舱壁分段的装配

槽形舱壁是由凸凹舱壁板和骨架构成。其剖面形状分为弧形、梯形、三角形和矩形等多种，尤以梯形槽工艺性最佳。它是将钢板制成单个槽形材（或呈半个槽形），然后放在水平胎架上将其拼装成槽形舱壁，如图2-5-53所示。其拼接方法如下：

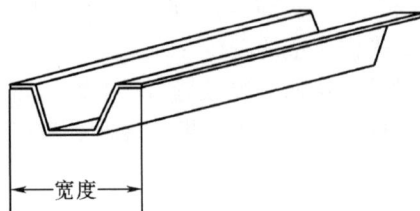

图2-5-53　单个槽形材

（1）制造槽形舱壁简易胎架，应在胎架上切割成拼装舱壁需要的槽形凹凸口，如图2-5-54所示。

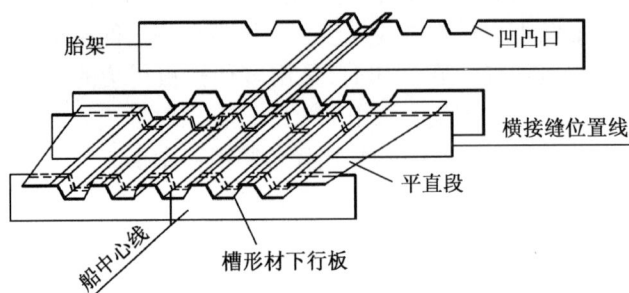

图2-5-54　槽形舱壁胎架及拼装示意图

（2）检查各单个槽形材的边缘及宽度是否符合安装要求，如发现严重超差的应加以修正。

（3）拼接槽形舱壁板。先将下行板带中心线的一块槽形材吊上胎架，使横接缝对齐平台上已画的拼缝位置线，然后与胎架定位焊住。接着应将靠左右的两个槽形材吊上胎架，使横接缝和第一块平齐，进行纵缝的拼接工作。如果接缝间隙有盈或缺，可根据槽形略有伸缩性的特点，用开式索具螺旋扣或油泵进行顶或拉，使拼缝间隙达到要求。若边缝过盈太多，依靠槽形弹性无法达到要求或者造成舱壁变形过大时，则应把多余部分割除，清洁边缘，拼接妥帖后与胎架定位焊住，然后再将邻近的槽形材用上述方法逐个吊装后定位焊住，直至下行舱壁全宽拼装完成，再将横接缝端的边缘修割整齐，并做好坡口准备。

（4）吊装上行舱壁中心的一块槽形材，与下行板的槽形对齐，修割横接缝及坡口。拼接槽形，先将轧角处定位焊住，再装配平直段，然后与胎架定位焊住。接着吊装相邻的左、右槽形材，装配方法与上述相同，逐渐向左右舷侧进行拼接工作，通常纵缝采用自动焊接，横缝采用手工焊接，然后进行画线，用色漆标明时，特别需写清舱壁的前、后面的位置。

（5）安装舱壁的其他构件，如水平加强桁材或者平台、下甲板结构的带板，若有扶梯、拉攀等附属结构的，也可装焊完成。

（6）拆离胎架前，须画出舱壁中心线及水平检验线，并做好记号，对结构进行适当加强，增加刚性，然后翻身搁置于平稳场所，进行扣槽封底焊。若该侧有带板、扶梯、拉攀等结构零件都应焊接妥帖。

槽形舱壁板的横接缝也可采用先拼板焊接，然后进行压槽加工，在胎架上只进行纵缝的拼接，这样可减少因加工误差而使装配发生困难的情况。

其他工艺步骤与已介绍分段相同。

二、工作任务训练

训练名称:装配平面舱壁分段。

1. 训练内容及要求

训练内容:

(1)根据图 2 – 5 – 55 所示平面舱壁分段,确定分段建造法及构件安装方法;

(2)确定胎架形式及设计胎架;

(3)设计平面分段的装焊工艺;

(4)装配平面分段。

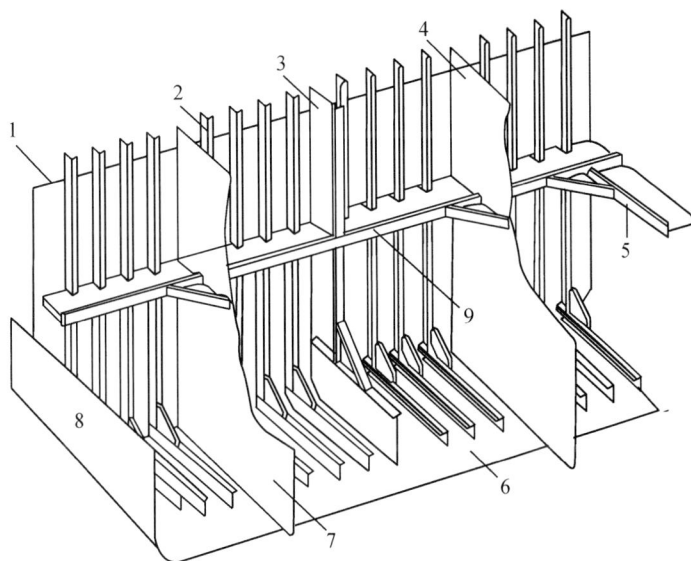

图 2 – 5 – 55　平面舱壁分段

1—横舱壁板;2—垂直扶强材;3—竖桁;4—纵舱壁;5—舷侧纵桁;
6—船底板;7—纵舱壁;8—舷侧列板;9—水平桁

训练要求:

(1)确定的分段装配方法要合理;

(2)胎架要满足施工要求,并节省材料,采用通用胎架画出示意图,要会调节胎架;

(3)用纸板模拟平面舱壁分段的装配过程,注意严格按照装配流程制作。

2. 训练资料、设备和工具

(1)训练资料:教材及船舶生产图纸。

(2)设备和工具:纸板、剪刀、美工刀、直尺、铅笔、胶水等。

3. 训练过程

下达工作任务→制订工作计划(任务分工→确定训练步骤)→实施工作计划→完成训练记录。

4. 训练步骤

(1)识读平面舱壁分段施工图,了解分段结构形式、基本组成、构件大小及连接方式;

(2)确定分段建造方式及构件安装方法;

(3)设计及制作胎架(通用胎架则省略此项,但需要按型值进行调节);

(4)设计平面舱壁分段的装焊工艺;

(5)按分段装焊流程用纸板模拟装配分段,完成结构模型制作。

任务七　艏、艉立体分段的装焊

【学习目标】

1.掌握中小型船舶艏部立体分段及带球鼻艏的艏部立体分段的装配方法;

2.掌握艉部分段的装配方法;

3.掌握艏、艉立体分段的检验方法。

【任务解析】

船舶艏、艉立体分段的线型变化比较大,底部又较瘦削,一般都采用以甲板为基准面的反造法制造。由于艏、艉线型变化大,构件数量多,故底部结构往往采用托底小分段方法施工。托底分段先在胎架上制造后,再吊上主立体分段安装,以减少分段安装时的高空立体作业。其舷侧肋骨可以和横梁组成肋骨框安装。

本任务学习艏、艉立体分段装焊工艺,通过该任务的学习和训练能够制定艏、艉分段的装焊工艺,能够模拟(或仿真)装配艏、艉立体分段。

【任务实施】

一、背景理论与知识学习

根据结构情况和工厂的起重能力,艏、艉立体分段可分成如图 2-5-56 所示的二段或四段建造。

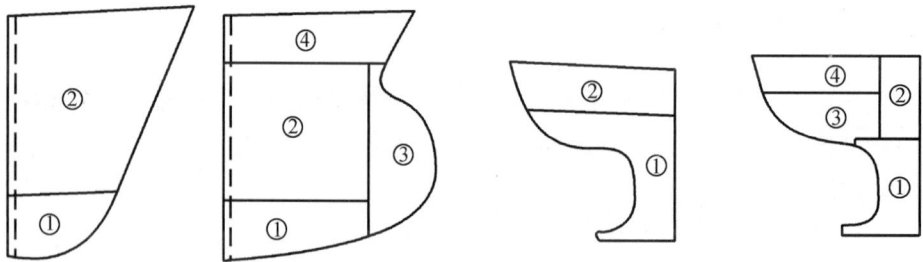

图 2-5-56　艏艉立体分段划分

(一)艏立体分段的装配

1.中小型船舶艏段的装配

中小型船舶的艏部通常不带球鼻艏,施工时为了扩大工作面,缩短制造周期,保证装配质量,根据结构形式,可将舱段划分为上下两段分别制造,然后再将两段合拢成整个舱段。

舱部立体分段装配流程为:底部托底分段的装配→舱上段的建造→舱托底分段的吊装→安装外板。具体装配方法如下:

(1)底部托底分段(舱①段)的装配过程

①制造胎架　托底分段胎架的制造方法与一般底部正造胎架相同,但其模板线型要求较高(见图2-5-57(a))。所以胎架制造后必须检验其线型是否正确,同时也应检验胎架中心线、外板接缝线、水平线是否符合工艺要求。

②吊装舱柱板　如图2-5-57(a)所示,胎架检验合格后,吊舱柱板上胎架,在胎架摸板上找对相应位置进行定位,使其与模板贴紧。在舱柱上方,根据胎架中心线拉钢丝线,检验舱柱中心线是否与胎架平面中心线对准。将舱柱板用马板固定在胎架上。

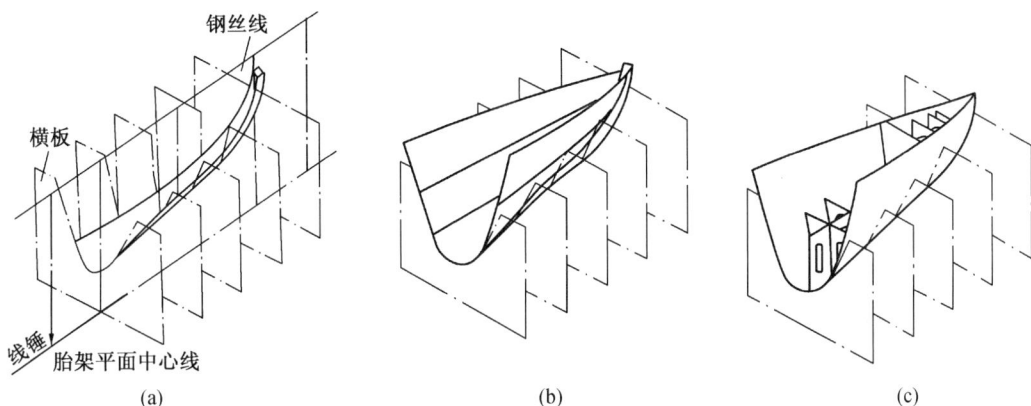

图2-5-57　舱托底分段的装配
(a)舱托底分段的胎架及舱柱定位;(b)安装舱托底分段的外板;(c)安装纵横构架

③安装外板　如图2-5-57(b)所示,安装舱托底分段的外板,使外板紧贴在胎架上,用拉马将外板与胎架固定,进行焊接。在焊接过程中,要经常测量舱柱的中心线是否正确,必要时改变焊接程序,以防止(减少)变形。在舱部尖端处,由于地方狭小,施焊困难,可采取先装焊一侧外板,完工后再装焊另一侧外板的施工方法。

④画构架线　外板焊接完毕,经过校正后,即可画构架线。画线方法与底部分段正造法相同。

⑤安装纵横构架　如图2-5-57(c)所示,根据外板上所画的构架线进行纵横构架的安装,安装过程中,必须注意构件位置的正确性,注意肋板上口的水平、龙骨的垂直度以及构架之间角接缝的间隙,使它们符合工艺要求。装焊完毕,根据焊接程序进行焊接。

如果舱托底分段底部狭小不易焊接,纵横构架可采用退装,即自舱向艉先装一部分,焊毕再装下一部分。纵横构架焊接完毕,对整个分段进行矫正并安装分段吊环。画出分段中心线(舱柱中心线)、定位水线、外板上口余量线。拆除分段与胎架的连接马板,将分段吊离胎架,翻身搁置于事先准备好的墩木上。对外板接缝进行清根、焊接,并按工艺要求切割外板上口余量并开焊缝坡口。

(2)舱②段的建造

舱②段一般以甲板为基面进行反造,其过程如下。

①甲板定位 如图2-5-58(a)所示,将内场拼接好的几块甲板板吊上胎架。先吊中间甲板,使其中心线对准胎架中心线。再吊左右甲板,将甲板拉对位置后与胎架固定,对接缝进行定位焊。由于边甲板厚度比中间甲板厚,因此在拼板时,边甲板必须满足图纸上规定的最大宽度。安装不同厚薄板时,安装构架的板面应接平。甲板与胎架固定后即可进行焊接。

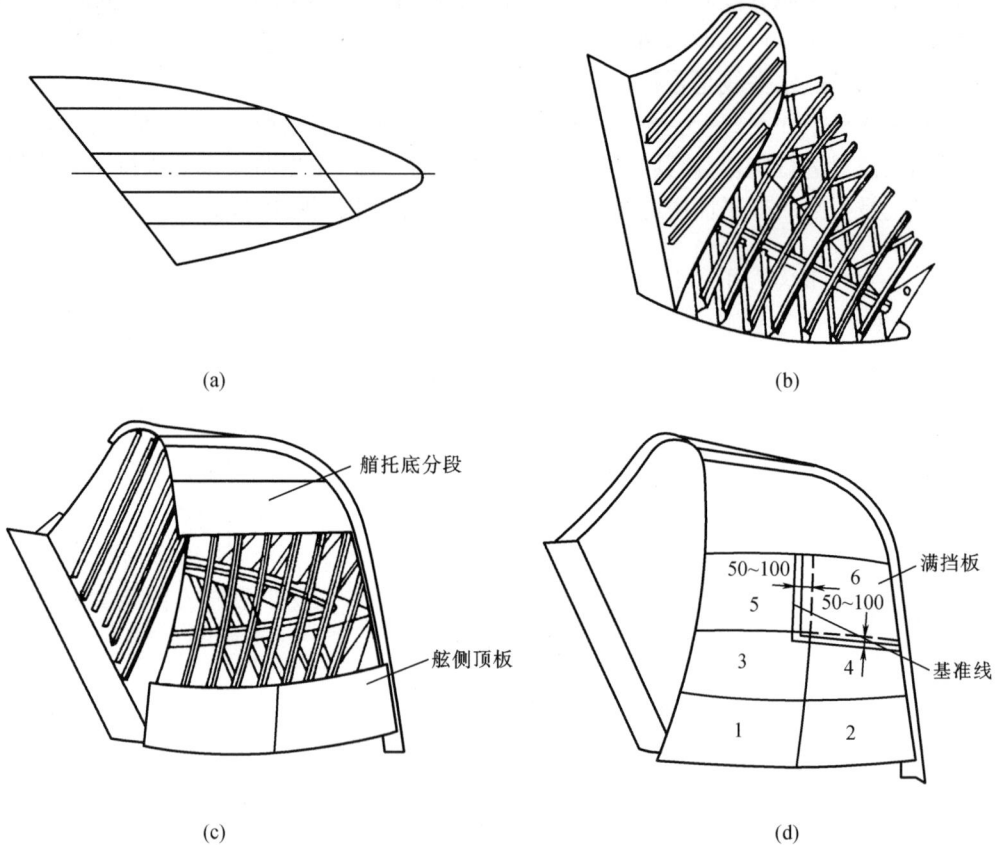

(a)

(b)

艏托底分段

舷侧顶板

(c)

满挡板

基准线

(d)

图2-5-58 艏②段的装配过程
(a)甲板定位;(b)安装构架;(c)舷侧顶板及艏托底分段的吊装;(d)安装外板

②画甲板构架线 根据胎架上是中心线,画甲线中心线。用激光经纬仪或直尺画出肋骨检验线;根据画线图和纵向肋距伸长样棒画出纵横构架安装位置线和甲板的外形余量线,并切割余量。

③安装构架 如图2-5-58(b)所示,构架安装一般有两种方法。一种是将各零件事先拼装成肋骨框吊上甲板进行安装(即肋骨框安装法);另一种零件直接吊上甲板散装(即构架散装法)。

④安装舷侧顶板(或称企口板) 在吊装艏托底分段前,为了增加艏②段的刚性,应先安装舷侧顶板(图2-5-58(c)),吊装企口板必须保证企口尺寸有足够的余量。

吊装前在舷侧顶板上画出甲板、肋骨及舱壁的安装位置线。将舷侧顶板吊上胎架,使舷侧顶板上的肋骨线对准甲板上相应的横舱壁及肋骨,舷侧顶板上的甲板线对准甲板。从中间向前后进行甲板与舷侧顶板的定位焊,使肋骨与舷侧顶板拉紧,也进行定位焊,焊接舷侧顶板和甲板的接缝。为防止舷侧顶板上口的焊接变形,甲板上表面与舷侧顶板的接缝暂不焊接。

(3)舯托底分段的吊装(图2-5-58(c))

由于舯托底分段质量大,所以在吊上舯段前,须对肋骨框架进行加强,以防变形。将托底分段吊上舯段,在艏艉端各吊一线锤,使托底分段中心线对准甲板中心线,构架对齐甲板上各相应构架。并根据图纸高度尺寸定出分段的高度,切割舱壁及其余的构架重合部分的余量,进行各构架的定位焊,并按焊接程序进行焊接工作。

(4)安装外板(图2-5-58(d))

一般舯段的外板都是散装的,其吊装顺序见图中的序号。外板吊上后,根据图纸及肋骨上纵缝线的位置定位。拉紧外板,使其与肋骨贴紧后进行定位焊。但是,左或右必须留一块外板(俗称工艺板或满档板),待内部构架全部焊接完毕后再装,以改善焊接施工条件。为了减少分段的焊接变形,外板的焊接顺序是先焊外板端接缝,后焊纵缝,最后焊外板与内部构架的角焊缝。

工艺板吊上舯部立体分段前,可在工艺板相邻的外板上画出50~100 mm的基准线。将工艺板吊上分段,根据基准线画出工艺板的余量线,进行切割、安装、定位、焊接。当舯部立体分段焊接全部结束后,须画出分段中心线、定位水平线、肋骨检验线及大接头余量线,并切割正确,进行验收。

(5)装配须注意的几个问题

①舯托底分段的线型必须装配正确,焊接必须按顺序进行。托底分段吊上立体分段时,其中心线必须与甲板中心线对准。

②如果舯部曲型大,空间狭小,当外板装上后,横梁与甲板的角接缝不易焊接,可在外板装上前,根据实际情况先焊一段。

③在装外板前,须检查肋骨框的垂直度和肋骨间距,以便及时采取措施。

2.带球鼻艏的艏段的建造

带球鼻艏的艏段线型复杂,施工难度大。一般根据其结构形式和工厂起重能力的大小,可将艏段分为若干段分别进行建造,而后组装成艏立体分段。

下面以2-5-59图分成四段为例,说明其装配过程。

(1)艏①段建造

以Ⅰ平台为基准进行反造。胎架与双层底分段的反造胎架相同。其装配顺序为:

Ⅰ平台板定位→画构架线→吊装肋板与中底桁→吊装艏柱板(底板)→焊接→装外板→焊接→装焊吊环→画分段中心线及水平线→吊离胎架→焊接检验与密性试验。

具体装配过程如下。

①Ⅰ平台板定位及画构架线 如图2-5-60(a)所示,将平台板吊到胎架上,使其中心线对准胎架中心线,拉对艏艉位置,进行固定,画出肋板位置线及平台板外形轮廓线。画线方法与双层底分段反造在内底板上画线方法相同。将平台板两侧余量割除。

②安装肋板与底中纵桁材 如图2-5-60(b)所示,将肋板吊上平台板上相应位置处,使肋板中心线对准平台板中心线,并吊线锤检查肋板的垂直度,将肋板与平台板拉紧,进行定位焊,并用角钢将肋板临时撑牢。检查中纵桁的外形尺寸,如不合格者,应进行修削。将中纵桁插入肋板之间。中纵桁的两端须对准肋板上的中心线,底边应与肋板下口接平,装第一块中纵桁时,应测量肋板的垂直度,正确后,可进行中纵桁与肋板的定位焊,再测量肋板的间距,使其符合要求。吊装以后几块底中纵桁时,可以不测量垂直度,只需将构件放对位置,与肋板拉紧进行定位焊。肋板与底中纵桁吊装结束,修割中桁材底边,使其与肋板下口齐平。

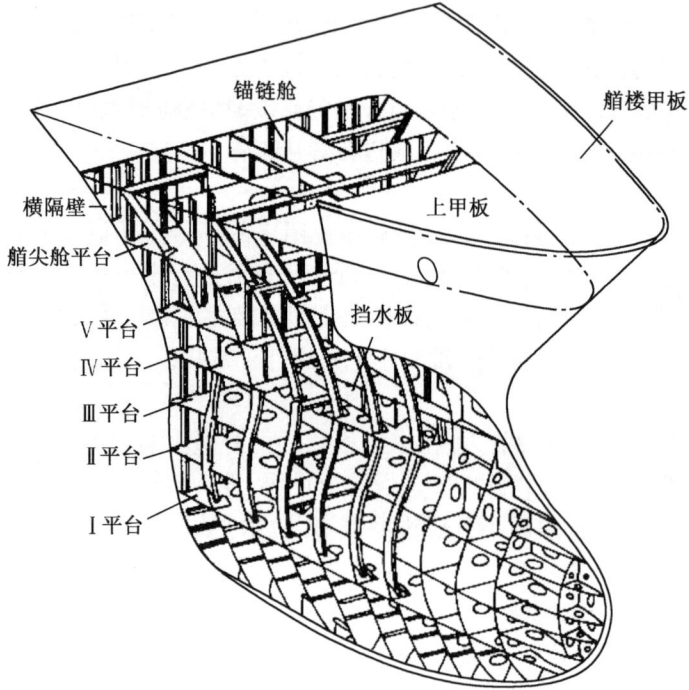

图 2 - 5 - 59　艏段结构

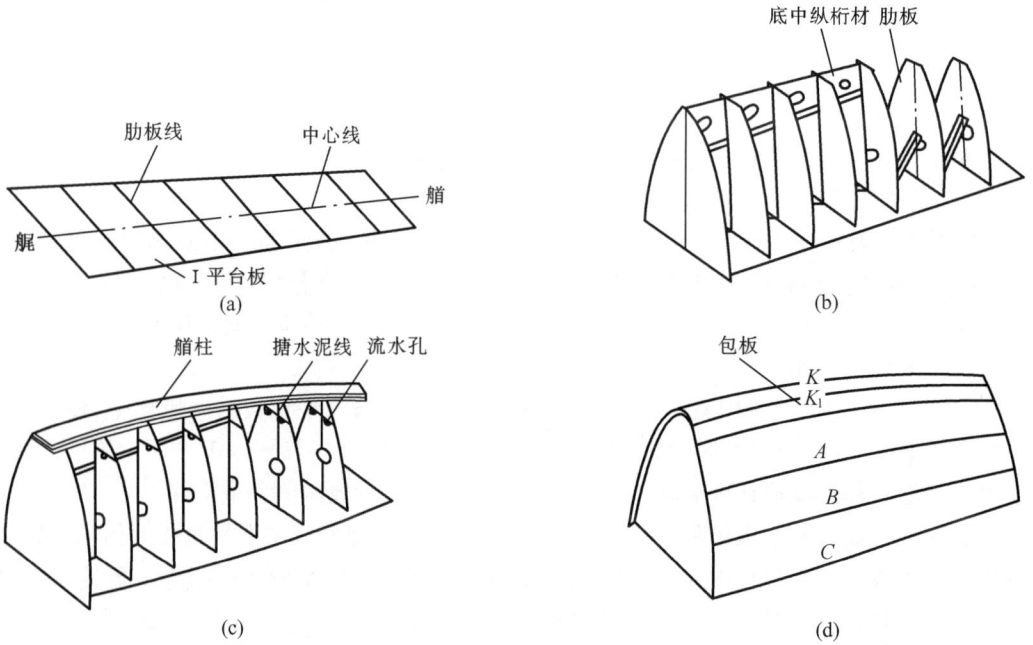

(a)

(b)

(c)

(d)

图 2 - 5 - 60　艏①段的建造

(a)Ⅰ平台板定位及画构架线;(b)安装肋板与中底桁;(c)安装艏柱;(d)安装外板

③安装艉柱　在拼焊好的艉柱上画出艉柱(分段)中心线及肋位线。将艉柱吊上胎架，使其中心线对准肋板中心线或平台中心线。艉柱上的肋位线对准相应的肋板，并测量艉柱艏、尾端的高度，使其符合图纸所示的尺寸要求。在安装过程中，若艉柱与肋板相碰，应修正肋板。若空隙大于 10 mm，则应加焊补板。如果艉柱中心线在两端位置正确，而中间不对，则可将两端先固定，中间用拉撑或借助火工矫正再定位。艉柱安装后即可进行其与肋板接缝的焊接，并在肋板上画出灌注水泥的高度线。在灌注水泥的高度线以上按图画流水孔线，并割出流水孔，如图 2 - 5 - 60(c)所示。

④安装外板　如图 2 - 5 - 60(d)所示，先装艉柱包板，后装其他外板。包板在安装前，须用加工样板检查其外形是否正确，若不合格，应进行矫正，画出包板的余量，切割正确；同时在肋板上相应边缝位置线下方焊两块托板，以便托住包板，使其不滑下。包板吊上分段，拉对位置，使其与艉柱、肋板贴紧，进行定位焊。由于包板处位置狭窄，焊接困难，所以包板装好后立即进行包板与肋板、艉柱接缝的焊接。

包板焊接后即可安装其他外板。先吊装 I 平台处的 C 行外板。在吊上分段前，须在外板上画出平台安装线，并在外板平台安装线外装两只托板，以便外板吊上分段时能有临时的支撑点。将外板拉对艏、艉位置，并用拉撑将其与肋板拉紧，进行定位焊。

用同法再安装 B 行板，待 C，B 行板的焊接工作结束后安装 A 行板。

(2)艏②段制造

艏②段的制造方法很多，视艏立体分段的结构而定。一般以艏尖舱平台为基面反造，或以横舱壁为基面进行建造。现以艏尖舱平台为基面反造为例进行说明。由于分段有多层平台，所以构件预先不做成框架，采用在艏尖舱平台上散装的方法进行构件的安装，其装配顺序如下：

艏尖舱平台板定位→画构架线→安装纵横构架→装各层平台→嵌入肋骨→焊接→装外板→焊接→装焊吊环，画肋骨检验线、分段中心线→吊离胎架、翻身、进行分段检验。

其具体过程如下。

①艏尖舱平台板定位　如图 2 - 5 - 61(a)所示，将拼板焊好的艏尖舱平台板吊上胎架，拉对前后、左右位置，并在胎架固定，进行纵横构架画线。

②安装纵横构架　如图 2 - 5 - 61(b)所示，一般先装横梁和横舱壁，后装纵向构架和纵舱壁。装配方法同前。

③安装 V，IV，III，II 平台　如图 2 - 5 - 61(c)所示，平台吊装前，在艏尖舱平台艏端竖两根高度等于两平台间距的临时支撑。将预先装好构架的 V 平台吊上分段，使其中心线对准艏尖舱平台的中心线，拉对前后位置，与纵、横舱壁定位。用同法装 II，III，IV 平台。

④安装肋骨　如图 2 - 5 - 61(d)所示，先在肋骨上画出各层平台板位置线，将肋骨嵌入到平台的相应切口中，使各层平台板对准肋骨上的安装位置线，进行定位。肋骨外缘与各层平台板边缘在同一光顺曲面上。

⑤安装外板　如图 2 - 5 - 61(e)所示，外板由下向上装，其安装方法与艏①段基本相同。安装顺序见图中的序号。外板装配焊接后，装焊吊环，并画出分段中心线。将分段吊离胎架进行检验。

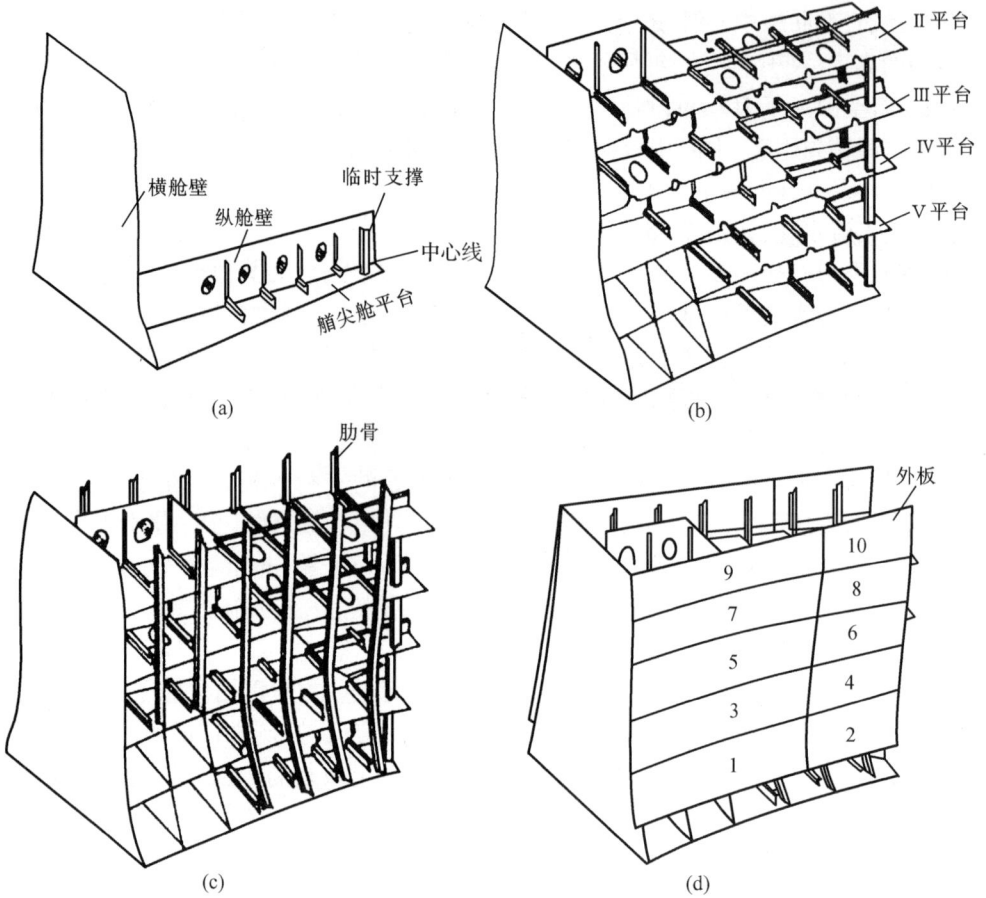

图 2 - 5 - 61　艏②段的制造
(a)艏尖舱平台定位和画构架线;(b)安装纵横构架;(c)安装平台;(d)安装肋骨(e)安装外板

(3)艏③段制造

该分段以肋板为基面进行建造,其装配顺序为:

肋板定位及画构架线→装纵横构架→装艏柱→焊接→装艏柱包板→焊接→装外板→焊接→装焊吊环、画线→吊离胎架、翻身→焊接、进行分段检验。

其具体过程如下。

①肋板定位　如图 2 - 5 - 62(a)所示,将Ⅰ肋板吊上胎架,拉对前后位置,使肋板中心线对准胎架中心线,定位固定。按图纸画出纵横构架安装位置线。

②安装纵横构架　根据分段的结构特点,纵横构架的安装一般交叉进行。尽量避免嵌入或插入。原则上是不连续的构件先装,连续的后装。如图 2 - 5 - 62(b)所示,在Ⅰ肋板上先定位艏尖舱平台和Ⅰ肋板与Ⅱ肋板之间的挡水板、水平加强板以及各层平台板。其中各层平台板与挡水板交叉进行安装。再吊上Ⅱ肋板定位,安装Ⅱ肋板与Ⅲ肋板之间的挡水板和各层平台板。接着吊上Ⅳ肋板定位……依此类推,由下向上将各构件安装完毕。构架安装结束后,将各构件端部相交处按分段线型修割整齐、光顺。

③安装艏柱　如图 2 - 5 - 62(c)所示,艏柱的安装方向同艏①段。艏柱定位好后即可

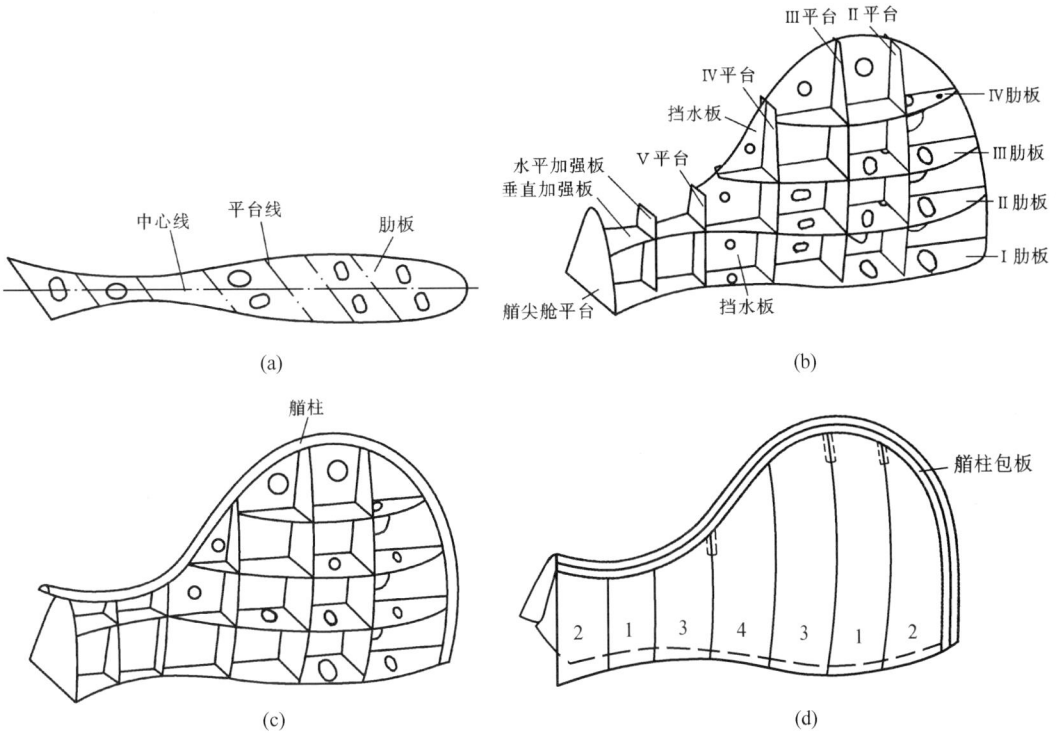

(a)

(b)

(c)

(d)

图 2 - 5 - 62　艉③段的制造

(a)Ⅰ肋板定位及画构架线;(b)安装纵横构架;(c)安装艉柱;(d)安装外板

进行焊接,焊接时应左右对称进行,并随时检查艉柱是否变形,及时用松紧螺丝(管缩子)调整。

④安装外板　如图 2 - 5 - 62(d)所示,先装艉柱包板,其方法同艉①段。包板装好后,即可进行包板与各平台板、肋板的焊接。然后安装外板,装配顺序如图中的序号所示。板 3 应待板 1、板 2 装配焊好后再装,其中板 1 与内部构架及艉柱包板的接缝在距与板 3 对接缝约 500 ~ 800 mm 范围内暂不焊接,以免焊后变形影响板 3 的安装。

在外板安装过程中,须经常检查分段中心线,防止分段变形。外板的正作边须对准肋板上的相应接缝线,以避免在各行外板安装过程中误差积累,装到最后一行外板时,偏离原接缝位置线距离过大。

外板装焊结束后,画出分段中心线、定位水线和肋骨检验线,装焊吊环,将分段吊离胎架。

(4)艉④段的制造

艉④段的装配是以上甲板为基准面在胎架上采用反造工艺建造的,其过程和要求与图 2 - 5 - 61 中的艉②段相同。其中艉④段中艉柱纵桁吊上甲板后,应用角度样板检查艉柱纵桁与甲板纵桁的夹角,正确后用角钢临时撑牢,如图 2 - 5 - 63(a)所示。

外板安装顺序如图 2 - 5 - 63(b)中的序号,外板定位结束后,再吊装艉柱板(板 7)。艉柱板在吊上分段前须画出中心线和甲板安装位置线。将艉柱板吊上分段,使其中心线对准甲板(胎架平台)中心线,甲板安装位置线对准甲板,然后与艉柱纵桁定位。根据艉柱板,画出与艉柱板相邻外板上的余量线。割除外板上的余量,把接缝坡口切割准确(但在离下端

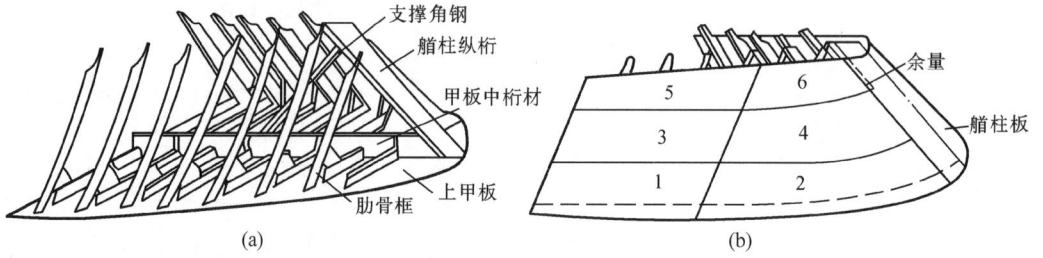

图 2 - 5 - 63　艏④段的制造

(a)艏④分段构架的安装;(b)艏④分段外板安装

800 mm 处外板余量暂不切割,留待上船进行对接时再割除)。将艏柱板与外板进行定位焊,进行焊接,安装吊环及加强,画出分段中心线、定位水平线等。

3. 按分段的质量要求进行完工测量

艏部立体分段的完工测量项目有:甲板或平台中心线处高度,甲板尾端或平台首尾端及肋骨检验线外宽度,甲板、平台四周水平度,分段在吊离胎架前,测量艏立体分段艏柱中心线的偏差。

（二）艉立体分段的装配

艉部立体分段(简称艉段)的结构如图 2 - 5 - 64 所示,主要由甲板、舵机舱平台、肋骨框、甲板纵桁、挡水板、艉柱等组成。

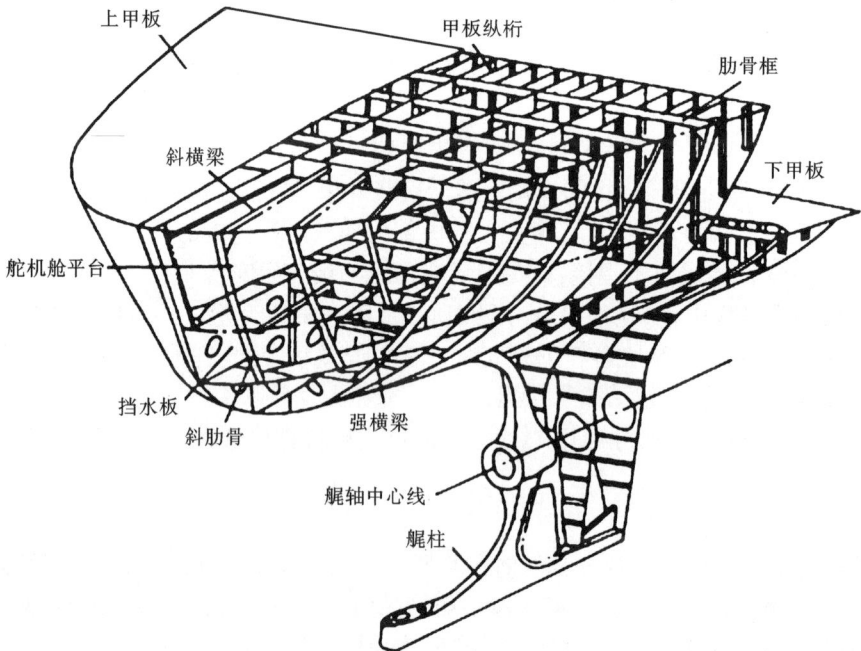

图 2 - 5 - 64　艉段的结构

根据结构和工厂的起重能力,艉段可分成几段建造。一般将艉段分成两段建造。如果起重设备能力不够,则可将艉段分成三段或四段建造。

根据结构,艉①段可采用卧造法,也可采用侧造法。而②,③,④段,则以上甲板或舵机舱平台为基面,采用反造工艺建造。胎架的形式与甲板胎架相同。

现以艉段分成两段的建造为例,说明其装配过程。

1.艉①段的制造

(1)艉①段采用侧造

艉①段在艉部下方,有艉轴穿过,线型瘦削复杂。艉①段侧造的装配顺序为:

在胎架上艉柱定位和安装 K 行板→安装侧外板→焊接→画构架线→吊装构架→焊接→装另一侧外板→焊接→测量、画线,装焊吊环→分段吊离胎架、翻身、外板接缝焊接。

①胎架制造　艉①段的装配胎架与艉柱装配胎架基本相同,仅在相应的外板肋位上增设两道模板即可。新增两道模板的制作方法与舷侧分段的装配胎架相同。

②艉柱龙筋定位和安装 K 行板　如图 2 - 5 - 65(a)所示,装焊完毕并经质量检验合格的艉柱吊上胎架前,对艉柱与外板相交处的坡口进行刨、铣,使艉柱与外板边连接处线型光顺。然后将艉柱吊上胎架,拉对位置,并与胎架固定。

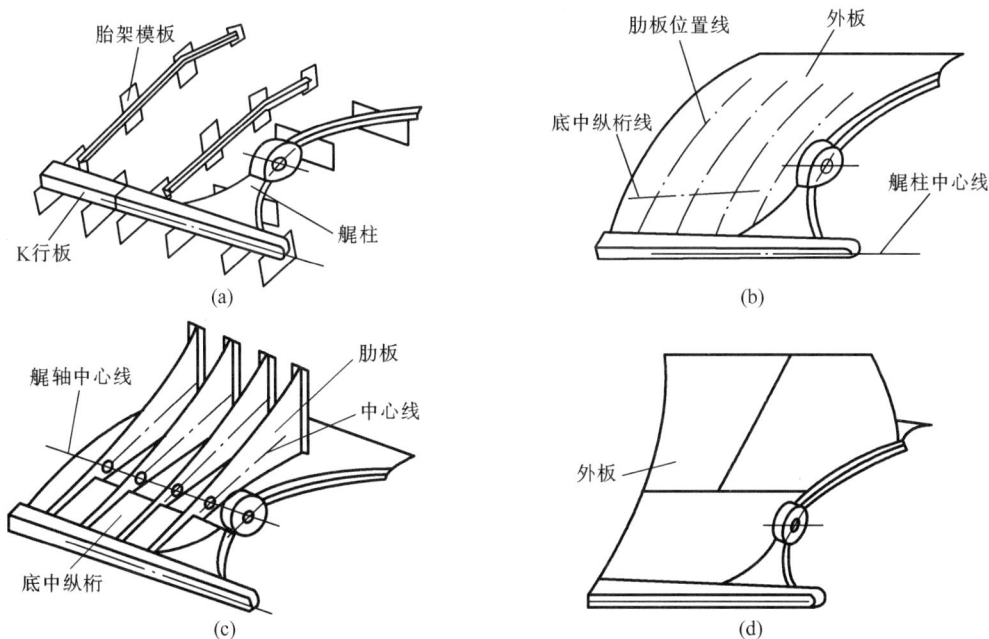

图 2 - 5 - 65　艉①段制造
(a)艉柱定位与安装 K 行板;(b)安装外板及画构架线;(c)安装肋板及中底桁板;(d)吊装另一侧外板

将 K 行板吊上胎架定位与艉柱对接,要求 K 行板的中心线与艉柱中心线在同一条水平线上,K 行板上的肋位线与胎架所示肋位线对准,K 行板的底表面与艉柱底表面在同一垂直平面上。艉柱与 K 行板的接缝坡口须符合工艺要求,并在接缝上装焊临时加强板,按焊接工艺进行焊接。

③安装外板及画构架线　如图 2 - 5 -65(b)所示,由于艉部线型复杂,外板上一般都放有余量。外板吊上胎架拉对位置后,须割去余量,方可与艉柱、K 行板进行定位焊,并与胎架固定。板缝焊接后吊线锤,将平台上的胎板位置线引画到外板上。

④安装肋板及中底桁　如图2－5－65(c)所示,肋板及中底桁板加工必须正确,否则安装前须按样板修割。将肋板吊到分段上相应位置处。根据肋板上的中心线、艉轴中心线和艉柱上的艉轴中心线进行定位,并用水平尺校正垂直度,进行定位焊,并用斜撑撑牢。按肋板和艉柱上的中底桁板位置线定位中底桁板。复查肋板间距和垂直度,合格后可进行定位焊。由于艉部地方狭窄,肋板、中底桁板装好后就进行焊接。

⑤装另一侧外板　如图2－5－65(d)所示,当构架焊接完毕后,即可装另一侧外板。将外板吊到分段上,拉对位置,修割去余量,与肋板贴紧,进行外板与肋板、艉柱、K行板接缝间的定位焊后,再焊接。外板与肋板的接缝也可在分段翻身后焊接。

2.艉②段制造

艉②段以甲板为基准进行反造,肋骨与横梁预先在平台上拼成肋骨框。胎架的形式与甲板胎架相同。艉②段的装配顺序是:

安装甲板板→焊接→画构架线(如图2－5－66(a))→安装艏端横舱壁→安装竖肋骨框架→吊装其余构架(图2－5－66(b))→焊接→安装舷侧顶板(图2－5－66(c))→焊接。

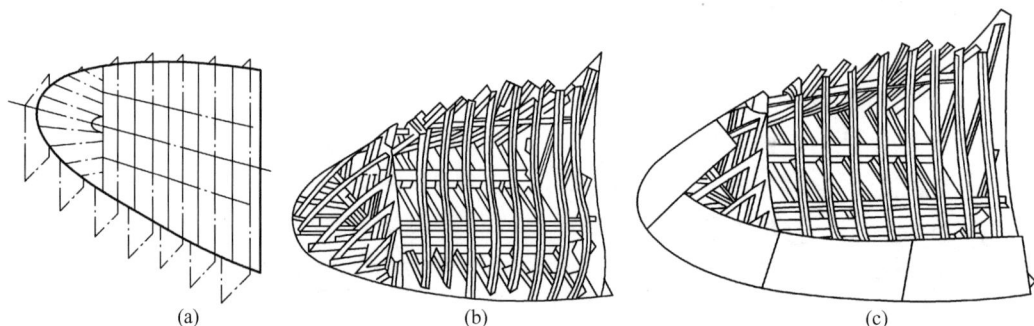

图2－5－66　艉②段的制造
(a)安装甲板板与画构架线;(b)安装构架;(c)安装舷侧顶板

艉②段各施工阶段的过程和要求与艏②段的安装过程和要求一样。但在安装过程中须注意以下几点:

(1)应预先在平台上按其线型把斜肋骨与斜横梁拼装成斜肋骨框,再吊上甲板定位,要求与肋骨框定位要求相同。

(2)甲板纵桁应在零号隔壁定位前安装完毕,否则要在肋骨框中吊运。

(3)舵轴管应预先单独定位,轴管中心对准甲板上相应中心点,与甲板垂直,加支撑固定后,再安装与其相邻的其余构件。

3.艉段合拢

(1)安装艉①段　在吊装艉①段前,应预先检查艉②段肋骨框的垂直度及肋距,进行必要的加强,并在零号隔壁处装上托架,以便支承艉①段;同时在胎架中心线两端竖立拉线架,其高度应超出艉柱基线300～400 mm。然后将艉①段翻身吊上艉②段,使艉①段上的肋板与艉②段上对应的肋骨对准,并对准艏端横舱壁,这样,艉段的前后位置基本定出。同时校对舵杆中心线位置。在两端拉线架上接钢丝,吊线锤对准艉②段中心线。吊线锤校正、调整艉①段,使线锤对准艉②段中心线,如图2－5－67(a)所示;使艉柱中心线、艉轴中心线及甲板中心线在同一垂直平面内,用水平软管校正艉柱基线及艉轴中心线高度。校正时,一般以艉轴中心线为准。画出两分段相交处余量并割除,进行定位焊。先将艉柱与横舱壁定位,再将肋板与肋骨定位。经检验合格后进行焊接。

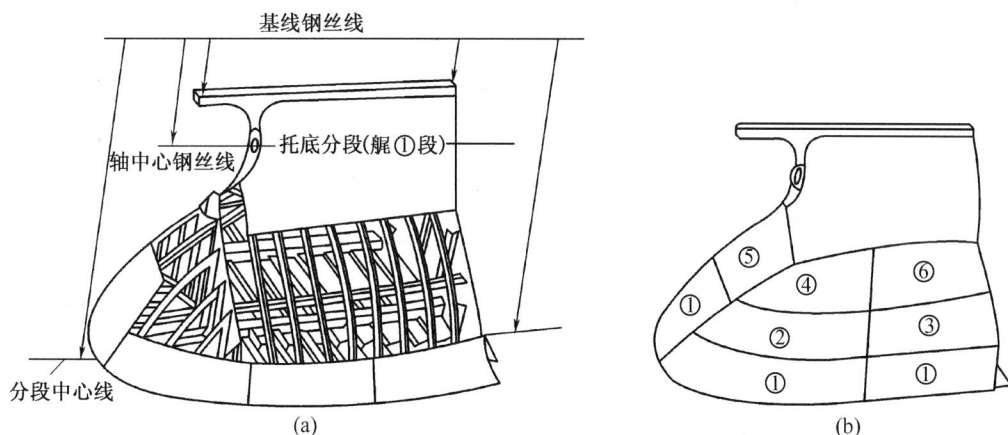

图 2 – 5 – 67　艉段合拢
(a)安装艉①分段;(b)吊装外板

(2)安装外板　外板安装顺序如图 2 – 5 – 61(b)中的序号,从下向上装。由于艉部立体分段地方狭窄,施工困难,故需留一块外板暂不装配,以改善内部通风条件。待内部焊接工作全部结束后,再安装这块外板(工艺板),安装方法与艉段相同。

当分段完工后,经测量画出肋骨检验线、定位水平线和分段中心线,并装焊吊环。测量、验收,吊离胎架、翻身,进行甲板接缝的清根,焊接工作(如果搁置困难,这一工作也可在船台上进行)。

4.按分段质量要求进行完工测量

艉立体分段完工测量主要项目有:甲板中心线上分段的长度,靠艉方向横舱壁处甲板半宽尺寸,甲板艉端中心线距基线的高度,甲板边线距基线的高度,轴系中心线距基线的高度,舵杆中心线前后、左右的偏差。

二、工作任务训练

训练名称:装配中小型船舶艉部立体分段。

1.训练内容及要求

训练内容:

(1)根据图 2 – 5 – 68 所示艉部立体分段,确定分段建造法及构件安装方法;

(2)确定胎架形式及设计胎架;

(3)设计艉部立体分段的装焊工艺;

(4)装配艉部立体分段。

训练要求:

(1)确定的分段装配方法要合理;

(2)胎架要满足施工要求,并节省材料,采用通用胎架画出示意图,要会调节胎架;

(3)用纸板模拟艉部立体分段的装配过程,注意严格按照装配流程制作。

2.训练资料、设备和工具

(1)训练资料:教材及船舶生产图纸。

(2)设备和工具:纸板、剪刀、美工刀、直尺、铅笔、胶水等。

3.训练过程

下达工作任务→制订工作计划(任务分工→确定训练步骤)→实施工作计划→完成训练记录。

4.训练步骤

(1)识读艏部立体分段施工图,了解分段结构形式、基本组成、构件大小及连接方式。

(2)确定分段建造方式及构件安装方法;

(3)设计及制作胎架(通用胎架则省略此项,但需要按型值进行调节);

(4)设计艏部立体分段的装焊工艺;

*(5)按分段装焊流程用纸板模拟装配分段,完成结构模型制作。

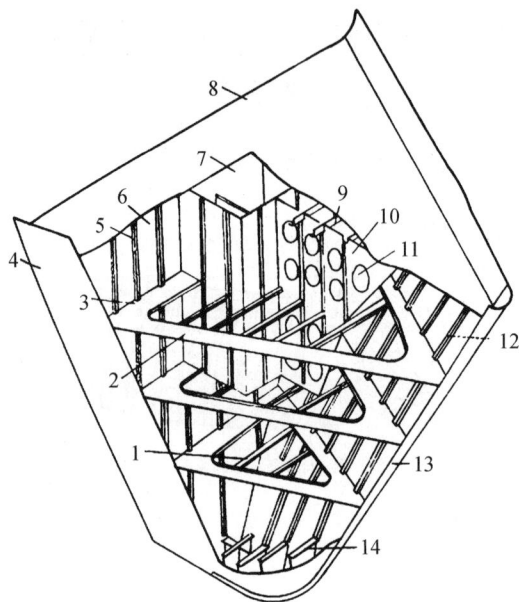

图2-5-68　艏部立体分段

1—强胸横梁;2—舷侧纵桁;3—水平桁;4—外板;5—扶强材;
6—艏尖舱壁;7—锚链舱;8—甲板;9—横梁;10—制荡舱壁;
11—减轻孔;12—肋骨;13—艏柱;14—升高肋板

任务八　上层建筑分段和烟囱的装焊

【学习目标】

1.掌握上层建筑分段和烟囱的装焊;
2.掌握上层建筑的加强方法。

【任务解析】

上层建筑的建造一般有两种形式,一是上层建筑的每一层作为一个立体(或半立体)分段在胎架上反造后,顺次吊上主船体进行合拢;二是上层建筑的每一层作为一个立体(或半立体)分段在胎架上反造后,先合拢成上层建筑总段,再吊上主船体对接。但无论哪一种形式,都应考虑船厂的生产能力和工艺的合理性。

本任务学习上层建筑分段装配工艺,通过该任务的学习和训练能够制订上层建筑分段装焊工艺,并能够模拟装配上层建筑分段。

【任务实施】

一、背景理论与知识学习

上层建筑是指位于上甲板以上的各种围蔽建筑物,它主要包括船楼和甲板室。船楼又包括艏楼、桥楼和艉楼。在船舶的建造过程中,一般的,艏楼和艉楼作为艏、艉段的一部分,与艏、艉段一起建造。而桥楼或甲板室在现代造船中,往往作为一个独立的区域总段进行建造,然后再与主船体连接。我们这里讲的上层建筑主要是指桥楼和甲板室。它们与主船体的连接形式有两种,一是围壁与船舷外板的对接;另一种是围壁与甲板的角接。在现代的船型中,除军船外,大多采用的是甲板室的形式,与主船体采用的是角接的形式。

现代船舶的上层建筑一般都是有几层组成,而每一层甲板都具有和上甲板一样的梁拱线型。上层建筑的内部划分了若干的舱室,各个舱室也因作用和功能的不同,安装了各种仪器、设备和舾装件,在现代区域造船中,往往这些都是以单元、托盘的形式参加上层建筑总段的建造。

上层建筑的建造一般有两种形式,一是上层建筑的每一层作为一个立体(或半立体)分段在胎架上反造后,顺次吊上主船体进行合拢;二是上层建筑的每一层作为一个立体(或半立体)分段在胎架上反造后,先合拢成上层建筑总段,再吊上主船体对接。但无论那一种形式,都应考虑船厂的生产能力和工艺的合理性。

在上层建筑的装焊过程中,不可避免地要涉及机舱棚结构和烟囱的安装。机舱棚的作用是采光、通风,因为不承受其他外力,一般也采用薄壁轻型结构。如图 2 - 5 - 69 所示,它的围壁在主船体和上层建筑建造过程中安装,而机舱的舱口围板与其他舱口相同,在主船体建造时直接装焊完成。而它的顶盖可在内厂装焊后,再吊上船体,与机舱口围板螺栓连接。

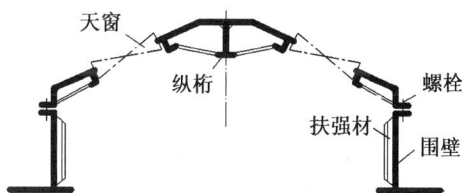

图 2 - 5 - 69 机舱棚顶结构

(一)上层建筑分段的装配

上层建筑分段一般由顶甲板、围壁板和扶强材等组成,采用以顶甲板为基准面反造的方法进行建造。这种建造方法使围壁与顶甲板接缝的焊接位置变为俯位焊,施工方便,保证了焊接质量,装配工作也较方便。上层建筑相对主船体大多是采用薄壁的轻型结构,强度相对较弱,所以在建造中为防止其变形,常常要进行临时加强。

上层建筑分段装配顺序为:在胎架上吊装顶甲板→焊接→矫正→画构架和围壁安装位置线→切割→安装纵横构架→焊接→吊装内围壁→吊装外围壁→焊接→分段舾装→画分段中心线、肋骨检验线及定位水平线→临时加强、装焊吊环→吊离胎架、翻身、焊接。具体装配方法如下:

1.制造胎架

上层建筑分段的胎架结构形式与甲板胎架相同,可采用支柱式或框架式胎架。但由于上层建筑的甲板薄,采用支柱式胎架时,胎架支柱的布置应注意以下几点:

(1)在甲板主要的纵向、横向连续围壁处应设置支柱,以确保甲板梁拱和脊弧的正确性。

（2）在顶甲板的周边向内约 100 mm 处和甲板较大开孔的周边也应设置支柱,防止顶甲板边缘下垂。

（3）支柱的间距沿船长方向不得大于 1 600 mm(纵向设固定角钢),沿船宽方向不得大于 1 000 mm。

（4）如果上层建筑的顶甲板周边带有檐板,则支柱的设置不可妨碍檐板的安装。

2.顶甲板定位与画线

将拼焊矫正好的顶甲板吊上胎架定位、固定画线(方法与内底板在胎架上定位、固定相同)。如顶甲板由多块钢板拼成,则在顶甲板接缝焊后并进行矫正才可画线。

根据画线图在甲板上画出外形轮廓线、纵横构架线、围壁安装线和扶梯口开孔,如图 2－5－70(a)所示,并割余量、开孔。画线、切割时应注意以下几点:

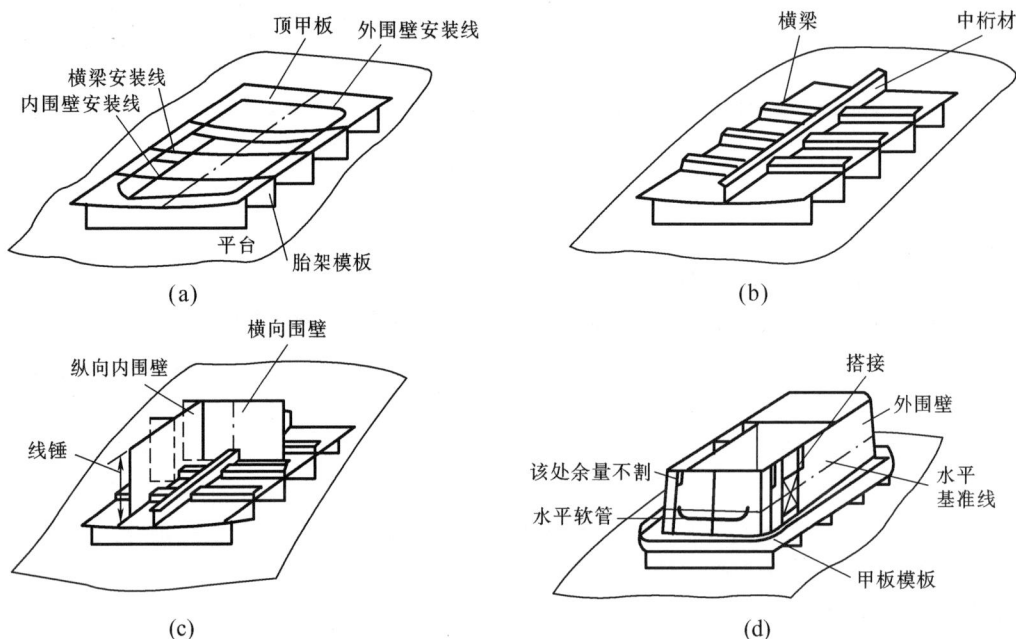

图 2－5－70　上层建筑装焊过程
(a)顶甲板定位与构架画线;(b)安装纵横构架;(c)吊装内围壁;(d)吊装外壁

（1）因为分段是采用反造法,所以顶甲板画线时各围壁、构架的左右位置与图示方向相反。

（2）如果分段肋距加放有焊接收缩余量,画线时应考虑此处收缩余量值。

（3）顶甲板画线结束时,应用色漆标明围壁、零件号、肋位的编号,标明构架型材规格和厚度位置等,以利于安装工作的进行。

（4）扶梯口开孔切割时,沿其周边均匀留 3～6 小段,每段长 30～50 mm 暂不切割,使要被割去的钢板仍留在原位,以防工作人员踏空,待上层建筑分段吊离胎架翻身后再割去。

3.安装纵横构架及围壁

（1）安装纵横构架。如图 2－5－70(b)所示,先安装顶甲板上的横梁与纵桁。横梁与纵桁安装的先后次序视分段的结构形式而定。横骨架式先装横梁,后装纵桁;纵骨架式先装纵桁,后装横梁。甲板中桁材一般最后安装。

(2)吊装内围壁顶甲板。纵横构架装好后就开始吊装围壁。吊装顺序一般是先装内围壁,后装外围壁;先装横向围壁,后装纵向围壁。

横向围壁吊上顶甲板的安装位置后,将围壁的中心线对准顶甲板的中心线。在围壁板左、右两边的上边缘处吊线锤,使与顶甲板上所画的围壁安装线对准,使围壁垂直于基面。

纵向围壁吊到顶甲板相应的安装位置线后,在围壁板首、尾两边的上端处吊线锤,使围壁垂直于基面。为了减少围壁插入的困难,纵横围壁也可以交叉吊装,如图2-5-70(c)所示。

在围壁的水平检验线上用水平软管校正其高度方向上的位置,使前后左右围壁上的水平检验线位于同一水平面上。当围壁安装好后,须用角钢撑牢。

(3)吊装外围壁。用与上相同的方法吊装外围壁,如图2-5-70(d)所示。

(4)在吊装外围壁的同时,可进行甲板四周檐板、上层建筑分段内的各边连接肘板及围壁上横梁穿过处的切口补板的安装工作。

(5)对分段进行临时加强后即可按工艺进行焊接工作。

安装过程中应注意以下几点:

(1)由于上层建筑焊接后变形较大,故围板门框下部的一块围板安装时,一端定位准确,另一端采用搭接形式进行临时连接,如图2-5-70(d)所示,待上层建筑在船台总装定位后,割除余量进行正式定位、焊接。

(2)横向与纵向外围壁,用圆弧过渡连接时,为了保证外围壁在甲板连接处外形光顺和便于上船台安装,圆弧板下部的接缝余量暂时不割,如图2-5-70(d)所示,待在船台上装配时再切割。

(3)纵横围壁必须垂直于甲板,高度一致;外围壁的安装线必须符合图纸要求,以确保上层建筑各分段在船台上安装后其外围壁上下一致。

(4)上层建筑的钢板较薄,围壁的焊接不可装一部分焊一部分,应待其全部安装工作结束,分段临时加强完成后按规定的工艺顺序进行焊接。

4.分段舾装

当内外围壁安装完成后,便可把可以提前安装的舾装件单元吊上分段定位,完成预装。由于上层建筑内的仪器、仪表及设施较多,为提高生产效率,缩短船舶建造周期,在现代造船中,把它们按特定的要求集配成套,并以托盘的形式完成分段的舾装工作。

5.分段的加强

当分段装配工作全部结束后,须进行临时加强,以防焊接及吊运、翻身引起分段的变形。一般用槽钢在纵向或横向围壁间断处的下方如临时加强,如图2-5-71所示。临时加强的接缝必须具有相当的强度。此时,可进行吊环的装焊工作。

在分段上画出分段中心线、定位水平线。分段吊离胎架、翻身,甲板接缝清根、焊接、测量、验收。

分段装焊完毕,如果局部变形较大,则须用火工进行初步矫正,一般上层建筑分段都在分段焊接工作全部结束后进行火工矫正,按精度要求测量验收。

(二)上层建筑分段的合拢

上层建筑在船台合拢时可逐层吊装,数段预合拢后吊装或整体吊装,上层建筑分段与

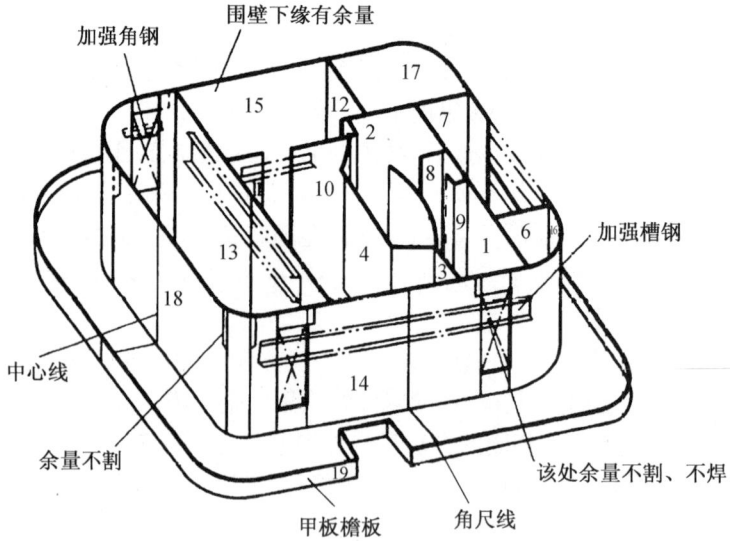

图 2 - 5 - 71　上层建筑的加强和围壁安装顺序

下方结构的连接有两种形式:一种是与甲板角接,另一种是与外板对接。这里介绍成角接形式的上层建筑船台合拢工艺。

1. 准备工作

(1)将上层建筑分段内外围壁的下口用火工矫正平顺,拆除无用的眼板。

(2)对上层建筑安装区域的甲板进行必要的矫正。

(3)按图纸在甲板上画出上层建筑分段内外围壁的位置线,如图 2 - 5 - 72 所示。

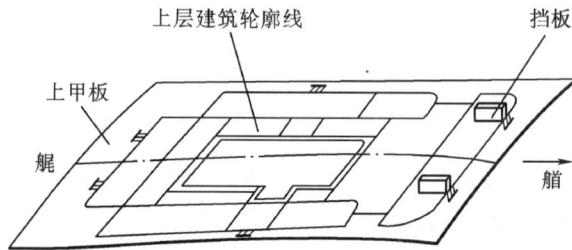

图 2 - 5 - 72　甲板画线及挡板设置

(4)将分段上的中心线和外围壁上的水平检验线重新标画清楚。

(5)在倾斜船台上,为防止分段吊上后向低处滑动,应在甲板上上层建筑前围壁内侧焊上几块挡板,如图 2 - 5 - 72 所示。在平船台上,根据甲板脊弧,将挡板焊在甲板较高一端,以防止分段滑动。

2. 分段定位

上层建筑分段由下向上逐层吊上甲板,初步放对位置,进行分段定位。

(1)用松紧螺丝调整分段左右位置,使首尾端外围壁上的中心线对准甲板上中心线。

(2)调整分段前后位置,以前后端外围壁为主,使分段上多数横围壁与甲板上的位置线对准,如图 2 - 5 - 73 所示。

（3）根据下口余量值将分段提高
适当距离。按分段横向和纵向围壁
上的水平线,测量分段的横向水平和
纵向坡度。用千斤顶进行调整,如图
2 - 5 - 73 所示。一般都在偏低处用千
斤顶将其顶高。焊在围壁上支承千斤
顶的槽钢,其下口与千斤顶顶端的距
离,应为所画余量值加上 20 ~ 30 mm,以
便余量切除,分段放下后能顺利移出千
斤顶。支承槽钢应牢固焊接于纵横围
壁交叉处刚性较强的部位。

（4）测量分段高度并确定余量数
值。分段正确定位后,测量分段高度

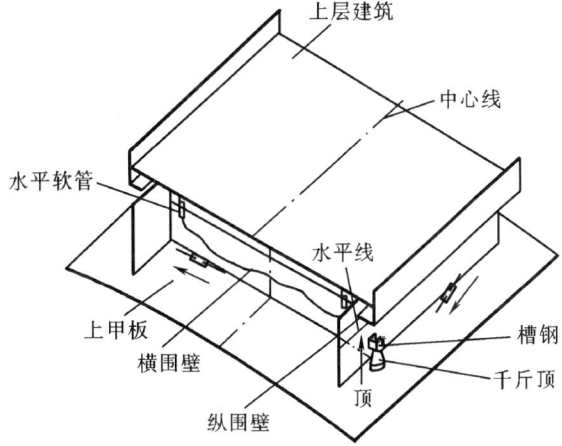

图 2 - 5 - 73　上层建筑的定位与调整

并确定应画的余量值。高度的确定应取在分段四角量得的平均值。分段的高度可以根据
高度标杆和分段上的定位水线的差值确定。也可以直接测量分段离甲板高度和图纸上的
理论值作比较。

余量值确定后,在外围壁四角刚性较强的部位焊上短型钢将其临时固定。防止分段移
动和余量切割后下落。

3. 余量画线

（1）制作画线样板,用与横舱壁下口相同的画线方法,在围壁无构架的一面,画出围壁
的全部余量。画线时检查围壁下口与甲板上的位置线是否对准,并用松紧螺丝调整其偏
差。因为当甲板有脊弧和梁拱时,不对准会加大画线偏差,导致出现过大的装配间隙。

（2）画线时如果遇到甲板仍存在局部
凹凸不平,应根据该处甲板刚性大小,采取
不同措施。如局部不平发生在甲板骨架之
间,可用松紧螺丝将凹陷处向上提拉,如图
2 - 5 - 74（a）所示,然后画线。如果局部不
平发生在骨架位置,矫正比较困难,则只能
用样板平行于有变形的甲板进行画线,如图
2 - 5 - 74（b）所示。

4. 二次定位和定位焊

余量切割后,清除甲板上的废料杂物。
拆除四角支承型钢,松开液压千斤顶使分段
缓慢而平稳地降落到甲板上,进行分段二次
定位。

上层建筑与甲板的定位焊应先定外围
壁,再定内围壁,后定围壁上的骨架。各个
围壁的定位焊都应从刚性较强的圆角处,或
纵横围壁的连接处开始。在定位焊过程中

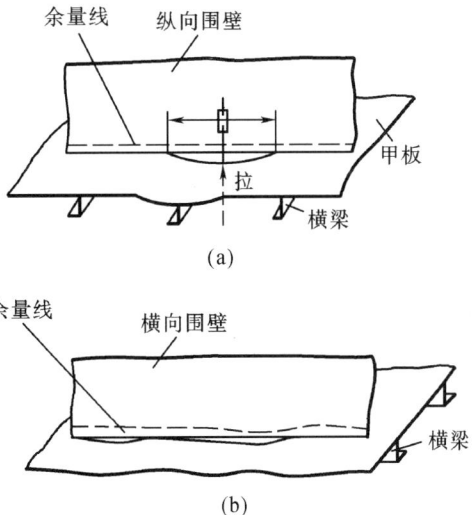

图 2 - 5 - 74　围壁下口余量画线
（a）骨架间甲板不平;（b）骨架处甲板不平

要随时注意围壁平直光顺,外形美观。最后安装围壁上的肘板等散装件。

5. 上层建筑的对接

如同一层甲板上的上层建筑由几个分段在船台对接,则合拢时尚须注意以下几点。

(1)后装分段定位后确定下口余量时,既要满足理论尺寸要求,还要考虑已装相邻分段的实际高度,保证同一层分段光顺过渡。

(2)后装分段定位时,应将分段一端插入先装分段,使其首艉位置准确无误。否则会因脊弧的影响,导致拉拢后围壁与甲板间出现过大的空隙。

(3)分段拉拢对接时,必须保证围壁板连接平直光顺。必要时可将外围壁与内围壁焊缝局部割开进行修补。

6. 逐层吊装时的注意事项

当上层建筑不是整体吊装而是逐层合拢时,尚须注意以下几点。

(1)必须保证上下分段外围壁光顺过渡。尤其是圆角部位必须正确吻合,光顺连接。当前围壁成倾斜时,上下分段的冲势应一致,不能在接缝处出现折角。

(2)当下层甲板伸出,外围壁对接改为与甲板角接时,在甲板上画外围壁位置线,以及分段合拢时,应使上下层外围壁互相对准,偏差不得超过 ±4 mm。上层建筑分段的船台合拢,除满足一般的结构装配要求外,应格外注意外围壁线型的平整光顺和整体外形的美观。

(三)烟囱的装配

1. 烟囱的结构

船上的烟囱一般位于驾驶甲板的机舱棚顶上,与驾驶甲板、灯杆及导航设备组成一个整体,是上层建筑的最高部位。烟囱的外形有流线型和方锥形两种。其形状和外壳的光顺程度影响船舶的外形美观。

图 2-5-75 所示为常见的流线型烟囱的结构。烟囱也是由钢板和型钢组成的板架结构,其组成如下。

烟囱围板前后和两侧四块围板构成烟囱外壳。

顶盖板位于烟囱顶部,其上开有烟道等孔口。顶盖板的周边形成烟囱的顶部形状。

水平桁材是烟囱中部偏下的水平框架构件。其周边形成烟囱的下部形状。

垂直扶强材沿围板周围设置在船体对应的肋位上。

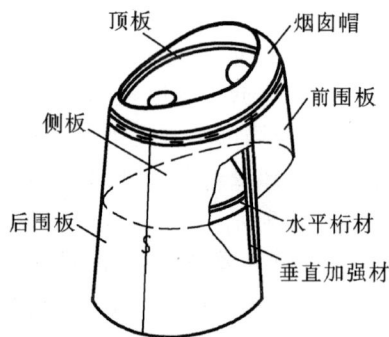

图 2-5-75 流线型烟囱的结构

顶圈板位于烟囱顶盖以上与围板上端连接,俗称僧帽。除有挡风作用外,可增加烟囱外形的美观。顶圈板的加工难度较大。目前的流线型烟囱不少都使围板向上延伸一定高度以代替顶圈板。

2. 流线型烟囱部件的装配

流线型烟囱的装配分部件预装和总装两个阶段。总装有卧式和立式(正,倒)两种,本节介绍烟囱的卧式装配工艺。

（1）顶盖板装配

①在平台上拼接顶盖板,焊接后将其矫正平直。

②在顶盖板上画出中心线、肋位线和构架安装线总装有卧式和立式(正、倒)两种。本、轮廓线、围板接缝位置以及烟道等出口开孔线。由于顶盖板纵向有一倾斜角度,按草图画线时注意将肋距伸长。

③切割顶盖板的边缘和孔口,装其上构架并焊接,矫正变形。

（2）水平桁材的装配

①和框架类构件制作方法相同,先在平台上画出中心线,桁材外形线和肋位线。

②拼装水平桁材,其外形与所画理论型线的允许误差为 ±2 mm。水平桁材上扶强材开孔与船体相应肋位对应。拼接时腹板应在同一平面。焊上型钢予以临时加强。

③在桁材腹板上画出中心线、围板接缝位置线。翻身封底焊,矫正变形后按型线复查。

（3）围板的装配

烟囱围板由前后左右共4块组成。高度方向的接缝为预先拼接,再轧制圆弧。前围壁及其内部的隔板和扶强材预先装配。后围壁的装配和前围壁相似。

3. 烟囱总装胎架的制作

卧装时,流线型烟囱在专用胎架装配,胎架的制作步骤如下。

（1）在平台上画出烟囱的侧面外形、肋位线、顶盖板及水平析材位置线以及围板接缝位置线。

（2）画出胎板位置。横向胎架一般设在顶盖板、水平桁材和离烟囱下端约 200 mm 等处,共 3 块。胎板应超出烟囱宽度 100 mm,以便于围板的吊装定位。沿烟囱高度方向再每隔一档在肋位处设垂直于胎板的纵向隔板以加强。

（3）按平台上确定的位置竖立胎板,检查垂直度。用水平软管在胎板上画出水平基准线。同时画出肋位线和围板接缝线,最后按样板画出胎板上缘并切割成型,如图 2 - 5 - 76 所示。

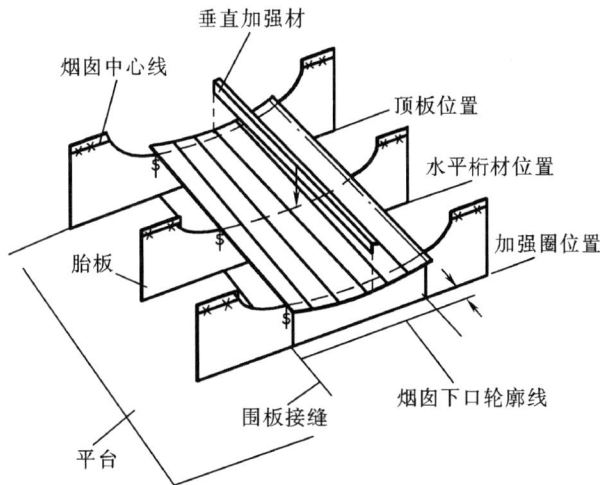

图 2 - 5 - 76　胎架制作及侧围板定位

4. 烟囱的总装

（1）将已拼接的左侧围板吊上胎架，按胎板及其上的围板接缝线进行定位，如图2-5-76所示。

（2）吊线锤将胎架与相关各线向上驳到侧围板上。画出顶盖板，水平桁材，垂直扶强材以及下口加强圈的位置线。

下口加强圈可用6~8 mm旧钢板制作，和水平桁材一样，也要按样板拼接，并准确割出垂直扶强材的切口，安装在距下口200~400 mm处，作为临时加强撑圈，以保证下口型线的准确。

（3）在侧围板上依次装配垂直扶强材、顶盖板、水平桁材和下口加强圈，如图2-5-76所示。各构件上的中心线对准胎架上的中心线。对准各自的位置线。水平构件要垂直于胎架基面，进行各构件定位焊。

（4）将右侧围板上的垂直扶强材嵌入水平桁材和下口加强圈的切口内，定位后用肘板将垂直扶强材与顶盖板上的相应构件相连接。

（5）装上已焊好垂直扶强材的前后围板，定位焊。最后吊装右侧围板，对接缝做必要的修割，将其与内部构件拉紧后进行定位焊。已经完成围板装配的烟囱外形应光顺美观，如图2-5-77所示。

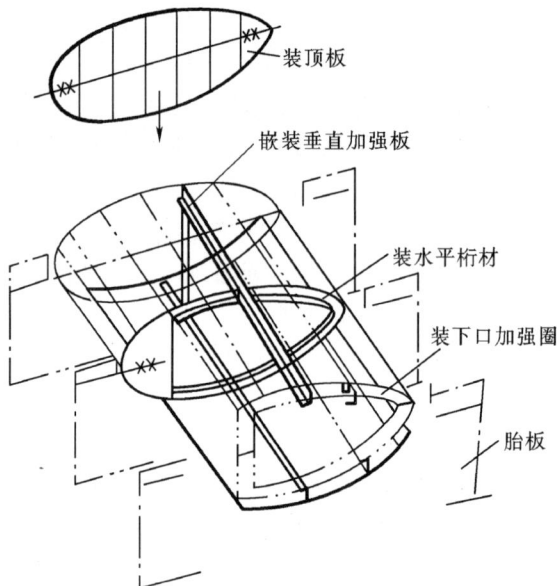

图2-5-77　烟囱构架的装配

（6）装配烟囱顶部周围肘板，以肘板作为内膜，安装顶圈板，如图2-5-78所示。注意型线光顺，左右对称。

（7）装烟囱百叶窗及其他附件。

二、工作任务训练

训练名称:装配上层建筑分段。

1. 训练内容及要求

训练内容:

（1）根据图2-5-79所示上层建筑分段，确定分段建造法（正、反造）及构件安装方法;

（2）确定胎架形式及设计胎架;

（3）设计上层建筑分段的装焊工艺;

（4）装配上层建筑分段。

训练要求:

（1）确定的分段装配方法要合理;

（2）胎架要满足施工要求，并节省材料，采用通用胎架画出示意图，要会调节胎架;

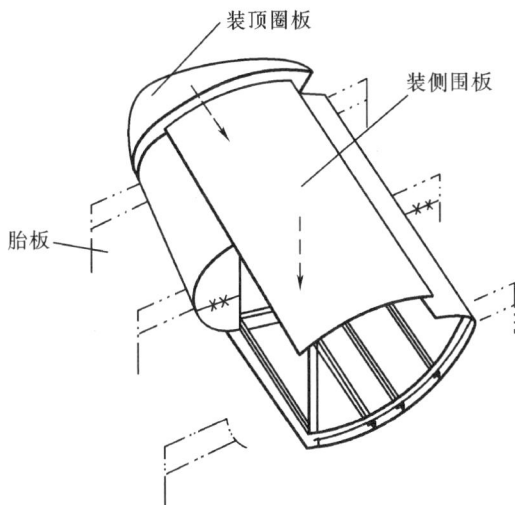

图 2 - 5 - 78　装另一侧围板及顶圈板

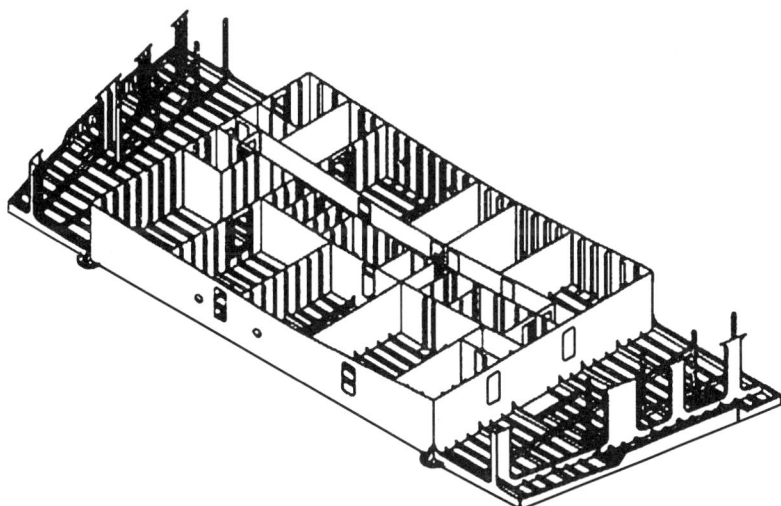

图 2 - 5 - 79　上层建筑分段(甲板为基面)

(3)用纸板模拟上层建筑分段的装配过程,注意严格按照装配流程制作。

(4)甲板横梁、甲板纵桁安装一般先小后大、先低后高、先间断后连续为原则,应尽量避免结构穿插安装;

(5)左右对称形式的围壁要看清构件方向;

(6)分段加强要在构架安装结束后立即进行,要在焊接前进行加强。

2. 训练资料、设备和工具

(1)训练资料:教材及船舶生产图纸。

(2)设备和工具:纸板、剪刀、美工刀、直尺、铅笔、胶水等。

3. 训练过程

下达工作任务→制订工作计划(任务分工→确定训练步骤)→实施工作计划→完成训

练记录。

4.训练步骤

(1)识读上层建筑分段施工图,了解分段结构形式、基本组成、构件大小及连接方式;

(2)确定分段建造方式及构件安装方法;

(3)设计及制作胎架(通用胎架则省略此项,但需要按型值进行调节);

(4)设计上层建筑分段的装焊工艺;

(5)按分段装焊流程用纸板模拟装配分段,完成结构模型制作。

任务九　中部总段的装焊

【学习目标】

1.掌握中部分段的装配;

2.掌握中部分段的检验方法。

【任务解析】

总段是由若干平面分段、曲面分段和立体分段组成的。中部总段就是由底部分段、舷侧分段、甲板分段及舱壁分段组成的环形部分。对于中小型船舶,在工厂设备、起重能力等条件许可之下,经常采用总段的方式建造船体中部。采用总段合拢,将使船台装配阶段中的许多分段合拢工作移到了总段装配阶段,使船台工作量减少,缩短船台周期。同时,总段装配更有利于预舾装新工艺的推广。当总段构架装配结束后,铁舾装、管系及木作工作都可以单元形式进行预制预装,大大缩短船台与码头的建造周期。对于批量生产的船舶,还有利于提高产品质量。

本任务学习中部环形总段常规装焊工艺,通过该任务的学习和训练能够编制总段装焊工艺,并能模拟(或仿真)装配环形总段。

【任务实施】

一、背景理论与知识学习

中部环形总段的装配,一般是以底部分段为基准分段,而后按工艺要求,先后将预先装焊好并经矫正合格的舱壁分段、舷侧分段、甲板分段吊到底部分段上组装。具体装配过程如下。

1.各个分段的制造

预先在胎架上对中部环型总段的底部分段、舷侧分段、甲板分段和舱壁分段进行装焊工作,制造方法如前所述。其中由于底部分段作为总段装配的基准分段,所以分段的装焊质量要求高。装焊结束后应在分段上画出中心线及肋骨检验线,并须经过火工矫正和提交验收。

2.总段装配

先将验收合格的底部分段在胎架(墩木)上定位正确,而后吊装舱壁、舷侧、甲板等分段。常规总段装配流程为:布置胎架→按组装顺序将相关分段吊上胎架→各分段在胎架上定位正确并适当固定→定出分段余量线并割除接头余量→装配、焊接、矫正→焊前加强→割除吊马、拉马和脚手马等→磨光补漆→安装搭载必要的吊马→加强→检查定位基准作出明显标记→检查贴附件的情况。总段的各分段吊装定位方法如下:

(1)底部分段定位(图2-5-80(a))。将底部分段在胎架(墩木)上进行定位。吊线锤使分段中心线与平台基面(胎架)中心线对准,用水平软管或激光经纬仪测量并调整分段内底板上四角的水平,使其符合工艺要求。在内底板上画出舱壁安装位置线。

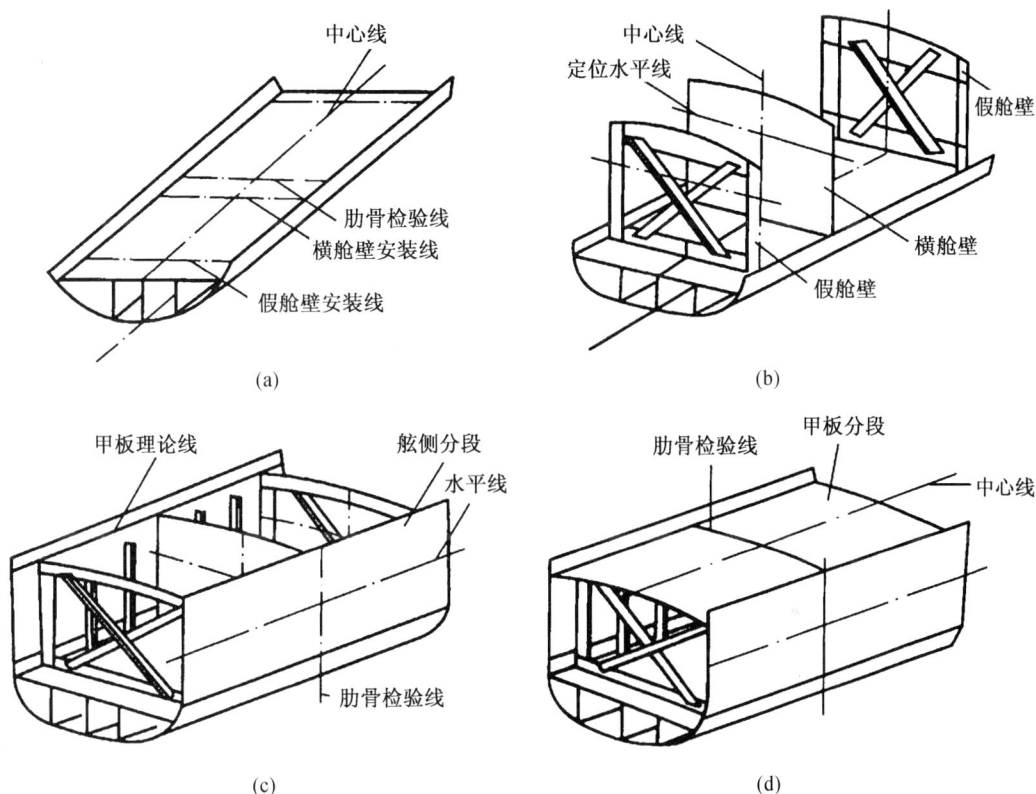

图2-5-80 总段装配
(a)底部分段定位;(b)吊装横舱壁分段;(c)安装舷侧分段;(d)安装甲板分段

(2)吊装横舱壁分段(图2-5-80(b))。将已装焊及矫正好的横舱壁吊上底部分段,放在其安装位置上。使其中心线对准内底板上中心线,吊线锤校正舱壁的垂直度,用松紧螺丝做临时支撑,并临时固定。用水平软管测量舱壁上定位水平线的水平情况,并调整至水平。根据定位水平线的高度与图纸上定位水平线的理论高度的偏差,画出横舱壁下缘的余量,并割除。用线锤再次校正横舱壁的垂直度和水平。使横舱壁与内底板贴紧,进行定位焊。

在吊装横舱壁时须注意以下几点:

①横舱壁必须与内底板下相应的肋板对准,舱壁板与肋板的错开值不得超过舱壁板厚度(肋板厚度)的一半。

②须用水平软管测量横舱壁上的定位水平线左右两端是否在同一水平面上。但当艏、

艉部分的舱壁中心线高度大于水平线宽度时,可以悬挂线锤来检测舱壁中心线是否在垂直位置上为定位依据。

③横舱壁上扶强材的安装方向和扶强材之间的距离必须符合图纸要求。

如果总段中横舱壁较少或者没有,为了保证甲板安装的高度和便于舷侧分段的安装,增加总段端部的刚性,可在总段两端设置假舱壁,等总段完工后再拆除假舱壁。假舱壁是由钢板和型钢组成框架结构。其高度、半宽尺寸及线型必须符合假舱壁安装部位的肋骨横剖面线型。假舱壁上也须画出中心线及定位水平线。安装、定位方法同前。

(3)安装舷侧分段(图2-5-80(c))。装焊好的舷侧分段须画出定位水平线、肋骨检验线和甲板位置线。将舷侧分段吊上底部分段,插入到事先安装在底部外板上的托板中,并用带松紧螺丝的拉条将其与内底板、横舱壁拉牢。然后使舷侧分段上的肋骨检验线与底部分段上的肋骨检验线对齐。同时检查舷侧分段上的横舱壁(或假舱壁)安装位置线是否与分段上的舱壁(或假舱壁)对齐。

将舷侧分段拉拢靠紧横舱壁(或假舱壁),在舷侧分段的肋骨检验线和艏艉两端的甲板理论线处吊线锤,测量分段在此三处的半宽。

用尺测量舷侧分段两端的甲板线(定位水平线)的高度值,并调整至符合工艺要求。根据高度值与理论高度值的差值,画出舷侧分段下缘的余量线,并进行切割。切割好后,进行舷侧分段与底部外板和横舱壁的定位焊,并进行舭肘板安装。

舷侧分段的吊装可一舷先安装,另一舷后安装。另一舷安装时须使左右两舷的肋骨检验线在同一横剖面上,否则甲板吊装后会出现横梁与肋骨错位的现象。

(4)安装甲板分段(图2-5-80(d))。将甲板吊上总段。在甲板中心线处吊线锤到内底板的中心线上,使两者中心线相互对准。并使甲板肋骨检验线对准舷侧分段肋骨检验线,检查甲板横梁与肋骨对准情况。甲板边缘对准在舷侧分段上的甲板位置线,同时使甲板与舱壁贴紧。

总段有横舱壁,则甲板的梁拱值由横舱壁来保证。若无横舱壁,则可用水平软管来检查甲板的梁拱值,如图2-5-81所示,即用水平软管测出甲板中心线处,距标尺上某一定点的高度值h及甲板边缘距该定点的高度差值h_0,那么甲板的梁拱值$f = h_0 - h$。若f值与图示理论梁拱值相等,则分段甲板梁拱正确;若f大于或小于图示理论值,则应采取对甲板向下压或向上顶,再配以火工等措施进行矫正,直至符合要求。

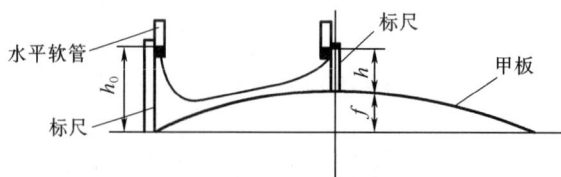

图2-5-81 甲板梁拱测量

当甲板位置全部拉对后,再进行甲板与外板、甲板与横舱壁的定位焊。

至此,总段安装完毕,进行加强和吊环的安装、焊接。焊接完毕后,根据图纸要求,画出总段两端的余量线,根据工艺要求割除余量。最后进行测量验收,按中部环型总段质量要求进行完工测量。

二、工作任务训练

训练名称:装配散货船舷侧总段。

1. 训练内容及要求

训练内容:

(1)根据图2-5-82所示散货船舷侧C型总段,确定总段建造法(正、反造)及各分段安装方法;

(2)确定安装场地及工装;

(3)设计散货船舷侧C型总段的装焊工艺;

(4)装配散货船舷侧C型总段。

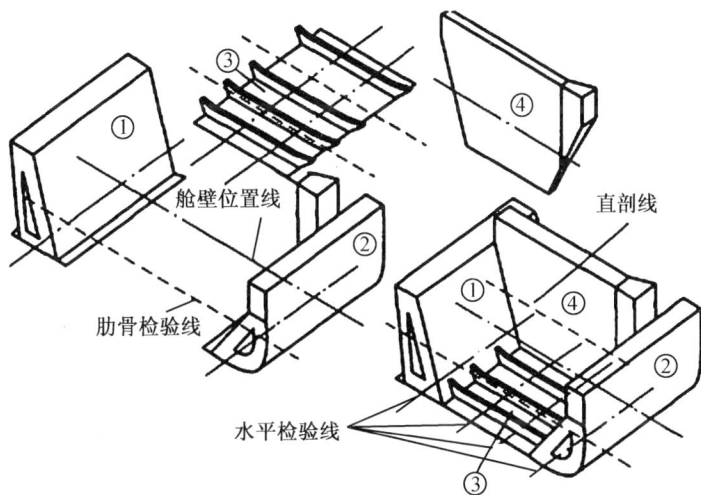

图2-5-82　散货船舷侧总段

1—顶边舱分段;2—底边舱分段;3—舷侧分段;4—横舱壁分段

训练要求:

(1)确定的总段装配方法要合理;

(2)装配前要做好工艺准备,做好工具、器材、辅助材料方面的生产准备工作;

(3)需要用胎架装配总段应根据工艺要求制造总装胎架;

(4)用纸板模拟散货船舷侧C型总段的装配过程,注意严格按照装配流程制作。

2. 训练资料、设备和工具

(1)训练资料:教材及船舶生产图纸。

(2)设备和工具:纸板、剪刀、美工刀、直尺、铅笔、胶水等。

3. 训练过程

下达工作任务→制订工作计划(任务分工→确定训练步骤)→实施工作计划→完成训练记录。

4. 训练步骤

(1)识读散货船舷侧C型总段结构图,了解组成总段的分段的结构特点、各分段之间连接方式;

（2）确定总段建造方式及各分段安装方法；

（3）选择装配场地及工装（如采用胎架则要设计及制作胎架）；

（4）设计散货船舷侧 C 型总段的装焊工艺；

（5）按总段装焊流程用纸板模拟装配总段，完成结构模型制作。

【课后自测】

一、填空

1. 船体分段的种类主要分平面分段、（　　　）面分段、半立体分段和（　　　）分段。

2. 船体分段建造方法有正造法、（　　　）造法和（　　　）造法。

3. 船体分段中构件装配方法有（　　　）装配法、放射装配法、（　　　）装配法和框架式装配法。

4. 船体分段装配时与胎架用（　　　）固定，以保证外板与胎架贴紧，并防止分段产生焊接（　　　）。

5. 上层建筑分段一般由（　　　）、围壁板和（　　　）等组成，采用以（　　　）为基准面翻身的方法进行建造。

6. 分段装焊时纵向构件在端部与板留（　　　）长度不焊，以便大合拢时与相邻分段（　　　）构件的连接。

7. 纵骨架式分段的多采用（　　　）翻身方式，如果横向刚性较差，则进行（　　　）向加强。

8. 钢板制成的吊环中，无肘板式吊环一般与分段（　　　）安装，有肘板式吊环则（　　　）安装。

9. 固定式平台主要用于（　　　）装焊船体部件、组件及各种分段，也可以作为设置（　　　）的基础。

10. 水泥平台是用（　　　）浇成的，并在其表面埋入许多按 500 ~ 1 000 mm 间距平行的（　　　）。

11. 传送带式平台主要有链式传送带平台、（　　　）平台、（　　　）平台和圆盘式平台。

12. 专用胎架按胎板形式分有（　　　）式胎架、桁架式胎架、（　　　）式胎架和支点角钢式胎架。

13. 船体分段的种类主要分平面分段、（　　　）分段、半立体分段、（　　　）分段和（　　　）。

14. 船体分段建造方法有正造法、（　　　）法和（　　　）法。

15. 船体分段中构件装配方法有（　　　）装配法、放射装配法、（　　　）装配法和框架式装配法。

16. 双层底内底边板（　　　）、（　　　）、（　　　）、（　　　）的等四种形式。

17. 根据底部分段的结构不同，分段的装配方法有（　　　）和（　　　）两种。

18. 正装双层底分段需翻身（　　　）次，倒装双层底分段需翻身（　　　）次。

19. 舷侧分段胎架基面切取方法常为（　　　）、（　　　）和（　　　）。

20. 甲板分段是以（　　　）为基准面采用（　　　）方法制造的。

二、判断(对的打"√",错的打"×")

1. 正造法,分段建造时的位置与其在实船上的位置一致,通常用于单底分段、机舱分段及批量生产。　　　　　　　　　　　　　　　　　　　　　　　　　　　　　(　　)

2. 先将所有的纵、横构件组装成箱形框架并焊好,再与板列组装在一起形成分段,称为插入装配法。　　　　　　　　　　　　　　　　　　　　　　　　　　　　　　(　　)

3. 胎架是船体分段装配和焊接必需的工艺装备,它的作用是使分段的装配和焊接工作具有良好的条件。　　　　　　　　　　　　　　　　　　　　　　　　　　　　　(　　)

4. 立体分段检验是对分段的外形尺寸、构件尺寸、构架位置、零件数量、装配精度和焊接质量的检验。　　　　　　　　　　　　　　　　　　　　　　　　　　　　　(　　)

5. 落地翻身可在沙坑上进行,在翻身过程中利用沙子的阻力和缓冲作用,控制分段的翻身运动,并使结构不发生变形损坏。　　　　　　　　　　　　　　　　　　　(　　)

6. 分段变形的主要原因是焊缝位置不对称于中和轴,焊缝冷却收缩量不一致,以及在装配焊接过程中的工艺措施不当等因素所造成的。　　　　　　　　　　　　(　　)

7. 胎架基准面切取的依据是基本结构图。　　　　　　　　　　　　　　　　(　　)

8. 框架式建造有利于扩大机械化焊接方法的使用范围,便于构架焊后变形矫正,减少分段总的焊接变形,提高建造质量和生产效率。　　　　　　　　　　　　(　　)

9. 舷侧分段都是采用侧造法建造,根据舷侧分段的线型不同,其装配方式也不同。　　　　　　　　　　　　　　　　　　　　　　　　　　　　　　　　　(　　)

10. 甲板分段的型线虽是双曲度的,但甲板梁拱和脊弧曲线变化都比较和缓,所以,一般选择在支柱式胎架上进行装焊。　　　　　　　　　　　　　　　　　(　　)

11. 根据外形轮廓线切割舱壁的余量,一般舱壁的上口及左右两舷处切割,下口余量不割,待船台定位时再切割。　　　　　　　　　　　　　　　　　　　　(　　)

12. 船舶首尾立体分段的线型变化比较大,底部又较瘦削,一般都采用以甲板为基准面的正造法制造。　　　　　　　　　　　　　　　　　　　　　　　　(　　)

13. 如果起重设备能力不够,可将艉段分成三或四段建造。　　　　　　　(　　)

14. 上层建筑分段的胎架结构形式与甲板胎架相同,可采用支柱式或框架式胎架。　　　　　　　　　　　　　　　　　　　　　　　　　　　　　　　　(　　)

三、名词解释

1. 平面分段
2. 环形总段
3. 半立体分段
4. 分段正造法
5. 分段反造法
6. 侧(卧)造法
7. 分离装配法
8. 放射装配法

四、简答

1. 胎架基准面有哪几种,分别适用于哪些分段?

2.分段装焊工艺的基本内容是什么?

3.分段各种建造方法分别用于什么部位的分段?

4.简述分段骨架装配各种方法的装配顺序。

5.简述底部、舷侧和甲板分段装焊工艺过程。

6.简述分段焊接变形的预防措施。

7.什么是反变形,为什么在分段装配时要留反变形?

8.底部分段画线方法有哪几种?

9.简述顶边舱半立体分段的装焊工艺。

10.简述底边舱半立体分段的装焊工艺。

11.简述上层建筑采用反造法的装焊工艺流程。

12.简述正造双层底部分段装焊工艺过程。双层底分段变形矫正方法。

13.简述甲板分段纵横构架画线的方法。

14.简述平面舱壁分段的装配步骤。

15.简述槽型舱壁的装配方法。

16.简述满档板安装方式。

17.简述尾托底小分段的预制装配顺序。

18.什么情况下采用总段装配?简述中部总段的装焊过程?

19.分段吊运翻身方式是什么?吊环形式有哪几种?怎样确定吊环数量和布置位置?

20.总段装配时,甲板分段、舷侧分段、横舱壁分段如何定位?

项目六　船体总装装配

【项目描述】

船舶总装主要指的是船体总装(俗称大合拢),即在船体结构经过预装配而形成部件、分段或总段后,经同步舾装和除锈涂装后,吊运到具有坚实地基的总装场所,最后在船台(或船坞)组装成完整的船体的工艺阶段,目前也叫船台(船坞)搭载,它是船体建造过程中陆上作业的最后阶段。船体总装对保证船舶的建造质量,缩短船舶建造周期有着直接的关系。

本项目有三个任务。首先对船舶总装知识进行认知,包括船台场地和施设、总装前的准备工作、船体建造方案的选择、吊装程序等;然后进行船体总装装配工艺学习和操作及结构密性试验。

知识要求

1. 熟悉船台装焊的准备工作;

2. 掌握分段定位与装配的过程;

3. 掌握装配焊接变形的原因和预防措施;

4. 掌握基准分段的定位过程;

5. 掌握相邻底部分段的船台装配;

6. 掌握舱壁分段的船台装配;

7. 掌握舷侧分段的船台装配;

8. 掌握甲板分段的船台装配;

9. 熟悉艏、艉分(总)段的船台装配;

10. 熟悉上层建筑的船台安装;

11. 熟悉密性试验的技术条件和过程。

能力要求

1. 能熟练掌握船台分段定位与装配的过程和方法;

2. 能初步掌握密性试验的方法。

工作任务

任务一　船体总装知识认知;

任务二　船体总装装焊;

任务三　船体密性试验。

任务一 船体总装知识认知

【学习目标】

1. 掌握船台和船坞类型;
2. 熟悉船台和船坞工艺装备;
3. 掌握船台上的准备工作;
4. 掌握船体上的准备工作。

【任务解析】

船台(或造船坞)是将分(总)段组装成整个船体的工作场所,它应具有坚实的地基,并设置在船体车间附近靠水域的地方,以缩短分(总)段的运输路线,便于船舶下水。船台和船坞类型是船台装焊的基础,船台和船坞工艺装备也应熟悉。我国大多数船厂在船台上进行船体总装。为保证船体总装的施工质量和进度,必须切实做好船台装焊的准备工作。准备工作分为船台上的和船体上的两部分。

本任务首先对船舶总装场所和设施进行认知,然后学习船体总装方式及建造方案的选择,了解总装前船台和船体上的准备工作,分段上船台的吊装程序,通过该任务的学习和训练能够根据船体建造场地进行船体建造方案选择,做好总装前的准备工作,进行船台画线。

【任务实施】

一、背景理论与知识学习

(一)船舶总装场所和设施

作为总装场所的船台或船坞,都配备有大型吊车、焊接电源设备、各种能源供应设施和辅助设施。并具有将船舶送入水中的下水装置。船台和船坞一般都和分段制造区及船体装焊车间邻近,以便以最短路线将完工分段送往总装场所。

1. 船台(船坞)类型

(1)纵向倾斜船台

纵向倾斜船台是一种船台平面与水平面呈一定角度(称为船台坡度)的船台,倾斜度大小通常取 1/24 ~ 1/14。这是目前船体建造和下水采用最普遍的一种形式,如图 2 - 6 - 1 所示。纵向倾斜船台的地基由钢筋混凝土构成,沿船台两侧铺设平行的起重机轨道,配置起重能力较大的起重机。这种船台的优点是船舶建造与下水在同一位置,建造场地比较紧凑,一般情况下不必移船,因而不需要专用的移船装置。纵向倾斜船台通常与纵向涂油、钢珠滑道结合使用,是目前应用最广泛的船舶总装和下水设施之一。

(2)水平船台

水平船台是船台平面与水平面平行的船台。地基上铺设供船台小车(或随船架)移动的钢轨。这种船台的优点是船舶呈水平建造,所以船体总装时的运输、画线、安装、定位、测量和检验等作业都比倾斜船台方便,且下水安全可靠,而且能排列多个船位,装焊工作方便,并可以双向使用,能下水也能上排。水平船台通常与机械化滑道、升船机、浮船坞等下水设施结合使用。常见于中、小型船舶修造厂。

(3)半坞式船台

半坞式船台是纵向滑道和倾斜船台派生出来的一种新式船台,即在使用纵向滑道的倾斜船台上建造大型船舶时,为了充分利用船台水上部分,又不使船台前端部超出厂区的地面过高过长,在滑道后端加一坞门,以免船台后端浸水而影响操作。建造船舶时,只要关闭坞门和将水抽干,即可进行船舶总装作业,如图2-6-2所示。

半坞式船台滑道常采用钢珠下水装置。这是因为在下水以前需预先将船舶由船台墩木转移到滑道上,然后开启坞门,引水入船台内,待潮水涨至平潮时下水,故滑道承受船重的时间较长。这对于钢珠下水装置并无影响,而对于油脂却有极大影响。因为油脂的承压时间

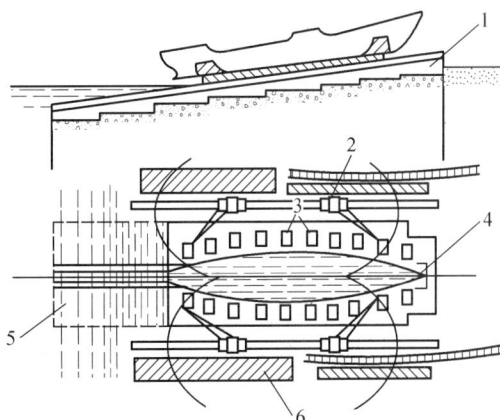

图2-6-1 纵向倾斜船台
1—船台;2—起重机;3—脚手架;
4—滑道;5—浮台;6—配套场地

图2-6-2 半坞式船台

长,静摩擦系数会增大,甚至油脂被挤出滑道,发生失油现象,从而影响到船舶的顺利下水。

(4)造船坞

造船坞是低于水面,端部设有闸门,在闸门关闭后能将水排干以从事船舶修造的水工建筑物。它具有水平船台的一些优点,船舶也是呈水平状态建造。而且由于建造船舶的坞底低于地平面,降低了分(总)段的起吊高度,可配置横跨船坞和坞侧预装焊区的大跨距、大起重量的龙门式起重机,使船舶建造的机械化程度大大提高,而且采用船坞下水能大大地简化船舶下水工艺,适合建造大型船舶。目前,已有可造30万吨级船舶的大型造船坞。

根据坞的深度,船坞分为两种,浅的用于造船,称为造船坞;深的用于修船,称为修船坞。图2-6-3所示为造船浅坞。

2.船台(船坞)的工艺装备

(1)纵向倾斜船台的工艺装备

为了保证船舶总装作业的顺利进行,在船台上必须配置以下工艺装备。

①船台中心线槽钢 用槽钢或钢板条制成,嵌埋在船台中心线的地面上,其长度要比所建造的最大船舶的船长长6~10 m,宽度约为100~150 mm,供造船时画船台中心线和肋骨检验线使用,作为分段或总段定位的依据。

②高度标杆 垂直于水平面设置在船台的两侧,其上刻有基线、水线、甲板线以及其他高度理论线,作为船台上应用激光经纬仪和激光水准仪进行船台铺墩、分(总)段定位和检验的高度标准。高度标杆分为塔式标杆(金属架制成)和杆式标杆(型钢制成)两种类型。

③船台拉桩 又称"地牛",埋置在船台地面处,供分段定位时拉曳用。有独立式拉桩

图 2 - 6 - 3　造船浅坞

（埋在钢筋混凝土板内的钢筋拉环）、混凝土墩拉桩和连续式槽钢拉桩。

④脚手架（或作业台）　船舶总装时设置的供人员往来和作业用的工作台架。通常有舷外脚手架和舱内脚手架两种。图 2 - 6 - 4 所示为固定式舱外脚手架和固定式舱内脚手架。这类脚手架敷设和拆除工作量大,使用也颇为不便。因此,近年来研制出多种形式的可调节脚手架和自动作业台。

⑤墩木　又称楞木,是船台上支承船体的主要装备。按布置位置分为龙骨墩和边墩;按材料分为金属墩、混凝土墩和木墩,如图 2 - 6 - 5 所示。

龙骨墩铺放在中底桁的下方,它由水泥墩或金属墩上安放木墩组成。它的高

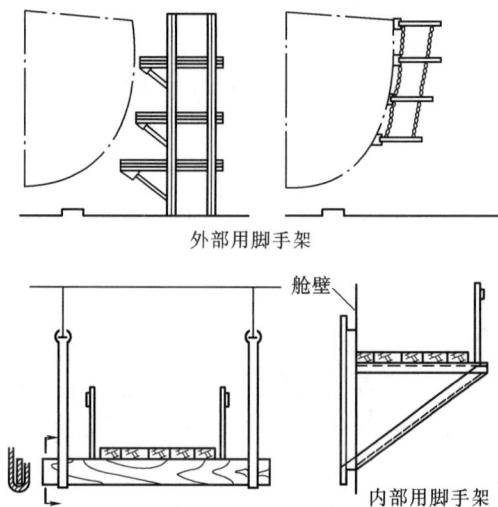

图 2 - 6 - 4　固定式脚手架

度为 1 ~ 1.8 m,以便在船底进行作业,间距为 1 ~ 1.5 m,数量由船长和下水质量决定。边墩的高度随船型而定,间距为 4.5 ~ 6 m。若船舷或艉舭某些部位的高度太大时,可用斜撑代替边墩。

为了改善铺墩和拆墩的劳动条件,提高作业效率,已研制出多种调节式墩木。如图 2 - 6 - 6 所示是几种调节式墩木的示意图。其中(a)是一种活动升降式墩木,图中右半边表示升高时的情形;左半边表示降低时的情形;(b)是一种机械调节式墩木,通过液压千斤顶带动下斜楔平移,使上斜楔做升降移动,以调节墩木的高度;(c)是一种船底千斤顶。但在

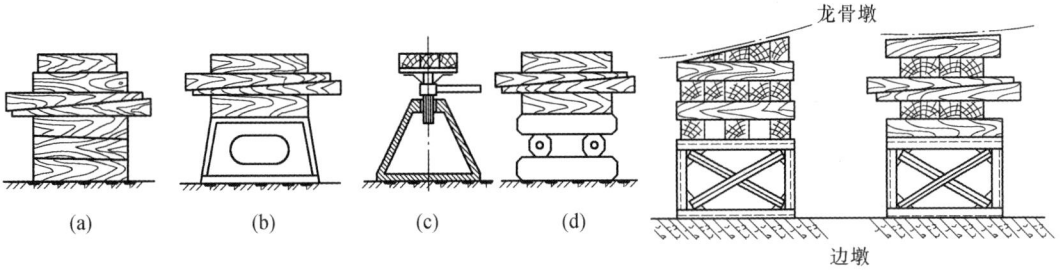

图 2 - 6 - 5　墩木

使用这些装置时在分段定位和纵横焊缝焊好后,必须加上普通墩木支顶船舶,以免产生集中负荷。

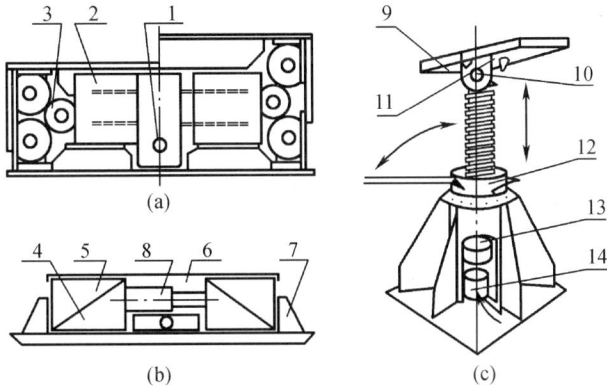

图 2 - 6 - 6　可调节式墩木

1—作用蜗杆轴;2—作用螺母;3—作用滚轮;4—下斜架;5—上斜架;
6—拉紧板;7—支撑板;8—滚压千斤顶;9—船底支撑台;10—头球部;
11—支承;12—安全螺母;13—螺杆;14—可移油压千斤顶

船台上除了配置有足够起重能力的高架吊车及主要工艺装备以外,还必须配置电力、压缩空气、氧气、乙炔、水及蒸汽等动力供应设施。

(2)水平船台的工艺装备

水平船台除拥有倾斜船台的工艺装备外,还需设置以下两种工艺装备。

①船台肋骨槽钢　它是沿全船的基准肋骨线上,横向嵌埋在船台两侧的槽钢,作为分段或总段安装定位时,决定纵向位置用,如图 2 - 6 - 7 所示。

②移船设备　由船台小车和钢轨组成(或用钢柱滚道代替船台小车)的移动设备。船台小车分为自动船台小车和非自动船台小车两大类,如图 2 - 6 - 8 所示。

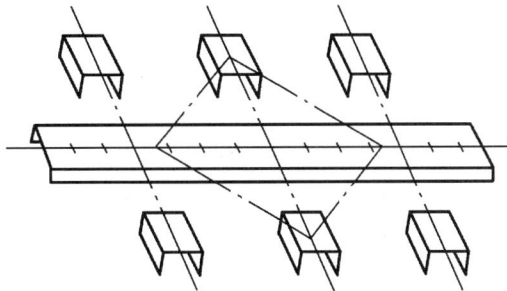

图 2 - 6 - 7　船台肋骨检验线槽钢

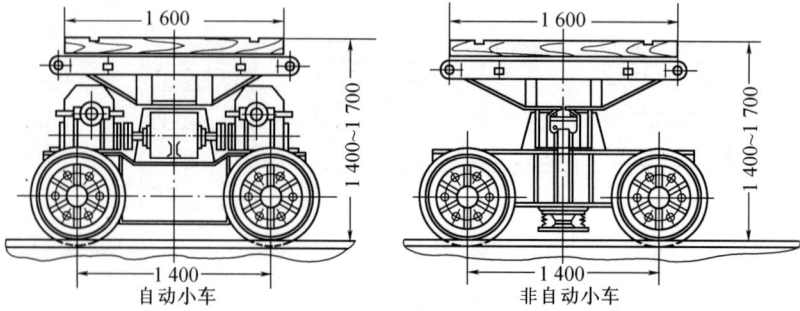

自动小车　　　　　　　　　非自动小车

图 2 - 6 - 8　船台小车

　　船台小车由两个金属架组成:底架——带有两个装着走轮的大梁,大梁中间装有油压千斤顶;顶架——铺有木质平台的金属架,其上可设置墩木。船台小车的轮数常为4个。图2 - 6 - 9 和图2 - 6 - 10 所示为梳式滑道用的两种船台小车形式。

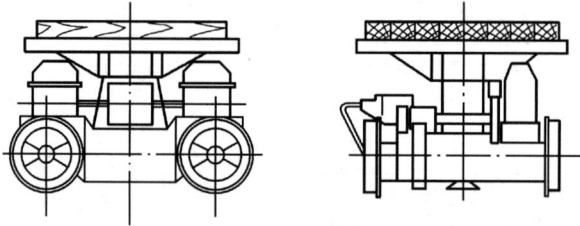

图 2 - 6 - 9　梳式滑道用自动船台小车

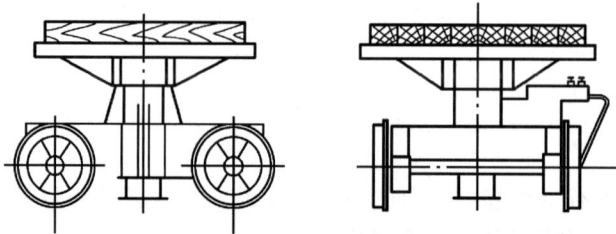

图 2 - 6 - 10　梳式滑道用非自动船台小车

　　(3)船坞工艺装备

　　船坞中总装所采用的工艺装备与水平船台基本相同,不再赘述。

(二)船体总装方式及建造方案的选择

　　由于产品对象和船厂生产条件各不相同,船台总装方式(称为建造法)也各式各样。它们都是根据船舶结构特点和船厂生产条件,按有利于平衡生产负荷、提高效率、缩短造船周期和改善劳动条件等原则确定的。常用的建造方法必须掌握。

　　1.船台总装方式

　　(1)单船建造

　　①总段建造法

　　以总段作为船体总装单元的建造方法。由于总段较大、刚性好,并有较完整的空间,因此能减少船台工作量和焊接变形,提高总段内预舾装程度,并可提前进行密性试验。由于受船台起重能力的限制,一般只适用于建造中小型船舶。但对于采用水平船台造船的船厂,因可使用船台小车作为总段的运送工具,故受上述限制要小一些。如图 2 - 6 - 11 所示,首先将船中部(或靠近船中)的总段(基准总段)吊到船台上定位固定,然后依次吊装前后的相邻总段,当两个总段的对接缝结束后,即可进行该处的舾装工作。

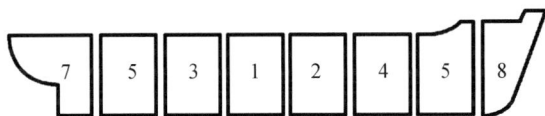

图 2 - 6 - 11 总段建造法

②塔式建造法

建造时以中部偏后的某一底部分段为基准分段(对中机型船,也可取机舱分段),由此向前后左右,自下而上依次吊装各分段,在建造过程中所形成的安装区始终保持下宽上窄的宝塔形状,故称塔式建造法,如图 2 - 6 - 12 所示。其安装方法较简便,有利于扩大施工面和缩短船台周期。但焊接变形不易控制,完工后艏艉上翘较大。

③岛式建造法

有两个或两个以上基准分段同时进行船体总装的建造方法。就是将船体划分成 2 ~ 3 个建造区(简称"岛"),每个岛选择一个基准分段,按塔式建造法的施工方法同时进行建造,岛与岛之间用嵌补分段连接起来。划分成两个建造区的称为两岛式建造法,划分成三个建造区的称为三岛式建造法,如图 2 - 6 - 13 所示。这种建造法能充分利用船台面积,扩大施工面,缩短船台周期,而且其建造区长度较塔式建造法短,船体刚性较大,所以焊接总变形比塔式法小,但是其嵌补分段的装配定位作业比较复杂。这种方法常用来建造船长超过 100 m 的大型船舶。

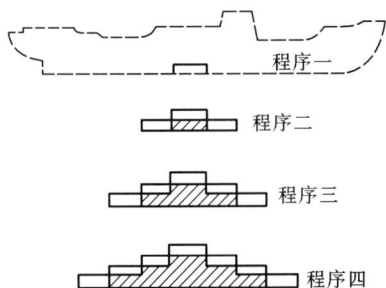

图 2 - 6 - 12 塔式建造法

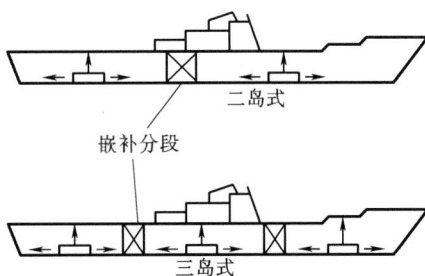

图 2 - 6 - 13 岛式建造法

④水平建造法

在船台上先将船底分段装焊完毕,再向上逐层装焊直至形成船体的造船方法,也称层式建造法。水平建造法是由整体建造法演变而来的,是国外采用较多的方法,近年来已为我国少数大船厂所采用,其优点是船体分段吊装时,初期投入物量比较多,从而使整个船台建造周期中吊装负荷比较均匀,有利于机舱区的扩大预舾装和缩短船台建造周期;缺点是船台周期较长、焊接变形较大,适用于建造船台散装件较多的船舶,如图 2 - 6 - 14 所示。

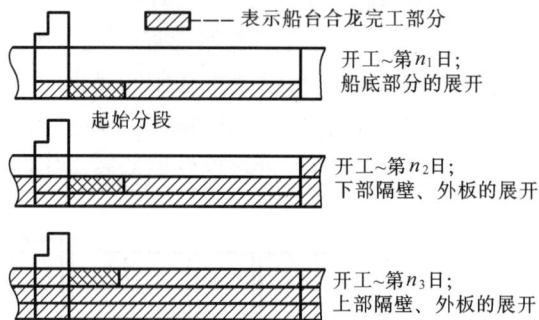

图 2 - 6 - 14　水平建造法

⑤两段建造法

也称两段建造水上合拢法或坞内合拢法。它是将船体分为两段,在船台上或船坞内分别建成,在水下或坞内合拢成整个船体的建造方法。这是在船台或船坞的长度不能满足的特殊情况下采用的方法。该方法可利用现有船台(或船坞)造大船,是一种使用小船台、小船坞配合大船坞造大船的生产方式,降低了大船坞合拢周期,充分利用了资源,节省了基建投资。但两段在水上合拢需建造庞大的隔水装置,因此一般是在船坞内合拢,如图 2 - 6 - 15 所示。

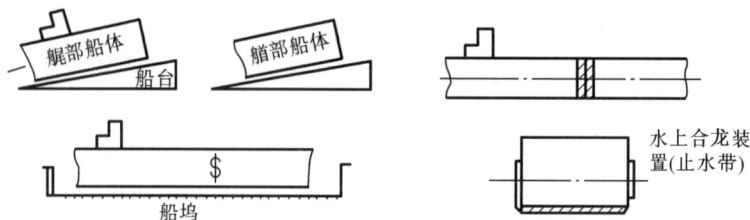

图 2 - 6 - 15　两段建造法

除了两段建造法以外,有些船厂为了缩短船台(或船坞)建造周期,还采用三段建造法,将船体三大段在水平船台或其他总装区建造好后分别下水,然后将其拖至总装船坞进行总装。

(2)批量船建造

①串联建造法

在船台尾端建造第一艘船舶的同时,就在船台首端建造第二艘船的尾部,待第一艘船下水后,将第二艘船的尾部移至船台尾端,继续吊装其他分段形成整艘船体,与此同时,在船台首端建造第三艘船的尾部,依次类推,如图 2 - 6 - 16 所示。这种形式能大大提高船台利用率,缩短船台建造周期,提前进行舾装作业,对改善生产管理,均衡生产节奏具有许多优势。但是,它只能在船台长度大于建造船舶的长度(约等于 1.5 倍船长)时才能采用,且在倾斜船台上采用此法时,还必须配

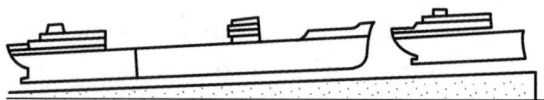

图 2 - 6 - 16　串联建造法

置移船设备。因此,适于批量建造大、中型船舶,特别是批量建造艉机型船舶,这是由于艉机型船的机舱和泵舱均位于艉部,艉段提早形成有利于早期舾装工作的开展。

为了充分利用造船设施,对于船坞造船时,根据船坞的大小及所造船舶的尺度,坞内还可以在宽度方向同时布置两条船,在坞长方向还可以布置其他船只,一坞同时造两艘以上的船只即"串并联"的形式。

②三阶段建造法

这是 20 世纪 70 年代建造的船厂所采用的一种造船方式。它以在坞中舾装为目的,将建造工程分为几个阶段,以使船体和舾装的作业量均衡,并在坞中进行主机安装和试车,出坞后可立即进行试航。以三工位方式为例,它将船舶建造工程分为船尾建造、船首和平行中体建造、舾装工作三个建造阶段,有直线式,如图 2 - 6 - 17(a);也有侧坞式,如图 2 - 6 - 17(b)。

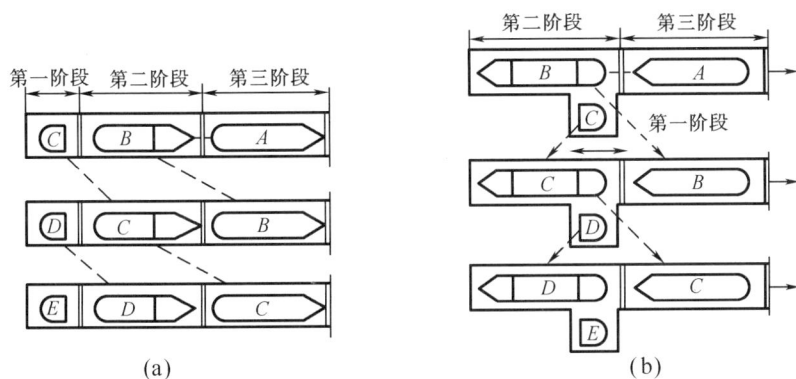

图 2 - 6 - 17　三阶段建造法
(a)直线式;(b)侧坞式

2. 选择建造方案

虽然船体总装在建造方法上有所不同,但在一个建造区内的分段吊装顺序和分段定位固定方法是相同的。采用塔式建造法进行船台装配时其装配顺序通常如下:

(1)基准分段的定位;

(2)吊装基准分段上的舱壁分段和前后的底部分段;

(3)吊装舷侧分段,向艏、艉方向继续吊装底部分段和舱壁分段;

(4)吊装甲板分段,继续吊装底部分段、舱壁分段和舷侧分段。对已形成环形船体部分,进行分段大接缝的焊接;

(5)继续向艏、艉方向吊装底部分段、舱壁分段、舷侧分段和甲板分段,继续对装配完工的分段大接缝的焊接,并对分段大接缝已施焊结束的舱室开展舾装作业;

(6)吊装艏、艉分(总)段,继续完成分段大接缝的焊接工作和舱内舾装作业;

(7)吊装及焊接上层建筑,继续进行舾装作业。

针对以上装配顺序,逐个介绍装配过程,其装配过程也必须掌握。

(三)总装前的准备工作

1. 船台上的准备工作

船台上的准备工作之一是画出船台上基准线,包括船体中心线、船体半宽线、分段两端肋位线(或肋骨检验线)、垂线间长和最大船体长度及高度标杆上的高度基准线,作为分段在船台装配定位和主尺度交验时的测量依据,船台上标注的基准如图 2-6-18 所示;此外,船舶总装前,对船台两侧设置的高架吊车以及供施工用的压缩空气、水管、电路、乙炔、氧气等系统管路,均须进行检查。

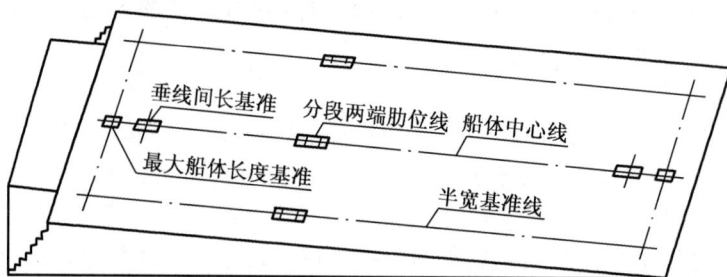

图 2-6-18　船台上标注的基准

(1)画船台中心线

确定船台中心线的方法有照光板法、拉钢丝吊线锤法、望光柱法和激光经纬仪法。目前,国内大中型船厂广泛采用激光经纬仪法确定船台中心线。

在船台中心线槽钢上画船台中心线的方法如图 2-6-19 所示。操作时,将激光经纬仪安置在船台中心线的端点,对中整平后,发射激光点到槽钢 A 上(应超越船的尾端),每隔 1.5~2 m 画出一点,然后将所有点连成直线,即为船台中心线。船台中心线画好后,要在船台中心线上确定首、尾尖点,画出首、尾尖点位置线。在首、尾尖点间拉钢卷尺,将分段大合拢前后肋骨位置画在船台中心线上,并用铣头作出标记和用色漆写上肋骨号码。

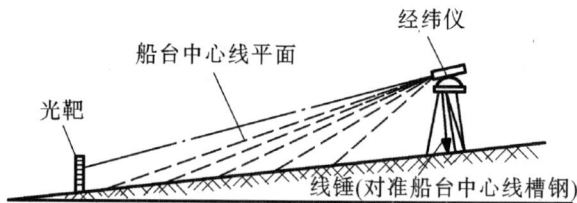

图 2-6-19　画船台中心线

没有激光经纬仪时,可采用拉钢丝吊线锤的方法来画出船台中心线。本方法具体做法如下:

①在船台首、尾两端装设角铁架;

②通过两角铁架拉钢丝,用线锤吊对船台中心线板上首、尾端的中点;

③每隔 1 m 向下悬线锤至中心线板,用钢针做出标记;

④连出各点即得船台中心线,凿印标记,并用色漆标明。

使用本方法时要注意风对悬锤的影响,尽可能选用较重的线锤。

(2)画船台半宽线

为方便船台合拢对宽度的测量,应绘制船台半宽线,一般船台半宽线应小于船舶的半宽值。船台半宽线通常也是采用激光经纬仪来绘制的,首先在船台首、尾尖点位置线上确定左右半宽点,过该点用画船台中心线的方法做出船台半宽线,并在半宽线上画出合拢缝前后肋骨位置,作出标记和用色漆标上肋骨号码。

（3）画船台肋骨检验线

在倾斜船台上一般不设船台肋骨线槽钢，只在船台中心线槽钢上逐档或间隔 5 档画出肋骨位置线及分段大接头接缝线，并用色漆标上肋骨号码和分段号。

在水平船台上根据规定的船舶基准肋骨线，埋有船台肋骨线槽钢。先在船台中心线上画出基准肋骨线的位置，然后用激光经纬仪（及五棱镜）在船台肋骨线槽钢上做出基准肋骨检验线。没有激光经纬仪时，可用几何学中作垂线的方法做出，如图 2 - 6 - 20 所示，并用铳头做出记号和用色漆写上肋骨号码。

当船体基线倾斜时，因为它与船台中心线不平行，必须注意所画的肋骨间距不应等于理论肋骨间距值。其换算方法如图 2 - 6 - 21 所示，设 AB 为某一分段龙骨线肋骨间距在中线面的投影，且同时为船体基线的一部分；AB 与水平面的夹角为 β（船体龙骨坡度），船台坡度为 α，A，B 点铅垂向下投影到船台中心线上得 A''，B''，即为分段在船台中心线上的肋位线。图中 $A''B'' = AB' = AB \cdot \cos\beta/\cos\alpha$。

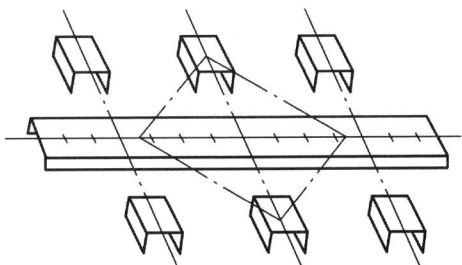

图 2 - 6 - 20　用垂线法做基准肋骨检验线

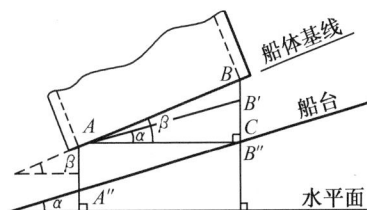

图 2 - 6 - 21　船体基线倾斜时肋位线的确定

（4）画高度标杆上的高度线

根据放样部门提供的高度数值，在船台的高度标杆上画出基线、水线、甲板边线等全部理论高度线，作为水平软管、激光水平仪或激光经纬仪进行船台铺墩、分段吊装定位和检验高度的基准。

在水平船台上应用激光水平仪测量时，根据测量的要求，在船台中间的左右两侧各设置一根高度标杆即可。但是，在倾斜船台上船体和水线等都是倾斜的，应根据激光水平仪转站测量的要求，设置若干根高度标杆。高度标杆是垂直于水平面设置的，图2 - 6 - 22所示为倾斜船台上高度标杆与船体各高度线的关系。

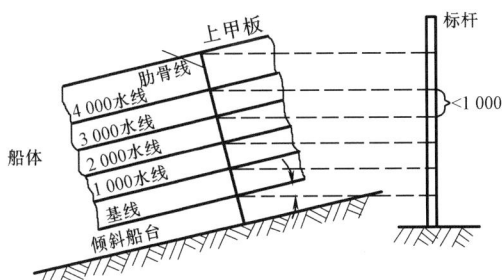

图 2 - 6 - 22　倾斜船台上高度标杆与船体高度线的关系

2. 船体上的准备工作

（1）画出分（总）段的船台定位线和对合线

这项工作是属于船体结构预装配工艺的任务，用来确定分段或总段在船台上的位置，保证船体尺度的正确性。因此，在船台装配前必须检查是否已画出各分段或总段上的船台安装定位线。

各种分段的定位线如下：

①船底分段　分段中心线、分段基准肋骨线、分段水平检验线、内底板上舱壁位置线。

②舷侧分段　水线1至2根（高的舷侧分段上下边各画一根）、甲板边线、分段基准肋骨线（与船底同号）、舱壁位置线；

③甲板分段　分段中心线、分段基准肋骨线（与舷侧同号）、舱壁位置线。

④舱壁分段　分段中心线、水线1~2根。

⑤上层建筑分段　分段中心线、定位肋骨线、与水线相平行的直线。

分段对合线是作为分段与分段对接时对准用的。通常在分段左右或上下各画一根与分段大接缝线垂直的短直线。对接的两个分段对合线的位置应统一，以便对准定位，如图2-6-23所示。

（2）船台装配临时支撑的设置

临时支撑的作用在于保证分段在船台装配时的位置和型线，并作为分段和总段的支承装置。例如，当舷侧分段未跨及舱壁时，则需要安

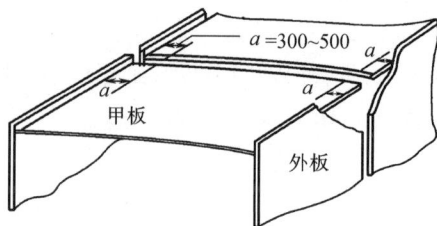

图2-6-23　甲板分段对合线

装1~2道部分假舱壁，作为吊装舷侧分段的依靠。在安装甲板分段时，如果甲板分段没有适当的支撑结构（支柱、舱壁或甲板边板等），则需设置适当数量的临时支柱，作为吊装甲板分段时的依靠。采用总段建造法时，如果总段端部无舱壁或强肋骨框架，便需要设置假舱壁以增强总段吊运时的刚性，保证总段大接缝处的正确型线。假舱壁的安装要花费一定的材料和工时，应尽可能少用或不用。

（3）安装吊环

吊环是分段和总段吊运翻身的主要属具，因此在分段装焊结束后就应按要求布置和装焊好。

吊环的数量需根据分（总）段形状及吊运翻身方式决定。例如，舱壁、舷侧等分段仅单面有骨架，制造时不需要翻身，在船台装配时只需将分段吊直便可进行安装，因此只在分段上边安装两个吊环就足够；底部、甲板分段在上船台时，既需要翻身，又需要吊平，故需安装4个以上吊环。

吊环所用的钢材应具有良好的可焊性，焊接应采用碱性焊条，焊角尺寸应符合规定要求。吊环的布置应与分段重心对称，以保持吊环负荷均衡和分段吊运的平稳。吊环通常应布置在分段的骨架交叉处。各个吊环的安装方向应与其受力方向一致，以免产生扭矩。吊环安装处的船体内部构件应进行双面连续焊，连续焊范围约1m。

（四）分段吊装程序

船体总装程序图是船台总合拢阶段的主要工艺文件。它反映出总装阶段基准分段的位置、全船各个分段的吊装顺序、总装的日程进度、重要节点，以及其他相关信息。目前较为常见的总装程序有以下两种形式。

1. 用分段划分图反映吊装顺序

（1）分段划分图的深化　分段是船体总合拢的结构单元。在分段划分图的基础上，将其内容进一步深化。图面除表达出分段缝的位置外，还增加为总装所需的工艺信息，满足总

装施工的需要。主要有:分段吊装的顺序;分段边缘加放的余量及切割的时机,加放的补偿量;各类分段的数量及全船分段总数。有时另以表格形式列出各分段的尺度、质量及质心位置。

(2)实例　现以某大型油船为例,说明用深化分段划分图表示的总装程序图,如图2-6-24所示。由图中可见,该船的分段划分如下:102~116为机舱、货舱双层底分段;101a,101b,201为艉部立体分段;117~417,118为艏部立体、半立体分段;202~204,302~304,402~404为机舱舷侧及甲板半立体分段;505~515为横舱壁分段;205~216为货舱舷侧分段;701为艏楼分段;801~807为上层建筑分段;808为烟囱分段。

①分段吊装程序　图中用圆圈内的数字表分段的吊装程序(只标注了部分分段)。

本船为艉机型,以靠近机舱的106舱作为基准段首先吊上船台,定位后依次向艏艉吊装相邻底部分段。

当底部105~107段合拢后,即可吊装505,507横舱壁分段。随着底部分段向艏部延伸,508~515各横舱壁分段可相应依次吊装。

当506横舱壁分段合拢后,可吊装206舷侧分段。随着各横舱壁分段向艏安装,其他舷侧分段即可依次吊装。

当104,102底部分段和205舷侧分段合拢后,可顺序吊装204~404,203,202及其他各机舱半立体分段,使机舱区域尽早形成封闭型结构,保证舾装工作有充分的安装时间。

当206舷侧分段合拢后,可从406甲板分段开始,随着舷侧分段的合拢,依次向艏艉吊装各甲板分段。

当202~402半立体分段合拢后,即可吊装101b,101a和201各艉部立体分段,使推进器和舵系在下水前能顺利进行验收。

当216~416分段合拢后,依次吊装117,217,115,317,417各分段,最后吊装701艏楼分段,使艏部结构能尽早成型,保证锚机安装、试车和验收的时间。

当机舱部位各分段已经合拢,艉部上甲板焊接完毕后,即可依次吊装801~805,806~807上层建筑各分段和808烟囱分段。在起重能力允许的情况下,上层建筑可整体吊装。本船是将艉楼802和803,804和805,806和807分段各自分别预合拢后再吊上船台。

分段的船台吊装程序有时由于分段供应、起重设备的合理利用以及其他因素的影响,需做临时调整,但以不会造成总装合拢和焊接的困难为前提。

②余量及补偿的标注　图中无余量标注的分段大接缝为无余量船台合拢,分段吊上船台后一次定位焊接。

符号▲为船台合拢补偿值。

符号⇧为分段完工后,根据实测数据反馈,在胎上画线进行预修整,吊上船台无余量合拢,一次定位。

符号▲为船台总合拢时切割的余量,分段吊上船台进行二次定位,画线切割余量。

2.用图表反映吊装程序

用于反映船台吊装程序的图表形式见图2-6-25。该表上方为船舶的侧视图,下方为与之对应的表格。从基准段开始,将分段的吊装程序按纵横两个方向反映在图表中。

以横向为行、竖向为列,表中上方的竖列序号即区域序号,它反映在船舶长度方向各区域的吊装程序。从表中可以看到,从定位基准段开始,分别向艏向艉吊装。同一竖列中为同一区域的分段。上层建筑跨越在主船体的不同区域之上。在竖列中清楚反映出各个区域中底部→舱壁→舷侧→甲板→船楼的吊装程序。

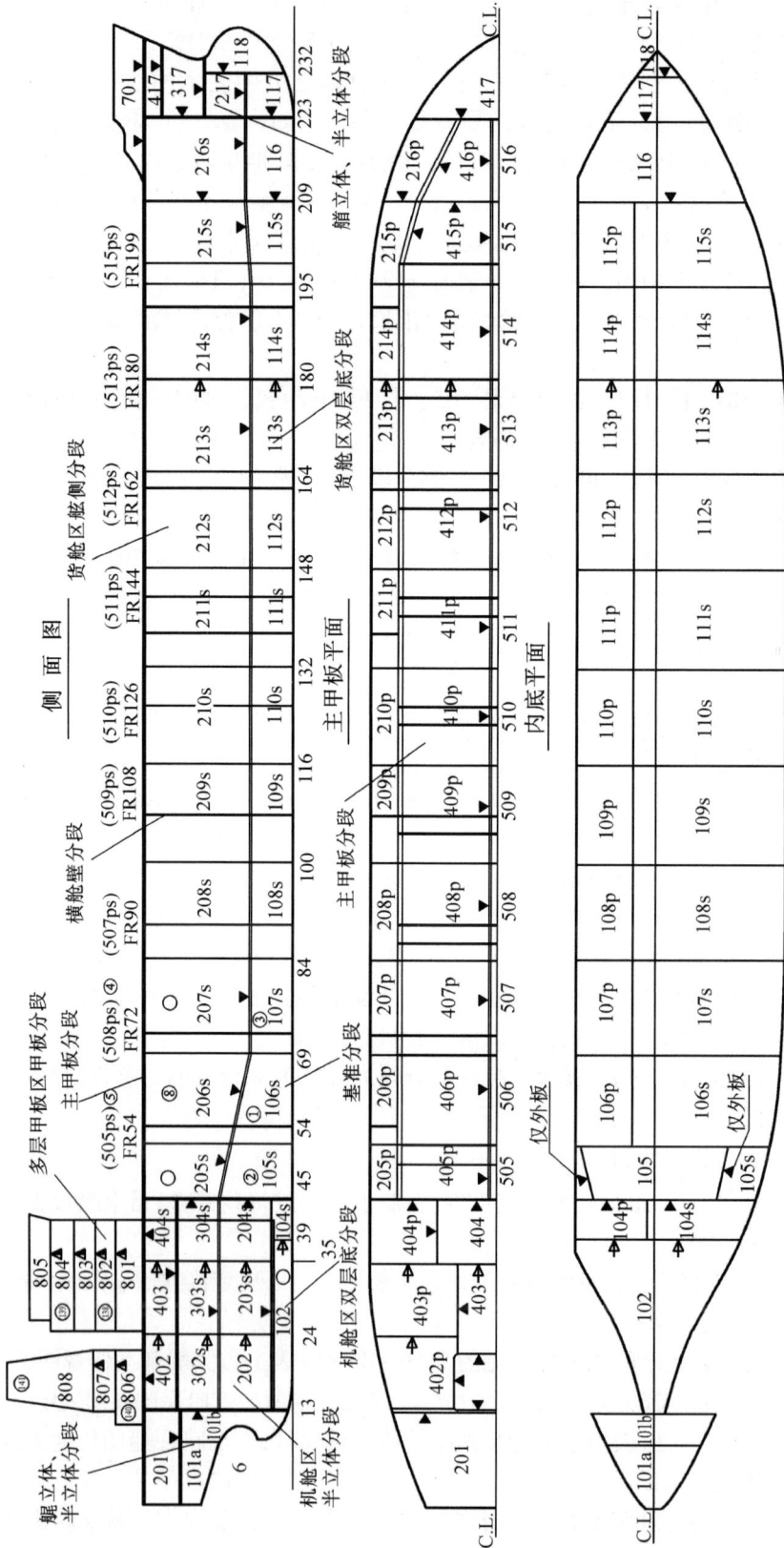

图2－6－24　深化分段分图反映的吊装程序

图中①、②等为吊装顺序；箭头为补偿，余量符号

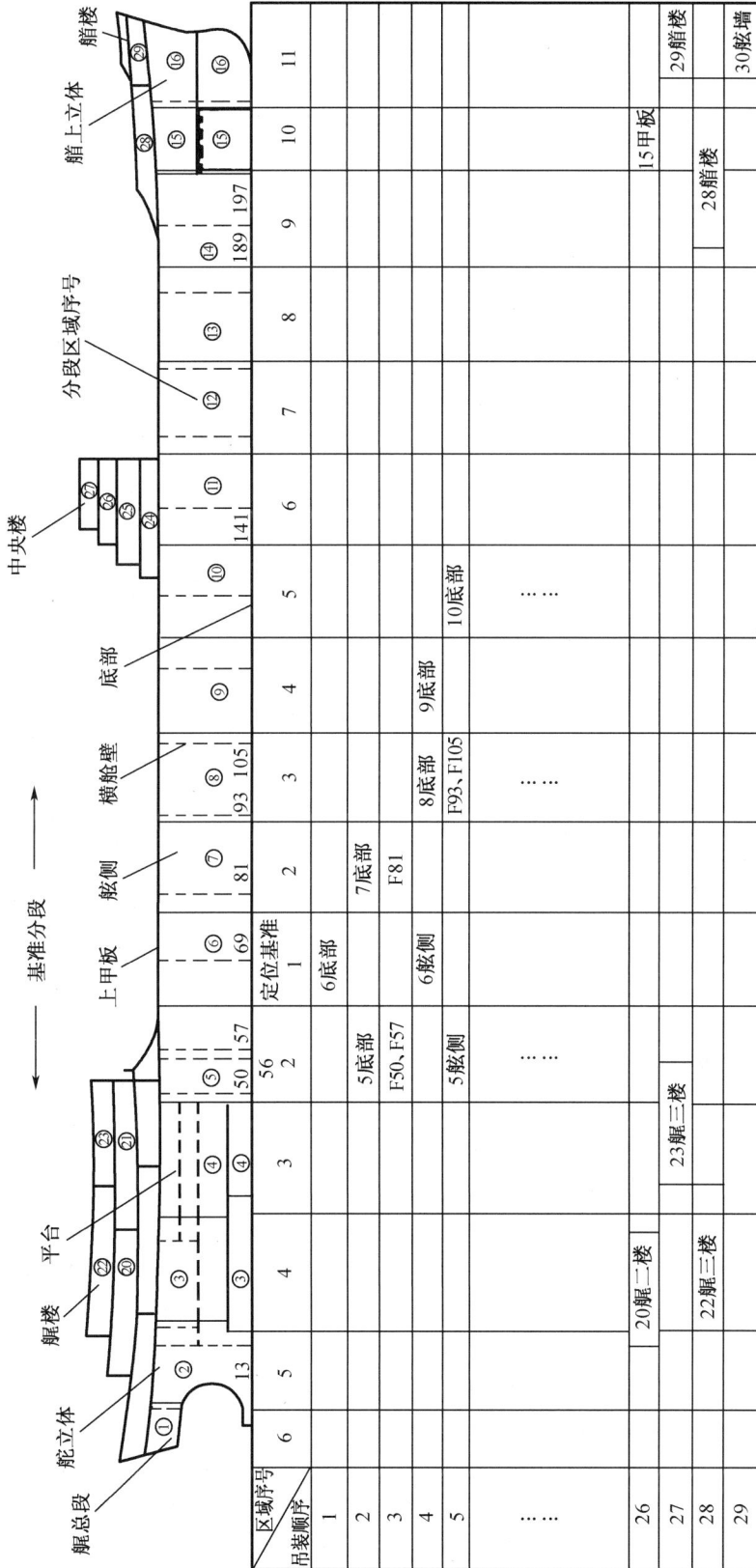

图2-6-25 图表方式反映吊装顺序

艉总段　舵立体　艉楼　平台　艉上立体　中央楼　底部　横舱壁　分段区域序号

基准分段　←→　上甲板　舷侧

区域序号	6	5	4	3		1定位基准	2	3	4	5	6	7	8	9	10	11
吊装顺序	13				150、157	56 69 81 93、105 141 189、197										
1					2	1	2	3	4	5	6	7	8	9	10	11
2					5底部 F50、F57	6底部	7底部 F81	8底部 F93、F105	9底部	10底部						
3					5舷侧	6舷侧										
4					……		……	……	……							
5																
……																
26																
27		20艉三楼		23艉三楼												
28		22艉三楼											28艉楼			
29													15甲板			29艉楼
																30舷墙

表中左方的横行序号反映出各个分段的吊装顺序。同一横行中的各个分段基本上在同一时间吊装。如果在吊装顺序(即横行序号)中同时填写日期,或直接改为日期,则该吊装程序表也同时反映出总合拢的日程进度。

除上述两种形式外,也有用总装统筹图,以网络形式表示吊装程序和各阶段作业日期。

(五)船体总装焊接变形及控制

船体在船台上建造时会产生变形,分析其变形的原因,针对各种变形找出预防措施,对于一些已经存在的变形及时矫正,都是必须掌握的知识。

1. 船体变形的原因

船体在船台上建造时通常龙骨线向下弯曲,艏、艉端向上翘曲;由于艏、艉上翘及大接缝处的横向收缩,使船舶总长缩短;分段大接缝发生凹凸变形,此外还有船体中纵剖面的左右变形。其变形原因大致为:

(1)船舶艏、艉上翘的原因

①由于船底结构较强,故船体的中和轴位置偏于船底,而大部分焊缝却又分布在中和轴上侧,焊接后使船体上部受到压缩应力,导致整个船体产生两端上翘的变形。

②位于中和轴上侧的甲板结构较船底为弱,特别是上层建筑的板材较薄,焊后变形大,火工矫正工作量也大。造成较大的收缩,增大了船体的上翘。一般来说,火工矫正所引起的船体总变形比焊后收缩所引起的更大。

③一般船体中间的质量较大而两端较小(艉机型船除外),更易形成两端上翘。

(2)船舶总长缩短的原因

船舶总长缩短的原因主要是由于横向大接缝焊后收缩以及艏、艉上翘而形成的总长缩短,分段余量不足也是使船舶总长缩短的原因之一。

(3)分段大接缝的凹凸变形

如图 2-6-26 所示,船体接缝,特别是大接缝,因焊接收缩变形,型线曲率有缓坦的趋势。一般正圆势接缝焊接后,型线向内凹进;反圆势焊缝则向外凸出。

2. 船体变形的预防措施

避免和减少船体总变形的措施有:

(1)在船底基线处预放反变形,由底部奠基分段为基准,向艏、艉逐段由小至大放

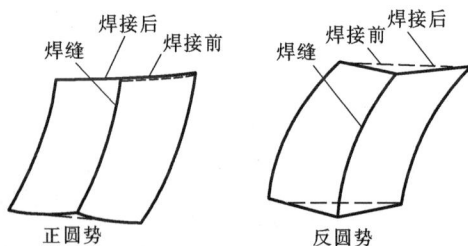

图 2-6-26 大接缝的焊接变形

低一定的反变形。一般来说,塔式建造法的反变形值是:大船取 $L/2\,000$;中小型船舶取 $L/1\,000$。L 是艏、艉端间的最大水平距离(总长);总段建造时的反变形值是:大型船舶每 10 m 长内加放 $-8 \sim -5$ mm;中小型船舶每 10 m 长内加放 $-10 \sim -6$ mm。反变形实例如图 2-6-27 所示。

(2)在大接缝处的肋骨间距可加大,以抵消焊接后船体总长的缩短。

(3)提高装配焊接质量,严格控制各分段对接缝、构件连接间隙和焊缝坡口大小。

(4)严格遵守工艺规程,保证正确的焊缝规格,分段上船台前应焊接矫正完。

(5)采取必要的工艺措施,在分段上加压载、分段下面用松紧螺丝与船台拉桩固定、分段对接焊时加马板(图 2-6-28(a))、水火弯板法(图 2-6-28(b))等。

(6)改进建造工艺,尽可能减少船台焊接工作量,采用自动焊、半自动焊、气体保护焊等

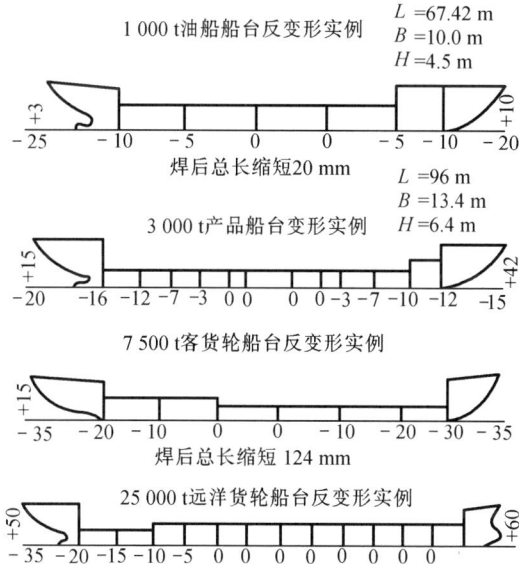

图 2 - 6 - 27　船体反变形实例

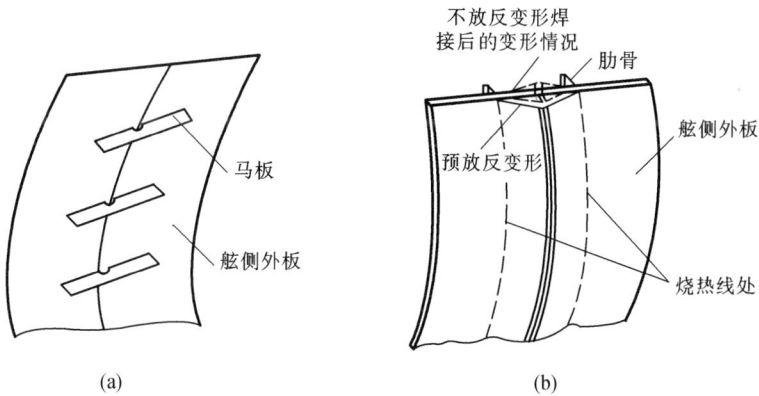

图 2 - 6 - 28　控制变形的工艺措施

（a）接缝处加马板；（b）外板对接缝放反变形

焊接工艺,提高焊缝质量。

3.船体建造焊接变形的矫正

船体建造过程中,虽然已采取种种措施来控制焊接变形,但由于船体结构施工的复杂性和焊接过程的特点,一般来讲,焊接变形是不可避免的,超过公差要求的焊接变形往往只能通过矫正加以解决。矫正工艺仅限于矫正焊接构件的弯曲变形、角变形和失稳变形,对于焊后的收缩变形,只能通过预留余量来补偿。矫正变形有两种基本方法:机械矫正法和火焰矫正法。

（1）机械矫正法

机械矫正法是在室温条件下,对焊件施加外力,使构件压缩塑性变形区的金属伸展,减小或消除焊缝区的塑性变形,达到矫正的目的。

（2）火焰矫正法

火焰矫正法是利用局部加热与急冷所产生的收缩变形来矫正变形的一种方法,比机械方法简单有效,因而得到广泛应用。

在矫正变形过程中,往往将机械法与火焰法同时使用,即在加热过程中施加外力,可以收到更好的矫正效果。

二、工作任务训练

训练名称:画出水平船台上基准线。

1.训练内容及要求

训练内容:画出船台上基准线,包括船体中心线、船体半宽线、分段两端肋位线(或肋骨检验线)。

训练要求:

（1）尽量采用激光经纬仪,无激光经纬仪时,可采用拉钢丝吊线锤的方法画船台中心线;

（2）画船台半宽线时在船台首、尾尖点位置线上确定左右半宽点,过该点用画船台中心线的方法做出船台半宽线;

（3）画肋骨检验线没有激光经纬仪时,可用几何学中作垂线的方法做出;

（4）水平船台上用激光水平仪测量高度时,在船台中间左右两侧各设置一根高度标杆。

2.训练资料、设备和工具

（1）训练资料:教材及船舶型线图等图纸。

（2）设备和工具:激光经纬仪,钢卷尺,铳头,色漆。

3.训练过程

下达工作任务→制订工作计划(任务分工→确定训练步骤)→实施工作计划→完成训练记录。

4.训练步骤

（1）画船台中心线;

（2）画船台半宽线;

（3）画船台肋骨检验线;

（4）画高度标杆上的高度线。

任务二　船体总装装焊

【学习目标】

1.掌握基准分段的定位过程;

2.掌握相邻底部分段的船台装配;

3.掌握舱壁分段的船台装配;

4.掌握舷侧分段的船台装配;

5.掌握甲板分段的船台装配;

6.熟悉艏、艉分(总)段的船台装配;

7.熟悉上层建筑的船台安装。

【任务解析】

船体建造方法有总段建造法、塔式建造法、岛式建造法、串联建造法等,各船厂可根据自身条件,如船坞条件、总装平台面积、起重能力、船型、船体结构特点、建造周期等因素综合考虑。各建造法都有优缺点:总段建造法能显著缩短船台周期,装焊工作量前移到了平台,使船坞搭载总体变形容易控制,可以扩大预舾装率,还可提前进行预密性工作,有利于平行作业;但对起重能力要求较高。多岛式建造法工作面大,可投入较多劳动力,周期缩短;但嵌补分段增加,吊装定位难度增加。串联建造法大大提高船坞利用率,使生产节奏更为紧凑。

本任务学习塔式建造法船台(船坞)合拢工艺,通过该任务的学习和训练能够编制常规总装工艺,并能模拟(或仿真)进行船台或船坞总装装配。

【任务实施】

一、背景理论与知识学习

虽然船体总装在建造方法上有所不同,但在一个建造区内的分段吊装顺序和分段定位固定方法是相同的。采用塔式建造法进行船台装配时其装配顺序通常如下:

(1)基准分段的定位;

(2)吊装基准分段上的舱壁分段和前后的底部分段;

(3)吊装舷侧分段,向艏、艉方向继续吊装底部分段和舱壁分段;

(4)吊装甲板分段,继续吊装底部分段、舱壁分段和舷侧分段。对已形成环形船体部分,进行分段大接缝的焊接;

(5)继续向艏、艉方向吊装底部分段、舱壁分段、舷侧分段和甲板分段,继续对装配完工的分段大接缝的焊接,并对分段大接缝已施焊结束的舱室开展舾装作业;

(6)吊装艏、艉分(总)段,继续完成分段大接缝的焊接工作和舱内舾装作业;

(7)吊装及焊接上层建筑,继续进行舾装作业。

针对以上装配顺序,逐个介绍装配过程,其装配过程也必须掌握。

(一)基准分段的定位

基准分段是船台合拢起点,由于机舱舾装工作量大,基准分段通常选在机舱及其附近的底部,以便使机舱部分船体尽早形成,尽早开展舾装工作。

底部基准分段吊装前应做以下准备工作:

在分段前后两端适当肋位处,于分段中心线附近各焊一只眼板,并各装两只带松紧螺丝的拉条,供调整分段的前后位置用,如图2-6-29所示。

在基准分段放置位置处,按照底部分段强构架位置和基线高度铺设好墩木。将液压千斤顶、弹子盘,置于分段的底部四角和艏、艉中心线部位,供调整分段高低和前后位置用,如图2-6-30所示。

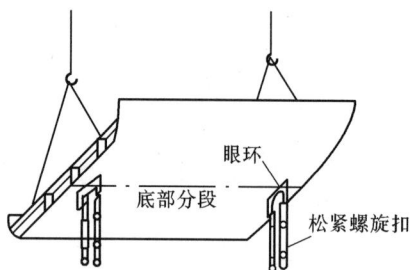

图2-6-29　前后松紧螺扣

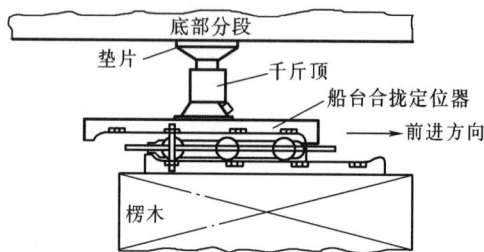

图2-6-30　弹子盘油压千斤顶

准备好水平软管或激光经纬仪,供测量分段水平及高度用。准备好线锤,供检查分段前后中心线位置用。重新标划清楚分段上的肋骨检验线、中心线、水平线和两端肋骨位置。在墩木上画出分段相应肋骨检验线,供分段吊装时初步定位用。

底部基准分段的定位过程如下:

1. 确定分段长度方向上的位置

如图2-6-31所示,将分段上的肋骨检验线对准船台墩木上相应的位置线,或用线锤检测,使分段上的肋骨检验线对准船台表面的肋骨检验线。若有偏差,可用前后方向松紧螺丝调整,符合后将松紧螺丝拧紧,不使分段前后移动。

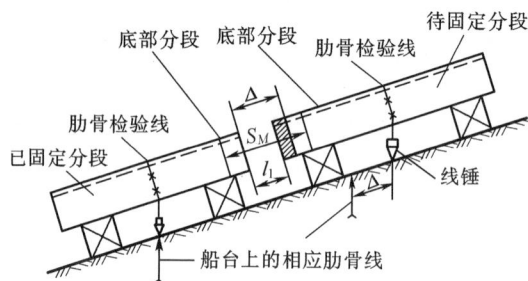

图2-6-31　利用肋骨线确定分段长度方向上的位置

2. 确定分段宽度方向上的位置

如图2-6-32所示,用激光经纬仪或线锤检查分段两端处的中心线与船台中心线是否对准,若有偏差用松紧螺丝调整好,然后初步固紧。

3. 测量分段两端距基线的高度及左右水平

水平船台上分段纵横向均处于水平,倾斜船台上分段纵倾度与龙骨坡度相符,横向处于水平。用水平软管或激光经纬仪,以高度标杆为基准,从船底测量分段的高度,以确定分段在高度方向上的位置,如图2-6-32所示。若有偏差,用液压千斤顶调整。

分段前后、左右、高低位置经复查都正确后,可将分段松紧螺丝固紧,墩木敲紧。定位分段位置固定后,即可吊装相邻的底部分段。

(二)相邻底部分段的船台合拢

1. 分段的定位

定位方法与基准分段的定位基本相同。考虑到大接头端部放有余量,新吊装的分段应离开基准分段一段距离。

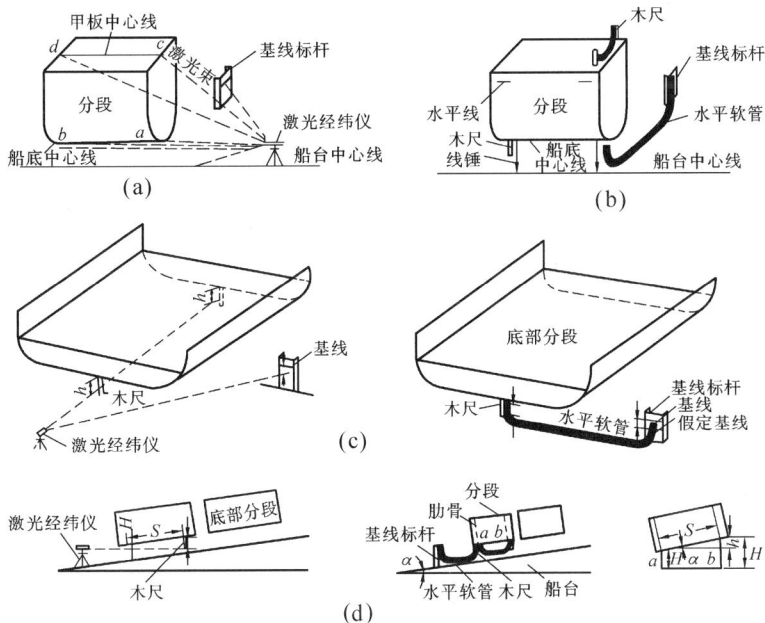

图 2 - 6 - 32　底部分段的定位测量

（a）水平船台上用激光经纬仪的分段定位；（b）水平船台上用水平软管线锤的分段定位；
（c）水平船台上测量底部分段距基线的高度；（d）倾斜船台上测量底部分段距基线的高度

2.确定接缝余量、画余量线、切割余量

接缝余量须根据两分段肋骨检验线间的距离与船台上两肋骨检验线间的距离的差值求出，余量确定后，在留有余量的分段上画出余量线，根据余量切割线切割余量，切割余量时割嘴应垂直于外板。如采用无余量上船台工艺，则可直接靠拢、定位。

3.分段拉拢、对接和定位焊

分段余量切割后，对坡口进行正确加工，然后将分段进行拉拢，进行分段安装位置及接缝间隙的检查，符合定位焊要求后，再进行分段的定位焊，安装大接头附近的内部骨架。分段内部骨架先定位焊，然后再对外板定位焊。大接缝处坡口加工的方法可用风动铲凿、气割或碳弧气刨。坡口一般开在内面。

4.分段接缝的焊接

为防止变形，外板定位焊后应加装梳状马，并左右对称地进行焊接，并且应装配好若干个分段后再开始焊接，以增大船体刚性，不易产生上翘变形。焊接时内面先焊，外面封底焊。

5.拍片检验

拍片部位由检验员确定，拍片比例按工艺要求，军品一般为 5% ～ 8%；民品一般为 3% ～ 5%。

总装的经验技巧：分段接缝在进行定位焊时，往往会产生骨架与骨架对不准的现象，这时可将一根骨架与板间的定位焊拆去约一档肋距，或将相对接的两根骨架与板间的定位焊都拆去，而将其借直或借对，如图 2 - 6 - 33 所示。

外板定位焊到舯部产生圆势不对时，可将焊缝接头处割开，从下向上逐渐装配，最后将伸长出来的多余部分切割掉，如图 2 - 6 - 34 所示。为了防止焊接变形，外板定位焊后应加装梳状马。一般纵骨架式结构,可少装梳状马,而在型线弯曲处适当增加。

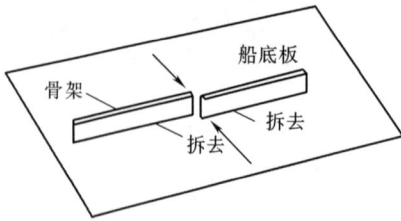

图 2 - 6 - 33　骨架的借对

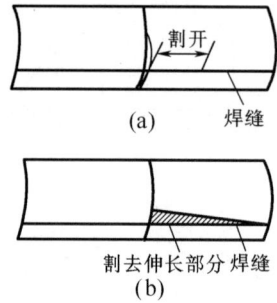

图 2 - 6 - 34　舭部接缝

（a）割开焊缝接头;（b）切除伸长部分

（三）舱壁分段的船台合拢

底部分段在船台上安装结束后,就可进行该区域内舱壁分段的安装工作。舱壁分段有纵舱壁及横舱壁。在该区域先装纵舱壁,再将横舱壁靠上,这种安装较方便;也有先装横舱壁,后装纵舱壁,再将另一横舱壁装上的交叉装配法。

横舱壁安装前的准备工作:

检查舱壁分段上的吊装定位水平线、中心线等是否齐全、清楚,并标明舱壁壁面的首尾方向。位于 2/3 高度处的舱壁两面,左右各焊两根带松紧螺丝的拉条,供分段调整垂直用。安装舱壁区域的内底板应预先矫平,并画出舱壁及其构件的安装位置线。在横舱壁向艉一面的上端左、中、右各焊一块扁钢,并系上细线,供吊线锤测量舱壁垂直度用。若纵横舱壁相交,应在舱壁上画出相交的舱壁安装位置线。按内底板上舱壁的位置线焊几块限位钢板。

横舱壁分段的装配过程如下:

1. 横舱壁分段的定位

将横舱壁吊上底部分段,插入限位钢板内,将舱壁上部拉条与内底板固定并拉紧,然后定位。定位过程为:将横舱壁下口对准内底板上画好的肋位线,横舱壁中心线对准内底板上中心线;如图 2 - 6 - 35 所示,用激光经纬仪或在横舱壁向艉一面,左、中、右挂线锤测量其垂直度,并调节预先设置在舱壁两面拉条上的松紧螺丝;用激光经纬仪或水平软管检查舱壁左右水平,若有偏差,可在低的一端用液压千斤顶顶高;用水平软管或激光经纬仪测量出横舱壁上定位水平线距离底部基线的高度,确定舱壁下端的余量值。

2. 画余量线、割除余量

根据所得余量值画出舱壁下端余量线,准确割除余量,应特别注意舭部横舱壁余量的割除,量取余量值时应从铅垂方向量取（图 2 - 6 - 36）,然后拆除支撑角钢,徐徐松下液压千斤顶,放下横舱壁,进行正式定位。

3. 横舱壁定位焊及安装肘板

平面舱壁与内底板的定位焊,应由船中向两舷。对槽形舱壁应先定槽形转角,后定平直部位。从整个舱壁来说,也是由船中向两舷进行定位焊。由中间向两舷逐一安装舱壁与底部分段的连接肘板。

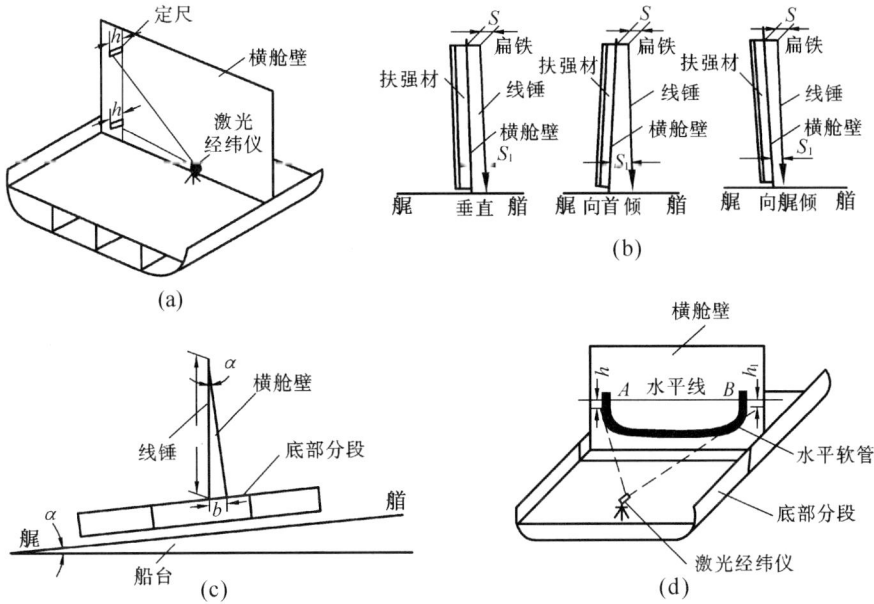

图 2 - 6 - 35 横舱壁的定位测量

纵舱壁分段的装配方法基本上与横舱壁的装配方法相同,如图 2 - 6 - 37 所示。当纵舱壁装配完毕,首尾两端若有余量则需画线切割正确,以便靠上横舱壁。

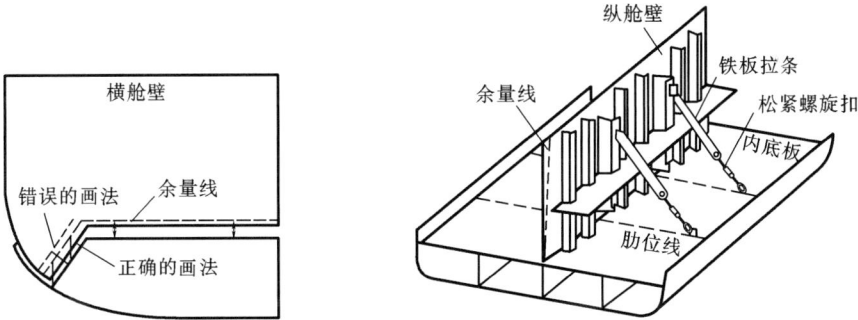

图 2 - 6 - 36 画内底边板处的
横舱壁余量线

图 2 - 6 - 37 纵舱壁分段的安装

(四)舷侧分段的船台合拢

舷侧分段的安装一般以横舱壁为基准进行安装。若该区域无横舱壁,可竖假舱壁作为基准,帮助舷侧分段定位。

舷侧分段在吊上船台定位前应做好以下准备工作:

将舷侧分段的定位水平线、甲板边线、肋骨检验线及艏、艉方向标识清楚;在分段刚性较强部位装焊拉条眼板;如底部分段与舷侧分段相接的边缘不平,应用火工矫正平直;在底部分段适当肋位处,装焊 2 ~ 3 块托板;准备松紧螺丝、液压千斤顶、拉条、水平软管、线锤等工具;按工艺要求竖假舱壁,在假舱壁或横舱壁上装焊松紧螺丝,供舷侧分段安装时拉紧用。

舷侧分段的船台装配过程:

1. 舷侧分段的定位

将舷侧分段吊上船台,分段的下口插入预先装焊好的托板内,用松紧螺丝及拉条将舷侧分段外板与横舱壁(或假舱壁)拉贴紧,进行分段三向位置(船长、船宽、高度)的测量调整与定位。舷侧分段的定位与其他分段相似。后续舷侧分段的安装定位除了将下端插入预先焊好的托板外,还须将分段的一端插入焊在已经定位的舷侧分段外侧的卡板内,或者将分段与已经定位的舷侧分段的对接端离开 50 ~ 100 mm。如图 2 - 6 - 38 和图 2 - 6 - 39 所示。

2. 画余量线、切割余量

分段三向位置正确后,可进行画线。舷侧分段与底部分段相接,一般余量放在底部分段的外板上口。舷侧分段靠托板支持,舷侧分段贴在底部外板的外面,当舷侧分段位置正确后,即可根据舷侧分段的下口边缘由外向内进行套割。套割时须用"马"将舷侧外板与底部外板压紧,同时在舷

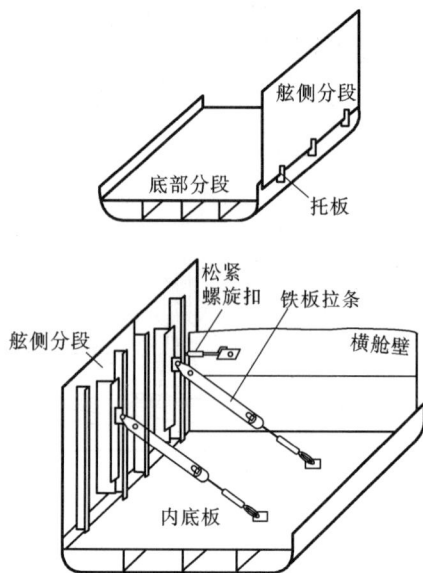

图 2 - 6 - 38 舷侧分段定位

侧分段边接缝两端用定位焊临时固定,不使分段下落。对于横向倾斜度较大的部分舷侧分段,在画下口余量线时,要特别注意。如图 2 - 6 - 40 所示,$P_1 \neq P$,应按 P 画,不应按 P_1 画。后续舷侧分段还要考虑端部余量的画线。

3. 舷侧分段的定位焊及舭肘板的安装

将舷侧分段与底部分段相接的边接缝进行定位焊,然后,安装舭肘板。舭部骨架的结构有三种形式,如图 2 - 6 - 41 所示。

(五)甲板分段的船台合拢

根据船体结构及分段划分的特点,甲板在船台上的安装程序也有所不同,一般是在舷侧分段装好后,再装甲板分段。由于甲板分段是船台最后安装的一个分段,在这以前的各个分段均已定位,故只需将甲板分段吊上,对准安装位置即可。

甲板分段装配前的准备工作:

在甲板的下表面画出纵横舱壁位置线;将甲板肋骨检验线、甲板中心线重新标画清楚;将内底板上相应的中心线、肋骨检验线重新标画清楚;将装在舷侧分段上的甲板边板的板边矫正平直;将纵横舱壁上口板边矫正平直;在内底板上的甲板悬空处设置槽钢或假舱壁支撑。

甲板分段的船台装配过程:

1. 甲板分段的定位

将甲板分段吊上船台,初步放对位置后,即可进行定位。使甲板的肋骨检验线与舷侧分段的肋骨检验线对准,同时也要使甲板上的横梁与舷侧分段的肋骨对准,若甲板舷侧位置不对,可在舷侧外板及甲板上两边各焊一只松紧螺丝,将其拉对;吊线锤检查甲板中心线与底部分段中心线的对准情况,若相邻甲板已装好,甲板与相邻甲板的中心线对准,若中心

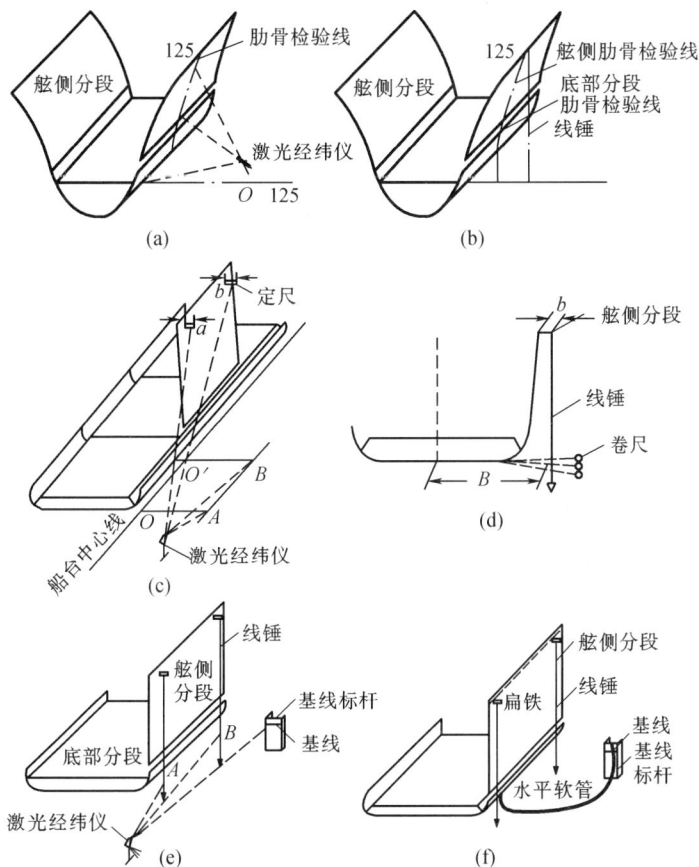

图 2 – 6 – 39　舷侧分段的安装测量定位

(a)用激光对准分段肋位线;(b)用线锤对准分段肋位线;
(c)用激光经纬仪测量舷侧分段半宽;(d)舷侧分段半宽的测量;
(e)用激光经纬仪测量舷侧分段高度;(f)水平船台上测量舷侧分段高度

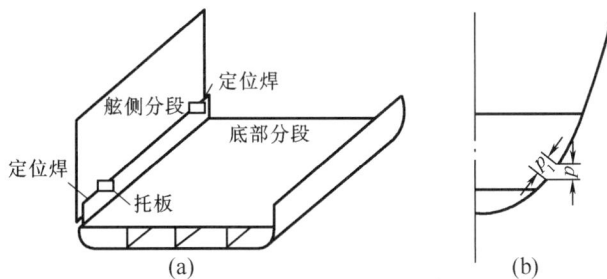

图 2 – 6 – 40　套割余量与垂直画余量线

线不对,同样用松紧螺丝调整;以两舷侧分段上的甲板线为依据进行甲板高度定位。

2.甲板对接缝处的余量画线与切割

如甲板分段的端缝余量留在先装分段上,则后装分段安装定位正确后,即可以以后装甲板分段端缝为基准进行套割,如图 2 – 6 – 42 所示。对于纵骨架式的甲板分段,甲板端接

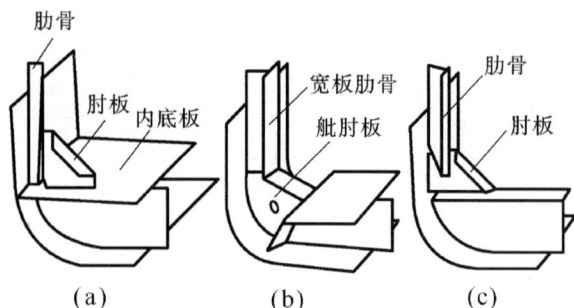

图 2 - 6 - 41　舭部骨架连接形式

(a)肘板连接;(b)舭肘板对接;(c)肘板搭接

缝处的余量应布置在后装分段上。画余量线时,可在先装分段端接缝处向里 100 mm 画甲板分段定位对合线,作为画余量线的依据。

3.甲板分段的定位焊

甲板的定位焊可按甲板与舱壁、甲板与舷侧、甲板与甲板、内部骨架与骨架的顺序进行。甲板与舱壁的定位焊,应先定纵舱壁,后定横舱壁,先中间,后向两舷进行定位焊。舷侧与甲板的角接缝定位焊,由于舷侧外板与甲板间隙较大,一般都

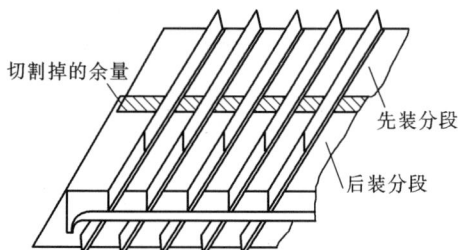

图 2 - 6 - 42　甲板分段余量的切割

用松紧螺丝拉贴紧。外板与甲板基本拉贴紧后,可先用小块钢板将甲板与外板暂时定牢,再逐一定位焊。

4.安装梁肘板

肘板可预先安装在甲板横梁上,也可在船台上散装。安装时肘板应对准肋骨和横梁。若肘板与肋骨对不准,可用松紧螺丝拉对。

(六)艏艉分段的船台合拢

中小型船舶的艏、艉段,一般均以总段形式在船台上定位与装配。大型船舶在船厂起重能力较小的情况下,可分成几段在船台上定位与装配。

1.艏(艉)总段的船台装配

艏总段船台装配前的准备工作:

将总段上的定位水线、中心线、肋骨检验线标画清楚;总段端部环形接缝处的板边应矫正平直,线型光顺;与总段相接的船体另一端环形接缝处的板边也应矫正平直,线型光顺;若总段底部线型瘦小时,按工艺要求在两舷适当位置装焊支撑座。

艏总段的船台装配过程:

(1)艏总段的船台定位。将艏总段吊上船台,借助吊车使总段在高度、中心线初步定位正确,底部墩木塞紧,两舷支撑撑紧,在甲板和两舷用松紧螺丝拉住。吊线锤或用激光经纬仪检测总段中心线,使其对准船台中心线;用水平软管或激光经纬仪检测、调整总段船底基线,使其和船台坡度一致,与测量标杆上相应的高度一致,如底部基线加放有反变形,测量时应考虑基线反变形值。用水平软管或激光经纬仪检测总段横向水平度。检测艏总段肋

骨检验线与船台上相应的肋骨检验线的偏离值、大接头处相邻两肋骨间距与理论肋距的平均差值,综合考虑后定出大接头处的余量值。

(2)画余量线、割去余量、定位焊。在大接头处余量值确定好后,画出余量线,割去大接头余量,并将焊缝坡口切割正确。拉拢接缝,检验复核无误后,塞紧墩木,撑紧支撑,即可进行定位焊。定位焊时,先焊外板环形接缝,由底部分别从左右两舷向上进行;再定甲板接缝,由中间向两舷进行;最后定总段内纵向构架的对接缝。

(3)装配总段对接端内部构架的散装件。

(4)按工艺要求进行焊接。

(5)测量、自检、互检合格后提交验收。

艉总段的安装与艏总段安装基本相同。

2. 艏(艉)总段以分段的形式上船台装配

大型船舶在起重能力较小的情况下,可分成几段在船台上合拢。图 2 - 6 - 43 所示为艏、艉各分段安装程序示意图。

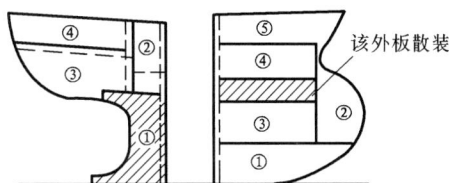

图 2 - 6 - 43 艏、艉各分段安装程序

(七)上层建筑分段的船台合拢

上层建筑在船台合拢时可逐层吊装,数段预合拢后吊装或整体吊装,上层建筑分段与下方结构的连接有两种形式:一种是与甲板角接,另一种是与外板对接。这里介绍成角接形式的上层建筑船台合拢工艺。

1. 准备工作

(1)将上层建筑分段内外围壁的下口用火工矫正平顺,拆除无用的眼板。

(2)对上层建筑安装区域的甲板进行必要的矫正。

(3)按图纸在甲板上画出上层建筑分段内外围壁的位置线,如图 2 - 6 - 44 所示。

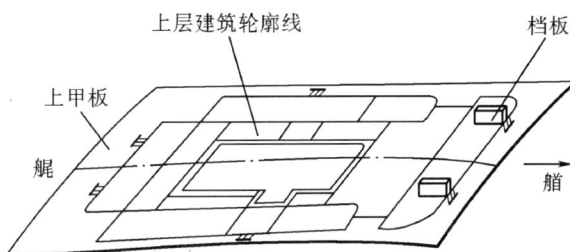

图 2 - 6 - 44 甲板画线及挡板设置

(4)将分段上的中心线和外围壁上的水平检验线重新标画清楚。

(5)在倾斜船台上,为防止分段吊上后向低处滑动,应在甲板上上层建筑前围壁内侧焊上几块挡板,如图 2 - 6 - 45 所示。在平船台上,根据甲板脊弧,将挡板焊在甲板较高一端,以防止分段滑动。

2. 分段定位

上层建筑分段由下向上逐层吊上甲板,初步放对位置,进行分段定位。

(1)用松紧螺丝调整分段左右位置,使艏、艉端外围壁上的中心线对准甲板上中心线。

(2)调整分段前后位置,以前后端外围壁为主,使分段上多数横围壁与甲板上的位置线对准,如图 2 - 6 - 45 所示。

（3）根据下口余量值将分段提高适当距离。按分段横向和纵向围壁上的水平线，测量分段的横向水平和纵向坡度。用千斤顶进行调整，如图2-6-45所示。一般都在偏低处用千斤顶将其顶高。焊在围壁上支承千斤顶的槽钢，其下口与千斤顶顶端的距离，应为所画余量值加上20~30 mm，以便余量切除，分段放下后能顺利移出千斤顶。支承槽钢应牢固焊接于纵横围壁交叉处刚性较强的部位。

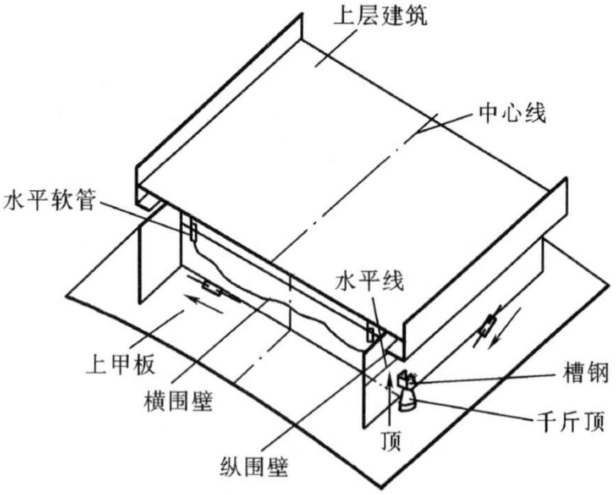

（4）测量分段高度并确定余量数值。分段正确定位后，测量分段高度

图2-6-45 上层建筑的定位与调整

并确定应画的余量值。高度的确定应取在分段四角量得的平均值。分段的高度可以根据高度标杆和分段上的定位水线的差值确定。也可以直接测量分段离甲板高度和图纸上的理论值做比较。

余量值确定后，在外围壁四角刚性较强的部位焊上短型钢将其临时固定。防止分段移动和余量切割后下落。

3.余量画线

（1）制作画线样板，用与横舱壁下口相同的画线方法，在围壁无构架的一面，画出围壁的全部余量。画线时检查围壁下口与甲板上的位置线是否对准，并用松紧螺丝调整其偏差。因为当甲板有脊弧和梁拱时，不对准会加大画线偏差，导致出现过大的装配间隙。

（2）画线时如果遇到甲板仍存在局部凹凸不平，应根据该处甲板刚性大小，采取不同措施。如局部不平发生在甲板骨架之间，可用松紧螺丝将凹陷处向上提拉，如图2-6-46(a)所示，然后画线。如果局部不平发生在骨架位置，矫正比较困难，则只能用样板平行于有变形的甲板进行画线，如图2-6-46(b)所示。

4.二次定位和定位焊

余量切割后，清除甲板上的废料杂物。拆除四角支承型钢，松开液压千斤顶使分段缓慢而平稳地降落到甲板上，进行分段二次定位。

上层建筑与甲板的定位焊应先定外围壁，再定内围壁，后定围壁上的骨架。各个围壁的定位焊都应从刚性较强的圆角处，或纵横围壁的连接处开始。在定位焊过程中要随时注意围壁平直光顺，外形美观。

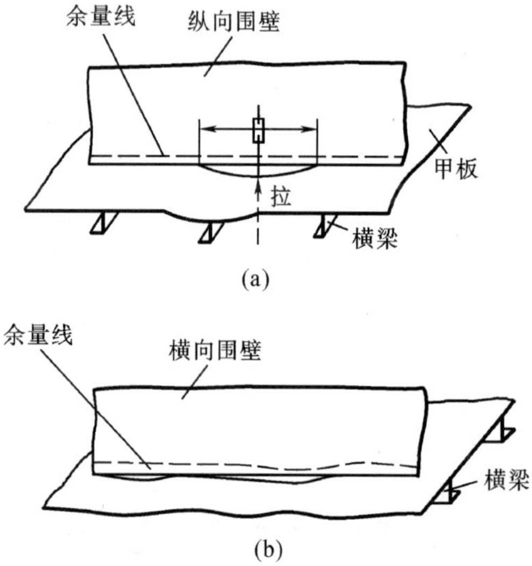

(a)

(b)

图2-6-46 围壁下口余量画线

(a)骨架间甲板不平;(b)骨架处甲板不平

最后安装围壁上的肘板等散装件。

5.上层建筑的对接

如同一层甲板上的上层建筑由几个分段在船台对接,则合拢时尚须注意以下几点:

(1)后装分段定位后确定下口余量时,既要满足理论尺寸要求,还要考虑已装相邻分段的实际高度,保证同一层分段光顺过渡。

(2)后装分段定位时,应将分段一端插入先装分段,使其首尾位置准确无误。否则会因脊弧的影响,导致拉拢后围壁与甲板间出现过大的空隙。

(3)分段拉拢对接时,必须保证围壁板连接平直光顺。必要时可将外围壁与内围壁焊缝局部割开进行修补。

6.逐层吊装时的注意事项

当上层建筑不是整体吊装而是逐层合拢时,尚须注意以下几点:

(1)必须保证上下分段外围壁光顺过渡。尤其是圆角部位必须正确吻合,光顺连接。当前围壁成倾斜时,上下分段的冲势应一致,不能在接缝处出现折角。

(2)当下层甲板伸出,外围壁对接改为与甲板角接时,在甲板上画外围壁位置线,以及分段合拢时,应使上下层外围壁互相对准,偏差不得超过 ±4 mm。上层建筑分段的船台合拢,除满足一般的结构装配要求外,应格外注意外围壁线型的平整光顺和整体外形的美观。

二、工作任务训练

训练名称:模拟定位底部基准分段。

1.训练内容及要求

训练内容:

(1)进行底部基准分段吊装前的准备工作;

(2)根据图 2 - 5 - 38 底部分段(已做好的模型)或选实训场地现有的底部分段,作为基准分段,完成基准分段的定位。

训练要求:

(1)根据所做的分段上的标注,确定好基准分段首尾方向;

(2)现场操作时注意设备操作规程,保证训练安全。

2.训练资料、设备和工具

(1)训练资料:教材及船舶图纸、底部分段模型、底部钢质分段。

(2)设备和工具:墩木、液压千斤顶、弹子盘、激光经纬仪、线锤、钢卷尺、画线工具。

3.训练过程

下达工作任务→制订工作计划(任务分工→确定训练步骤)→实施工作计划→完成训练记录。

4.训练步骤

(1)确定分段长度方向上的位置;

(2)确定分段宽度方向上的位置;

(3)测量分段两端距基线的高度及左右水平。

任务三 船体密性试验

【学习目标】

1. 了解密性试验的目的；
2. 掌握密性试验方法。

【任务解析】

在船体建造完毕或船体部分区域内的装配、焊接与火工矫正等工作全部结束后需要进行密性试验。密性试验常用的方法有水压试验、冲水试验、气压试验、冲气试验、煤油试验、冲油（油雾）试验等。近年来，还出现了适应分段预舾装要求的真空试验、超声波和 X 光射线等无损探伤试验。

本任务学习船体密性试验的目的、试验部位和各种密性试验方法，通过该任务的学习和训练能够制订密性试验工艺及模拟密性试验操作。

【任务实施】

一、背景理论与知识学习

（一）密性试验的目的和条件

1. 密性试验的目的

密性试验的目的是检查船体结构防止水、石油产品等液态物质渗漏或气态物质溢漏的能力；通过试验消除缺陷，以保证船舶航行和运营的安全；可以通过密性试验分析焊接缺陷产生的原因，为某些工序提供改进意见；还可以检验船体结构在静载荷作用下的强度好坏。

2. 密性试验部位

需要做密性试验的船体结构主要可分为两大类：

（1）在船舶运营过程中装载液体的舱柜，除底部、舷侧的燃油舱和水舱外，还有艏尖舱、艉尖舱和海底阀箱等；

（2）所有其他不储存液体但要求具有密性的舱柜。

3. 密性试验的条件

（1）船体舱壁甲板以下及船舶下水后无法进行检验和修补缺陷的船体部位，应在下水前进行密性试验。个别特殊部位可允许例外。

（2）试验前应先检查受试舱室的完工程度。完工内容应包括：

①结构的装配和焊接工作全部完成，焊缝经检查合格，不合格的焊缝已经返修符合要求；

②舱内人孔盖的安装；

③舱内钢质直梯的安装；

④舱口围板、支柱及水密舱口盖的安装；

⑤伸入舱内的通风管主体的安装；

⑥位于舱室密性构件上的属具、座架、管子法兰等的安装；

⑦平台、甲板和舱壁上木板紧固螺丝的安装；

⑧火工矫正；

⑨装配"马脚"的清除、焊补及锉光。

若以上某项工作必须在密性试验后才能完成，则位于该部分的船体应按规定标准做补充试验。

（3）具有覆盖的钢质甲板和围壁，应在其覆盖安装前进行试验。

（4）密性试验也可在分段完工后进行，即分段密性试验；也可在某个舱室的工程完工后进行，即单个舱室密性试验。

（5）试验部位的焊缝，在试验前不应涂油漆、水泥、沥青或其他涂料。对长期曝露在大气中受到侵蚀的部位，除接缝本身及其附近区域外，允许涂保养底漆。

（6）试验部位的焊缝应清除焊渣、油污、锈蚀等，并保持清洁。

（二）常见的密性试验方法

1. 水压试验

水压试验为各国船级社所认可的密性试验方法之一，即逐舱灌水并在船外观察焊缝处有无渗漏现象。其中加压的灌水又称"压水"，不加压的灌水又称"摆水"。

水压试验的技术要求为：试验时，一般将水灌至所规定的高度，15 min 后，在该压头下检查有关结构和焊缝，不应有变形和渗漏现象。试验时，当外界气温低于 0 ℃时，则应采取加热措施，使试验介质温度保持在 5 ℃。

水压试验的合格标准为：受试舱室外面焊缝处无水滴、水珠、水迹及冒水等漏水现象。

水压试验同时可收到强度试验的效果，且其渗漏效应比较直观和明显，因而安全可靠，一般船厂均积累了较为丰富的实践经验。但水压试验必须在舱室完整的情况下才能进行，通常在船台上或船坞内进行，此时会受到脚手架、照明、天气、温度等影响；舱室注水需对船体附加墩木、临时支撑等；水压试验时，试验舱顶部不应留有空气垫，需预先开好出气孔；相邻舱室要交叉注水，而每一舱室的注水和排水要消耗很长时间，使舱室内不能进行其他工作；舱室注水后，若发现严重的渗漏缺陷，必须排水，修复缺陷后，需重新注水检查；试验完毕排水后，在骨架之间留有不易排净的积水，会增加焊缝的锈蚀。因此，水压试验仅用于新设计的新型船舶需要做强度试验的舱室，此时密性试验和强度试验可一起完成，一举两得。作为单纯的密性试验，船厂已经不大采用了。

2. 冲水试验

冲水试验也是各国船级社认可的密性试验方法之一，即在板缝一侧冲水，在另一侧观察焊缝处有无渗漏现象。

冲水试验的技术条件为：

（1）冲水试验在喷水出口处的压力至少为 0.2 MPa，喷头至试验部位的距离为 1.5 m；

（2）当外界气温低于零摄氏度时，可用热水进行冲水试验；

（3）垂直焊缝应自下而上冲水；

（4）试验部位焊缝的检查面必须保持干燥。

冲水试验的合格标准与水压试验合格标准相同。

冲水试验主要用于水密门和窗、舱盖、舷侧板、甲板、轴隧、舱壁、甲板室顶的露天部分和外围壁等水密构件的密性试验。

由于冲水使大量自来水散失,造成船舶及船台(船坞)上环境污染,已逐渐被冲气、冲油(油雾)试验所代替。

3. 气压试验

气压试验也是各国船级社认可的密性试验方法之一,即密封试验舱并充以一定压力的压缩空气(需通过减压阀充入),在焊缝的另一面涂以起泡剂(一般为肥皂液),观察有无渗漏起泡现象。

气压试验的技术要求为:气压试验的压力应不小于 0.02 MPa,但不应大于 0.03 MPa。试验时一般可充气到 0.02 MPa,保持压力 15 min,检查压力无明显下降后再将舱内气压降至 0.014 MPa,然后喷涂或刷涂肥皂水进行渗漏检查。

气压试验的合格标准为:当舱内空气压力在保持 15 min(舰艇为 1 h)后,其压力下降不超过 5%,焊缝检查面上的肥皂液不发生气泡。

对于全部液舱均采用气压试验的船舶,在完成气压试验后,至少应对每种结构形式的液舱中的一个做水压试验。但对于货船中标准高度的双层底舱和液货船中远离货舱区域的液舱,如验船师对气压试验结果感到满意,可免做水压试验。

采用气压试验与水压试验相比,可以大大简化密性试验过程,降低成本,节省时间,效果可靠。但一定要在舱室完整的情况下进行,而且无法对舱室做强度试验;试验前要对船体结构最弱部分的受力情况进行核算,并采取限压及安全装置,以避免试验压力过高而发生舱室破损事故;查漏时,需涂起泡液,注意不能遗漏;当外界气温低于零度时,应将起泡液加热后使用,或采用不冻起泡液。

4. 冲气试验

冲气试验是在焊缝的一侧冲气,在另一面涂上起泡剂(肥皂液),若发现起泡,即表明该处焊缝存在缺陷。我国 ZC 规范规定:冲气试验用的气压不应低于 0.4 ~ 0.5 MPa,气流直冲焊缝,空气软管末端应有喷嘴,喷嘴离焊缝间隙不大于 100 mm。实践证明,冲气试验检查焊缝缺陷的敏感性胜过煤油试验,但必须确保冲气与涂肥皂液观察的协调一致;而且冲气试验除在检查角焊缝、对接缝时有较好的敏感性外,对检查水密舱纵骨穿过处的补板焊缝,敏感性更为突出。

冲气试验的技术条件为:

(1)冲气前用测压表检查压缩空气管内的气压,必须大于或等于 0.5 MPa;

(2)冲气时,喷嘴距焊缝应为 50 ~ 100 mm,喷嘴必须反复来回五次以上,逐段冲气,反面涂起泡剂,涂起泡剂者必须与冲气者协调一致,并仔细检查焊缝上是否有气泡产生,起泡处作出标记,以便修整;

(3)肥皂液应有适当浓度,一般要求为 20 ℃时,肥皂液表面张力系数为 4×10^{-4} N/cm;

(4)如气温低于零度时,则应采取防冻措施后,才可进行冲气。

5. 煤油试验

煤油试验也是各国船级社认可的密性试验方法之一,即在焊缝的一侧先涂白粉,然后在另一侧涂上煤油,过一定时间后观察白粉上有无油渍。其技术条件为:

(1)试验前,焊缝反面涂上宽度 40 ~ 50 mm 的白粉溶液,待干燥后才可检查。

(2)船体结构中煤油试验的作用时间应符合表 2 - 6 - 1 的规定。若试验时周围气温低于零度或焊缝为双面焊时,煤油作用时间应比表 2 - 6 - 1 所列规定增加一倍。

表 2 - 6 - 1　煤油试验持续时间

焊缝厚度/mm	温度在零度以上时煤油试验持续时间/min			
	水平焊缝		垂直焊缝	
	水密	油密	水密	油密
≤6	20	40	30	60
7 ~ 12	30	60	45	80
13 ~ 25	45	80	60	100
>25	60	100	90	120

(3)焊缝厚度在 6 mm 以下时,应在涂煤油后立即进行一次检查,并按表 2 - 6 - 1 中规定时间进行第二次检查;焊缝厚度在 6 mm 以上时,就在涂煤油 10 min 后进行第一次检查,并按表 2 - 6 - 1 中规定时间进行第二次检查。

(4)在白粉层上不出现煤油痕迹者为合格。

由上述内容可知,煤油试验在试验前要做充分的准备工作,试验时间较长,试验后还需清除白粉,试验工作较为繁琐,大面积采用显然不够经济,多用于中小型船舶。

6. 冲油试验

冲油试验又称油雾密性试验,是在气雾密性试验和冲水试验的基础上发展而来的。

气雾密性试验是采用喷雾装置喷射出具有一定压力的气雾,利用压力气雾的渗透性来检查船舶舱室水密性的一种密性试验方法。油雾密性试验是用煤油和压缩空气通过喷雾装置产生油雾而进行工作的,因为煤油的渗透力远比水和气雾强,所以可以像冲水试验那样进行,应用于分段建造中,故称冲油试验。

冲油试验的技术条件为:

(1)焊缝冲油密性试验所用的煤油须经过过滤,清除杂质;

(2)焊缝在试验前须除去水渍、油漆、焊渣及其他覆盖物;

(3)喷油嘴口径不大于 16 mm,喷嘴离焊缝距离 50 ~ 100 mm,喷嘴移动速度为 5 ~ 10 m/min;

(4)管路中压缩空气的压力不小于 0.3 MPa;

(5)喷油后 3 ~ 5 min(气温在 20 ℃以上)或 10 ~ 15 min(气温在 20 ℃以下),在焊缝另一面检查其有无渗漏现象。

目前各国的造船规范对密性试验几乎都有一条相同的规定,即"在船体未经密性试验之前,不应对水密焊缝进行涂刷油漆或敷设绝缘材料"。这条规定对造船厂采用分段法或总段法造船的工艺带来很大的麻烦,因为当分段或总段装焊完工除锈后进行涂装时,要将水密焊缝处留出,或用胶水纸覆盖住,待船台(船坞)合拢直到结束密性试验后,才可再进行涂装。这样既影响油漆效果,费时费力,又难保证水密焊缝处的除锈、油漆质量。而且这条规定就使大量的密性试验工作在船台(船坞)上进行,如前所述,使密性试验受到脚手架、照明、天气、温度等影响。这样,密性试验就直接影响着船舶建造周期和建造成本。为了解决这一矛盾,各国船厂先后在分段建造中就着手对水密焊缝进行密性试验。

综上所述,建造大、中型船舶时,船体的密性试验最好分散进行,在内场或平台上于分段制造完成后就进行水密焊缝的密性试验;在船台(船坞)上只进行大接头区域的密性试验。船体密性试验分散进行,第一可以将大部分在船台上或船坞内进行的难度较大的密性试验作业移到分段装配阶段进行,大幅度地减少船台(船坞)密性试验范围,对缩短船台(船坞)周期极为有利;第二,由于密性试验在工作条件良好的内场或平台上进行,故能提高密性试验的质量,同时还能减轻劳动强度;第三,在分段装配过程中已完成密性试验的地方可立即进行舱室涂装,可提高舱室的涂装质量,而且涂装工作的生产效率也可以得到提高。

二、工作任务训练

训练名称:制定某双层底水密液舱的密性试验工艺及模拟密性试验操作。

1.训练内容及要求

训练内容:

(1)掌握水压试验的合格标准和步骤;

(2)制订某双层底水密液舱的密性试验工艺;

*(3)实训现场模拟密性试验方法。

训练要求:

(1)双层底水密液舱的密性试验可在分段完工后进行,也可在该舱室的工程完工后进行;

(2)试验部位的焊缝试验前不能涂涂料,试验部位焊缝要除焊渣、油污、锈蚀等,保持清洁。

2.训练资料、设备和工具

(1)训练资料。密性试验的图片、视频等。

(2)设备和工具。冲水、肥皂水、煤油、白粉溶液等密性试验工具和用料。

3.训练过程

下达工作任务→制订工作计划(任务分工→确定训练步骤)→实施工作计划→完成训

4.训练步骤

(1)查资料掌握水压试验的合格标准和试验步骤;

(2)制定某双层底水密液舱的密性试验工艺;

(3)模拟选定的密性试验方法进行操作。

【课后自测】

一、填空

1.(   )是一种船台平面与水平面呈一定角度(称为船台坡度)的船台,倾斜度大小通常取 1/24 ~ 1/14。

2.(   )是低于水面、端部设有闸门、在闸门关闭后能将水排干以从事船舶修造的水工建筑物。

3.船台平面与水平面平行的船台称作(   )。

4.根据坞的深度,船坞分为造船坞和(   )。

5.(   )俗称"地牛",埋置在船台地面处,供分段定位时拉曳用。

6.(   )是沿全船的基准肋骨线上,横向嵌埋在船台两侧的槽钢,作为分段或总段安装定位时,决定纵向位置用。

7.有两个或两个以上基准分段同时进行船体总装的建造方法,称(　　　)。

8.单船建造的船台总装包括总段建造法、(　　　)、(　　　)和水平建造法。

9.确定船台中心线的方法有:照光板法、拉钢丝吊线锤法、(　　　)和(　　　)。

10.船体总装前的准备工作有(　　　)准备工作和(　　　)准备工作。

二、判断(对的打"√",错的打"×")

1.在船台装配前必须检查是否已画出各分段或总段上的船台安装定位线。　　(　　　)

2.临时支撑的作用在于保证分段在船台装配时的位置和型线,但是不可作为分段和总段的支承装置。(　　　)

3.吊环是分段和总段吊运翻身的主要属具,因此在分段装焊结束后就应按要求布置和装焊好。(　　　)

4.吊环的数量是固定的,不需根据分(总)段形状及吊运翻身方式决定。　(　　　)

5.外板定位焊到舯部产生圆势不对时,可将焊缝接头处割开,从下向上逐渐装配,最后将伸长出来的多余部分切割掉。(　　　)

6.将横舱壁吊上底部分段,插入限位钢板内,将舱壁上部拉条与内底板固定并拉紧,然后定位。(　　　)

7.平面舱壁与内底板的定位焊,应由两舷向船中。　　　　　　　　　(　　　)

8.纵舱壁分段的装配方法与横舱壁的装配方法大不相同。　　　　　　(　　　)

9.舷侧分段的安装一般以横舱壁为基准进行安装。若该区域无横舱壁,可竖假舱壁作为基准,帮助舷侧分段定位。(　　　)

10.甲板定位焊按甲板与舱壁、甲板与舷侧、甲板与甲板、内部骨架与骨架的次序进。(　　　)

11.水压试验合格标准为:受试舱室外面焊缝处无水滴、水珠、水迹及冒水等漏水现象。(　　　)

12.水压试验仅用于新设计的新型船舶需要做强度试验的舱室。　　　　(　　　)

13.冲水试验时,当外界气温低于零摄氏度时,也可用热水进行冲水试。　(　　　)

14.由于冲水使大量自来水散失,造成船舶及船台(船坞)上环境污染,已逐渐被冲气、冲油(油雾)试验所代替。(　　　)

三、名词解释

1.塔式建造法

2.岛式建造法

3.三阶段建造法

4.串联建造法

5.船体总装

6.机械矫正法

7.水压试验

四、问答

1.简述采用塔式建造法进行船台装配时的装配顺序。

2. 纵向倾斜船台的工艺装备有哪些？

3. 船台上的准备工作有哪些？

4. 船体上的准备工作有哪些？

5. 简述船体变形的原因。

6. 船体变形的预防措施有哪些？

7. 简述底部基准分段的定位步骤。

8. 简述甲板分段的船台装配过程。

9. 简述密性试验的目的。

10. 密性试验常用的方法有哪些？

项目七 船 舶 下 水

【项目描述】

船舶在船台上建造到一定阶段后,通过某种方法将其从船舶建造区移至水域区的工艺过程称为船舶下水。船舶下水可以采用不同的方法,常见的有重力式下水、漂浮式下水和机械化下水三种。

本项目学习的是船舶从建造船台或船坞陆上移到水域的一种工艺。主要是对船舶建造完成后下水方式及内容进行认知,包括船舶下水方式选择、船舶纵向涂油滑道下水和船舶纵向钢珠滑道下水三个学习任务。

知识要求

1.了解船舶下水的主要方法和设施;

2.熟悉纵向涂油滑道下水工艺和过程;

3.熟悉纵向钢珠滑道下水工艺和过程。

能力要求

1.能够参与船舶下水相关工艺工作,制订船舶下水工艺文件;

2.能够分析纵向涂油滑道下水和钢珠下水过程,采取安全施工措施。

工作任务

1.任务一 船舶下水方式选择;

2.任务二 船舶纵向涂油滑道下水;

3.任务三 船舶纵向钢珠滑道下水。

任务一 船舶下水方式选择

【学习目标】

1.了解船舶下水的主要方法和设施;

2.能够根据船舶类型、尺度和船厂设施选择下水方式。

【任务解析】

船舶下水设施是修造船厂的主要生产组成部分,也是修造船厂生产能力的体现。船舶下水设施与下水方式有很大关系,下水方式不同,下水设施就不同。下水方式与船舶尺度和质量也有很大关系,如果下水设施一经按既定的规模与尺度建成,以后产品的尺度和质量要增大就往往难以适应。

本任务主要学习船舶下水的主要方法和下水设施,通过该任务的学习和训练能够根据船厂设施及船舶情况进行船舶下水方法选择。

【任务实施】

一、背景理论与知识学习

(一)重力式下水

重力式下水是船舶在本身重力的作用下沿船台倾斜滑道进入水中的下水方法。重力下水的方式有纵向及横向两种,纵向重力式下水时船体的中纵剖面平行于滑道运动,船尾先入水;横向重力式下水时船体的中横剖面平行于滑道运动,船舶一侧先入水。

1.纵向重力式下水

船舶纵向重力式下水是目前国内外船厂广泛使用的一种下水方式。这种下水方式适用于不同的下水质量和船型的船舶,并具有设备简单、建造费用少和维护管理方便等优点。采用这种方式下水的船舶在水中的滑程较长,要求水域宽度不小于三倍船长。纵向倾斜船台滑道一般分为滑油滑道和钢珠滑道两种,下水工艺则分别称为纵向涂油滑道下水和纵向钢珠滑道下水。

(1)纵向涂油滑道下水

纵向涂油滑道是船台和滑道合一的下水设施。纵向下水的设备由固定部分和运动部分组成。固定部分为在船台上由方木铺成的滑道,称为底滑道;运动部分在下水过程中与船舶一起滑入水中,称为下水架。下水架的底板称为滑板,在滑板与滑道之间敷有润滑油脂,使滑板易于滑动。下水架的两端建造比较坚固,以支持船体首尾两端的尖削部分,分别称为前支架及后支架。除上述主要设备外,还有若干辅助设备,诸如:防止船在开始下水之前滑板可能滑动的牵牢设备;防止船在下水过程中滑板发生偏斜的导向挡板;使船在下水后能迅速停止于预定位置的制动装置;使船在开始下水时能迅速滑动的驱动装置等等。图2-7-1为纵向重力式下水示意图,船舶纵向下水时,艉部先入水,因为这样可以获得比较大的浮力。

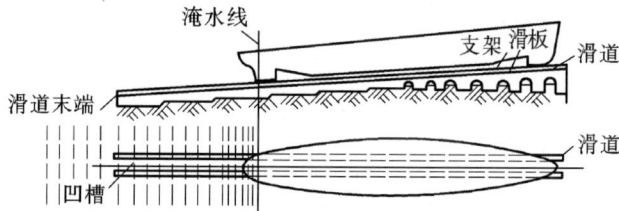

图 2-7-1 纵向重力式下水示意图

(2)纵向钢珠滑道下水

纵向钢珠滑道下水是用钢珠代替下水油脂,变滑动摩擦为滚动摩擦的一种纵向重力下水方式。减少了滑板与滑道之间的摩擦力,钢珠还可以重复使用。

钢珠下水装置主要由滑道、钢珠、保距器、轨板和组合滑板等构成,如图2-7-2所示。钢珠由高铬钢构成,直径为90 mm,平均许用载荷为3×10^4 N,具有防锈能力。保距器用来控制钢珠在一定范围内滚动。为了减少保距器与滑道轨板之间的摩擦力,保距器上安装有滚轮。普通形保距器每块可放 12 个钢珠,大型船舶钢珠数量要多些,并在滑道轨板上焊有导向方钢,以免钢珠出列。为了收集下水时的钢珠,在滑道末端设置有钢架网袋,承接落下的钢珠。

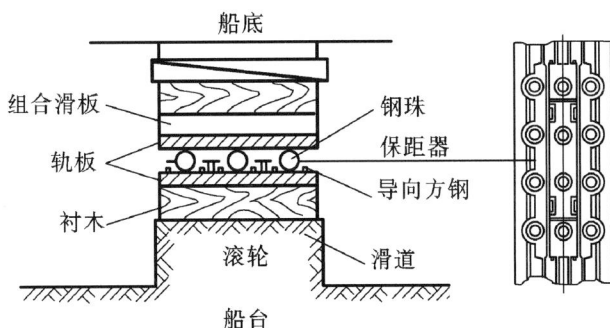

图 2 - 7 - 2　钢珠滑道

2. 横向重力式下水

与纵向重力式下水的区别,是船舶开始进入水中的不是艉部而是一舷,如图 2 - 7 - 3 所示。

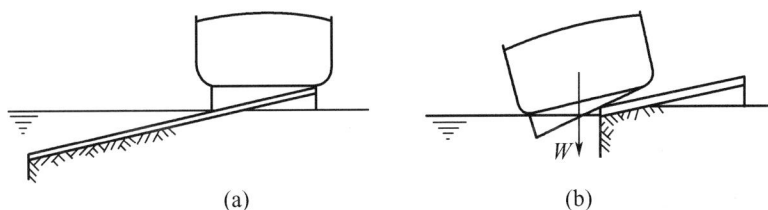

(a)　　　　　　　　(b)

图 2 - 7 - 3　横向重力式下水示意图

(a)浮起式;(b)坠落式

根据滑道的长短,横向下水一般可分为两种。一种是长滑道,滑道伸入水中,先将船舶拖曳到楔形滑板上,然后沿滑道滑移到水中,这种方式称为横向浮起式下水(图 2 - 7 - 3(a));另一种是短滑道,滑道不伸入水中,船舶下水时,连同下水架一起坠入水中,然后依靠船舶本身的浮力和稳性趋于平衡,这种方式称横向坠落式下水(图 2 - 7 - 3(b))。横向重力式下水适用于小型船舶下水。

(二)漂浮式下水

将水注入建造船舶的场所,依靠浮力使船舶自然浮起的下水方法,叫做漂浮式下水。该法的原始形式在我国早有应用——利用江河的枯水季节在滩头将船造好,当洪水季节到来时船即可自行浮起。这样,不需要任何下水设施。现代的漂浮式下水的主要设施是船坞,最常见的是干船坞和浮船坞下水。

1. 干船坞下水

干船坞是一种利用漂浮原理进行船舶下水和上墩的水工建筑物。它由坞底、坞墙、坞门和水泵站等组成,如图 2 - 7 - 4 所示。主要设备有排灌系统(主要为泵房)、曳船系统、起重设备以及各种动力管道设施。排灌系统包括灌水系统、排水系统和疏水系统,泵房布置在近坞口处,与坞门墩结合成一体;曳船系统包括拉曳、定位的设备,有绞盘、绞车、牵引小车和系缆桩;起重设备是设置在坞边的门式起重机;动力设施根据需要,在坞墙的廊道内设有电缆、压缩空气、氧气、乙炔、海水、淡水以及蒸汽管道。

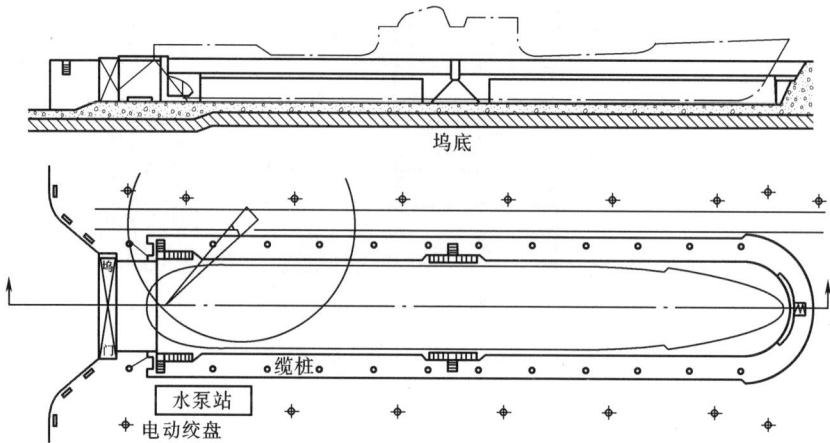

图2-7-4 干船坞

干船坞是利用坞门把坞室和水域隔开,坞门本身具有压载水舱和进排水系统,安装到位后将水压入坞门水舱内,坞门会下沉就位,在坞外海水的压力下就能紧紧压在坞口,将坞内的水抽干后,即可在坞内造船或修船。船舶建造完成后,通过进排水系统将坞外水域的水引入坞内,船舶依靠浮力起浮,待坞内水面和坞外一致时就可以排出坞门内的压载水起浮坞门并脱开坞门,然后将船舶用拖船拖出船坞,坞门复位进入下一轮造船。

利用干船坞下水,船舶始终平稳地处于自然浮起的状态。所以它是一种简易而又安全的下水方法。但是,由于干船坞的建筑工程量大,投资费用高昂,故主要被沿海船厂用来修理船舶。

2.造船浅坞

专门用于造船的干船坞一般坞深造得较浅,称为造船浅坞(简称造船坞),如图2-6-3所示。我们知道,新造船舶的空船质量比修船时的船舶质量小,如果只需要满足新造船舶浮起的要求,就可以把坞深造得浅一些,以便节省大量的基本建设投资。造船浅坞就是根据这个原则建成的干船坞。船舶下水时,首先将水注入坞室,船舶依靠水的浮力浮起,当坞内水面与坞外水域平齐时,即可移开坞门,将船舶拖曳出坞。

随着船舶大型化,新造船的主尺度和质量不断增大,如果仍然采用纵向涂油滑道的倾斜船台或半坞式船台造船,势必要增加船台前端标高和船台起重设备的起吊高度,从而大大增加船台和起重设备的投资,增加分段吊装工艺的复杂性。如果采用造船坞建造大型船舶,不仅可以克服倾斜船台和半坞式船台前端过高、纵向涂油滑道下水工艺复杂、水域宽度不易满足等缺点,而且还具有以下优点:

(1)船舶建造时处于水平状态,使施工操作方便;

(2)起吊高度降低,便于采用大起重能力、大跨距的起重设备;

(3)设置中间分隔坞门以后,可以采用串联建造法造船;

(4)可以利用坞墙设置各种造船机械化装置,提高船体建造的机械化程度;

（5）漂浮式下水操作简单、安全。

鉴于以上所述，即使造船坞的建造费用较高，也仍然是建造大型船舶时船体总装和下水的主要设施。

3.浮船坞下水

浮船坞是一种用于修、造船的工程船舶，如图2-7-5所示。浮船坞是一种构造特别的槽形平底船，它有一个巨大的凹字形船舱，两侧有墙，前后端敞开。两侧的坞墙和坞底均为箱形结构，沿纵向和横向分隔为若干封闭的舱格，有的舱格称为水舱，用来注水和排水，使船坞沉浮。

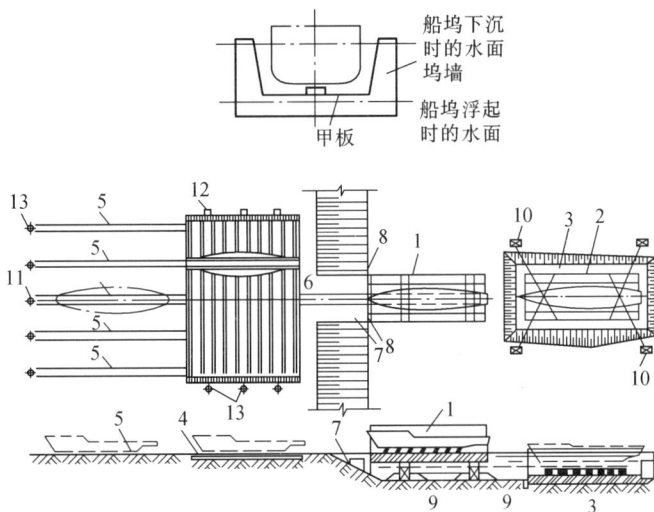

图2-7-5　纵移式浮船坞下水

1—浮船坞；2—沉坞坑上的浮船坞位置；3—沉坞坑；4—横移车；5—船台；6—通往浮船坞的轨道；
7—突码头；8—定位装置；9—支墩；10—固定浮船坞用的锚；11—电动绞盘；12—电绞车；13—地牛

浮船坞原来主要用于船舶修理，作为船队或工厂的浮动修船基地。浮船坞如与水平船台联合使用，亦可作为船舶下水设施。利用浮船坞做下水作业，首先使浮船坞就位，坞底板上的轨道和岸上水平船台的轨道对准，将用船台小车承载的船舶移入浮坞，然后将浮坞脱离与岸壁的连接，如果坞下水深足够的情况下浮坞就地下沉，船舶即可自浮出坞；如果坞下水深不足就要将浮坞拖带到专门建造的沉坞坑处下沉。

根据船舶入坞的方式分为纵移式和横移式。纵移式的浮坞中心线和水平船台移船轨道平行，可以采用双墙式浮坞，船舶入坞按船长方向移动，如图2-7-5所示。

横移式浮坞多使用单墙式浮坞，也可以使用双墙式浮坞，但这种浮坞的一侧坞墙可以拆除，使用时将浮坞横靠在水平船台的岸壁，拆去靠岸一侧坞墙，将船舶拖入浮坞，再将活动坞墙装复做下水作业，如图2-7-6所示。

浮坞下水设施具有能与多船位水平船台对接的能力，造价较低，建造周期短，下水作业平稳安全，而且不占用陆地面积，下水作业更加灵活；但浮船坞一般造价较高，作业复杂，多数时候要配备深水沉坞坑，而且利用浮船坞进行修船、造船作业时，起重能力往往会受到较大的限制。

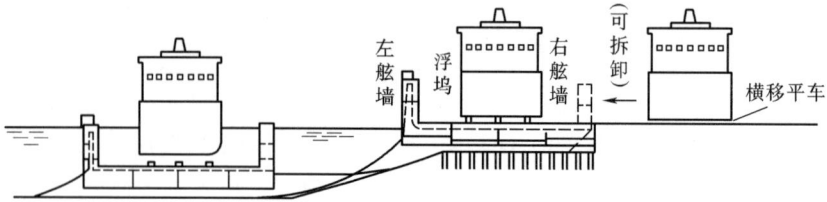

图 2 - 7 - 6　水平船台与浮船坞横向下水

(三)机械化下水

运用机械化设施完成船舶下水的工艺过程,叫作机械化下水。随着造船技术的发展,下水操作的机械化程度不断提高,出现了名目繁多的机械化下水设施和下水方法。最常见的有以下几种:

1. 纵向船排滑道机械化下水

船舶在带有滚轮的整体船排或分节船排上建造,下水时用绞车牵引船排沿着倾斜船台上的轨道将船舶送入水中,使船舶全浮的一种下水方式,如图 2 - 7 - 7 所示。

分节式船排每节长度是 3 ~ 4 m,宽度是典型产品船宽的 80%,高度在 0.4 ~ 0.8 m 之间。由于位于船首的那节船排要承受较大的艏端压力,因此要特别加强其结构,因此分为艏节船排和普通船排两种。由于船排顶面与滑道平行,而且高度只有 0.4 ~ 0.8 m,所以其滑道水下部分较短,滑道末端水深较小,采用挠性连接的分节船排时由于船排可以在船舶起浮后在滑道末端靠拢,则可以

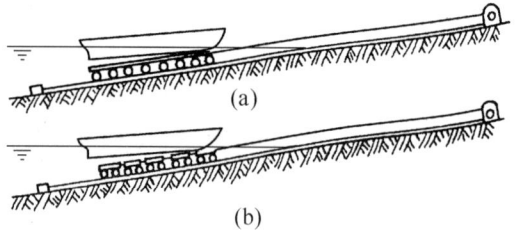

图 2 - 7 - 7　纵向船排滑道
(a)整体船排;(b)分节船排

进一步降低滑道水下部分长度和降低末端水深。这种滑道技术要求较低,水工施工较简单,投资也较小,而且下水操作平稳安全,主要适用于小型船厂。但由于船排高度小,船底作业很不方便,一般仅适用小型船舶的下水作业。

为提高船排滑道的利用率,适应批量造船的需要,出现了带有横移坑和多船位水平船台的纵向船排滑道,如图 2 - 7 - 8 所示是一种带液压摇架和横移区的纵向船排滑道布置图。下水时,首先将船舶从水平船台移至横移车上,拉曳横移车将船舶移至滑道区与液压摇架对准(此时的液压摇架成水平状态),将船移到液压摇架上,然后调整摇架两端的液压千斤顶,使摇架倾斜成与滑道相同的坡度,即可将船移入水中。

2. 双支点纵向滑道机械化下水

这种下水方式使用两辆分开的下水车支撑下水船舶,它可以直接将船舶从水平船台拖曳到倾斜滑道上从而使船舶下水。

这种滑道是用一段圆弧将水平船台和倾斜滑道连接起来,以便移船时可以平滑过渡。具有结构简单、施工方便、操作容易的优点,缺点是由于只有两辆下水车支撑船舶首尾,对船舶纵向强度要求很高,在艉浮时会产生很大的艏端压力,因此只适用纵向强度很大的船

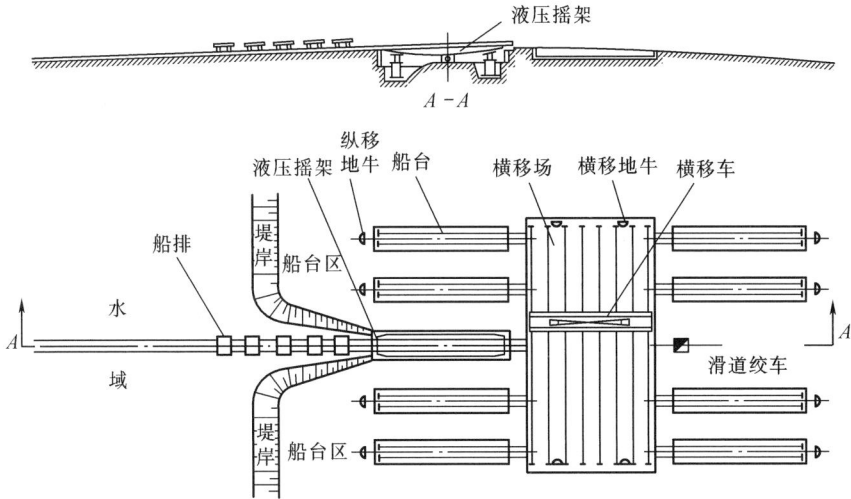

图 2 - 7 - 8　带液压摇架和横移区的纵向船排滑道

舶,如图 2 - 7 - 9 所示。

3. 变坡度横移区纵向滑道机械化下水

　　这种下水方式的横移区由水平段和变坡段两部分组成,如图 2 - 7 - 10所示。侧翼布置有多船位水平船台的横移区,因移船的需要使横移车轨道呈水平状态,故称水平段;变坡度的横移区其轨道只有一组仍为水平,其他各组均带有坡度,这些轨道的坡度能使横移车在横移过程中逐步改变其纵向坡度,最后获得与纵向滑道相同的坡度,故称为变坡段。同时,为使横移车在变坡段仍保持横向水平,带坡度轨道均采用高低两层轨道的方式。

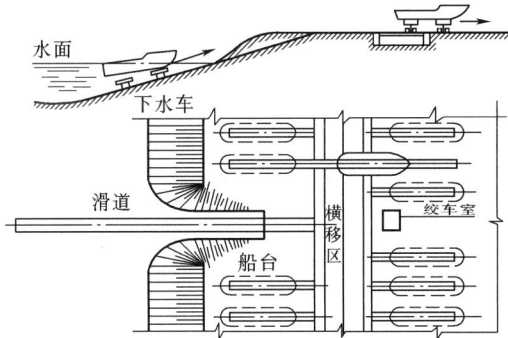

图 2 - 7 - 9　双支点纵向滑道

　　由于横移区具有变坡功能,所以采用纵向倾斜滑道下水。同时,可以在下水滑道纵向轴线处建造一座纵向倾斜船台。通过横移车在水平段实现与水平船台的衔接;在变坡段末端实现与纵向倾斜船台、下水滑道的衔接,使一种下水设施可以供两种船台使用。而且这种滑道是用船台小车兼做下水滑车的,故滑道末端水深较小,滑道建设投资小。但是,这种下水方式

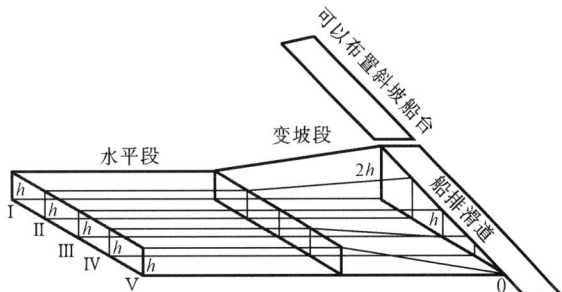

图 2 - 7 - 10　变坡度横移区纵向滑道

和所有采用纵向下水工艺滑道一样存在船舶尾浮时较大的艉端压力。

一般这种方式多用于国内码头岸线紧张而腹地广大的渔船修造厂和中小型船厂,修造船可以在内场水平船台进行,只设一条下水滑道,减少滑道水下部分的养护工作量。

4.梳式滑道机械化下水

由斜坡滑道和水平横移区组成,而且和横移区侧翼的多船位水平船台连接,船台小车和下水车都是分别单独使用。

在斜坡滑道部分铺设若干组轨道,每组轨道上有一辆单层楔形下水车,每辆下水车有单独的电动绞车控制。斜坡滑道部分和横移区的轨道交错排列,位于轨道错开地区处于同一水平处的连线称为零轴线,水平轨道和斜坡滑道互相伸过零轴线一定长度,形成高低交错的梳齿,所以称为梳式滑道,如图2-7-11所示,其作用是将水平船台上的待下水船舶转载到楔形下水车上。

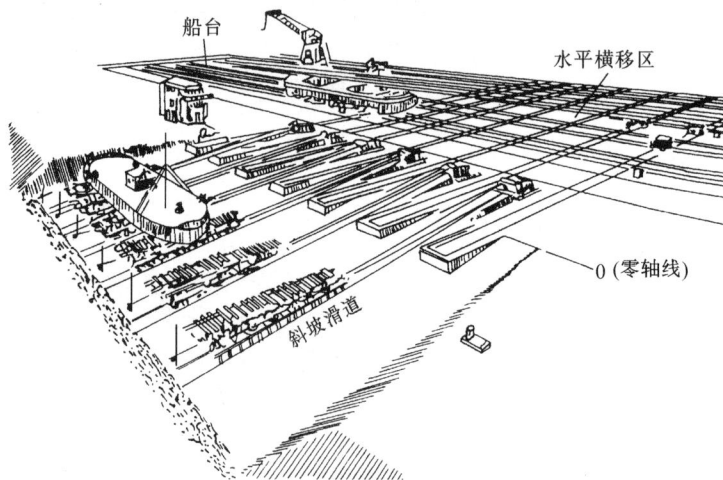

图2-7-11 梳式滑道鸟瞰图

具体操作时,将船舶置于船台小车上,开动船台小车做纵向运动,待船舶移到横移区的纵向轨道和横向轨道交错处时启动小车下部的液压提升装置提升船台小车的走轮,将车架旋转90°后落下走轮到横移轨道上,开动船台小车将船舶运动到零轴线处,再次启动船台小车上的提升装置将船舶略为升高,此时用电动小车将楔形下水车托住船舶,降下船台小车的提升装置并移开船台小车,船舶即坐落在下水车上,最后开动下水车上的电动绞车将船舶送入水中完成下水作业。

船台小车和下水车各自有单独的电动绞车,免去穿换钢丝的麻烦,提高了作业的安全性和作业效率;下水车的轮压较低,对斜坡滑道的施工精度要求较低;各个区域的建设独立性较强,可以分期施工。但由于自备牵引设备,船台小车结构复杂,维修繁琐;船台小车走轮转向和零轴线处换车作业麻烦。梳式滑道适用于中、小型内河平底船舶的下水和上墩。

(四)其他下水方式

除上述下水方法以外,一些船厂结合本厂的实际情况,采用一些其他下水方式。

1.气囊下水

所谓气囊,是由两层8×8帆布与四层氯丁胶黏合而成的复合材料(厚约2.5 mm)做成的长形胶囊充气而成。根据不同的使用要求,胶囊充气后的断面形状有两种:一种为长圆形,主要用来代替千斤顶起升船舶,称为起重气囊;另一种为圆形,用于船舶的运移和下水,称滚动气囊。

采用气囊下水时,除需一伸入水中一定深度的斜坡外,不需要滑道等任何固定设施和构筑物。对地面的要求也很低,除铁器、大块砖石和其他可能刺破气囊的尖利器物应予清除外,能在水泥、泥或草皮等各种地面上进行。其他设备也很简单,只要有一台用于气囊充气的空气压缩机、两台控制船舶下水的绞车以及相应的工具和钢丝绳即可。气囊下水示意图如图2-7-12所示。

船舶下水时,先用若干直径较大的支承气囊将船舶抬高,拆除船舶建造时所用的龙骨墩和边墩,再置入滚动气囊,并将支承气囊中的空气放掉,然后利用绞车使承载在滚动气囊上的船舶移向水域。这种方法适用于小型船舶的下水,或将船舶从水域拖上船台。有些船厂还用于大型船舶的总段下水,然后将总段拖进船坞进行合拢。由于在下水过程中,可以很方

图2-7-12　气囊下水示意图
1—船舶;2—气囊;3—地坪

便地调整船舶移动方向和移动速度,因此对水域狭窄、水位变化较大的船厂较为适用。

由于气囊下水具有要求低、设备少、投资少、投资省,操作简单、维护方便承载潜力较大(使用压力一般为0.48~0.54 kg/cm²)等优点,完全有可能适用于较大船舶下水。

2.水垫下水

这种下水设施主要是设有水垫装置的墩木,水垫装置与高压水管相连。下水前,根据下水船舶的质量,把水垫装置放到船底下方。下水时,水垫装置通入高压水,使喷射出来的高压水流在装置与地面之间形成水垫,将船舶微微托起(这样船舶就能在平坦的地面上向任何方向移动),再将船舶拖曳入水。

水垫下水要求岸边滩地有足够的承压能力,以防水压耗损过大、过快。另外要求地面平坦,并具有一定斜度。此方法目前国外采用较多,国内船厂还不具备使用条件。

二、工作任务训练

训练名称:选择船舶下水方式。

1.训练内容及要求

训练内容:

(1)根据某船厂下水设施及船舶类型和尺度选择船舶总装场地及下水的方法。

已知:①某船厂设施:十万吨级纵向下水倾斜船台(船台长290 m,宽50 m,滑道长280 m,滑道坡度1/24)和二十万吨级干船坞(坞长365 m,坞宽80 m,坞深13 m,坞区作业平台总面积50 600 m);建造船舶为46 000吨油轮,其主尺度:总长193 m,垂线间长185 m,型宽32 m,型深17 m,设计吃水10 m。

(2)选取下水方式及下水设施。

训练要求:

(1)船舶下水方法选择应保证下水安全及降低下水费用;

（2）船舶下水方法选择要提出两种方法进行比较,选择最佳方式。

2.训练资料、设备和工具

船厂基本造船设施条件、建造船舶的资料。

3.训练过程

下达工作任务→制订工作计划(任务分工→确定训练步骤)→实施工作计划→完成训练记录。

4.训练步骤

（1）了解船厂下水设施及船舶类型和尺寸,分析比较各种下水方式优缺点;

（2）确定该船下水方式,并说明选取的原因;

（3）选取所需要的主要设施。

任务二 船舶纵向涂油滑道下水

【学习目标】

1.熟悉船舶纵向涂油滑道下水的主要设施;

2.了解纵向涂油滑道下水主要阶段及安全措施。

【任务解析】

重力式下水中较常用的是纵向涂油滑道下水,适用于不同的下水质量和船型的船舶,国内主要用于建造载重量1～10万吨船舶。油脂滑道主要由木质的滑道和滑板组成。滑道与滑板接触间涂以油脂,船舶以自重的向下分力沿着滑道斜面滑行。船舶在滑行过程中,船尾先浸水,继之艉浮,然后全浮。船舶在离开滑道后,由于具有滑行速度,故仍能在水中继续滑行。

本任务主要学习船舶下水主要设施,纵向涂油滑道下水过程分析和采取的安全措施,通过该任务的学习和训练能够制定船舶下水工艺流程。

【任务实施】

一、背景理论与知识学习

（一）纵向涂油滑道下水

船舶纵向涂油滑道下水方式具有设备简单、建造费用少和维护管理方便等优点。但是由于通过在滑道上浇注油脂来减少摩擦力,这些油脂往往很难重复利用,并且会污染作业环境和周围水域,此外,浇注的油脂受环境温度的影响较大,从而使其润滑能力受到影响。随着环境保护意识的不断加强和政策的改变,这种下水方式有逐渐淘汰的趋势。

1.纵向涂油滑道下水设施和工艺

如果保证船舶下水顺利实施,就必须有相应的下水设施和工艺。纵向涂油滑道下水设施如图2-7-13所示,船舶支承在下水架上,而下水架则由置于滑道上的滑板来承托。防止船在开始下水之前滑板可能滑动的牵牢设备一般是滑道两侧的止滑器。船舶下水时,首先拆除下水墩木,使船舶质量落在下水架上,再松开止滑器,滑板便连带船舶和下水架沿滑道滑入水中。

（1）下水墩木

船舶下水前,需将船舶从建造墩木移至下水墩木上,并对建造墩木处的船底板补涂油漆。下水墩木既能临时支撑下水船舶的质量,又能方便迅速拆除,这样才能保证船舶安全迅速地坐落到下水架上。常见的下水墩木有沙箱下水墩木和活络铁墩。沙箱下水墩木由一个侧面开有插门的凸底铁箱组成,箱内装满砂石,拆墩时,只要打开插门,砂石即自行外流,沙箱上方的墩木随之下降,船舶安全迅速地坐落到下水架上。活络铁墩的构造与组成如图2-7-14所示。拆墩时,只要将安全插销拉开,并用手锤将止动闸刀向上击落,解脱拉力铰链的约束,滑箱即沿箱体座上的斜面滑下,使墩木高度降低100 mm左右。这种活络铁墩的特点是不需装碎石,拆卸

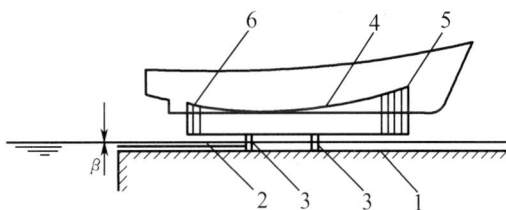

图2-7-13　下水装置示意图
1—滑道;2—滑板;3—止滑器;
4—中间支架;5—艏支架;6—尾支架

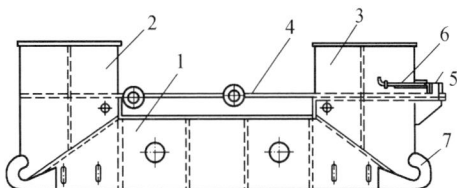

图2-7-14　活络铁墩
1—箱体座;2—左滑箱;3—右滑箱;4—拉力铰链;
5—止动闸刀;6—安全插销;7—安全钩

方便,可同时作为建造墩木实现一次排墩,缩短下水准备和下水操作时间,而且还可避免砂尘飞扬和减轻船台清理工作量。

（2）滑道

滑道通常采用两条,其中心线之间的距离约为船宽的1/3。滑道坡度 β 一般取为1/24 ~ 1/12,其具体数值视船的大小而定。概括说来,小型船舶(100 m以下)的 β 为1/15 ~ 1/12;中型船舶(100 ~ 200 m)的 β 为1/20 ~ 1/15;大型船舶(200 m以上)的 β 为1/24 ~ 1/20。对于大船,滑道坡度一般较小,使船首部分离地不至于过高,可以节省很多垫料支柱和台架,同时又便于施工。但滑道坡度也不宜过小,否则船将不易滑动。

（3）滑板

滑板是船舶下水时承载船舶和下水架的下水装置,它由200 mm × 200 mm或300 mm × 300 mm的松方木用螺栓连接而成,每块滑板的长度为6 ~ 8 m或3 ~ 4 m,其端部下缘都加工成圆角,以免在下滑时被滑道卡住。

使用时,可以根据需要的长度把一块块滑板用连接件连接起来,为了防止滑板从滑道滑出,在两块滑板之间要求装设适当数量的撑木或松紧螺栓扣,以保持两块滑板之间的距离。

滑板的总长度(包括各块滑板之间的间隙在内)应略大于全部下水架的长度,通常取船舶垂线间长的80% ~ 90%。

（4）下水油脂

从下水过程的第一阶段分析可知,下水油脂的静摩擦系数是决定船舶能否自行下滑的重要条件。一般要求下水油脂在各种压力情况下的静摩擦系数不得大于0.035。此外,下

水油脂还应满足下列技术要求:具有足够的承压强度;油脂对滑道和滑板的附着力强;与海水接触时不起化学反应;配制时对杂质的敏感性不大。

下水油脂一般分承压和润滑两层,也有分为承压、过渡和润滑三层的。承压层的作用是承受船舶下水时的压力,并保持表面平整,有助于润滑,承压层一般用不同质量比例的石蜡、松香、硬脂酸等调制而成;润滑层的作用是保证滑板与滑道间的润滑,减小它们之间的摩擦力,常用润滑剂有 3 号、4 号工业钙基酸、松香基润滑油、水肥皂和机油等。

(5)下水支架

下水架是支承下水船舶,并保持船舶平稳下滑的重要下水装置,它的长约为船长的80%,船体首尾两端各有 10% 左右的长度悬空于下水架之外。下水支架按其所在位置分为艏支架(用普通墩木)、中间支架和艉支架三部分。如图 2-7-15 所示为艉支架示意图。

艉部开始上浮时,因滑道反力集中作用于下水架前支点处,可能损坏下水设备及船体结构,所以要求艉支架结构特别坚固,并且要求布置在船体结构横向刚度较大处,如图 2-7-16(a)所示。图 2-7-16(b)所示是一种钢质箱形圆凹槽受力铰点结构的回转支架,此支架在船舶尾浮时,上半部自由支承在下半部的凹槽中并做相对滚动,这种支架的使用效果良好,安全可靠,维护保养要求也不高。

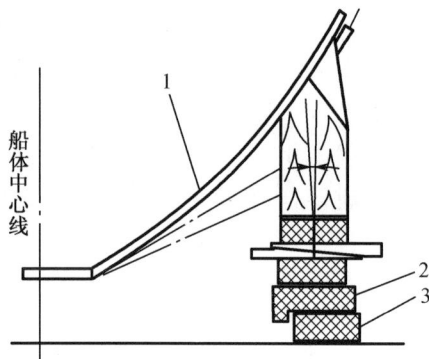

图 2-7-15　艉支架
1—外板;2—滑板;3—滑道

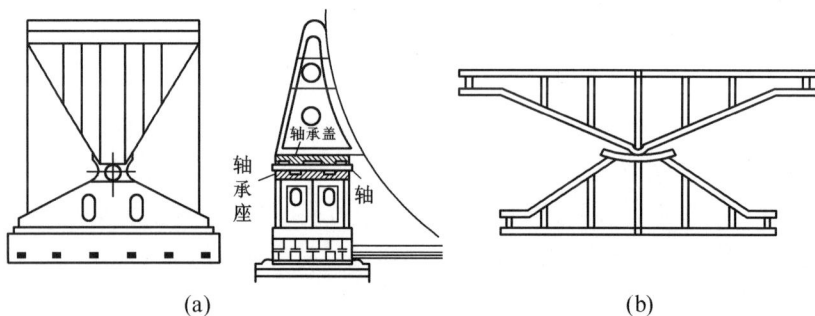

(a)　　　　　　　　　　　　(b)

图 2-7-16　钢质回转支架
(a)艉回转支架;(b)圆凹槽受力铰点结构的回转支架

现在国内推广使用的方法是取消首支架的下水工艺,即在滑板与船体之间的相当长度内只需添入普通墩木,这些墩木随船体及滑板一起下水。当船尾上浮时,可以使艏端艉浮压力分布在相当长度内,因而大大降低局部受力,船体内部也不必采用临时加强。

(6)止滑器

当拆除下水墩木,使船舶质量转移至滑板上时,为了对船舶下水进行有效的控制,保证下水的安全,必须在滑板外侧装设止滑器。常见的有手动止滑器、机械止滑器和液压止滑器。

图 2-7-17 所示是杠杆式机械止滑器的结构示意图。下水时只要松开操纵钢丝绳,各级杠杆便依次落下,解除控制作用。因它由四级杠杆组成,钢丝绳拉力较小,可以用麻绳连

接两组止滑器的操纵钢丝绳。只要砍断麻绳,止滑器便解锁,船舶即可下滑入水。止滑器通常都是左右对称地布置在船舶重心附近。

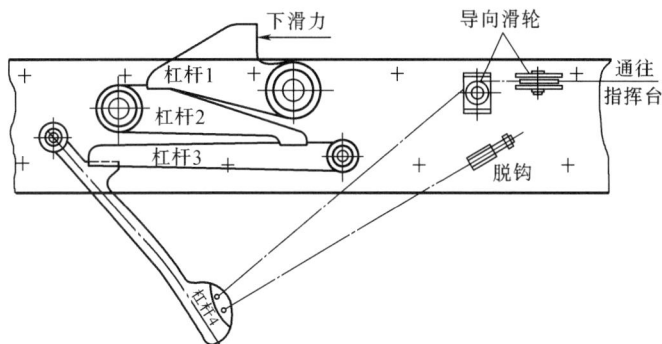

图 2 - 7 - 17　机械止滑器示意图

（7）制动装置

为避免船舶下水后由于继续滑行而冲撞对岸,可采取一定的制动措施,为此而设的专用装置,称为制动装置。常用的制动装置有:盾板制动、缆索制动、阻荷制动及锚制动等,如图 2 - 7 - 18 所示。

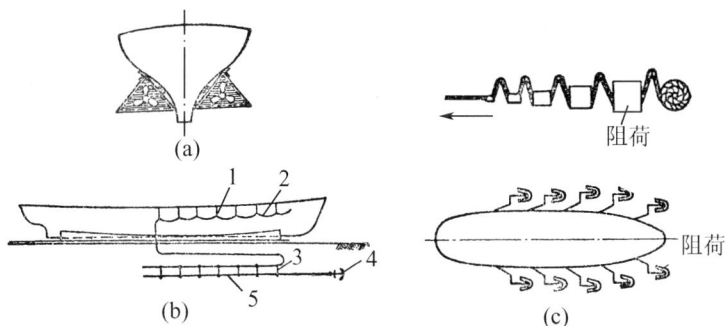

图 2 - 7 - 18　制动装置

（a）盾板制动;（b）缆索制动;（c）阻荷制动

2. 纵向涂油滑道下水过程及安全措施

采用纵向重力式下水时,因为船体尾部型线较丰满,可以获得较大的浮力而易于浮起,而且因艉部在前阻力较大,可以缩短船的冲程,所以一般是船尾先入水。船舶在油脂滑道上滑行是很快的,一般滑行时间为 40 ~ 50 s。

船舶从船台上下水所涉及的问题很多,既与船舶静力学有关,又与船舶动力学有关,但是,由船舶静力学观点来讨论船舶下水比较简单,而且所得到的结论与实际情况也相差不大,所以,我们还是着重讨论下水的静力学问题。

根据船舶下水过程中运动的特点、作用力变化以及可能发生的危险情况,通常把纵向下水分为四个阶段进行分析研究,现分述如下。

（1）第一阶段

自船舶开始下滑至船体尾端接触水面为止。在这一阶段中,船的运动平行于滑道。

如图 2 - 7 - 19 所示,设滑道的坡度为 β,下水重力为 D_C,重心在 G 点。在这一阶段中的作用力有:

①下水重力 D_C,其中包括船体重力及下水架重力。重力 D_C 沿滑道方向的分力 $T = D_C \sin\beta$ 即为下滑力,垂直于滑道的分力为 $N = D_C \cos\beta$。

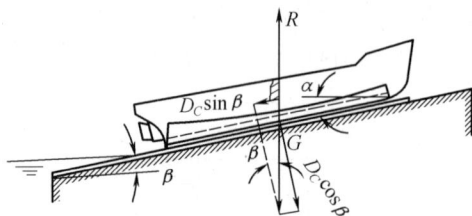

图 2 - 7 - 19　下水第一阶段示意图

②滑道的反作用力 R,R 与 D_C 在同一作用线上,两者大小相等方向相反。

③阻止船体下滑的摩擦力 $F = fD_C \cos\beta$,f 为摩擦系数,其数值与润滑油脂的性质及温度有关。f 又可以分为静摩擦系数 f_s(船在开始滑动时)和动摩擦系数 f_d(船在滑道上运动时),根据上述分析,船舶在本身重力作用下沿滑道滑动的条件是

$$D_C \sin\beta > f_s D_C \cos\beta$$

即

$$\tan\beta > f_s$$

由上式可见,船舶沿滑道向下开始滑动的必要条件是,滑道坡度 $\tan\beta$ 必须大于静摩擦系数,否则船不能滑动。

船开始滑动后,摩擦系数之数值急剧下降为动摩擦系数。

在第一阶段中,可能出现的问题是船舶能否滑动。其中的关键是润滑油脂的摩擦系数 f_s 和承压能力,若润滑剂的摩擦系数过大或承压能力过低,则船舶不能自动下滑,使下水工作遇到故障。这时通常采用机械驱动,顶推滑板前端使船舶沿滑道滑动。

(2)第二阶段

自船体尾端接触水面至船尾开始上浮为止。在这一阶段中,船的运动仍平行于滑道,作用力有:

①下水重力 D_c。

②浮力 γV(其中 γ 为水的密度,V 为船舶入水部分的排水体积)。

③滑道的反作用力 R。

设下水重力 D_c、浮力 γV 及反作用力 R 的作用点至前支架前端 A 的距离分别为 l_G,l_C 及 l_R,如图 2 - 7 - 20 所示。

则在该阶段中力及力矩的平衡方程式为

$$D_C = \gamma g V + R$$
$$D_C \cdot l_G = \gamma g V \cdot l_C + R \cdot l_R$$

即

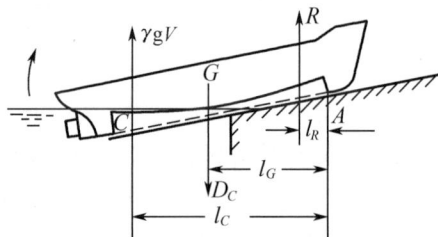

图 2 - 7 - 20　下水第二阶段示意图

$$l_R = \frac{D_C l_G - \gamma g V l_C}{R} = \frac{D_C l_G - \gamma g V l_C}{D_C - \gamma g V}$$

由以上分析可知,在船舶开始艉浮的瞬间,反力(艉端压力)R 将集中作用在艉支架端点 A 处。这种作用力是一个相当大的瞬时动载荷,如果处理不当,有可能发生损坏支架或船体局部结构等不良后果。因此,纵向滑道下水时,必须计算艉端压力并采取相应措施。一般认为,艉浮时艉端压力 R 值是下水重力 D_c 的 18% ~ 30%。

在下水第二阶段中,还有一种现象必须注意,即船舶仰倾(俗称艉落或艉弯)现象。当船舶重心 G 经过滑道末端之后,浮力增加较慢,船尾尚未浮起时,重力对滑道末端的力矩 $D_C S_G$ 大于浮力对滑道末端的力矩 $\gamma g V S_C$。则船舶将以滑道末端为支点发生仰倾现象,如图 2 - 7 - 21 所示。

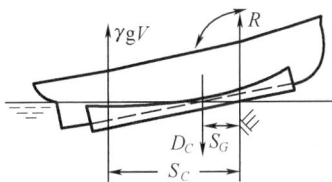

图 2 - 7 - 21　船舶仰倾示意图

船舶仰倾是一种很危险的现象,船舶在下水过程中不允许发生此种情况。如果根据计算结果发现可能产生艉落时,则应采用措施避免发生这种情况。通常采用的方法有:增加滑道水下部分的长度;在船首部分加压载重量;增加滑道坡度;等待潮水更高时下水,即增加滑道水下部分的长度。

(3)第三阶段

自船尾开始上浮到船舶完全漂浮。在这一阶段中,可能有两种情况。

①船舶已完全浮起,顺利地在水中滑行。这是所希望的正常现象。

②在艉支架离开滑道末端的瞬间,船舶的下水重力仍大于浮力,则将发生船首猛然跌落的现象,称之为艉跌落。

船舶产生艉跌落时,由于动力作用,船首将突然下沉,其下沉深度将达到艉吃水的 1.5 ~ 2 倍,它可能引起艉部结构或下水架与滑道末端相碰撞,导致毁坏艉部结构和滑道末端。因此,在下水过程中必须避免发生此类现象发生。通常可采用的措施有:增加滑道入水部分的长度,等待潮水更高时下水,船台末端水下部分做出中心凹槽,但是这种凹槽在水工建筑处理上比较复杂,如图 2 - 7 - 22 所示。

(4)第四阶段

从船舶完全漂浮到船舶停止滑行。下水船舶在离开滑道以后,由于惯性作用将继续向前运动,由于阻力作用,船舶会自行停止滑行。从船舶完全漂浮到船舶停止滑行这段距离称为船舶自由冲程,实践统计证明,船舶自由冲程约为船长的 2 ~ 3 倍。

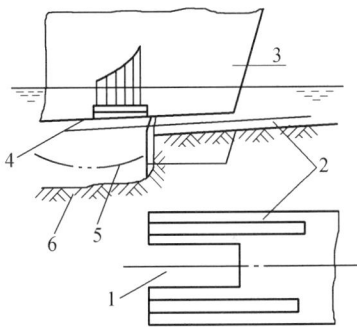

图 2 - 7 - 22　滑道末端凹槽
1—凹槽;2—滑道;3—船首;
4—滑板;5—首端轨迹;6—河床

若船厂水域宽度不能满足船舶自由冲程的要求,需采取适当措施使船停止运动。在水域宽阔的情况下,大多数船舶借抛锚以停止运动。在水域狭窄的情况下,船舶可能冲至对岸,发生搁浅或撞伤等事故,因而需要采用专门的制动措施。一般有缆索制动和阻荷制动。缆索制动是将主索(锚链或钢丝绳)的一端固定在岸上,另一端固定船首,在主索上隔一段距离用麻质制动索将其与甲板或地上的木桩相连,船舶下滑时,制动索依次被拉断,以吸收船舶滑动能量而达到制动目的。阻荷制动是将锚链或废铁块置于下水船舶两侧的地面上并与船体相连,当船舶下滑时,借助拖动阻荷的阻力而起制动作用。

二、工作任务训练

训练名称:制定船舶纵向涂油滑道下水各阶段安全措施。

1. 训练内容及要求：

训练内容：

（1）根据某船厂纵向倾斜船台下水设施及船舶类型分析船舶下水过程；

已知：①某船厂设施：十万吨级纵向（涂油滑道）下水倾斜船台（船台长 290 m，宽 50 m，滑道长 280 m，滑道坡度 1/24）；建造船舶为 3 000 吨货轮，其主尺度为：总长 102 m，垂线间长 94 m，型宽 13 m，型深 7.7 m，设计吃水 5.5 m。

（2）明确船舶下水主要危险，并制定相应的安全措施。

训练要求：

（1）分析纵向倾斜船台船舶下水各阶段可能出现的危险状况，并与其他下水方式比较；

（2）船舶下水安全措施选择要提出针对的危险情况来说明。

2. 训练资料、设备和工具

船厂基本造船设施条件、建造船舶的资料。

3. 训练过程

下达工作任务→制订工作计划（任务分工→确定训练步骤）→实施工作计划→完成训练记录。

4. 训练步骤

（1）了解船厂下水设施及船舶类型和尺寸，分析比较各种下水方式优缺点；

（2）确定该船下水方式，并说明其下水各阶段的危险状况；

（3）制定下水采取的安全措施。

任务三　船舶纵向钢珠滑道下水

【学习目标】

1. 熟悉船舶纵向钢珠滑道下水的主要设施；
2. 了解纵向钢珠滑道下水前安全检查内容及下水主要过程。

【任务解析】

钢珠滑道下水与涂油滑道下水一样，适用于各种类型船舶的下水。船台钢珠下水模式是在传统的船台滑油下水模式基础上的一项技术改造和革新。它不仅从根本上解决了滑油下水使用滑油、石蜡、火碱、木炭材料对海洋、大气造成的污染的源头治理，而且简化了下水准备过程中的操作程序，克服了滑油下水因船体主尺度交验、船下油漆完整性、滑道蜡油承压时间及天气、环境气温等对下水准备的多方面影响而形成短期突击的作业困难，控制了下水准备中因滑板、滑道炭火处理及船只建造焊接动火与船只下水准备交叉作业引发的火灾，减小了繁杂操作发生事故的可能性。

本任务主要介绍船舶纵向钢珠下水主要设施及工艺，纵向钢珠滑道下水前准备和下水过程。通过该任务的学习和训练能够确定船舶下水主要工作内容及制定工作流程。

【任务实施】

一、背景理论与知识学习

(一)纵向钢珠滑道下水概述

纵向钢珠滑道下水与纵向涂油滑道下水的区别,仅在于以钢珠代替油脂而使滑动摩擦变为滚动摩擦。由于钢珠的滚动摩擦系数比油脂的滑动摩擦系数小得多,下水时容易启动。因此,滑道坡度可以相应减小,更适用于现代大型船舶的建造。

钢珠下水装置主要是由滑道、钢珠、保距器、轨板和组合滑板等组成,如图2-7-23所示。它的主要优点是:钢珠可以重复使用,并可节省大量油脂,不污染环境;变滑动摩擦为滚动摩擦,进一步减少滑板与滑道之间的摩擦力,船舶更容易下水,同时,其摩擦系数较稳定,不受承压时间长短和气候温差变化的影响;钢珠及其装置可以统一规格,实行标准化,也便于保管;与涂油滑道相比,钢珠滑道能较长时间承受压力,因此在船舶下水前的一阶段时间就可先拆除中墩和大部分边墩,以分散下水作业量。其缺点是:耗费钢材较多,初始投资较大;带有轨板的滑板较重,拆除与安装都不方便;对滑道精确性要求较高。

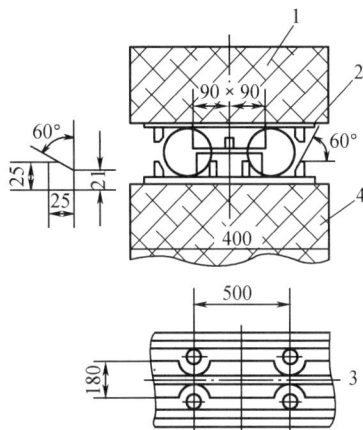

图2-7-23　钢珠下水装置
1—滑板;2—轨板;
3—保距器;4—滑道

半坞式船台滑道常采用钢珠下水装置。这是因为在下水以前需预先将船舶由船台墩木转移到滑道上,然后开启坞门,引水入船台内,待潮水涨至平潮时下水。如采用油脂滑道则对船舶下水有不利影响。

(二)纵向钢珠滑道下水设施与工艺

钢珠下水装置主要是由钢珠、保距器、轨板和钢架网袋组成。

1. 钢珠及其摆放布置

(1)钢珠

钢珠直径大小与承受压力的大小有关。钢珠的许用负荷,按统计资料如下所示

$$P = 125d$$

式中　P——钢珠许用负荷,kg;

d——钢珠直径,cm。

钢珠直径常取85~100 mm,试验的极限载荷为40~50 t。考虑下水时的运动状态,每个钢珠的平均承压力取2.5~3.5 t。在滑道的艉浮加强区段,因承受艉支架压力,故应加密钢珠,以免钢珠超载。同时认为艉支架压力系瞬时载荷,钢珠承载能力常取18~25 t。

钢珠应具有防锈蚀性能和一定的韧性,能够承受船舶滑行时的冲击力。一般用高铬钢制作钢珠或35号优质碳素钢。钢珠制成后,不经热处理而能达到一定的硬度,以及在-5℃左右,能保持一定的韧性。对于钢珠防锈,仍需从维护保养方面来防止锈斑。

钢珠的精密度要求较高,车制钢珠直径的误差应在0.5 mm以内。钢珠表面由于锈蚀

斑点的凹痕,只允许在 1.5 mm 以内。钢珠卸载后应没有永久变形、裂纹、压痕及其他机械损伤。对钢珠精确度要求较高的主要原因是在于减少摩擦阻力及避免个别钢珠因承压过大而损坏。钢珠阻力与钢珠的滚动摩擦、位移摩擦、钢珠与保距器的摩擦及保距器位移的摩擦阻力有关。同时,它也与接触钢珠的钢板硬度和滑道面的平整度有关,特别是在滑道与滑道的接头处,应避免不均匀沉陷,否则,将阻碍钢珠滚动。在钢珠和滑道符合技术条件的情况下,按国内外的试验资料,其静摩擦系数一般可取 0.01,动摩擦系数可取 0.025。

关于滑道承压强度,钢珠滑道则比油脂滑道的承压能力大。例如,钢珠平均压力以 3 t 计,滑道在同一面积上若布置 12 个钢珠,则滑道平均负荷可达 36 t,这就超过了油脂滑道的正常承载能力。在滑道艉浮时的道端加强区,钢珠平均的瞬时载荷以 15 t 计,该区段在同一面积上若布置 18 个钢珠,艉浮时的道端加强区负荷可达 270 t,这也超过了油脂滑道在艉浮时的道端加强区的瞬时载荷。

滑道上所布置的钢珠列数,按船舶质量大小可分成两列、三列或四列等。图 2 - 7 - 24 所示为三列钢珠布置。一般船舶下水质量在 3 000 t 以下者,取两列钢珠;在 3 000 ~ 8 000 t 范围内,取三列钢珠;在 8 000 t 以上者,取 4 ~ 6 列钢珠。在艉浮时的道端加强区,可适当地增加钢珠列数。

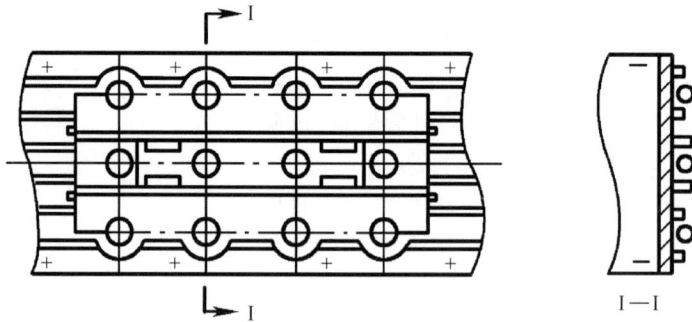

图 2 - 7 - 24　三列钢珠布置图

(2)钢珠摆放布置

钢珠的摆放布置是利用滑道前端预设的卷扬设备牵引钢珠车,在有倾斜坡度的滑道上来完成的。钢珠布置顺序可根据现场条件而定,或由船尾开始由下至上牵引或由船首开始自上而下输送,随钢珠车的运行,由人工将钢珠置于保距器的规定圆孔。作业时,如果卷扬设备及所用工具负荷不满足、人员操作有误,都会造成严重的人员伤害和设备损坏。因此,选用拖运工具很关键。卷扬设备必须具备足够的牵引能力,牵引钢丝、卡具都要满足 6 倍以上的安全系数。

①将一定数量的钢珠倾倒入用于装钢珠的专用箱内,用吊车吊起钢珠箱,在箱的四角燕尾槽内插入专用拖车,使之成为钢珠车,然后将拖车对正滑道两侧的宽轨,将车轻轻放下。钢珠车吊入轨道后,在牵引钢丝没卡好或没有张紧受力都不可将吊车放松解掉,严防钢珠车失控下滑。

②将每节保距器放入相同数量的钢珠,其数量及摆放位置要求由下水工艺根据船舶下水的质量来确定。在钢珠摆放的全过程中,要注意摆放钢珠不脱手,滑道下方的远近部位都不允许有任何人员活动,直至作业结束,把钢珠车吊下滑道并将拖车卸掉。

拖车运行时,人员要时刻防范钢珠车轮子的碾压危险,尤其在每次拖车启动时,作业保山对手和脚的防范。船下的拖车操作者要与卷扬牵引操作者时刻保持清楚畅通的操作联络,保证动有准备,停车果断。

2. 保距器及其铺设

(1)保距器

由于滑道在接缝处的不平度以及制作钢珠的误差,船舶在滑行过程中,有很多因素会引起某些钢珠负荷不均,相差很大,甚至无负荷现象,使其滚动混乱,从而失去应有的相对位置。保距器就是为了防止钢珠发生混乱滚动,而用来保持各钢珠的相对位置。保距器与轨板如图 2 - 7 - 25 所示。

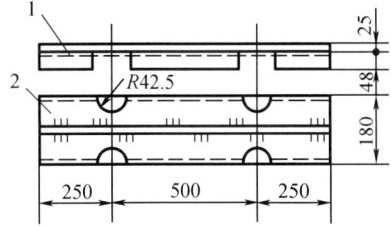

图 2 - 7 - 25　保距器与轨板
1—轨板;2—保距器

船舶滑行时,保距器与钢珠随着船体以较慢的速度移动,其移动速度约为 2/5 ~ 1/2 的船体滑行速度。为了减少保距器与轨板之间的移动阻力,有的在保距器上还装了滚柱。滑道上按负荷大小区段应布置钢珠列数不同的保距器,或调节保距器之间的间距,如在承受艉支架压力的范围内,保距器就应该加密。

在下水过程中,保距器虽然不会受到船舶重力的作用力,但为了以其自重来减小其上下方向的跳动,还是应该采用较大的槽钢来制作保距器。

(2)保距器的铺设

保距器的铺设安装,因为船下的高度限制,只能以人工的搬抬来完成,搬抬动作必须协调统一。

①摆放保距器之前,要将滑道彻底清扫干净。并确保在船舶下水前的全过程,不可有任何杂物掉入两节滑板间隙及下水滑道内。

②由下水工艺根据船舶的下水质量和船下所用滑板的长度,确定保距器的摆放起止位置和钢珠的数量分布。

③由人工搬运保距器进行摆放,每节保距器插口向上,间距要紧凑。每次抬放要注意对手脚的防范。在调节摆放间距尤其是两人合作时切不可将手指置于两节保距器之间。

滑板末端保距器、钢珠的布置摆放可在船舶下水的坞门开启之前进行。水下部分滑道上的钢珠摆放过短时,可能会出现船舶没全浮前的下跌现象;而摆放过长,则会出现保距器、钢珠滚动不畅、保距器拱起、钢珠失控散乱而对船舶下水构成影响。因此,水下部分保距器的长度通常为水下部分滑道长度的1/2。

3. 轨板及其安装

(1)轨板

保距器内排列钢珠,钢珠分别与滑道和滑板的接触面上还有钢板,该钢板称为轨板,如图 2 - 7 - 25 所示。

轨板中钢板厚度与钢珠平均压力和滑道材料性质有关,应合理选择。滑道艉浮时的艉端加强区段的轨板应适当地加厚,一般为 16 ~ 20 mm,最厚的甚至有 30 mm。滑道其余区段的轨板厚度,一般为 12 ~ 14 mm,也有的用 16 mm。在滑道的潮差段,特别是海水对钢铁有较强的锈蚀作用时,以设置防锈钢板为宜。

在轨板上还需焊接导轨方钢,以防止钢珠横向移动。在滑道轨板上,每列钢珠有两条导轨方钢,即两列钢珠则焊接4条方钢,以此类推。在滑板的轨板上,则仅在轨板的两侧,各焊接1条导轨方钢,为了减小摩擦阻力及避免钢珠受到损伤,导轨方钢与钢珠之间,需预留间隙10 mm,并将钢珠与方钢相邻近的边角切成45°~60°斜角。有了导轨方钢,就不会发生钢珠脱轨现象。

(2)轨板的安装

轨板可用螺栓固定在滑道和滑板上。在滑道轨板接头处,应预留伸缩缝,以适应不同季节的温差变化。在轨板接头处,还应安装钢质垫板,以免滑道在轨板接头处因承受钢珠载荷,产生不均匀压缩变形而阻碍钢珠滚动。

4.钢架网袋及其安装拆除

(1)钢架网袋

船舶滑行时,由于钢珠的回转移动,在滑道末端区段钢珠较密集,并约有2/5的钢珠装置会从滑道末端落下。为了防止钢珠在水中滚失,故在滑道末端设置钢架网袋(接钢珠筐),如图2-7-26所示,以承接下落的钢珠。钢架网袋应在滑道向下的延伸面以下,以免滑板碰撞钢架网袋。滑道开端设置钢架网袋处的河床水深应满足承接钢珠装置的要求,决不能阻碍船舶滑行。船舶下水以后,待退潮时取出钢珠网袋装置。

(2)钢架网袋的安装

接钢珠的钢架网袋设在坞门内的滑道末端,在坞门开启前就可以提前安装到位。

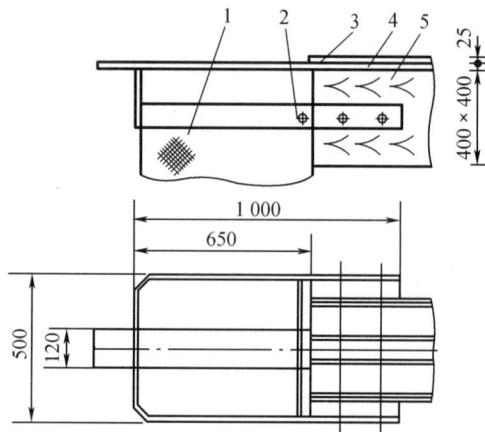

图2-7-26 钢架网袋装置图
1—网袋;2—φ16圆钢;
3—导轨方钢;4—轨板;5—滑道

将钢架网袋吊入坞内滑道末端,调整平三套,使钢架网袋的高低、左右没有突起和偏移,并与滑道方钢上下对正(为一次安装定位)。

另外,接保距器筐则需要在开启坞门后由潜水员水下安设。作业人员指挥吊车按照提前设定的安装标志将接保距器筐放到海水中与接钢珠筐衔接,由水下潜水作业人员检查无误后,用专用销轴将两个筐子连为一体(左右相同)。

船舶下水后,坞门关闭前,由潜水员将滑落到筐外的保距器和钢珠清理到筐内抽掉两筐连接销,吊出保距器筐。

(三)纵向钢珠滑道下水前安全检查及下水操作过程

1.船舶钢珠下水前的安全检查

船舶钢珠下水前要进行安全检查,检查内容如下:

(1)机构止滑机及滑板间隙是否存在异物;

(2)滑板助推油压千斤顶油压管路连接;顶木加紧夯实;

(3)安全止滑器灵活;止滑器坑内及脱钩、拉绳没有障碍和堆压物影响安全操作;

(4)艏支架、艉横梁的架设安装符合工艺的要求;

(5)滑板接缝处没有异物;

(6)船下一切物件不影响滑板运行,不高于滑板横顶木;

（7）所有封固钢索全处在拉紧受力状态；

（8）船舶下水无障碍。

2. 船舶纵向钢珠滑道下水操作过程

在下水前安全检查结束后船舶方可下水。船舶钢珠下水操作顺序如下：

（1）船只下水前 10～15 天，船下滑道及沙箱部位的油漆都要完全结束；顶紧船下所有的沙箱；

（2）铺设保距器和滚珠；

（3）滑板安装及连接；滑板上的墩木全部打紧夯实；

（4）机构止滑机、安全止滑器安装好并处于完全的工作状态，此部位应昼夜派人监护看守；

（5）滑板横顶木安装，调整平三套、收紧横拉索；

（6）撤掉所有的活络墩，并保证所有活络墩不高于滑板横顶木；

（7）船尾钢质横梁（元宝梁）封固；

（8）滑板封固；

（9）水下部分保距器、滚珠铺设；

（10）船只下水前 1 h，撤掉全部沙箱，使大船的全部重力施加在两组下水滑道上；

（11）开启坞门，潜水员布置接保距器的筐；

（12）等待潮水；机械止滑机、滑板助推油压千斤顶（助推油顶）加压；安全止滑器操作人员脱钩准备；

（13）下达下水命令，释放安全止滑器，进行释放效果检查；

（14）释放机械止滑机；助推油压千斤顶工作；船舶下滑入水。

二、工作任务训练

训练名称：制定船舶纵向钢珠滑道下水操作程序。

1. 训练内容及要求：

训练内容：

（1）根据某船厂纵向重力式倾斜船台下水设施及船舶类型和尺度确定下水的方法；

已知：①某船厂设施：十万吨级纵向下水倾斜船台（船台长 290 m，宽 50 m，滑道长 280 m，滑道坡度 1/24），钢珠滑道；建造船舶为 46 000 t 油轮，其主尺度为：总长 193 m，垂线间长 185 m，型宽 32 m，型深 17 m，设计吃水 10 m。

（2）根据下水方式，确定船舶下水主要工作及制定操作流程。

训练要求：

（1）要熟悉船舶下水设施及下水过程；

（2）注意简要说明船舶下水各步骤的安全要求。

2. 训练资料、设备和工具

船厂基本造船设施条件、建造船舶的资料。

3. 训练过程

下达工作任务→制订工作计划（任务分工→确定训练步骤）→实施工作计划→完成训练记录。

4.训练步骤

(1)了解船厂下水设施及船舶类型和尺寸,确定下水方式;

(2)分析下水前安全技术要求;

(2)确定船舶下水主要工作内容及制定工作流程。

【课后自测】

一、填空

1.船舶下水方式主要有(　　)、(　　)和机械化下水

2.纵向涂油滑道下水装置主要由下水墩木、滑道、(　　)、下水油脂和(　　)组成。

3.纵向钢珠滑道下水装置主要由钢珠、(　　)、轨板和(　　)组成。

4.纵向钢珠滑道下水与纵向涂油滑道下水的区别,是以钢珠代替(　　)而使滑动摩擦变为(　　)。

5.船舶沿滑道向下开始滑动的必要条件是,(　　)必须(　　)静摩擦系数。

6.船舶重心 G 经过滑道末端后,(　　)的力矩大于(　　)的力矩,则发生仰倾现象。

7.首支架离开滑道末端的瞬间,船舶的(　　)仍大于(　　),则将发生船首跌落。

8.常见的下水墩木有(　　)下水墩木和(　　)。

9.保距器作用是为了防止(　　)发生混乱滚动,用来保持各钢珠的(　　)。

二、判断(对的打"√",错的打"×")

1.纵向涂油滑道下水比钢珠下水更容易下滑。　　　　　　　　　　　(　　)

2.下水架在下水过程中与船舶一起滑入水中。　　　　　　　　　　　(　　)

3.钢珠和保距器布置在滑板的下方。　　　　　　　　　　　　　　　(　　)

4.机械化下水主要用于大型船舶下水。　　　　　　　　　　　　　　(　　)

5.船舶沿滑道向下开始滑动的必要条件是滑道坡度必须大于静摩擦系数。(　　)

6.增加滑道水下部分的长度可以防止船舶下水时发生仰倾。　　　　　(　　)

7.仰倾时引起首部结构或下水架与滑道末端相碰撞。　　　　　　　　(　　)

8.重力式下水时为控制船舶下滑速度,可借助止滑器进行制动。　　　(　　)

9.下水墩木既能临时支撑下水船舶的重量,又能方便迅速拆除。　　　(　　)

10.钢珠滑道比油脂滑道的承压能力大。　　　　　　　　　　　　　(　　)

三、名词解释

1.重力式下水

2.漂浮式下水

3.船舶仰倾

4.艏跌落

5.钢珠下水

四、简答

1.船舶下水方法有哪几种?

2.纵向涂油滑道下水有哪几种下水设施?

3.纵向滑道下水可分为哪几个阶段,各阶段可能出现什么问题?

4.纵向涂油滑道下水为什么会产生首端压力,怎样防止船体和船台损坏?

5.如何采取措施防止仰倾和艉跌落?

6.下水制动装置都有哪些?

7.纵向钢珠滑道下水有哪些下水设施?

8.保距器安装铺设时有什么要求?

项目八 船舶试验与交船

【项目描述】

随着船舶舾装工作接近尾声,各种设备与系统的试验工作接踵而来。船舶试验的主要目的是检查、评价和调整设备与系统的安装质量和工作状况,尤其是工作的可靠性,将直接关系到船舶的安全性,必须得到船级社和船东的认可。因此,船舶试验是船级社、船东和船厂三方共同关心的问题。规定的试验项目必须请验船师和船东代表到场验收,以便签发有关证书作为交船文件。在确认船舶各项性能指标基本满足合同要求以后,即可举行交船仪式。在通常情况下,交船并不是合同的结束,船厂在交船后的规定期限内仍负有保用责任。

本项目是船舶建造工艺流程学习中的最后一个阶段。主要是对船舶下水后试验内容及交船组织工作的认知学习,包括船舶系泊试验、船舶航行试验与交船两个学习任务。

知识要求

1. 了解船舶试验与交船的组织与要求;
2. 熟悉系泊试验、航行试验基本内容和方法;
3. 了解交船验收主要过程。

能力要求

1. 能够熟悉船舶系泊试验内容和方法;
2. 能够掌握船体倾斜试验方法;
3. 能够熟悉船舶试航的内容和方法;
4. 能够认知船舶交船过程和内容,做好交船准备工作。

工作任务

1. 任务一 船舶系泊试验;
2. 任务二 船舶航行试验与交船。

任务一 船舶系泊试验

【学习目标】

1. 了解船舶试验与交船的组织与要求;
2. 了解船舶系泊试验的主要项目;
3. 熟悉船舶系泊试验基本内容和方法。

【任务解析】

船舶建造完成进行的船舶试验工作通常涉及船级社、船东和船厂三方,需要精心组织,确保试验顺利完成。船舶系泊试验是船舶下水后停靠在码头处进行的试验,要进行系泊试验的设备很多,其中比较重要的是"四机一炉"(主机、发电机、舵机、锚机和锅炉)试验,此外还要在码头进行船体的倾斜试验。

本任务主要是认知船舶试验与交船的组织与要求,船舶系泊试验内容和要求。进行船舶系泊试验的主要工作任务设计。

【任务实施】

一、背景理论与知识学习

船舶试验是船级社、船东和船厂三方共同关心的问题。规定的试验项目必须请验船师和船东代表到场验收,以便签发有关证书作为交船文件。在确认船舶各项性能指标基本满足合同要求以后,即可举行交船仪式。在通常情况下,交船并不是合同的结束,船厂在交船后的规定期限内仍负有保用责任。

(一)船舶试验与交船的组织与要求

与船体建造和船舶舾装相比,交船与接船的试验周期较短。因此,必须在试验前做好充分准备,以确保顺利交船。为了减少后期试验项目,应该根据船体建造和船舶舾装的工艺阶段将试验工作分阶段及时进行。

1. 检验组织

船舶交接试验工作通常涉及船级社、船东和船厂三方。

(1)船级社

船级社是制订规章制度、执行监督检查和签发船舶证书的组织机构。

世界上一些主要的航运国家都设有船舶检验和技术监督机构,以对法定范围内的船舶执行监督检验,并办理船舶入级业务。主要船级社有英国劳氏船级社(LR)、法国船级社(BV)、意大利船级社(RIN)、美国船舶局(ABS)、挪威船级社 NV(DNV)、德意志劳氏船级社(GL)、日本海事协会(NK)等。

我国船舶检验局,现中国船级社(CCS),根据工作需要,在主要港口及船舶和船用产品制造厂设置办事机构或派驻验船师,并对下属验船机构进行业务指导。其主要职权如下:

①制定有关船舶检验、船舶入级、船舶证件、船舶检验费等事项的规章制度和船舶建造、吨位丈量、载重线、乘客定额、各种航行安全设备、各种机械设备等规范,经交通部批准后公布施行;

②对建造、修理和运营中的船舶执行监督检验,技术条件符合规定要求的发给船舶适航的证件和运用各种机械设备的证件;

③对制造中的船用主要产品和材料执行监督检验,技术条件符合规定要求的,发给检验合格证件;

④对到达中国港口的外国船舶执行监督检验;

⑤对申请入级的船舶进行入级检验,符合入级条件的,授予船级并发给船级证书;

⑥接受申请,办理有关船舶的鉴定、公证等检验业务;

⑦根据中国参加的有关国际公约和国际协议,代表政府签发有关公约或者协议所规定的船舶证书。

（2）船东代表

为了使船舶符合某种技术等级，船东自愿申请接受某个船级社或验船机构规定的检验，并要求获得有关证书。这是船舶买卖、出租和招徕客户的需要，也是船舶保险和船运货物保险的需要。

各类航运公司或用船单位通常派出自己的技术人员到船厂负责合同船舶的检验、认可工作。在航行试验阶段，船东还会派出接船队到船厂参加试航验收工作；在交船后将船舶驶离船厂，投入运营。

（3）船厂交验组织

船厂检验部门是直属厂长领导的工作部门，与生产部门并列。它根据国家、专业和企业标准进行产品质量检验。它参与制订试验大纲和检验项目，代表船厂向船级社和船东代表提交检验项目，并负责向船级社申请船舶入级检验、法定检验和认可工作。

在航行试验阶段，船厂从有关车间和部门抽出一些技术人员和工人组成交船队，负责最后阶段的试验工作。交船队的主要负责人有交船队长、交船轮机员、试验组长和交船船长等。交船船长可由船厂厂长任命，也可由船东一方的接船队船长担任。

2. 试验内容及要求

船舶的交接试验通常分以下几个主要阶段来实施：试验准备，系泊试验，航行试验，设备拆检与检查性航行试验。

（1）试验准备

试验准备包括仪器、设备的调试工作。该阶段的主要任务是进行船用设备的启封、清洗，检查管路和系统，电路通电，以及动车、调试等。随着船用电器的增加，试验准备的工作量也越来越大。

（2）系泊试验

系泊试验通常是船舶停靠在舾装码头旁进行。试验开始前，试验组长代表船厂向船级社和船东代表提交系泊试验大纲及有关文件。

船舶系泊试验应符合规范、规程规定的试验大纲进行，并应遵守标准规定的试验方法。对无上述规定的新设备，应按产品技术条件进行试验。此阶段中，对在航行试验中无特殊工况要求的设备，如系泊装置等，应作为最后试验并交接。对有的设备，如主动力装置等，在系泊试验中无法全面检查其规定的各种参数，应在航行试验中进行试验。

试验中，应随时将船用设备的各种参数、缺陷和意见记录在试验登记表内，作为以后办理证明书的原始材料。

（3）航行试验

航行试验通常在海上或江河中进行。在那里有必要的水深和可供各种船用设备进行专门检查的技术保障。航行试验的目的是根据协议书和批准的技术设计，对建造船舶的技术性能实行全面考核。

试验开始前，试验组长应代表船厂确认航行试验一切准备就绪，并向船级社和船东提交航行试验大纲及有关文件。

航行试验中，各种机械、装置、系统和设备的验收工作必须严格按照试验大纲和航行试验履历簿规定的内容进行。航行试验履历簿为航行试验阶段的完工文件，故各种试验结果应整理成图表形式的证明书，并达到试验规程要求。

船舶扩大航行试验一般仅在首制船上进行。其目的是通过扩大试验全面检查新设计船的快速性、操纵性、适航性及其他特殊性能。

综合航行试验主要在首制的特种舰船上进行,如医疗船、渔业加工船,航空母舰、供应船等,目的是考核设备作业能力,与飞机和其他舰船配合能力,风浪对作业的影响程度及在各种环境条件下维护、修理、设备应急更换的方便程度。

(4)设备拆检

船用设备拆检通常于系泊或航行试验结束之后在船厂内进行。检查和抽查的内容由船东代表或船舶检验局的代表确定,通常为有问题或有疑问的设备部分。

拆检是对各种船用设备进行检查性的拆卸,进一步了解其内部状况和有无隐患,而且还需对个别零部件进行分解检查。在拆检的同时,还应抓紧消除检查中发现的所有缺陷,完成舱室和全船的最后装饰和油漆。

(5)检查性航行试验

检查性航行试验必须在完成上述各项工作之后进行。它是一种海上或江河中的航行检查,也可在船厂内采用模拟的方法进行检查,其目的是检查拆检后的设备运转情况,并使接船人员进一步熟悉船上各种设备,以增强他们的操纵和维护技能。

检查性航行试验为交接试验的最后阶段,它的完成标志着船舶建造过程的结束。

(二)系泊试验

系泊试验是船舶在停靠码头的静止状态下进行的试验。船舶开始进行系泊试验应该具备下列条件:管路、电路接通;燃油、滑油、液压等系统已经清理,主配电板已经完工等。在这个基础上,首先对管路和电缆进行试验。管路的试验压力通常为工作压力的150%;电路的绝缘电阻必须符合有关规定,工作电压在100 V以上的设备,其绝缘电阻一般要求大于1 MΩ。然后,在油、水、气、电均接通的情况下,就可以对多种设备进行试验。有待试验的设备很多,其中比较重要的是通常所说的"四机一炉",即主机、发电机、舵机、锚机和锅炉。

1.主机码头试车

主机是船舶推进器的动力源,是系泊试验和以后航行试验时主要的考验对象。主机码头试车的目的是检查主机的安装质量,为航行试验奠定基础。

主机动车应具备以下条件:燃油、滑油、海水、淡水系统已验收;主机和轴系安装工作已验收;发电机组已验收,能正常供电;燃油舱和滑油舱加油,清水舱加水;码头有一定的水深。

由于受码头坚固程度的影响,主机码头试车通常在低马力下进行。为了尽可能提高试验马力,位于河流边的船厂可在船舶处于逆流的条件下试车,或在船舶的外侧用拖轮倒拖。

主机动车后,首先应校正各缸的平衡,即反复高速各汽缸的热工参数,使各汽缸的功率基本相同,这是初步的平衡。当船舶做航行试验时,由于工作条件发生变化,主机各缸还会出现不平衡,因而必须再次校正。

各缸平衡后即可进行负荷试验,一般规定需做25%,50%,75%,100%等不同工况的负荷试验。实际上,在码头试车时,主机以100%负荷运转1~6 h(参见表2-8-1),若无严重咬缸、增压器无损坏等,则认为试验合格。主机码头试车虽然负荷达到100%,但此时转速仅为额定转速的75%左右。其原因是船舶处于系泊状态,具有最大的转矩和推力,所以影响了主机转速的提高。如果过于提高主机转速,则会造成主机严重过载,影响主机寿命。

2.发电机组的试验

发电机组为全船提供电源,分主发电机(常用)和应急发电机(备用)两组。发电机组由原动机(如柴油机)和发电机两部分组成。试验时,首先对柴油机在额定负荷下做各缸平衡调节。这一工作主要是高速时各汽缸的负荷,使它们基本相等。

当柴油机调试结束后,要按柴油机的功率对发电机组做各种工况的负荷试验,以考验机组工作的可靠性。

船舶在运行过程中,往往因用电量的不同而由一台机组供电或由两台机组供电。两台机组同时供电称作并车供电。在系泊试验阶段,船舶应做并车供电试验。并车的关键在于两台柴油机的调速器特性要基本相同。对于直流发电机来说,并车供电时应电压相等,极性相同;对于交流发电机来说,除了要求电压相同以外,还要求相位一致,频率相同,否则无法并联运行。

3. 舵机的检查与试验

舵机的作用是通过对舵进行操纵来控制船舶运动方向。舵机检查与试验的目的是确保舵机工作的可靠性和操舵的灵活性与轻便性。

舵机试验前,首先应检查舵机、传动装置及各零件安装位置的正确性。然后进行舵机运转试验,使舵机连续左右转动一定时间(1~2 h),以检查舵机的安装质量和工作可靠性。

试验中需测定转舵时间,即舵从左满舵到右满舵、或从右到左所需的转舵时间。海船的最长转舵时间应不超过30 s,内河船的转舵时间应不超过15 s。转舵时间越短,说明操舵设备越灵活,操作越轻便。

舵机的检查还包括舵角刻度的校对。舵机上极位限制器位置应与舵叶的实际极限位置对应。舵叶的实际极限位置通常应比舵机上的限制器小1.5°。另外,还需校正舵角指示器与舵叶上舵角刻度一致。电动指示器的读数偏差应不大于±1°;机械指示器的读数应不大于±2°。而零位不应有偏差。

为了确保航行安全,船上通常还备有人力应急操舵装置。检查中应确认其工作可靠性,同时需测定人力操舵时舵叶从零位转向一舷再转向另一舷所需的时间,一般要求不超过1 min。另外,在机械操舵转换为人力操舵的过程中所花的时间应不超过2 min。转换时离合器应保证机械操舵在任何舵角失灵时,应急操舵都能在相应的位置接替工作。

4. 起锚设备试验

起锚设备试验应包括锚和锚链的检查与试验,这些试验应该在上船安装前完成。当锚和锚链安装完工以后,可通过试验检查整个系统的安装质量及其工作可靠性。

首先做锚机运转试验,让起锚机全速空转(正车与倒车)1~2 h,以检查锚机的安装质量和工作可靠性。同时要检查电机的发热情况,调整过载保护装置、试验制动器,以及测定冷热绝缘电阻等。此外还要做防水性能试验。

然后进行抛锚试验。通常分机械抛锚和自动抛锚两种,并分别做单抛单起及双抛双起试验。试验时应初步测定单起和双起的速度。通常单起速度应不小于12 m/min,双起速度应不小于8 m/min。

由于船厂码头水深的限制,抛锚后锚链的悬挂长度有限,因而不能完全显示出起锚设备的最大能力和全部缺陷。起锚设备的最后检查和验收尚有待于试航时在规定尝试的水域内做实地试验。

5. 锅炉点火

以柴油机为主机的船舶,其锅炉的作用是产生蒸汽以供船上人员生活用热以及供主机用燃油加热等用。锅炉点火试验的主要内容是测定蒸发量和检验蒸汽安全阀的可靠性等。

锅炉的蒸发量若符合设计与使用要求,则认为合格。锅炉蒸汽安全阀的起跳值一般要求为工作压力加 0.3 大气压(当工作压力小于 10 大气压时)。

大型船舶的锅炉都采用自动化程度很高,因此必须对自动控制系统进行全面检查与试验,以保证其工作的可靠性。

6. 其他试验

系泊试验内容很多,除上述"四机一炉"外,还有很多设备与系统有待检查与试验,例如:航海食品的检查与试验;居住设备的检查与试验;救生设备的检查与试验;起货设备的检查与试验;系泊和拖曳设备的检查与试验;通道装置的检查与试验;关闭装置的检查与试验;声、光信号设备的检查与试验;杂用辅机及其系统的检查与试验等。

只有当船体各部分以及所有机、电设备都做了仔细的检查和试验,并对发现的缺陷作了修正之后,船舶才具备出航条件。由于航行试验费用巨大,时间紧迫,因此船舶的试验工作应尽量在系泊试验阶段完成,以便集中精力完成按规定要在试航阶段进行的各项试验任务。

7. 倾斜试验

系泊试验时还必须做倾斜试验,以确定船舶质量和重心的正确位置,计算船舶在不同装载情况下的稳性。因为在船舶设计阶段很难精确地计算出船舶的重心位置,同时在建造过程中,船舶质量常有变更,所以船舶在建成、改装或大修后,其实际质量和重心位置就要通过倾斜试验予以确定。倾斜试验是通过移动重物来测量的,重物对称地布置在甲板的两侧,重物应是形状规则、重心一致、质量小而均等,且易于搬动的生铁块、钢锭等,如图 2-8-1 所示。

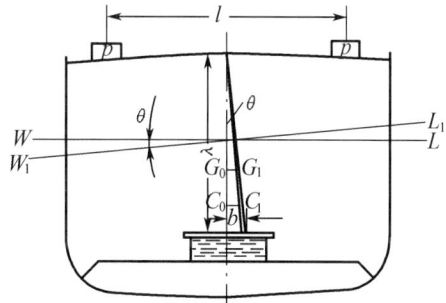

图 2-8-1　船舶倾斜试验

倾斜试验所用移动质量,应足以使船舶每舷产生 2°~4°横倾角,对于大型船舶每舷横倾角应不小于 1°。要满足该要求,有时用移动重物的方法难以实现,所以通常用移动压载水的方法来进行倾斜试验。首先,通过计算得出需要移动的压载水的质量,然后,根据压载水的质量得出需要作为移动压载水的压载舱的数量。在这些压载舱内画上标尺,用来计算每次移动压载水的质量,压载水用压载泵通过压载管系直接从船舶一舷倒至另舷,倒水的次数为 8 次。

倾斜试验主要是测量船舶的倾斜角度 $\tan\theta$,然后根据船舶倾斜时力矩平衡条件求取横稳性高度 h($h = Pl/D\tan\theta$,D 为排水量),并根据所求得的横稳性高度值 h、已知排水量之浮心高度值 Z_C 以及横稳性半径 r(Z_C 及 r 由静水力曲线查得),即可求得船舶重心高度 Z_G($Z_G = Z_C + r - h$)。

倾角测量采用悬锤测量法和 U 形管法,如图 2-8-2 所示。

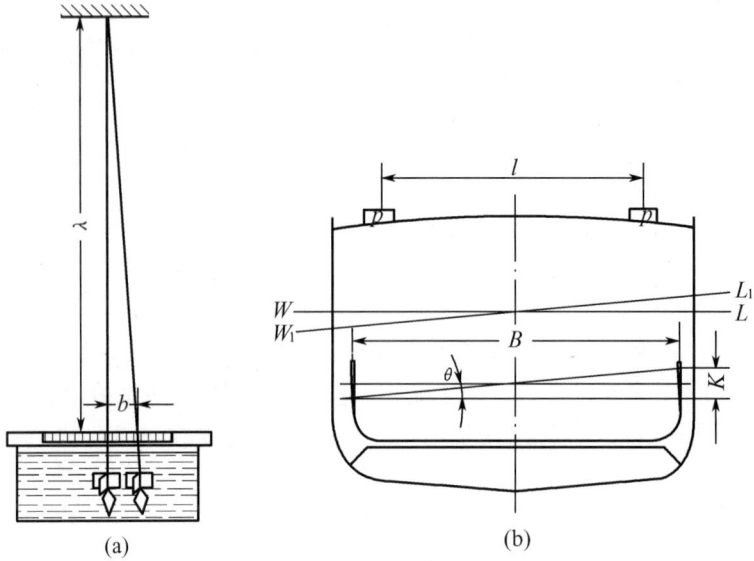

图 2 - 8 - 2 倾角测量方法

(a)悬锤测量法;(b)U 形管法

二、工作任务训练

训练名称:设计船舶系泊试验的主要工作任务。

1. 训练内容及要求

针对中型货船,制定船舶系泊试验主要工作任务内容及流程。

2. 训练资料、设备和工具

(1)训练资料:货船总布置图图纸及船舶试验相关资料。

(2)设备和工具:绘图用具或绘图软件及电脑。

3. 训练过程

下达工作任务→制订工作计划(任务分工→确定训练步骤)→实施工作计划→完成训练记录。

4. 训练步骤

(1)查阅总布置图图纸,了解船舶主要设备和系统;

(2)确定船舶系泊试验主要工作任务;

(3)制订船舶系泊试验主要工作流程。

任务二　船舶航行试验与交船

【学习目标】

1. 了解船舶航行试验主要项目；
2. 熟悉各项航行试验基本内容和方法；
3. 了解交船验收主要过程。

【任务解析】

船舶航行试验的项目、内容、方法、程序和试航计划应该会同船东和船级社等有关方面预先商定，并由船厂、船东和验船机构三方代表组成领导小组，负责实施。对于首制船舶，船厂通常还要邀请设计单位参加试航，以便考核设计指标，取得第一手资料，作为今后完善和改进设计的依据。船舶出航前应带足燃料、滑油和淡水，掌握气象变化情况，准备好测试仪器。试验一般在指定的航区内进行。船舶建造最后阶段的交船验收，交船是建造合同的总结。

本任务主要认知船舶航行试验项目，船舶航行试验的基本内容和方法，交船验收主要过程。通过该任务的学习和训练能够进行船舶航行试验主要工作任务设计。

【任务实施】

一、背景理论与知识学习

（一）航行试验

1. 主机航行试验

（1）主机平衡试验及其调整

所谓主机平衡试验，就是将主机各缸进行调整，使各缸功率接近相等，一般通过调整各缸的热工参数来实现。

平衡试验是在主机全负荷的工况下进行的，经过 0.5 h 左右后即停车，在停车前将主机各缸的热工参数详细记录下来，以便各缸间进行相互比较，并与原设计数据对照。如各缸参数相差较大，则需进行调整。方法是提前喷油或滞后喷油。

（2）主机负荷试验

主机负荷试验的目的是考核主机持续运转的可靠性，确保船舶有良好的续航能力。表 2-8-1 所示为国产某一散装货船在轻载试航时一些主要数据。

在全负荷的 20 h 运转试验中，如果出现大的故障，则待修复后再重新进行 20 h 的运转试验；若故障较小，则累计 20 h 即可。

表 2 − 8 − 1　某船主机负荷试验数据

试验负荷 N_1		试验转速 n_1/(r/min)	试验时间/h	备注
正车	25%	60 ~ 70	0.5	
	50%	91	1	
	75%	104.5	1	
	100%	115	20	每小时记录一次并检查各轴承
	110%	118.5	1	
倒车	85%	100	0.5	

（3）主机性能试验

主机性能试验包括三个方面：

①操纵性能试验　有启动、换向、调速、限速等试验项目；

②使用性能试验　有最低稳定转速、临界转速、停缸试验等项目；

③可靠性能试验　有超速、倒车等试验项目。

主机航行试验后还需进行拆验。一般至少拆验 1 ~ 2 个气缸，并对缸套、活塞、活塞销轴承、主轴承、推力轴承等零件进行仔细地检查，如有破损应调换或修复。当主机拆验装复后，还需在码头上进行 2 ~ 3 h 的全负荷检查，必要时再进行一次航行试验。

2. 测速试验

测速试验的目的是为了确知船舶处于不同载荷状况和不同螺旋桨转数下的航速及其相应的主机功率、螺旋桨推力，从而求得转数、航速、功率和推力间的关系。船舶测速试验通常是使主机处于 25%，50%，75%，100% 和 110% 的工况下进行。

船舶测速试验是在规定的测速区域进行。我国沿海测速区大致分布在上海、舟山、青岛、大连和广州等地。测速区域的岸边装有标杆，标杆之间的距离是人为确定的，可根据不同的船舶速率选择不同的测速区。通常速率在 20 kn 以下的船舶选择测量里程 1 n mile 的标杆。

在测速时，由于受到水流、风力等因素的影响，因此不可能以单次行程来决定船舶的实际速率，为使测速结果具有一定的正确性，要求在同一螺旋桨转数和同一主机功率下做多次往复的测速试航，最好是 4 ~ 6 个航次，一般都按 3 个航次来决定船舶的速率。

3. 操舵试验

操舵试验的目的是为了鉴定舵操纵的轻便性、灵活性及其工作可靠性，并为驾驶人员掌握船舶的航行、回转、入港和启碇等操纵性能提供切实可靠的依据。

（1）主用操舵装置的操舵试验

在试航中进行正车和倒车的操舵试验，并测定在下列各种操舵情况下的时间周期：正舵→左满舵；左满舵→正舵；左满舵→右满舵；右满舵→左满舵；正舵→右满舵；右满舵→正舵。

试验时要求在最大正车航速和最大吃水条件下，对于平板舵从一舷的 35° 转到另一舷的 35°，对流线型舵则从一舷的 32° 转到另一舷的 32°，所需时间不应超过 30 s；对内河船舶的要求更高，所需时间不应超过 15 s。此外，对舵机装置及其附件也需再做一次的检验。

为使船舶适应不同航道的航行，应做前进"Z"形操舵试验，试验以不同航速和不同舵角分别进行,并测定舵偏转至一定舵位时,以及首方位每偏转2°时所需的时间,为驾驶人员提供操舵数据。

倒车操舵试验时,一般以半速倒行,先操左舵回转一圈后,再转右舵也回转一圈,然后将舵转至正中,再做相反方向的试验,分别测定其回转轨迹。

(2)备用操舵装置的操舵试验

船舶一般均具有双重操舵装置,故需进行主用操舵装置转换为备用操舵装置的应急转换试验,即设主用操舵装置在某一假定舵位失灵,操舵人员立即将备用操舵装置的舵轮急转至相应舵位,继以敏捷动作啮合离合器,将备用操舵传动轴接合,然后回舵至零位。自主用操舵装置失灵至备用操舵装置可用的转换时间应不超过2 min。

备用操舵试验时,船舶以最大正常航速一半的速率正车前进,然后进行:

正舵→左舵(20°)→右舵(20°)→正舵

正舵→右舵(20°)→左舵(20°)→正舵

舵由一舷20°转至另一舷20°所需的时间应不超过1 min。

4. 抛锚试验

抛锚、起锚及锚泊设备在系泊试验时,因码头水深的限制不能实地显示其起锚速度和最大起锚能力,故需到足够深的水域进行试验。

(1)艏锚抛锚试验

①抛锚试验

分别对左、右锚进行抛起试验,试验时先做机械抛锚再行自由抛锚。抛锚时,锚应插入土内,起锚后,当锚接近船体时,锚机转速应降至3~4 m/min。起锚时还要用高压水龙头将锚和锚链上的泥沙冲净,使它们缓慢进入锚链筒和锚穴并贴紧船壳。

另外,需测定起锚速度及锚机原动机工作参数。对于电动起锚机,除测量电动机在各档速度下的电流、电压和转速外,还应进行制动器和过负荷保护装置的调整,并测量在热、冷状态下的绝缘电阻及各部分温度。在抛锚和起锚过程中,还应观察运动机构的运转情况和船身的振动与磨损情况。此外,还需进行刹车效能试验。

②止链器强度试验

抛锚入土后止链器将锚链止牢,船则倒车慢行来检查止链器强度、止链作用及甲板的局部强度,不合格处进行调整、修复或加强。

③人力应急起锚试验

抛锚入土后,用人力应急起锚装置起锚,一般起1/2节锚链即可,主要检查人力起锚的轻便性、可靠性以及起锚速度和操纵人数。

(2)艉锚抛锚试验

艉锚的抛锚方法同样有两种:机械抛锚和自由抛锚。试验内容基本上和艏锚相同,主要测定绞缆机的速度和绞缆原动机的工作参数。还需检查艉部振动情况、钢缆或锚链绕系情况、止动爪的止动作用和制索器的制动效能。另外,抛锚时绞缆机应急刹车2~3次,以检查制动带的制动效能。当起艉锚至接近船体,应转换成3~4 m/min的低速度,使锚缓慢地贴紧船壳或收起到甲板上。

5. 回转试验及惯性试验

(1)回转试验

回转试验主要是了解船舶在转弯时需要多大的圆弧,以回转半径或直径来衡量。试航时提供的回转数据可供航船在港湾或狭窄江面上回转、避让用,以防止碰撞事故。回转试验要求在天气晴朗、风力和缓、潮流平稳、来往船少、足够水深的水域进行。通常是以全速或常用车速做左满舵、右满舵回旋一周的试验,以测定其回转直径的大小。对于双桨船舶还应测定其一桨正车一桨倒车时就地回转圆的大小。

回转直径的大小一般均以船长的倍数表示。不同类型的船舶,其回转直径为3~7倍船长不等。内河船舶比海洋船舶的回转直径小,双桨船舶比单桨船舶的回转直径小。

(2)惯性试验

主机停止运转后,船舶自由滑行的距离就是船舶的惯性冲程。船舶惯性冲程对其避碰、启碇、靠岸有密切关系,只有熟知船舶惯性冲程的大小才能确定何时停车、倒车或改变主机转速以及采用何种舵角方能稳定而安全的靠上码头。惯性试验一般做4种,即全速正车→停车;全速倒车→停车;全速正车→全速倒车;全速倒车→全速正车。

惯性冲程通常以船长倍数来表示。一般来说,全速正车→停车船舶滑行距离约为5~7倍船长,全速正车→全速倒车则为4~5倍船长。惯性试验常用丢掷木块的方法测定其冲程。如全速正车前进时,两观察组分立于船首与船尾,驾驶台发令停车时,艏观察组即投第一块木块,以后每隔5~10 s投一块,直到船舶停止前进。艉观察组则记录其收到每一块木块的时间,从已知距离和木块行经时间即可求得一组船速。按木块累加进程即可获得停车后船舶的惯性冲程。

目前,回转试验、惯性试验、救生回转试验已采用了DGPS系统(差分全球定位系统)进行。

6. 几种常用导航设备的试验

(1)磁罗经

磁罗经是利用地球磁场的作用来正确地指示方向,装在钢质船舶上时,因受附加磁场的作用,罗经便不再正指北极,这个偏差称为罗经自差,不消除自差,磁罗经便不能使用。根据自差理论分析,磁罗经自差的消除方法是利用岸标或太阳等已知方位,先测得罗经在该方向的自差,然后用磁棒和软铁块消除。这只能在航行试验时进行,码头上无法完成。

(2)陀螺罗经

陀螺罗经指北的原理和磁罗经完全不同,它不是基于地球磁场的作用,而是利用力学中陀螺原理。陀螺罗经的准确性高,但是在制造和安装时难免会存在误差,即存在一个偏差角。此偏差角是利用岸标进行测定的,然后将固定误差消除在允许范围内(即移动陀螺罗经的主罗经基座)。另外,船舶转向、加速或减速对陀螺罗经将产生附加力的作用,使它产生偏差,故试航时还要测定其机动误差,方法是将船舶做几个大转向后测定陀螺罗经的指向性,即所产生偏差的大小,这一偏差无法消除,测出后记录下来做到心中有数。航行时一般以陀螺罗经为主,磁罗经作参考。在沿海和内河航行的中小型船舶上一般仅使用磁罗经。

(3)测向仪

测向仪是利用岸上的专门测向台测定船位并引导航行的仪器。其制造误差的测定方法是将船泊于海中,用一小船在船周围回转,小船上装有电台,模拟岸上测向台,测定小船绕大船回转时的各方位,与大船测向仪对小船测得的方向进行比较,记录各点偏差后进行调整并消除,一般测量2~3次即可完成。

（4）计程仪

计程仪是测定船舶速度和记录航程的仪器。其种类很多，但基本原理都是根据航行时水压与船速的关系（水压与船速的平方成正比）来确定航速和里程。航行试验时应测定计程仪的误差并消除之。其方法是利用港口岸标间的距离（已知），同时记录船的真速和计程仪速度，相比较后即知计程仪误差。这一工作通常与船舶测速试验同时进行。

（5）测深仪

测深仪是测定水深的仪器。航行试验时应该测定测深仪指示水深的准确性。其方法是当船舶停泊时，用水拓（能测定水深的重锤）测量水深，与测深仪所指示的水深进行比较，若误差较大，则进行调整。

7.声光信号设备试验

在航行试验时，应检查汽笛、雾角等音响信号设备的可闻距离。声信号设备的检验应在宽阔的海面上和无风的情况下进行。如果在有风的情况下检验，则风力应不超过三级，且应逆风检查。海船汽笛的可闻距离应达 2 n mile，其他音响设备的可闻距离应达 1 n mile。

航行试验中还应检查灯光信号的可见距离。如海船前后桅灯的可见距离应达 5 n mile，左右舷灯的可见距离应达 2 n mile。灯光信号设备的检验应在晴朗的夜间进行。检查时，还应查视号灯的照射角度，应留意号灯的功能是否受船上其他灯光的影响。

进行声、光设备试验时，船舶可停泊在锚地，检查人员乘随航拖轮远离视听。试验中可用步话机联络，或预先商定检验时间表，以便有步骤地进行试验。

8.其他试验

对于某些船舶来说，除了上述的常规试验以外，根据船东和建造规范的要求还应做其他的试验。例如，对于沿海交通艇的首制船应做适航性试验，以考验其抗风浪能力；各类拖轮要求做动力拖载试验，以测定其拖力、拖速、拖曳功率和拖曳效率等。我国钢质海洋渔船建造规范要求对首制渔船或第一对渔船进行捕捞试验，以评价其技术性能。另外，货船还常做重载试验，以考验起货设备和进行有关试验。

（二）交船验收

船舶建造完工的最终阶段是交船。交船是一项程序性工作，即通过一些移交手续，船厂把船舶交给船东使用。因此，交船是船舶建造合同的总结，具有合同的法律效力，必须维护双方的正当权利。

1.不完善项目

在船舶建造过程中，特别是在船舶试验和住舱完工与检验的后期阶段，船东和验船部门应该对不合格或不满意的合同项目编制清单，及时向船厂提出；船厂应当对提出的不完善项目及时进行处理，以便使问题减至最低程度。不完善项目改正后，验船部门和船东应及时检查，如果已合乎要求，就应签字认可。

2.备件清单

为了便于船东认可，通常规定船厂准备一份完整的备件清单。备件清单不仅包括备件和工具，而且还包括交船时船上所有的便携式和可移动的设备。由于清单内容庞大，为了在交船前使清单编制完成，通常在交船前三个月就开始编制。

一般要求备件放置在船上带锁的特制箱柜里，箱柜位于设备附近的方便处。不便安全存放的便携式和散放船具，应该推迟到交船前安置。交船前，所有的油舱应做测量，各种油、脂等桶器应共同盘点。

3. 交船日期

在计划交船日期前一周,船东代表和船厂应该联合对船舶进行检查,查明遗留的未完成工作和不完善项目的状况。根据实际条件,在正常的情况下可达成一个确定的交船日期。但如果船东不急需用船,那么每一个不完善项目都可能成为其拒绝接船的正当理由。对于此类事件,大多数合同条款中会作如下叙述:当船舶完工或基本完工,且所需的试验都已通过时,船厂至少应在五天之前向船东发出书面通知要求交船。"基本完工"可具体解释为:除少数不影响船舶营运使用的项目之外,其余都已完工。

4. 交船文件

典型的建造合同应当包括这样的条款,即所交的船舶应该符合指定国家的有关法令和各章节中指定的各种法规;并且还进一步要求船厂必须获得各种必要的证书和文件,用以证明建造过程实属认可。交船文件的种类和签发单位,各国都有规定。在交船的时候,船东总希望能无条件、无例外地获得所有文件。实际上,由于主管部门的行政手续等多种原因,不太有可能在交船的同时递交一套完整的证书。为此,在接到正式的文件之前,习惯上由临时发信来取代。在这种情况下,船厂必须向船东提供适当的文件以证明不会影响船舶的运营与保险。

5. 交船前会议

交船前一两天,应该召开由船厂、船东和验船机关代表参加的工作会议,为最终交船创造条件。典型的会议议事日程通常如下:

(1)审议验船机关认为未解决的不完善项目,并证明这些项目或备件单上的缺项不妨碍船舶投入运营。

(2)审议文件清单,提出交船时不能获得证书的项目,并证明这不妨碍船舶运营和保险等级。验船机关的代表在这一点上可回避。

(3)讨论所有尚存的不完善项目,提出一致的处理意见。

对交船与完工证书的内容进行审议并取得一致意见之后,便可以确定交船日期,举行交船仪式。

6. 交船仪式

交船仪式通常包括下列内容:

(1)船厂向船东提交规定的各种证书和文件,经核对之后,双方在文件提交凭据上签字,证明可供使用的文件都已提交。

(2)船东签收随船图纸。

(3)船东签收随船说明书。

(4)船长签收船舶钥匙和保险柜密码。

(5)船厂和船东在交船与完工证书及其异议附件上签字。附件的定稿复本应事先提交船厂,以便有时间确认厂方对所有列入的不完善项目能承担的责任。

交船仪式结束后,船舶就归船东使用或处理。作为船舶的建造工作虽然已经结束,但是作为船舶的建造合同还没有终止。

7. 保证期

保证期就是合同船舶在交船以后船厂承担质量保证义务的一定时间。保证期的长短由建造合同规定,如交船后六个月。现在比较普遍的做法是对整条船舶规定一年保证期。

在保证期内,船厂对交船与完工证书附件中有异议的项目承担改正责任,并且对船舶在正常使用过程中所产生的故障也承担修理责任。合同可以规定船舶返回承造厂修理;也可以请就近的船厂修理,但承造厂应派代表到场。在保证期结束之后的第一个航运间隙,通常应安排一次保证期检验、解决建造合同中所有悬而未决的问题,并就检验单上所有项目的责任问题达成协议。协议以保证期检验报告为文件初稿。双方代表签字以后,保证期检验报告便成了记载合同中保证条款所规定的厂方未尽义务的正式文件。若无申诉或诉讼,船厂一旦尽到了这些义务并使船东满意,船舶建造合同便告完成。

二、工作任务训练

训练名称:设计船舶航行试验的主要工作任务。

1. 训练内容及要求

针对中型货船,制定交船前的船舶航行试验主要工作任务内容及流程。

2. 训练资料、设备和工具

(1)训练资料。货船总布置图图纸及船舶试验相关资料。

(2)设备和工具。绘图用具或绘图软件及电脑。

3. 训练过程

下达工作任务→制订工作计划(任务分工→确定训练步骤)→实施工作计划→完成训练记录。

4. 训练步骤

(1)查阅总布置图图纸,了解船舶主要设备和系统;

(2)确定船舶航行试验主要工作任务;

(3)制定船舶航行试验主要工作流程。

【课后自测】

一、填空

1. 系泊试验是船舶在停靠码头的(　　　)状态下进行的试验。

2. 系泊试验的"四机一炉"指的是主机、发电机、(　　　)、(　　　)和锅炉。

3. 操舵试验时,舵由一舷(　　　)转至另一舷20°所需的时间应不超过(　　　)。

4. 惯性冲程通常以船长(　　　)表示,一般全速正车→停车船舶滑行距离约为(　　　)倍船长。

5. 倾斜试验目的是确定船舶(　　　)和(　　　)的正确位置。

6. 倾斜试验时小船靠移动(　　　),大船靠移动(　　　)使船舶倾斜。

7. 主机码头试车的目的是检查主机的(　　　),为(　　　)试验奠定基础。

8. 锅炉点火试验的主要内容是(　　　)和(　　　)的可靠性等。

9. 舵从左满舵到右满舵,海船的最长转舵时间应不超过(　　　)s,内河船的转舵时间不超过(　　　)s。

10. 主机停止运转后,船舶自由滑行的距离就是船舶的(　　　)。

二、判断(对的打"√",错的打"×")

1. 系泊试验是船舶在试航区进行的试验。　　　　　　　　　　　　　　　　(　　　)

2. 船舶扩大航行试验一般仅在首制船上进行。 　　　　　　　　　　（　　）

3. 船用设备拆检通常于系泊或航行试验结束之后在船厂内进行。　　　（　　）

4. 系泊试验首先对管路和电缆进行试验。　　　　　　　　　　　　　（　　）

5. 主机码头试车的目的是检查主机的安装质量,为航行试验奠定基础。（　　）

6. 操舵试验是在系泊试验阶段进行的。　　　　　　　　　　　　　　（　　）

7. 自主用操舵装置失灵至备用操舵装置可用的转换时间应不超过 5 min。（　　）

8. 内河船舶和海洋船舶的回转直径一样大小。　　　　　　　　　　　（　　）

9. 磁罗经自差消除方法是先测得其在已知方位方向的自差,用磁棒和软铁块消除。

　　　　　　　　　　　　　　　　　　　　　　　　　　　　　　　（　　）

10. 海船前后桅灯可见距离应达 5 nmile,左右舷灯的可见距离应达 2 nmile。（　　）

三、名词解释

1. 船级社

2. 系泊试验

3. 航行试验

4. 主机平衡试验

5. 惯性试验

6. 回转试验

四、简答

1. 船舶试验的目的是什么?

2. 系泊试验项目主要有哪些?

3. 航行试验项目主要有哪些?

4. 船舶交接试验通常分哪几个主要阶段?

5. 主机码头动车应具备哪些条件?

6. 起锚设备系泊试验时都进行哪些试验工作?

7. 系泊试验时除了"四机一炉"外,还要进行哪些检查与试验?

8. 倾斜试验时船舶的横倾角怎样测量?

9. 航行试验时抛锚试验项目有哪些?

10. 回转试验主要方式有哪些?

11. 交船需要哪些程序?

项目九　船 舶 修 理

【项目描述】

　　船舶在营运过程中,经常受到各种外力的作用、腐蚀作用,加之人为因素的影响,便会发生变形与损坏,以致使得船舶失去正常的技术状况。此外,由于科学技术的进步而使得船舶的技术状况变为陈旧、落后造成无形损耗,需要对船舶进行改建、更新或报废。

　　由于上述原因,船舶在营运过程中,产生不同程度的损耗与损坏,影响到船舶的正常技术状况,也逐渐对船舶的正常营运产生影响,给船舶安全带来威胁。因此,需要通过修理来消除这些缺陷,保持和恢复其正常的技术状况,并防止船舶各种构件的继续损耗与损坏。

　　本项目主要是对船舶修理相关知识和船体修理相关工艺的学习,包括船舶修理基本知识的认知和船体修理及工艺制定两个学习任务。

　　知识要求

　　1.了解船舶修理的目的和任务,熟悉修船安全知识及注意事项,了解船舶修理的勘验内容及方法,了解船舶进坞的准备工作、修理内容及进出坞方法,了解船舶损坏形式,掌握修船施工工艺及修理原则,了解船体修理过程中的变形及控制方法。

　　2.熟悉船体渗漏的修理方法、船体凹陷的修理方法、船体骨架弯曲的修理方法、船体裂缝的修理方法、船体腐蚀的修理方法、船体破洞的修理方法和船体折断的修理方法。

　　能力要求

　　1.能够了解船舶修理基本知识;

　　2.能够进行一般船体部位的常见损坏形式制定修理工艺,进行修理。

　　工作任务

　　任务一　船舶修理基本知识认知;

　　任务二　船体修理及工艺制定。

任务一　船舶修理基本知识认知

【学习目标】

　　1.了解船舶修理的任务;

　　2.熟悉修船安全知识及注意事项;

　　3.了解船舶修理的勘验;

　　4.了解船舶进坞修理内容、准备工作及进出坞方法;

　　5.了解船舶损坏形式;

　　6.掌握修船施工工艺及修理原则;

7. 了解船体修理过程中的变形及控制。

【任务解析】

船舶修理基本知识是船舶修理人员必须学习的基本内容。船舶修理前首先要明确修理任务,做好修船安全准备,对待修船舶进行勘验,确定进坞修理的内容,做好进坞修理准备工作,根据其损坏形式制订修理工艺,并采取控制措施防止船舶在修理过程中产生较大变形。

本任务主要认知船舶修理的种类,修船安全知识及注意事项,船舶修理的勘验,船舶损坏形式,修船施工工艺及修理原则,船体修理过程中的变形及控制,以及船舶修理方案。通过该任务的学习和训练能够设计待修船舶的进坞修理工作流程及确定主要工作内容。

【任务实施】

一、背景理论与知识学习

(一)船舶修理的基本任务

我国交通部颁布的《修船条例》及《修船工作会议纪要》,均按照导致船舶修理的原因、修理范围和间隔年限,对船舶修理做了明确的分类和分等。航运企业的机务部门应据以制订每一具体船舶的修理时间和费用的计划。船舶上处在第一线的各部门负责人,应当熟悉各类修船的范围,以便依据修船的种类,编制修船项目申请单(以下简称修船单),以免漫无边际地扩大修理范围,造成时间、精力和资金的浪费。

修船单是船舶和机务部门向船厂提出的修船工程的基本技术文件,是机务部门和船厂凭以安排修船计划,分配修船费用,船厂做好船舶进厂修理前施工准备工作的依据。因此,修船单的编写应力求船舶的需修部位清楚,情况准确,技术合理。只有这样,才可以保证修理工作的顺利进行并达到技术质量的要求。

1. 船舶修理的种类

(1)计划养护修理

船体和设备在营运过程中都会有自然损耗,会随着时间的推移暴露出某些缺陷,发生或大或小的损坏。为了保证能够继续安全使用,必须有计划地进行修理。计划养护修理包括航修、小修和检修(或称为中修和大修)。

①航修 是在船舶营运期中,发生影响航行而必须由船厂或航修站协助进行的一般修理工程和一般事故修理,航修应利用航次在港停泊时间进行,船厂或航修站应积极重视航修工作,接到通知即予安排修理,必要时随船检修,尽可能不影响船舶的运输生产。

②小修 是按规定周期有计划地结合定期检验进行的厂修工程。小修的目的是消除在营运中产生的过渡磨耗,保证船舶到下次计划修理期内的安全运行。小修一般和坞修同时进行。小修时主要是对船体、舵、轴系、通海阀、主辅机、锅炉以及工程船舶专用设备等进行重点检查和修理,一般只对原有设备进行调整、研磨、更换零件、清洁保养等工作,除航务工程船舶外,不得漆装改建。

③小修间隔期 机动船、工程船、冷藏驳、食品驳,一级油驳为 12～18 个月,绞滩船、趸船为 18～24 个月,货驳及二级以下油驳为 24～36 个月,有些趸船无小修。间隔期上下限根据航区、营运条件、设备状况,由用船单位技术部门确定,但不能超过上限。

④检修　是按规定周期间隔2~3次小修并结合定期检验进行的厂修工程。检修的目的是对船体、主辅机及其他设备进行全面检查,重点修复在小修时不能解决的较大缺陷,保持船舶强度和主要设备的安全与运转条件。检修时检查发现的问题,必须解决的均应修复,但对连带工程可以安全使用到下次小修时解决的,可做好记录,继续使用,分别在以后小修时修复。

检修是计划修理的最大修别,对修理项目的确定,必须符合安全和勤俭的原则,一般不更换上层建筑,大船不换主机和锅炉。

⑤检修的间隔期　机动船、工程船、绞滩船、冷藏驳、食品驳、一级油驳、海上钢质趸船为4~6年;江河钢质趸船为6~9年;货驳及二级以下油驳无检修。

以上各修别以间隔时间为主进行安排,其工程范围只是原则划分,由于船型、机型复杂和船舶的技术状况各不相同,如发现问题时,应根据具体情况,实事求是地解决,小修时允许进行个别检修范围的工程。

(2)事故修理

事故修理是指对船舶因发生事故而损坏的部分的修理。这类修理如果工程范围不大,一般可以随着航修工程进行。但如果工程范围较大,航修难以胜任的,则仍需安排修理计划。事故修理的项目、范围和期限,要由船舶检验机构的验船报告所载的实际损坏情况和修复要求来确定。事故修理在实施修理之前,仍须开具修船单交给承修的船厂。对于轻微的事故损坏,在不影响适航性能,无碍安全营运的前提下,可以做好记录,待到计划养护修理时修复。

(3)基本恢复修理

对于已不能使用的船舶须进行恢复适航性能和船体强度的修理,例如对于沉船、火灾船只的残骸的修理。这类修理工程浩大,需用巨额资金,修船期长,经济效果差,现已不多见。

2.船舶修理的组织管理

(1)建立修船制度——保养、管理及维修制度

对船舶采取"预防措施",即在日常营运过程中由船员进行保养,保养越好,预防措施越得力,则修理工程的范围越小;反过来,"修船措施"恰当,则修船质量高,修船周期短,保证被修船舶在营运中维持正常技术状况的时间越长,也就便于船员进行保养。

(2)注重修船工艺,缩短修船周期,提高经济效益

为此必须做到以下几方面:

①预先详细查明和确定待修工程范围,填明修船单,并且作好保障,在最短时间内完成修理工程所必需的一切准备工作。

②建立用船单位、修船单位、验船单位之间的正常而恰当的关系,以保证修船质量,提高修船速度。

③定点修船。例如,长江船舶在长江沿岸的船厂修理。

④按照交通部颁布的《船体修理技术标准》进行修船,并根据各厂具体条件来选择最合理的修船方案及修船工艺。

3.船舶修理的主要工作

(1)准备工作

取下需修理的船体构件,拆除妨碍和影响工作的机械、管系、家具、设备等。

（2）基本工作

直接消除船体缺陷的修复工作，即修理或重新制作拆下的部分，如零、部件等，然后予以装配，装好后还要做试验，检查使用性能能否已恢复、改善或提高了。

（3）辅助工作

为准备工作和基本工作提供方便的工作。包括：为工作地点搭设脚手架；接通氧、炔、风、电、水等动力与能源；材料准备；修船过程中的起重运输工作；修理完毕后的清理现场工作。

（二）修船安全知识及注意事项

修船不同于造船，它是在船上木质设施、机电设备等不完全拆除的情况下进行切割、装配、焊接等明火作业；甚至有些船舶连油水舱里的油水也没有完全排放就进厂临时突击修理。船上的油水舱长期使用后，舱内充满着有毒气体，稍有不慎，将会给人身安全带来危害，财产带来损失，所以，在修船过程中必须严格遵守下列安全操作规程：

（1）下船工作必须注意照明。无照明处必须带好手电筒，以防踏空坠落。

（2）船上油水舱打开后，不可随意进入，应等安全部门对舱内空气测试合格后方可入内工作。并注意通风条件和劳动监护制度。

（3）凡对燃油舱、柜（包括邻柜）、油管等进行明火操作前，必须先对油舱、柜、油管等做彻底地清除，然后进行可燃气体测爆检查，合格后方可进行作业。

（4）在机舱内进行明火作业，必须注意周围环境，必要时应将周围设备拆除，再进行作业。工作后应对工作场所及其周围进行整理、检查、熄灭一切火种。

（5）船上所有一切阀件、电气开关不得任意打开、闭合。

（6）工作场所周围（包括邻舱）有与施工无关的其他电气设施时，必须将其电源切断，才可进行作业。

（7）工作场所周围（包括邻舱）有电缆和其他木质舾装设施时，进行明火作业必须有专人监护，工作结束后要有专人检查。必要时应将上述设施拆除，再进行作业。

（8）甲板拆除后，不得在骨架上行走。

（9）不得擅自进入无关舱室，打开的人孔盖、水密舱口盖，不可随意关闭。

（10）舷侧板修理作业应按自上而下的顺序进行。

（三）船舶修理的勘验

勘验就是根据委修单位提出的修船单，通过相应的测量、勘查和检验，将各种构件的实际状况和船舶检验规范中所规定的允许损耗标准做比较后，确定各种构件与材料是否需要修理或更换，以了解整个工程的实际范围与性质。它是做好修船准备的一项重要工作。对于检修船舶，除了新换或能明确的修理范围外，都需要通过勘验来明确修理范围。小修船舶因修理范围小，修理内容比较明确，可由主修（主管）师与委修方协商确定。

1. 勘验的形式

勘验的形式有随船勘验和码头勘验两种。随船勘验就是船厂派出检验人员，在船舶营运过程中进行勘查，这样除了可以明确修船单中所需修理的范围和现状外，还可以通过船舶的营运作为勘验的航行试验（即预试航），检查待修船舶整个动力装置和船舶设备在航行中的各项性能、相互间的协调配合情况，发现一些表面上看不出而在实际航行条件下显露出毛病的零件，以及因设计或结构上的不合理所引起的缺陷。这样便可以立即与委修方磋商,修订修船单,使其更加合理。码头勘验就是等需要修理的船舶到港停泊于码头后,船厂派检验人员上船勘查,以明确修理工程。采取这两种形式的勘验,不仅减少了船舶进厂修理的时间,而且可以使船厂对待修船有一个全面的了解,以便做好充分的生产准备,也为以后交船验收创造了有利的条件。

除上述两种勘验形式之外,对于一些隐蔽工程,则需等待修船舶进厂以后,进行拆开检查,再来决定工程范围与性质。

2. 勘验的准备工作

(1)制订勘验计划,以便按计划进行勘验,避免混乱。

(2)准备待修船舶的有关技术资料和图纸,如外板展开图、舾装布置图等。

(3)将船上各重要部位及布置情况,根据需要拍摄照片,以利参照复原。

(4)船体外板及舱口等处,预搭脚手架。

3. 船舶勘验注意点

(1)船体部分勘验注意点

①水舱处(艏、艉尖舱、双层底)应进入舱内检查,该处腐蚀有时达 5～6 mm。

②油船的油舱内,由于装载不同种类的油,其锈蚀可能有二层,内层的附着力很强,应特别注意。

③纵骨架式货船,肋骨靠近外板处容易产生锈蚀,对艏部肋骨及艉部斜肋骨下端也应特别注意。一般货船在木铺板或有水浸的地方,在勘验前应先除锈。

④假如甲板变形比较严重,对横梁的勘验必须特别仔细,要测量横梁的变形尺寸及检查横梁上端与甲板焊接部分有无裂纹。

⑤对于有怀疑的肋骨、横梁或连接角钢应在勘验单上注明,待拆下后再检查。

⑥注意上层建筑围壁有无皱折,如有必须记录下来。同时,船进坞时须特别注意船体的变形情况。

⑦如上层建筑全部改装换新,则可以根据起重能力,将上层建筑划分成几个分段制成后,再予以吊装。

(2)舾装部分勘验注意点(舾装件应尽量推广采用标准件或厂内标准的储备件)

①机器设备、电气设备、管系及舾装零件均应吊运到车间进行勘验或运到仓库保管。

②舵设备在勘验前应将原舵杆位置详细记录下来。

③吊货设备的零件比较复杂,应根据布置图将其编号用油漆写在零件上,如无布置图时,船方不可先拆下装箱,应等厂方绘图后再拆,以免失落或造成安装困难。

④大桅及吊货拉索一般在钢索换向处容易锈蚀。

(3)锅炉勘验注意点

①将外部附件全部拆下,内部要除锈后才能进行检查。

②检查锅炉本体时,应邀请验船师参加。

③如有疑问的锈蚀部分,在得到验船师同意的情况下,可钻孔做化学分析或取样做机械性能试验。

④阀件全部分解检查,但小修时可根据船方要求只做部分检查。

⑤锅炉的炉膛变形,还需测量其下垂度及椭圆度。

(4)木工油漆部分勘验注意点

①进行木工拆卸时,如需拆下勘验,则拆卸时需特别小心,避免拆坏。检修船舶,一般

委修方常要求将木工部分换新或修理百分之几十。事实上,木工工程一经拆卸就支离破碎,因此,应全部换新。

②对固定的家具及软硬木,委修方可能要求拆下保存,应改为换新或拆下检修。家具的保管应由船方负责。

③换新的木工家具式样一定要落实,要与委修方共同看好样式(实物),当场确定,然后签字,以免委修方见异思迁。

④油漆的面积与遍数应测量正确。船体的除锈应按二遍计算,即勘验时一遍,修理完涂刷油漆前一遍。

4. 修船审查会议

检修船舶在勘验后,由厂方召集委修方代表、验船师、厂方有关科室与车间负责人及主要勘验人员开会,以明确修理内容。会后,双方签署协议书,作为施工依据。小修船舶可直接由车间或主修(主管)师同委修方接洽,明确修理内容与范围。

5. 船体测量,勘查与检验的一般方法

(1)水尺校验与船体纵向变形的测量,通常采用船底望光法,如图2-9-1所示。具体方法是:坞修中,在船底水平部分的艏、艉两端各设一有横缝的遮板,两横缝距船底的距离相等(一般为150~200 mm),在艉端(或艏端)的遮板外侧与遮板横缝等高处设一扁光源,在船中以及相隔一定距离处选取若干测量站(为避免因局部变形而影响测量的准确性,应尽可能设在隔舱壁处),依次在各站竖起有同样横缝的遮板,然后在艏端(或艉端)进行观测。图中当光线从艉端、各测量站和艏端等各横缝相继透过时,则说明全部遮板的横缝位于同一水平线上,此时测量各测量站遮板横缝至船底板的距离,即可得到船底的望光记录,从而达到掌握船体纵向变形的情况。

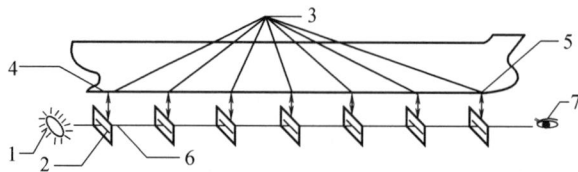

图2-9-1　船底望光

1—扁光源;2—遮板横缝;3—测量站;4—艉端;5—艏端;6—光线;7—目测

(2)凹陷、弯曲及其他变形程度的检查,可利用直尺或样板来进行,如图2-9-2所示。

(3)锈蚀深度的测定,应选定能代表每块钢板平均厚度的至少两个部位进行测定,腐蚀不均匀时,尚需在钢板腐蚀最严重的肋距内,沿板宽方向选取三点,测量厚度要求平均值。

钢板腐蚀较均匀时,测厚部位规定在钢板端接缝相邻肋位的中部,如图2-9-3所示。

钢板厚度测量的方法通常有以下两种:

①超声波测厚仪测量。应经检验合格、误差小于0.25 mm,在测量过程中用标准厚块随时校核。

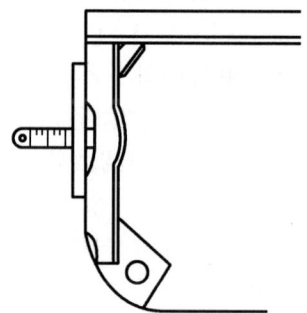

图2-9-2　对船体变形的检查

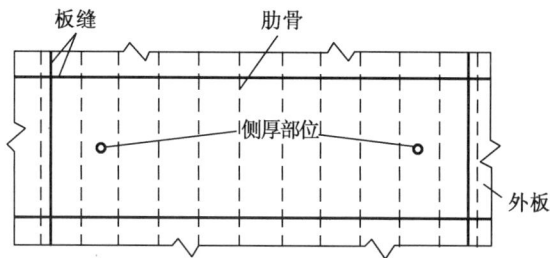

图 2 - 9 - 3 外板的测量部位

超声波测厚仪的工作原理如图 2 - 9 - 4 所示。超声波在固体介质中传播时具有较好的指向性,能使声波集中在一定的方向辐射并且传播时声波能量损失较少,如声波在不同的介质中传播时的声速是不同的,但在同一介质中声速为一常数(例如钢材中声速约为 5 800 m/s)。利用超声波在介质中传播时遇到不同介质的交界面而产生的反射作用,只要测出发射一个超声波脉冲至接收到反射脉冲的间隔时间,便可测得材料的厚度。若用电表显示,将不同的间隔时间量转换为电表的指示量,即能直接读取所测材料的厚度。

超声波测厚时应注意以下几点:

a. 测厚仪工作前要调整好,包括电源、各种调节开关和探头(即换能器)。在测厚过程中应定期用试块校验其精确度。

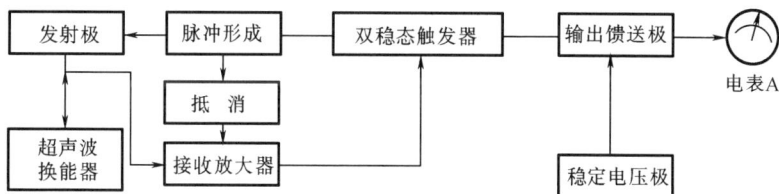

图 2 - 9 - 4 超声波测厚仪原理图

b. 被测表面应除锈刮漆,并用粗砂纸或砂轮磨平,使其具有一定的平整度以传入声波。

c. 测厚时,探头和被测表面滴上机油、甘油或水玻璃。

d. 测厚仪应水平放置,以避免读数不准及电表零位不正等影响。

e. 探头与所测钢材表面接触后应稍为径向转动(即研动),以利探头得到更好的接触,迅速而准确地反映出厚度数值。

②打孔测量。它是在钢板被测部位用风(电)钻钻出 $\Phi10 \sim 12$ mm 圆孔,用图 2 - 9 - 5 所示的测量工具伸入孔内进行测量。测量结束后,将测量孔用电焊焊补,并注意要全部焊透。按规定,允许采用单面焊的测量孔,应至少焊透板厚的 80%。熔注金属不应超出钢板表面 3 mm,施焊面焊缝不允许低于钢板表面(单面焊补的背面除外)。水线以上的测厚孔亦可用细牙螺栓塞补,钢板外表面与螺栓交接处应该进行捻缝,不允许用电焊代替捻缝。

在进行板厚测量前,应消除构件表面的锈污、涂料及测量孔周围的毛刺。若用砂轮打磨,不应使打磨处出现凹坑,确保厚度测量的准确。用超声波测量时,板厚取仪表读数。打孔测量时,板厚取孔周厚度的平均值。

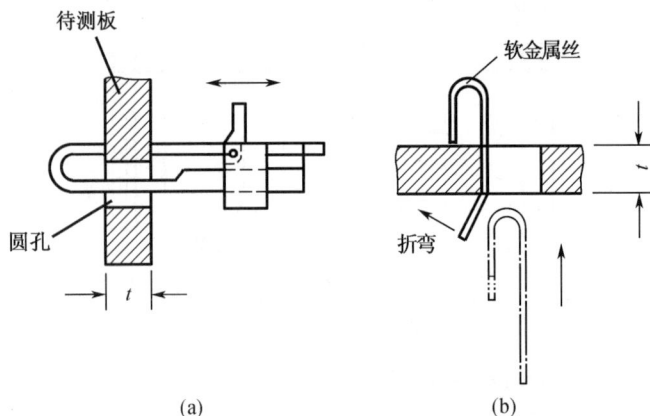

图2-9-5 外板厚度的打孔测量

(a)专用测厚工具;(b)软金属丝测厚

钻孔测厚时,需用小锤敲打钢板,凭声音来判断厚薄,以确定钻孔部位。所钻的孔应在蚀斑边缘,如图2-9-6所示,切不可钻在蚀斑最深处,因为那样测不到因锈蚀而变得最薄的板厚。

(四)船舶进坞与上墩

在有机械化下水设施的船厂,中小型船舶上墩一般可采用机械化化下水设施,如利用下水小车、牵引设备、船台小车、升船机等完成。待修船

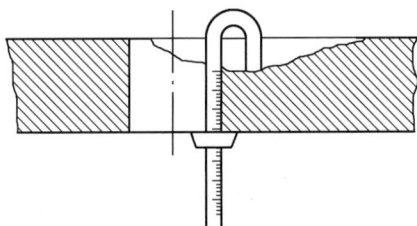

图2-9-6 测厚孔钻孔部位

舶上墩的过程是机械化下水的逆过程。机械化下水装置,都可以用来使待修船舶上墩。

大型船舶的吃水深、质量大,要将其牵引上岸进行维修,工程浩大、且困难。因此可借助水的浮力进坞,排出坞水进行修理,下水时再放水进坞,借助水的浮力使船浮起下水。

1.需进坞或上墩的修理的内容

船舶露出水面进行以下修理时,需要进坞或上墩:

①船体载重水线以下船壳板的测厚、除锈、油漆或局部换新;

②船名、水尺和船籍港标志的油漆;

③水尺的校验和船体纵向变形的测量;

④防腐锌板的更换;

⑤双层底、深舱、油水柜和污水沟(井)的清洁、测厚、除锈油漆或涂水泥、换新;

⑥各船底塞的拆装检查和封搪水泥,海底阀的拆装研磨;

⑦助航仪器船底装置的检查;

⑧舵的拆装检查与舵系间隙测量;

⑨艉轴与螺旋桨的拆装检查与间隙测量。

2.船舶进坞前的准备工作

待修船舶进坞前应做好下列准备工作:备妥进坞图和舵结构图及其他有关图纸,了解坞墩排列情况,进行排墩调整,坞墩的位置及高度要着重考虑生产的方便性;尽量减轻船舶质量,可将船上的移动负荷(如货物、燃料、淡水、润滑油等)卸去,不过必须保证船舶稳性

(必要时在船舶重心以下加压载),调整船舶纵倾不超过1%船长,横倾不超过1°;收进舷外突出物体;关闭船舶两舷靠近水线的舷窗和堵严其他开口;确定消防安全措施及卫生制度等。

船舶进坞前船坞施工的安全准备工作:船舶进坞首先应考虑船与坞的长度、宽度是否相符,凡符合或小于船坞的船舶都可以进坞。在进坞前坞内就要根据船舶线型设计排墩(坐楞和边楞),以保证船舶稳定落墩,不至于变形或造成倾斜危险。排好坐楞后,还必须摆好船舶前后的测量器,以便表示艏、艉柱的位置,这是船舶定位的导标,要牢固和定点准确无误。而后,坞内一切物件,如脚手架、高凳、楞木等固定位置、安放妥当,防止其漂浮移动。检查完毕后,开始打开充气阀门,由小至大逐步开放,以免因水流冲击而使个别楞木漂浮移动,影响进坞。当坞内水位和坞外水位相同时,坞内充水工作就完毕了。同时准备好进坞用钢缆及车船进坞之卷扬机和引物缆、靠把竹篙、碰垫等工具。

(3)船舶的进坞上墩与出坞

待修船舶进坞上墩的过程就是漂浮式下水的逆过程。主要过程是打开坞门,拖船入坞,抽水坐墩。

船舶修理时主要是在浮船坞里进行,其进出坞的方法是:先在浮船坞水舱内灌水,使浮船坞下沉至坞内水深能满足进坞船只吃水要求时,用设在坞墙顶上的绞车将待修船牵引进坞,同时,将待修船舶对准中心轴线后,四面系统固定,然后抽去浮船坞水舱内的水,此时浮船坞逐渐上浮,直至坞底板顶面露出水面,这样待修船舶也随着坞底板全部露出水面,于是便可开始船舶修理工作。船舶修理完毕需要出坞时,操作程序相反,将浮船坞水舱里灌满水,浮船坞便沉下,修好的船舶自行驶出浮船坞。

(五)船舶损坏形式

1.渗漏

由于船舶在中拱、中垂或碰撞、搁浅、触礁或甲板装载不均匀等状况下,引起了很大的纵向应力与变形;由于水压力作用和经常靠码头等而引起很大的横向应力与变形;由于螺旋桨或主机的振动以及进坞上排设墩不当等引起很大的局部应力与变形;还有焊缝强度不足、铆钉松弛、金属腐蚀等原因引起的外板、甲板、舱壁等板材接缝的渗漏。

2.凹陷

外板、甲板、舱壁、围壁等板材结构受到大于其局部强度的外力作用而引起的残余变形。这种凹陷影响该处的局部强度,发生在水线以下时还会增大阻力和加速腐蚀,特别危险的是凹陷区在受到较小外力时,也会使内应力超过屈服点而遭破坏。

3.骨架弯曲

骨架与板是连在一起的,当板材凹陷时会同时引起骨架的弯曲,如肋骨、横梁、龙骨、纵桁、艏、艉柱等的挠曲。

4.裂缝

由于船体构件受到过大的外力作用,或构件间的连接方式不恰当(尤其铆焊混合连接时),或材料本身有缺陷,或冷热加工质量不好,或金属疲劳与腐蚀等,均会使船体构件产生裂缝。

5.腐蚀剥落

船舶在水中由于电化学作用与化学反应而遭到腐蚀,甚至发生剥落。如船体水线上下,推进器工作区,焊缝及铆钉接合处,特别容易遭受腐蚀而剥落;又如机座、锅炉座、锚链舱、煤舱、油舱等不易清洁的地方，以及甲板表面、舱口围板等处的腐蚀也比较严重。

6.破洞与折断

由于船舶碰撞、触礁或中弹、中雷爆炸等使船身出现破洞；当船体受到超过其总纵强度之弯矩作用时，便会折成两段。

（六）修船施工工艺及修理原则

1.修船中常见的施工工艺

（1）船体结构更换　在船体修理时，结构更换是最普遍采用的一种作业方式。主要是更换损坏了的或蚀耗了的部件，把它们恢复成原有的形式。

（2）船体结构部分更换　在船体修理时，考虑到整个结构更换比较困难，涉及面广，其中有的部件的蚀耗还没有到非换不可的程度，征得验船师的同意，可以进行结构部分更换。

（3）船体结构矫正　在船体修理时，矫正作为一个独立的工艺过程，在更换外板、甲板板时，又作为一个伴随的工艺过程被广泛应用。主要包括就地加热矫正和冷加工矫正。

（4）船体结构拆下、矫正、装复　在船体修理时，有时外板变形严重，无法就地矫正修复，则将外板拆下送到车间，利用机械设备进行矫正，待在外板原来部位的内部骨架就地矫正结束后，再将外板原位装复。必要时亦可将构架一起拆下送车间矫正。有时由于施工需要，例如，机舱轴系修理时，要将尾轴吊出送往车间修理，为了施工方便，经常将外板（甲板）和横隔舱壁相应部位的板与骨架拆下一块以作通道用，待该部位修理工作结束后再原位装复。

（5）船体结构拆除　有时，船体经过改装后，有一些结构已无存在的必要，须给予拆除。

（6）焊接施工工艺　焊接前，接缝处应批出斜坡口，以消除夹缝空挡。焊接表面冷却后有一层灰色的焊渣，必需铲除干净，防止夹渣。焊缝要求均匀平整，如焊坑、咬边或者烧穿钢板，都是不合格的，应当凿除重焊。对于旧焊缝的修理，不可直接在原有的焊缝上面加焊，应将待修的旧焊缝及其两端各延 5~8 cm 的长度全部凿除，批出整齐的斜坡口，然后焊接。要特别注意新、旧焊缝接合处的质量。对于构件本体裂缝的焊接，必须先在裂缝的两端各钻一个止裂孔，以便使其内应力在此处向各个方向分散，然后批槽堆焊。如果焊接大尺度的铜质构件的裂缝，例如螺旋桨桨叶的裂缝，除必须钻止裂孔及批槽外，还应当预先用慢火把构件烘热，保持在一定温度上焊补。对于地环、羊角等的焊接，如带底座者，则应按重板焊接的工艺要求进行焊接；如无底座者，其脚部应批成锥形然后堆焊，不可采用仅在圆钢角部堆焊一圈的方法。

2.船体结构修理的基本原则

（1）各种结构的修理，应避免将焊缝布置在应力集中处。

（2）船体结构中的平行对接焊缝的间距应不小于 100 mm，且应避免尖角相交；对接焊缝与角接焊缝之间的平行距离应不小于 50 mm。

（3）所用材料应满足规范要求。重要部位使用的材料级别应与原材料等同，同时应提交合格证明。

（4）未经验船师同意，不得任意拆除或移动船体强力构件或在强力甲板、舷侧外板及水密舱壁上临时开口。

（5）船体水密结构修理后，均需进行密性试验，必要时应进行无损探伤。

（6）除紧急情况下允许覆板临时修理外，原则上覆板修理不应作为船体结构的永久性修理。

3.常用修船符号

常用修船符号见表 2-9-1。

表 2 - 9 - 1　常用修船符号

序号	符号	含义
1	$\otimes$	换新
2	×	割除不用
3	□	拆装校正(校平或校直)
4	△	现场校正(校平或校直)
5	$	割换线
6	 $\boxminus$ 或 $\boxtimes$	覆板
7	⑥	测厚位置(圈内数字为所测厚度 mm)
8	#9｜0	肋位(No. 90 肋位)
9	‖	舱壁位置
10	**W**	焊补
11	＊	已检查过
12	⌶	部分割换

(七)船体修理过程中的变形及控制

船舶在修理过程中,由于船体结构不同,修理范围不同,修理条件与修理方法不同,往往会发生不同的变形(总体与局部)。

1. 中拱变形

(1)产生中拱变形的原因

①船舶在坞内修理时,艏、艉部因受型线的限制,其坐墩面积比中部小得多,所受压力较大,下沉量较大。若墩木质量较差,数量过少,层次过多,或撑木位置不当,数量不够,则下沉量控制不住时,出现中拱变形。

②船舶靠在码头水面时,艏、艉重力大于艏、艉浮力,而中部浮力大于中部重力时,或甲板拆卸面积过大而影响总纵强度时,亦会导致中拱变形。

③艏、艉尖舱进行水压密性试验时,未加足支撑垫墩会导致中拱变形。

④坞内进行船底基线测量时,常因上部船体受到日晒而伸长,形成暂时中拱,故测量应在夜间进行。

(2)减少中拱变形的措施

①在船体修理时应有专人负责定期测量变形情况,测量方法应相同,以便积累资料分

析比较。

②制定合理的分区分批修理工艺,保证船体修理过程具有足够的连接强度。

③进坞前应预先掌握船舶原有的技术状况,合理地安排坞墩,避免坐墩后出现受力不均匀的现象。

④应根据船体大小及船重,考虑墩木承压面积,避免墩木发生超负荷现象。

⑤拆换钢板时,应严格控制拆墩数目。

⑥船底墩木处,应尽量避免拆墩补漆的办法。

⑦进行水压密性试验时,应适当加强该处的龙骨墩及撑木。油漆时,需放水移墩补漆来完成水线以下的油漆工程。

2.中垂变形

(1)产生中垂变形的原因

①位于船体横剖面中和轴以上部分的焊接工作较多而没有采取有效措施,如甲板、舷侧上部列板、上层建筑等处的各种焊缝较多,尤其是连续焊缝,收缩时产生的内应力,使艏、艉上翘。

②就地火工矫正较多,和前述相似会发生艏、艉上翘变形。

③中部墩木拆动过多,由于船体质量很大,墩木经拆动后,虽然附近还有适当加强,但不可能恢复原有条件,必然会产生不同程度的下挠。其下挠量与拆动面积及其次数有关。

④中部墩木有局部超负荷现象,如水压密性试验时没有适当增加墩木或增加不够,修理双层底时,对质量较大的主机或锅炉没有适当支承。

以上多属事故性原因,在工艺上采取适当措施是可以避免的。

(2)防止中垂变形的措施

①甲板、舷侧上部、上层建筑如进行大量焊接工作时,应尽量采取分段预制工艺,以减少就地焊接工作量和安排合理的焊接程序。

②对于有严重波浪变形的板,应尽量改用拆下矫正以减少就地火工矫正工作量。

③避免拆动过多的墩木。

④对局部负荷过大的部位,应适当增加墩木或临时支撑。

3.扭转变形

(1)产生扭转变形的原因

①同时拆下的外板及内部骨架等相连的面积过大,或同期修理的区域相距过近。

②大面积拆卸舷侧构件时,没有足够的支持或支持的位置不妥。

③舷侧的焊接工作过分集中。

(2)防止扭转变形的措施

①采取合理的分区修理工艺,使同期修理的面积不要过大,并保持一定的距离。在拆卸肋骨时,应间隔进行,以不影响船体型线。

②应有专人负责合理地安装与拆除支撑。

③考虑焊接工艺时,应尽量使左右舷能同时对称地进行焊接。

④在修理过程中,应随时测量变形,并及时防止。

4.横向变形(即横剖面型线变化)

(1)产生横向变形的原因

发生在横舱壁拆下及支柱拆除后,甲板和外板等质量大而下沉。

（2）防止横向变形的措施

①在修理横舱壁及支柱时，应在附近临时加强。

②横舱壁的修理也应分区进行。

（八）船舶修理方案

1. 概述

修船方案是指修船工作的原则和纲领。根据船舶损坏的形式与程度、范围与大小、修船厂的生产条件与技术水平，决定船舶的修复方法，即修船方案。

修船方案的主要内容包括：

（1）确定修船工作场所及被修船舶的搁置方法；

（2）选择修理工程项目及其拆卸修复的工艺程序；

（3）准备推广和试用的新工艺项目；

（4）确定所修船舶的特殊工艺及装备和工具。

2. 选择修船方案的原则要求

（1）船舶修理的周期应尽可能地缩短；

（2）船舶修理的价格应尽可能地低廉；

（3）船舶修理的质量应尽可能地提高；

（4）船舶修理的工艺过程应尽可能地简单，施工操作应尽可能地方便；

（5）船舶修理中应合理地采用新工艺，如分段预制换修、成套设备换修、铆接改焊接等。

3. 影响修船方案的因素

（1）船舶方面

①修理工程项目及其范围；

②损坏的形式和程度；

③修理的部位；

④修理处的结构特点；

⑤船舶的大小。

（2）船厂方面

①船厂生产面积与船舶、船坞、船排、码头等的数量；

②起重运输能力；

③生产设备的数量与先进程度；

④技术工人的比例、数量与技术水平；

⑤船厂的生产计划与任务。

4. 选择修船方案的步骤

（1）汇集资料，待修船舶的设计图纸与文件，修理单与勘验单等；

（2）熟悉修理部分的结构情况及修理要求；

（3）了解船厂的技术条件和当时的生产情况；

（4）分析比较几种修船方案，选取经济效益最好的方案确定之一。

5. 船体修理原则工艺说明书

（1）概况

船舶主尺度、主要性能、建造年月、建造工厂、修理范围、现有技术状况、损坏及腐蚀情况、测厚数据等。

（2）船舶拆卸的技术原则

根据修理单进行勘验后,编制实施修理单,确定拆修规程。

（3）主要的工艺阶段

①勘验(随船勘验和码头勘验)；

②拆卸工程；

③除锈；

④水线以上结构的修复；

⑤水线以下结构的修复；

⑥改建工程；

⑦机械设备和舾装的安装工作；

⑧油漆工程；

⑨验收；

⑩船舶试验和出厂

（4）船体修理的原则工艺

提出对损坏部分及设备、机械的修复方法与原则。

二、工作任务训练

训练名称:设计待修船舶的进坞修理工作流程及确定主要工作内容。

1.训练内容及要求:

已知某散货船水线下局部外板有损坏,需进坞进行修理,设计其修理流程。

（1）画出工作流程框图；

（2）指出船舶修理主要工作内容；

（3）提出进坞、勘验等的要求及方法。

2.训练资料、设备和工具

图书资料、修船标准及安全技术要求。

3.训练过程

下达工作任务→制订工作计划(任务分工→确定训练步骤)→实施工作计划→完成训练记录。

4.训练步骤

（1）根据资料了解船舶进坞修理过程,画出工作流程框图；

（2）写出船舶修理主要工作内容；

（3）指出勘验的要求及主要方法；

（4）指出船舶进坞前的准备工作内容。

任务二 船体修理及工艺制定

【学习目标】

1.熟悉船体渗漏的修理方法；

2.熟悉船体凹陷的修理方法；

3.熟悉船体骨架弯曲的修理方法；

4.熟悉船体裂缝的修理方法；

5.熟悉船体腐蚀的修理方法；

6.熟悉船体破洞的修理方法；

7.熟悉船体折断的修理方法。

【任务解析】

船舶因损坏形式不同,其修理方法也有所不同,且因损坏程度不同,修理方式也有一定的区别。本任务主要介绍针对各种不同损坏形式采用的修理方法,包括渗漏、凹陷、骨架弯曲、裂缝、腐蚀、破洞及折断的修理方法,并完成舱壁板换新板修理任务的工艺制定。

【任务实施】

一、背景理论与知识学习

(一)船体渗漏的修理

1.船体渗漏的产生原因

由于金属遭受腐蚀,其完整性就逐渐遭到破坏,在焊接缝处或铆接缝处,局部强度逐渐下降,加上船舶在航行时,经常受到水的压力和波浪冲击,以及船舶推进器、主机、辅机工作时引起的船舶振动,还有不正确的货物的装载与移动,船舶在波浪上的时而中拱,时而中垂等,在这些外力的作用力,船舶产生纵向和横向的弯曲,使船体发生变形,在腐蚀严重处就造成焊缝纹路增大,铆钉松弛,从而产生渗漏现象,这在船体外板、甲板和水密舱壁的接缝处常可见到。

2.船体渗漏的修理工艺

对于焊接船体来说,出现渗漏的地方,大多在焊缝处,这是因为焊接过程中有夹渣,气孔、裂纹、未焊透等缺陷,以及不合理的施焊程序造成了应力集中;在使用过程中,又受到各种外力的作用而产生了裂缝,从而发生了渗漏,这时,一般均采取刨掉该处焊缝,重新补焊的办法来消除。为了使新旧焊缝接头过渡良好,在刨除漏水焊缝时,一般比原漏水焊缝长50～75 mm,如图2－9－7(a)所示;补焊前焊缝两侧20～30 mm范围内应将锈层等污物清除干净,并用碳弧气刨将需补焊缝刨槽,使之露出金属光泽,刨槽应尽量圆滑过渡和宽窄均匀,深浅一致,如图2－9－7(b)所示;补焊时,从补焊焊缝两端向中间施焊,对长焊缝应采用分段退焊法;要注意补焊焊缝的表面成形和尺寸,不要焊成比原来焊缝过高或过宽,新旧焊缝连接应均匀圆滑。

根据损坏程度,也可采用补板或换新的办法。补板又分挖补和贴补两种,即在漏水的焊缝处挖补或贴补一块比漏水焊缝长的钢板,四周烧连续对接焊或连续搭接焊。在漏水严重而补板又不可能的情况下,就应采取换新的办法,即将漏水焊缝两侧的钢板全部割除换上新钢板。挖补和换新又称作板拆换,它们仅在大小上有区别,其工艺过程如下:

(1)在决定挖补或换新的外板边缘(或焊缝上)画好切割线,测量外形尺寸并在适当肋位制作原位样板。

(2)根据现场测得的数据加放适当的余量(一般每边加放20～50 mm)后号料切割,并

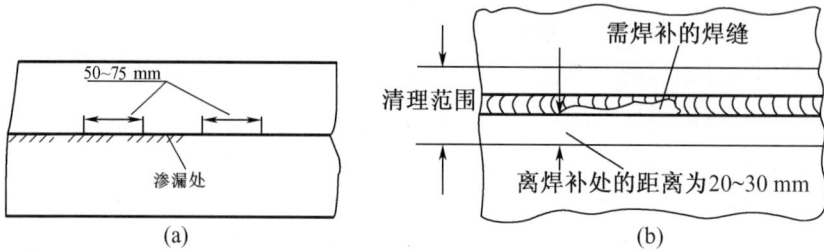

图 2 - 9 - 7　漏水处刨缝长度及补焊焊缝的清理

在车间内加工成形。

（3）在待拆除的外板上按预先画好的切割线切割外板（在适当位置保留 4 ~ 6 个小段的板缝暂不切割，约 50 mm 长），切割时必须注意不要损坏骨架。

（4）割除外板与骨架的角焊缝。在适当位置焊上吊环并挂上葫芦钩住待拆外板后，割去保留的小段板缝，随时将外板卸下。

（5）切割边缘，清理氧化物后，将预先加工妥的新板装上。板材先与骨架贴紧，然后从该板的中间肋骨近中点处向上下及前后尽可能地施以定位焊。随后割除新板四周余量（常为套割），并由中间向两端对外板对接缝施以定位焊。

（6）据需要焊妥梳状马后，先焊外板在内舱的对接缝，其施焊程序如图 2 - 9 - 8 所示。

一般采取逐步退焊法进行，以避免焊后产生较大的内应力。然后焊外板与内部骨架的角接缝。最后在船体的外面，将外板对接缝开槽后进行封底焊，焊接程序如图 2 - 9 - 8 所示。

（7）板缝焊妥后拆除梳状马、铲去焊疤，对焊缝进行密性试验检查其有无夹渣、气孔、裂纹、未焊透等缺陷。

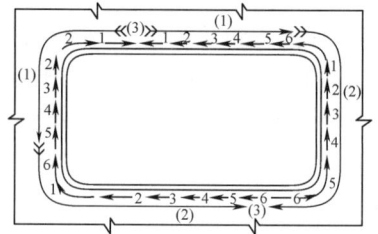

图 2 - 9 - 8　施焊程序

但是，必须注意：在补板或者换新时，未动的旧板边缘已形成了坚固的框架，这样就会妨碍补板或换新板在焊接时的自由收缩，以至产生残余应力，这时补板或换新板的四角就容易出现裂纹。为了克服这一缺陷，必须采取以下措施。

（1）将补板的四角（或换新板的四角及割除部位的四角）做成圆角，其曲率的半径不得小于补板（或换新板）厚度的三倍，即 $r \geqslant 3\delta$。因为从应力集中系数 $\alpha = 1 + 2\sqrt{\dfrac{B}{2r}}$ 中可以看出，曲率半径 r 越大，则应力集中系数 α 就越小（δ 为板厚）。

（2）安装时应注意补板与旧板对接（或搭接）间隙不得大于 1 mm（换新板与旧板对接间隙也不得大于 1 mm），使其紧密接触。另外，为了使焊接时有收缩余地，采用马板固定，若采用定位固定，则定位焊长度应小于 5 ~ 10 mm，间距为 300 ~ 400 mm。

值得注意的是：换新板时，需将旧板割下，在肋骨之间割板并无困难，但在外板与肋骨连接处割板较困难。这时，为保留肋骨可将肋骨处外板割成狭窄的板条，待其他部分外板被割除后，再割开肋骨与狭窄板条的连接焊缝、通常肋骨与外板是间断焊连接，为保证肋骨型线可采用上述方法除，但若肋骨与外板为连续焊缝时，需将外板与肋骨一同割除，然后重新装焊新肋骨。

（二）船体凹陷的修理

1. 船体凹陷的产生原因

船体凹陷是指内应力超过了船体的局部强度时，使船体的局部产生了永久性变形。譬如，船舶在停靠码头、拖驳绑带时的相互碰撞、行船搁浅、触礁等各种外力作用下，船壳发生局部变形，这样导致船体局部强度的削弱，增加了壳板变形的趋势，尤其是凹陷发生在水下部分时，还会大大增加航行阻力，使船舶不能保持原有的正常技术状态。

2. 船体凹陷的修理工艺

（1）就地消除凹陷

当凹陷尺寸小，而且弯曲度不大，其位置又是在主要构件和接缝线以外的地方，譬如非水密舱壁、舷墙等处，可采用以下办法予以就地矫正。

①加热吊平。在变形凹陷部位的中间焊一螺栓，并在两边骨架处安装卡板，把螺栓拧紧，然后用乙炔枪在变形面上顺序烘烤加热，把凹陷部位慢慢拉出，如此反复进行几次，直到恢复原状。完工后，要检查其周围附近的焊缝是否因吊平时牵动而致松动或损伤，必要时应进行密性试验。加热吊平法一般用于一个肋距间的小面积变形的校正。

②加热并用千斤顶加以矫正。首先在凸出的一面安放撑柱或千斤顶，然后在其反面（凹面）利用氧炔焰加热，使钢板温度达到 800 ~ 900 ℃，即呈现橘黄微红时，缓慢地、均匀地用千斤顶顶平，以免发生金属的折损及裂缝。为了帮助受热处的收缩，可浇注冷水进行冷却，然后用直尺或样板检查其正确性，如图 2 - 9 - 9 所示。

③加热进行锤击矫正。使用这种方法，主要注意温度，一般要求加热至 1 000 ~ 1 100 ℃，并且铁锤不能直接打击钢板，而需垫以平锤，通常多采用木槌矫正，这样可防止钢板损伤和留下锤痕。

④利用门型马板打入铁楔来压下凸起钢板的矫正方法。这种矫正方法仅用于薄板和凹陷小的地方，如图 2 - 9 - 10 所示。

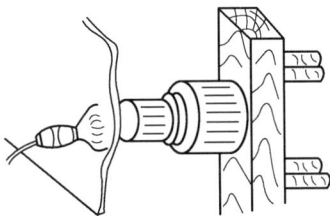

图 2 - 9 - 9　利用千斤顶就地
矫正凹陷

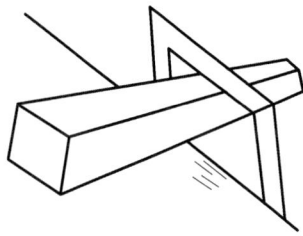

图 2 - 9 - 10　利用门型马和
铁楔的矫正

（2）在车间内矫正凹陷

当凹陷比较大时，可拆卸下来送到车间内，利用矫正机械或者在平台上加热锤击矫正，其优点就是可以在钢板的每一部分进行大面积的矫正。不过，经过上述矫正后，钢板的长度会有所增加，这是因为钢板纤维组织伸长的结果，因此，上船装复前必须先用原位样板或卷尺测量，画线切割或刨边后再复位。

（3）补板

经过检验,钢板在局部范围内损耗严重时,将凹陷部位切除,补上新板。或者就在凹陷区贴补一块钢板。补板的四角应做成圆角,四周与旧板烧连续对接或搭接焊,焊接程序与图 2 - 9 - 8 所示类同。通常对于船体凹陷,采用贴补方法比挖补方法为多,因为它省去了拆卸旧板的工作,效率高。贴补钢板的厚度一般为原钢板厚度的 0.75 倍。贴补前,要对凹陷区除锈油漆,若为弯曲部位还需将补板加工成形后再进行贴补。

（4）换新板

当损坏相当严重而无法挽救时,就将凹陷的整块钢板全部换新,其方法及过程同前面换板所述。

（三）船体骨架弯曲的修理

1. 船体骨架弯曲的产生原因

根据力的传递原理,作用在外板上的力,也同时作用在与外板相连接的骨架上,因此,就其本质来说,弯曲与凹陷没有什么区别,只是弯曲系指骨架部分而已。在船体上容易产生弯曲的部位有桁材、肋骨、舱壁扶强材、桁架、艏艉柱及其他构件。

2. 船体骨架弯曲的修理工艺

如同凹陷修理一样,船体骨架弯曲的修理主要有两种:就地矫正和车间矫正。

就地矫正通常是弯曲部位的外板因损坏已预先拆去。对弯曲程度较小的骨架,在用氧炔焰对弯曲部位加热后,再用锤敲击,使其恢复原来的形状。对弯曲比较严重的部位,则在加热后需用千斤顶对其施加外力,然后用锤轻轻敲击到原有形状,如图 2 - 9 - 11 所示,也可用门型马和铁楔来矫正。

车间矫正是指弯曲变形特别严重的肋骨,应拆下到车间进行矫正后再装复或换新。在拆除前应根据拆除肋骨的受力情况,采取分批拆除或全部拆除工艺,拆下的肋骨应在其弯曲部

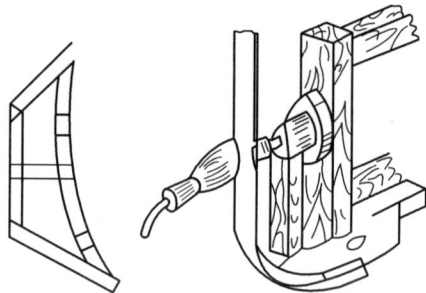

图 2 - 9 - 11　就地火工矫正肋骨

位到完好形状处多割去 100 ~ 200 mm,以便安装新肋骨时能正确地连顺型线。在安装新肋骨时必须在与原有完好肋骨部分焊接之前,仔细检查该处型线是否光顺,即在保证该处肋骨型线光顺的同时,还必须使纵向型线也保持光顺。

肋板的弯曲可采用变形范围局部割换或拆除换新的方法来修复。如需拆换时,其拆换程序与肋骨基本相同。

（四）船体裂缝的修理

1. 船体裂缝的产生原因和部位

船体裂缝产生的原因很多,如船体在装配过程中,各构件没有达到规定的配合就进行焊接,结果造成弯曲而产生应力,这种应力潜伏在船体板架上,当它和船舶工作时受到的其他外力叠加时,便会产生船体裂纹;船体结构所用的材料质量低劣,以及在加工制作中,操作不当或加热不足,焊接过程中存在夹渣、气孔、裂纹、未焊透等缺陷,加上不合理的施焊程度造成了应力集中,这些也都是产生裂缝的隐患;再就是金属遭到腐蚀和船舶在波浪上反

复受到交变应力的作用及推进器、主机、辅机等工作时产生的船舶振动而引起的金属疲劳，在外力作用下，只要超过了理论计算时的船舶纵向与横向强度，便会产生船体裂缝。因此，必须掌握其规律，找出船体上最容易产生裂缝的部位，做到有的放矢地消除和预防。一般最容易产生裂缝的部位有：

（1）凹陷与弯曲处，特别是接缝部位。因为产生凹陷与弯曲时，在接缝产生较大应力的缘故。

（2）艏柱和艉柱处，特别是被冲击而受损害的地方。这是因为艏、艉柱的加工程度大，金属内部结构被迫改变，具有不同的电位，因而特别容易遭受腐蚀，在冲击的作用下受到损害而产生裂缝。

（3）螺旋桨轴架处。因为该处在受到严重腐蚀的同时，还不断地遭受到螺旋桨的振动作用，久而久之便产生了裂缝。

（4）主机、辅机和锅炉下面以及不能进行清洁的水舱、油舱、煤舱等处的外板。

2.船体裂缝的修理工艺

船体外板、甲板的裂缝修补，基本上采用碳刨开槽两面焊接方式进行，必要时在裂缝修补结束后再在其外（内）表面加焊复板，即贴补方法。在贴补之前，必须做好以下准备工作：

（1）限制裂缝的发展，即在裂缝的两端钻直径 $\Phi = 5 \sim 8$ mm 的圆孔，圆孔深度应与裂缝深度一致，如图 $2-9-12$ 所示。这是因为形成圆孔后，可以减小应力，起到止裂的作用。

（2）检查裂缝的程度，对于裂缝的长度，可用煤油试验予以检验，对于裂缝的深度，可以通过钻孔来测定。

（3）在裂缝处按照焊缝的要求和标准开出坡口，此处坡口的深度必须大于裂缝的深度，否则焊完之后，金属内部仍留有裂缝，造成隐患。另外，对于限制圆孔要进行塞焊。

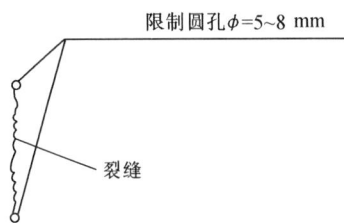

图 $2-9-12$ 裂缝限制圆孔

当上述准备工作做完后，就可按前述补板方法进行贴补。

（五）船体腐蚀的修理

1.船体腐蚀的原因及其分布情况

金属的腐蚀是因为金属与周围介质发生了化学反应和电化学作用而出现的，尤其是电化学作用是金属腐蚀的主要原因，其原理即伏特电池原理。船体漂浮在水上，因其钢材中含有 C,S,P,Si,Mn 等杂质，它们与 Fe 的电位不同，容易形成微电池，特别是艉部有铜质螺旋桨时，铁元素就会失去电子而变成铁离子并脱离船体

$$Fe - 2e \rightarrow Fe^{2+}$$

这样船体便遭到了腐蚀；即使不接触水的金属部分，也会从空气中吸附水汽而形成水膜，同样形成微电池而遭腐蚀。正是因为船体表面形成了千千万万个微型原电池，所以使其迅速地遭到腐蚀。

通过大量试验与统计，船体的腐蚀是相当严重的，一般最容易出现的部位是（图 $2-9-13$）。

（1）水线变化区的外板。船舶装卸货物及在风浪中航行时，吃水不断变化，加上阳光、空气、水的反复作用，使其表面忽湿忽干，而且航行时产生涡旋、水流冲刷着油漆，海水中含有大量盐分，浸泡着油漆，会不同程度地破坏油漆保护膜，从而加剧金属的腐蚀。

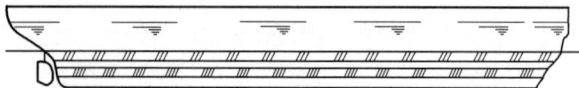

图 2 - 9 - 13　船体腐蚀的分布

（2）艏艉柱部分。因为艏柱迎浪而进,艉柱受到螺旋桨搅起的空气加水的乳化液的化学作用及机械作用,使该处的油漆容易脱落;艏、艉柱在冷热加工制造过程中,被加工的分子与未加工分子之间形成了不同的电位,也促进了它们的腐蚀。

（3）泄水孔周围和艉部转圆。一方面是水流的影响,另一方面是加工弯曲的关系。

（4）护舷材以下部位。尤其拖轮和驳船上常见。

（5）焊缝区域。由于焊接缺陷与焊接应力所致。

除上述船体外部易遭腐蚀的部位外,船体内部腐蚀严重处有:

（1）煤舱。由于煤的硫化作用,易促进腐蚀。

（2）油舱。尤其是未装满油的上部,由于石油中分解的硫化氢及凝结水的作用,易促进腐蚀,这在油轮和油驳上更是显著。

（3）水舱。水本身是电解质,故易腐蚀。

（4）机炉舱底座处。由于机器振动,油污积聚,热辐射等加剧了金属的腐蚀。

综上所述,焊接船舶的腐蚀多在焊缝及其附近区域,并形成斑点。

此外,海洋船舶还会遭受海洋生物的腐蚀。即海水中的生物（如贝类、藻类）附着于船体水下部分而引起生物腐蚀,它不仅损坏钢板,而且因生物附着而增加船体表面粗糙度,使航速降低,燃料消耗增多。生物腐蚀是从生物附着于船体开始的,他们利用分泌黏性物质将自己粘附在船体上的。因海洋生物大部分生长在靠近岸边较静的水域中,所以在港停泊的船舶最容易附着海洋生物。生物腐蚀也包括化学腐蚀和电化学腐蚀两种,因生物附着可能产生的腐蚀情况有:

（1）附着生物因新陈代谢作用分泌出侵蚀性产物（如 NH_4OH,CO_2,H_2S 等）以及其他有机酸和无机酸,这些物质对船体钢板起腐蚀作用。

（2）附着生物因叶绿素作用而产生氧气,以及分泌出硫化物,从而形成局部原电池而发生电化学腐蚀。

（3）贝壳生物附着于船舶能破坏油漆保护层,最终导致局部电化学腐蚀。

2. 船体腐蚀的修理工艺

根据交通部标准《船体结构蚀耗修理更换标准》,对于营运中的钢质海船因蚀耗减薄后的船体构件,凡在其蚀耗极限以内者（即总纵强度在其规定的剖面模数计算极限以上者和局部强度在其规定公式计算的剩余厚度以上者）,修理时仅除锈油漆等;若其蚀耗减薄后的构件超过蚀耗极限者,则需局部或大部分更换新板,或加纵向骨架及贴补,以至将整条船报废。

（1）除锈工艺

修船除锈为整船除锈,常用的方法有手工敲铲法、气动或电动机械除锈、抛丸或喷丸除锈、高压水清洗除锈等。

①高压水清洗除锈。这是利用水射流中的冲击力的"机械"作用来除去锈蚀和污垢的方法,目前用于清洗除锈的是一种高压连续细射流（5 mm 以下）。这种除锈方法的生产效

率高,锈尘小;不损伤钢板表面;除锈质量好,能除去疏松的蚀锈、旧漆皮及附着的海生物,特别能除去麻点锈蚀;工艺性能好,使用方便,辅助工时少。但也存在一些问题有待今后不断完善,如安全防护,零件强度可靠性,避免高压管爆炸等。高压水清洗除锈设备系统包括高压水泵、高压阀门、高压管道、水枪、喷嘴和船旁、船底机械化除锈车等,高压水除锈系统如图2-9-14所示。

②抛丸除锈。它是利用抛丸机叶轮(抛丸头)旋转时的离心力抛射铁丸进行除锈的,抛丸除锈设备分成船旁和船底两种。它们由抛丸室、伸缩架、集尘装置、行走小车和操纵盘等部分组成。图2-9-15所示为船舷抛丸除锈机结构示意图。图2-9-16所示为船底抛丸除锈机结构示意图。

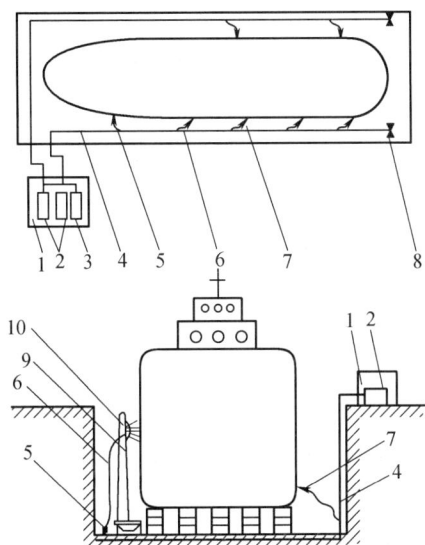

图2-9-14　高压水除锈系统示意图

1—水泵房;2—高压水泵;3—备用泵;
4—高压钢管;5—高压胶管接头;
6—高压胶管;7—单头喷枪;8—放水阀;
9—船旁高压水除锈车;10—多头喷嘴喷枪

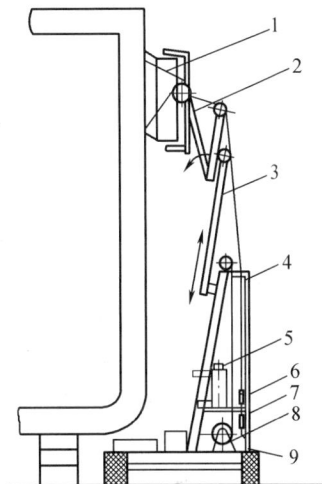

图2-9-15　船舷抛丸除锈机

1—抛丸室;2—压紧装置;3—伸缩管;
4—塔架;5—集尘装置;6—压紧指示器;
7—压紧调整装置;8—伸缩升降驱动装置;
9—行走车轨

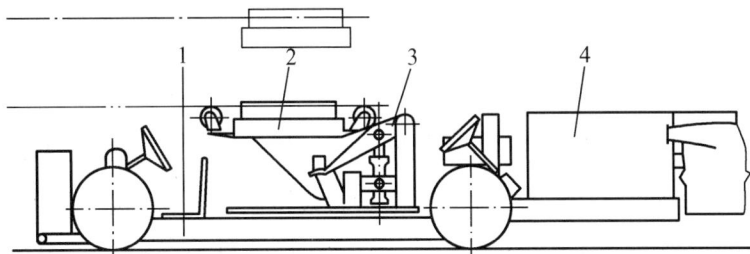

图2-9-16　船底抛丸除锈机

1—行走小车;2—抛丸室;3—抛丸升降装置;4—集尘装置

③电动除锈机除锈。这是在人工除锈的基础上发展起来的电动齿轮枪拷铲除锈。目前使用的船底电动除锈机和船旁遥控自行式除锈机是除锈效率较高和质量较好的一种除锈装置。

　　船底电动除锈机是一种轻便的手推式除锈装置,它由行走车轮、中间摇摆支架(包括缓冲器)和电动除锈拷铲头三部分组成,如图 2 - 9 - 17 所示。它仅适用于平直的船底部位,对于舭部和艏艉部船体外板,则需用其他除锈方法来弥补。

　　遥控自行式除锈机是我国研制的一种结构轻巧、使用方便、除锈效率高的除锈新设备。它适用于板厚 4 mm 以上的平直船侧外板、甲板及舱内平台的除锈和其他大面积除锈作业。遥控自行式除锈机是用电磁吸力将除锈机吸附在船壳板上,利用旋转的除锈片敲击锈层和旧漆皮来除锈的。它主要由行走系统、磁路、除锈和控制系统等四部分组成。

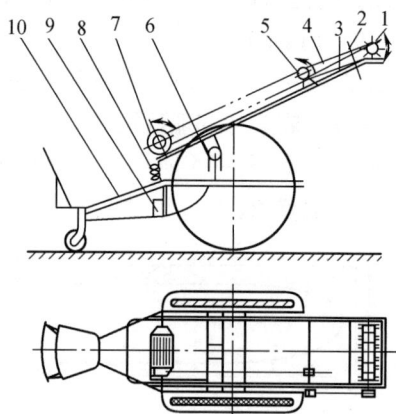

图 2 - 9 - 17　船底电动除锈机
1—除锈装置;2—防护挡板;3—座架;
4—三角皮带;5—中间轴承和皮带轮;
6—摇摆支架;7—电动机;8—拉紧弹簧或橡皮条;
9—倒顺组合开关及电源插座;10—行走车架

　　(2)油漆工艺

　　船舶油漆的效能,除了本身质量以外,与油漆涂装施工也有密切关系。正确的涂装工艺能充分发挥油漆的质量和效能。油漆施工中,手工涂刷尚占一定比重,现正逐步向机械化自动化涂装施工过渡,目前以高压无气喷涂应用较广泛,高压静电喷漆也有应用。

　　①高压无气喷涂。利用压缩空气驱动高压泵,使涂料增压到 15 MPa,然后通过一个特殊的喷嘴小孔喷出,当高压涂料离开喷嘴到达大气中时,立即剧烈膨胀,雾化成极细的漆粒而被喷到船体上,因喷出的漆流中没有压缩空气,故称高压无气喷涂。

　　②高压静电喷漆。使雾化了的油漆微粒在直流高压电场中带有负电荷,通过静电引力作用使漆粒移动到带正电位的船体上,在船体表面沉积一层均匀牢固的漆膜。

　　③手工涂刷。有刷涂法和滚涂法两种。前者是基本的涂装方法,后者适合于大面积的涂装,效率比前者高。刷涂顺序是先上下直刷,中间留 5～6 mm 间隙,称为开油;然后横向刷平,此时刷子不蘸油,称为横油;最后修饰理平,刷上无油,称为理油。也可先横后直,道理一样。一般应先上后下、先左后右、先里后外形成均匀漆膜。漆膜过厚易皱,过薄易露底。蘸油要少,次数要多。前道漆未干透,不能刷涂下道漆。油漆施工中要注意安全,一防失火,二防中毒。

　　(3)拆换修理工艺

　　当测定板材在一个肋距(或沿板长 700 mm)内的累计腐蚀宽度比 $\frac{b}{B}$(式中 b 为累计腐蚀宽度;B 为板宽)≥50%,且平均厚度已低于蚀耗极限时,这种外板和强力甲板应予全板更换,并原则上保持原始焊缝不予更动。对其余部位的板材允许贴补、挖补和割换等方法加以修复。对国内航行的老旧船舶如纵向强度不足,但仍能保证局部强度时,可采用加强纵向骨架及复补纵通列板的补强措施,但使用部门应提出进行强度计算。

　　(六)船体破洞的修理

　　1.船体破洞的产生原因

　　由于船舶触礁,或两船相撞,或被各类弹雷击中,使船体局部强度遭到破坏而出现破洞,破洞的部位可在艏、中、艉,也可在水上或水下等部位。

2.船体破洞的修理工艺

(1)单件散装修理工艺

当起重能力小时,采用这种方法,如图2－9－18所示。

①割除损坏结构。用气割方法将破洞处的外板及内部骨架割下,但必须保证船体不发生变形。对留下的部分进行修边和开坡口,骨架与骨架的接缝和板的接缝应错开,但不宜过大,以利以后装配。局部测绘施工图,钉制原位样板,进行各构件的号料与加工。

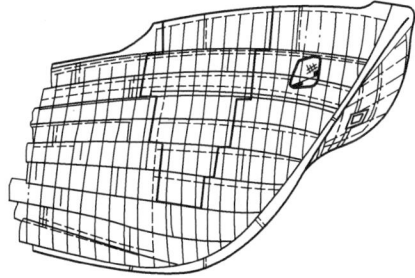

②安装骨架。先装横向骨架,如横梁和肋骨,以及它们之间的梁肘板;然后装纵向骨架,如舷侧纵桁等。进行新装骨架与保留骨架间接缝的焊接和新装纵横骨架间接缝的焊接。

图2－9－18　船体破洞的修理

③安装甲板与外板。先安装舷侧顶列板和甲板边板,使骨架刚性固定后,再依次安装其他外板和甲板。先焊板与板的舱内对接缝,后焊骨架与板的角接缝,最后焊板与板在外表面碳刨开槽后的对接缝,采用逐步退焊法以减少焊接变形。最后火工矫正,并进行质量检验。

④密性试验。

(2)分段预制修理工艺

①预制损坏分段。破洞割除与前类同,根据就地测绘的施工图及放样资料进行破洞分段的预制,其程序与造船分段制造相同。

②分段吊装与焊接。将预制的分段吊运到安装部位,用马板、松紧螺旋扣等将分段固定住(与造船时船台装配中舷侧分段吊装相同),套割余量后定位焊。施焊程序与散装法一样。最后火工矫正,并进行质量检验。

③密性试验。

(七)船体折断的修理

1.船体折断的原因

由于设计不合理或因凹陷、弯曲、裂缝、腐蚀、破洞等原因,使船舶总纵强度降低,当其受到了超过船体总纵强度的弯矩作用时,便会折为两段。

2.船体折断的修理工艺

断船接拢是修理中较复杂的工程,通常是在坞内修理。它可以是原船接拢,也可以是类型相同或大小相当的两条船的某两段接成一条船,也有的在原船上接一段新船体。

(1)确定工艺措施

①大接缝的选择。根据原船结构及断裂部位,尽量把艏、艉段原有焊缝协调起来,且选在靠近平行中体的这一段上。

②施工原则的确定。为保证断接处的型线光顺,需拆去断裂处的一部分外板、甲板及其内部骨架,依照光顺后的型线重装;对正常检修拆换的部位应在接拢工程中给予拆换;轴系在大合拢时应保证质量,若有偏差,在安装主机时做调整。

（2）断船接拢修理工艺

①损坏部分的修复。艏、艉段的修复工作分别进行,如拆换外板、甲板,内底板拆下矫正后复原,为保证强度与安全,应分区分批修复,一般逐舱进行,为防止变形,适当加墩加撑,舱壁处一定要支撑牢靠;底部结构修好后再修复舷侧结构。修复过程中应随时测量变形情况,随时予以纠正。机舱修理时要将主机吊出,垫好龙骨墩再拆装。同一修理区内不可同时进行船底、舷侧和甲板的拆装修复工作,以防止变形。

②对接工艺。确定一个奠基段如艉段,将艏、艉两段的甲板、外板上适当位置画好对合线,拉拢对齐,测量中心线、水平线、舱壁垂直度等是否正确,然后将内部骨架(纵向)定位,套割艏段板材余量,进行焊接。整个对接工艺与总段建造法的船台装配方式类同,施焊程序也是由远离中和轴的地方逐步退焊至中和轴附近,且左右对称进行。在对接装焊过程中,尽量应用一切方法如马板、松紧螺旋扣等来保证安装正确、型线光顺和控制焊接变形。最后进行火工矫正与密性试验。

此外,也有的利用折断处进行接长工艺,或对原有船舶切断后接长,这种工程与造船方法相类同,比较麻烦,同时成本也比较高,现已不用。

（八）船体修理工艺典型案例

1.原位样板的制作实例

修船中型值的驳取一般用原位样板,原位样板是在拆换某一块船壳外板时,用样条在实船原部位复制出的号料样板,原位样板复制方法很多,现将常用的一种方法介绍如下,如图2-9-19所示。

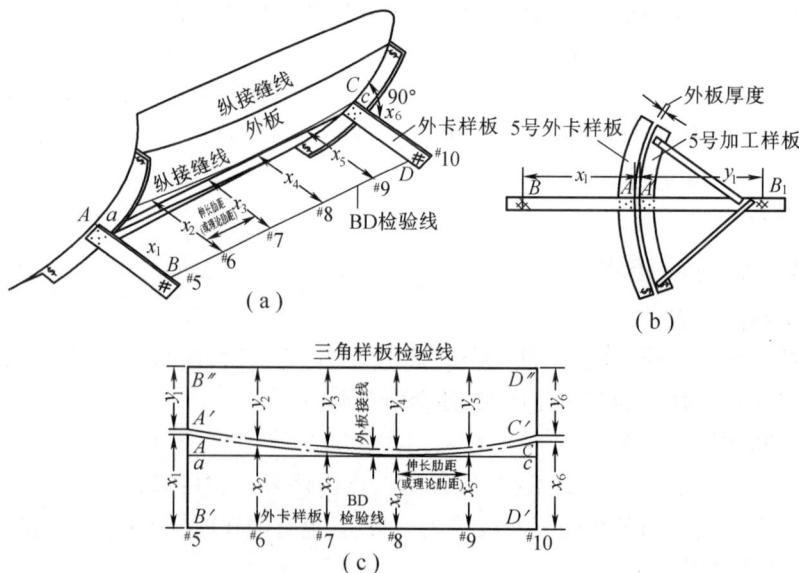

图 2-9-19 实船上复制三角样板

(a)驳取外卡样板;(b)复制三角样板;(c)作三角样板检验线

（1）在所被调换的外板首尾端,沿外板表面型线制成两块横向曲度样板,然后在两块横向样板的近似中间处,各钉上一条近似垂直于外板的板条,作为外卡样板中线(如图2-9-19(a))。

（2）两块样板紧贴外板,并使其安放位置与肋骨处于同一平面。

（3）用拉对角线法检查，使图 2 – 9 – 19（a）内的 AB 线与 CD 线近似重合或平行（如有出入，可多次反复修正首尾两端外卡样板，直至基本相符为止）。

（4）在外板中间区域，按肋骨位置（每档或间隔一档）插入和钉制若干块横向曲度样板，并以 AC 和 BD 线为基准线，插入钉上各外卡样板中线板条（如图外板型线成较大弧拱线，致使 A，C 两点无法拉直线，则可适当调整至 a，c 点再拉直线）。

（5）在所有外卡三角样板上画出上、下纵接缝线、BD 检验线。

（6）作三角样板检验线（图 2 – 9 – 19（c））步骤：

①作线段 $B'D'$ 等于图 2 – 9 – 19（a）的 BD 线长，并于其上作出各等分位置线（伸长肋距线或理论肋距），然后将图 2 – 9 – 19（a）内 $x_1 \sim x_6$ 长度（BD 检验线至外板距离）分别置于对应肋骨线上并量出外板厚度后，用样条连顺两根曲线；

②作直线 $B''D''$ 平行于 $B'D'$ 线，则此线即为三角样板检验线。而其上 $y_1 \sim y_6$（各肋位上检验线至外板理论线距离）即为每肋位的三角加工样板检验线高度。

（7）复制三角加工样板（图 2 – 9 – 19（b））。现以 5 号肋位三角加工样板为例，其复制方法如下：

①将 5 号肋位外卡样板平置于地板上画出肋骨型线和外板厚度线；

②延伸样板中线，并与其上截取 $A'B_1$ 等于 y_1；

③按所画出的型线钉制三角样板和加强斜撑板后，即为三角加工样板，并于其上做出各种有关标记、符号；

④其他肋位的三角样板钉制，均与此相同。

（8）如所调换的外板已严重损坏，无法按上述方法复制三角样板时，则可按以下近似方法作出其局部型线：

①用样条沿外板初步画出横向曲度，测量该板的中间最大拱值，并按同样方法所得每档肋骨的拱值，绘在理论肋骨线上。用样条连顺，初步得出每档肋骨的拱值。

②将初步做出的每档肋骨拱高置于实船上，用长样条沿船长方向连顺，同时调整每档肋骨的拱值。

③按已调整的拱高，在样台上用样条连光顺，即得肋骨局部型线。

2. 外板更换实例

现以某船的曲型外板更换为例说明船体外板更换的工艺过程。

（1）按船体勘验明细表所定的修理内容，根据外板展开图，在船体外板的外表面上正确画出所需更换外板的四边接缝线的位置（图 2 – 9 – 20），画线时必须保持线条曲型和顺。

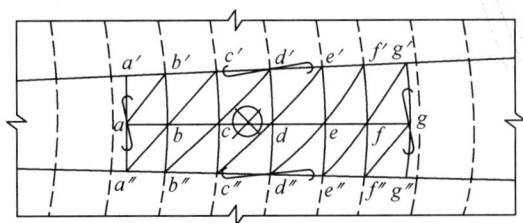

图 2 – 9 – 20　外板更换画线

（2）现场量取更换外板的外形尺寸（图2-9-20）步骤：

①按照外板上肋骨与外板角接缝的痕迹将外板上肋骨位置线一一画出，肋骨位置线与上下边接缝相交于 $b',c',d',e',f',b'',c'',d'',e'',f''$，艏、艉端接缝线与上下边接缝相交于 a',g',a'',g''。

②用一木质样板条在更换的外板上与上下边接缝距离基本相等的中间部位画一光顺曲（直）线，交肋骨位置线和艏、艉端接缝线于 a,b,c,d,e,f,g。

③在各肋骨间距内用样板条将外板上下区域对角相连，得 $ab',bc',\cdots,fg';a''b,b''c,\cdots,f''g$ 各对角线（图2-9-20）。

④用尺或样板条将图2-9-20所示各线段 $a'b',b'c',\cdots,f'g';a''b'',b''c'',\cdots,f''g'';ab,bc,\cdots,fg;aa',bb',\cdots,gg';aa'',bb'',\cdots,gg''$；以及上述各对角线的实长测量记录下来。

（3）外板的外形尺寸量取后，即可将该板割下。切割时，如内部骨架不需要更换，则其与外板的角焊缝应采用烊割方式进行切割，并尽量减少内部骨架的切割损坏。切割外板四边时，应缩小2~3 mm余量，以做割缝修整用。

（4）批铲板边割缝线，并按工艺要求割好焊缝坡口。内部骨架（肋骨、舷侧纵桁、肘板等）的焊缝批铲干净。如有损坏，可先用电焊进行堆焊修补，而后进行批铲。

（5）内部骨架就地矫正，以上下、艏艉方向线型光顺为准。如肋骨变形较大，可在另一舷对称部位的外板外表面相应肋位处，用（-3×30）扁钢量取线型作为矫正、检验的依据，如图2-9-21所示。

（6）制作外板加工样板，一般加工样板都用（-3×30）扁钢在现场制作而成。

外板加工样板的制作与肋骨矫正样板的制作相同，当被更换外板的内部骨架变形较小时，可用（-3×30）扁钢直接在更换外板区域内的骨架上量取线型而得，如图2-9-22（a）所示。如骨架变形较大时，可在另一舷对称部位的外板外表面相应肋位处量取线型制作样板。此时应将所得样板减去外板厚度，重新制作外板的加工样板，如图2-9-22（b）所示。

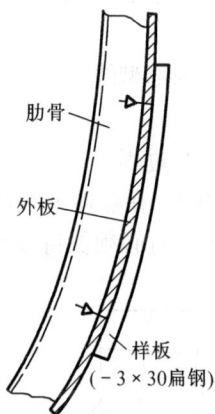

图2-9-21　肋骨矫正样板的制作

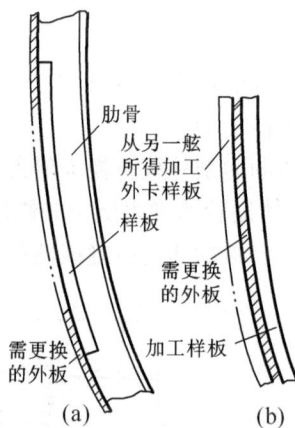

图2-9-22　外板加工样板的制作
（a）直接制作内卡样板；
（b）以外卡样板为准复制内卡样板

当被更换的外板具有双向曲型，且曲率变化较大时，可按已经校正合格的内部骨架外表面用（-3×30）扁钢通过焊接连接方式制作如图2-9-23所示的加工样板。这种样板在使用时必须轻取、轻放,谨防变形。

(7)按上述(2)项所得各线段实长进行下料(图2-9-24),步骤如下:

①在钢板中间部位沿其板长方向画一直线 DE,长度等于 de。

②分别以 D,E 为圆心,de',ee' 长度为半径画弧相交于 E'。以 D,E' 为圆心,dd',$d'e'$ 为半径画弧交于 D'。以 D,E 为圆心,dd'',ed'' 为半径画弧交于 D''。以 D'',E 为圆心,$d''e''$,ee'' 为半径画弧交于 E''。

③用上述方法继续作图,得到 A,B,C,F,G;A',B',…,G';A'',B'',…,G'' 各点,将上述各点按图2-9-20所示用样板条依次连成光顺曲线,并在上边缘线和首端缝线加放30 mm余量。

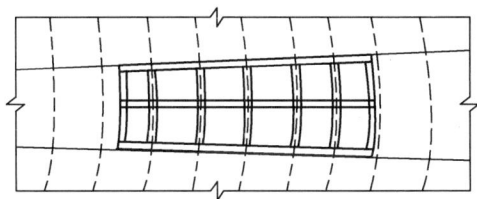

图2-9-23　双曲型外板加工样板

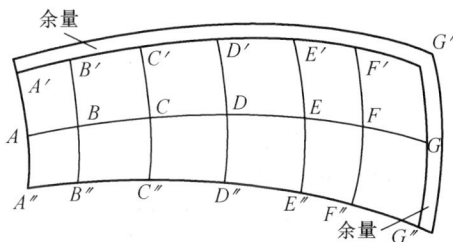

图2-9-24　外板下料

(8)将加工好的外板运到现场进行安装,先将其准确边进行定位,另外两边利用马与铁楔使其尽量与外板的边缘贴紧,与内部骨架进行固定、定位焊,待其准确边接缝的内表面焊缝完工后再割去余量,进行装配,并在外板接缝上设置梳状马。

(9)外板对接缝(内表面)和骨架与外板间角焊缝的焊接。

(10)外板接缝外表面进行刨槽清根、焊接。

(11)提交验收,并按工艺要求进行密性试验。

在上述施工过程中,如果有完整的外板展开图与肋骨型线图,则上述第(2),(7)两项施工步骤可按图进行放样展开和制作加工样板(样箱)。

如果一块外板没有全部损坏时,可采用局部割换的方式进行修理,如图2-9-25所示。

局部外板割换工艺步骤基本上与外板更换相似,但其割缝的布置除按勘验明细表所列修理范围和现场实际损坏情况决定外,还须注意以下几点:

(1)割缝应与外板原来的端接缝或边接缝平行。

(2)割缝应尽量贯穿外板原来的两端或两边接缝,如图2-9-25所示。如不能贯穿时,则将其接缝角部改为圆角,圆角半径 r 不得小于10倍板厚,如图2-9-26所示。

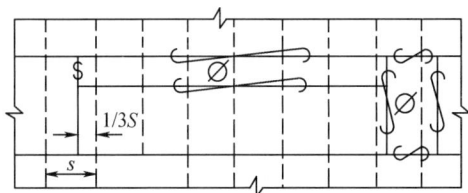

图2-9-25　外板局部割换接缝的布置

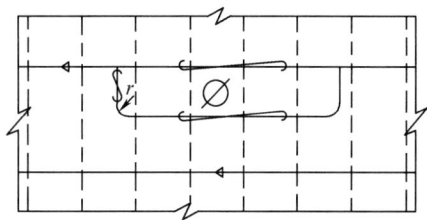

图2-9-26　焊角部改圆角

(3)端接缝不得设在1/2肋距处,应靠近某一侧肋骨,以距肋骨1/3肋距为宜。

3.船体腐蚀修理实例

船舶在长期航行过程中,上层建筑的围壁,特别是外围壁,由于经常受到风吹浪打,锈蚀比较严重,尤其围壁下部与甲板相交部位更为严重。其他如厨房、厕所、浴室等舱室的围壁下部锈蚀也比较严重。由于考虑到其围壁内表面通常都设有木质设施、电气装置等,如果围壁全部更换,则由此而带来的附带修理工程较多,所以通常采用局部割换的方式修理。现以外围壁下部板为例说明。

(1)按勘验明细表所列修理范围,划出围壁下部修理范围,并划出割缝线,如图2-9-27所示。

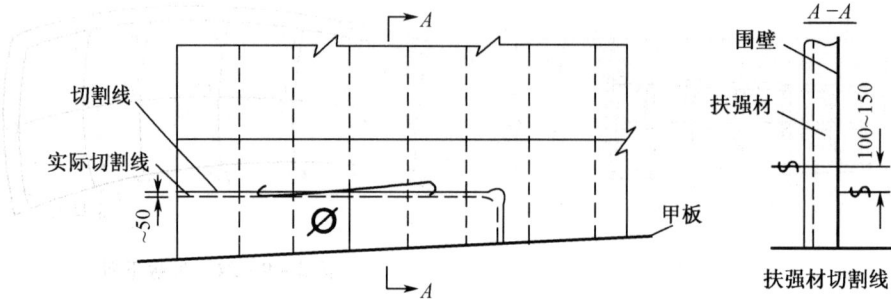

图2-9-27　外围壁下部割换位置的画线

(2)按外板割缝线高度位置,拆除围壁内部木质设施及电气装置等,其拆除高度一般高于外板割缝线约150~200 mm左右。

(3)画出围壁内部扶强材的割缝线,通常其割换高度高出围壁割缝线约100~150 mm,如图2-9-27所示。

(4)将需修换的围壁及其扶强材割去,一般扶强材按切割线进行切割,围壁切割线通常低于所画的割缝线约50 mm左右,如图2-9-28(a)所示。

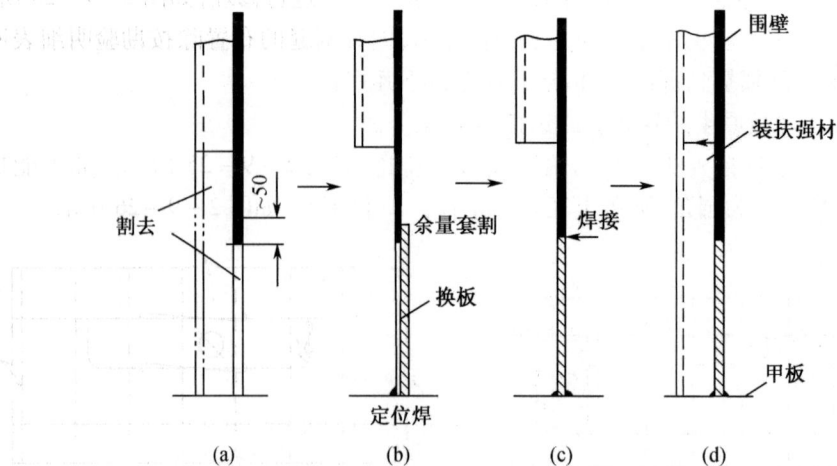

图2-9-28　外围壁下部的割换修复过程
(a)割去围壁及其扶强材;(b)板条下口边缘切割及与甲板定位焊;
(c)板条上口边缘围壁套割及定位焊;(d)内部扶强材的割换及焊接

（5）按围壁割缝线所测板的尺寸下料,通常下料加工后的围壁板为一矩形板条。

（6）将板条立于甲板上,上部贴紧围壁,下部对准原来围壁与甲板的接缝,做临时固定。按甲板梁拱和脊弧的线型修割板条下口边缘,使其与甲板角接缝间隙符合工艺要求。在修割下口边缘时,应注意保持板条上口边缘基本水平。将板条下口对准甲板上的原接缝位置,进行板条下口与甲板角接缝的定位焊,如图 2 - 9 - 28(b)所示。

（7）将板条上口边缘与原围壁贴紧,沿板条上口边缘对原围壁进行套割,再将板条与围壁板对齐,进行定位焊,如图 2 - 9 - 28(c)所示。

（8）进行内部扶强材的割换工作,用新型钢置换围壁上被割去的扶强材,最后进行围壁与扶强材的焊接,如图 2 - 9 - 28(d)所示。

板条两端如能与围壁原垂直接缝对齐最好,若不能对合,应将板条上部两角改为圆角相接,圆角半径应不小于 50 mm,如图 2 - 9 - 27 所示。

4.分总段预制修理实例

替代逐件修理法应用分段 - 总段修理法在经济上和技术上都具有一定的意义和可能性。国内外船舶修理实践证明,更换损坏船体结构工作量较大时,以及在船舶改装或接长时,分段 - 总段修理法是有效的。

分段 - 总段修理法一般分为两个阶段:第一阶段是安排船舶进厂对损坏结构进行全面缺陷检查并在最小范围内完成临时性修理,以保证船舶在一定时期内,亦即至第二次主要修理阶段开始以前使用的可能性。第二阶段包括拆卸被损坏结构的作业和用新的分段或总段更换它们的作业。

考虑到修理船舶时制造分段的特点,在船厂内应当制订结构的装配和焊接工艺。部件或分段制造完成后,应受到技术检验部门验收。分段装配用的工具和设备、分段装配过程和焊接顺序、分段装配与焊接质量的检查同造船。

（1）船舶非对称布置进坞时用立体分段更换船底

被修理船舶非对称布置进坞可以增加浮船坞的船台甲板自由面积。为了实现货油舱在全长上船底受破坏的(由于触礁的结果)巨型油船的修理,要完成下列作业。

①准备工作:

a.制定设计方案和原则工艺,其中包括船舶非对称布置时进行船坞的强度计算;

b.在艏、艉端区域内安装船坞浮箱的补充加强;

c.用普通方法布置船舶进坞,即沿着船坞中线面进坞;进行船舶的弯曲测量并沿着基准点固定船舶位置,使船舶从船坞下水;

d.为非对称布置船舶准备船坞。

龙骨墩和修船浮桩要按照事先船舶被测量位置来安排。在船台甲板上下水滑座横过船坞,即沿着船体布置好。

②船坞内的修理工作:

a.布置船舶进坞。

b.在一个货油舱长度上去掉船体下面的龙骨墩和修船浮桩。在船体下面敷设下水滑道,沿着它移动装备有每个起升力为 40 t 的四个液压千斤顶的平台。

c.拆卸作业从船体中部开始。在船底区域内把 NO.5 货油舱分割成三个立体分段,每一个分段质量为 60 t。借助于浮式起重机通过开口滑车系统从船体下面把分段去掉。

d.在船台甲板作业面积上拆卸和标志每一分段的管路。利用驳船上的浮式起重机运输分段。

e. 用浮式起重机把重新准备好的(按照造船厂的图纸和放样数据)质量为 60 t 的分段装到平台上并且在管路安装好以后把它们沿着下水滑道转动到船体下面(图 2-9-29)。

f. 调整分段(用千斤顶沿着船舶纵向下水滑道向上移动,号边并对接好)。

g. 安装接缝的焊接。

h. 安放分段下面的龙骨墩和修船浮桩。

i. 继续拆卸安装作业需要的下水滑道(在去掉龙骨墩和修船浮桩以后)。

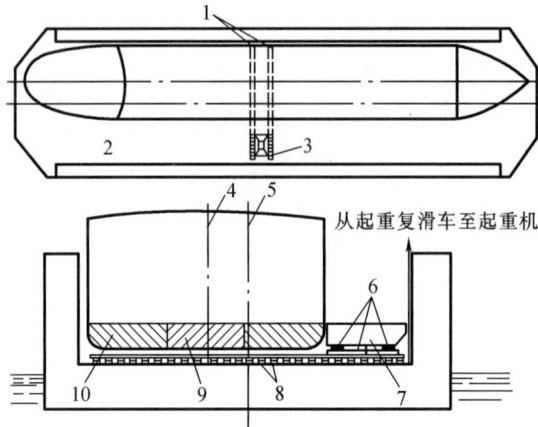

图 2-9-29 非对称布置进坞时用立体分段更换油船船底

1—滑座槽;2—作业面积(船坞船台甲板自由面积);3—下水滑座;
4—船舶中线;5—船坞对称面线;6—具有千斤顶的滑座;7—右舷船底分段;
8—下水滑座槽的修船浮桩;9—船底中部分段;10—左舷船底分段

(2)用分段更换甲板和舷侧

在许多情况下分段的制造安装,其中包括巨型分段在内,比制造和安装巨型总段更为有效。

分段的尺寸由船厂条件确定,与其说是工艺性的,还不如说是运输方便与否。通常分段质量的限制和起重机(港口起重机、浮式起重机和船坞起重机)起重能力联系在一起的。

下面是由于压载转换期间没有除气的货油舱内爆炸引起损坏的油船甲板和舷侧分段修理的范围和顺序(图 2-9-30)。

修理作业的顺序如下:

①在水中,洗涤货油舱、对进行缺陷检查和用火作业的舱进行清洁和除气。切割甲板和纵舱壁被破坏的部分。

②更换左舷 No. 93 $\frac{1}{2}$ ~106、右舷 No. 94 $\frac{1}{2}$ ~106 肋骨区域内的具有加强骨架和普通骨架的纵舱壁 6。每个分段的质量为 30 t。

③在船坞内:完成拆卸被破坏结构的作业。

④更换 No. 95,99 肋骨上的和 No. 4,5,6 中间货油舱区域内 105 肋骨上的三个横舱壁 7。每个舱壁质量为 45 t,以分段的形式(与加强骨架和普通骨架一起)在车间内制造。

⑤更换左舷 No. 95,99,103,106 肋骨区域内 No. 1,2,3 舷侧货油舱内的横舱壁 1。

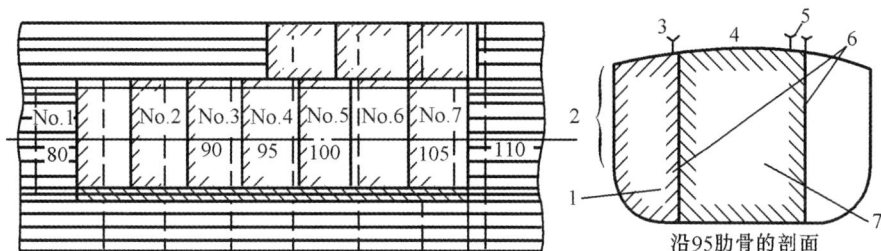

图 2-9-30 用巨型分段更换爆炸时被损坏的甲板、舱壁和舷侧部分(画出了分段界线)

1—左舷舷侧货油舱的横舱壁;2—被更换的舷侧;3—舷侧货油舱之上的被更换的甲板部分;

4—中间货油舱 No.1~7 之间的被更换甲板部分;5—右舷上层甲板被更换列板 E(压损钢板);

6—纵舱壁;7—中间货油舱内的横舱壁

⑥用三个质量各为 35 t 的分段(图 2-9-31)来更换左舷 No.95 $\frac{1}{3}$ 和 107 $\frac{1}{2}$ 肋骨之间舷侧货油舱区域内的舷侧 2(图 2-9-30)。舷侧分段包括舷侧顶板和 5 个位于其下的和加强骨架及普通骨架一起的舷侧外板列板。

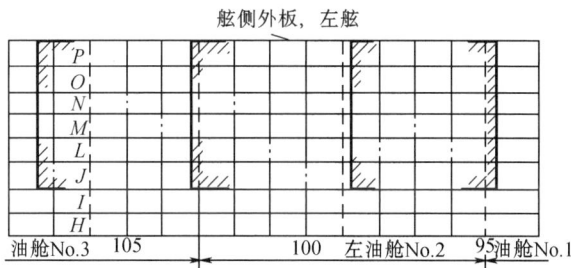

图 2-9-31 用 3 个质量为 35 t 的巨型分段来更换爆炸时

损坏的舷侧板部分(画出了分段界限)

⑦用 3 个质量为 42 t 的分段来更换 No.93 $\frac{1}{2}$~106 $\frac{1}{2}$ 肋骨之间左舷 No.1,2,3 舷侧油舱区域内上部甲板部分 3(见图 2-9-30)。

⑧在水中(船舶从船坞下水之后)用 7 个质量各为 70 t 的分段来更换 No.81 $\frac{1}{2}$~106 肋骨间(大约在 63 m 的长度上)No.1~7 中间货油舱区域内的上部甲板部分 4(见图 2-9-30)。

⑨更换 No.81 $\frac{1}{2}$~106 肋骨之间的右舷舷侧货油舱区域内上部甲板部分——邻接纵舱壁的列板 E5。

⑩安装货油舱围板、栏杆、吊货杆、卷扬机和包括管路在内的其他设备。

二、工作任务训练

训练名称:钢质海船平面横舱壁下干隔舱板的换新修理工艺编制。

1.训练内容及要求

训练内容:

（1）舱壁板割换位置画线步骤及要求；

（2）旧板的切割下料步骤及要求；

（3）新板上船装配步骤及要求。

训练要求：

编制修理工艺，写出工艺步骤及工艺要求，并画出示意图。

2.训练资料、设备和工具

船体结构图纸、绘图工具。

3.训练过程

下达工作任务→制订工作计划（任务分工→确定训练步骤）→实施工作计划→完成训练记录。

4.训练步骤

（1）舱壁板割换画线步骤及方法确定；

（2）旧板的切割下料工艺制定；

（3）新板上船装配工艺编制；

（4）绘制下料草图。

【课后自测】

一、填空

1.计划养护修理包括（   ）、（   ）和检修。

2.勘验的形式有（   ）勘验和（   ）勘验两种。

3.钢板测厚时应采用（   ）测厚仪，必要时可用（   ）测厚校对。

4.造成船体结构损坏的原因有（   ）、（   ）和意外事故等多种原因。

5.修船中船上的一切（   ）和（   ）不得任意打开或闭合。

6.结构局部更换的符号是（   ），就地矫正的符号是（   ）。

7.焊接船体的渗漏主要出现在船体外板、甲板和（   ）的（   ）处。

8.焊缝渗漏修理时，刨除的漏水焊缝，一般比原漏水焊缝长（   ）mm。

9.船体结构矫正主要包括（   ）矫正和（   ）矫正。

10.船体骨架弯曲的修理主要有两种（   ）和（   ）。

11.船舶在修理过程中，会发生中拱变形、（   ）变形、扭转变形和（   ）变形。

12.船体破洞修理有采用（   ）和（   ）两种修理工艺。

二、判断（对的打"√"，错的打"×"）

1.船舶在海上航行时进行的修理作业称为船舶航修。（   ）

2.对拟修船舶的损坏情况可以采取随船勘验和码头勘验两种方式。（   ）

3.修船中船上油水舱打开后，经充分通风才可入舱工作。（   ）

4.钢质船体构件的蚀耗是可以设法避免的。（   ）

5.对于有严重变形的板，应尽量改用拆下矫正以减少就地火工矫正工作量。（   ）

6.甲板拆除后，施工人员应在骨架上行走。（   ）

7.船体结构更换是指对结构拆下、矫正、装复的过程。（   ）

8.船体水密结构修理后,不需进行密性试验,只需进行无损探伤。　　　（　　）

9.就地消除凹陷是对凹陷比较大时进行的一种修理方式。　　　（　　）

10.船体修理时的除锈可采用气动或电动机机除锈、高压水清洗除锈等。　　　（　　）

三、名词解释

1.航修

2.勘验

3.凹陷

4.腐蚀剥落

5.船体结构更换

6.船体结构拆除

7.原位样板

8.高压静电喷漆

9.船舶修理方案

四、简答

1.船舶修理的种类有哪些?

2.常见的船体结构损坏形式有哪些?

3.修船安全操作规程?

4.船体测量、勘查、与检验的方法有几种?

5.打孔测量板厚应注意哪几点?

6.主要根据哪些因素确定构件允许耗损极限?

7.常见的船体结构修理方式是哪5种?

8.简述船体修理过程中防止扭转变形的措施。

9.制订船舶修理方案的原则有哪些?

10.采取什么措施修理结构上出现的裂缝?

11.船舶修理主要的工艺阶段有哪些?

12.焊缝渗漏修理方法有哪些? 换新板的工艺过程是什么?

13.钢板整体更换时怎样在待换板上画线并量取尺寸?

14.船体凹陷的修理方法是什么? 就地消除凹陷方法有哪些?

15.简述船体骨架弯曲修理工艺和方法。

16.修船除锈方法是什么? 船体腐蚀采用哪些方法进行修理?

17.简述船体破洞修理的单件散装修理工艺。

附录 A 船体放样工艺规程

A1 船体型线放样

A1.1 型线放样的准备工作

A1.1.1 放样间的底板在未放样前应创修平整并涂上新漆。

A1.1.2 准备好放样工具,如样条、样棒、压铁等。

A1.1.3 根据产品的主要尺度合理布置放样场地。

A1.2 作格子线

A1.2.1 放样比例的确定。

(1)根据放样间地板的面积和产品的主尺度确定放样的比例。

(2)建议选用的比例有 1:1,1:2 或 1:4。

A1.2.2 作基线。

(1)根据视图布置适当确定基线位置。

(2)采用拉钢丝吊线锤法或激光经纬仪法画基线。

A1.2.3 根据设计型线图给定的设计尺寸,在基线上量出船体的两柱间长。

A1.2.4 在样棒上按设计尺寸量取站距,再依此样棒在基线上画出各站线,使各站距相等。

A1.2.5 在适当的站线分点上(如艉垂线点、舷垂线点、中站点)开角尺线(作垂直于基线的直线)。角尺线可用地规通过中垂线法作出,也可以用勾股定理法作出。注意角尺线由纵剖线图延伸至半宽水线图。

A1.2.6 在样棒上按适当尺寸(型宽一半加上纵剖线图与半宽水线图之间的间距)量取纵剖线图基线与半宽水线图中线的间距,以基线为基准,在角尺线上画出半宽水线图中线与角尺线交点,用粉线弹直再涂漆线得半宽水线图的中线。

A1.2.7 同样的方法在纵剖线图中作一条最高水线,在半宽水线图中作舷边直线(型宽线)。

A1.2.8 用在基线上画站点的样棒在最高水线、中线、舷边直线上画出各站线分点。

A1.2.9 将基线、最高水线、中线、舷边直线上对应的站线分点弹成直线得纵剖线图和半宽水线图中各站线。

A1.2.10 在样棒上按设计尺寸量取水线间距,在纵剖线图中以基线为基准,在角尺线上画出各水线点,用粉线弹直涂漆线得各水线。同样的方法在半宽水线图中作出各纵剖线。

A1.2.11 作横剖线图的格子线。

A1.2.12 格子线检验:检验基线、站线、水线精确性,其公差范围见表 A1。

表 A1　格子线检验公差　　　　　　　　　　　　　　　　　　　单位:mm

序号	项目	允许公差
1	基线直线度	±1
2	站线间距	±1
3	站线垂直度	<2
4	水线间距	±1
5	格子线对角线长度	±2

A1.3　作外形轮廓线

A1.3.1　根据放样比例,按设计型线图给出的尺寸在纵剖线图中画出舷、舰柱轮廓线以及船底龙骨线。

A1.3.2　根据型值表内甲板边线的高度型值做好样棒,在纵剖线图的各站线上找出甲板边线与各站线交点以及甲板边线在舷舰轮廓线上的点,用样条将各点连成光顺曲线得纵剖线图中的甲板边线。

A1.3.3　根据型值表内甲板边线的半宽型值作好样棒,在半宽水线图的各站线上找出甲板边线与各站线交点以及甲板边线在脯舰轮廓线上的点,用样条将各点连成光顺曲线得半宽水线图中的甲板边线。

A1.3.4　根据型线图给定的尺寸在横剖线图中作出船底斜升高线和毗部转圆线。

A1.3.5　用样棒在纵剖线图中取光顺后的甲板边线的高度型值、在半宽水线图中取光顺后的甲板边线的半宽型值,作为横剖线图中甲板边线上点的坐标,划出各点并用样条攀顺成光顺曲线得横剖线图中的甲板边线。

A1.3.6　用与作甲板边线同样的方法可在三个视图中作出舷墙顶线。

A1.3.7　按给定梁拱高用几何作图法作宽度最大处的一根梁拱曲线,并制作一块梁拱样板。

A1.3.8　根据甲板边线在各站的半宽值,在梁拱曲线图或梁拱样板上求出各站甲板之拱值,再在纵剖线图中各站线甲板边高上,加上对应的甲板拱值,得甲板中心线上的各点,用样条攀顺各点得甲板中心线。

A1.3.9　以光顺的甲板中心线来修顺甲板边线,反复进行修改,使两者均成为光顺曲线。

A1.4　作截交线

A1.4.1　在半宽水线图中,根据设计型线图型值表中设计水线的半宽型值在半宽水线图中找出设计水线与各站线交点,用样条攀顺各点得半宽水线图中的设计水线。

A1.4.2　根据型值表内半宽型值和高度型值在横剖线图中找出横剖线与各水线和纵剖线的交点,用样条攀顺各点得一条横剖线。注意横剖线与设计水线交点半宽从半宽水线图中用样棒驳取;同样方法作出所有横剖线。

A1.4.3　根据横剖线图上光顺后横剖线,用样棒驳取各水线之半宽划于半宽水线图各对应的站线上,用样条攀顺得半宽水线。注意艏艉部水线应与艏艉部圆弧相切。

A1.4.4　协调光顺水线图中的水线和横剖线图中的横剖线。

A1.4.5　作纵剖线图中的纵剖线。

(1)在横剖线图中,用样棒量取横剖线与纵剖线交点高度值,画于纵剖线图对应的站线上。

（2）将半宽水线图中纵剖线与各水线、甲板边线的交点垂直投影至纵剖线图中对应的水线及甲板边线上。

（3）用样条将上述各点连成光顺曲线得纵剖线图中的纵剖线。

A1.4.6　反复协调修改三个视图中的各型线，使其满足兰向光顺的要求，即满足型线光顺性、协调性和投影一致性的要求。

A1.4.7　作斜剖线检查船体理论型线的正确性。

A1.4.8　船体理论型线放样的公差范围见表 A2。

表 A2　船体理论型线放样公差　　　　　　　　　　　单位:mm

序号	项目	允许公差	
		机动船	非机动车
1	总长及垂线间长 L	$\pm 5(L \geqslant 100)$ $\pm 3(L < 100)$	± 5
2	型宽 B	± 2	
3	型深 D	± 2	
4	三面投影吻合度	$\leqslant 3$	

A2　横、纵结构线放样

肋骨型线图是综合反映船体外形、船体横向结构线（肋骨型线）、纵向结构线和外板板缝线布置的横剖面图，是船体建造的主要依据。肋骨型线图上的线条繁多，需用不同的色漆划出以便于识别。

A2.1　作格子线

正确作出肋骨型线图的船底基线及船体中心线（前半部分与后半部分在中心线上需分开，二者间隔一个舷部或者舰部肋骨间距），并利用水线及纵剖线间距样棒正确作出各水线与纵剖线。

A2.2　在肋骨型线图上作出轮廓线

注意：如果肋骨型线图直接借用理论型线图横剖线图的格子线，以上两步可省略。

A2.3　横向结构线放样

A2.3.1　绘制肋骨型线。在纵剖线图及半宽水线图上，根据设计给定的肋距，弹出各肋骨线；用样棒量取其各肋骨线与纵剖线、甲板边线、舷墙顶线交点的高度型值以及与各水线交点的半宽型值；根据所获型值在横剖线图上找出肋骨型线上一系列的点并用样条连成光顺的色漆线，即得肋骨型线。

A2.3.2　利用梁拱样板在横剖线图中画出各肋位的横梁曲线（梁拱曲线）。

A2.4　进行纵向结构线放样

A2.5　进行外板纵缝线和横缝线的排列，板缝线布置应遵守的原则

A2.5.1　布置外板接缝线时主要依据设计部门提供的肋骨线型图及外板展开图，所用的材料规格以及分段接缝位置进行。

A2.5.2　布置接缝时应先确定外板纵缝，然后再确定端缝。

A2.5.3　外板端部的横接缝不宜设在肋骨间距之中点，应尽可能布置在 1/4～1/3 肋

距处。这样不但可以使该区域的局部弯曲应力较小,同时减少焊接所引起的凹凸变形,可以增强板的稳定性与船体强度。

A2.5.4 在船体结构中主要受力部件的钢板宽度(如龙骨底板、毗列板、舷顶列板、内底边板、甲板边板等)应根据图纸要求首先布置。

A2.5.5 纵接缝应避免与船体结构理论线重合、过于接近或小角度相交。

A2.5.6 接缝的排列应避免过多的弯曲,尽量与肋骨线取得垂直,以方便外板展开、加工与拼接工作。

A2.5.7 对具有双曲度或严重扭曲的外板应适当减少,以减少加工的困难。

A2.5.8 应充分利用钢板的宽度,要正确加放加工与装配的余量。

A2.5.9 载重水线以上的钢板不宜太狭窄,中部外板的接缝应尽量布置平行,在艏艉应随舷弧一起上翘,以使船壳外板美观。

A2.5.10 在板缝布置完毕后,必须检查所排的每块外板的宽度,若估计展开后可能超过钢板规格或大于设计图纸上所注的用料尺寸时则应及时发现修正。

A2.6 检验肋骨型线型放样的正确性,其公差要求如附表 A3 所示。

表 A3 肋骨型线放样公差   单位:mm

序号	项目	允许公差	
1	船体中心线与船底基线的垂直度	±0.5	与垂直长度比较
2	水线与纵剖线间距	±1	
3	格子对角线长度	±2	应照顾垂直线偏差和放样台的不平度清况
4	肋骨线型图与理论线型图对应点的重合度	±2	
5	内部结构尺寸与图纸要求偏差	±0.5	
6	外板排列主要板缝宽度	满足设计要求	如:龙舷底板、舷侧顶板般部翼板等
7	相邻肋骨间光顺偏差	≯2	

A3 船体构件展开

A3.1 外板

A3.1.1 对于平直或仅有单向曲度的可展曲面外板,可用计算法或几何作图法展开。

A3.1.2 对应具有双向曲度的不可展曲面外板,采用近似展开法(如准线法等)展开。

A3.1.3 根据外板曲度可按表 A4 选取展开方法。

表 A4 展开方法选择

序号	外板曲度	展开方法
1	龙骨底板	投影伸长
2	平直型板材	角尺直线伸长
3	微弯曲型	十字线法
4	弯曲型	测地线法
5	扫帚型	测地线、辅助线或撑线法混合展开
6	曲率大双曲型或扭曲板	用模型箱剥取展开

A3.1.4 为保证外板展开的质量,在其展开之后必须用十字对角线进行检验,所有外板展开后尺寸允许误差如表 A5 所示。

表 A5 外板展开误差要求

序号	名称	允许公差
1	宽度	±1.0
2	长度	±1.0
3	对角线长	±1.0

A3.1.5 外板展开时应注意一块钢板上的肋骨间距是否相同,如有不同则应作必要的修正。

A3.2 内底板

A3.2.1 在肋骨线型图上量取每号肋骨内底的宽度。

A3.2.2 根据内底板的厚度及钢板规格安排板缝,板缝与构件的理论线距离不应小于 50 mm,并按图纸要求保证内底板宽度。

A3.2.3 具有昂势的内底板需按照肋骨线型图上不同的高度将肋距展成实长。

A3.3 甲板板

A3.3.1 具有双向曲度的甲板展开,应先把纵向昂势展直,然后再把横向抛势展直。

A3.3.2 根据甲板厚度和钢板规格安排甲板接缝。接缝与构件的理论线距离不应小于 50 mm,接缝应避开舱口圆角,甲板边板不得小于图纸规定的宽度,仓口的角隅板材料大小应符合设计要求。

A3.4 不平行船体中线面的纵向舱壁板

A3.4.1 在肋骨线型图上画出纵向舱壁的所在位置。

A3.4.2 用样棒在中昂表上量取纵壁上各肋骨站至曲型甲板梁拱曲线的高度,再以曲型甲板梁拱曲线为基准,将此高度画于肋骨型图上对应肋骨号上的纵壁线上。

A3.4.3 在纵壁上取一基准水线,用样棒量取各肋骨站上纵仓壁的高度。

A3.4.4 将基准水线展成实长,并在各肋骨站上画出各对应的纵壁高度,用样条连接各点,得出舱壁的上下口线。

A3.4.5 画出纵舱壁的轮廓线,按图纸要求的板厚及钢板规格安排板缝。注意接缝与构件的理论线间距不应小于 50 mm。

A3.5 倾斜舰封板

A3.5.1 在甲板的梁拱曲线上,在舰封板之最大宽度范围内以适当等距作平行于船体中心线的辅助线 3～4 根,分别与梁拱曲线相交。

A3.5.2 以甲板中昂线为基准,将上述各交点高度及舰封板半宽处的高度画在舰封板侧面图上。

A3.5.3 画一直线,取舰封板在高度方向上的实长及各水线间实长,并画成各水线。

A3.5.4 以所画的直线为船体中心线,并在各水线上画上舰封板上各对应水线宽度,根据辅助线与梁拱曲线交点的高度和宽度坐标作出各相交点。通过舰封板最高及最低点,即连成舰封板的轮廓线。

A3.5.5　按图纸要求的板厚及钢材规格安排接缝。

A3.6　圆角围壁板

A3.6.1　根据设计图纸要求先画出围壁平面图,并将圆弧等分(一般为三等分)。

A3.6.2　画出圆角壁所在位置的甲板昂势线。

A3.6.3　沿船长方向,将圆弧各等分点分别投至甲板梁拱曲线上,并用样棒取其各拱度差。

A3.6.4　沿船长方向将圆弧等分点投至甲板昂势线上,并以甲板昂势线为基准,画出各等分点对应的拱度差。

A3.6.5　将圆弧板展成实长(展开圆弧线应为钢板厚度中心线),并将上述所得各点沿船长方向投至对应的各点分站线上。

A3.6.6　用样条连接各点即得圆周围壁展开的上下口线。

A3.7　纵向构件展开

A3.7.1　用适当方法展开底部纵向构件。

A3.7.2　用适当方法展开舷侧纵向构件。

A3.7.3　用适当方法展开甲板纵析。

A4　放样资料(草图、样板、样箱)制作

A4.1　草图、样板、样样箱的应用范围列于表 A6。

表 A6　草图、样板、样箱的应用范围

序号	名称	方法
1	外板、甲板、内底板、仓壁板、平台板等于直的构件	草图
2	船底纵析、中内龙骨、主机座和辅机基座等的纵衍材	草图、样板
3	全部的型钢构件	草图、样板
4	曲型构件(肋板、宽肋骨、舷艇部甲板纵桁、舷侧纵桁)	草图
5	肘板	草图
6	复杂曲率的外板	草图
7	复杂双曲度的板	样箱

A4.2　草图绘制的要求

A4.2.1　可以不按比例制图,但外形应与真形相仿,尺寸一定是放样所得的实际正确尺寸,工艺余量应另外加放并指明。

A4.2.2　草图上零件的轮廓应用粗实线画出,尺寸线则应用细实线画出。尺寸数字及文字应标注端正清楚,不得涂改。

A4.2.3　零件的方位应在草图上注明,如舷、舰、上、下、左、右水线和肋骨号等。

A4.2.4　必须注明零件的加工符号及说明。如曲型刨边、正斜、反斜等。

A4.2.5　必须注明余量的方向及数值。

A4.2.6　在草图上应标明产品代号、船名、分段名称、图号、零件号、数量、材料规格与牌号等。

A4.2.7　草图绘好后一定要仔细地检校核。

A4.3　样板制作的要求

A4.3.1 在样板上应注明零件的方位,如舷、艇、上、下、内、外、左、右水线直剖线及肋骨号等。必要时弹出变形的检查线。

A4.3.2 需加工的零件在样板上应注明加工名与符号,例如正轧、反轧,正斜、反斜等。

A4.3.3 样板上必须注明产品代号、船名、图号、零件号、零件名称、分段号、数量、材料规格与牌号和余量的方向与数值等。

A4.3.4 样板上要求各种数字及文字书写端正清楚。

A5 放样的检验程序

A5.1 首先贯彻自检、互检与专人检查相结合的原则,彼此间工作互相关心,对自己的工作完成后一定要仔细全面地检查,以防出现差错而造成不必要的浪费。

A5.2 样板、样箱、草图作好后应由组长作全面的检查,然后提交。

A6 船体结构的余量

船体建造过程中,由于基线型和结构的复杂,生产工种的多样,施工设备的先进程度,操作者的技术水平和工艺措施等情况的不同,在各道工序中,都会出现一定的施工误差。有些施工阶段,还会产生一定的施工变形。要消除这些误差与变形对施工的装配与焊接工作能顺利进行,以确保产品的施工质量符合预定的要求,在生产过程中采取加放余量的措施来弥补施工过程中可能出现的尺寸不足,这种多余部分尺寸即称为余量。

A6.1 影响船体结构余量的因素

A6.1.1 结构放样、号料影响包括双曲度展开误差,样箱的展开误差、制作样板的误差累计最大可达 10 mm。

A6.1.2 构件加工的影响。包括机械加工误差;气割误差;冷热加工的收缩,冷加工误差;热加工误差。

A6.1.3 装配的影响。边缘修正、装配间隙等误差为 0～10 mm。

A6.1.4 焊接收缩、钢板焊缝纵向收缩每条约 0.3～1 mm,每档构架之横向收缩量 0.3～0.8 mm。

A6.1.5 火工矫正收缩量,每档构架矫正后自由收缩 0.3～0.5 mm。

A6.2 船体余量的分类

船体余量的分类,通常是按船体施工的主要工艺阶段分为总段余量、部件余量和零件余量。

A6.2.1 总段余量

船体采用总段建造时,为了保证船台装配能够顺利地进行,使整个船体建造后的长度尺寸控制在船体建造公差的范围之内,这就要求完工后的总段在其端缝处与相应总段间留有一定的余量,这个附加在总段上的多余部分就称为总段余量。

总段余量的确定,主要是依据船体建造的总长会差、船台装配的反变形措施,总段环形接缝所处部位的线型变化程度、焊接收缩变形与火工矫正情况而定,一般总段环缝端余量为 30～50 mm。

A6.2.2 分段余量

主要是船体采用分段建造(或将总段再划分成若干分段)时,同样为了使船台(或总段)装配能顺利地进行留有的部分。

(1)底部、舷部和甲板分段对接余量 30～50 mm。

(2)舱壁分段向下放余量 20～30 mm。

(3)上层建筑分段内、外围壁向下放余量 20～30 mm。

（4）机舱棚（或烟囱）向下放余量 20～30 mm。

（5）舷墙分段向下放余量 20～30 mm。

A6.2.3　部件余量

船体的构件（如："T"形部件）在分段（或船台）装配前,需先装焊成部件经矫正后才能供分段（或船台）装配,为了适应分段装配需要部件装焊后还需放适当的余量。一般部件的余量如下。

（1）"T"形强横梁端各放余量 10～20 mm。

（2）主机基座向下放余量 50～70 mm。

（3）在甲板、平台或内底板上的辅机基座向下放余量 20～30 mm。

（4）锚链筒向上、下各放余量 50～100 mm。

A6.2.4　零件的余量

为了考虑加工情况及分段、总段等余量的综合需要,船体零件在下料时应按理论尺寸而放出余量。

零件余量依据其本身加工要求,部件,分段和总段余量等情况,零件余量的数据范围如下。

（1）底部、舷部和甲板分段放有余量端的零件一般累计加放信息量。

（2）底部、舷部和甲板分段正确端的零件放出安装焊后修正余量 10～20 mm。

（3）舷侧顶板零件向上放余量 20～30 mm。

（4）甲板边板零件向舷侧人余量 20～30 mm。

（5）横舱壁的两侧零件,向舷侧放余量 20～30 mm。

（6）船体纵向构件、外板、甲板、内底板纵舱壁龙骨和纵骨等每档肋距放焊接收缩余量 0.5～1 mm。

（7）与舷柱或舰部包梢板对接的外板零件放余量 30～50 mm。

（8）钢板零件的刨边余量 3～5 mm。

（9）船台散装零件,在分段对接余量 30～50 mm。

（10）公段散装零件,在局部端放余量 10～20 mm。

（11）甲板纵骨与肋骨连接的舷侧肋板向船舷方向放余量 5～15 mm。

（12）冷加工撑肋骨或热弯肋骨零件的端部放加工余量,型材高度的 2 倍左右。

（13）弯制角钢法兰箍端部分余量,角钢宽度的 2～2.5 倍。

（14）扁钢弯制平面法兰,长度放余量,扁钢宽度的 2 位左右。

（15）用样箱热弯加工的双曲度外板四周放余量 30～50 mm。

（16）舷柱或艇部包梢板零件,需上排或水火弯板提大弯势时长度方向两端各放余量 20～200 mm。

（17）零件机加工余量 3～5 mm。

在确定工艺余量时还要注意,相互连接的公段或零件在考虑余量时,只放在一边,不要两边都放。否则,反而引起施工混乱,确定分段余量的方向时,需考虑便于装配和切割的因素。

参 考 文 献

[1] 施菲克.船体装配工[M].北京:国防工业出版社,2008.

[2] 魏莉洁.船舶建造工艺[M].哈尔滨:哈尔滨工程大学出版社,2010.

[3] 王云梯.船体装配工艺[M].哈尔滨:哈尔滨工程大学出版社,1994.

[4] 周宏等.船舶先进制造技[M]术.北京:人民交通出版社,2012.

[5] 华乃导.船体建造与修理工艺[M].北京:人民交通出版社,2002.

[6] 金仲达.船体装配工[M].哈尔滨:哈尔滨工程大学出版社,2005.

[7] 徐兆康.船舶建造工艺学[M].北京:人民交通出版社,2000.

[8] 陆伟东等.船舶建造工艺[M].上海:上海交通大学出版社,1991.

[9] 陈彬.造船成组技术[M].哈尔滨:哈尔滨工程大学出版社,2007.

[10] 编写组.船舶修造安全基础知识[M].哈尔滨:哈尔滨工程大学出版社,2007.

[11] 刘玉君等.船舶建造工艺学[M]大连:大连理工大学出版社,2006.